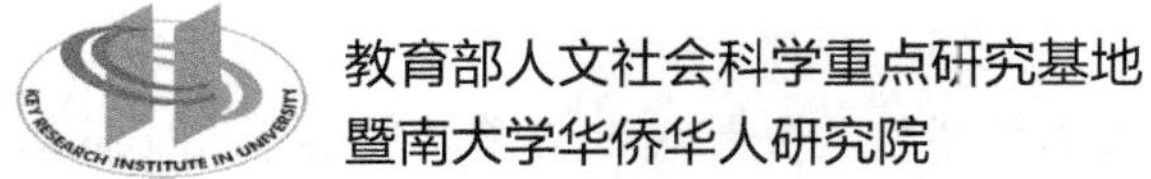

教育部人文社会科学重点研究基地
暨南大学华侨华人研究院

QIAOQING ZONGLAN

侨情综览

2019

暨南大学图书馆 世界华侨华人文献馆 彭磷基华侨华人文献信息中心 编

SPM 南方传媒 | 广东人民出版社
·广州·

图书在版编目（CIP）数据

侨情综览. 2019 / 暨南大学图书馆世界华侨华人文献馆，彭磷基华侨华人文献信息中心编. —广州：广东人民出版社，2023.10

ISBN 978-7-218-16910-1

Ⅰ.①侨…　Ⅱ.①暨…　②彭…　Ⅲ.①侨民工作—概况—中国—2019　Ⅳ.①D634

中国国家版本馆CIP数据核字（2023）第169221号

Qiaoqing Zonglan 2019

侨情综览2019

暨南大学图书馆 世界华侨华人文献馆 / 彭磷基华侨华人文献信息中心 编

出 版 人：肖风华

责任编辑：陈泽洪　寇　毅
内文设计：奔流文化
责任技编：吴彦斌　周星奎

出版发行：广东人民出版社
地　　址：广州市越秀区大沙头四马路10号（邮政编码：510199）
电　　话：（020）85716809（总编室）
传　　真：（020）83289585
网　　址：http://www.gdpph.com
印　　刷：广东虎彩云印刷有限公司
开　　本：787毫米×1092毫米　1/16
印　　张：45　　　字　　数：900千
版　　次：2023年10月第1版
印　　次：2023年10月第1次印刷
定　　价：180.00元

如发现印装质量问题，影响阅读，请与出版社（020-87712513）联系调换。
售书热线：（020）87717307

本书由益海嘉里集团设立的“世界华侨华人文献馆建设基金”
资助出版。

编 委 会

序　言

自2009年以来，暨南大学图书馆世界华侨华人文献馆持续编辑出版大型工具书——《侨情综览》，这本《侨情综览2019》已经是同系列书的第十本了！本人是该书的忠实读者。在此，对《侨情综览2019》的出版表示热烈祝贺！向坚持不懈致力于编辑此书的世界华侨华人文献馆的同仁们表示敬意！

21世纪以来，随着中国综合国力和国际影响力的不断提升，随着海外华侨华人与中国关系的日益密切，随着中国哲学社会科学研究的不断繁荣，中国的华侨华人研究呈现出欣欣向荣的景象。华侨华人研究日益成为一门多学科研究相融合的学科。其中一个特点就是研究形式日益多元化，研究成果十分丰富。除了论文、专著等学术成果外，大型工具书、丛书、皮书等也越来越多。《侨情综览》就是较具代表性的大型工具书。

经过十多年的不懈努力，《侨情综览》已经形成了自己的特色，产生了品牌效应。该书有几个特点：一是资料性。资料是学术研究的基础。资料性是该书最大的特点。该书涉侨信息可谓丰富全面，包罗万象。特别是“统计资料”栏目介绍的学术研究信息，对我们了解当年海内外华侨华人的研究成果特别具有参考价值。二是持续性。作为大型工具书，坚持每年出版是很不容易的事情。同时期的有些丛书、系列出版物因种种原因已经停止出版或长期中断了。《侨情综览》虽然也因遇到困难而出现了出版滞后的情况，但最终还是坚守住了这个阵地。三是系统性。该书的内容与编排不断改进与完善，不仅包括侨情、侨务信息，而且包括涉侨学术研究成果信息；不仅包括中文研究成果信息，而且包括英文、日文研究成果信息；不仅包括大陆的涉侨学术研究成果信息，而且包括港澳台与海外的涉侨学术研究成果信息。可以说，一书在手，尽知海内外侨情、侨务与涉侨学术研究。

《侨情综览》已经积累了十分丰富的涉侨资料与信息，可以说是一座资料宝库。然而，它的使用率还比较低，它的价值还远未得到体现。在此，提出两点建议：一是加大宣传、推介力度，让更多的专家学者和侨务工作者知道此书、了解此书，使之真正成为专家学者和侨务工作者的必读参考书。二是及时推出新的版本，保持信息的更新。作为年度工具书，时效性很重要。最后，祝《侨情综览》不断进步，越办越好！

张秀明

2021年5月8日

编辑说明

《侨情综览2019》设有“重要讲话与报告”“涉侨政策法规”“大事记”“海外侨情”“侨务信息”“热点时评”“侨史钩沉”“学术动态”“人物聚焦”“2019年华人新社团”以及“统计资料”共11个栏目。本书注重涉侨资料的全面性、系统性、客观性、连续性以及信息来源的权威性，资料来源主要为图书、期刊、主流媒体、涉侨机构网站以及各类型数据库。相较往年，本年度的《侨情综览》在保持资料连续性的同时，更为广泛地收集了涉侨研究的各类学术信息，进一步扩大“统计资料”栏目涉及的其他语种资料比例，力图较为全面客观地呈现2019年度侨情、侨务以及相关研究等的总体概况。

本书编辑工作具体分工如下：“重要讲话与报告”栏目编辑为沈毅秦、王华；“涉侨政策法规”栏目编辑为景海燕；“大事记”栏目编辑为沈毅秦；“海外侨情”栏目编辑为黎景光；“侨务信息”“人物聚焦”栏目编辑为卢玉敏；“热点时评”“侨史钩沉”“学术动态”栏目编辑为王华；“2019年华人新社团”栏目编辑为沈毅秦；“统计资料”栏目编辑为易淑琼、景海燕、黎景光、卢玉敏；由王华统稿全书。

目录

重要讲话与报告

涉侨政策法规

出境入境政策

权益保护

回国定居

侨务信息

热点时评

侨史钩沉

学术动态

人物聚焦

2019年华人新社团

统计资料

重要讲话与报告

汪洋：广泛团结海外侨胞，维护侨胞合法权益

中共中央政治局常委、全国政协主席汪洋3月3日在全国政协常委会工作报告中表示，2019年全国政协要广泛团结海外侨胞，维护侨胞合法权益。

回顾2018年工作，汪洋表示，坚持大团结大联合，广泛凝心聚力。建立各党派参加政协工作共同性事务的情况交流机制，政协专委会同民主党派中央共同承办协商议政活动、开展联合调研。加强同党外知识分子、非公有制经济人士、新的社会阶层人士的沟通联络，及时反映意见诉求。创新开展少数民族界和宗教界委员专题学习考察、界别协商活动，召开界别反映社情民意信息座谈会，围绕加强各民族交往交流交融、国家通用语言文字普及、边疆群众生产生活、民族地区中小学寄宿制学校建设、坚持我国宗教的中国化方向、藏传佛教人才培养等议政建言、凝聚共识。

他提到，邀请海外侨胞代表列席政协全体会议，围绕发挥海外侨胞在维护国家海外利益中的作用等调研建言。

此次全国政协常委会工作报告还提及，2019年将进一步加强团结联谊工作。完善情况通报、座谈交流、联合调研等制度，积极为民主党派、工商联和无党派人士在政协履职创造条件。拓展同党外知识分子、非公有制经济人士和新的社会阶层人士交往渠道。全面贯彻党的民族政策和宗教工作基本方针，围绕做好新时代城市民族工作、寺观教堂管理等开展调研协商。

（中国新闻网2019－03－03）

侨海报国共筑梦　致力为公向未来

致公党中央主席　万钢

金秋时节，我们迎来了中华人民共和国成立70周年、人民政协成立70周年和中国共产党领导的多党合作和政治协商制度确立70周年。回顾70年的光辉历程，一幕幕

精彩场景呈现在脑海，宛如一幅巧夺天工的历史画卷，见证着中国人民的智慧与心血，记录着中国共产党领导的多党合作事业的艰辛历程和丰硕成果，昭示着中国特色社会主义道路更加光明的未来，给予我们“不忘合作初心，继续携手前进”的信念与力量。

致力为公肝胆照

中国致公党是以归侨、侨眷中的中上层人士和其他有海外关系的代表性人士为主组成的、具有政治联盟特点的政党。中国致公党于1925年10月由华侨社团在美国旧金山发起成立。在中华民族危急存亡时期，积极参加祖国的抗日战争和世界反法西斯斗争，得到了中国共产党的高度重视和大力支持。1935年8月1日中国共产党发表的《为抗日救国告全体同胞书》中，把致公党列入中国“愿意参加抗日救国事业的各党派、各团体”之中。抗战胜利后，在决定中国前途命运的时刻，1947年4月，致公党在香港举行了具有历史转折意义的第三次代表大会，决议加入中国共产党领导的人民民主统一战线。1948年4月，中共中央发布《纪念“五一”劳动节口号》，发出了“各民主党派、各人民团体及社会贤达，迅速召开政治协商会议，讨论并实现召集人民代表大会，成立民主联合政府”的号召。5月5日，致公党领导人陈其尤与各民主党派领导人和无党派民主人士代表联名向国内各报馆各团体及全国同胞发出《各民主党派为召开新政协致海内外电》和《各民主党派为召开新政协致中国共产党电》，积极响应，并于6月9日单独发表了《中国致公党响应中共中央“五一”号召宣言》，明确接受中国共产党的领导。

1949年6月，新政协筹备会第一次全体会议在北平举行，致公党代表陈其尤、黄鼎臣、官文森、雷荣珂、严希纯出席了筹备会，在制定共同纲领特别是有关华侨政策部分内容时，提出了许多宝贵的意见和建议。1949年10月1日，司徒美堂、陈其尤等登上天安门城楼参加开国大典，见证了毛泽东主席向全世界庄严宣告中华人民共和国中央人民政府成立这一开天辟地的伟大历史时刻。致公党在中国共产党的影响、帮助和领导下，走上了新民主主义和社会主义道路，并作为中国新型政党制度的参与者和实践者，坚持致力为公，为建设中国特色社会主义事业作出了自己的贡献。

1978年12月，中共十一届三中全会召开。1979年，致公党召开第七次全国代表大会，以中共十一届三中全会精神为指导，确立了致公党在新的历史时期的总任务和工作方针，将全党工作重点转移到为社会主义现代化建设服务上来。在中国共产党的领导下，致公党始终坚持“长期共存、互相监督、肝胆相照、荣辱与共”的十六字方针，不断发挥自身优势，投身改革开放事业，为推进国家经济社会发展、扩大开放合作积极建言献策。

进入新时代，致公党全党各级组织深入学习贯彻习近平新时代中国特色社会主义思想，坚持把筑牢思想根基摆在首要位置，积极开展坚持和发展中国特色社会主义学习实践活动和“不忘合作初心，继续携手前进”主题教育活动，不断巩固全党的政治道路认同、奋斗目标认同和文化价值认同，全党的凝聚力、创造力和执行力得到进一步提高。

参政兴国奔小康

参政议政是参政党的主要职能。致公党全党充分认识所面临的形势和任务，不断强化参政党的责任意识、担当意识和进取意识，围绕中共中央确定的重要目标任务，在融入大局、服务大局、保障大局中找准履职尽责的切入点和突破口，聚焦经济社会发展中全局性、前瞻性、关键性问题和人民群众普遍关心的重点难点问题，统筹各方面资源力量，积极建言献策。近年来，先后就实施创新驱动发展战略、推进“大众创业、万众创新”、装备制造业转型升级、着力脱贫攻坚、积极应对老龄化、加强青藏高原生态保护、助力健康中国建设等问题深入一线、深入基层，扎实开展调查研究，将履职建言的满腔热情转化为一份份高质量的调研报告和建议，努力做好中国共产党的好参谋、好帮手、好同事，为国家繁荣、人民幸福建真言、献良策。

致公党充分发挥侨海优势，倾力服务全面建成小康社会。多年来，全党动员，积极参与对贵州毕节、重庆酉阳、贵州黔西南和四川泸州的定点扶贫工作，通过项目帮扶培育贫困地区内生动力、改善民生；深化“致福工程”“致公助学”“致公爱心妈妈”等品牌建设，扎实开展脱贫攻坚民主监督工作，助力打赢脱贫攻坚战，奏响“侨海报国”的时代篇章。

2013年，我国正式提出“一带一路”倡议。作为具有鲜明侨海特色的参政党，致公党积极发挥自身特色与优势，主动融入其中，为绘就“一带一路”美好蓝图贡献智慧和力量。先后围绕丝绸之路经济带战略实施和区域合作共赢、“一带一路”国际贸易大通道建设、“一带一路”与草原之路战略对接、“一带一路”文化交融等问题开展调研近10次，足迹遍布甘肃、宁夏、内蒙古、新疆、福建等“一带一路”沿线省份，并及时向中共中央、国务院报送建议，为深化“一带一路”创新合作、助推共建“一带一路”合作高质量发展建言献策。

侨海报国谱新篇

作为一个诞生于海外、与国内外侨界有着密切联系的参政党，致公党始终关心海外侨胞的生存发展，努力维护海外侨胞和归侨侨眷的正当合法权益。侨海报国，是致公党的宗旨所在；为侨服务，是致公党的责任与义务。早在1949年9月21日召开的中国人民政治协商会议第一届全体会议上，致公党即以党派名义递交了名为《由中央人民政府研究和实行护侨政策案》的提案，这是人民政协历史上第一件党派提案，开创了民主党派团体提案的先河，也是反映致公党侨海特色、为侨服务的第一件提案，开启了致公党以参政党身份为维护侨权侨益“鼓与呼”的历程。

进入新世纪，面对海内外侨情的发展变化，习近平总书记在2012年12月走访致公党中央机关时，殷切希望致公党在新时期注重发挥自身优势，切实做好侨海这篇大文章。致公党不断与时俱进，努力开拓侨海工作新局面，在反映归侨侨眷和留学人员的意见和建议、维护他们的合法权益方面做了大量工作。特别是在解决华侨农场归（难）侨和侨眷的生活困难问题、促进留学人员创业园的健康发展、解决来华创业的高层次人才长期居留权问题、促进海外侨务资源可持续发展、增进港澳台同胞和海外侨胞对祖国的认同感、推进“一带一路”建设中中国文化“走出去”等方面，致公党中央开展了一次又一次调研，组织了一场又一场研讨会，提交了一件又一件提案和建议。近十年来，致公党中央提交的侨海特色提案累计达40余件，这些涉侨提案，凝聚着致公党为侨服务的智慧和心血，饱含着致公党爱侨护侨的真诚与热情，彰显着致公党“侨海报国”的责任与实践！

中共十八大以来，致公党从中央到地方各级组织按照习近平总书记的指示精神，继承侨海传统、发挥侨海优势，在继承中发展，在发展中创新，在创新中前进。站在新的历史起点上，致公党将不忘合作初心，继续以凝聚侨海心、发挥侨海力、反映侨海声、维护侨海益为己任，广泛凝聚海内外中华儿女的智慧和力量，共同为实现中华民族伟大复兴的中国梦而努力奋斗！

70年前，中国新型政党制度与新中国一起诞生，七十年风雨兼程，七十年春华秋实。回顾多党合作事业与新中国同行的70年，我们感慨中国新型政党制度在中华大地生动而伟大的实践，对新时代中国共产党领导的多党合作事业的光辉前景充满信心。目标越伟大，愿景越光明，使命越艰巨。中国致公党将在中国共产党的领导下，继续发扬“致力为公”的优良传统，勇担“侨海报国”的时代使命，凝心聚力，砥砺前行，以奋进新时代，争创新业绩的实际行动，为画出新时代最大同心圆、夺取新时代中国特色社会主义伟大胜利作出新的更大的贡献！

（《人民政协报》2019－09－25）

国务院侨办主任许又声发表2019年新春贺词

亲爱的侨胞们、朋友们：

在中华民族传统佳节来临之际，我谨代表中华人民共和国国务院侨务办公室，向广大海外侨胞和归侨侨眷拜年！衷心祝愿大家春节快乐、吉祥如意！

刚刚过去的2018年，恰逢改革开放40周年。40年砥砺奋进，40年春华秋实，神州大地发生了翻天覆地的变化，中华民族迎来了从站起来、富起来到强起来的历史性飞跃。回首40年沧桑巨变，我们无法忘怀海外侨胞和归侨侨眷的历史功勋：40年来，是海外侨胞率先回祖（籍）国投资兴业，为中国带来急需的资金、技术、人才和先进的管理经验，发挥了重要的示范引领作用；40年来，一批又一批侨胞高层次人才回国（来华）创新创业，为建设创新型国家贡献力量；40年来，海外侨胞慷慨解囊，爱心惠及中国各领域慈善公益事业，表现出血浓于水的同胞赤忱；40年来，海外侨胞始终以民族大义为重，不遗余力抵制各种分裂势力，坚决维护祖国统一和尊严；40年来，海外侨胞积极弘扬中华优秀文化，推动文化交流互鉴，搭建起中外友好的重要桥梁。实践充分证明，几千万海外侨胞和归侨侨眷是中国改革开放伟大事业的开拓者、参与者和贡献者，是实现中华民族伟大复兴中国梦、构建人类命运共同体的宝贵资源！

中国党和政府始终高度关心广大海外侨胞和归侨侨眷。2018年，习近平主席亲切视察华侨高等学府暨南大学，嘱托我们要把华侨华人学生、港澳台学生培养好，把中华传统文化传播到五湖四海；48位侨界代表应邀出席庆祝改革开放40周年大会，习主席的重要讲话进一步激发起海外侨胞投身新一轮改革开放大潮的信心和热情；中国党和国家机构完成了系统性、整体性和重构性改革，国务院侨办整体并入中央统战部，中央统战部将全面履行统一领导海外统战工作、统一管理侨务工作的重要职责，必将凝聚起开创新时代侨务工作新局面的强大力量；国务院向全国人大常委会专题报告华侨权益保护情况，宣示了中国政府依法护侨的坚定决心；“四海同春”惊艳四海，华文教育传诵五洲，近3万名华裔青少年参加“中国寻根之旅”夏令营，中华文脉生生不息、代代传扬。这一切充分表明，强大的祖（籍）国永远是海外侨胞最坚实的后盾，华夏故土永远是海外侨胞最温暖的港湾！

2019年，我们将迎来新中国成立70周年，这是值得海内外中华儿女共同纪念的重要时刻。我们将邀请海外侨胞和归侨侨眷代表人士在国内参观考察，参加庆祝新中国成立70周年系列活动，亲身感受当代中国日新月异的发展变化，共担民族复兴历史责任，共享祖（籍）国富强伟大荣光。

2019年，是完成机构改革后侨务工作在新的起点上再出发的开局之年。我们将深入学习贯彻习近平新时代中国特色社会主义思想和党的十九大精神，牢牢把握大团结大联合的主题，坚持围绕中心、服务大局，坚持为侨服务、凝心聚力，更加注重加强顶层设计和整体谋划、加强制度建设和机制创新、加强统筹协调和分类指导，更好发挥群众团体和相关地方、部门的作用，求真务实，敢于担当，团结协作，以“拥抱新时代，共圆中国梦”为主题，开好第九届世界华侨华人社团联谊大会，支持侨胞发挥自身优势参与“一带一路”建设和中国创新发展，创新“文化中国”“四海同春”等品牌活动，推动华文教育转型升级，弘扬中华优秀文化，在更高层面、更深层次、更广领域深化各项为侨服务工作，努力实现好、维护好、发展好海外侨胞和归侨侨眷的根本利益，努力推动新时代侨务工作实现新发展。

侨胞们，朋友们，风起云天，潮涌东方。新一轮改革开放大潮澎湃激荡，正向着胜利的彼岸奔涌前行，让我们携起手来，同心同德、不懈奋进，以更加优异的成绩迎接2019年新春、迎接新中国70周年华诞、迎接中华民族伟大复兴的美好未来！

最后，祝海外侨胞和归侨侨眷在新的一年事业兴旺、家庭幸福、身体健康！

（中国新闻网2019－01－28）

侨联主席万立骏新春贺词：勇做追梦人，奋进新时代

在中华民族传统节日春节即将到来之际，中国侨联主席万立骏1日在北京发表新春贺词，向广大归侨侨眷和旅居世界各地的华侨华人朋友致以新春的祝福。

万立骏表示，2018年，我们共同见证了新时代党和国家事业发展的新成就。广大归侨侨眷和海外侨胞与新时代同频共振，用勤劳的双手创造美好生活，将个人奋斗的涓涓细流汇入民族复兴的浩瀚大海，书写了侨心向祖国、共圆中国梦的新篇章。

回顾过去一年，万立骏提到，我们共同推动了新时代侨联事业的新发展。围绕侨联改革，密切联系侨胞；围绕经济建设和国家发展战略，打造“创业中华”品牌，举办新侨创新创业系列活动等；围绕联谊联络，请进来、走出去；围绕中华文化传播和中外文明交流，深化“亲情中华”品牌，开办海外华裔青少年夏令营等；围绕脱贫攻坚和服务侨胞，抓好定点扶贫……

2019年是中华人民共和国成立70周年。万立骏说，拳拳赤子心，殷殷家国情。回望这70年波澜壮阔的历程，归侨侨眷和海外侨胞不仅成就了精彩的自己，也参与建设了新中国，参与推动了改革开放。弄潮儿向涛头立。身处新时代，踏上新征程，大家一定会乘势而上，发挥所长，共担复兴大任，再创伟大奇迹。

“勇做追梦人，奋进新时代。”最后，万立骏表示，我们将围绕中心、服务大局、服务侨胞，聚侨心、集侨智、汇侨力、护侨益，为决胜全面建成小康社会、实现中华民族伟大复兴中国梦、推动构建人类命运共同体作出新的更大贡献。

（中国新闻网2019－02－01/周乾宪）

华侨华人是参与共建人类命运共同体的追梦人

中央统战部副部长、国务院侨办主任　许又声

党的十八大以来，习近平主席以卓越政治家和战略家的宏大视野和战略思维，

高瞻远瞩地提出了构建人类命运共同体的重要思想，深刻回答了“建设一个什么样的世界、怎样建设这个世界”的时代之问。几年来，构建人类命运共同体思想由理念到理论，内涵不断丰富深刻；由愿景到实践，成效逐渐显现；由双边到多边，认可范围不断扩大，已成为变革全球治理体系、构建新型国际关系和国际秩序的重要价值规范，受到国际社会的广泛赞誉和热烈响应。联合国在2017年2月10日将其写入联合国决议，其后又陆续载入安理会决议和人权理事会决议。人类命运共同体思想之所以得到国际社会的广泛认可，正是因为它揭示了世界各国相互依存和人类命运紧密相连的客观规律，体现了和平、发展、公平、正义、民主、自由等全人类共同的价值追求，顺应了和平发展的时代主题和各国人民追求美好幸福生活的愿望。

中国人讲求“知行合一”，我们不仅要做先进理论和重要思想的倡导者，更要做这些理论和思想的践行者。人类命运共同体的构建与实现，是一个历史过程，不可能一蹴而就、一帆风顺，需要汇聚全人类的智慧和力量。广大华侨华人身处共建人类命运共同体大潮的前沿，兼有融通中外的独特优势，如何把握时代大势，顺势而为，积极参与共建人类命运共同体，这里，我谈几点看法，与大家共勉。

一是更加积极主动宣介人类命运共同体理念。广大海外侨胞融通中外，熟悉中国文化和住在国社情民意，在宣传人类命运共同体理念、讲好人类命运共同体故事方面有着得天独厚的优势。中国提出的人类命运共同体理念之所以能得到世界各国的积极响应，是因为其中蕴含着人类社会追求的共同价值。希望广大海外侨胞身体力行，以生动鲜活、更接地气的形式向住在国社会和民众宣介人类命运共同体的理念，找到共同语言，探索共同价值，不断巩固扩大人类命运共同体的群众基础。要有效发挥华文媒体的桥梁作用，深化与住在国主流媒体的联系交流，用当地民众理解的事例、熟悉的语言以及与自身利益息息相关的前景描述来讲好共同体故事，增进各国民众的理解和认同。

二是更加广泛深入参与“一带一路”建设。“一带一路”建设是构建人类命运共同体的重要平台。“一带一路”倡议提出5年多来，中国已经同150多个国家和国际组织签署共建合作协议，一大批重大合作项目落地生根，基础设施联通网络初步成型，沿线产业合作形成势头，共商共建共享的理念深入人心。“一带一路”沿线国家和地区华侨华人数量众多、资源丰富，完全可以更广泛、更深入地参与到“一带一路”建设中来，积极促进中国与沿线国家的政治互信、经济互融和人文互通。比如，海外侨胞可以向沿线国家、政党、智库、媒体等宣传“一带一路”互利共赢理念，消除误解和隔阂，促进“一带一路”倡议与当地经济政策、发展战略协调对接；可以为中国企业赴沿线国家开展投资合作牵线搭桥，帮助中国企业“走出去”，促进国际产能合作；可以亲自参与“一带一路”建设的诸多项目建设，在推进项目取得积极进展的同时，增强沿线国家民众的参与感和获得感，实现双赢；可以面向当地主流社会开展中华文化展示交流活动，增进各国民众对中华文化的

了解、喜爱和认同，促进民心相通等，共同把“一带一路”建成和平之路、繁荣之路、开放之路、创新之路和文明之路。

三是更加自觉地传承和践行中华文化。构建人类命运共同体思想，蕴含着传承数千年的中国智慧。推动构建人类命运共同体的过程，也是我们传承和践行中华文化、促进文明交流互鉴、尊重世界文明多样性的实践平台。中国传统文化强调“和合”理念。希望海外侨胞传承和践行“美美与共，和而不同”的文明观，既传播弘扬源远流长的中华文明，又学习借鉴世界各国的文明成果，在竞争比较中取长补短，在交流互鉴中共同发展，使文明交流互鉴成为增进各国人民友谊的桥梁、推动人类社会进步的动力、维护世界和平的纽带。希望海外侨胞传承和践行“诚信为本，和气生财”的营商观，严格遵守住在国的法律法规，依规经营，依法纳税，追求品质，走创新发展、高质量发展之路；要牢固树立尊重自然、保护自然的意识，平衡好生产发展和生态友好的关系，真正做到“君子爱财，取之有道”。希望海外侨胞传承和践行“入乡随俗，以和为贵”的处事观，尊重住在国的文化传统和社会习俗，与住在国人民和睦相处，主动融入主流社会，积极参与社会事务，自觉承担慈善、公益等社会责任，努力为住在国作贡献，展现大国侨民的良好形象。

（许又声在“博鳌亚洲论坛2019年年会·华商领袖与华人智库圆桌会议”上的讲话）

充分发挥华侨华人优势　推动中华文化走出去

中央统战部副部长　谭天星

2018年10月24日，习近平总书记亲切视察暨南大学，了解学校教学科研、文化学术、人才培养等情况，勉励学生好好学习，将来为社会作贡献，把中华优秀传统文化传播到五湖四海，希望暨南大学认真贯彻全国教育大会精神，坚持办学特色，把学校办得更好，为海外侨胞回祖国学习、传承中华文化创造更好条件。

学习贯彻习近平总书记重要讲话精神，深感办好侨校，发挥华侨华人优势，推动中华文化走出去、促进中外文明交流互鉴，责任重大、使命光荣。

一、深刻领会习近平总书记重要讲话精神的丰富内涵和重大意义

习近平总书记充分肯定了暨南大学的办学成果，对进一步办好暨南大学、擦亮金字招牌、坚持立德树人、弘扬传播中华优秀传统文化提出了更高的要求。讲话高屋建瓴、内涵丰富、寓意深刻，是暨南大学进一步改革发展的根本遵循，也是新时代办好华侨高等教育、传播中华文化的行动指南。

深入学习贯彻习近平总书记的重要讲话精神，一是要充分认识华侨华人在中国改革开放事业中重要而独特作用，广大海外侨胞是“连接中国梦与世界梦的重要桥梁和纽带”，进一步激发、汇聚广大侨胞支持、参与新时代我国改革开放的巨大热情和磅礴力量；二是要坚定华侨高等教育的办学政治方向，把抓好党建工作作为办学治校的基本功，把党的教育方针全面贯彻到学校工作的各个方面，把社会主义和爱国主义教育紧密结合；三是要明确华侨高等教育的“立德树人”目标，努力将侨校内地学生培养成德智体美劳全面发展的社会主义建设者和接班人，将港澳台学生培养成自觉拥护祖国统一，拥护“一国两制”、为港澳长期繁荣稳定和实现祖国和平统一做贡献的坚定爱国者，将华侨华人学生培养成热爱中华文化、对华友好、主动担当中外交流的文化使者；四是要坚持办学特色优势，始终秉持“面向海外，面向港澳台”办学方针，坚持“侨校+名校”的发展战略，紧紧抓住人才队伍建设和高水平学科建设基础性工程，把学校办成广大港澳台同胞和海外侨胞心中的名校；五是改善办学条件，提高办学质量，拓展国际交流，以把中华优秀文化传播到五湖四海为己任；六是要积极担当，为“一带一路”建设、为粤港澳大湾区建设培养人才、贡献力量。

目前，港澳台侨生在暨南大学、华侨大学较为集中，其他各类大学也不同程度招收。习近平总书记视察暨南大学的重要讲话同样为广大高校开展好港澳台侨生教育指引了方向。

二、准确把握中华文化海外传播的基本要求

习近平总书记高度重视中华文化海外传播、中外文明交流互鉴，此次视察暨南大学提出要“把中华优秀传统文化传播到五湖四海”。我们要不断加深对中华文化海外传播基本原则、基本规律的认识，使中华文化真正成为我们走向世界的核心优势。

一是突出当代中国价值观念传播。习近平总书记指出，文化的影响力首先是价值观念的影响力，世界上各种文化之争，本质上是价值观念之争。当代中国价值观念，就是新时代中国特色社会主义价值观念。要从理论与实践、历史与现实、国内与国际的联系上，加强提炼和阐释，拓展对外传播平台和载体，把当代中国价值观念贯穿于中华文化海外传播的方方面面。

二是重视中华传统文化精神传播。习近平总书记强调，要把“中华优秀传统文化的精神标识提炼出来、展示出来”。在传播中华文化的过程中，不能仅仅停留在符号、器物、歌舞等感官层面，更要讲好符号背后的中国故事、中国理念，注重挖掘民族精神，把中华民族最基本的文化基因推广开来，把跨越时空、超越国度，富有永恒魅力、具有时代价值的文化精神在世界上弘扬起来。

三是遵循中华文化海外传播规律。中华文化海外传播的受众是国外民众，与

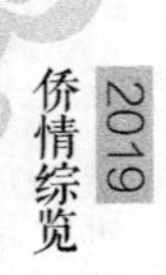

我存在意识形态、文化传统和思维模式等诸多差异，要遵循“因地制宜”“柔性表达”“双向传播”原则，深入研究不同国家不同受众的文化传统、价值趋向和接受心理，打造融通中外的话语体系。要综合运用大众传播、群体传播方式，充分运用讲故事、概念隐喻、谚语俗语等技巧，寻找文化共性，激发人性共鸣，努力做到“中国故事、国际表达”，增加国外受众对中华文化的亲近感和接受度。

四是创新中华文化海外传播手段。要抓住新一轮技术革命的机遇，把握社交媒体和移动终端日新月异的变化趋势，注重传播形态的开放性、快捷化、多元化，借力海外社交网络，打造文化传播平台，实现传播的多媒体化。要坚持区域化、本土化、分众化生产方式，加强分类设计、定向供应，做到量体裁衣、精准推送，让国外受众对中华文化有更深切的体认和理解。

三、以侨为桥，推动中华优秀文化“走出去”

把中华优秀传统文化传播到五湖四海，不仅是总书记对暨南大学的殷切希望，也是对统一战线工作的重要要求。分布在世界近200个国家和地区的6000多万华侨华人是中国走向世界、向世界讲好中国故事的友好使者、天然桥梁和独特机遇。我们要因应世情国情侨情的发展变化，自觉把习近平总书记重要讲话精神作为我们今后开展侨务工作的基本遵循，以侨为桥、多措并举、务实创新，用海外受众乐于接受的方式、易于传播的语言，更好地把中华文化传播到五湖四海，促进中外文明交流互鉴，让世界分享中华文化之美。

做优涉侨文化传播品牌。文化传播必须重视品牌效应。要完善统筹管理机制，制定发展规划，协调有关部门、群团组织和各地统战侨务部门发挥各自优势、与时俱进做精做优“文化中国”等品牌。重点做好“四海同春”艺术团慰侨访演、全球华人音乐会、书画展等各类展览赛事，办好“水立方杯”海外华人中文歌曲大赛等特色项目，不断丰富活动内涵，实现“文化中国”品牌提质升级。

壮大华侨华人文化传播力量。中华文化海外传播是一个系统工程，仅靠政府力量是远远不够的。要着力激发侨社内生动力，加强对海外侨界重点文化社团和人士的团结引导，办好海外侨社文艺骨干培训班，培养一大批具有家国情怀致力中外友好的中华文化传播的民间使者，重点扶持侨社开展“华星闪耀”等影响好、水平高、聚人气、接地气的活动，扩大侨社文化活动的影响力和吸引力。要鼓励社会组织、中资机构、留学人员和出境游客等参与人文交流项目，扩宽中华文化海外传播渠道。

着力发展海外华文教育事业。海外华文教育是保持广大海外侨胞民族特性的一项留根工程。中华语言文化海外传播，首先是要做好对华裔青少年的传播。要不断完善海外华文教育工作机制，坚持华文教育标准化、正规化、专业化方向，发挥华文学校、高等院校、华文教育基金会以及有关部门、地方的积极性，特别是发挥好海外2万多所华文学校的优势，紧扣教师、教材、教法三大关键点，不断提升华文教育水平，使之发展成为中华文化海外传播的重地。要坚持中短期培训与学历教育相结合，提高华文学校师资水平；坚持“通用型”教材和“本土化”教材相结合，提升我编教材的覆盖面和影响力；坚持“请进来”和“走出去”相结合，提升“中国寻根之旅”夏令营、中华文化大乐园等中华文化体验活动实效。

增强涉侨文化传播能力。中华文化海外的有效传播离不开海外华文舆论场的健康发展。要发挥中国新闻社“龙头”作用，加强全球华文资讯中心建设，优化中国新闻网、海外网、中国侨网等平台，构建云媒体、立体化传播体系，不断增强国际传播能力。要做实做强世界华文媒体合作联盟，办好世界华文媒体论坛，推动华文媒体转型升级，支持海外华文媒体以多种方式客观真实介绍中国国情和发展进步，宣介中华文化核心价值和互利共赢发展理念，把中国的声音传播出去，促进中外民心相通。

丰富中华文化海外传播内容。近年来，我们在传统的文艺演出等形式外，不断探索丰富了中华文化海外传播的内容，取得较好效果。要继续加强与有关主管部门及行业组织合作，支持中华餐饮企业、医药名家、武术团体等赴海外开展体验培训、讲座、竞赛、义诊等活动，集中展示中华医学、中华美食、中华武术魅力。要支持海外华人文化机构、华文作家加强与国内出版机构合作，做好优秀华文作品的翻译出版工作，通过“侨”的渠道把优秀中国文化产品介绍给世界，也将海外生动的华人故事推介给各国民众。加强与新闻出版、广电、文化、会展等部门联系，借助知名节庆平台，推动中国影视、书籍、动漫、戏曲、民俗等文化项目走出去。

形成“大侨务”文化传播合力。中华文化“走出去”“走进去”需要国内外各方面的协调配合、支持合作，做到统筹谋划、优势互补、形成合力、润物无声。华侨华人是中华文化走出去的“独特优势”，潜力无限。要不断深化机构改革，激发改革活力和动力，形成合理有效“大侨务”工作体制机制，共同做好中华文化走出去、实现中外民心相通这篇大文章。要注意把握侨务政策，实事求是，精准施策，效果优先，不要强人所难、无的放矢。华侨华人是中华文化的使者，每一位侨胞都是中国的一张名片，我们要不断深化各项为侨服务工作，增强使命感和责任感，推动中华文化传播到世界各地，开花结果，香飘五洲。

（《中国统一战线》2019年第2期）

拓展港澳台海外统一战线　推动构建人类命运共同体

中央统战部副部长　谭天星

习近平总书记提出的推动构建人类命运共同体是21世纪中国贡献给世界人类和平进步事业的伟大思想，深刻回答了“建设一个什么样的世界”“怎样建设这个世界”这一时代之问，为当代中国与世界的发展指明了方向。港澳台海外统一战线是中国推动构建人类命运共同体的重要而独特的力量，完全可以也应当发挥积极作用。

一、港澳台海外统一战线之于构建人类命运共同体的意义

港澳台海外统一战线是在港澳台地区和国际上形成的爱国友好统一战线，是港澳台地区和世界范围内拥护祖国统一和致力于中华民族伟大复兴的爱国者的广泛同盟。港澳台是中国不可分割的一部分，港澳台同胞是中华民族共同体的重要组成部分，海外侨胞是中华民族的一分子。港澳台同胞、不断发展壮大的海外爱国友好力量，和国际一切和平友好力量一道，在中国和平发展道路上，在中华民族复兴征途中，在推动构建人类命运共同体的实践中，是重要资源和力量，是中国走向世界、世界了解中国的重要桥梁和纽带。

构建一个“持久和平、普遍安全、共同繁荣、开放包容、清洁美丽的世界”是推动构建人类命运共同体的主要内涵。建设“一带一路”，构建周边、双边、多边、地区不同类型命运共同体，是构建人类命运共同体的重要途径。中国是世界和平的建设者、全球发展的贡献者、国际秩序的维护者，是构建人类命运共同体的推动者、引领者。港澳台同胞融入中华民族共同体的程度越深，利益、责任、安全、价值更紧密的结合，对构建人类命运共同体的贡献就越大。

二、以铸牢中华民族共同体意识和一个中国意识为引领推动港澳融入国家发展大局

港澳统一战线事关国家主权、安全、发展核心利益。坚持“一国两制”基本方针，实现中央对港澳的全面管治权和香港、澳门特别行政区的高度自治权的有机统一，维护宪法的权威和维护香港、澳门两个特别行政区《基本法》权威相结合，促进港澳繁荣稳定，推动港澳融入国家发展大局，是港澳事业发展的基本方向。

坚定不移以中华民族共同体意识和一个中国意识为引领推动港澳繁荣稳定，推动港澳融入国家发展大局。港澳回归最重要、最关键的是人心的全面回归。港澳的命运只有和国家的命运紧紧连接在一起，更加积极主动助力国家全面开放，融入国家发展大局，参与国家治理实践，促进国际人文交流，才能真正给港澳带来更加光

明的未来。

香港回归22年、澳门回归20年的历史表明，祖国是港澳繁荣稳定的最坚强后盾。1997—2018年间，香港本地生产总值由1.37万亿港元增长至2.85万亿港元，年均增长3%。港澳的成功从根本意义来说是“一国两制”实践的成功。中共十九大明确提出支持港澳融入国家发展大局，以粤港澳大湾区建设、粤港澳合作、泛珠三角区域合作等为重点，全面推进内地同香港互利合作，制定完善便利港澳居民在内地发展的政策措施。随着“一带一路”倡议的加快实施、香港国际创新科技中心的建设，特别是粤港澳大湾区的着力推进，港澳迎来了历史性的发展机遇。“东方之珠”对中国现代化建设的贡献率和对世界的影响力也将有新的更大提升。

积极发展壮大、紧紧依靠爱国爱港爱澳力量，广泛团结联合各界人士。港澳高度自治权必须始终掌握在爱国力量手中，要旗帜鲜明打击“港独”，反对各种违法、分离行为。人心向背依然是影响港澳发展的基础性因素。解决好民生问题、凝聚人心人力是港澳治理的一个关键。要积极推动作为中华文化一部分的港澳文化正向发展。港澳的繁荣发展是推动构建人类命运共同体的积极力量。香港作为世界最自由经济体，全球金融、贸易、航运中心地位，澳门作为国际旅游休闲中心和葡语系国家合作的重要平台，港澳作为共建“一带一路”的重要节点地区，是中国连接世界的重要桥梁和窗口。40多年来港澳在中国改革开放中发挥了桥头堡、先行者的作用，港澳从资金、技术、人才、管理、信息等多方面有力支持了内地的开放发展，港澳也因之获得了广阔的发展空间和丰厚回报。2018年内地和港澳年贸易额逾3000亿美元，内地和港澳人员往来近1.5亿人次。内地实际利用港资累计超过9000亿美元，内地对香港累计投资也超过5000亿美元；港珠澳大桥、广深港高铁的正式开通，前海、南沙、横琴等合作平台的搭建，使港澳和内地联系更加便利。港澳地区是中国推动构建人类命运共同体的重要纽带，港澳融入祖国的程度越深，这种作用将发挥得越大。

三、推动构建两岸命运共同体的重要性和紧迫性

构建两岸命运共同体，是推动两岸关系和平发展、推进祖国统一的必然选择。台湾是中国领土和主权不可分割的一部分，中国核心利益之所在。“两岸一家亲”，两岸人民都是中华儿女，有着共同的血脉、历史和文化。坚持一个中国原则，坚持“九二共识”，打造两岸共同市场，构建两岸命运共同体，实现祖国统一，是中华民族伟大复兴征程中的历史必然。习近平总书记在《告台湾同胞书》发表40周年纪念会上的重要讲话，为祖国统一指引航向。“祖国必须统一，也必然统一。”中央政府惠台31条的实施不仅为台湾带来了看得见、摸得着的好处，更体现了对台湾人民的关怀和厚意。

两岸人民交往交流交融的大势不可阻挡。尽管台民进党当局百般阻拦两岸人

民交流，但两岸关系和平发展是大势所趋、民心所愿。最有利的因素在于台湾人民希望分享大陆发展的机遇和中华民族伟大复兴所带来的尊严、荣光，14亿中国人民对和平统一台湾的坚定意志。深化两岸融合发展、促进同胞心灵契合，实践“一国两制”台湾方案，是解决台湾问题的最佳路径。两岸应通尽通、资源共享、待遇共同，民心必然回归。2018年两岸贸易额突破2000亿美元，常居大陆台商超过百万，两岸婚姻家庭40万人以上。49.7%的台湾民众认为“两岸将来会统一”。

祖国统一寄希望于台湾人民。祖国统一是大势所趋、大义所在、民心所向。民心是最大的政治，争取台湾民心的工作任重道远。我们必须不断增强中华民族共同体意识，广泛团结、不断发展壮大反“台独”、促和平、促统一的爱国力量，着力推动岛内维持现状的力量转化为促进两岸关系和平发展、推进祖国统一进程的力量，集聚各方智慧，打造“一国两制”台湾版。

“台独”分裂势力是对祖国和平统一的最大挑战，必须坚决反对。“台独”是绝路，选择“台独”无异于选择战争。反“台独”、促统一、保和平是海峡两岸的当务之急。国家主权和领土完整是不容侵犯的底线，要持续深入宣传《反分裂国家法》，形成反“独”促统的强大压力和动力。台湾的前途在于和祖国大家庭的深度融合。任何利用台湾遏制中国统一和发展的图谋都不会得逞。全球100多个国家和地区200多个统促会组织，形成了声势浩大的反“独”促统运动，“台独”必将在全球彻底失去人心。

两岸命运共同体的建设，中国的完全统一，是中国推动构建人类命运共同体的基础性条件。习近平总书记指出，中国的统一“只会给各国带来更多的发展机遇，只会给亚太地区和世界繁荣稳定注入更多正能量，只会为构建人类命运共同体、为世界和平发展和人类进步事业作出更大贡献”。中国大陆与港澳台地区交流合作，构建共同市场，结成命运共同体，将是中华民族共同体的新发展，国家治理的新实践。推动两岸关系和平发展、实现祖国和平统一，是台湾2300多万同胞的福音。全球176个国家与我国建交，一个中国原则在国际社会的广泛认同深刻揭示了台湾因素转化为推动构建人类命运共同体的积极力量的可能性，而不是相反。

四、发挥海外统一战线在推动构建人类命运共同体中的积极作用

海外统一战线是推动构建人类命运共同体的独特力量。分布在世界近200个国家和地区的6000多万华侨华人是沟通中国与世界的重要桥梁，其中“一带一路”沿线国家聚居了4000多万华侨华人，海外新疆籍少数民族华侨华人有100万之多，海外台湾移民200多万人。华侨华人具有分布广泛、融通中外、资源丰富、融入当地、恋祖爱乡等鲜明特点。华侨华人是中华民族的一分子，对祖（籍）国有着深厚的感情，华商被誉为世界最会经商的三大民族之一，华人在许多国家已成为当地多元民族的重要组成部分，深深影响着当地的经济、政治和文化。长期以来，广大海外侨胞关心

支持中国革命和建设事业，我国利用外资有一半以上是华侨华人投资，占外商投资企业总数的七成，40多年来华侨华人捐赠我国公益事业逾千亿元人民币。

华侨华人在推动构建人类命运共同体中作用明显，主要表现在：一是积极推动中外经贸合作，特别是推动实施“一带一路”倡议，包括沟通信息、项目促进、商贸合作、园区投资、咨询服务等，华侨华人是互联互通的天然桥梁。二是积极推动中外友好关系发展、对外讲好中国故事、促进中外文明交流互鉴、民心相通，华侨华人是民间友好使者。如海外有2.5万多个华人团体、2万多所各类华文学校、数十万华文教师、数百万在校学生、1000多家华文媒体、60余万家中餐馆等，有海水的地方就有华侨华人，有华侨华人的地方就有中华文化活动，一些国家华人倡导、举办的文化活动已融入到了当地民众文化生活之中。三是积极发挥在资金、技术、人才等方面优势，参与中国高水平对外开放和科教兴国、人才强国、乡村振兴、区域总体发展战略实施。在推动构建人类命运共同体的进程中，华侨华人是参与者、贡献者，是重要桥梁纽带。因为他们，中国可以更好地走向世界，世界也得以更好地感知中国。

中国走出去的各种力量是推动构建人类命运共同体的重要资源。中国在海外有100多万留学生。2018年，我国有1.497亿人次出境旅游、交流，全行业对外直接投资1298.3亿美元，各类劳务人员99.7万人。同年，在全球154个国家和地区建有孔子学院548所，孔子课堂1193个，注册学员210万人。随着中国企业走出去，中外经济、文化等各领域交往交流的频繁，中国的资金、技术、商品和精神、文化价值也走向世界。中国积极发展与世界各国政党友好合作关系，开展文明交流对话，增进彼此战略信任，同各国人民一道，推动构建人类命运共同体。

总之，港澳台海外统一战线是推动构建人类命运共同体的重要力量，推动构建人类命运共同体是港澳台海外统一战线的重要使命。构建人类命运共同体是一个持续、漫长的过程，应遵循共同推动、包容和谐、和平发展、合作共赢的原则，加强引领，广泛凝聚共识，排除一切阻力，构建合作共赢的新型国际关系，加强各国家、政党之间合作，在政治、安全、经济、文化、生态上协调推进，在利益、责任、安全、价值上深度融合；应铸牢中华民族共同体意识，实现中华民族伟大复兴，不断增强构建人类命运共同体的推动力、引导力和影响力，加快推进构建周边、双边、多边命运共同体，为构建人类命运共同体奠定坚实的基础；应着力推动共建“一带一路”倡议走深走实、行稳致远、高质量发展，作为我国全方位对外开放、更好地走向世界、深化全球治理、建设合作共赢新型国际关系、推动构建人类命运共同体的总揽性倡议和重要实践平台；应积极发挥统一战线优势，以中华民族共同体意识为引领，坚持一个中国原则，夯实民意基础，推动港澳融入国家发展大局、推进祖国统一进程，构建命运共同体，在推动构建人类命运共同体中注入强大正能量、发挥重要作用；应积极稳妥做好海外统一战线工作，最广泛团结联系海外

侨胞，发展壮大海外爱国统一战线和国际友好阵线，加强软实力建设，讲好统一战线故事，在政策沟通、民心相通、贸易畅通等和推动构建人类命运共同体中发挥独特作用；推动构建人类命运共同体的本质是构建大同世界、造福世界人民，应始终坚信人民在构建人类命运共同体中的决定性作用，让全球人民分享构建人类命运共同体的成果，做到中国引领、大国推动、各国参与，共商共建共享。

（《中国统一战线》2019年第8期）

以侨为桥　向世界传播中华优秀文化

中央统战部副部长　谭天星

博大精深的中华文化是海内外中华儿女共同的魂。中华文化以德服人、以文化人、和合天下的生命禀赋是中华民族保持旺盛生命力的不竭源泉。多元一体的中华民族拥有绚丽多彩的文化形态和历久弥新的文化价值。传承和弘扬中华优秀文化是中国对人类文明的贡献，是千千万万海内外中华儿女的历史责任和光荣使命。

2018年10月24日，中共中央总书记、国家主席、中央军委主席习近平考察暨南大学，勉励在校港澳台侨学生好好学习、早日成才，为社会做出贡献，把中华优秀传统文化传播到五湖四海，并希望暨南大学坚持自己的办学特色，为海外侨胞回祖国学习、传承中华文化创造更好条件。习近平总书记的重要讲话充分体现了党和政府对广大港澳台同胞和海外侨胞的高度重视和关怀，给海内外同胞以巨大鼓舞，为新时代华侨高等教育事业发展、为党和国家侨务事业指明了前进方向。

精心擦亮百年侨校的金字招牌。暨南大学拥有112年历史，是我国最知名的华侨高等学府，另一所知名侨校是在福建的华侨大学。1978年暨南大学复办，时任广东省委第二书记习仲勋在出席复办开学典礼讲话指出，办好暨南大学是一项很光荣的政治任务，对于团结几千万海外华侨、港澳同胞，扩大爱国统一战线和国际反霸统一战线，调动一切积极因素，培养各方面人才，具有重要意义。两校坚持“面向港澳台、面向海外”的办学方针，秉持“忠信笃敬”“会通中外、并育德才”“质量是生命，创新是灵魂”的办学理念，实施“侨校+名校”发展战略，各项事业取得长足进步。如暨大累计培养了来自世界五大洲170多个国家和地区的各类人才30余万。目前，暨南大学和华侨大学在校港澳台侨生有14000余人，为全国其他高校同类生之总和。今后，更应以侨兴校、以侨强校，加强学科建设、人才培养、学校管理、对外交流等，在传播中华文化、推动“一带一路”和粤港澳大湾区建设中发挥更大作用。

积极发挥华侨华人在中外文化交流中的独特桥梁和纽带作用。分布在世界近200

个国家和地区的6000多万华侨华人是中国和世界交往交流、合作共赢的重要资源和力量。他们融通中外、资源丰富、关系广泛、影响深远，长期以来积极传承中华文化、传播中国声音、讲好中国故事、促进中外友好交流。如海外侨胞在世界各地兴办的50多万家中餐馆、2万多所华文学校、2000多家华文媒体等已成为传扬中华文化的重要平台。正如邓小平同志所指出的，“海外关系是个好东西，可以打开各方面的局面”，让世界了解、理解中国，华侨华人是天然的渠道。其实，每一位侨胞都是中国的一张名片。在新时代中国全方位更高质量开放的进程中，华侨华人为中外文化交流、文明互鉴、构建人类命运共同体必将发挥更大作用。

创新、精准、有效在海外传播中华文化。文化交流、文明互鉴要有效果，必须创新交流的思路和方式，因地制宜，因人而异，因时而动，加强工作的针对性。文化交流既要“走出去”，更要“走进去”，讲究的是喜闻乐见、深入浅出、入脑入心，不能“只打雷、不下雨”，不能讲声势、讲排场、华而不实，不能简单地把国内模式搬到国外。要根据不同国家和地区、不同群体和对象，精心设计，运用恰当的方式开展各种文化交流活动，不断优化中华文化“走出去”的相关品牌活动，如“文化中国”“四海同春”等，提升其影响力。尤其要注重激发侨社内生动力，支持发展壮大海外本土化力量，推动华侨华人组织好各类文化活动。

深化改革、加强引领，形成海外中华文化传播新格局。随着侨务机构、体制改革的不断深化，大统战、大侨务工作新局面必将形成。加强党对海外统战工作的集中统一领导，加强涉侨行政事务的管理，充分发挥海外侨胞和归侨侨眷作用，发挥有关部门、群众团体和社会组织的职能作用，是新时代统战侨务工作的重要方向。要加强文化交流的政策指导和价值引领，通过文化交流不断增强彼此好感、亲近感，让中华优秀传统文化、当代中国优秀文化为世界人民所了解和喜爱。要进一步凝聚华侨华人文化正能量，推动全面构建和谐侨社，不断发展、壮大海外友好力量。

（《侨务工作研究》2018年第6期）

凝聚侨心侨力　同圆共享中国梦

分布在世界近200个国家和地区的6000多万海外侨胞和国内3000多万归侨侨眷，是中华民族的重要组成部分，是维护国家主权、安全、发展利益及促进中外友好的重要依靠力量，是连接中国梦与世界梦的重要桥梁纽带。在我国革命、建设和改革的各个历史时期，广大海外侨胞和归侨侨眷为中华民族的独立和解放，为中国的繁荣和发展，作出了重要贡献，在中华民族史册上写下了光辉篇章。侨务工作是党和国家一项长期性战略性工作。70年来，侨务工作始终与我国社会主义建设的伟大历

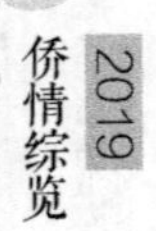

史进程紧密相连，始终与时代发展的脉搏同频共振，始终依法维护海外侨胞和归侨侨眷权益，在促进中国现代化建设、推进祖国和平统一、推动中外友好合作、传承中华文化和增强我国文化软实力等方面发挥了重要而独特的作用。

新中国成立之初，我们党将侨务工作与我国社会主义建设和对外工作紧密联系在一起，确定了我国开展侨务工作的基本方针和原则，奠定了侨务工作的重要思想和政策基础。侨务部门配合党和国家中心工作，积极团结、动员华侨和归侨侨眷以各种形式参与祖国社会主义建设。鼓励华侨优秀人才参与新中国建设，以钱学森、钱三强、李四光、华罗庚为代表的一大批著名科学家等回到祖国；积极发展侨汇业务，侨汇成为当时国家外汇收入的重要来源；建立中国新闻社、中国旅行社等侨务工作专门机构，为冲破西方国家对新中国的围堵封锁开辟了崭新途径。

改革开放之后，党中央把发挥几千万海外侨胞的作用，同对外开放的基本国策和把握我国大发展的机遇，紧密地联系在一起，为新时期侨务工作指明了方向。侨务部门全面落实各项侨务政策，紧紧抓住为经济建设服务这一中心，激发了广大海外侨胞和归侨侨眷参加改革开放和现代化建设的积极性。广大海外侨胞率先进入经济特区和沿海侨乡投资兴业，拉开了我国对外开放、引进外资的序幕；以各种方式支持科教兴国、人才强国等重大战略，促进了我国的科技进步和经济发展；积极捐赠兴办公益慈善事业，惠及教育、医疗卫生、交通、文化体育、社会福利和救灾扶贫等诸多领域；坚决维护祖国统一、积极弘扬中华优秀文化、努力促进中外友好，成为推动中国与世界交流交往的重要桥梁和纽带。

党的十八大以来，以习近平同志为核心的党中央，以实现中华民族伟大复兴中国梦的历史担当和战略胸怀，勾勒出海内外中华儿女意愿的最大公约数和最大同心圆，对凝聚侨心侨力同圆共享中国梦提出新的更高要求。侨务部门自觉以习近平总书记关于侨务工作的一系列重要论述、重要指示为遵循，坚持胸怀全局、为侨服务、改革创新，以凝聚侨心侨力同圆共享中国梦为主题，广泛团结联系海外侨胞和归侨侨眷，有力促进了海内外中华儿女的大团结，开创侨务工作新局面：

积极引导海外侨胞将个人梦想与民族复兴的梦想紧密相连，构建海外华商及侨胞专业人士联系合作网络，举办世界华侨华人工商大会机制性涉侨引资引智活动，打造“侨梦苑”侨商产业聚集区和华侨华人创新创业基地，优化为侨创新创业服务体系，鼓励支持海外侨胞更广泛、更深入地参与中国经济发展和现代化建设，积极参与创新驱动发展、京津冀协同发展、粤港澳大湾区建设、长江三角洲一体化发展等国家重大战略，侨资侨智在我国发展建设中的作用更加凸显。

持续推动海外和谐侨社建设，深入实施“海外惠侨工程”，丰富为侨服务内容，扩大覆盖面，形成助侨生存发展新局面，让海外侨胞有更多获得感。引导侨胞树立守法诚信、举止文明、关爱社会、团结和谐的良好形象，用自己辛勤劳动、诚信经营赢得住在国与当地民众的尊重和赞誉。加强与海外台湾省籍侨胞、新疆籍少数民族侨胞和海外藏族侨胞的联系，增进他们对祖（籍）国和家乡发展成就的了解，增强他们作为中华民族大家庭重要成员的认同感。

大力支持海外侨胞发展华文教育，牵头国家海外华文教育工作联席会议机制，实施华文教育中长期发展规划，引领带动华文学校实现“标准化、正规化、专业化”发展，面向华裔青少年组织开展“中国寻根之旅”夏令营等丰富多彩中华文化体验活动，夯实中华民族海外“留根筑魂”的基础。精心组织“文化中国”系列活动，以中华传统节庆活动为契机，支持海外侨胞开展形式多样的中外人文交流活动，将“四海同春”打造成春节文化“走出去”国家级品牌，成为中华文化走向世界的一个重要渠道，促进中外文化相互借鉴、彼此交融。

积极鼓励海外侨胞投身“一带一路”建设，积极宣传“共商、共建、共享”原则，为中国和沿线各领域合作牵线搭桥，有效促进了中国与沿线国家的政治互信、经济互融和人文互通。引导海外侨胞讲好中国故事，以生动鲜活、更接地气的形式向住在国社会和民众宣介人类命运共同体的理念，不断巩固扩大人类命运共同体的群众基础。

70年峥嵘岁月流光溢彩，见证了海外侨胞和归侨侨眷的家国情怀；新时代光明前景无比灿烂，海外侨胞和归侨侨眷共襄伟业的赤子情怀必将尽情迸发。只要汇聚起海内外中华儿女的磅礴力量，中华民族伟大复兴的中国梦一定能早日实现！

［“统战新语”（中央统战部宣传办公室）微信公众号2019－09－27］

涉侨政策法规

本栏目收录2019年公开发布的中央及地方政府及其职能部门制定的部分涉侨政策法规，先按照主题分为出境入境政策、权益保护、回国定居、引资引智、公益慈善、其他等六大类，各类再按照国家、省（直辖市、自治区）、市的级别，以文件发布时间的先后顺序排列。

出境入境政策

关于印发《关于推动出入境证件便利化应用的工作方案》的通知

（国移民发〔2019〕16号）

各省、自治区、直辖市有关部门、机构：

为贯彻落实党的十九大精神，践行以人民为中心的发展思想，按照党中央、国务院推动形成全面开放新格局的战略部署，持续深化“放管服”改革，深入推进“互联网+政务服务”，努力为港澳居民、华侨持用出入境证件办理个人事务提供更多便利，更好地吸引境外人才融入国家经济社会发展大局，国家移民管理局等十六个部门研究制定了《关于推动出入境证件便利化应用的工作方案》，现印发给你们，请加强组织协调，认真贯彻落实。

国家移民管理局　教育部　工业和信息化部
公安部　人力资源社会保障部　交通运输部
国家卫生健康委员会　中国人民银行
国家税务总局　国家市场监督管理总局
国务院港澳事务办公室　国务院侨务办公室
中国银行保险监督管理委员会　国家铁路局
中国民用航空局　中国铁路总公司
2019年3月26日

关于推动出入境证件便利化应用的工作方案

港澳居民持用的港澳居民来往内地通行证、华侨持用的护照（以下简称“出入境证件”）是港澳居民在内地、华侨在中国境内的身份证明文件。按照党中央、国务院关于形成全面开放新格局、深化“放管服”改革和深入推进粤港澳大湾区建设等重大部署，为便利港澳居民、华侨持用出入境证件办理个人事务、享有政务和公共服务，制定本方案。

一、指导思想

以习近平新时代中国特色社会主义思想为指导，认真贯彻落实党的十九大精神，坚持新发展理念，转变政府职能，坚持问题导向，大力改革创新，依托信息化手段，推进共建共享，深化出入境证件便利化应用，切实提升出入境人员获得感和满意度。

二、工作目标

充分发挥各主管部门职能作用，统筹推进出入境证件便利化工作，有效提升出入境证件使用便利性。加强“互联网+政务服务”应用，建设出入境证件身份认证服务平台，提供互联网出入境证件身份认证服务，力争2019年12月31日前全面实现港澳居民来往内地通行证、华侨护照在交通运输、金融、通讯、教育、医疗、社保、工商、税务、住宿等领域的便利化应用。

三、重点任务

（一）及时准确提供出入境证件身份认证服务。国家移民局按照《国务院关于加快推进全国一体化在线政务服务平台建设的指导意见》，建立出入境证件身份认证服务平台，对接国家政务服务平台，制定认证服务平台接口服务规范和平台使用准入规则，加强网络应用的安全防护，向政府部门、企事业单位、社会服务机构等部门提供互联网出入境证件身份认证服务，满足港澳居民、华侨办理政务服务、公共服务和互联网服务相关事项的“实名”“实人”“实证”认证需求。（责任单位：国家移民局）

（二）加快推进出入境证件在政务服务领域的便利应用。各相关部门及时对接使用出入境证件认证服务平台，将出入境证件纳入网上服务平台注册登记和认可使用的身份证件选项，在政务部门现场办事窗口、自助服务设备和网上服务平台为港澳居民、华侨办理相关事务提供便利。（责任单位：教育部、公安部、工业和信息化部、人力资源社会保障部、交通运输部、卫生健康委、人民银行、税务总局、市场监管总局、银保监会、国家移民局、铁路局、民航局、中国铁路总公司）

（三）全面实现出入境证件在公共服务领域的便利应用。将出入境证件纳入交通运输、金融、通讯、医疗、住宿等领域认可使用的身份证件选项，提供自助办理、网上办理等便捷服务。在交通运输领域，将出入境证件纳入实名购票和实名查验的有效身份证件，在实现网上购票的基础上，逐步实现乘飞机、乘火车以及有条件的道路水路客运等使用出入境证件自助购票和自助验证，在银行、证券、保险以及电信服务业、旅店业等行业，可通过出入境证件身份认证服务平台核验身份，快速办理银行开户、住宿登记等相关业务，试点网上办理手机电话卡、证券开户、购买保险等业务；在卫生系统和医疗机构的网上预约挂号平台，可办理网上预约；在各类人事人才网站，可提供网上投递求职简历、网上报名参加考试等服务。（责任单位：教育部、工业和信息化部、人力资源社会保障部、交通运输部、卫生健康委、人民银行、银保监会、国家移民局、铁路局、民航局、中国铁路总公司）

（四）大力拓展出入境证件在互联网企业服务平台的便利应用。推动各类互联网企业对接出入境证件身份认证服务平台，将出入境证件纳入用户注册的有效身份证件选项，实现即时注册并按规定开通网络支付、共享单车等互联网应用功能，使港澳居民、华侨更多地享有互联网便利服务。（责任单位：工业和信息化部、国家移民局）

四、工作步骤

（一）国家移民局运用互联网等先进技术，利用出入境数据资源，建成出入境证件身份认证服务平台（已完成）。

（二）国家移民局开展出入境证件身份认证服务平台试点，重点推动出入境证件在粤港澳大湾区的便利化应用（2019年2—6月）。

（三）国家移民局会同有关部门召开出入境证件身份认证服务平台运行宣传推介会（2019年5月）。

（四）相关部门对接出入境证件身份认证服务平台，开展应用系统、公共服务设备、网上办事平台改造，将出入境证件纳入政务服务、公共服务的身份证件选项并提供相应服务（2019年6—9月）。

（五）相关部门总结应用系统、设备升级改造等情况，评估出入境证件身份认证服务平台使用成效，实现出入境证件便利化应用（2019年9—12月）。

五、组织实施

（一）建立协调工作机制。国家移民局与国务院港澳办、国务院侨办，会同教育部、公安部、工业和信息化部、人力资源社会保障部、交通运输部、卫生健康委、人民银行、税务总局、市场监管总局、银保监会、铁路局、民航局、中国铁路总公司等部门建立出入境证件便利化应用协调工作机制，定期召开联络员工作会议，有序推进工作开展。

（二）共同推进任务落实。各部门要立足本职，结合本部门、本系统出入境证件便利化应用实际情况，梳理细化出入境证件便利化事项清单，明确时间表、路线图和责任单位，确保在2019年底前实现出入境证件便利化应用工作目标。

（三）认真组织督导检查。各部门要注意收集港澳居民、华侨反映的突出问题，有针对性地组织督导检查，找准工作中的薄弱环节，着力解决出入境证件使用不便利的新问题。

（四）积极开展便利化应用宣传。各部门要适时利用报纸、广播、电视以及“两微”平台、手机APP等新媒体积极组织开展对外宣传，全面客观展示工作成效，为出入境证件便利化应用营造良好社会环境。

国家移民管理局在全国范围内推广复制促进服务自贸区建设移民与出入境便利政策

国家移民管理局对目前适用于国家重点发展区域的移民与出入境便利政策措施进行了认真全面评估和深入调研论证，将政策措施进行了创新改进、优化整合，将其中鼓励、支持、便利外籍人才、外国优秀青年和外籍华人来华在华创新创业、投资兴业、学习工作的12条政策推广复制，于2019年8月1日起在全国范围内实施。

1. 对外籍高层次人才、有重大突出贡献以及国家特别需要的外国人，经国家有关主管部门、省级人民政府或国家重点发展区域管理部门推荐，可向公安机关出入境管理部门申请在华永久居留。上述人员的外籍配偶和未成年子女可随同申请。

2. 在中国境内工作的外国人，连续工作满4年、每年实际居住不少于6个月，工资性年收入不低于上一年度所在地区城镇在岗职工平均工资的六倍，年缴纳个人所得税不低于工资性年收入标准的20%，可向公安机关出入境管理部门申请在华永久居留。其外籍配偶和未成年子女可随同申请。

3. 在中国境内工作的外籍华人，具有博士研究生学历或在国家重点发展区域连续工作满4年、每年实际居住不少于6个月，可向公安机关出入境管理部门申请在华永久居留。其外籍配偶和未成年子女可随同申请。

4. 国内重点高等院校、科研院所和知名企业邀请的外国专家学者，以及设区的市级以上人民政府人才主管部门、科技创新主管部门认定的外籍高层次管理和专业技术人才，可向公安机关口岸签证部门申办口岸签证入境。入境后凭邀请单位的证明函件等材料，可向公安机关出入境管理部门申办有效期5年以内的多次签证或居留许可。

5. 国内重点发展领域、行业引进的外籍人才和创新创业团队成员，可凭工作许可和单位函件等材料，向公安机关出入境管理部门申办有效期5年以内的居留许可。创新创业团队外籍成员，也可凭团队负责人担保函件办理有效期5年以内的居留许可。

6. 有重大突出贡献以及国家特别需要的外国人，可推荐其带领的工作团队外籍成员和科研辅助人员，向公安机关出入境管理部门申办有效期5年以内的长期签证或居留许可。

7．中国境内企事业单位聘雇的外国人，已办妥工作许可、来不及出境办理工作签证的，可凭工作许可等材料向公安机关出入境管理部门申办工作类居留许可；对已连续两次办理1年以上工作类居留许可且无违法违规行为的，第三次申请工作类居留许可，可向公安机关出入境管理部门按规定申办有效期5年的工作类居留许可。

8．在国内重点高等院校、科研院所和知名企业工作的外籍高层次人才，经工作单位和兼职单位同意并向公安机关出入境管理部门备案，可兼职创新创业。

9．在国内重点高等院校获得本科以上学历的外国优秀留学生，毕业后在中国从事创新创业活动的，可凭高校毕业证书和创新创业等证明材料，向公安机关出入境管理部门申办有效期2至5年的居留许可。

10．在国际知名高校毕业的外国学生，毕业后2年内来中国创新创业的，可凭学历（学位）证明等材料，向公安机关出入境管理部门申办有效期2年以内的居留许可。

11．国内知名企业和事业单位邀请来中国实习的境外高校外国学生，凭邀请单位函件和高校就读证明等材料，可向公安机关出入境管理部门申办有效期1年的签证进行实习活动。根据政府间协议来华实习的境外高校外国学生，可按规定申办工作类居留许可。

12．探索在外国人较集中地区建立移民事务服务中心（站点），为常住外国人提供政策咨询、居留旅行、法律援助、语言文化等工作学习生活便利服务。

国家移民管理局
关于发布《出入境证件身份认证管理办法（试行）》的公告

为保证出入境证件身份认证工作正常开展，规范认证管理服务，国家移民管理局制定了《出入境证件身份认证管理办法（试行）》，现予以发布，自发布之日起施行。

特此公告。

国家移民管理局

2019年9月11日

出入境证件身份认证管理办法（试行）

第一条 为保证出入境证件身份认证工作正常开展，规范认证管理服务，根据《中华人民共和国出境入境管理法》《中华人民共和国护照法》《中华人民共和国网络安全法》《国务院关于在线政务服务的若干规定》等法律法规，制定本办法。

第二条 国家移民管理局负责建设出入境证件身份认证平台，授权并指导、监督出入境管理信息技术研究所开展出入境证件身份认证工作。

第三条 本办法所称出入境证件身份认证，是指向依法依规应当查验个人身份信息的经营者（以下简称“使用单位”）提供对当事人所持出入境证件信息进行一致性核验。

第四条 出入境证件身份认证采取以下方式：

（一）实名认证，对出入境证件持有人的姓名、证件号码、出生日期等信息进行一致性核验，返回核对结果；

（二）实人认证，对出入境证件持有人的人像信息进行一致性核验，返回核对结果；

（三）证件电子信息识读，对出入境证件所载芯片内电子信息进行识读，返回识读结果。

第五条 使用单位应当符合以下条件：

（一）在中华人民共和国境内注册，具有独立法人资格，遵守中华人民共和国相关法律法规；

（二）依法依规应当查验当事人身份；

（三）对使用出入境证件身份认证的信息系统具有所有权或者运营权；

（四）具备安全使用出入境证件身份认证的技术保障环境；

（五）使用出入境证件身份认证不会危害国家安全、损害公共利益和他人合法权益。

第六条 使用单位申请开通出入境证件身份认证应当提供以下材料：

（一）使用单位基本情况表；

（二）企业营业执照复印件，事业单位、社会团体、基金会、社会服务机构法人登记证书复印件；

（三）使用出入境证件身份认证的合法性说明材料，包括需要使用出入境证件身份认证的法律法规依据，业务领域、应用场景、认证内容等；

（四）对使用出入境证件身份认证的信息系统具有所有权或者运营权的权属证明；

（五）使用出入境证件身份认证的信息系统的安全性说明材料，包括软硬件运行环境、网络架构、系统模块组成、安全防护措施等。

使用单位应当对上述材料的真实性负责。如果上述材料登记事项发生变更或者失效的，应当自变更或者失效之日起十五日内重新提交。

第七条 出入境证件身份认证提供方为使用单位开通出入境证件身份认证，应当按以下程序办理：

（一）使用单位在线申请并提交本办法第六条规定的材料；

（二）出入境证件身份认证提供方对申请材料进行核查，发出通过核查、不通过核查和补充申请材料通知；

（三）核查通过后，双方开展平台对接调试；

（四）调试结束后，双方签订使用和安全保密协议；

（五）开通出入境证件身份认证业务。

第八条 出入境证件身份认证提供方评估使用单位认证量需求，确定采用移动数字证书或者签名验签服务器方式接入出入境证件身份认证平台。

第九条 使用和安全保密协议中应当包括以下内容：

（一）使用单位应当在约定的业务范围内合法合规正当使用出入境证件身份认证，不得将出入境证件身份认证功能转让给任何的第三方使用；

（二）使用单位应当制定安全管理制度和应急预案，保障使用出入境证件身份认证的信息系统、移动数字证书和签名验签服务器的安全；

（三）出入境证件身份认证提供方保证平台能足够满足正常的认证需求；

（四）出入境证件身份认证提供方应当及时提供身份认证结果；

（五）暂停或者终止出入境证件身份认证业务的各类情形。

第十条 出入境证件身份认证服务提供方应当依据相关规定，指导和监督使用单位依规正确规范使用出入境证件身份认证平台。

第十一条 使用单位不得利用出入境证件身份认证业务以任何理由向任何单位或者个人收取费用。

第十二条 使用单位具有以下情形之一的，出入境证件身份认证服务提供方应当及时提示并纠正：

（一）未遵守、执行安全管理制度和管理措施；

（二）访问流量异常的；

（三）使用运营中存在安全风险的。

使用单位应当在接到提示通知之日起十日内改正并反馈结果。

第十三条 使用单位具有以下情形之一的，出入境证件身份认证提供方应当暂停认证服务：

（一）接到提示通知后，未能在十日内改正的；

（二）未按照本办法第六条第二款规定重新提交材料的；

（三）超范围使用出入境证件身份认证的；

（四）因使用单位的信息系统存在管理问题，影响出入境证件身份认证平台正常运行的；

（五）违反使用和安全保密协议的行为；

（六）违反法律法规、本办法的其他行为。

使用单位应当在接到暂停出入境证件身份认证通知之日起三十日内改正，对于在上述时限内改正并经核查确认后，可以重新开通认证业务。

第十四条 使用单位具有以下情形之一的，出入境证件身份认证提供方应当终止认证业务：

（一）接到暂停认证通知后，未能在三十日内改正的；

（二）提交不真实或者虚假资料的；

（三）不再符合本办法第五条规定条件的；

（四）转让出入境证件身份认证功能或者泄露身份认证结果的；

（五）利用出入境证件身份认证业务向任何单位或者个人收取任何费用的；

（六）将出入境证件身份认证用于违法违规用途的；

（七）其他违反双方使用和安全保密协议的严重行为的；

（八）违反法律法规、本办法的其他行为，情节严重。

第十五条 出入境证件身份认证提供方发现使用单位使用认证业务有违法犯罪嫌疑的，应当及时报告有关部门依法查处。

第十六条 本办法由国家移民管理局负责解释。

第十七条 本办法自公布之日起试行。

权益保护

大连市华侨权益保护条例

［2019 年 4 月 26 日大连市第十六届人民代表大会常务委员会第十一次会议通过 2019 年 5 月 30 日辽宁省第十三届人民代表大会常务委员会第十一次会议批准 2019 年 6 月 10 日大连市人民代表大会常务委员会公告（第八号）公布自 2019 年 7 月 1 日起施行］

第一条 为了保护华侨合法权益，发挥华侨在本市经济社会发展中的作用，根据宪法和有关法律、法规，结合本市实际，制定本条例。

第二条 本市行政区域内华侨合法权益的保护，适用本条例。

本条例所称华侨，是指定居在国外的中国公民。华侨身份的认定，由市及区（市）县侨务主管部门按照国家有关规定执行。

第三条 华侨权益保护应当遵循平等保护的原则。华侨享有宪法和法律规定的公民权利，并履行宪法和法律规定的公民义务。

第四条 本市应当加强对华侨权益保护工作的领导，建立健全华侨权益保障工作协调机制，制定华侨权益保护政策措施。

市及区（市）县侨务主管部门负责本行政区域内华侨权益保护的指导、协调、监督工作，加强对华侨权益保护有关法律法规和政策的宣传。

市及区（市）县人民政府有关部门按照各自职责，做好与华侨权益保护有关的工作。

第五条 市及区（市）县归国华侨联合会应当宣传贯彻法律法规和侨务政策，反映华侨的意见和建议，为华侨提供政策咨询和法律服务，维护华侨的合法权益。

第六条 支持和引导华侨利用海内外联系广泛的资源优势，在对外开展的经济、科技、文化、教育、卫生、体育等领域的合作交流和民间友好往来中发挥桥梁纽带作用。

第七条 县级以下人民代表大会代表选举期间，华侨在国内的，其原籍地、出国前居住地或者现居住地在本市的，可以参加原籍地、出国前居住地或者现居住地的选举。选举委员会应当依法做好华侨选民登记工作。

第八条 华侨可以依法在本市申请成立社会团体并开展活动，其合法权益受法律保护。

第九条 华侨在本市办理金融、教育、医疗、交通、电信、邮政、社会保险、财产登记、住宿登记、房屋租赁和买卖、投资创业、税务、公证、机动车买卖及驾驶证申领等事项，需要提供身份证明的，可以凭本人的中华人民共和国护照证明身份。

有关部门和单位应当采取措施，完善相关信息系统，依法为华侨办理前款规定的事项。

第十条 华侨要求在本市定居的，可以向市侨务主管部门提出申请，市侨务主管部门应当按照有关规定受理。

第十一条 华侨持中华人民共和国护照或者其他旅行证件在本市出境入境，出入境边防检查机关应当依法办理。

华侨回国后，可以向本市出入境管理部门申请换发、补发护照，申请往来港澳通行证、往来台湾通行证及签注。

第十二条 华侨因境外直系亲属病危、死亡或者处理境外财产等特殊情况急需出境，需要在本市办理相关手续的，出入境管理有关部门应当优先办理。

华侨的遗体（骸骨、骨灰）需要从境外运入本市的，由民政、海关等有关部门按照有关规定办理并提供相关便利。

第十三条 华侨在国内的眷属，依法享有出国探亲的待遇，任何单位和个人不得损害其合法权益。

侨眷职工出国探亲是指与配偶、父母、子女之间的团聚，探望父母和探望子女享受同等待遇。

华侨在国内的眷属，因私事短期出国向所在单位申请事假，其假期及工资等按照国家有关规定执行。

第十四条 华侨在本市从事专业技术工作的，可以参加专业技术职务任职资格评审和专业技术人员资格考试，其在境外从事专业技术工作的年限和成果，可以作为专业技术职务任职资格评审的参考依据。

第十五条 华侨子女的监护人具有本市户籍的，华侨子女可以就读本市学前教育机构和义务教育学校，享受本市户籍居民入园、入学同等待遇，教育主管部门应当按照规定办理就读手续。华侨子女参加中考、高考，教育主管部门应当按照有关规定执行。

华侨学生的父母出国前具有本市户籍或者其祖父母、外祖父母具有本市户籍的，华侨学生可以参加本市高中阶段招生考试，与本市户籍学生享受同等待遇。

第十六条 华侨与用人单位依法建立劳动关系的，应当依法参加社会保险，由用人单位和华侨按照规定缴纳社会保险费用。华侨在本市灵活就业的，可以按照国家有关规定参加社会保险。

参加社会保险的华侨依法享受社会保险待遇。

第十七条 参加基本医疗保险的华侨和在本市离休、退休后出国定居的华侨，回本市就医的，按照有关规定享受医疗保险待遇。

第十八条 华侨在本市就业的，享有和本市职工同等住房公积金待遇。用人单位和华侨应当按照规定缴存、提取、使用和转移住房公积金。

第十九条 华侨在本市居住期间，因自然灾害或者意外事件，导致基本生活出现严重困难的，可以依法申请社会救助，各级人民政府及其有关部门应当对符合条件的华侨予以救助。

第二十条 华侨购买房屋适用本市居民同等政策，不动产登记机构应当依法登记发证。

华侨对其在本市的私有房屋，依法享有占有、使用、收益和处分的权利，任何单位和个人不得侵犯。

第二十一条 依法征收华侨的私有房屋和承包经营的土地应当公告并给予补偿。华侨不在国内的，征收人可以通过其在本市的亲属或者代理人协助通知，也可以通过邮寄送达方式通知。

第二十二条 华侨对继承、接受遗赠和赠与获得的财产，依法享有占有、使用、收益和处分的权利。

有关部门应当根据华侨的合理请求，对其在本市继承遗产、接受遗赠和赠与提供必要的协助。

第二十三条 华侨租住公有住房与本市居民享受同等待遇。

华侨出国定居前租住的公有住房，可以由其同住亲属继续租住，并按照当地标准缴纳房租。

第二十四条 支持和引导华侨以本人、其设立的企业或者其他经济组织的名义在本市投资。

华侨依法投资、经营获得的利润、清算所得以及其他合法收益，可以依法汇往境外。

第二十五条 支持和引导华侨及其投资企业开展专利申请、商标注册和著作权登记等活动。

华侨和华侨投资企业或者其他经济组织独立持有的科技成果，可以自主决定采用转让、作价入股等方式，开展成果转化活动。

华侨利用其专利、专有技术等科技成果投资创业的，享受留学人员回国创业和科技成果转化的相关政策。

第二十六条 华侨回国创新创业，可以按照规定参与本市人才创新创业类的计划或者项目，并按照有关规定享受优惠政策和待遇。

市及区（市）县人民政府及其有关部门应当为华侨人才在项目申报、资格审定、科研等方面创造方便条件，对其本人及家属在办理户籍、医疗、金融、教育、出入境等手续时提供便利。

第二十七条 支持和引导华侨投资企业依法通过公平竞争参与政府采购活动。政府采购依法对华侨投资企业生产的产品、提供的服务平等对待。

第二十八条 鼓励金融机构、融资性担保机构和其他金融企业为华侨投资者提供金融服务。支持华侨投资者依法通过信贷、股票、债券等方式融资。

第二十九条 支持和引导华侨个人、华侨投资企业和华侨社会团体依法向慈善公益事业捐赠。

华侨个人和华侨投资企业捐赠财产用于慈善公益事业的，依法享受所得税优惠。

华侨从境外向本市捐赠物资用于慈善公益事业的，依法减征或者免征关税和进口环节的增值税，市及区（市）县侨务主管部门应当协助办理有关入境手续，并为捐赠人实施捐赠项目提供帮助。

第三十条 华侨合法权益受到侵害的，可以依法通过下列途径解决：

（一）协商和解或者申请调解；

（二）向侨务主管部门或者其他有关部门投诉；

（三）申请行政裁决、行政复议；

（四）申请仲裁；

（五）向人民法院提起诉讼。

第三十一条 市及区（市）县侨务主管部门接到华侨投诉后，对属于本部门职责的，应当及时处理并反馈结果；对不属于本部门职责的，应当及时移交其他有关部门办理，并告知投诉人。对移交的投诉事项，侨务主管部门应当督促有关部门及时办理。

其他有关部门接到投诉后，能够当场办理的事项，应当当场办理；需要调查、取证、协调的事项，一般应当自受理之日起十五个工作日内将处理意见答复投诉人，同时告知同级侨务主管部门。

第三十二条 国家机关及其工作人员损害华侨合法权益的，侨务主管部门和归国华侨联合会可以向其所在机关或者上级主管部门提出追究其责任的意见和建议，所在机关或者上级主管部门应当及时研究处理并告知结果。

第三十三条 国家机关及其工作人员违反本条例规定，有下列情形之一的，对直接负责的主管人员和其他直接责任人员，依法给予相应处分；构成犯罪的，依法追究刑事责任：

（一）未按照规定为华侨子女办理就读手续的；

（二）未按照规定为华侨办理相关社会保险手续的；

（三）停发、扣发或者拒不按时支付社会保险待遇的；

（四）未依法对征收的华侨私有房屋和承包经营的土地进行补偿的；

（五）其他侵犯华侨合法权益的。

第三十四条 除法律、法规规定不可享有的特定权利外，外籍华人在本市的有关权益保护，可以参照本条例执行。

第三十五条 本条例自2019年7月1日起施行。

深圳经济特区实施《中华人民共和国归侨侨眷权益保护法》规定

（1995年3月30日深圳市第一届人民代表大常务委员会第二十九次会议通过　2005年4月29日深圳市第三届人民代表大会常务委员会第三十八次会议修订　根据2012年6月28日深圳市第五届人民代表大会常务委员会第十六次会议《关于修改〈深圳经济特区实施《中华人民共和国归侨侨眷权益保护法》规定〉的决定》第一次修正　根据2019年8月29日深圳市第六届人民代表大会常务委员会第三十五次会议《关于修改〈深圳经济特区人才工作条例〉等二十九项法规的决定》第二次修正）

第一条 为了维护归侨、侨眷的合法权益，充分发挥归侨、侨眷建设深圳经济特区（以下简称“特区”）的作用，根据《中华人民共和国归侨侨眷权益保护法》和《中华人民共和国归侨侨眷权益保护法实施办法》等法律、行政法规，结合特区实际，制定本规定。

第二条 市、区侨务部门是侨务工作的主管部门，对本规定实施负有下列职责：

（一）贯彻执行侨务工作的法律、法规、规章和政策；

（二）保护归侨、侨眷的合法权益；

（三）协调有关部门和单位的侨务工作；

（四）开展侨务宣传、教育工作和海外侨胞的联谊活动；

（五）协助有关部门做好安置归侨及其子女的工作；

（六）扶持归侨、侨眷兴办企业，并为企业提供服务；

（七）会同有关部门做好引进侨资、技术、人才和设备的工作。

第三条 归侨、侨眷的身份由市、区侨务部门确认。

归侨侨眷需要确认身份的，应当持有所在单位、街道办事处或者户籍所在地公安派出所出具的证明，或者持有能证明其归侨、侨眷身份的其他有效证件，由市、区侨务部门审核发证。

同华侨、归侨有长期扶养关系的其他亲属，其侨眷身份应当经公证机关出具扶养公证后，方予审核认定。

华侨、归侨死亡后，其国内眷属依法确认的侨眷身份不变，但是其配偶与非华侨、归侨再婚的除外。

第四条 依法成立的各级归国华侨联合会按照其章程进行活动，依法维护归侨、侨眷的合法权益。归侨、侨眷有权依法申请成立其他社团，进行适合归侨、侨眷需要的合法的社会活动。

依法成立的归侨、侨眷社会团体拥有的财产受法律保护，任何组织或者个人不得侵害、损害。

第五条 市、区人民代表大会应当有适当名额的归侨、侨眷代表。各级归国华侨联合会可以依法推荐归侨、侨眷代表候选人。

第六条 市、区有关部门对归侨、侨眷集中的地区和单位，依法应当给予相应的政策扶持。

第七条 归侨、侨眷为兴办公益事业捐赠的款物，任何组织或者个人不得侵占、损害；所兴办项目的名称、用途不得随意更改。

第八条 归侨、侨眷的私有房屋所有权受法律保护。归侨、侨眷对其私有房屋依法享有占有、使用、收益和处分的权利，任何组织或者个人不得侵犯。

城市建设依法征用土地，需要拆迁归侨、侨眷私有房屋的，建设单位应当按照有关规定给予相应补偿和妥善安置。

第九条 华侨经批准回原籍定居的，有关部门应当给予协助和支持。

第十条 归侨学生、归侨子女和华侨子女报考深圳市由政府举办的非义务教育的各类学校，在同一分数段内优先录取。

第十一条 用人单位招用职工时，在同等条件下应当优先录用归侨学生、归侨子女和华侨子女。归侨学生、归侨子女和华侨子女组织起来就业和自谋职业的，有关部门应当给予扶持。

第十二条 本市户籍归侨员工退休时，月基本养老金与地方补充养老待遇之和低于本市上年度城镇职工月平均工资的，每月加发退休时本市上年度城镇职工月平均工资百分之五的补助费。

第十三条 归侨、侨眷因私申请出境的，按照有关规定办理。

归侨、侨眷因境外直系亲属或者兄弟姐妹病危、死亡或者限期处理境外财产等特殊情况急需出境的，公安机关应当在收到申请后四十八小时内作出批准或者不批准的决定。

申请人在规定期间未接到审批结果通知的，有权查询，受理部门应当在三日内作出答复；申请人对不批准的决定不服的，有权向上一级公安机关提出申诉。

第十四条 归侨、侨眷因私事申请出境，其所在单位或者有关部门不得因其申请出境而作出损害其权益的规定；不得在其取得前往国家（地区）入境签证前，强令其办理停职、停薪、退职、辞职、退学、停学或者腾退住房；不得自行收取保证金、抵押金及其他费用。

第十五条 归侨、侨眷获准出境定居的，原已购买的非市场商品房应当予以保留，按照相关房屋政策规定办理有关手续。

第十六条 在职的归侨、侨眷申请出境定居的，其所在工作单位应当在其取得定居国（地区）入境签证后十五日内，为其办理离职手续；本人向社会保险部门申请办理退保手续的，社会保险部门应当按照有关规定为其办理退还养老保险个人账户积累额的手续。

离休、退休、退职的归侨、侨眷出境定居的，其离休金、养老金、退职金以及生活补贴，与境内原单位同类人员享受同等待遇。

第十七条 归侨、侨眷出境定居后要求回国定居的，应当按照国家有关华侨回国定居的规定办理回国定居证明，并在抵达目的地后三十日内凭回国定居证明到拟定居地公安派出所办理常住户口登记。要求工作的，人力资源保障部门应当在同等条件下优先向用人单位推荐。

归侨、侨眷职工出境定居后又返回，在本市重新就业的，在退回养老保险金后，其出境前和重新就业后的实际缴费年限合并计算。

第十八条 归侨、侨眷将子女送养给其同辈三代以内旁系血亲的华侨，经查证双方当事人自愿、被收养人同意，确为接受境外华侨产业和照顾生活的，公证机关应当为其出具收养公证书。

第十九条 归侨、侨眷的合法权益受到侵犯的，有权要求有关部门依法处理，除有特别规定外，受理部门应当在接到要求处理的文书之日起三十日内作出处理决定；对有关部门处理决定不服的，当事人可以依法申请行政复议或者向人民法院提起行政诉讼。

第二十条 国家工作人员损害归侨、侨眷合法权益的，其所在工作单位或者上级主管机关应当责令改正或者给予处分；构成犯罪的，依法追究刑事责任。

第二十一条 外籍华人的具有深圳常住户口的眷属，可以参照本规定执行。

第二十二条 本规定自公布之日起施行。本规定未尽事项，依照《中华人民共和国归侨侨眷权益保护法》《中华人民共和国归侨侨眷权益保护法实施办法》和《广东省归侨侨眷权益保护实施办法》的规定执行。

浙江省高级人民法院　浙江省归国华侨联合会
印发《关于开展涉侨纠纷多元化解试点工作方案》的通知

（浙侨联〔2019〕52号）

本省各级人民法院、归国华侨联合会：

为全面贯彻落实习近平总书记关于侨务工作的重要论述和最高人民法院、中华全国归国华侨联合会《关于在部分地区开展涉侨纠纷多元化解试点工作的意见》，进一步推进我省涉侨矛盾纠纷多元化解，打造共建共治共享的社会治理格局，依法维护归侨侨眷和海外侨胞合法权益，依据《中华人民共和国人民调解法》《中华人民共和国归侨侨眷权益保护法》及《浙江省华侨权益保护条例》，结合我省实际，省高级人民法院、省归国华侨联合会共同制定了《关于开展涉侨纠纷多元化解试点工作方案》，现印发给你们，请遵照执行。

浙江省高级人民法院

浙江省归国华侨联合会

2019年11月7日

浙江省高级人民法院、浙江省归国华侨联合会
关于开展涉侨纠纷多元化解试点工作方案

1．总体要求。全省各级人民法院、各级归国华侨联合会要以习近平总书记“坚持把非诉讼纠纷解决机制挺在前面”的重要指示为指导，相互协作、相互配合，按照诉源治理工作的整体部署，在侨务工作领域坚持发展新时代“枫桥经验”，充分借助我省各类涉侨纠纷化解渠道、在线矛盾纠纷多元化解平台（ODR平台）和移动微法院等平台，坚持运用法治思维和法治方法，积极推进涉侨纠纷的多元化解试点工作。

2．协调指导。浙江省高级人民法院民四庭、浙江省归国华侨联合会联络维权部分别作为法院系统和侨联系统涉侨纠纷多元化解的日常联络部门，负责指导、协调与总结涉侨纠纷多元化解工作，加强日常工作联系。

3．确定重点。确定青田县人民法院、文成县人民法院等涉侨纠纷较多、前期工作经验丰富的人民法院为涉侨纠纷多元化解试点工作示范法院。浙江省高级人民法院、浙江归国华侨联合会在省内复制、推广试点工作示范法院的成熟经验。

4．专门机构。鼓励省内有条件的人民法院设立“涉侨诉讼服务中心”“涉侨调解中心”等涉侨诉讼服务专门机构，负责统筹协调涉侨审判事务以及与其他相关部门、海外联络员等沟通、协调工作，深化涉侨服务整合实践成果。

5．侨联架桥。充分借助各级归国华侨联合会的纽带作用，通过“海外联络员”等联络、服务平台，铺设涉侨纠纷沟通桥梁，“以侨为桥”，依法开展协助送达、调查、调解、执行等工作。充分调动海外侨领和侨胞的积极性，促进涉侨纠纷妥善化解。

6．资源共享。探索利用现有的全省海外联络平台，如青田县人民法院和文成县人民法院已有的海外联络点，侨联的海外联络站等，实现全省资源共享与协作。

7．经费保障。对于涉侨多元纠纷化解工作中产生的相关费用，包括场地租赁、人员培训、通讯、交通、文印、补贴等费用，积极争取地方财政的支持，形成涉侨纠纷多元化解机制的常态化经费保障机制，最大限度调动工作人员的积极性。

8．诉前预警。侨胞通过投诉、申请协助、反映情况等形式向当地归国华侨联合会要求解决民商事纠纷的，经归国华侨联合会调处未果，且当事人可能寻求司法救济的，该归国华侨联合会可向有管辖权的人民法院发出诉讼预警，告知相关调处情况和背景信息。

9．审慎处理。各级人民法院受理重大、复杂、敏感的涉侨民商事案件后，应及时通报同级归国华侨联合会，并层报省高院相关部门；经归国华侨联合会协调处理后，涉侨纠纷当事人未能达成一致意见转而寻求司法救济的，或归国华侨联合会发现人民法院已受理的涉侨民商事案件较为重大、敏感时，归国华侨联合会应将该纠纷的背景信息通报受案人民法院。

10．案件反馈。对人民法院正在审理的涉侨民商事案件，归国华侨联合会来函会商的，收函人民法院应及时将案件进展和处理情况予以反馈，属重大、复杂、敏感案件的，还应将处理情况事先层报省高院相关部门。

11．诉前调解。各级归国华侨联合会在处理涉侨民商事纠纷时，要积极进行诉前调解，尽可能引导当事人达成和解或调解协议，减少纠纷成讼率；必要时归国华侨联合会可邀请人民法院或侨联法律顾问委员会参与，共同研处解决方案。

对于已经诉至法院的涉侨纠纷，经法院释明后当事人未明确反对的，法院可在立案前将纠纷委派给各级归国华侨联合会调解。各级侨联应当做好对接，对纠纷积极开展调解。

12．诉仲衔接。各级人民法院、归国华侨联合会应加强与仲裁机构的联系，可以设立仲裁对接窗口，引导当事人之间达成仲裁协议，通过仲裁的方式化解纠纷。

13．公证对接。各级人民法院、归国华侨联合会应加强与公证机构的对接联系，搭建诉讼公证绿色通道，努力实现涉侨诉讼文书公证的最多跑一次。

14．委托调解。各级人民法院在案件审理中，发现涉及政策性、行政性问题或需要通过行政协调解决相关问题的，在征得当事人同意后，可将案件委托同级归国华侨联合会先行调解。各级人民法院在处理当事人一方为侨胞的涉侨民商事纠纷时，在征得双方当事人同意后，可委托当地归国华侨联合会进行调解。

15．特邀调解。各级人民法院在审理涉侨民商事案件时，可邀请同级归国华侨联合会的人员或辖区内有一定威望的侨胞侨眷、律师等兼任人民观察调解团成员，共同化解纠纷。

16．借力科技。在涉侨纠纷化解中推广使用浙江移动微法院、在线庭审、在线送达等线上平台基础上，增加“智慧侨联”建设，充分利用互联网的技术优势和平台优势，最大限度地方便与满足侨胞侨眷的司法需求，实现诉讼服务事项跨区域远程办理、跨层级联动办理、跨部门协同办理。

17．司法确认。涉侨民商事纠纷在诉讼前，经归国华侨联合会协调处理，双方当事人达成一致意见，并共同向人民法院申请确认调解协议效力的，人民法院应当参照《最高人民法院关于人民调解协议司法确认程序的若干规定》进行办理。

在诉讼中，人民法院委托归国华侨联合会调解，当事人达成调解协议后向人民法院申请确认调解协议效力的，人民法院应当按照《最高人民法院关于人民法院民事调解工作若干问题的规定》依法予以审查与确认。经司法确认，一方当事人拒绝履行或未全部履行义务的，对方当事人可申请人民法院强制执行。

18．组织协调。人民法院和归国华侨联合会在省级层面设立协调工作小组，负责研究解决推进涉侨多元纠纷化解工作中出现的问题，建立日常协调机制、联席会议机制、会商机制等。在协调处理重大、复杂、敏感的涉侨民商事纠纷时，可根据需要建立临时协调工作小组，由人民法院、归国华侨联合会的相关领导共同参与调处，明确分工，落实责任。

19．定期会商。在全省侨胞比较集中的地区，人民法院和归国华侨联合会应建立定期会商制度，每年至少会商一次，相互通报辖区内涉侨民商事纠纷的情况动态和中央对涉侨工作的部署要求，共同研究工作重点和对策。

20．协调联络。在全省侨胞比较集中的地区，人民法院和归国华侨联合会应确定专人担任涉侨多元纠纷化解机制协调联络员，负责具体的协调联系工作，切实提高调处工作的效率。

本方案由浙江省高级人民法院和浙江省归国华侨联合会负责解释。

浙江省公安厅　浙江省人民政府侨务办公室关于进一步简化华侨在本省落户工作的通知

（浙公通字〔2019〕43号）

各市、县（市、区）公安局、侨办：

为深入贯彻落实《浙江省华侨权益保护条例》，积极回应广大华侨期盼，切实保护华侨合法权益，现就简化华侨在本省办理落户有关事项通知如下：

一、申请条件

（一）一般情形。原户口登记在本省，因出国被注销户口的华侨，可以向拟落户地公安机关申请恢复户口。护照与原户口登记身份信息不一致，护照持有人和户口登记人系同一人的，可以根据本人意愿，按照原户口登记的身份信息申请恢复户口。拟落户地为原户口注销地的，不受合法固定住所、稳定生活保障等条件限制；拟落户地为非原户口注销地的，应当符合当地规定的落户条件。

（二）姓名不一致的情形。护照与原户口登记的姓名不一致，且护照持有人和户口登记人系同一人的，符合下列情形之一，本人能够说明原因、经过并提供相关证明材料，经调查证实的，可以申请恢复户口并按照护照信息变更姓名。

1．护照登载的姓名为本人的曾用名；

2．护照与原户口登记登载的姓名读音为谐音（包括方言）；

3．实际长期使用护照登载的姓名办理国内外社会事务。

（三）出生日期不一致的情形。护照与原户口登记的出生日期不一致，且护照持有人和户口登记人系同一人的，符合下列情形之一，本人能够说明原因、经过并提供相关证明材料，经调查证实的，可以申请恢复户口并按照护照信息变更更正出生日期。

1．系公历、农历换算造成护照与原户口登记的出生日期不一致；

2．公安机关签发的首次出国使用护照与原户口登记的出生日期不一致；

3．实际长期使用护照登载的出生日期办理国内外社会事务。

二、办理程序

（一）受理申请。

1．符合一般情形的，由本人向拟落户地公安派出所（含办证中心，下同）提交书面申请、本人有效护照、户口注销证明（相关材料公安派出所能够通过内部查询获取的，无需申请人提供，下同）。身份信息不一致，以原户口登记的身份信息申请落户的，还需提交造成身份信息不一致的原因和经过情况说明。公安机关应当书面告知恢复户口后可能影响出境入境、国外居留资格等相应后果，并由申请人签字确认。

2．身份信息不一致，符合变更姓名、更正出生日期相关情形的，由本人向拟落户地公安派出所提交书面申请、本人有效护照、护照为唯一并长期使用的书面承诺、户口注销证明、无犯罪记录证明，以及造成姓名、出生日期不一致的原因和经过情况说明和相关证明材料。

（二）调查审批。公安派出所受理申请后，应当按规定进行调查核实并提出审核意见，涉及身份信息不一致的，还要对申请人是否符合变更更正姓名、出生日期条件提出认定意见，申请人应积极协助配合公安机关开展相关调查。受理派出所应当在受理之日起5个工作日内（调查核实时间不计在内）将审核认定意见提交县级公安机关户籍管理部门。县级公安机关户籍管理部门应当在收到审核认定意见之日起5个工作日内，对派出所的调查核实情况、审核认定意见进行审查。经审查，符合条件的，准予恢复户口；不符合条件的，不予恢复户口。

（三）办理落户。经县级公安机关户籍管理部门批准同意恢复户口的，受理地派出所在批准之日起5个工作日内办理落户手续，并进行相关人口信息系统操作。对身份信息不一致的，符合变更更正条件的，同时办理变更更正姓名、出生日期等相关手续。对身份信息不一致，但以原户口登记信息办理落户的，户籍管理部门要将申请人护照转递出入境管理部门，依法缴销并按规定宣布作废。公安机关可以根据申请人的需要，出具身份信息变更更正的证明，为其办理相关事务提供依据。在原户口注销地落户的，一般登记在原户口住址，原住址失去登记条件且本人无合法固定住所的，应当将户口登记在本县（市、区）城镇地区同意被投靠的亲友处。

三、工作要求

（一）坚持“一人一个身份”的原则。要确保登记身份信息的准确性和唯一性，防止一人持多本护照、户口重复登记、双重国籍等情况发生。对身份信息不一致的，要在常住人口登记表和相关信息系统中载明原护照、户口登记等相关信息，做好信息关联。对弄虚作假、骗取落户审批的，要及时撤销户口登记事项，涉嫌违法犯罪的，要依法予以查处。

（二）坚持便民利民的原则。各级公安机关户籍管理、出入境管理部门要密切配合、分工协作，各司其职做好调查核实、户口登记、出入境信息查询和护照管理等相关工作，不断优化办理流程、加强内部流转，努力实现“最多跑一次”。各级人民政府侨务部门要积极协助公安机关办理与华侨落户相关的侨务工作，多渠道、全方位地做好相关政策宣传和解释工作，争取广大华侨理解支持，切实保障华侨权益。

（三）坚持疑难会商的原则。华侨定居落户政策性强、敏感度高，特别是国内外身份不一致的华侨，形成原因复杂、情况特殊，要充分利用户籍疑难问题会商机制，集体研究解决特殊的个案问题。涉及重大问题的，可以由公安、侨办牵头，依托侨务工作联席会议等工作机制进行研究会商、共同解决。各地可以根据本通知精神，出台具体的实施办法，鼓励支持华侨较为集中的市、县（市、区），在地方党委政府领导下，结合本地实际开展华侨落户工作，解决华侨实际困难。

浙江省公安厅

浙江省人民政府侨务办公室

2019年6月27日

关于印发《上海市华侨回国定居办理工作实施办法》的通知

（沪侨发〔2019〕1号）

各公安分局，上海市华侨事务中心：

依据《中华人民共和国出境入境管理法》及国务院侨办、公安部、外交部有关文件，为贯彻落实三部委联合下发的《关于简化和规范华侨回国定居办理工作的通知》（国侨发〔2019〕2号）和市政府有关大力开展行政审批事项“双减半”、进一步提升“一网通办”改革效能的总体要求，现将新修订的《上海市华侨回国定居办理工作实施办法》印发给你们，请遵照执行。

上海市人民政府侨务办公室

上海市公安局

2019年8月21日

上海市华侨回国定居办理工作实施办法

第一条 为保障华侨的合法权益，规范本市华侨回国定居办理工作，根据《中华人民共和国出境入境管理法》和国务院侨办、公安部、外交部颁布的《华侨回国定居办理工作规定》，体现行政审批工作规范、高效、便民的要求并结合本市实际情况，制定本实施办法。

第二条 本实施办法适用范围：

（一）原为本市常住户口居民从本市注销户口再出国定居的华侨；

（二）出生在国外并且配偶或者父、母具有本市常住户口的华侨。

华侨身份的认定按照国家有关规定执行。

第三条 上海市人民政府侨务办公室（以下简称“审批部门”）负责华侨回国定居的审批和管理，上海市华侨事务中心（以下简称“受理部门”）承担华侨回国

定居申请的受理。

市公安局户籍管理部门配合审批部门做好华侨回国定居的管理，拟定居地公安派出所负责对华侨在拟定居地落户条件进行审核并为通过审批的华侨办理常住户口登记。

第四条 华侨申请回国定居应当同时符合下列条件：

（一）最后一次入境日期起至申请前已在国内连续居住满2个月或者申请前的一年内在国内累计居住满4个月；

（二）在本市有稳定生活保障和合法固定住所；

（三）经拟定居地公安户籍管理部门审核，符合本市户籍管理规定。

第五条 华侨回国定居的申请人应为华侨本人，华侨系未成年人的，由其法定监护人代为办理。华侨确因客观原因无法亲自办理的，可以委托亲属提出申请。亲属代为申请的，除了提交规定的申请材料外，还应当提交受托人的身份证明、经公证的亲属关系证明和委托书。

第六条 申请人需要委托受理部门通过本市数据共享及电子证照平台代为采集与申请材料相关信息的，应当在提交申请的5个工作日之前向受理部门提出。申请人委托受理部门代为采集相关信息的程序及可代为采集相关信息的范围由审批部门另行确定。

受理部门在核验所有申请材料原件并受理申请后，2个工作日内将申请材料的电子数据传送至市公安局户籍管理部门，由其同时下发至拟定居地公安派出所；公安派出所在收到申请材料的电子数据后15个工作日内提出落户审核意见，并将该意见报送至市公安局户籍管理部门，由其同时传送至受理部门。受理部门收到落户审核意见后，1个工作日内报送审批部门。

第七条 对于符合申请条件的华侨回国定居申请，审批部门应予批准并于收到落户审核同意意见后7个工作日内签发《华侨回国定居证》并同时按照本市有关规定将落户信息传送至市公安局户籍管理部门。

华侨回国定居申请存在下列情况的，审批部门不予批准并作出《不予批准决定书》：

（一）申请人提交的材料弄虚作假的；

（二）受理部门、审批部门要求申请人补正材料而申请人拒绝或者无法提供符合规定的证明材料的；

（三）拟定居地公安户籍管理部门认为不符合落户条件的；

（四）涉及国家安全等特殊情况的。

第八条 受理部门根据审批部门签发的《华侨回国定居证》或者作出的《不予批准决定书》，通知申请人领取。

第九条 《华侨回国定居证》有效期为签发之日起6个月。华侨本人应当在受理部门通知取证时间的3个月内领取《华侨回国定居证》并且在《华侨回国定居证》有效期内到拟定居地公安派出所办理常住户口登记手续。拟定居地公安派出所依据《华侨回国定居证》为申请人办理常住户口登记手续。

《华侨回国定居证》实现电子证照验证后，华侨本人仍需在其有效期内办理常住户口登记手续。

第十条 《华侨回国定居证》在有效期内损毁或者遗失的，申请人可以向受理部门提出换发、补发的书面申请。受理部门在收到申请2个工作日内，提交审批部门；审批部门在3个工作日内重新签发《华侨回国定居证》；受理部门根据审批部门重新签发的《华侨回国定居证》，通知申请人领取。

第十一条 华侨回国定居申请存在下列情况的，受理部门不予受理：

（一）申请人不具备华侨身份的；

（二）申请材料不齐全，并且没有在规定时间内补正的。

第十二条 申请人在提交申请材料后，申请条件发生变更或者受理部门、审批部门通知补正材料的，应当在规定时限内提交相关材料。

受理部门在申请人补正材料后2个工作日内提交有关部门重新审核。

申请条件变更属于以下情况的，申请人应当重新提出申请并提交全部申请材料：

（一）拟定居地房产权利情况发生变化的；

（二）拟定居地房产权利人的意见发生变化的。

第十三条 《华侨回国定居证》失效的，拟定居地公安派出所不予办理常住户口登记手续。以下情况，《华侨回国定居证》失效：

（一）申请人或者房产权利人在申请后至办理常住户口登记手续前主动处分房产权利，致使申请人不具备落户条件的；

（二）《华侨回国定居证》过期的。

第十四条 原具有本市常住户口，后迁入本市或者外地高校学生集体户口再出国定居的华侨，适用本实施办法；由外地迁入本市高校学生集体户口再出国定居的华侨不适用本实施办法。

原具有本市单位集体户口后出国定居的华侨，如符合申请条件，可参照本实施办法执行。

旅居国外但不符合国家有关华侨身份认定条件的中国公民申请办理本市户口的，由公安部门按照有关规定办理。

第十五条 华侨回国定居受理和审批的总时限为25个工作日，申请人补正材料的时间除外。

审批部门、受理部门和公安部门应当在规定的时限内完成各自工作，如无正当理由逾期未办的，经办人员应当承担相应的行政责任。

第十六条 本实施办法由上海市人民政府侨务办公室会同上海市公安局负责解释。

第十七条 本实施办法自2019年9月30日起执行，2013年12月3日发布的《上海市华侨回国定居办理工作实施办法》同时失效。

关于《上海市华侨回国定居办理工作实施办法》补充说明的通知

（沪侨发〔2019〕2号）

各公安分局，上海市华侨事务中心：

为做好本市华侨回国定居办理工作，现就《上海市华侨回国定居办理工作实施办法》（沪府侨办内〔2019〕1号）的部分内容做如下补充说明：

一、落户审核的内容

对于侨务部门受理的华侨回国定居申请材料，公安部门应当对以下内容进行审核，对于符合下列条件的申请应当审核同意：

（一）申请人入境证件所载的身份信息与其原常住户口一致；

（二）申请人如出生在国外，其提供的证明所有出生或者婚姻关系的材料应当符合本市常住户口管理规定的要求；

（三）申请人拟定居地具备落户条件。

二、落户审核程序及时限

公安部门落户审核的时限为15个工作日，办理流程为：

（一）受理部门将申请材料和《上海市华侨回国定居落户审核意见表》（以下简称《审核表》）传送至市公安局户籍管理部门，由其同时下发至拟定居地公安派出所（申请材料及《审核表》经由电子数据传送）。

（二）公安派出所收到相关材料后，应于15个工作日内完成落户审核，并在《审核表》上提出意见后报送至市公安局户籍管理部门，由其同时传送至受理部门。

审核不同意的，公安派出所应当在《审核表》中阐明理由并于15个工作日内传送受理部门，由受理部门通知申请人补正材料或者报送审批部门。

三、常住户口登记及《华侨回国定居证》的效力

常住户口登记手续应当由申请人本人办理，申请人取得《华侨回国定居证》后，须在规定的有效期内携《华侨回国定居证》到拟定居地公安派出所进行常住户口登记。拟定居地房屋未确定户主的，申请人应当按照公安机关相关文件规定，提交材料设立户主。

申请人为无民事行为能力人、限制民事行为能力人或者因客观原因无法亲自办理的，按照《上海市公安局窗口服务告知单》和市公安局相关规定办理。

《华侨回国定居证》有效期为签发之日起6个月；存在以下情况的，《华侨回国定居证》失效：

（一）申请人或者房地产权利人在申请后至办理常住户口登记手续前主动处分房产权利，致使申请人不具备落户条件的；

（二）《华侨回国定居证》过期的。

《华侨回国定居证》实现电子证照验证后，申请人仍需在其有效期内办理常住户口登记。

四、申请材料的种类

（一）华侨回国定居申请表（含自愿放弃国外居留资格声明书）；

（二）有效中国护照及回国时所持的中国护照（或其他入境证件）；

（三）经我驻外使领馆认证或者公证的华侨在国外的居留证明或者其他可以证明其居留事实的相关材料，以及证明华侨在国外实际居住时间的相关材料；

（四）华侨在国外出生的，应当提交经我驻外使领馆认证或者公证的本人国外的出生证明及在沪配偶或父、母的身份证明；

（五）与拟定居地房产权利人或常住户口居民的亲属关系证明及拟定居地户口簿；

（六）拟定居地的房产证明（房屋产权证、租赁公房凭证或农村宅基地使用证等）；

（七）拟定居地房产权利人同意接纳华侨落户的证明及房产权利人的身份证明（房产权利人是华侨申请人本人的可以免交）。

申请人提交的申请材料须交验正本核对；如系外文的，还需提供由本市具有资质的翻译机构出具的中文翻译件原件。

五、可通过本市数据共享和电子证照平台采集的有关申请人的信息

（一）申请人出入境记录查询结果；

（二）申请人原为本市常住户口居民的证明或者出生国外的华侨申请人投靠在沪父、母或配偶的身份证明；

（三）申请人与拟定居地房产权利人或常住户口居民的亲属关系证明；

（四）拟定居地户口簿；

（五）拟定居地的房产证明（房屋产权证）；

（六）拟定居地房产权利人的身份证明。

六、申请材料电子数据流转

为进一步提高办事效率，华侨回国定居申请材料应当在侨务部门和公安部门之间实现电子数据流转。市政府侨办与市公安局人口办应当共同做好电子数据流转的维护保障。

随着本市政府部门之间数据共享及电子证照归集工作的推进，有关可由政府部门采集而无须申请人事先提交的申请材料及政策适用过程中产生的问题，由市政府

侨办与市公安局人口办协商处理。

特此通知。

上海市人民政府侨务办公室

上海市公安局

2019年8月21日

云南省人民政府侨务办公室
云南省公安厅　云南省人民政府外事办公室
关于简化和规范华侨回国定居办理工作的通知

（云侨发〔2019〕1号）

各州（市）侨办、公安局、外办：

为贯彻落实《国务院侨办、公安部、外交部关于简化和规范华侨回国定居办理工作的通知》（国侨发〔2019〕2号）的要求，做好为侨服务工作，结合我省深化"放管服"改革减证便民、优化服务的原则，现就《云南省人民政府侨务办公室、云南省公安厅关于印发〈云南省华侨回国定居办理工作实施办法〉的通知》（云侨办发〔2014〕6号）中有关简化和规范华侨回国定居办理工作提出以下要求：

一、简化华侨回国定居申请材料

《云南省华侨回国定居办理工作实施办法》第八条"申请材料"中，要求提交由本人和相关部门、单位出具的证明材料共有11项。为进一步简化申请材料，规范审批流程，根据《云南省人民政府办公厅关于开展"减证便民"专项行动的通知》（云政办发〔2017〕50号）和《云南省人民政府办公厅关于印发云南省深化"放管服"改革"六个一"行动实施方案的通知》（云政办发〔2018〕34号）的要求，收取华侨回国定居申请材料，取消"个人出入境记录"和"户籍注销证明"2项证明材料。同时，以个人提交书面"生活保障承诺"代替需由单位或银行开具的"收入（存款）证明"。简化和规范后，应收取的华侨回国定居申请材料为9项。

二、规范华侨回国定居审批工作

（一）工作职责

华侨回国定居办理工作由省、州（市）、县（市、区）三级侨务部门共同完成，其中：县（市、区）侨务部门负责受理申请，并进行初审；州（市）侨务部门进行复审；省人民政府侨务办公室负责审批签发《华侨回国定居证》。

（二）审批流程

申请人向拟定居地的县（市、区）侨务部门提交申请材料。

县（市、区）侨务部门负责对申请材料进行初审，向同级公安机关书面征求意见后，提出初审意见，报州（市）侨务部门；公安机关在收到侨务部门书面征求意见书后，针对拟定居人基本情况，户口登记（注销）情况，实际居住情况，亲属（监护、抚养或赡养）等情况开展调查，并于5个工作日内提出意见并书面回复同级人民政府侨务部门。

州（市）侨务部门负责对申请材料进行复核，并向同级公安机关征询核查申请人出入境记录信息、出入境证件签发信息、国保重点人员等情况，提出复审意见，报省人民政府侨务办公室审批。

省人民政府侨务办公室负责审批工作。批准华侨回国定居的，应当签发《华侨回国定居证》；不予批准的，除涉及国家安全等特殊原因外，应当书面说明理由并由受理机关通知华侨本人或受委托的国内亲属。

（三）办结时限

1．受理时限：8个工作日（含征询核查时间）。

2．复审时限：8个工作日（含征询核查时间）。

3．批准和签发《华侨回国定居证》时限：6个工作日。

侨务部门对申请材料的真实性有质疑的，可以会同有关单位和部门进行调查核实。调查核实时间不计入办结时限。

三、其他事项

省人民政府侨务办公室与省公安厅建立信息共享渠道，省人民政府侨务办公室向省公安厅推送《华侨回国定居证》记载有关信息，省公安厅向省人民政府侨务办公室推送华侨回国定居落户信息。各州（市）侨办和公安机关在办理华侨回国定居工作中要加强信息共享、沟通协作。在办理华侨回国定居工作中需协调解决的重要问题，州（市）侨办和公安机关分别报送省人民政府侨务办公室和省公安厅。

福建省人民政府侨务办公室　福建省公安厅
关于印发《华侨回国定居办理工作办法》的通知

（闽侨〔2019〕2号）

各设区市侨办、公安局，平潭综合实验区外侨办、公安局：

为进一步贯彻落实《中华人民共和国出境入境管理法》和《国务院侨办、公安部、外交部关于印发〈华侨回国定居办理工作规定〉的通知》的精神，规范华侨回国定居工作，现将《华侨回国定居办理工作办法》印发给你们，请认真贯彻执行。

福建省人民政府侨务办公室

福建省公安厅

2019年9月2日

（福建省）华侨回国定居办理工作办法

根据《中华人民共和国出境入境管理法》、《国务院侨办、公安部、外交部关于印发〈华侨回国定居办理工作规定〉的通知》（国侨发〔2013〕18号）、《国务院侨办、公安部、外交部关于简化和规范华侨回国定居办理工作的通知》（国侨发〔2019〕2号），结合我省实际，制定本办法。

一、华侨认定

本规定所称华侨是指定居在国外的中国公民。定居是指中国公民已取得住在国长期或者永久居留权，并已在住在国连续居留两年，两年内累计居留不少于18个月。中国公民虽未取得住在国长期或者永久居留权，但已取得住在国连续5年以上（含5年）合法居留资格，5年内在住在国累计居留不少于30个月，视为华侨。

中国公民出国留学（包括公派和自费）在外学习期间和因公出国人员（包括劳务人员）在外工作期间，不被视为华侨。

二、申请条件

（一）有稳定的生活保障。稳定的生活保障是指有保障申请人正常生活的经济收入（境内工资收入证明或养老金领取证明或不低于3万元存款证明等）。

（二）有合法稳定的住所。合法稳定的住所是指自有商品房（含安置房、二手房、限价商品住房）、廉租房、公共租赁住房、经济适用住房、自建住房、集资住房、房管部门直管公房、就业单位名下住房、投靠直系亲属（依次申请定居顺序为：配偶、父母、子女、祖父母、外祖父母、孙子女、外孙子女）名下的住房。

三、申请和受理

华侨回国定居应当由本人提出申请并提交相关材料。本人确因客观原因无法亲自办理的，可委托直系亲属提出申请，同时交验受托人身份证件、体现直系亲属关系证件（户口簿、结婚证、出生证等）和复印件及委托书。

华侨回国定居，由拟定居地的县级人民政府侨务主管部门负责受理和初审，设区市人民政府侨务主管部门负责核准。根据各地实际情况，也可由县级人民政府侨务主管部门负责受理和核准，由县级人民政府侨务主管部门负责受理和核准的，一并书面函告县级公安机关。

四、提交材料

（一）申请人具备华侨身份的，需提交以下材料：

1．填写完整的《华侨回国定居申请表》。

2．本人自愿放弃国外居留资格的声明书。

3．二寸正面免冠彩色近照两张（规格为48mm×33mm）。

4．交验末次入境证件（护照、旅行证等）原件和复印件。

5．交验国外长期或永久居留证件和复印件，或者虽未取得国外长期或者永久居留权，但已取得住在国连续5年以上（含5年）合法居留的证件和复印件。以上居留证件均需驻外使领馆的中文认证，无法提供认证的，以国内公证机构出具的公证代替。

6．交验拟定居地的合法稳定住所产权凭证或具有法律效力的相关凭证和复印件，以及能够保障自己稳定生活的证明和复印件（申请人为未成年人的，可提供监护人的境内工资收入证明或养老金领取证明或不低于3万元存款证明等）。拟定居的合法稳定住所不是本人所有的，交验体现直系亲属关系证件（户口簿、结婚证、出生证等）和复印件。

7．户口在外省注销的华侨，提供原户口注销凭证（原户口簿或户口注销证明）。国外出生从未在国内落户的华侨，提供本人国外出生证和父母结婚证明的原件和复印件（国外出生证应附中国驻外使领馆的中文认证或国内公证机构出具的公证，非中文的结婚证明应附中国驻外使领馆的中文认证或国内公证机构出具的公证）。无法提供国外出生证明或父母结婚证明的，或提供的出生证明登记的父母信息与申请父母信息不一致的，应由其父、母或国内监护人作出书面说明，并提供亲缘关系DNA鉴定。

（二）申请人不具备华侨身份的，需提交以下材料：

1．交验末次入境证件原件和复印件。

2．交验在国外合法居留的证件（需驻外使领馆的中文认证，无法提供认证的，以国内公证机构出具的公证代替）和复印件。

3．个人承诺书。

五、办理流程

（一）初审

县级人民政府侨务主管部门受理华侨回国定居申请后，应认真审查申请材料的完备性及签证情况，查看申请人持有证件是否有签发机关印章及边检验讫章；查看申请人末次入境证件附页的出入境记录能否确定申请人的华侨身份。对无法确定华侨身份或出入境记录存疑的，3个工作日内函送同级公安机关出入境管理部门查询申请人出入境记录。

县级人民政府侨务主管部门受理后应在10个工作日内提出初审意见。对初审符合回国定居条件的，移送同级公安机关户政管理部门核查。不具备华侨身份的，直接出具《不具备华侨身份认定书》（有效期6个月）。

（二）核查

市级或县级公安机关出入境管理部门应当在收到县级人民政府侨务主管部门的查询函后，3个工作日内将申请人出入境记录查询情况函复同级人民政府侨务主管部门。

县级公安机关户政管理部门应当在收到县级人民政府侨务主管部门的核查函后，查询申请人户口注销情况（户口注销信息与申请人所持护照信息不一致的，县

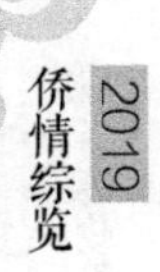

级公安机关函复同级人民政府侨务主管部门，由县级人民政府侨务主管部门告知申请人，按原户口注销信息予以落户，所持护照将由出入境管理部门予以注销）、是否已具有国内有效的常住户口登记，审核是否符合当地落户条件，并将信息录入业务系统。县级公安机关户政管理部门应在8个工作日内提出核查意见，明确标明申请人基本信息及拟回国定居地址信息，并转交同级人民政府侨务主管部门。

（三）核准

设区市或县级人民政府侨务主管部门收到公安机关核查意见后，对符合条件的，应当在6个工作日内进行核准。符合华侨回国定居条件的，应当签发《华侨回国定居证》。

华侨回国定居法定办理时限24个工作日，补充材料时间、途中寄送时间、特殊情形下公安外调核查时间，不计入办理工作日。遇到需由公安部门外调核查的特殊情形，公安部门应当书面通知同级人民政府侨务主管部门，由县级人民政府侨务主管部门负责通知申请人并做好解释工作。

六、落户手续

设区市或县级人民政府侨务主管部门核准后，应通知华侨本人或者受委托的国内亲属领取《华侨回国定居证》。获准定居的华侨应当在《华侨回国定居证》签发之日起6个月内，持《华侨回国定居证》，向拟定居地的公安机关申请办理落户手续，公安机关应核对业务系统信息后当场办结。未在规定时限内向公安机关提出办理落户申请，按自动放弃处理。今后如需办理定居的，按照前述规定可重新申请办理。

七、建立定期通报机制

设区市或县级人民政府侨务主管部门应定期将华侨回国定居证明核发情况，以书面形式通报给同级公安机关。公安机关在收到书面通报后对办理情况进行倒查，发现存在虚假情况的，及时办理户口注销手续，并反馈给同级人民政府侨务主管部门。

八、其他

（一）本办法由省侨办、省公安厅负责解释，各设区市、平潭综合实验区相关部门可结合实际情况制定实施细则。

（二）本办法自印发之日起执行，《福建省侨办、福建省公安厅、福建省外办关于印发〈华侨来闽定居办理工作办法〉的通知》（闽侨侨政〔2017〕5号）同时废止。

中华人民共和国外商投资法

［2019 年 3 月 15 日第十三届全国人民代表大会第二次会议通过　2019 年 3 月 15 日中华人民共和国主席令（第二十六号）公布　自 2020 年 1 月 1 日起施行］

第一章　总则

第一条　为了进一步扩大对外开放，积极促进外商投资，保护外商投资合法权益，规范外商投资管理，推动形成全面开放新格局，促进社会主义市场经济健康发展，根据宪法，制定本法。

第二条　在中华人民共和国境内（以下简称“中国境内”）的外商投资，适用本法。

本法所称外商投资，是指外国的自然人、企业或者其他组织（以下称“外国投资者”）直接或者间接在中国境内进行的投资活动，包括下列情形：

（一）外国投资者单独或者与其他投资者共同在中国境内设立外商投资企业；

（二）外国投资者取得中国境内企业的股份、股权、财产份额或者其他类似权益；

（三）外国投资者单独或者与其他投资者共同在中国境内投资新建项目；

（四）法律、行政法规或者国务院规定的其他方式的投资。

本法所称外商投资企业，是指全部或者部分由外国投资者投资，依照中国法律在中国境内经登记注册设立的企业。

第三条　国家坚持对外开放的基本国策，鼓励外国投资者依法在中国境内投资。

国家实行高水平投资自由化便利化政策，建立和完善外商投资促进机制，营造稳定、透明、可预期和公平竞争的市场环境。

第四条　国家对外商投资实行准入前国民待遇加负面清单管理制度。

前款所称准入前国民待遇，是指在投资准入阶段给予外国投资者及其投资不低于本国投资者及其投资的待遇；所称负面清单，是指国家规定在特定领域对外商投资实施的准入特别管理措施。国家对负面清单之外的外商投资，给予国民待遇。

负面清单由国务院发布或者批准发布。

中华人民共和国缔结或者参加的国际条约、协定对外国投资者准入待遇有更优惠规定的，可以按照相关规定执行。

第五条 国家依法保护外国投资者在中国境内的投资、收益和其他合法权益。

第六条 在中国境内进行投资活动的外国投资者、外商投资企业，应当遵守中国法律法规，不得危害中国国家安全、损害社会公共利益。

第七条 国务院商务主管部门、投资主管部门按照职责分工，开展外商投资促进、保护和管理工作；国务院其他有关部门在各自职责范围内，负责外商投资促进、保护和管理的相关工作。

县级以上地方人民政府有关部门依照法律法规和本级人民政府确定的职责分工，开展外商投资促进、保护和管理工作。

第八条 外商投资企业职工依法建立工会组织，开展工会活动，维护职工的合法权益。外商投资企业应当为本企业工会提供必要的活动条件。

第二章 投资促进

第九条 外商投资企业依法平等适用国家支持企业发展的各项政策。

第十条 制定与外商投资有关的法律、法规、规章，应当采取适当方式征求外商投资企业的意见和建议。

与外商投资有关的规范性文件、裁判文书等，应当依法及时公布。

第十一条 国家建立健全外商投资服务体系，为外国投资者和外商投资企业提供法律法规、政策措施、投资项目信息等方面的咨询和服务。

第十二条 国家与其他国家和地区、国际组织建立多边、双边投资促进合作机制，加强投资领域的国际交流与合作。

第十三条 国家根据需要，设立特殊经济区域，或者在部分地区实行外商投资试验性政策措施，促进外商投资，扩大对外开放。

第十四条 国家根据国民经济和社会发展需要，鼓励和引导外国投资者在特定行业、领域、地区投资。外国投资者、外商投资企业可以依照法律、行政法规或者国务院的规定享受优惠待遇。

第十五条 国家保障外商投资企业依法平等参与标准制定工作，强化标准制定的信息公开和社会监督。

国家制定的强制性标准平等适用于外商投资企业。

第十六条 国家保障外商投资企业依法通过公平竞争参与政府采购活动。政府采购依法对外商投资企业在中国境内生产的产品、提供的服务平等对待。

第十七条 外商投资企业可以依法通过公开发行股票、公司债券等证券和其他方式进行融资。

第十八条 县级以上地方人民政府可以根据法律、行政法规、地方性法规的规定，在法定权限内制定外商投资促进和便利化政策措施。

第十九条 各级人民政府及其有关部门应当按照便利、高效、透明的原则，简化办事程序，提高办事效率，优化政务服务，进一步提高外商投资服务水平。

有关主管部门应当编制和公布外商投资指引，为外国投资者和外商投资企业提供服务和便利。

第三章　投资保护

第二十条　国家对外国投资者的投资不实行征收。

在特殊情况下，国家为了公共利益的需要，可以依照法律规定对外国投资者的投资实行征收或者征用。征收、征用应当依照法定程序进行，并及时给予公平、合理的补偿。

第二十一条　外国投资者在中国境内的出资、利润、资本收益、资产处置所得、知识产权许可使用费、依法获得的补偿或者赔偿、清算所得等，可以依法以人民币或者外汇自由汇入、汇出。

第二十二条　国家保护外国投资者和外商投资企业的知识产权，保护知识产权权利人和相关权利人的合法权益；对知识产权侵权行为，严格依法追究法律责任。

国家鼓励在外商投资过程中基于自愿原则和商业规则开展技术合作。技术合作的条件由投资各方遵循公平原则平等协商确定。行政机关及其工作人员不得利用行政手段强制转让技术。

第二十三条　行政机关及其工作人员对于履行职责过程中知悉的外国投资者、外商投资企业的商业秘密，应当依法予以保密，不得泄露或者非法向他人提供。

第二十四条　各级人民政府及其有关部门制定涉及外商投资的规范性文件，应当符合法律法规的规定；没有法律、行政法规依据的，不得减损外商投资企业的合法权益或者增加其义务，不得设置市场准入和退出条件，不得干预外商投资企业的正常生产经营活动。

第二十五条　地方各级人民政府及其有关部门应当履行向外国投资者、外商投资企业依法作出的政策承诺以及依法订立的各类合同。

因国家利益、社会公共利益需要改变政策承诺、合同约定的，应当依照法定权限和程序进行，并依法对外国投资者、外商投资企业因此受到的损失予以补偿。

第二十六条　国家建立外商投资企业投诉工作机制，及时处理外商投资企业或者其投资者反映的问题，协调完善相关政策措施。

外商投资企业或者其投资者认为行政机关及其工作人员的行政行为侵犯其合法权益的，可以通过外商投资企业投诉工作机制申请协调解决。

外商投资企业或者其投资者认为行政机关及其工作人员的行政行为侵犯其合法权益的，除依照前款规定通过外商投资企业投诉工作机制申请协调解决外，还可以依法申请行政复议、提起行政诉讼。

第二十七条　外商投资企业可以依法成立和自愿参加商会、协会。商会、协会

依照法律法规和章程的规定开展相关活动，维护会员的合法权益。

第四章　投资管理

第二十八条　外商投资准入负面清单规定禁止投资的领域，外国投资者不得投资。

外商投资准入负面清单规定限制投资的领域，外国投资者进行投资应当符合负面清单规定的条件。

外商投资准入负面清单以外的领域，按照内外资一致的原则实施管理。

第二十九条　外商投资需要办理投资项目核准、备案的，按照国家有关规定执行。

第三十条　外国投资者在依法需要取得许可的行业、领域进行投资的，应当依法办理相关许可手续。

有关主管部门应当按照与内资一致的条件和程序，审核外国投资者的许可申请，法律、行政法规另有规定的除外。

第三十一条　外商投资企业的组织形式、组织机构及其活动准则，适用《中华人民共和国公司法》《中华人民共和国合伙企业法》等法律的规定。

第三十二条　外商投资企业开展生产经营活动，应当遵守法律、行政法规有关劳动保护、社会保险的规定，依照法律、行政法规和国家有关规定办理税收、会计、外汇等事宜，并接受相关主管部门依法实施的监督检查。

第三十三条　外国投资者并购中国境内企业或者以其他方式参与经营者集中的，应当依照《中华人民共和国反垄断法》的规定接受经营者集中审查。

第三十四条　国家建立外商投资信息报告制度。外国投资者或者外商投资企业应当通过企业登记系统以及企业信用信息公示系统向商务主管部门报送投资信息。

外商投资信息报告的内容和范围按照确有必要的原则确定；通过部门信息共享能够获得的投资信息，不得再行要求报送。

第三十五条　国家建立外商投资安全审查制度，对影响或者可能影响国家安全的外商投资进行安全审查。

依法作出的安全审查决定为最终决定。

第五章　法律责任

第三十六条　外国投资者投资外商投资准入负面清单规定禁止投资的领域的，由有关主管部门责令停止投资活动，限期处分股份、资产或者采取其他必要措施，恢复到实施投资前的状态；有违法所得的，没收违法所得。

外国投资者的投资活动违反外商投资准入负面清单规定的限制性准入特别管理措施的，由有关主管部门责令限期改正，采取必要措施满足准入特别管理措施的要求；逾期不改正的，依照前款规定处理。

外国投资者的投资活动违反外商投资准入负面清单规定的，除依照前两款规定处理外，还应当依法承担相应的法律责任。

第三十七条 外国投资者、外商投资企业违反本法规定，未按照外商投资信息报告制度的要求报送投资信息的，由商务主管部门责令限期改正；逾期不改正的，处十万元以上五十万元以下的罚款。

第三十八条 对外国投资者、外商投资企业违反法律、法规的行为，由有关部门依法查处，并按照国家有关规定纳入信用信息系统。

第三十九条 行政机关工作人员在外商投资促进、保护和管理工作中滥用职权、玩忽职守、徇私舞弊的，或者泄露、非法向他人提供履行职责过程中知悉的商业秘密的，依法给予处分；构成犯罪的，依法追究刑事责任。

第六章 附则

第四十条 任何国家或者地区在投资方面对中华人民共和国采取歧视性的禁止、限制或者其他类似措施的，中华人民共和国可以根据实际情况对该国家或者该地区采取相应的措施。

第四十一条 对外国投资者在中国境内投资银行业、证券业、保险业等金融行业，或者在证券市场、外汇市场等金融市场进行投资的管理，国家另有规定的，依照其规定。

第四十二条 本法自2020年1月1日起施行。《中华人民共和国中外合资经营企业法》《中华人民共和国外资企业法》《中华人民共和国中外合作经营企业法》同时废止。

本法施行前依照《中华人民共和国中外合资经营企业法》《中华人民共和国外资企业法》《中华人民共和国中外合作经营企业法》设立的外商投资企业，在本法施行后五年内可以继续保留原企业组织形式等。具体实施办法由国务院规定。

中华人民共和国外商投资法实施条例

［2019年12月12日国务院第74次常务会议通过 2019年12月26日中华人民共和国国务院令（第723号）公布 自2020年1月1日起施行］

第一章 总则

第一条 根据《中华人民共和国外商投资法》（以下简称“外商投资法”），制定本条例。

第二条 国家鼓励和促进外商投资，保护外商投资合法权益，规范外商投资管理，持续优化外商投资环境，推进更高水平对外开放。

第三条 外商投资法第二条第二款第一项、第三项所称其他投资者，包括中国的自然人在内。

第四条 外商投资准入负面清单（以下简称“负面清单”）由国务院投资主管部门会同国务院商务主管部门等有关部门提出，报国务院发布或者报国务院批准后由国务院投资主管部门、商务主管部门发布。

国家根据进一步扩大对外开放和经济社会发展需要，适时调整负面清单。调整负面清单的程序，适用前款规定。

第五条 国务院商务主管部门、投资主管部门以及其他有关部门按照职责分工，密切配合、相互协作，共同做好外商投资促进、保护和管理工作。

县级以上地方人民政府应当加强对外商投资促进、保护和管理工作的组织领导，支持、督促有关部门依照法律法规和职责分工开展外商投资促进、保护和管理工作，及时协调、解决外商投资促进、保护和管理工作中的重大问题。

第二章　投资促进

第六条 政府及其有关部门在政府资金安排、土地供应、税费减免、资质许可、标准制定、项目申报、人力资源政策等方面，应当依法平等对待外商投资企业和内资企业。

政府及其有关部门制定的支持企业发展的政策应当依法公开；对政策实施中需要由企业申请办理的事项，政府及其有关部门应当公开申请办理的条件、流程、时限等，并在审核中依法平等对待外商投资企业和内资企业。

第七条 制定与外商投资有关的行政法规、规章、规范性文件，或者政府及其有关部门起草与外商投资有关的法律、地方性法规，应当根据实际情况，采取书面征求意见以及召开座谈会、论证会、听证会等多种形式，听取外商投资企业和有关商会、协会等方面的意见和建议；对反映集中或者涉及外商投资企业重大权利义务问题的意见和建议，应当通过适当方式反馈采纳的情况。

与外商投资有关的规范性文件应当依法及时公布，未经公布的不得作为行政管理依据。与外商投资企业生产经营活动密切相关的规范性文件，应当结合实际，合理确定公布到施行之间的时间。

第八条 各级人民政府应当按照政府主导、多方参与的原则，建立健全外商投资服务体系，不断提升外商投资服务能力和水平。

第九条 政府及其有关部门应当通过政府网站、全国一体化在线政务服务平台集中列明有关外商投资的法律、法规、规章、规范性文件、政策措施和投资项目信息，并通过多种途径和方式加强宣传、解读，为外国投资者和外商投资企业提供咨询、指导等服务。

第十条 外商投资法第十三条所称特殊经济区域，是指经国家批准设立、实行更大力度的对外开放政策措施的特定区域。

国家在部分地区实行的外商投资试验性政策措施，经实践证明可行的，根据实际情况在其他地区或者全国范围内推广。

第十一条 国家根据国民经济和社会发展需要，制定鼓励外商投资产业目录，列明鼓励和引导外国投资者投资的特定行业、领域、地区。鼓励外商投资产业目录由国务院投资主管部门会同国务院商务主管部门等有关部门拟订，报国务院批准后由国务院投资主管部门、商务主管部门发布。

第十二条 外国投资者、外商投资企业可以依照法律、行政法规或者国务院的规定，享受财政、税收、金融、用地等方面的优惠待遇。

外国投资者以其在中国境内的投资收益在中国境内扩大投资的，依法享受相应的优惠待遇。

第十三条 外商投资企业依法和内资企业平等参与国家标准、行业标准、地方标准和团体标准的制定、修订工作。外商投资企业可以根据需要自行制定或者与其他企业联合制定企业标准。

外商投资企业可以向标准化行政主管部门和有关行政主管部门提出标准的立项建议，在标准立项、起草、技术审查以及标准实施信息反馈、评估等过程中提出意见和建议，并按照规定承担标准起草、技术审查的相关工作以及标准的外文翻译工作。

标准化行政主管部门和有关行政主管部门应当建立健全相关工作机制，提高标准制定、修订的透明度，推进标准制定、修订全过程信息公开。

第十四条 国家制定的强制性标准对外商投资企业和内资企业平等适用，不得专门针对外商投资企业适用高于强制性标准的技术要求。

第十五条 政府及其有关部门不得阻挠和限制外商投资企业自由进入本地区和本行业的政府采购市场。

政府采购的采购人、采购代理机构不得在政府采购信息发布、供应商条件确定和资格审查、评标标准等方面，对外商投资企业实行差别待遇或者歧视待遇，不得以所有制形式、组织形式、股权结构、投资者国别、产品或者服务品牌以及其他不合理的条件对供应商予以限定，不得对外商投资企业在中国境内生产的产品、提供的服务和内资企业区别对待。

第十六条 外商投资企业可以依照《中华人民共和国政府采购法》（以下简称“政府采购法”）及其实施条例的规定，就政府采购活动事项向采购人、采购代理机构提出询问、质疑，向政府采购监督管理部门投诉。采购人、采购代理机构、政府采购监督管理部门应当在规定的时限内作出答复或者处理决定。

第十七条 政府采购监督管理部门和其他有关部门应当加强对政府采购活动的

监督检查，依法纠正和查处对外商投资企业实行差别待遇或者歧视待遇等违法违规行为。

第十八条 外商投资企业可以依法在中国境内或者境外通过公开发行股票、公司债券等证券，以及公开或者非公开发行其他融资工具、借用外债等方式进行融资。

第十九条 县级以上地方人民政府可以根据法律、行政法规、地方性法规的规定，在法定权限内制定费用减免、用地指标保障、公共服务提供等方面的外商投资促进和便利化政策措施。

县级以上地方人民政府制定外商投资促进和便利化政策措施，应当以推动高质量发展为导向，有利于提高经济效益、社会效益、生态效益，有利于持续优化外商投资环境。

第二十条 有关主管部门应当编制和公布外商投资指引，为外国投资者和外商投资企业提供服务和便利。外商投资指引应当包括投资环境介绍、外商投资办事指南、投资项目信息以及相关数据信息等内容，并及时更新。

第三章 投资保护

第二十一条 国家对外国投资者的投资不实行征收。

在特殊情况下，国家为了公共利益的需要依照法律规定对外国投资者的投资实行征收的，应当依照法定程序、以非歧视性的方式进行，并按照被征收投资的市场价值及时给予补偿。

外国投资者对征收决定不服的，可以依法申请行政复议或者提起行政诉讼。

第二十二条 外国投资者在中国境内的出资、利润、资本收益、资产处置所得、取得的知识产权许可使用费、依法获得的补偿或者赔偿、清算所得等，可以依法以人民币或者外汇自由汇入、汇出，任何单位和个人不得违法对币种、数额以及汇入、汇出的频次等进行限制。

外商投资企业的外籍职工和香港、澳门、台湾职工的工资收入和其他合法收入，可以依法自由汇出。

第二十三条 国家加大对知识产权侵权行为的惩处力度，持续强化知识产权执法，推动建立知识产权快速协同保护机制，健全知识产权纠纷多元化解决机制，平等保护外国投资者和外商投资企业的知识产权。

标准制定中涉及外国投资者和外商投资企业专利的，应当按照标准涉及专利的有关管理规定办理。

第二十四条 行政机关（包括法律、法规授权的具有管理公共事务职能的组织，下同）及其工作人员不得利用实施行政许可、行政检查、行政处罚、行政强制以及其他行政手段，强制或者变相强制外国投资者、外商投资企业转让技术。

第二十五条 行政机关依法履行职责，确需外国投资者、外商投资企业提供涉及商业秘密的材料、信息的，应当限定在履行职责所必需的范围内，并严格控制知悉范围，与履行职责无关的人员不得接触有关材料、信息。

行政机关应当建立健全内部管理制度，采取有效措施保护履行职责过程中知悉的外国投资者、外商投资企业的商业秘密；依法需要与其他行政机关共享信息的，应当对信息中含有的商业秘密进行保密处理，防止泄露。

第二十六条 政府及其有关部门制定涉及外商投资的规范性文件，应当按照国务院的规定进行合法性审核。

外国投资者、外商投资企业认为行政行为所依据的国务院部门和地方人民政府及其部门制定的规范性文件不合法，在依法对行政行为申请行政复议或者提起行政诉讼时，可以一并请求对该规范性文件进行审查。

第二十七条 外商投资法第二十五条所称政策承诺，是指地方各级人民政府及其有关部门在法定权限内，就外国投资者、外商投资企业在本地区投资所适用的支持政策、享受的优惠待遇和便利条件等作出的书面承诺。政策承诺的内容应当符合法律、法规规定。

第二十八条 地方各级人民政府及其有关部门应当履行向外国投资者、外商投资企业依法作出的政策承诺以及依法订立的各类合同，不得以行政区划调整、政府换届、机构或者职能调整以及相关责任人更替等为由违约毁约。因国家利益、社会公共利益需要改变政策承诺、合同约定的，应当依照法定权限和程序进行，并依法对外国投资者、外商投资企业因此受到的损失及时予以公平、合理的补偿。

第二十九条 县级以上人民政府及其有关部门应当按照公开透明、高效便利的原则，建立健全外商投资企业投诉工作机制，及时处理外商投资企业或者其投资者反映的问题，协调完善相关政策措施。

国务院商务主管部门会同国务院有关部门建立外商投资企业投诉工作部际联席会议制度，协调、推动中央层面的外商投资企业投诉工作，对地方的外商投资企业投诉工作进行指导和监督。县级以上地方人民政府应当指定部门或者机构负责受理本地区外商投资企业或者其投资者的投诉。

国务院商务主管部门、县级以上地方人民政府指定的部门或者机构应当完善投诉工作规则、健全投诉方式、明确投诉处理时限。投诉工作规则、投诉方式、投诉处理时限应当对外公布。

第三十条 外商投资企业或者其投资者认为行政机关及其工作人员的行政行为侵犯其合法权益，通过外商投资企业投诉工作机制申请协调解决的，有关方面进行协调时可以向被申请的行政机关及其工作人员了解情况，被申请的行政机关及其工作人员应当予以配合。协调结果应当以书面形式及时告知申请人。

外商投资企业或者其投资者依照前款规定申请协调解决有关问题的，不影响其

依法申请行政复议、提起行政诉讼。

第三十一条 对外商投资企业或者其投资者通过外商投资企业投诉工作机制反映或者申请协调解决问题，任何单位和个人不得压制或者打击报复。

除外商投资企业投诉工作机制外，外商投资企业或者其投资者还可以通过其他合法途径向政府及其有关部门反映问题。

第三十二条 外商投资企业可以依法成立商会、协会。除法律、法规另有规定外，外商投资企业有权自主决定参加或者退出商会、协会，任何单位和个人不得干预。

商会、协会应当依照法律法规和章程的规定，加强行业自律，及时反映行业诉求，为会员提供信息咨询、宣传培训、市场拓展、经贸交流、权益保护、纠纷处理等方面的服务。

国家支持商会、协会依照法律法规和章程的规定开展相关活动。

第四章　投资管理

第三十三条 负面清单规定禁止投资的领域，外国投资者不得投资。负面清单规定限制投资的领域，外国投资者进行投资应当符合负面清单规定的股权要求、高级管理人员要求等限制性准入特别管理措施。

第三十四条 有关主管部门在依法履行职责过程中，对外国投资者拟投资负面清单内领域，但不符合负面清单规定的，不予办理许可、企业登记注册等相关事项；涉及固定资产投资项目核准的，不予办理相关核准事项。

有关主管部门应当对负面清单规定执行情况加强监督检查，发现外国投资者投资负面清单规定禁止投资的领域，或者外国投资者的投资活动违反负面清单规定的限制性准入特别管理措施的，依照外商投资法第三十六条的规定予以处理。

第三十五条 外国投资者在依法需要取得许可的行业、领域进行投资的，除法律、行政法规另有规定外，负责实施许可的有关主管部门应当按照与内资一致的条件和程序，审核外国投资者的许可申请，不得在许可条件、申请材料、审核环节、审核时限等方面对外国投资者设置歧视性要求。

负责实施许可的有关主管部门应当通过多种方式，优化审批服务，提高审批效率。对符合相关条件和要求的许可事项，可以按照有关规定采取告知承诺的方式办理。

第三十六条 外商投资需要办理投资项目核准、备案的，按照国家有关规定执行。

第三十七条 外商投资企业的登记注册，由国务院市场监督管理部门或者其授权的地方人民政府市场监督管理部门依法办理。国务院市场监督管理部门应当公布其授权的市场监督管理部门名单。

外商投资企业的注册资本可以用人民币表示，也可以用可自由兑换货币表示。

第三十八条 外国投资者或者外商投资企业应当通过企业登记系统以及企业信用信息公示系统向商务主管部门报送投资信息。国务院商务主管部门、市场监督管理部门应当做好相关业务系统的对接和工作衔接，并为外国投资者或者外商投资企业报送投资信息提供指导。

第三十九条 外商投资信息报告的内容、范围、频次和具体流程，由国务院商务主管部门会同国务院市场监督管理部门等有关部门按照确有必要、高效便利的原则确定并公布。商务主管部门、其他有关部门应当加强信息共享，通过部门信息共享能够获得的投资信息，不得再行要求外国投资者或者外商投资企业报送。

外国投资者或者外商投资企业报送的投资信息应当真实、准确、完整。

第四十条 国家建立外商投资安全审查制度，对影响或者可能影响国家安全的外商投资进行安全审查。

第五章 法律责任

第四十一条 政府和有关部门及其工作人员有下列情形之一的，依法依规追究责任：

（一）制定或者实施有关政策不依法平等对待外商投资企业和内资企业；

（二）违法限制外商投资企业平等参与标准制定、修订工作，或者专门针对外商投资企业适用高于强制性标准的技术要求；

（三）违法限制外国投资者汇入、汇出资金；

（四）不履行向外国投资者、外商投资企业依法作出的政策承诺以及依法订立的各类合同，超出法定权限作出政策承诺，或者政策承诺的内容不符合法律、法规规定。

第四十二条 政府采购的采购人、采购代理机构以不合理的条件对外商投资企业实行差别待遇或者歧视待遇的，依照政府采购法及其实施条例的规定追究其法律责任；影响或者可能影响中标、成交结果的，依照政府采购法及其实施条例的规定处理。

政府采购监督管理部门对外商投资企业的投诉逾期未作处理的，对直接负责的主管人员和其他直接责任人员依法给予处分。

第四十三条 行政机关及其工作人员利用行政手段强制或者变相强制外国投资者、外商投资企业转让技术的，对直接负责的主管人员和其他直接责任人员依法给予处分。

第六章 附则

第四十四条 外商投资法施行前依照《中华人民共和国中外合资经营企业法》

《中华人民共和国外资企业法》《中华人民共和国中外合作经营企业法》设立的外商投资企业（以下称“现有外商投资企业”），在外商投资法施行后5年内，可以依照《中华人民共和国公司法》《中华人民共和国合伙企业法》等法律的规定调整其组织形式、组织机构等，并依法办理变更登记，也可以继续保留原企业组织形式、组织机构等。

自2025年1月1日起，对未依法调整组织形式、组织机构等并办理变更登记的现有外商投资企业，市场监督管理部门不予办理其申请的其他登记事项，并将相关情形予以公示。

第四十五条 现有外商投资企业办理组织形式、组织机构等变更登记的具体事宜，由国务院市场监督管理部门规定并公布。国务院市场监督管理部门应当加强对变更登记工作的指导，负责办理变更登记的市场监督管理部门应当通过多种方式优化服务，为企业办理变更登记提供便利。

第四十六条 现有外商投资企业的组织形式、组织机构等依法调整后，原合营、合作各方在合同中约定的股权或者权益转让办法、收益分配办法、剩余财产分配办法等，可以继续按照约定办理。

第四十七条 外商投资企业在中国境内投资，适用外商投资法和本条例的有关规定。

第四十八条 香港特别行政区、澳门特别行政区投资者在内地投资，参照外商投资法和本条例执行；法律、行政法规或者国务院另有规定的，从其规定。

台湾地区投资者在大陆投资，适用《中华人民共和国台湾同胞投资保护法》（以下简称“台湾同胞投资保护法”）及其实施细则的规定；台湾同胞投资保护法及其实施细则未规定的事项，参照外商投资法和本条例执行。

定居在国外的中国公民在中国境内投资，参照外商投资法和本条例执行；法律、行政法规或者国务院另有规定的，从其规定。

第四十九条 本条例自2020年1月1日起施行。《中华人民共和国中外合资经营企业法实施条例》《中外合资经营企业合营期限暂行规定》《中华人民共和国外资企业法实施细则》《中华人民共和国中外合作经营企业法实施细则》同时废止。

2020年1月1日前制定的有关外商投资的规定与外商投资法和本条例不一致的，以外商投资法和本条例的规定为准。

最高人民法院关于适用《中华人民共和国外商投资法》若干问题的解释

法释〔2019〕20号

（2019年12月16日最高人民法院审判委员会第1787次会议通过 2019年12月26日中华人民共和国最高人民法院公告 自2020年1月1日起施行）

为正确适用《中华人民共和国外商投资法》，依法平等保护中外投资者合法权益，营造稳定、公平、透明的法治化营商环境，结合审判实践，就人民法院审理平等主体之间的投资合同纠纷案件适用法律问题作出如下解释。

第一条 本解释所称投资合同，是指外国投资者即外国的自然人、企业或者其他组织因直接或者间接在中国境内进行投资而形成的相关协议，包括设立外商投资企业合同、股份转让合同、股权转让合同、财产份额或者其他类似权益转让合同、新建项目合同等协议。

外国投资者因赠与、财产分割、企业合并、企业分立等方式取得相应权益所产生的合同纠纷，适用本解释。

第二条 对外商投资法第四条所指的外商投资准入负面清单之外的领域形成的投资合同，当事人以合同未经有关行政主管部门批准、登记为由主张合同无效或者未生效的，人民法院不予支持。

前款规定的投资合同签订于外商投资法施行前，但人民法院在外商投资法施行时尚未作出生效裁判的，适用前款规定认定合同的效力。

第三条 外国投资者投资外商投资准入负面清单规定禁止投资的领域，当事人主张投资合同无效的，人民法院应予支持。

第四条 外国投资者投资外商投资准入负面清单规定限制投资的领域，当事人以违反限制性准入特别管理措施为由，主张投资合同无效的，人民法院应予支持。

人民法院作出生效裁判前，当事人采取必要措施满足准入特别管理措施的要求，当事人主张前款规定的投资合同有效的，应予支持。

第五条 在生效裁判作出前，因外商投资准入负面清单调整，外国投资者投资不再属于禁止或者限制投资的领域，当事人主张投资合同有效的，人民法院应予支持。

第六条 人民法院审理香港特别行政区、澳门特别行政区投资者、定居在国外的中国公民在内地、台湾地区投资者在大陆投资产生的相关纠纷案件，可以参照适用本解释。

第七条 本解释自2020年1月1日起施行。

本解释施行前本院作出的有关司法解释与本解释不一致的，以本解释为准。

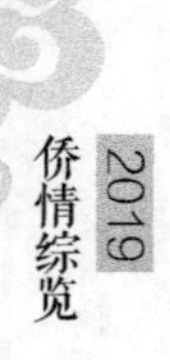

合肥市人才（干教）工作领导小组 关于修订《合肥市留学回国人员创新创业扶持计划实施细则》的通知

（合人才〔2019〕13号）

各县（市）区委、市委有关部委，市直有关单位党组（党委、党工委）：

《合肥市留学回国人员创新创业扶持计划实施细则》已经市人才（干教）工作领导小组研究同意修订，现印发给你们。请结合实际认真贯彻落实。

合肥市人才（干教）工作领导小组

2019年4月23日

合肥市留学回国人员创新创业扶持计划实施细则

根据市委、市政府《关于建设合肥综合性国家科学中心打造创新之都人才工作的意见》（合发〔2017〕17号）精神，现就组织实施合肥市留学回国人员创新创业扶持计划（简称“留学人员扶持计划”），制定本细则。

一、申报对象

留学人员扶持计划包括“留学人员创新项目择优资助计划”和“留学人员来肥创业启动支持计划”。每年从我市各类企事业单位从事创新创业且回到国内时间不超过5年、年龄在40周岁以下的留学回国人员中遴选出10个左右创新科研项目、10家左右创业企业进行扶持。

二、申报条件

留学回国人员应在境外取得硕士及以上学位，或在海外高校、科研机构、企业有2年以上正式教学、科研和工作经历。

（一）申报“留学人员创新项目择优资助计划”须同时符合以下条件：

1. 能独立主持研究开发工作，具有成为我市该领域学术或技术带头人的发展潜力。

2. 申报项目具有省内一流水平，或能够给企业带来关键性技术突破，具有良好的应用开发前景，并可产生较大的经济社会效益。

3. 申报项目直接服务于我市主导产业或战略性新兴产业发展。

（二）申报“留学人员来肥创业启动支持计划”须同时符合以下条件：

1. 一般要由留学人员担任企业法定代表人，或留学人员自有资金（含技术入股）及海内外跟进的风险投资占企业总投资或总注册资本25%以上。

2．拥有自主知识产权或发明专利，技术创新性强，具有良好的市场应用前景。

3．熟悉相关领域国际规则，有海外工作经验和较强的经营管理能力。

4．企业在肥注册时间不超过3年。

5．企业注册资本现金资产不低于50万元人民币。

6．企业法人诚信守法，无违法犯罪记录。

三、资助标准

（一）入选“留学人员创新项目择优资助计划”项目的，分三个档次分别给予10万元、15万元和20万元资助，主要用于项目的研发、运作和团队建设等。

（二）入选“留学人员来肥创业启动支持计划”项目的，分三个档次分别给予20万元、30万元和50万元资助，主要用于企业科研成果转化、开拓市场、贷款贴息、人才引进和团队建设等。

四、申报材料

（一）申报“留学人员创新项目择优资助计划”需提交《留学人员创新项目择优资助经费申请表》和相关附件证明材料（学历学位证书、护照、身份证复印件、知识产权证明、论文论著发表情况、获奖证书、留学回国人员证明等）。

（二）申报“留学人员来肥创业启动支持计划”需提交《留学人员来肥创业启动支持计划资助经费申请表》和相关附件证明材料（学历学位证书、护照、身份证复印件、知识产权证明、论文论著发表情况、获奖证书、创业计划书、可行性报告、财务报表、完税证明等）。

五、申报时间、地点和程序

（一）符合申报条件的留学回国人员所在单位每年按申报通知要求向所在县（市）区、开发区人社部门提交申报材料。

（二）县（市）区、开发区人社部门审核汇总后，上报市人社局。市人社局复核并组织专家评审后提出建议入选名单，经社会公示无异议后，报市人才（干教）工作领导小组审定并按程序拨付资助经费。

六、其他

（一）留学回国人员享受我市针对高校毕业生的普惠性就业创业政策。

（二）已入选安徽省重点人才引进计划、“特支计划”，合肥市重点人才引进计划、“庐州英才”的人员不列入申报范围。

（三）对入选国家级、省级留学人员扶持计划资助的项目，市专项资金按1∶1予以配套支持，最高不超过50万元，已享受市级资助的项目不再重复给予资助。

（四）创新项目扶持和创业企业扶持不重复享受资助。

本细则由市人社局负责解释，自印发之日起实施。原《合肥市留学回国人员创新创业扶持计划实施细则》（合人才〔2017〕11号）同时废止。

杭州市人力资源和社会保障局
关于规范《杭州市留学回国人员工作证》办理工作的通知

（杭人社发〔2019〕97号）

各有关区、县（市）人力社保局，各有关单位：

为加快推进“最多跑一次”改革，规范《杭州市留学回国人员工作证》办理程序，根据《关于进一步鼓励出国留学人员来杭创业的若干意见》（杭政〔2001〕17号）和《关于留学人员工作有关问题处理意见的批复》（杭政函〔2008〕202号）有关规定，现就规范《杭州市留学回国人员工作证》（以下简称《工作证》）办理工作有关事项通知如下：

一、申请条件

《工作证》申请人需同时满足以下两项条件：

（一）持中国护照、内地居民往来港澳通行证或大陆居民往来台湾地区通行证在国（境）外学习并在国（境）外大学或其他高等教育机构获得学士及以上学位并取得教育部留学服务中心认证［国内外联合办学需出国（境）就读一学年以上］，或在国内取得大学本科以上学历或具备中级以上专业技术职务任职资格后，以高级研究学者、访问学者或博士后身份受邀到国（境）外高等院校、科研机构、公司以同一研究目标工作或学习累计360天（含）以上，并取得一定成果。

（二）在杭创办企业或与杭州市用人单位签订劳动合同，且该企业（用人单位）已在杭为其缴纳社保。在杭创办的企业是指增值税收收入缴入市本级国库或区级国库的各类企业。杭州市用人单位是指市属用人单位和区属用人单位。其中，市属用人单位指市本级所属行政、事业单位，增值税收收入缴入市本级国库的各类单位，注册在杭州市的其他类型单位；区属用人单位指各区所属行政、事业单位，增值税收收入缴入区级国库的各类单位，注册在各区的其他类型单位。

二、申请材料

《工作证》申请人需提供以下材料：

（一）在国（境）外获得学位的申请人需提供：

1．出入境证件，含证件个人信息首页、签证（注）页、包含留学期间所有中国边检出入境章页面（证件上无出入境章的，则需公安局出入境管理部门开具的出入境记录查询证明）。

2．教育部留学服务中心开具的正式《国外（香港、澳门特别行政区或台湾地区）学历学位认证书》。

3．国内外联合办学人员还应提交由我国驻当地使领馆开具的《留学回国人员证明》或由中联办（海峡两岸招生服务中心）开具的《在港、澳（台湾）地区学习证明》。

4．在杭创办企业的，需提供营业执照（或其他核准执业证件）、章程及浙江省社会保险历年参保证明。核准执业证件登记机关为各级司法部门的，申请人按规定提供核准执业证件和章程，其他情况可通过杭州市留学回国人员工作证网上申请系统获取相关信息，申请人无需提供。在杭州市区（不含省本级）参保人员可通过杭州市留学回国人员工作证网上申请系统获取本地参保数据，申请人无需提供，其他地区参保信息按规定提供。

5．在杭工作的，需提供劳动合同及浙江省社会保险历年参保证明。在杭州市区（不含省本级）参保人员可通过杭州市留学回国人员工作证网上申请系统获取本地参保数据，申请人无需提供，其他地区参保信息按规定提供。

（二）未在国（境）外获得学位的申请人需提供：

1．出入境证件，含证件个人信息首页、签证（注）页、包含留学期间所有中国边检出入境章页面（证件上无出入境章的，则需要公安局出入境管理部门开具的出入境记录查询证明）。

2．由我国驻当地使领馆开具的《留学回国人员证明》或由中联办（海峡两岸招生服务中心）开具的《在港、澳（台湾）地区学习证明》（需注明留学身份为高级研究学者、访问学者或博士后）。

3．国（境）外高等院校、科研机构、公司出具的正式邀请函及邀请函中文翻译件。

4．在国（境）外院校、科研机构、公司访问期间或之后发表的与受邀研究目的一致的研究论文或科研成果清单，并附论文首页或成果证书。

5．国内最高学历学位证书或专业技术职称证书。

6．在杭创办企业的，需提供营业执照（或其他核准执业证件）、章程及浙江省社会保险历年参保证明。核准执业证件登记机关为各级司法部门的，申请人按规定提供核准执业证件和章程，其他情况可通过杭州市留学回国人员工作证网上申请系统获取相关信息，申请人无需提供。在杭州市区（不含省本级）参保人员可通过杭州市留学回国人员工作证网上申请系统获取本地参保数据，申请人无需提供，其他地区参保信息按规定提供。

7．在杭工作的，需提供劳动合同及浙江省社会保险历年参保证明。在杭州市区（不含省本级）参保人员可通过杭州市留学回国人员工作证网上申请系统获取本地参保数据，申请人无需提供；其他地区参保信息按规定提供。

（三）《工作证》遗失或失效后申请人需提供：

1．原《工作证》在2015年2月1日前办理的或未在《工作证》网上申报系统提交过办证材料的，申请人需按本条内（一）、（二）两点规定在系统内重新提交材料。

2．原《工作证》在2015年2月1日后办理且在《工作证》网上申报系统提交过办证材料的，申请人需在系统内提交办证申请并提交申请人在杭创办企业或工作证明。在杭创办企业的，需提供营业执照（或其他核准执业证件）、章程及浙江省社会保险历年参保证明。核准执业证件登记机关为各级司法部门的，申请人按规定提供核准执业证件和章程，其他情况可通过杭州市留学回国人员工作证网上申请系统获取相关信息，申请人无需提供。在杭州市区（不含省本级）参保人员可通过杭州市留学回国人员工作证网上申请系统获取本地参保数据，申请人无需提供，其他地区参保信息按规定提供。在杭工作的，需提供劳动合同及浙江省社会保险历年参保证明。在杭州市区（不含省本级）参保人员可通过杭州市留学回国人员工作证网上申请系统获取本地参保数据，申请人无需提供，其他地区参保信息按规定提供。

三、申办程序

申请人需注册并登录浙江政务服务网，进入杭州市留学回国人员工作证网上申请系统申请办理《工作证》，申请时需上传所需材料的原件彩色扫描件。网上提交材料后，由归口管理部门［单位工商营业执照或其他核准执业证件注册地（住所）所属区审核部门或市本级主管部门］网上审核完毕后上报市人力社保局。市人力社保局将在收到材料后三个工作日内对上报材料进行最终审核，并在系统内提示通知审核结果。市人力社保局网上审核通过后，由申请人本人携带网上申请时上传所有材料原件及一张近期二寸免冠照片（六个月内）至杭州市专家与留学人员服务中心。经现场审核原件和上传材料一致的，当场领取《工作证》。《工作证》自发放日起三年有效。

四、其他

1．《工作证》办理范围暂不含桐庐县、淳安县、建德市。

2．本通知自2019年9月1日起实施。

杭州市人力资源和社会保障局

2019年7月23日

广州市鼓励留学人员来穗工作规定

（2012年7月8日广州市人民政府令第76号公布，根据2015年7月1日广州市人民政府令第126号《广州市人民政府关于修改〈广州市摩托车报废管理规定〉等5件政府规章的决定》第一次修订，根据2015年9月30日广州市人民政府令第132号《广州市人民政府关于因行政区划调整修改〈广州市扩大区县级市管理权限规定〉等93件政府规章的决定》第二次修订，根据2019年11月14日广州市人民政府令第168号《广州市人民政府关于修改和废止部分政府规章的决定》第三次修订）

第一条 为鼓励留学人员来穗工作，发挥留学人员的专长和对外联系的作用，建设人才强市，根据本市实际，制定本规定。

第二条 符合下列条件之一的留学人员，经认定并取得相关证明后，可以享受本规定各项优惠待遇：

（一）公派、自费出国学习，并取得国外硕士及以上学位的人员；

（二）在国内取得研究生以上学历或者硕士以上学位后，到国外进修、做访问学者1年以上，或者从事博士后研究，取得一定科研成果的人员。

赴港、澳、台地区攻读学位、做访问学者或博士后研究且符合前款（一）、（二）项中学历、学位和成果条件的人员，参照本规定执行。

第三条 留学人员来穗工作的方式包括：

（一）到国家机关、企事业单位和其他组织任职或者兼职；

（二）创办、承包、租赁各类经济实体和研究开发机构；

（三）以自己的专利、专有技术、资金等形式向各类企业入股；

（四）应聘担任国家机关、企事业单位的顾问或者咨询专家；

（五）来穗开展科研合作、技术开发等活动。

第四条 留学人员来穗工作，遵循来去自由、出入方便、学用一致、人尽其才的原则。

第五条 市人力资源和社会保障部门是本市留学人员服务管理工作的主管部门。

广州留学人员服务管理中心是为留学人员提供综合服务的机构，具体负责留学人员来穗工作的联系、接待、咨询、出具相关证明以及提供信息交流、协助申报、代办手续等服务。

第六条 市政府设立留学人员专项资金，用于改善来穗工作留学人员的生活条件和工作环境，以及对留学人员短期来穗服务、讲学、技术支持、成果推荐、国际学术交流与合作等活动的资助。

第七条 留学人员的薪酬，由聘用单位和留学人员协商，从优确定。企业单位聘用的，可以根据情况自定工资标准；事业单位聘用的，其工资可以比照本单位同类人员从优确定。

第八条 留学人员出国前后符合国家工龄政策的工龄合并计算，并可以视同养老保险缴费年限，出国前后参加社会医疗保险的缴费年限可以合并计算。

获得硕士、博士学位的留学人员，其攻读硕士、博士学位的时间计算连续工龄。

第九条 留学人员回国后首次申报评审专业技术职务资格时，可以按实际专业技术水平和能力直接申报评审相应等级的专业技术职务资格。具体申报条件、程序和渠道按照有关规定执行。

来穗工作的高层次留学人员，可以根据其学历、学术或者专业技术水平，按照人事管理权限，经主管部门审核，报同级人力资源和社会保障部门确认后，直接聘任相应等级的专业技术职务，不受本人任职年限、单位专业技术岗位结构比例等限制。

本规定所称的高层次留学人员是指留学后在海外从事本专业相关工作并取得显著成绩，为本市急需引进的各类高级人才，以及拥有较好产业化开发前景的专利或者专有技术的人员。

第十条 市人力资源和社会保障部门确定人才中介机构免费为来穗的留学人员提供2年人事代理服务。

已办理人事代理服务的留学人员，可以按国家规定办理专业技术职务资格评定、出国（境）政审和社会保险等事宜。

第十一条 来穗定居的留学人员及一同随迁的配偶、未成年子女，可以凭《广州市区入户卡》与市人力资源和社会保障部门出具的相关证明，到公安机关办理入户手续。

夫妻双方在国外连续居住1年以上的持中国护照的留学人员，按政策生育或者在国外期间生育以及在国外怀孕后回中国内地生育第二胎的，其子女可以随父母入户广州。

第十二条 留学人员子女入园、入托由当地教育部门和有关部门协助安排；接受义务教育的，由居住地所在区教育部门免试就近安排；参加高中阶段学校招生考试统一录取的，享受政策性照顾借读生待遇。

留学人员子女入托、入园、入读少年宫和入学，托幼机构、少年宫和学校不得收取物价部门规定或者核准以外的任何费用。

第十三条 持中国护照且未在穗定居入户的留学人员，凭市人力资源和社会保障部门的相关证明，在购买住房方面享受本市居民待遇。

符合下列条件之一的留学人员，凭在穗所购住房的房产证、商品房预售登记证明书、契税完税证明或者房屋租赁合同，可以向人力资源和社会保障部门申请从留学人员专项资金中提供的安家补助费：

（一）在海外取得博士学位的；

（二）在海外曾从事博士后研究的；

（三）在海外取得硕士学位并且在本专业领域有5年以上海外工作经验的；

（四）经认定的其他留学人员。

第十四条 用人单位对来穗工作的留学人员应当优先解决居住问题。符合申请人才公寓条件的，可以申请租用广州市人才公寓。具体管理办法由市人力资源和社会保障部门会同市国土资源和房屋管理部门另行制定。

第十五条 持中国护照应聘到广州市属单位工作或者在广州投资办企业的留学

人员，可以根据需要申办因公多次往返港澳证件或者出国任务批件。

来穗工作的留学人员，在办理多次往返港澳证件及签注时，可以享受办证绿色通道及办证时限上的便利。

对入选广州市以上高层次人才计划、加入外籍的留学回国人员，公安机关可以按规定为其签发2年至5年有效期的《外国人居留许可》。

第十六条 留学人员自国外毕业之日起，在外停留不超过2年，且自毕业后首次入境之日起1年内，可以向海关申请购买1辆免税国产小轿车。

第十七条 市政府设立留学人员创业专项扶持资金，用于资助留学人员来穗创办符合本市经济和社会发展方向、具有较为广阔的市场前景或者较为显著的社会效益的企业。

第十八条 留学人员以知识产权和其他可以用货币估价并且可以依法转让的科技成果或者股权、债权作价出资占企业注册资本的比例，由各出资方依法协商约定。

留学人员以知识产权出资设立合伙企业，需要评估作价的，可以由全体合伙人协商确定，也可以由全体合伙人委托法定评估机构评估。

涉及以国有资产出资的，应当符合有关国有资产管理的规定。

第十九条 留学人员以自己持有的专利或者专有技术在广州创办的企业，认定为高新技术企业的，享受高新技术企业的优惠待遇。

第二十条 留学人员以广州作为专利申请地址申请并取得海外专利的，可以向市人力资源和社会保障部门申请资助。

第二十一条 市科技行政主管部门充分发挥孵化器和众创空间绩效评价的引导作用，鼓励全市孵化载体积极引进留学人员的创业项目和创办的企业在穗发展，按照引进的实际情况，在绩效评价中予以加分。对符合条件的高新技术成果转化和产业化项目，可以向广州市科技成果产业化引导基金相关子基金、科技型中小企业贷款担保委托机构推荐。

第二十二条 市政府鼓励和扶持留学人员创新创业基地建设。

留学人员企业、留学人员创业园区和接收留学人员的单位，可以申报广州市海外高层次人才创新创业基地。

经认定的广州市海外高层次人才创新创业基地或者入选国家海外高层次人才创新创业基地的，市财政给予适当的资助和配套经费。

第二十三条 市政府开展评选广州十大优秀留学回国人员工作，表彰、奖励对本市经济建设、科技进步和社会发展作出突出贡献的留学人员。

第二十四条 市统计部门应当建立留学回国人员统计工作制度，向社会公布留学回国人员有关统计信息。

市人力资源和社会保障部门应当建立留学回国人员信息库和出国留学人员信息

库，实现资源共享，为人才遴选提供支持。

第二十五条 已获得本市其他同类财政资助的留学人员，不能同时享受本规定的财政资助。

第二十六条 留学人员在穗工作期间与用人单位发生劳动人事争议的，可以向市劳动人事仲裁机构申请仲裁。

第二十七条 本规定涉及的项目资金及其资助办法，由市人力资源和社会保障、科技、知识产权部门依照各自职能，会同市财政部门在本规定施行1年内另行制定。

第二十八条 本规定自2012年10月1日施行。1999年11月12日公布的《广州市鼓励留学人员来穗工作规定》同时废止。

公益慈善

财政部　税务总局
关于公益慈善事业捐赠个人所得税政策的公告

（财政部　税务总局公告2019年第99号）

为贯彻落实《中华人民共和国个人所得税法》及其实施条例有关规定，现将公益慈善事业捐赠有关个人所得税政策公告如下：

一、个人通过中华人民共和国境内公益性社会组织、县级以上人民政府及其部门等国家机关，向教育、扶贫、济困等公益慈善事业的捐赠（以下简称“公益捐赠”），发生的公益捐赠支出，可以按照个人所得税法有关规定在计算应纳税所得额时扣除。

前款所称境内公益性社会组织，包括依法设立或登记并按规定条件和程序取得公益性捐赠税前扣除资格的慈善组织、其他社会组织和群众团体。

二、个人发生的公益捐赠支出金额，按照以下规定确定：

（一）捐赠货币性资产的，按照实际捐赠金额确定。

（二）捐赠股权、房产的，按照个人持有股权、房产的财产原值确定。

（三）捐赠除股权、房产以外的其他非货币性资产的，按照非货币性资产的市场价格确定。

三、居民个人按照以下规定扣除公益捐赠支出：

（一）居民个人发生的公益捐赠支出可以在财产租赁所得、财产转让所得、利息股息红利所得、偶然所得（以下统称“分类所得”）、综合所得或者经营所得中扣除。在当期一个所得项目扣除不完的公益捐赠支出，可以按规定在其他所得项目中继续扣除。

（二）居民个人发生的公益捐赠支出，在综合所得、经营所得中扣除的，扣除限额分别为当年综合所得、当年经营所得应纳税所得额的百分之三十；在分类所得中扣除的，扣除限额为当月分类所得应纳税所得额的百分之三十。

（三）居民个人根据各项所得的收入、公益捐赠支出、适用税率等情况，自行决定在综合所得、分类所得、经营所得中扣除的公益捐赠支出的顺序。

四、居民个人在综合所得中扣除公益捐赠支出的，应按照以下规定处理：

（一）居民个人取得工资薪金所得的，可以选择在预扣预缴时扣除，也可以选择在年度汇算清缴时扣除。

居民个人选择在预扣预缴时扣除的，应按照累计预扣法计算扣除限额，其捐赠当月的扣除限额为截至当月累计应纳税所得额的百分之三十（全额扣除的从其规定，下同）。个人从两处以上取得工资薪金所得，选择其中一处扣除，选择后当年不得变更。

（二）居民个人取得劳务报酬所得、稿酬所得、特许权使用费所得的，预扣预缴时不扣除公益捐赠支出，统一在汇算清缴时扣除。

（三）居民个人取得全年一次性奖金、股权激励等所得，且按规定采取不并入综合所得而单独计税方式处理的，公益捐赠支出扣除比照本公告分类所得的扣除规定处理。

五、居民个人发生的公益捐赠支出，可在捐赠当月取得的分类所得中扣除。当月分类所得应扣除未扣除的公益捐赠支出，可以按照以下规定追补扣除：

（一）扣缴义务人已经代扣但尚未解缴税款的，居民个人可以向扣缴义务人提出追补扣除申请，退还已扣税款。

（二）扣缴义务人已经代扣且解缴税款的，居民个人可以在公益捐赠之日起90日内提请扣缴义务人向征收税款的税务机关办理更正申报追补扣除，税务机关和扣缴义务人应当予以办理。

（三）居民个人自行申报纳税的，可以在公益捐赠之日起90日内向主管税务机关办理更正申报追补扣除。

居民个人捐赠当月有多项多次分类所得的，应先在其中一项一次分类所得中扣除。已经在分类所得中扣除的公益捐赠支出，不再调整到其他所得中扣除。

六、在经营所得中扣除公益捐赠支出，应按以下规定处理：

（一）个体工商户发生的公益捐赠支出，在其经营所得中扣除。

（二）个人独资企业、合伙企业发生的公益捐赠支出，其个人投资者应当按照捐赠年度合伙企业的分配比例（个人独资企业分配比例为百分之百），计算归属于每一个人投资者的公益捐赠支出，个人投资者应将其归属的个人独资企业、合伙企业公益捐赠支出和本人需要在经营所得扣除的其他公益捐赠支出合并，在其经营所得中扣除。

（三）在经营所得中扣除公益捐赠支出的，可以选择在预缴税款时扣除，也可以选择在汇算清缴时扣除。

（四）经营所得采取核定征收方式的，不扣除公益捐赠支出。

七、非居民个人发生的公益捐赠支出，未超过其在公益捐赠支出发生的当月应纳税所得额百分之三十的部分，可以从其应纳税所得额中扣除。扣除不完的公益捐赠支出，可以在经营所得中继续扣除。

非居民个人按规定可以在应纳税所得额中扣除公益捐赠支出而未实际扣除的，可按照本公告第五条规定追补扣除。

八、国务院规定对公益捐赠全额税前扣除的，按照规定执行。个人同时发生按百分之三十扣除和全额扣除的公益捐赠支出，自行选择扣除次序。

九、公益性社会组织、国家机关在接受个人捐赠时，应当按照规定开具捐赠票据；个人索取捐赠票据的，应予以开具。

个人发生公益捐赠时不能及时取得捐赠票据的，可以暂时凭公益捐赠银行支付凭证扣除，并向扣缴义务人提供公益捐赠银行支付凭证复印件。个人应在捐赠之日起90日内向扣缴义务人补充提供捐赠票据，如果个人未按规定提供捐赠票据的，扣缴义务人应在30日内向主管税务机关报告。

机关、企事业单位统一组织员工开展公益捐赠的，纳税人可以凭汇总开具的捐赠票据和员工明细单扣除。

十、个人通过扣缴义务人享受公益捐赠扣除政策，应当告知扣缴义务人符合条件可扣除的公益捐赠支出金额，并提供捐赠票据的复印件，其中捐赠股权、房产的还应出示财产原值证明。扣缴义务人应当按照规定在预扣预缴、代扣代缴税款时予扣除，并将公益捐赠扣除金额告知纳税人。

个人自行办理或扣缴义务人为个人办理公益捐赠扣除的，应当在申报时一并报送《个人所得税公益慈善事业捐赠扣除明细表》。个人应留存捐赠票据，留存期限为五年。

十一、本公告自2019年1月1日起施行。个人自2019年1月1日至本公告发布之日期间发生的公益捐赠支出，按照本公告规定可以在分类所得中扣除但未扣除的，可以在2020年1月31日前通过扣缴义务人向征收税款的税务机关提出追补扣除申请，税务机关应当按规定予以办理。

特此公告。

财政部 税务总局

2019年12月30日

其他

黑龙江省民政厅关于下放涉外、涉港澳台居民及华侨婚姻登记权限的通知

（黑民规〔2019〕1号）

各市（地）民政局：

为贯彻落实党中央、国务院和省委、省政府关于深入推进“放管服”改革、促进政府职能转变、建设法治政府和服务型政府的精神要求，以方便婚姻当事人办理为宗旨，坚持有序衔接、平稳过渡的原则，不断增加市级民政部门公共服务供给能力，切实提高涉外婚姻登记标准化建设水平，经报请省政府同意，省民政厅决定将涉外、涉港澳台居民及华侨婚姻登记权限下放至市（地）民政部门。现将有关事宜通知如下：

一、下放内容

将省级民政部门实施的涉外、涉港澳台居民及华侨婚姻登记工作下放到市（地）民政部门，省级民政部门不再办理登记相关业务，只负责业务指导与监管工作。下放后，当事人的涉外、涉港澳台居民及华侨婚姻登记到其户口所在地的市（地）民政部门办理。

二、承接条件

根据《婚姻登记条例》和民政部关于婚姻登记工作规范化、标准化的要求，市（地）民政部门承接涉外婚姻登记职权事项必须具备以下条件：一是各市（地）民政部门应成立专业机构负责办理本行政区域内的涉外婚姻登记工作。二是要有固定的办公服务用房，并合理划分婚姻登记、档案保管、颁证等功能区域。三是要配备必要的办公服务设备，主要包括计算机、证件及纸张打印机、复印机、扫描仪、二代身份证阅读器、人脸识别系统、开通国际长途的固定电话、24小时语音咨询电话等，并实现与全国婚姻登记信息联网。四是要配备2名以上具有执法资格的婚姻登记员。五是婚姻登记机关要有必要的办公经费保障。各市（地）民政部门应于2019年3月25日前完成有关承接事项准备工作，并将婚姻登记机关的地址、咨询电话报省民政厅，以便省民政厅在相关媒体公告。

三、业务培训

省民政厅已经采取理论授课、岗位实践、现场指导相结合的培训方式，对各地涉外婚姻工作人员进行了统一培训。下放前，将对涉外婚姻登记员进行严格考试，

对考试合格者颁发婚姻登记员资格证书，实现涉外婚姻登记员持证上岗，切实保证全省婚姻登记合格率。

四、职责衔接

结合我省前期试点工作开展情况和参照外省涉外婚姻登记权限下放的做法，为确保涉外婚姻登记行政权限下放承接工作的平稳过渡，省厅确定自2019年4月1日到2019年6月30日为涉外婚姻登记权限下放的过渡期。过渡期间，由省厅涉外婚姻登记机构与承接涉外婚姻登记权限的婚姻登记机构同时办理涉外婚姻登记业务；自2019年7月1日起，省厅涉外婚姻登记处不再办理涉外婚姻登记业务。届时，省厅将在黑龙江省民政信息网及其他省内媒体进行公告；各承接单位应在本地主要媒体和本市市（地）民政信息网向社会进行公告。

五、技术支持

各承接单位按要求启用民政部涉外婚姻登记信息管理系统进行婚姻登记工作，网址是http://fm.mca.gov.cn。每个承接单位要确定一名涉外婚姻登记信息管理系统的市级管理员及至少两名登记员（管理员可以由登记员兼任），并上报省民政厅申请用户名。

六、承接单位工作要求

1．切实加强对承接工作的指导。及时制定承接工作方案，明确承接工作思路，确定承接工作推进的步骤方法。对承接工作中的重点难点问题，承接单位主要领导亲自过问、协调解决，确保承接工作平稳有序开展。

2．牢固树立“外事无小事”的工作理念。针对涉外工作的特殊性，优化再造登记流程。通过开通预审服务、安装24小时语音咨询电话、提供登记时所需文本的外文翻译件等方式，方便外国婚姻当事人了解我国婚姻登记政策，办理婚姻登记。凡涉及越南、老挝、柬埔寨、缅甸等四个国家需使用“拐卖受害人识别软件”与外籍当事人进行交流，做好拐卖受害人识别和救助工作。

3．深入开展“四零”承诺服务创建工作。制定全程规范化工作服务标准，按照创建标准开展创建工作，在创新机制、完善设施、规范制度、优化流程、提升素质、加强监督等方面全方位立体式推进，不断提高工作效能和群众满意度，实现创建工作常态化、长效化，树立涉外婚姻登记窗口的良好形象。

4．加快推进及时报省厅验收。承接单位要加快推进节奏，具备承接条件的及时报省民政厅验收。省民政厅将加强政策指导，坚持下放标准，严格检查验收。经验收合格的涉外婚姻登记机构，应立即开展涉外婚姻登记办理工作，确保按期完成涉外婚姻登记职能的承接工作。

黑龙江省民政厅

2019年1月16日

南京市授予荣誉市民称号条例

（2019年4月26日南京市第十六届人民代表大会常务委员会第十四次会议通过　2019年5月30日江苏省第十三届人民代表大会常务委员会第九次会议批准）

第一条　为了表彰和鼓励为本市作出突出贡献的市外人士，根据《中华人民共和国地方各级人民代表大会和地方各级人民政府组织法》的规定，结合本市实际，制定本条例。

第二条　本条例适用于南京市荣誉市民的称号授予、礼遇落实、服务保障以及其他相关工作。

第三条　授予荣誉市民称号，应当注重实效、尊重当事人意愿。

第四条　凡遵守中华人民共和国法律，具有良好社会声誉，具备下列条件之一的外国人、华侨、港澳台同胞和其他市外人士，可以授予荣誉市民称号：

（一）在本市对外交往，扩大对外交流与合作，建立和发展友好城市关系，提升本市形象和影响力等方面贡献突出的；

（二）在本市经济社会发展、国土空间规划、自然资源和生态环境保护等方面提出重要建议，取得显著经济、社会效益的；

（三）在本市投资设立企业、建设项目，开拓国际国内市场，引进资金、人才、先进技术和设备，促进经济发展等方面贡献突出的；

（四）在本市科技、教育、文化、卫生、体育、旅游等事业方面贡献突出的；

（五）在本市发展社会公益事业和慈善事业等方面贡献突出的；

（六）在其他方面贡献突出的。

第五条　符合授予荣誉市民称号条件的，由本市有关国家机关、企业事业单位、社会团体以及其他有关组织推荐为荣誉市民人选。

推荐单位应对申报材料进行核实，征得被推荐人本人同意后，向下列部门提出申报：

（一）被推荐人是外国人、港澳同胞的，向市外事、港澳事务主管部门申报；

（二）被推荐人是华侨的，向市侨务主管部门申报；

（三）被推荐人是台湾同胞的，向市台湾事务主管部门申报；

（四）其他市外人士，按照作出突出贡献领域向市相关主管部门申报。

第六条　受理部门收到推荐荣誉市民的申报后，应当进行审查，征询有关单位的意见并提出初审意见，报市人民政府审核。

第七条　市人民政府审核通过荣誉市民人选建议名单后，应当向市人民代表大会常务委员会提出授予荣誉市民称号的议案。

第八条　市人民政府提出的授予荣誉市民称号的议案，由市人民代表大会常务委员会主任会议决定提请常务委员会会议审议。

市人民代表大会常务委员会对授予荣誉市民称号的议案进行审议，作出授予荣誉市民称号决定的，向社会公告。

第九条 对决定授予荣誉市民称号的，市人民政府应当举行授予荣誉市民仪式，邀请荣誉市民本人参加，颁发荣誉市民证书和证章。荣誉市民证书由市人民政府市长签署。

第十条 荣誉市民享有下列礼遇：

（一）应邀列席市人民代表大会、中国人民政治协商会议南京市委员会的会议；

（二）应邀参加本市的重大活动；

（三）应邀参加本市相关部门组织的专题调研、视察、座谈、决策咨询等活动；

（四）获赠本市经济社会发展的相关资料；

（五）进出南京相关客运口岸时，由有关单位向主管部门提出通关便利申请；

（六）每年在本市指定医院享受一次免费体检；

（七）获赠本市游园年卡；

（八）本市给予的其他礼遇。

第十一条 市级相关部门应当加强与荣誉市民的沟通和联系，通报本市经济社会发展情况，听取荣誉市民的意见和建议。

第十二条 荣誉市民因违反中华人民共和国法律受到刑事处罚，或者有与荣誉市民称号不相称的行为并造成不良影响的，市人民政府应当及时提出撤销其荣誉市民称号的议案，提请市人民代表大会常务委员会审议决定。

荣誉市民主动放弃荣誉市民称号的，向市人民政府提出申请，市人民政府应当及时提出终止其荣誉市民称号的议案，提请市人民代表大会常务委员会审议决定。

市人民代表大会常务委员会撤销和终止荣誉市民称号的决定应当向社会公告。

第十三条 荣誉市民称号授予、礼遇落实、服务保障等活动经费纳入市级财政预算，专款专用。

第十四条 公职人员在授予荣誉市民称号工作中滥用职权、玩忽职守、徇私舞弊的，由所在单位或者相关部门依法给予处分；构成犯罪的，依法追究刑事责任。

第十五条 本条例自2019年6月5日起施行。本条例施行前已获得荣誉市民称号的，适用本条例。

深圳经济特区授予荣誉市民称号规定

（2000 年 3 月 3 日深圳市第二届人民代表大会常务委员会第三十八次会议通过　根据 2008 年 1 月 31 日深圳市第四届人民代表大会常务委员会第十七次会议《关于修改〈深圳经济特区授予荣誉市民称号规定〉的决定》第一次修正　根据 2019 年 10 月 31 日深圳市第六届人民代表大会常务委员会第三十六次会议《关于修改〈深圳经济特区人体器官捐献移植条例〉等四十五项法规的决定》第二次修正）

第一条　为了表彰和鼓励在本市经济建设、文化建设、社会建设等方面做出突出贡献者，促进对外交流与合作，根据有关法律、行政法规的基本原则，结合特区实际，制定本规定。

第二条　凡遵守中华人民共和国法律并具备下列条件之一的香港同胞、澳门同胞、台湾同胞、华侨和外国人，可以被授予“深圳市荣誉市民”称号：

（一）在城市建设、环境保护与资源合理利用、社会管理或者推动社会公益事业等方面，贡献突出的；

（二）在直接投资，引进外资、人才、高新技术和先进设备，传授新技术、提供新信息、开发新产品、培训专业人才等方面，贡献突出的；

（三）在开拓国际市场、促进经贸活动方面，贡献突出的；

（四）在促进教育、科技、文化、卫生、体育、旅游等方面对外交流与合作，贡献突出的；

（五）在促进对外交往，建立友好城市关系等方面，贡献突出的。

第三条　符合本规定第二条规定，经本人同意，由市有关部门、区人民政府、社会团体以及其他有关组织推荐，分别向下列主管部门申报：

（一）被推荐人是华侨、香港同胞、澳门同胞的，向市政府侨务部门（以下简称“市侨务部门”）申报；

（二）被推荐人是台湾同胞的，向市政府台湾事务部门（以下简称“市台务部门”）申报；

（三）被推荐人是外国人的，向市政府外事部门（以下简称“市外事部门”）申报。

市外事部门负责申报的统筹协调工作。

第四条　申报深圳市荣誉市民时，应当提供下列经被推荐人确认的材料：

（一）《深圳市荣誉市民申报表》；

（二）主要事迹材料；

（三）无犯罪、不良信用记录的证明材料；

（四）无侵犯劳动者合法权益以及其他严重违法行为的证明材料；

（五）主管部门要求提供的其他材料。

第五条 设立深圳市荣誉市民工作联席会议（以下简称“联席会议”），职责如下：

（一）讨论决定授予荣誉市民工作具体方案；

（二）初审授予“深圳市荣誉市民”称号的被推荐人名单；

（三）初审拟撤销“深圳市荣誉市民”称号的名单；

（四）其他有关荣誉市民工作的重大事项。

联席会议由市外事、侨务、台务、工业和信息化、公安、人力资源保障、生态环境、市场监管、税务等部门组成。联席会议可以根据需要，邀请市住房建设、规划和自然资源、国家安全以及人民法院、人民检察院、海关等有关单位列席。

联席会议由市人民政府召集或者由市人民政府委托市外事部门召集。

第六条 经联席会议初审确定的深圳市荣誉市民被推荐人名单，市人民政府应当向社会公示。公示期不得少于三十日。

公示后有异议的，市外事部门应当会同有关部门自公示期满后十五个工作日内进行调查并提出处理意见。

公示后无异议以及公示后有异议但经过市外事部门组织调查后认为符合本规定的，由市外事部门报市人民政府审核。

第七条 市人民政府应当将授予“深圳市荣誉市民”称号的议案提请市人民代表大会常务委员会（以下简称“市人大常委会”）审议决定。

第八条 市人大常委会作出授予“深圳市荣誉市民”称号的决定后，市人民政府应当颁发“深圳市荣誉市民”证书和证章。

第九条 荣誉市民享受市人民政府规定的礼遇。

第十条 市外事部门负责荣誉市民的资料管理及日常联络、服务工作。

第十一条 市外事部门可以组织荣誉市民开展调查研究、专题研讨、决策咨询等活动，市侨务、台务等有关部门应当予以协助。

第十二条 被授予“深圳市荣誉市民”称号者有下列情形之一的，市人民政府应当将撤销“深圳市荣誉市民”称号的议案提请市人大常委会审议决定：

（一）在申报“深圳市荣誉市民”称号活动中弄虚作假的；

（二）损害社会公共利益、违反社会公德，造成严重社会影响的；

（三）违反法律、法规、规章等有关规定，导致发生重大安全生产事故、环境污染、劳动纠纷或者造成严重社会影响的；

（四）拒不执行人民法院、仲裁机构生效法律文书的；

（五）受到刑事处罚的；

（六）有其他应当撤销“深圳市荣誉市民”称号情形的。

撤销“深圳市荣誉市民”称号的决定应当向社会公告，并由市外事部门通知本人。

第十三条 荣誉市民所在单位有本规定第十二条所列情形之一，其本人负有直接责任的，按照本规定撤销其“深圳市荣誉市民”称号。

第十四条 国家工作人员在授予荣誉市民称号工作中滥用职权、玩忽职守、徇私舞弊、弄虚作假的，由其所在单位或者有关部门给予处分；构成犯罪的，依法追究刑事责任。

第十五条 本市授予“深圳市荣誉市民”称号活动每次间隔时间不得少于两年。

第十六条 对到访本市的外国友好城市的行政首长、议会议长以及国际知名人士等需要授予“深圳市荣誉市民”称号的，可以不适用本规定第四条、第五条、第六条以及第十五条的规定。

第十七条 市人民政府应当根据本规定制定实施办法。

第十八条 本规定自2000年5月1日起施行。

大事记

本栏目收录2019年度国外华侨华人社会、国内侨乡以及侨务工作等大事要闻，发布机构为中国新闻社以及海外主要华文媒体。

2019 全球华侨华人十大新闻

由中国新闻社主办的“2019全球华侨华人年度评选”颁奖典礼于2020年1月8日在北京举行。活动现场，“2019全球华侨华人十大新闻”揭晓。

一年一度的全球华侨华人十大新闻评选已连续举办十余年。此次评选历时近三个月，评选集合了网友意见、传媒视角及专家观点，具有权威性和代表性。

“2019全球华侨华人十大新闻”依次为：

一、习近平会见第九届世界华侨华人社团联谊大会和中华海外联谊会五届一次理事大会代表

2019年5月28日，中共中央总书记、国家主席习近平在北京会见出席第九届世界华侨华人社团联谊大会和中华海外联谊会五届一次理事大会的全体代表，向大家表示热烈欢迎和衷心祝贺，向世界各地华侨华人致以诚挚问候。

二、全球华侨华人庆祝中华人民共和国成立70周年

2019年是中华人民共和国成立70周年。10月1日，庆祝中华人民共和国成立70周年大会举行，侨胞们在现场见证了历史性时刻，他们纷纷表示，庆典展现了中华民族的自信和威严，凝聚起了全球侨胞的心。

10月1日上午，庆祝中华人民共和国成立70周年大会在北京天安门广场隆重举行。图中是国庆年号和国徽方阵

三、华侨华人参与“一带一路”建设，共享发展机遇

2019年4月，第二届“一带一路”国际合作高峰论坛在北京举行，让华侨华人深

度参与“一带一路”建设，共享发展机遇。从第二届中国国际进口博览会到首届华侨华人粤港澳大湾区大会，从武汉华侨华人创业发展洽谈会到中国（深圳）海归创业大会，华侨华人为中外经贸交流架桥铺路，与中国以及“一带一路”沿线国家共成长。

蔡冠深在首届华侨华人粤港澳大湾区大会上发言

四、海外侨胞守护香港繁荣稳定，坚定支持“一国两制”

自2019年6月以来，香港一些不法分子以“反修例”为幌子，在香港不断制造各种暴力事件，引发全球华人的愤慨。在海外，华侨华人和中国留学生高度关注香港局势，他们发出反暴力、反“港独”的呼声，表达了支持祖国统一、拥护“一国两制”的坚定决心，抒发了对香港保持繁荣安宁的强烈期盼。

8月17日，一千多名加拿大华侨华人在温哥华市中心举行“爱中国　爱香港　反港独　反暴力”集会

五、港澳居民、华侨凭出入境证件在境内办事更加便利

2019年9月11日，国家移民管理局发布《出入境证件身份认证管理办法（试行）》；12月19日，出入境证件电子信息识读认证软件发布上线；12月31日起，国家移民管理局开通华侨护照查询服务。这一系列措施提升了港澳居民、华侨的获得感、幸福感、安全感。

关于发布《出入境证件身份认证管理办法（试行）》的公告

为保证出入境证件身份认证工作正常开展，规范认证管理服务，国家移民管理局制定了《出入境证件身份认证管理办法（试行）》，现予以发布，自发布之日起施行。

特此公告。

国家移民管理局
2019年9月11日

9月11日，国家移民局发布《出入境证件身份认证管理办法（试行）》

六、第十届世界华文传媒论坛在河北石家庄举行

2019年10月12日至13日，由国务院侨

务办公室、河北省人民政府和中国新闻社共同主办的第十届世界华文传媒论坛在河北省石家庄举行。400多家华文媒体的高层就“牵手世界、见证时代——华文媒体的‘中国故事’”的主题展开交流与探讨。

中国新闻社社长章新新在第十届世界华文传媒论坛上发表题为《融通世界、见证时代——华文媒体与“中国故事”》的主旨报告

七、中国两大侨商组织完成整合

2019年11月17日至18日，中国侨商联合会第五次会员代表大会在北京举行，谢国民、许荣茂被推选为中国侨商联合会第五届会长。大会的举行标志着中国侨商投资企业协会和中国侨商联合会完成整合。

八、全球华侨华人促进中国和平统一大会在菲律宾举行

全球华侨华人促进中国和平统一大会于2019年6月22日在菲律宾首都马尼拉举行，300多个统促会及相关组织1200多人参会。大会以“推进中国和平统一，实现民族伟大复兴”为主题，发表了《马尼拉宣言》。

九、美国纪念太平洋铁路建成150周年，华工贡献再获肯定

2019年是首条横贯美国东西部的太平洋铁路竣工150周年。5月以来，美国各界隆重举办纪念活动，向铁路建设过程中付出心血甚至献出生命的华工致敬。

美国当地时间5月10日，为期三天的纪念太平洋铁路竣工150周年的活动在犹他州的普罗蒙特里举行，重现了当年铁路合龙的历史瞬间，包括华侨华人在内的上万人参加了这一活动。图中为活动现场，华工后裔参与演出的太平洋铁路修建情景剧

十、新加坡开埠200周年推纪念钞，三位华人被印上钞票

为纪念新加坡开埠200周年，新加坡金融管理局推出20元纪念钞，首次有八名已故社会杰出人士一起出现在新加坡钞票上，其中包括陈嘉庚、许哲和王惠卿三位华人。

八名已故杰出人士出现在新加坡钞票上，其中有三位华人，分别是华文教育先驱陈嘉庚、新加坡“国宝”许哲以及新加坡杰出女教育家王惠卿

（中国新闻网2020－01－08/吴侃）

2019年欧洲华侨华人十大新闻

2019年，欧洲华侨华人分享了新中国成立70周年、中法建交55周年、留法勤工俭学百年的感动与喜悦，他们在华人参政、华商转型和学术研究领域取得了新的发展和突破，多项惠侨新政的实施为他们解锁了新的便利。针对香港一些不法分子的暴力行径，旅欧侨胞发出反暴力强音；《告台湾同胞书》发表40周年，侨胞们在反“独”促统的道路上矢志不渝。面对银行账户冻结、电信诈骗、盗抢犯罪猖狂的逆境，旅欧侨胞相互提醒、积极维权。《欧洲时报》连续第六年评选出“欧洲华侨华人十大新闻”，“2019年欧洲华侨华人十大新闻”回顾了这一年旅欧侨胞的不凡经历。

一、庆新中国70华诞　欧洲华侨华人共襄盛举

从2019年上半年开始，欧洲侨胞就开始准备“70年大庆”的庆祝活动，很多欧洲侨胞、侨社或独立举行，或牵手住在国主流社会共同举办异彩纷呈的活动、论坛，共襄盛举。

9月19日，旅法侨界在巴黎隆重举行庆祝中华人民共和国成立70周年大会，刚刚履新的中国驻法大使卢沙野出席并发表讲话，来自旅法侨界的600多名侨胞代表参加此次大会。旅法侨界还多次举办座谈会、图片展、书画展等形式，庆祝新中国70华诞。9月8日晚，德国柏林华侨华人欢庆国庆70周年晚会在柏林举行，200余名在德华

部分旅法侨领出席国庆系列活动

9月19日，600余名旅法侨界代表和嘉宾共庆中华人民共和国成立70周年，并热烈欢迎中国驻法大使卢沙野到任履新。图为旅法侨界代表齐声共唱《歌唱祖国》

侨华人欢聚一堂，用欢歌热舞为新中国庆生。9月21日晚，由英国华侨华人团体主办的庆贺新中国成立70周年文艺晚会“最美的祝福”在伦敦举行。意大利华人社团联合以举办欧洲华人乒乓球邀请赛的形式庆祝中华人民共和国成立70周年，来自英国、法国、西班牙、奥地利、匈牙利等7个国家的华侨华人和意大利本国的乒乓球爱好者组成19支代表队，共100多名队员参赛。9月17日，由奥地利多个侨社联合举办的“庆祝新中国成立70周年图片展”在奥地利联邦商会隆重举行，吸引了当地政要参加。西班牙则通过中国电影展、“红歌”大赛等形式为新中国生日献上祝福。

此外，荷兰、比利时、罗马尼亚、芬兰、挪威等欧洲国家也以文艺晚会、图片展等多种形式庆祝新中国成立70周年。

《家国同梦——侨与新中国》特刊

《欧洲时报》推出特刊《家国同梦——侨与新中国》，讲述了海外中华儿女与祖（籍）国70年的不解之缘、报国壮志与赤子情怀。国庆日当天，不少欧洲侨领受邀出席了天安门广场盛大阅兵仪式及侨宴，他们与内地民众共同见证一个更强大的新中国迈步走进新时代。回到住在国后，英国、法国等地观礼侨胞还召开座谈会，交流体会，共同向住在国讲好中国故事。同期，献礼影片《我和我的祖国》通过欧洲时报文化传媒集团陆续在英国、德国等国上映，广受好评。该片创造了中国电影在欧洲发行覆盖国家、放映场次、观影人数和票房等各项纪录，成为中国电影在欧洲发行的里程碑。

二、关注香港局势　欧洲华侨华人发出反暴力强音

2019年香港局势受到普遍关注，一些极端暴力分子持续在香港制造混乱的行为遭到海外华侨华人的强烈谴责，他们通过各种平台声援香港特区政府和香港警察，呼吁止暴制乱，严惩暴徒，维护“一国两制”。更有不少华侨华人和留学生在海外自发组织和平集会，向海外民众发出希望香港和平稳定之声。

8月17日，德国留学生在勃兰登堡门前集会

6月19日，伦敦华埠商会、香港新界乡议局驻英联络处等全英各界社团的华侨华人代表，在伦敦中国城唐人街广场发表声明——支持香港特区政府修订《逃犯条例》，反对损害香港繁荣稳定。全英各界社团华侨华人代表高举“撑警队，反暴力”“护法治，守香港”等标语，并在中国站举行座谈会。

8月18日，“反暴力、救香港”和平集会在伦敦特拉法加广场举行

8月17日，部分留法学生自发在巴黎6区的圣米歇尔广场冒雨抵制香港激进分子示威活动，高举国旗和爱国爱港标语，齐声高呼“我们是中国人，你们也是中国人”“中国加油，香港加油”“反对暴力”等口号。期间，“港独”分子试图喊出“港独”的口号，但是被在场同学们巧妙地接话，转化为“香港是中国的一部分”。留学生们还用娴熟的法语向路过询问的法国人士介绍“一国两制”的制度，讲述香港近期发生的激进分子制造暴乱的情况。

10月下旬，罗马酒吧商会发起“挺警止暴慰警活动”，图为商会秘书长林茵如等与香港旺角警署报警接待室、警民关系科警员合影

8月18日，上千名来自伦敦

华埠商会、香港新界海外联络处、全英学联等100多家在英社团的华侨华人自发准备了国旗、标语、宣传页等，在特拉法加广场举行“反暴力、救香港”和平集会，以对抗香港“反对派”的游行示威。

14家旅匈华侨华人社团8月联合发表声明，强烈谴责香港激进暴力分子，坚决反对境外势力干涉中国内政；欧洲华侨华人社团联合会代表在香港警察总部外手持锦旗支持和慰问香港警察。

10月，罗马酒吧商会发起“挺警止暴慰警活动”，为港警募捐、送锦旗、送糖送月饼，并在罗马举行“植树挺警”活动，温暖侨心。欧洲华媒、华人学者、住在国友好人士发力舆论阵地，在《欧洲时报》等多家华媒上发表署名文章及社评，力挺警方执法，反对暴力。批美国会通过所谓“香港自治法案”。

11月，德国科隆深圳女留学生用三种语言怒怼“港独”，产生广泛影响。

三、法国华侨华人纪念中法建交55周年和留法勤工俭学运动一百周年

2019年是中法建交55周年和留法勤工俭学运动一百周年。法国不论是政府还是民间，都举行了多种庆祝活动，当地华侨华人是这些活动的主办者、参与者与中坚力量。

5月4日，翟隽大使、陈文雄议员、吴为山馆长、法尔科尼省长、迪容市长等在蒙达尔纪为“百年丰碑”群雕揭幕

8月23日，旅法侨界代表团参观蒙达尔纪留法勤工俭学纪念馆

1月24日，中国国务委员兼外交部部长王毅同法国外长勒德里昂共同启动中法建交55周年纪念活动，法国政界、商界以及旅法侨界纪念中法建交55周年的各类活动贯穿全年。

1月29日晚，200余名法国华侨华人代表应邀走进法国国民议会议长官邸拉塞宫，与中国驻法国大使翟隽和法国国民议会议长费朗、总理府国务秘书兼政府发言人格里沃、国民议会副议长勒富尔、国民议会副议长博纳尔、法中友好小组主席陈文雄、总理外事顾问卢力捷等一起庆祝中国春节和中法建交55周年。

5月4日，中国留法勤工俭学百年纪念雕塑——“百年丰碑”

落成仪式在法国中央－卢瓦尔河谷大区蒙达尔纪市邓小平广场隆重举行。旅法中国留学生和中资机构青年代表等200多人出席活动，缅怀伟人功绩，弘扬自强不息、永久奋斗的民族精神。在此之间，华侨华人通过图片展、追寻先辈足迹等多种形式，纪念留法勤工俭学运动一百周年。多家旅行社还设置“留法勤工俭学红色之旅”旅游线路，为大家讲述百年巨变。

四、抗议银行账户被冻结　旅西侨胞创造维权范例

2019年初，西班牙BBVA等银行在未提前通知用户的情况下，不分青红皂白，大量冻结或强制性注销华侨华人账户，已经构成歧视。西班牙侨胞奋起维权，举行大规模抗议集会，并到银行投诉。在中国外交部和使领馆积极沟通下，最终取得银行道歉并解冻被封账户的维权胜绩。旅西侨胞创造了一次华侨华人维权范例。

2月15日，由75家侨团组成的旅西侨界联盟组织5000多名侨胞在马德里发起了一场声势浩大的集会，在BBVA银行基金会总部门前，抗议BBVA等银行的冻结账户行为。

1月至4月期间，语言能力突出且有法律援助经验的侨胞自发组成了志愿者队伍，每周陪同有需要的侨胞到BBVA、Bankia等银行进行沟通，指导被侵权侨胞填写投诉单、解冻账户、重新开户等。

《欧洲时报》一直密切跟进相关动态，与使馆和侨界代表、留学生等群体保持联系，并就此问题多次采访中西两方的律师，为侨胞排忧解难。

1月14日，中国驻西班牙大使馆领事参赞朱健和商务参赞王颖琦到Bankia银行进行交涉。2月中旬，中国驻西班牙大使馆就旅西中国公民银行账户问题约见西外交部领事司、中国外交部领事司就此约见西班牙驻华使馆进行沟通交涉。2月18日，中国外交部发言人要求西有关方面采取有效措施，切实保障旅西中国公民正当权利。2月19日，中国驻西班牙大使吕凡也就此约见西班牙央行行长德克斯。同日，BBVA银行在其官方网站上发布中文、英文、西班牙语三种语言版本的公告，就此前大规模冻结旅西华侨华人账户一事发表道歉声明。

旅西侨胞集会现场

五、维护华人安全 中使馆提醒防范电信诈骗、盗抢犯罪

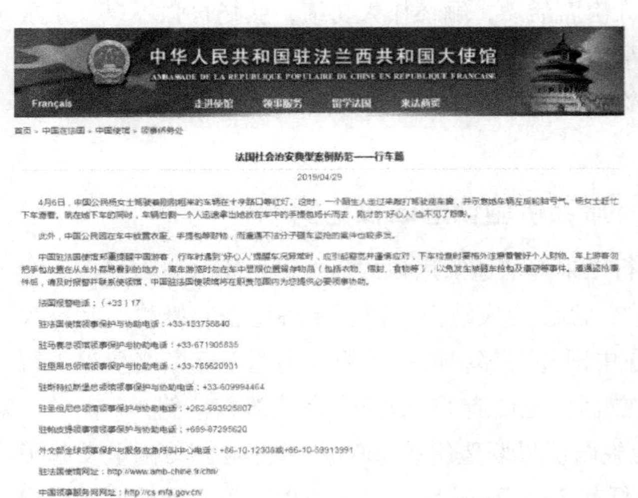
中华人民共和国驻法兰西共和国大使馆
AMBASSADE DE LA REPUBLIQUE POPULAIRE DE CHINE EN REPUBLIQUE FRANCAISE
Français 走进使馆 领事服务 留学法国 来法商贸

法国社会治安典型案例防范——行车篇

2019/04/29

法国报警电话：（+33）17

驻法国使馆领事保护与协助电话：+33-153758840

驻马赛总领馆领事保护与协助电话：+33-671906835

驻里昂总领馆领事保护与协助电话：+33-785620931

驻斯特拉斯堡总领馆领事保护与协助电话：+33-609994464

驻圣但尼总领馆领事保护与协助电话：+262-693925807

驻帕皮提领事馆领事保护与协助电话：+689-87295620

外交部全球领事保护与服务应急呼叫中心电话：+86-10-12308或+86-10-59913991

驻法国使馆网址：http://www.amb-chine.fr/chn/

中国领事服务网网址：http://cs.mfa.gov.cn/

中国驻法使馆网站在“领事服务”栏推出了“法国社会治安典型案例防范”系列提醒，图为其中的“行车篇”

2019年，电信诈骗案件在欧洲频发，诈骗套路升级，手段翻新，令旅欧华侨华人防不胜防。在这种情况下，中国驻欧洲多国使、领馆在提醒广大华侨华人防诈骗方面做了更多工作，在使馆网站及官方微信公众号等多种平台上发布提示，揭露最新形式的电信诈骗。海外华人的安全问题，一直以来都是中国驻欧使馆和华社的重点关注问题。自2019年初以来，巴黎盗抢、暴力犯罪的社会新闻格外多。为此，中国驻法使馆网站在“领事服务”栏推出了“法国社会治安典型案例防范”系列提醒，以案例的形式提醒来法中国游客和在法华侨华人加强防范；华人社团和企业还自发成立协会，建立了沟通顺畅、高效有力的华人安全协调机制。此外，为了更好地保护中国来欧旅游的游客以及当地华侨华人、中资企业，中外警务联合巡逻工作2019年已先后在意大利、克罗地亚等国家成功开展。

11月5日，中意第四次警务联合巡逻启动。图为在意大利罗马，中意警员交流工作

六、旅欧华侨更享惠侨新政

2019年，旅欧华侨华人享受到了祖（籍）国多项惠侨政策的便利。8月，广州白云机场“出国宝”国际旅行入境手续办理系统投入使用，便利侨胞出入境手续办理；9月，中国国家移民管理局发布了《出入境证件身份认证管理办法（试行）》，境外华侨和港澳居民只需办理认证，就能将“护照当身份证用”；11月，浙江为侨服务全球通平台正式开通，华侨不用频繁回国即可办理涉侨事务，解决了从前“耗时长”“成本高”的问题……越来越多的惠侨政策为海外侨胞的生活带来了实实在在的便利。欧洲侨团顺应形势，在法国、意大利、西班牙等地设立全球通远程服务平台，惠及当地侨民，深受称赞。

中国侨联主席万立骏率团走访意大利罗马温州工商总会，罗马温州工商总会会长王小华向万立骏介绍了警侨在线的工作情况

七、青年人踊跃　华人欧洲参政再上层楼

近二三十年来，海外华人的参政意识逐渐觉醒，并且不断提高。当主体意识不断增强之后，他们开始推出能够代表自己利益和声音的华裔候选人。候选人需要大量的支持者。一些活跃的华人，尤其是青年，在不断提升华裔群体的参政意识与参政能力方面发挥了难以估量的作用。

华人参政计划团队与英国侨领在唐人街合影

英国于2019年12月12日迎来大选，本次选举共有9位华裔候选人参选英国国会议员。“华二代”Alan Mak以30051的票数为保守党赢得选举，得票率达53.9%，这是他自2015年来第三次成功当选国会议员。同时，工党候选人Sarah

英国议会历史上首位女性华裔议员陈美丽（中）

当选为普拉托市议会议员的两位意大利华裔议员

10月22日，在伦敦召开的第十五届世界华商大会的展览区，安德鲁王子参观“深山集市”展区，与来自贵州的黔东南苗族侗族自治州非遗文化的传承人潘奶奶交谈

Owen（陈美丽）以23496的票数成为英国议会历史上首位女性华裔议员。两名华裔入选国会议员，为华裔在英国参政又书写了新的篇章。

在意大利普拉托第二轮选举中，意大利民主党两名华裔市议员候选人王小波（Marco Wong）和林诗璇（Teresa Lin，90后），分别以301和277票当选为普拉托市议会议员。

当地官方媒体称，这是意大利地方首次诞生华人议员，实现了新的历史突破。

八、世界华商大会首次走进欧洲　探索华商转型发展之路

10月22日至23日，以“世界新格局，华商新机遇”为主题的第十五届世界华商大会在伦敦举行。这是世界华商大会首次走进欧洲，共有来自51个国家的2500名华商和专业人员，以及700名英国企业家参加了本次大会，创历史国别数之最，共同探索华商转型发展之路。

2019年，中美贸易摩擦带来了经济不确定性和不稳定性，旅欧华商在挑战中寻找转型的机会。如年轻一代法国华商开始从进口业务向出口业务转型，在工业4.0时代加大在科技创新领域的探索力度，浙江籍华商参与“一带一路”建设，参与第二届进博会等。2019年，中国扩大进出口贸易规模、放宽市场准入、优化营商环境，华商也在此间抓住机遇顺势发展，发挥

自身优势沟通中欧。

九、多位中国学者、华人学者当选“欧洲院士”

2019年，华人在欧洲的科技、文艺及体育领域都有不俗成绩。6名中国学者入选欧洲科学院（Academia Europaea）外籍院士，3位华人学者入选欧洲科学院院士。欧洲科学院是欧盟的“国家科学院”和法定科学顾问，是国际上学术领域最广、学术地位最高、影响最大的科学组织之一。此外，中国建筑师董功当选法国建筑科学院外籍院士。在文体领域，中国作家莫言被牛津大学摄政公园学院授予“荣誉院士”称号，钢琴家郎朗成为首位获得法国胜利音乐大奖荣誉的中国人，奥地利华裔少年陈凛夺得U13欧洲青少年羽毛球大赛冠军，18岁的德国华裔小提琴手朱熙萌获得莫扎特国际青少年音乐周一等奖。

中国建筑师董功获颁“法国建筑科学院外籍院士”证书

十、反“独”促统　旅欧侨胞矢志不渝

2019年，法国、西班牙、意大利、奥地利等各国侨界通过座谈会等形式纪念《告台湾同胞书》发表40周年，并对中国国家主席习近平的讲话进行学习，其中西班牙侨领徐松华提议，来自大陆的侨胞要团结、吸引台湾同胞；来自15个国家的24位中国全国政协海外列席侨胞赴西藏考察，来自德国的陈平表示，他由衷地为普通老百姓生活的改变而高兴；欧洲华侨华人促进中国和平统一大会在莫斯科举行，大会以“牢记促统使命，认清复杂形势，务实有所作为”为主题发表了决议……

1月21日，中国驻德国大使馆举行座谈会，学习习近平主席在《告台湾同胞书》发表40周年纪念会上的重要讲话。图为座谈会现场，各界代表踊跃发言

2019年，反“独”促统，旅欧侨胞一直在路上。

（［法国］《欧洲时报》2019－12－26）

2019年英国华侨华人十大新闻

华侨华人一直是英国一股不容忽视的力量，2019年，经过各方努力，侨界声音得以倾听，中国文化得以彰显，侨胞权利得以维护。其中，这10件侨界大事尤其令人难以忘记。

一、两名华裔入选英国国会议员

2019年12月12日英国大选，华裔候选人的竞选情况再次引起关注。在9名华裔候选人中，“华二代”Alan Mak以30051的票数为保守党赢得选举，得票率达53.9%，这是他自2015年来第三次成功当选国会议员。同时，工党候选人Sarah Owen（陈美丽）以23496的票数成为英国议会历史上首位女性华裔议员。两名华裔入选国会议员，为华裔在英国参政又书写了新的篇章。

二、第十五届世界华商大会首次落地欧洲

2019年10月22日，第十五届世界华商大会（以下简称“世华会”）在伦敦开幕。这是世界华商大会首次走进欧洲，落地英国。来自近60个国家和地区超过2500名华商和500多位世界政商界人士在此欢聚一堂，共同探讨华商在英国及欧洲市场的发展空间。本届大会的主题为“世界新格局，华商新机遇”，旨在借助当今世界的崭新格局，为全球华商与英国以及欧洲市场的经贸合作构建纽带和桥梁。大会签约成果瞩目，7个项目在全体参会嘉宾的见证下签约，项目涵盖了教育、文化、区域经贸投资合作、创新孵化等领域，涉及总金额超过3亿英镑。

第十五届世界华商大会开幕式

8月18日，在英国伦敦，超过100个当地华人社团自发举行守护香港英国大联盟集会，呼吁反对暴力、守护香港

三、上千留英侨胞和平集会　雄壮国歌唱响英伦

2019年6月19日，伦敦华埠商会、香港新界乡议局驻英联络处等全英各界社团华侨华人代表，在伦敦中国城唐人街广场发表声明——支持香港特区政府修订

《逃犯条例》，反对损害香港繁荣稳定。8月18日，来自英国各地的上千名华侨华人和留学生在伦敦市中心的中国城广场自发集合，沿路一直游行到特拉法加广场，举行“反暴力、救香港”和平集会。香港事件发生半年以来，英国各地，如爱丁堡、曼彻斯特、伯明翰等北部城市华侨华人和留学生此起彼伏地举行游行集会，用实际行动来“爱国护港”。

四、英国侨胞天安门国庆观礼　壮观场面令侨胞感慨

庆祝中华人民共和国成立70周年大会于2019年10月1日在北京隆重举行。约2000名海外华侨华人出席仪式，现场见证了这一历史时刻。伦敦华埠商会主席邓柱廷等多名英国华侨华人代表亲眼见证了这一重大时刻。10月14日，英国侨领国庆70周年阅兵观礼座谈会在伦敦中国驻英国大使馆召开。英女王代表伦敦红桥区副官陈德樑、伦敦华埠商会主席邓柱廷、英国皇家工程院院士郭毅可、牛津大学化学工程终身教授崔占峰、英国中文教育促进会会长伍善雄、英中律师协会会长朱小久、英国中华总商会主席张进隆等多位优秀侨领一同分享观礼见闻、交流观礼感想。中国驻英大使刘晓明在座谈会上进行总结陈词，表示“要更好地让世界倾听中国故事”。

英国华侨华人代表在天安门国庆观礼

五、中国北洋水师水兵墓修缮工程竣工

2019年6月14日，中国北洋水师水兵墓修缮工程竣工典礼在英国纽卡斯尔市圣约翰墓园举行。为体现中华血脉传承，给为国献身者应有的尊严，2016年中国国家文物局委托中国文物保护基金会对墓碑进行修缮。在基金会指导、纽卡斯尔市政府支持下，英国北部华人企业家协会、施工方、监理方密切合作，历经两年多的艰辛努力，于2019年3月圆满完成修缮工作，墓碑墓地修葺一新。这是中国政

英国纽卡斯尔北洋水师水兵墓修缮工程竣工典礼

府、企业、民间机构以及海内外炎黄子孙通力合作保护中国海外文物的成功实践，具有重要意义。

六、留学生账户被冻结

2019年2月，95个英国银行账户以涉嫌洗钱为由被冻结，总计账户金额高达360万英镑。据英媒报道，这些被冻结的银行账户大多数由中国留学生持有。这些涉案账户大都出现了在同一天或短期内，于多个自动存取款机存入大笔金额现金及其他类似的情况。根据英国国家打击犯罪调查局（NCA）发布的官方通告，这次95个被冻结账户全部来自“一家银行”，经英媒证实为巴克莱银行。中国驻英大使馆随后发布通知称，数名中国留学生因银行账户被冻结向大使馆求助。有关留学生均曾通过微信群、朋友圈结识可疑人员并私自换汇，有关账户因异常变动遭英方怀疑涉嫌洗钱而被冻结调查。此外，还有留学生在向可疑人员支付人民币后未收到英镑而蒙受经济损失。大使馆就此提醒在英中国公民务必通过正规合法渠道换汇，因为私自换汇不仅可能违反中英两国法律，卷入洗钱犯罪案件，个人也将遭受不必要的经济损失。

七、第四届世界客属青年大会在伦敦举办，获英女王亲贺

2019年10月25日至27日，第四届世界客属青年大会在伦敦举行，并于26日在伦敦Royal Lancaster Hotel举行开幕仪式、座谈会和闭幕仪式。大会以“客聚英伦谋合作，情系五洲创未来”为主题，来自十多个国家和地区的近400位海内外客家青年代表汇聚伦敦。大会内容包括开幕仪式、世界客家青年座谈会、记者招待会、闭幕仪式暨文艺晚会，以及伦敦市和剑桥市观光等活动。英国女王伊丽莎白二世为大会发来贺信。世界客属青年大会自2011年由广东省侨联发起创办以来，每两至三年举办一届，先后在中国的梅州、香港、澳门成功举办了三届，共有来自十多个国家和地区的2300多名青年出席盛会。

第四届世界客属青年大会在伦敦举办

八、伦敦金融城与英国中国商会联合募捐3.7万英镑公益金

2019年2月8日，伦敦金融城与英国中国商会在金融城市长官邸联合举办“中英公益”中国新年庆祝活动。这次中国新年庆祝活动是“中英公益”系列活动之一，延续“中英公益，共筑和谐”主题，以扶贫为主要方向，团结各方力量，共同为中

英公益慈善作贡献。活动现场通过拍卖与抽奖募集公益款项，募款的一半将用于支持“中英公益”的中国扶贫项目，另一半用于伦敦金融城市长倡议（LMA）慈善项目。中方扶贫项目为资助陕西省一所贫困学校建设多功能厅，用于集中培训、文艺演出及远程视频教学等。英方慈善项目包括儿童心理健康、青年扶贫及青少年自杀干预等。本次活动募集捐款约3.7万英镑。

中国驻英国大使刘晓明与伦敦金融城市长Alderman Peter Estlin为“中英公益”中国新年庆祝活动揭开序幕

九、英国红牌导游协会授牌　华人导游行业进入规范化新时代

2019年11月8日，英国红牌导游协会在伦敦正式举行红牌导游授牌颁证仪式，第一批英国红牌导游从此将正式佩牌讲解，这标志着英国华人导游行业进入规范化新时代。英国红牌导游协会将在创始人张石柱的倡导下，积极注册知识产权。英国本地华人导游自愿加入培训计划，打造通过英国旅游行业认证的专业导游队伍。会员通过专业的培训，考核获得证书及认证徽章，服务于中文华语旅游市场。随着英国国家旅游局制订的“欢迎中国计划”的顺利推进，越来越多的中国游客带着对英国深厚历史文化的向往踏上了旅途。英国红牌导游协会顺应市场需求，通过正规的英式教育途径，为英国的华语旅游行业培养出了一批又一批了解中英历史、文化、风貌，并有着良好口碑和资质的中文导游队伍。

十、《我和我的祖国》国庆献礼片欧洲热映创纪录

国庆献礼片《我和我的祖国》自2019年10月1日在欧洲同步发行，立刻引发欧洲侨胞的观影热情，场场爆满。10月7日，《欧洲时报》英国分社与中国驻伦敦旅游办事处联合举办的《我和我的祖国》专场观影会在伦敦Shepherd's Bush VUE影院举行，现场还播放了《欧洲时报》英国分社制作的《我

《欧洲时报》英国分社与中国驻伦敦旅游办事处联合举办的《我和我的祖国》专场观影会

和我的祖国》英国首映日观众观影体验短片。来自不同国家，不同年龄、背景观众的真挚分享和浓厚的爱国情感感染了现场观众，形成了强烈的情感共振。该片出品和发行方华夏电影发行公司授权欧洲时报文化传媒集团在欧洲独家发行。该影片在德国、荷兰、奥地利、比利时、卢森堡五国票房已达10万欧元，创下华语影片在该五国单日票房最高纪录，上座率也达到近两年来华语片在欧地区播映新高。

（《欧洲时报》英国版2019－12－27）

2019 年匈牙利华侨华人社会十大新闻

匈牙利华媒欧洲华通社、华人头条和《欧洲论坛》报联合评选出2019年匈牙利华侨华人社会十大新闻。

一、文化活动丰富多彩，华社生活精彩纷呈

2019年1月25日至27日，匈牙利中国文化交流协会等主办的“美丽中国欢乐春节”文化节活动盛况空前，吸引了大批华侨华人和当地民众参与。2月15日，匈牙利华星艺术团举办了“四海同春·华星闪耀”新春晚会。6月30日，由中国侨联主办、匈牙利华侨华人妇女联合总会和匈华总会承办的“亲情中华”文艺演出在布达佩斯举行。8月24日和25日，匈华总会和匈中商会主办了第十届匈牙利布达佩斯音乐桥国际艺术节。

“四海同春·华星闪耀”2019新春晚会于2019年2月15日成功举办，中国驻匈牙利大使段洁龙、匈牙利文化遗产保护协会主席József Birinyi到场并致辞

二、社团活动积极向上，团结进取

2019年2月6日，匈华权益委、匈华总会等社团举办活动，表彰匈华总会主席余美明和匈华权益委主席刘志辉在当地慈善捐助中作出的贡献。5月24日，匈牙利中国和平统一促进会第六届理事会选举吴六金为会长。9月8日，匈牙利丽水商会徐号南连任第三届会长。9月14日，匈牙利明溪商会第四届理事会选举曾定发为会

吴六金会长（左）

长。12月5日，匈牙利华语导游协会换届选举，郝卫滨当选第三届会长。

三、华侨华人喜获荣誉

2019年2月，匈牙利体育记者协会在第61届年度优秀运动员和体育成就奖颁奖典礼上授予华裔短道速滑名将刘少林“年度最佳男运动员”称号。8月，旅匈翻译家余泽民获得花城出版社“蓝色东欧”翻译贡献奖。9月，华人企业匈牙利东方国药获得匈牙利政府颁发的“康复预防医学特别奖”和“价值质量奖”。12月，匈牙利华人作家协会阿心的微型小说《我不是一个好老板》获2019年“武陵杯”世界华语微型小说年度奖。

刘少林获匈牙利“年度最佳男运动员”称号

四、匈牙利华文学校蓬勃发展

2019年6月24日，匈牙利华侨赖华创办的匈牙利中德实验学校正式开课。至此，在匈牙利华侨华人创办的华文学校已有四家，为华人少年儿童学习汉语、了解中国文化和加深与中国的感情做出了积极贡献。

匈牙利中德实验学校在布达佩斯正式揭牌并开学授课

五、文学创作、翻译和出版成果斐然

2019年7月初，旅匈华人作家薛燕平的长篇小说《宽街》由春风文艺出版社出版。7月底，旅匈翻译家李震的《裴多菲爱情诗选》在匈牙利出版；同样由他翻译的《站在世界前沿的匈牙利人》精装画册中文版成为匈牙利政府的礼品图书。10月，历史工程《汉匈词典》由匈牙利科学院出版社正式出版，众多华人学者参与了编辑工作。12月，翻译家余泽民翻译的匈牙利文学作品《仁慈的关系》和《自由呼吸》在中国出版。

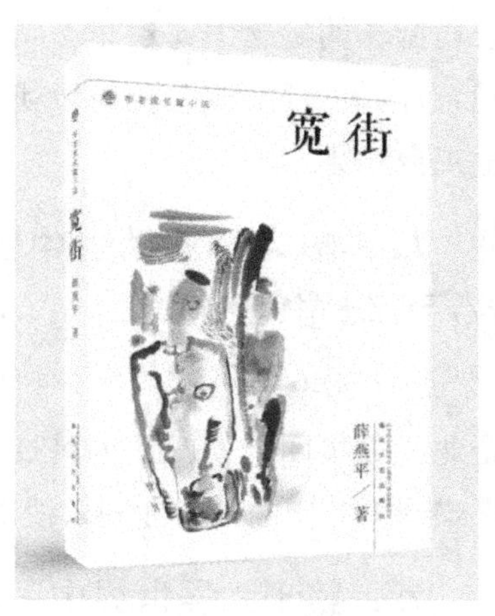

长篇小说《宽街》，旅匈华人作家薛燕平著

六、华侨华人集会支持香港特区政府，反对暴徒恶行

2019年8月19日，匈牙利华侨华人和中国留学生在布达佩斯英雄广场举行集会，支持香港特区政府和警方止暴制乱，谴责暴徒的严重不法行为，呼吁维护香港的社会稳定。

布达佩斯英雄广场的集会现场

七、庆祝中华人民共和国成立和中匈建交70周年活动隆重热烈

2019年9月9日，举办了由匈牙利华星艺术团主办的“庆祝中华人民共和国成立和中匈建交70周年大型文艺晚会”。9月25日和26日，由中欧文化教育基金会等机构组织的中国大型原创民族舞剧《粉墨春秋》在布达佩斯演出，受到当地观众的欢迎。10月4日和5日，由中国人民对外友好协会主办的蒙古族和裕固族歌舞分别在布达佩斯和塞格德演出。10月初，由哈佛斯特传媒公司制作的纪念中匈建交70周年的纪录片《见证友谊》在匈牙利国家电视台开播。

舞剧《粉墨春秋》剧照

盈趣科技匈牙利产业园剪彩仪式

八、华人企业助力中国科技产业进军匈牙利

2019年9月23日，匈牙利华人企业威克集团与厦门盈趣科技股份公司共同打造的盈趣科技匈牙利产业园在匈牙利正式开工。中国驻匈牙利大使段洁龙和匈牙利外交与对外经济部长出席仪式。

九、第十六届世界中医药大会在匈牙利举行

2019年11月18日和19日，主题为“防病强身民心所向　健康和谐命运相连”的第

十六届世界中医药大会由中东欧中医药学会和匈牙利中医药学会承办，有来自30多个国家和地区的近800名中医药行业代表参加。

匈牙利国会副主席亨德·乔鲍在第十六届世界中医药大会开幕式上致辞

十、用摄影作品展示当代中国，促进民心相通

2019年12月9日，为期近一个月的“中国当代民生”和“丝路镜像”摄影联展在布达佩斯开幕，旅匈摄影家和画家魏翔和匈牙利摄影家通过摄影作品向当地民众展现当代中国的发展建设和人民风貌。此外，魏翔还在8月举办了以“行走”为题的个人艺术回顾展。

匈牙利摄影家表示，通过实地采风，他真正地感受到中国的生活，希望更多人能透过他的照片了解中国

（［匈牙利］欧洲华通社2019－12－31/华洁）

2019 年在日华人十大新闻

日本《中文导报》刊发年终特稿，归纳了2019年在日华人十大新闻。逝去的2019年里，世界在变化，中日关系在提升，在日华侨华人社群继续蓬勃发展，与时代共舞。

一、旅日华侨华人以“礼敬共和国”献礼新中国成立70年

9月22日晚，旅日华侨华人庆祝新中国成立70周年之“礼敬共和国”国庆庆典，

由全日本华侨华人联合会、日本华侨华人联合总会、在日中国企业协会和日本中华总商会联合主办，在东京新高轮格兰王子酒店盛大举行。庆典晚会动员超过1400人，旅日华侨华人以精诚团结和匠心创意献礼，创造了历史纪录。

本次历史性庆典，以前所未有的规模、宏大独特的舞台架构、引领时代的艺术组合，与大家一起缅怀和感谢为新中国诞生而洒热血的无数将士。2019年，新中国成立70周年，日本进入令和时代，中日两国和两国关系都进入新的历史时期。旅日侨胞作为中日间的重要纽带，将继续发扬光荣传统，为中日友好出力。

金秋时节，华侨华人与祖国同喜共庆，以自己的方式欢度佳节，充分表达出海外赤子的家国之情。从中秋到国庆，在日华侨华人的庆祝活动层出不穷。活动包括“礼敬共和国”庆典晚会，横滨华侨总会主办庆祝演出、纪念游行和庆典晚会，在日留学生举办的“我与祖国共奔跑”主题晚会，全面展示在日华侨华人的社群声势和社会影响力，将国庆活动推向高潮。

二、除夕夜在日华人创盛举　东京塔首次点亮中国红

2019年2月4日18点30分，东京塔点亮了“中国红”，五百名儿童同时放飞祝福春节和中日友好的千只气球，迎接中国己亥猪年新春的到来。东京塔是东京乃至日本最负盛名的标志性建筑之一，这是该塔建成60年来首次为中国农历新年披上红装。在点灯仪式上，日本首相安倍晋三视频致辞，这是日本首相首次以视频形式向中国人民拜年。

东京塔首次披上“中国红”

在中国，红色象征着热情、幸福和蒸蒸日上。东京塔是日本著名的观光景点，也是东京的象征。在除夕之夜，东京塔披上了“中国红”，这不仅是广大旅日侨胞对祖国亲人的赤子之心和亲切问候，也传递了日本人民对中国人民的节日祝福和美好祝愿，更寓意着中日关系在新的一年将更上层楼、迎来新发展。

“东京塔点亮中国红”在中日两国引起了热烈反响，点灯活动得到中央电视台等国内主流媒体及时充分的报道，还创下了351家日方媒体报道的纪录。广大华侨华人更是欢欣鼓舞，东京塔“中国红”瞬间红遍了华人社会，对传播中华文化、增强侨胞民族自豪感和文化自信、烘托中日友好气氛、推动中日关系进一步发展都产

生了积极作用。

东京塔点灯仪式执行委员长颜安动情地说：“这一盏灯点亮的是中日民众的友谊，这一盏灯温暖的是中日民众的人心，这一盏灯照耀的是中日美好的未来！”

三、“2019中国节”　品味中国味道、体验中国文化

2019年9月21日至22日，“2019中国节”在东京代代木公园活动广场盛大举行，吸引了15万中日各界观众入场。2019年是中日青少年交流促进年，中国节以此为主题，以广大在日华人为主体，通过大规模的文艺演出、文化展示、美食品尝、旅游推介等方式，让更多日本民众近距离了解中国、亲身体验中国文化，为中日两国民众相互交流和增进理解搭建平台。

日本公明党党首山口那津男、中国驻日本大使孔铉佑、大使夫人王秀君（左至右）与“中国节”吉祥物合影留念

“2019中国节”的规模和气势超过了以往，活动呈现中国面貌，彰显华人形象，既是中日交流的盛会，也是为国庆献礼的庆典。“2019中国节”推出110个展位，包括50个饮食展位，50个企业团体和物贩展示展位，还有10个机构部门的预留展位，内容涵盖了中国各地美食、物产、文化风光、旅游推介等。

中国节会场推出了超辣食品评比、趣味乒乓球比赛、熊猫小屋和青年交流连线等特别企划，还有中日两国演艺界明星，来自湖北、黑龙江等地的演出团体和在日华人等带来的民族特色的文艺演出等，形成了一道亮丽的中华文化风景。

四、外国人在日人数屡创新高　在日华人可统计人口突破百万

日本出入境管理厅2019年10月25日公布速报，截至2019年6月末，在日本登录的外国人数（速报）为282.9416万人，占日本人口比例突破2%，创史上新高。其中，中国登录人数为78.6241万人，韩国为45.1543万人，越南37.1755万（19万人为技能实习生在留资格），分列前三。

另据不完全统计，截至2018年，华人加入日本国籍的人数累计超过14.5万人。如今，在日华人可统计人口已破百万。2016年至2018年，在日中国人每年增长都超过3万，2019年也增长了2.1521万人。

在日本，人口老龄化及少子化趋势越来越明显，2019年日本出生人口跌破90万。在此背景下，包括华人在内的外国人才和劳动者活跃在各行各业，为日本社会

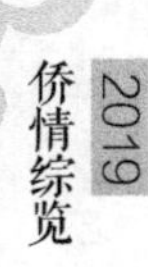

输送了血液。6月25日，日本总务省公布的现阶段高级外国人才成果评价报告书显示，截至2018年，日本的高级外国人才认定人数达到1.5386万人，其中三分之二为中国人，占总人数的66.1%，排首位。

五、贺乃和当选全华联新会长　联合总会廖雅彦连任会长

2019年6月22日，全日本华侨华人联合会第十届理事会选举产生，贺乃和当选新一任会长。

当天，全华联第九届理事会刘洪友会长卸任，新理事会成员一致推选贺乃和为第十届全华联会长。贺乃和会长提出了新的全华联活动理念“为海外华侨华人服务，做好中国与海外的窗口”，并增设组织、商务、科技、文艺、华教、体育、财务等10个委员会。他承诺在历代会长打下的良好基础上，让全华联更加公平公正民主透明，实现真正的温馨和谐。

自2003年9月全华联的前身日本新华侨华人会成立至今，全华联走过了16年的发展壮大之路。如今，全华联已有62个团体加盟，包括中国各地同乡会及商会、日本各地华侨华人联合会、律师协会等专业组织，以及多个艺术团体，成为在日华人最大的社团联合体。

第十届全日本华侨华人联合会换届大会与会者合影

与此同时，日本华侨华人联合总会第21届代表大会于6月23日在热海金城馆召开。来自日本22个都道府县的华侨总会、2所侨校的60名代表出席了本届大会。代表大会推荐并确认了16名常务委员，廖雅彦连任日本华侨华人联合总会会长，总会监事人员也一并再任。

六、旅日艺术家颜安荣膺第七届“中华之光”年度人物大奖

2019年12月6日，第七届“中华之光——传播中华文化年度人物”在北京颁奖。本届评选活动于2019年8月启动，来自全球五大洲的300位候选人经层层遴选，最终经评委会投票产生了10位年度获奖人物、1个获奖集体、1个致敬奖。

旅日华人艺术家、著名舞台制作人颜安荣膺第七届“中华之光——传播中华文化年度人物”大奖。此前，旅日京剧艺术家吴汝俊、旅日画家傅益瑶、旅日策展人陈建中曾先后获得“中华之光”年度人物大奖。

在颁奖典礼上，主办方介绍了颜安历年来在日本策划导演过的多项大型艺术舞台活动，如《清明上河图》《镜花水月》《木兰》等，这些经典节目呈现了中国艺术的精美，也把中华文化的精髓传递给了日本。每逢大型节日，由颜安策划导演的

旅日侨界大型活动总是盛况空前，在2019年春节策划的“东京塔点亮中国红”活动更成为日本主流媒体关注的侨界盛事。

颜安是点亮中日舞台的优秀制作者，是中华文化的传播者，更是促进中日艺术交流的使者。30年来，颜安坚持以饱含深情的艺术语言传递中华文化，开展文化交流，共策划导演了570多场文化交流活动，为展现中国文化自信和繁荣中日舞台做出了贡献。

颜安表示，在海外传播中华文化，其实也是文化的外交、文明的外交、民间的外交，不能脱离我们所处的这个时代，要把传播中华文化与这个发展变化中的伟大时代结合起来。

七、日华文学国际研讨会首次在日举办

2019年4月8日上午，“日本华文文学创作与评论国际研讨会”在东京大东文化会馆隆重开幕。论坛为期两天，来自中国、日本和其他国家及地区的上百位华人学者、作家汇聚一堂，对“日华文学”进行了整体性的分析、研究、述评，增强了文学影响力，提升了国际声誉。本次研讨会由日本华文文学笔会、中国世界华文文学学会、千代田教育集团主办，系首次在日本召开的日华文学国际研讨会，开创了先河。

历史上，日本这块文化宝地影响了鲁迅、郭沫若等文化巨匠，而日华文学正是对于历史的继承和延续。“日华文学”的特殊性在于，长期在日作家们的使命是传递一个真实的日本，以沉浸其间与深度表述串联起历史与现在。如今，以日本华文文学笔会为中心的日华文学也是人才辈出，创作成绩斐然。国际研讨会的各议题体现了文学研究的时代性、前瞻性与学术性，提升了日华文学的国际声誉，也彰显了日华文学对中国文学、世界华文文学带来的重要影响。

12月22日，为繁荣日本华文文学创作，激励新老作者写出更多更好的作品，第二届“日本华文文学奖”举行了颁奖典礼。旅日作家亦夫的长篇小说《无花果落地的声响》获得第二届日华文学大奖，本次典礼还为优秀作品颁发了散文奖、小说奖、诗歌奖、文学评论奖。首届“日本华文文学奖”于2017年12月颁发。

日华文学笔会终身顾问李长声先生发表《鲁迅时代的中国知识分子与日本华文文学》报告

八、《中文导报》连续十届参加世界华文传媒论坛　三获殊荣

第十届世界华文传媒论坛于2019年10月12日在中国河北省石家庄市开幕。本届论坛以“牵手世界，见证时代——华文媒体的中国故事”为主题展开对话交流，吸引了来自五大洲61个国家和地区的400多家华文媒体高层人士、中央主要新闻机构及

国内有影响力的媒体负责人等共600余位嘉宾参加论坛。

日本《中文导报》连续十届参加华媒论坛，在过去20多年中参与并见证了世界华文媒体发展的历史进程，也履行了在日华媒的时代使命和社会担当。在本届论坛上，《中文导报》三获殊荣，展现出在日华文媒体的追求和实力。

《中文导报》连续十届参加华媒论坛，获得特别表彰；由杨文凯撰写的导报社论《庆祝国庆70周年：侨声嘹亮侨心飞扬》，荣获中国新闻社举办的“我和新中国70年”优秀新闻作品文字类优胜奖；由杨文凯提交的《中文导报愿景：绽放出世上“唯一”的花》一文，获颁论坛优秀论文一等奖。

《中文导报》社长杨文凯表示，感谢论坛组委会和中新社多年来的坚守和创新，为世界华文传媒打造了前所未有的交流大平台，也真实反映出时代发展的缩影和媒体转型的过程。在社会发展瞬息万变、海外华媒风起云涌、新媒体形态层出不穷的时代激流中，《中文导报》愿意坚守一方热土，做好做全自己，成为世界华文传媒中的一股清流，以“Only One”的姿态开出世上独一无二的花朵。

九、史上最强台风袭击日本　在日华人学习防灾避难进行时

势头强劲的第19号台风“海贝思”携带超级暴风圈，于2019年10月12日到13日逼近东日本。有关部门向东京、千叶、静冈等13都县的1000万人发出避难指示和劝告。超强台风肆虐日本，留下爪痕累累。死亡人数超过40人，长野市的千曲川和枥木佐野市的秋山川等河川泛滥，全日本共有77条河川泛滥。

台风来临前，有关于“海贝思”的图片和视频开始在华人朋友圈热传，人们忙着囤积食物和日用品，微信朋友圈纷纷晒出超市食品货架抢购一空的照片。

台风“海贝思”波及面极广，破坏程度轻重不一，以至于在日华人出现两种不同声音：一种认为媒体夸大了“海贝思”的破坏力，造成不必要的恐慌；另一种则切实体会到生死攸关、劫后余生的感觉。无论如何，在日华人经历了最惊恐的骚动时刻，也补上了一堂生动的防灾教育课，增强了防灾避险意识。

十、针对华人诈骗案四起　从金元宝案到电信诈骗受害者众

2019年以来，以在日华人为对象的电信诈骗活动又猖獗起来，成为严重的社会问题。这种诈骗包括假冒大使馆的电信诈骗、以出让假金元宝为名的财务诈骗等，形式多样，不一而足。

比如，不少华人接到电话，对方自称大使馆官员，通知华人的个人重要证件在国内被盗用，假证件在海关被扣押，转送国内公安部门，现需要清查核实个人信息和银行资产状况，请先递交一部分保证金等等——华人接到电话后或焦虑或惊恐，有人打电话到大使馆确认，也有人慌忙汇款，上当受骗。此外，微信群内也有非法换汇诈骗，诈骗者让华人通过微信转账付款，而其收款后却在微信上消失了。

另外，骗子拿着“金元宝”和“金佛像”上门行骗事件持续发生。不法分子伪

装成“技能生”或“工地工作人员”，自称无意中挖到“金佛像”或“金元宝”等“古董”，谎称自己有困难寻求帮助，利用受害人的同情心和侥幸心理，一步步引诱受害人“看货”“验货”“买货”，最终骗取受害人巨额钱财。2010年7月22日，很多受骗华人成立了“金元宝诈骗案受害者同盟”。2019年，又有华人直接损失1300万日元。

对此，中国驻日大使馆领事官员们屡屡提醒华人，把握常识，守住底线，保持辨别能力，警惕新一轮电信诈骗。

（［日本］《中文导报》2019－12－27）

美国南加州华人社团2019年度十大新闻

美华裔非政府组织研究会、北美华文新媒体民调中心、英文《洛杉矶邮报》等机构于2019年12月23日联合公布“美国南加州华人社团2019年度十大新闻”评选结果。

评选结果是根据专业民调，着眼于新闻事件的辐射力、影响力和媒体关注度，并结合网上搜索率排名、社交媒体流量等综合统计方式产生。这是相关机构连续公布“南加州地区华人社团年度十大新闻”评选结果的第11年，评选结果同时以中、英文版本发布。

据介绍，评选关注华人社团发展、活动模式创新，自身可持续发展，在所处社会中的影响力，华裔新生代在快速变化的社会和国际关系中的角色定位等前瞻性议题。

按事件发生时间顺序，2019年度南加州华人社团十大新闻依次为：

一、由三位加州理工学院在读华人博士生发起的加州理工量子信息协会（Caltech Quantum Information Association）于2019年1月初在洛杉矶宣告成立，聚焦高端、最前沿科技。这一由华人学生发起成立的多族裔的专业学术社团，开辟了华人学生社团的新领域。

加州理工量子信息协会活动合影

二、由中国留美学生和华人新生代群体为主发起和组成的社会创新社群SEA（Social Innovation & Education Association），于2019年4月14日在洛杉矶帕萨迪纳市主办首次社会创新论坛。“SEED社会创新种子社区”、“PEER毅恒挚友”、“漫丁儿童”、“青年社会领袖田野营”、“FYPO只为你进步”、全美中华青年联合会等机构参与此次论坛。这次论坛不仅是留学生群体中的第一次，也是全美华人社区中的第一次社会创新专题论坛，具有重要的历史意义。新一代留学生和华人青年充满理想、社会责任感和使命感，正逐渐成为在美华人从事社会创新的主体。

社会创新论坛活动合影

三、广受全美主流社会关注的“全美十大华裔杰出青年”“全美华人30位30岁以下青年精英”年度评选活动，在2019年申请和被提名人数激增的情况下，增设了“加州华人30位30岁以下青年精英”榜单。拥有高质量入选者的三个榜单被誉为全美最具影响力和公信力的华人青年精英榜。榜单在每年的5月4日前公布，成为美国亚太裔传统文化月期间最受瞩目的华人社区的标志性奖项。

四、海外中国青年论坛（OYCF）2019年年会于7月6日至7日在南加州圣地亚哥市举行。来自全美和中国的专家学者、公益组织代表、学生近70人参加了年会。海外中国青年论坛成立于1999年，论坛活动旨在培养成员持久关注中国发展的兴趣，促进中外教育和文化交流。

五、“海明威关心负伤退伍美国军人基金会”是南加州地区第一个由华人发起成立的关心伤残退伍军人的非营利组织。2019年7月27日晚在洛杉矶举办盛大慈善晚宴，为美国退伍军人捐款，受到主流媒体关注。

六、深耕美国社会30年的慈济美国总会于2019年9月21日晚在南加州橙县赛格斯特罗姆艺术中心（Segerstrom Center for the Arts）举办“感恩·尊重·生命·爱——爱心音乐会”。全美各地的慈济团体也陆续举办活动，慈济团体30年来在美国各地的善行、善举受到社会各界广泛好评。

七、中国电影《我和我的祖国》全球同步首映洛杉矶首映礼，于2019年9月30日晚在亚凯迪亚市的AMC电影中心举办。新中国成立以来的七个故事，令全场观众倍感振奋，自豪和感动瞬间爆棚。被誉为南加州2019年最感人的中国国庆庆祝活动。首映活动由华人文化集团公司旗下的华人影业承办，由以中国留学生为主力的南加州大学安娜堡电影宣发协会协办，有美西南地区中国学生学者联谊会、全美中华青年联合会、南加州中国高校校友会联盟等参与。

八、2019年10月6日晚，美国南加州浙江青年联盟在洛杉矶圣塔莫尼卡市举办浙江青年专场酒会。会员平均年龄25岁，青年精英云集，活动形式新颖。南加州浙江青年联盟成为南加州地区浙江青年最有影响力的交流平台，开创了南加州地区中国以省为单位的青年沟通平台建设的先河。

九、2019年10月13日，南加州中华高校校友会联盟主办的第18届“松竹梅野餐会”有50个高校校友会参与。当天的活动包括了传统娱乐活动，以及2019年新增的创新项目，参与人数（1300人）创历年新高。

美国国会众议员赵美心博士为南加州中华高校校友会联盟颁发贺状，肯定并鼓励该联盟继续发挥桥梁作用

十、2019年11月24日，南加港澳之友会等华侨华人社团举办活动，2019年12月15日，美国澳门海外联谊会和美国北京联合会等举办活动，热烈庆祝澳门回归20周年。活动吸引了来自中国大陆以及港、澳、台等地区的众多侨胞前来参加。

（中国日报网2019－12－25）

海外侨情

本栏目汇集了2019年度有关海外华侨华人的各类新闻报道，涉及政治、社会、经济、文化、教育、科技等多个方面，客观地呈现2019年度海外华侨华人的总体状况，以媒体报道的时间顺序进行排列。

中俄迎来建交 70 周年　在俄华侨盼两国关系更上一层楼

2019年中俄两国迎来建交70周年。在俄华侨华人均希望，在这一年里，两国关系能更上一层楼，他们表示将积极参加相关活动，为两国友谊和“一带一路”倡议落实作出新贡献。

俄罗斯中国和平统一促进会暨俄罗斯华侨华人联合总会秘书长吴昊表示，过去几年间中俄两国关系达到了历史最好阶段，而2019年必将成为两国关系继往开来的一年。相信这一年里双方将有精彩互动，在俄华侨华人将积极参与其中，把握机会，有所作为，为两国关系发展助力。

吴昊表示，2019年也是两国地方合作交流年的收官之年。在俄华侨华人将发挥各自优势，为两国地方合作牵线搭桥。

俄罗斯华侨华人青年联合会执行会长朱余克说，在俄青年华侨华人是两国关系发展的新鲜力量。两国建交70周年，年轻的华侨华人应在做好本职工作的同时，发挥纽带作用，为两国人民特别是两国青年间的交往添砖加瓦。

莫斯科孔子文化促进会会长姜彦彬表示，2019年是两国关系发展的重要一年，届时两国在经贸、科技、人文等领域的合作将再上一层楼。协会将借助这一机会，与俄方组织更多人文交流项目，为两国关系发展“做些事情”。

俄罗斯华人艺术家音乐家协会副主席张颖认为，两国建交之初，俄罗斯（苏联）音乐艺术就深深影响了中国音乐艺术的发展。70年后的今天，两国将再次迎来各领域合作交流的高峰。协会计划举办中俄音乐会等活动，为两国在“一带一路”上的合作添加“润滑剂”。

圣彼得堡华人妇女联合会会长李双杰说，中俄友谊有着深厚的历史和传统。在新时期，这种传统又得以传承和发扬光大。作为在俄华侨，自己几乎每天都能体会到这一点。希望新的一年里，中俄友谊更加密切深厚、合作更加紧密务实，两国关系能够更上一层楼。

俄罗斯滨海边疆区华人企业家协会主席陈刚表示，近年来开发俄远东地区成为中俄合作的热点。2018年中国领导人到访符拉迪沃斯托克（海参崴）更直接推动双方各领域合作达到了新高度。2019年是中俄关系重要一年，相信随着两国交往的增多，“一带一路”倡议必将在远东地区结出新的硕果。

（中国新闻网2019－01－01/王修君）

意华侨华人：发挥华侨华人优势　积极宣传对台政策

据欧联通讯社报道，习近平总书记2019年1月2日上午在《告台湾同胞书》发表40周年纪念会上的重要讲话，受到社会各界广泛关注。意大利华人华侨认为，习近平总书记的讲话为新形势下两岸关系发展指明了方向，为解决台湾问题、实现祖国完全统一提供了政策遵循和行动指南。具有划时代的重大历史意义和现实意义。

当地时间1月2日，米兰浙江华侨华人联谊会举行纪念《告台湾同胞书》发表40周年，学习习近平总书记《告台湾同胞书》发表40周年纪念会重要讲话精神座谈会。

米兰浙江华侨华人联谊会组织理事会主要成员共同观看《告台湾同胞书》发表40周年纪念会实况转播

米兰浙江华侨华人联谊会会长温阳东主持召开座谈会，并和联谊会理事会主要成员，共同观看了习近平总书记在纪念会上的讲话实况转播。联谊会理事长赵焕青，秘书长胡志炼，常务副会长洪玉美、胡再明、周洪亮、朱锡强、胡国栋、朱建文、周信南，副理事长李正荣等理事会主要成员，共同出席了座谈活动。

温阳东表示，《告台湾同胞书》发表40周年，40年来，“一国两制”伟大构想的实践，不断完善了中国大陆对台方针政策，有效推进了祖国和平统一进程。习近平总书记对台湾提出的郑重倡议，“祖国必须统一，也必然统一”，宣示了争取祖国和平统一的大政方针，让海外华侨华人为之振奋，备受鼓舞。

温阳东说，习近平总书记总结了《告台湾同胞书》发表40年来两岸关系的发展，提出了解决台湾问题的五项主张。为解决台湾问题划定了基线，坚定了中华民

族实现完全统一的决心和信心。

赵焕青表示，习近平总书记在讲话中指出，制度不同，不是统一的障碍，更不是分裂的借口。探索“两制”台湾方案，丰富和平统一实践。为全面推进中国和平统一、祖国完全统一描绘了美好蓝图。

胡志炼表示：“全程观看习近平总书记在《告台湾同胞书》发表40周年纪念会上的讲话。作为身居海外的华侨，我为习近平总书记朴实、真诚、富有民族情感的讲话所感动。并愿为促进海峡两岸关系发展，推动祖国和平统一事业做出实实在在的努力和工作。”

出席座谈会的侨领高度赞誉了习近平总书记的讲话精神，坚信“祖国必须统一，也必然统一”。大家纷纷表示，实现两岸的和平统一，实现中国的完全统一，是海外华侨华人的共同心愿，也是中华民族实现伟大复兴的必然。

座谈时大家一致表示，今后一定积极主动宣传中国政府关于解决台湾问题的方针政策，调动一切有利于推进祖国统一的积极因素，为促进两岸关系发展创造更为有利的国际环境和舆论环境。

此外，当地时间1月2日，意大利中国和平统一促进会会长郑贤杰也全程观看了《告台湾同胞书》发表40周年纪念会实况转播，认真听取了习近平总书记在纪念会上的重要讲话。

郑贤杰表示，《告台湾同胞书》的伟大意义在于郑重宣告了和平统一中国的大政方针，奠定了两岸关系的基础，使两岸关系进入了一个新的时代。习近平总书记的讲话精神丰富了“一国两制”的内涵，坚定了中国和平统一、完全统一的信心和决心。

郑贤杰强调，习近平总书记的重要讲话阐述了中国政府的严正立场，代表了全中国各族人民、包括海外华侨华人的意愿。为推动两岸关系和平发展的“九二共识”政治基础做出了清晰完整的界定。相信这一政策主张必将进一步加速中国和平统一大业的实现。也为海外华侨华人推动和平统一工作确立了新的指导思想和工作方向。

郑贤杰表示，意大利和统会将积极组织会员认真学习习近平总书记的讲话精神，充分发挥海外华侨华人的特殊优势，积极宣传关于中国政府解决台湾问题的方针政策，为两岸关系发展做出更大贡献。

（中国新闻网2019－01－03/博源）

大马华人博物馆：让华人历史被“听见”与“看见”

集市上小贩叫卖声、私塾里蒙童朗朗读经声、橡胶园里采集橡胶声……走进马来西亚华人博物馆，各种穿越时空的声音，让参观者如身临其境。

“我们绝非文物或文字、图片的简单陈列，”华人博物馆执行主任林家豪告诉记者，“博物馆希望能充分运用各种多媒体手段，让参观者体验到华人在马来西亚艰辛创业的历程。”

位于马来西亚中华大会堂总会的马来西亚华人博物馆成立至今不过半年多，是首家全面展示马来西亚华人历史和发展现状的博物馆。据林家豪介绍，这些充满“历史感”的声音，有的来自马来西亚早期老街、有的来自二十世纪四十年代新加坡的巴刹集市，无不经过精挑细选，体现华人在海外的生活实景。

为了能够让凌晨橡胶园“原声重现”，博物馆团队漏夜值守录制，让在东南亚华人经济史上占有重要地位的橡胶业，能够被参观者“听”到。

除了“听见”历史，实景重现，让历史可以被“看到”和“触摸”，也是让林家豪引以为豪的博物馆特色。

在博物馆一角，有一间小小的工棚，不过三四平方米的空间，容纳着两张上下铺木板床，躺在床上连身体都难以完全伸展。林家豪说，这还原了当年华工“较好”的住宿，“先辈们的艰辛一望便知”。

博物馆中还“搬进”很多华人知名老店，金铺、书店、海南咖啡、小吃摊……每一家店铺都记载着华人先辈漂洋过海，在异国他乡的创业历程。林家豪指着一家原景重现的“福章书店”告诉记者，这家百年老店至今还在马六甲坚持营业。

林家豪说，为了讲究历史感，很多实景重现建筑所用的建材，都是从要拆除的华人老建筑中“抢救”回来的。抚摸着“工棚”中不过胳膊粗细的斑驳房柱，他感慨，这些老建筑的生命，在博物馆中得以延伸。

华人博物馆还在实景重现中加入AR（增强现实）、VR（虚拟现实）等现代科技元素。走进博物馆大门，就有一面绘有大海的墙壁，只要下载AR软件后用手机对准墙壁，手机屏幕上就会出现郑和乘坐海船的身影，参观者可以手扶“船舷”，和郑和“合影”。

林家豪介绍，华人博物馆开馆以来，有一半以上的参观者是青少年，这些丰富的多媒体手段，可谓吸引年轻人的一大法宝；同时，博物馆中无论影片、文字简介，都以中文、英文、马来文三语展现，这“也吸引了很多马来西亚友族同胞前来了解华人发展的历史”。

在华人博物馆官网上写道，这里一一记录“大马华人走过的足迹”，有“沧桑”，也有“荣耀”。

博物馆上千件展品中，被林家豪视为镇馆之宝的，是两张纸币。他告诉记者，马来西亚独立初期，纸币一直由英国人签字发行，这种情况持续到1959年华人出任要职。馆藏的这两张一元纸币和十元纸币，就是分别由华人财政部部长李孝式、陈修信签字发行。

“这两张纸币正体现了华人对马来西亚建国和经济发展的贡献，”林家豪说，

"在正在规划建设的博物馆二期中，华人对马来西亚各个领域的贡献将进一步得到展示。"此外，博物馆中现有的体现马中两国友谊的内容，也将得到进一步丰富，"充分体现出华人在马中两国友谊中的重要桥梁作用"。

（中国新闻网2019－01－07/陈悦）

2019希腊华人文化节在雅典举行　吸引希腊民众参与

为了能让旅希华侨华人和希腊的中文学习者能共享中华文化，由希腊华人中国文化爱好者协会主办的"2019迎新春中国传统文化爱好者文化节——茶香墨色主题体验展"于1月6日在雅典举行。

本次文化节不仅吸引了华侨华人，还吸引了不少热爱中国文化的希腊民众。当天的活动有茶艺、中式点心、书法、水墨画、摄影、民乐、陶瓷展示、插花等内容。

中国陶瓷史最早可以追溯到新石器时代，英语中"China"一词除了指"中国"，还有一个含义就是"瓷器"，由此可以看出中国与陶瓷之间的密切关系。在陶瓷展位，活动参与者能看到民间收藏的精美陶瓷艺术品。

"茶亦醉人何须酒，书能香我无需花。"以茗会友、品茶悟道向来是中华传统文化中极具高雅之事。本次茶艺展示的观众，不仅品了香茗，还了解到一些基本的中国茶叶知识。

除了品茶外，中式点心展台的可口食品也让活动参与者大饱口福。

书法活动中，书法名家为参观者讲解书法知识。在专业指导下，许多来参加活动的书法爱好者都握管挥毫，一笔一画地练习书法，在纸韵墨香中体会书法所蕴含的中华文化智慧。

泼墨写意的中国画寥寥数笔，生动形象便跃然纸上。在画家的指导下，活动参与者用笔墨在纸张上勾画出竹子等或写实或写意的中国画元素。

中国插花艺术源远流长，博大精深，是中国花文化重要的组成部分。本次活动设立的插花展位向参观者展示了这一凸显枝情花韵美的中国传统文化。

二胡、葫芦丝等民族乐器演奏者为参观者带来了美妙的《二泉映月》等耳熟能详的经典曲目。

此外，多幅展示当代中国风土人情的摄影作品、精美的刺绣和中文爱好者的水墨画作品也出现在活动上。

中文学习者冉妮亚（Rania）说："我在希腊电力公司工作，中国国家电网已经收购了希腊国家电网24%的股权，学习中文，了解中国文化对于我做好工作而言至关重要。"

鸿龙汉语学校校长薛健鸿对记者表示："这本是一场主要面向当地华侨华人的

文化活动，没想到还吸引到了这么多的中文爱好者参与，这说明中文热在希腊正变得更加流行。”

书法、茶艺、插花、绘画……每一件事物背后，都蕴含着源远流长的中华文化，让人们在“中华文化”的关键词下围拢聚集，在新春农历己亥年即将来临之际，一起暖炉畅谈、共迎新春。

（中国侨网2019－01－09/蔡玲，袁瑾）

阿联酋侨领：冀通过赛马建立中阿文化丝绸之路

“我2003年就去了迪拜，16年来，中餐成为当地的热门饮食，中国文化也被越来越多人所欣赏，看着祖国的国际影响力日益强大，我觉得既高兴又骄傲。”1月12日，阿联酋华侨华人联合会副主席、阿联酋川渝商会同乡会会长余时立在四川成都接受访问时如是说。

余时立气质文雅，初次见他的人很难将这位干练的中年人与赛马这种竞速运动联系在一起，但实际上，这项运动在余时立的人生中具有重要意义。

2008年，余时立的公司承建了80万平方米的迪拜迈丹赛马场及附加设施，仅用18个月就完成了同行们认为在沙漠中“无法完成的任务”。经此一役，公司在迪拜乃至阿联酋有了名气，余时立也因此与赛马结缘。

近年来，余时立一直致力于将赛马文化引进四川。他告诉记者，赛马文化在阿联酋有重要地位，背后也形成了一条完整的产业链，包括赛马医院、骑手学校、马术俱乐部等。他希望能够通过赛马文化，加深两国人民之间的友谊，“愿通过我的努力，建立起中阿之间的‘文化丝绸之路’”。

余时立表示，“一带一路”倡议提出后，中国和阿联酋的关系愈发紧密，而文化交往与建设是“一带一路”建设中尤为重要的部分，自己作为海外侨胞，始终坚持为加强中阿文化交流而努力。他认为，侨胞生活在海外，对当地民情更加了解，应当起到连接中外的桥梁作用。

余时立告诉记者，随着中国对外开放力度不断加大，越来越多中国企业走出国门，到世界各地投资，无疑证明了中国经济实力正日益强大。但同时，希望到海外发展的企业不仅仅是“走出去”，更要“走进去”。“到一个国家进行投资，不能说建厂、建公司就行了，还应当积极融入当地社会。只有与当地社会建立了紧密联系，才能更好发挥桥梁作用。”

虽然侨居阿联酋近20年，但只要谈及故乡四川，余时立仍然充满感情。他表示，近几年四川愈发开放，城市建设水平也日益提高，自己非常看好四川文化和旅游产业的发展前景。而阿联酋对于文旅产业同样十分重视，在此背景下，双方可进一步加强相关领域的合作交流。“未来四川可以充分利用‘大熊猫’等享誉世界的

文化元素，吸引更多阿联酋游客到访。”

（中国新闻网2019－01－12/岳依桐）

菲律宾华社举办《告台湾同胞书》发表40周年座谈会

由菲律宾中国和平统一促进会（以下简称“菲统促会”）主办的菲华社纪念《告台湾同胞书》发表40周年座谈会，于1月13日在马尼拉举行。

中国驻菲律宾大使馆公参檀勍生出席座谈会并讲话。上至80岁的菲律宾华支（华侨抗日游击队）老战士，下至十几岁的菲华校学生，十余个菲华团体、各界人士、华校师生代表等300多人出席座谈会，并发表共同宣言。

檀勍生表示，菲律宾华社已成为海外反“独”促统工作的一块坚强阵地。成立于1992年的菲律宾统促会是海外统促界的杰出典范。菲律宾统促会举办的六届“中国和平统一亚洲论坛”已经成为一个极具影响力的品牌项目。中国驻菲大使馆将积极支持菲统促会申办“全球华侨华人促进中国和平统一大会”，也希望菲统促会继续努力，与各社团携手合作，把反“独”促统工作推向菲律宾各界。

菲律宾统促会会长张昭和表示，《告台湾同胞书》发表40年来，两岸关系发展虽然变化复杂，但始终向前推进，两岸亲情割不断，和平发展的历史洪流是任何人、任何势力都阻挡不了的。只要全体中华儿女秉持民族大义，站在维护国家统一的正义立场，为民族复兴不懈奋斗，我们相信，40年前《告台湾同胞书》提出的主张将会得以全部实现。

菲华商联总会理事长黄年荣表示，实现中国的统一，是人心所向，大势所趋。世界上普遍承认只有一个中国。我们希望台湾当局能够正视现实、接纳现实，为振兴中华而作出努力与贡献。

座谈会发表的《共同宣言》指出，习近平总书记在《告台湾同胞书》发表40周年纪念会上的重要讲话为两岸关系发展指明方向；我们要坚决拥护“和平统一，一国两制”的对台政策，期盼两岸同胞积极探索“两制”台湾方案，增进和平统一认同，维护和平统一前景。促进和平统一早日实现，是海内外同胞义不容辞的时代使命，菲律宾华侨华人将积极作为，继续发挥好桥梁纽带的特殊作用；将继续做好新时期海外的反“独”促统工作，绝不为各种形式的“台独”分裂活动留有任何空间；菲律宾华侨华人将团结一致，不懈努力，也衷心期盼台湾同胞秉持民族大义，共同为实现祖（籍）国完全统一，中华民族伟大复兴的神圣事业携手奋斗。

（中国新闻网2019－01－13/关向东）

马耳他中文学校在中国古典园林“静园”成立

为了给旅居马耳他的华侨华人后代创造良好的中文教育环境，由多方合作筹办的马耳他中文学校于1月13日在马耳他知名景点——位于桑塔露琪亚市的中国古典园林“静园”正式成立。

学校由马耳他华联会与马耳他大学孔子学院、桑塔露琪亚市联合筹办。桑塔露琪亚市副市长弗雷德里克·丘塔亚尔任中文学校荣誉校长。

中国驻马耳他大使姜江在成立仪式上致辞时说，文化是一个民族的灵魂和根基，相信每个孩子能够通过学习中文提升文化自信，自觉地传承和弘扬优秀中华文化，在兼容并蓄的基础上成为中马两国沟通的桥梁、友好交往的小使者。

马耳他教育部副部长克利夫顿·格里马表示，希望学生们学好汉语这门美丽的语言，成为促进两国文化交流的纽带和使者。

据马耳他中文学校校长李民介绍，目前学校主要面向华侨华人子女招生，分为初级班和中级班两个班级，共有学生21人。孔子学院提供初级班教师师资和教学材料，并根据学生情况制订教学计划；中级班由在中国国内拥有18年小学教学经验、现居马耳他的老师授课。

“马耳他华联会搭建这个平台，为华侨华人的下一代寻求更长远、更持久的中文学习途径。我们希望把学校永远做下去，让我们的后代更加深入地了解祖（籍）国的语言和文化。”李民说。

（新华网2019－01－14/袁韵）

匈牙利侨领陈震：让中医药在海外惠及更多人

“在布达佩斯，所有的中医诊所都开在市中心最漂亮最干净的地方，而不在偏远的胡同里。”中东欧中医药学会会长陈震告诉记者，在匈牙利，有91.2%的中老年人了解并接受过中医治疗。

因多年来在中医药海外传播中的杰出贡献，陈震日前入选“2018全球华侨华人年度人物”。在颁奖典礼现场，他说：“中医药海外推广离不开几代从业者的辛勤努力，这份荣誉是对数十万海外中医药从业者的肯定。”

1988年，中国改革开放进入第10个年头，中医药对外交流在国家政策的指导下逐渐开展，广泛参与世界医学的交流合作。陈震被选中参与中国与匈牙利中医合作项目。他从北京踏上“东方快车”，经过9天8夜抵达布达佩斯，自此开始了中医药在欧洲的“拓荒之路”。

最初的尝试还算顺利。陈震在布达佩斯开了一家诊所，面积不大但患者络绎不绝。在出诊看病之外，他还潜心研究中药。他曾花费3年时间，将中国常用的155味中

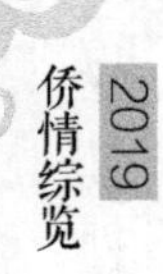

药与匈牙利的草药进行考察、对比，他发现当地草药有许多与中国相同。这让陈震看到中医药在当地发展的希望。

虽然民众对中医药的信任与日俱增，但中医药发展却面临当地法律和政策的重重约束。陈震心中明白，中医药要想在匈牙利扎下根，必须得到政府层面的认可。

为此，陈震20多年来坚持在当地媒体发表介绍中医的文章，他自费出版中医药书籍，把相关术语翻译成英语和匈牙利语，便于当地人理解。每一年，陈震都会举行大型义诊，免费为各地赶来的病人看病。经他治疗康复的患者不计其数，其中不乏政界高官，这也让中医渐渐进入匈牙利主流社会的视野。除此之外，他还邀请当地医生到中国访问，实地了解中医，消除误解和隔膜。

在多年的不懈努力之下，中医药立法在匈牙利被提上议事日程。陈震记得，在立法论证的关键时刻，他频繁和当地媒体互动，为广大民众答疑解惑，并广泛宣传中医药在世界范围内的地位和影响，“立法前3个月内和媒体互动了126次”。

2015年，匈牙利正式颁布中医药立法实施细则并生效实施，匈牙利成为欧洲首个为中医药立法的国家。

由陈震创建的匈牙利东方国药集团，也发展成为拥有欧洲境内唯一符合欧盟标准的天然药物制药厂。300多个产品获得了自由销售许可证，陈震在欧洲17个国家注册了90个专利。“陈博士药房”生产的中成药和保健品在中东欧国家的5000多家药房销售。

“这样的成绩是海外中医药从业者实实在在打拼出来的。在国外30年的青春，我们就干成了一件事。”回忆起这段往事，陈震内心依然感慨。

谈及中医药在海外发展现状，陈震坦言，中医药在各国发展并不平衡，各国政府对此的分歧很大。“中医药在海外推广，最关键还要靠法律，有了立法才有底气，才能站得住脚。”他说。

2019年恰逢中国与匈牙利建交70周年，第16届世界中医药大会也将在匈牙利举行。作为世界中医药大会主席团执委，陈震透露，目前各项筹备工作正有序进行。他说：“中医药是中华民族的瑰宝，也是促进民心相通的重要桥梁，我们海外从业者一定会接续努力，让这份智慧惠及世界上更多人。”

（中国新闻网2019－01－15/冉文娟）

尼日利亚华人 2019 春节联欢晚会在首都阿布贾举行

万里之外的中国很多地方冰天雪地、寒气逼人，而在尼日利亚首都阿布贾国际会议中心，这里热气腾腾、热火朝天，一曲曲动听的歌，一支支劲爆的舞，一会儿欢声笑语，一会儿掌声齐鸣，偌大的空间里到处洋溢着节日的喜庆。

1月13日，由尼日利亚中国总商会主办、驻尼中资企业赞助的“中材之夜·2019

春节联欢晚会”在阿布贾国际会议中心举行，驻尼使馆、中资机构、阿齐克韦大学孔子学院（以下简称“孔院”）、华人华侨，以及尼日利亚联邦参议院、首都区代表等千余人参加了活动。

节目设置丰富而有趣，也很有意义。首先由来自拉各斯华星艺术团送上传统舞狮表演，高高站立的“狮子”互相斗法，热热闹闹地拉开了晚会的序幕。随后，艺术团的舞蹈《好日子》迅速跟进，欢快的音乐、纯正的舞蹈、热烈的气氛，中方许多观众像被拉进了国内某春节晚会的现场一般，感受到了春晚的强烈氛围。

随后，各机构、团体在舞台上各自拿出自己的绝活，争奇斗艳，大放异彩。萌态十足的阿布贾国学班小朋友用一首《颜色歌》唱出自己在国外生活的多姿多彩。孔院的同学们也用舞蹈《礼仪之邦》展现了他们对学习中国文化丰富的历史认知。

来自中国港湾尼日利亚公司的《中国功夫》让所有观众拍手叫好，三人表演的军体拳，招招生风，拳拳制敌；一位本地小伙耍起双节棍，让人眼花缭乱，一招一式如有神助；最后一位上台的选手一看就是练家子，棍棒在他手里被玩出了“花”。

不仅舞蹈、武术表演丰富多彩，歌唱表演也精彩纷呈。歌唱家兰海丽一首《我用胡琴和你说话》展现了她不俗的歌唱功底；孔院一位女学生用经典豫剧《谁说女子不如男》燃爆全场，嘹亮的歌喉唱出了“女子一样能够干出一番事业”的憧憬；格林维尔石油天然气有限公司带来的《男孩不哭》和葛洲坝尼日利亚公司的《辛德瑞拉》带领大家走进轻松时刻，感受青春活力；晚会以孔院的《相亲相爱》与中地海外尼日利亚公司的《拯救地球》为尾声，唱响了中尼两国人民的共同心愿，就是要让中尼友谊如兄弟般牢固，携手共进，勠力同心，为人类摆脱贫困、消除暴力作出应有的贡献。

来自尼日利亚联邦政府电力与住建部的官员高尼·穆罕默德第一次参加春节联欢晚会，他被节目深深吸引，“如果我有机会去中国，我一定要带上我的子女去看看，不仅要看看，我还要他们学习中文，一定的！”他坚定地说。

说到中尼文化的区别，阿布贾非洲文化遗产中心主任摩西丝·阿尤姆称，其实两国文化没有本质上的区别，从根本上来说，都是围绕人们对美好生活的追求所创造出的优秀文化，只是因环境不同而呈现出不同的方式而已，比如饮食、歌舞等。

冠名赞助方中材建设尼日利亚公司刘兴旺表示，晚会是深化中尼友谊、凝聚在尼中国力量的一种非常好的形式。接下来，我们要继续团结在一起，在“一带一路”倡议的指引下，大力开展投资和属地化建设，为尼日利亚带来环境友好的产品，与尼方一道，为提高尼日利亚人民生活水平而努力，在新的一年开启新的征程。

（人民网2019－01－15/姜宣）

歌唱家张天甫获美国国会“最具影响力华人精英奖”

“老家在中国”2019世界华人春节晚会近日在美国洛杉矶圣盖博大剧院举行，中国著名男高音歌唱家张天甫应邀献唱，并在此行中获美国国会颁发的“最具影响力华人精英奖”。

本次晚会以“老家在中国”为主题，旨在弘扬中华民族文化，加强海外华人凝聚力。晚会演出内容丰富多彩，包括女声独唱、儿童剧表演、男声独唱、杂技、舞蹈、京剧、合唱等。

无论在哪里，无论何时何地我们的根都在中国，爱都在中国。继2018年9月在洛杉矶首唱后，湘籍男高音歌唱家张天甫此次在晚会上再次唱响歌曲《爱在中国》，唱出海外侨胞游子们的共同心声，受到在场观众热烈欢迎。此外，他还带来世界著名歌剧咏叹调《今夜无人入睡》，以完美的演唱技巧和华丽的高音将整场晚会推向高潮。

据悉，此行张天甫获得美国国会颁发的“最具影响力华人精英奖”“全球杰出华人奖”“美国总统顾问奖—杰出亚裔勋章”，并被美国沃美林恩学院艺术学院特聘为教授、歌剧中心名誉主任。中国驻洛杉矶总领馆侨务领事谢世波出席晚会并对张天甫为中美文化交流作出的贡献表示赞赏。

（中国新闻网2019－01－15/傅煜）

新加坡牛车水张灯结彩　2688 个灯笼喜气迎猪年

牛车水农历新年庆祝活动的金猪灯笼主装饰2019年“增高”，高度从原来的9.5米增至12米，大小灯笼的总数也从原来的2138个增至2688个，在喜气洋洋的气氛中迎接2019已亥猪年的到来。

数千个灯笼照亮了牛车水，准备迎接己亥猪年的到来
（［新加坡］《联合早报》/严宣融　摄）

牛车水2019年的农历新年亮灯活动以“新春大吉福满城，欣欣向荣庆丰年”为主题，庆祝活动主要分成“开卷有益”“合家欢乐”和“金玉满堂”三部分，亮灯仪式将在1月20日由新加坡贸工部长陈振声主持。当晚，表演艺术团体将呈献精彩表演，盛会上还有璀璨夺目的烟花表演和爆竹燃放。

惹兰勿刹集选区议员、牛车水－金声基层组织顾问梁莉莉在记者会上说："牛车水农历新年庆祝活动是新加坡重要的年度庆典活动之一。灯饰和年货市场给很多家庭以及社区带来佳节的气氛，希望2019年的活动能够吸引更多人到牛车水，这个传统节庆活动有助于增强社区欢乐与和谐的气氛。"

值得一提的是，"合家欢乐"的庆祝部分是特地为三代同堂家庭准备的，主要内容包括一家大小在刚完成装修工程的人民剧场免费观赏粤剧和欣赏粤曲等。

（中国侨网2019－01－16）

赵美心连任美国会亚太裔党团主席　孟昭文当选副主席

当地时间1月16日，通过美国国会亚太裔小组成员一致票选，代表纽约市皇后区的华裔国会议员孟昭文当选为国会亚太裔党团（Congressional Asian Pacific American Caucus，CAPAC）副主席并连任该党团拨款工作组（Caucus' Appropriations Taskforce）主席。

孟昭文表示，她很荣幸获得国会亚太裔党团同仁的肯定，当选副主席一职，并连任第116届新国会拨款工作组主席。她首要感谢的是，再次连任国会亚太裔党团主席的赵美心（Judy Chu），她期待党团所有成员能代表亚太裔社区共同完成工作，实现目标。通过众议院拨款委员会，他们可以为亚太裔社区争取权益，确保他们代表的亚太裔民众的声音能被倾听到。她相信国会亚太裔党团能够推进亚太裔社区关注的诸多问题的解决，并期待与所有同仁一同努力实现这一目标。

国会亚太裔党团致力于解决亚裔社区和太平洋岛民社区遇到的问题并为亚太裔社区争取权益。自2011年以来，国会亚太裔党团一直由赵美心担任主席。在没有主席的情况下，副主席负责主持国会亚太裔党团和执行委员会的会议。如果主席在任期内无法履行职责，副主席可担任代理主席一职，直至选举产生新主席。拨款工作组主席则负责倡导和推进众议院拨款委员会的立法优先事项，以争取亚太裔社区和民众的利益。作为众议院拨款委员会成员，孟昭文在2018年预算法案为亚太裔社区争取到多项权益，让亚太裔社区受益。

（中国侨网2019－01－17/张晶）

悉尼唐人街连串节目迎猪年

悉尼市政府农历节庆典将拉开帷幕，预计吸引游客逾140万，仅唐人街地段的客流量就预计高达30万。目前，唐人街已准备丰富多彩的节目，迎接猪年的到来。

悉尼市长克罗芙·摩尔1月17日说："悉尼的农历节是亚洲以外规模最为庞大的贺岁盛事。能和唐人街地区的居民和商家共同贺岁，为市民和游客营造不一样的迎新体验，一直让我倍感荣幸。”

据悉，悉尼唐人街贺岁活动包括巨型花灯、街头派对、舞狮表演等，德信街华人委员会（Dixon Street Chinese Committee）还将在汤姆仕街（Thomas Street）奉献多场表演。

悉尼唐人街的餐饮店铺和美食夜市充满着诱人的亚洲气息和氛围。过年固然少不了年夜饭。唐人街夜市的多元文化美食会把小禧街（Little Hay Street）彻底改造成为一副世界地图，带领美食爱好者品粤式早茶、食日式烧烤、尝新鲜寿司、评辛辣川菜、领略清新越南粉。

从2月1日至2月19日，悉尼唐人街还将张灯结彩，用红、金吉祥亮色搭配猪年主题的粉色彩妆亮相。数百盏彩灯将在德信街组成亮眼的灯帘，高悬于唐人街上空。

4A当代亚洲艺术中心总监米凯拉·泰（Mikala Tai）和学者保罗·格拉森（Paul Gladson）将奉献视觉大餐，带领大家观展《肖鲁：语嘿》。这是中国当代艺术家肖鲁的第一次回顾展，展示她最著名的表演艺术作品，其中展现出她对自己与澳大利亚之间不可分割情缘的追寻与探索。

（中国新闻网2019－01－17/陶社兰）

华侨华人与改革开放40周年图片展在巴西累西腓举行

“四海同心　盛世梦圆——华侨华人与改革开放40周年图片展”于当地时间17日晚在巴西东北部城市累西腓举行。展览用80幅照片展示了改革开放伟大事业取得的成就，以及分布在世界各地海外侨胞的家国情怀。

中国驻累西腓总领事严宇清对新华社记者说：“我从去年6月份担任中国驻累西腓总领事之后，这半年来经常有巴西朋友问我中国成功的秘诀是什么，我告诉他们，其中最重要的一个因素就是我们实行了改革开放。改革开放给中国带来了巨大的变化，也给世界带来了巨大的机遇，这其中海外华侨华人作出了巨大贡献。”

多年来一直致力于研究中国移民在巴西历史的侨胞刘正勤在累西腓居住了20多年。她说：“我今年70多岁了，几乎是共和国的同龄人，祖国从站起来到富起来，到现在强起来，我们是见证者。现在我们也愿意作为一条连接中国和巴西的‘金纽带’，为祖国的改革开放事业贡献更多。”

来观看展览的累西腓市副市长卢西亚诺·西凯拉说：“中国的改革开放政策告诉世界，找到一条适合自己的道路才能发展起来，这对其他国家也非常有借鉴意义。”

此次图片展由中国国务院侨办主办，中国驻累西腓总领馆、巴西圣保罗亚洲文化中心承办。除当地华侨华人外，巴西伯南布哥州副州长、累西腓市议长等巴西友人也出席了图片展。

（新华网2019－01－18/赵焱）

华裔杨安泽参选美国总统：希望获得亚裔的支持

据美国《侨报》报道，近日，首位亚裔的民主党总统参选人杨安泽（Andrew Yang）来到洛杉矶，希望借此改变大众对总统候选人的观点。现年44岁的杨安泽，拥有哥伦比亚大学法学博士学位，曾担任律师并且创办企业。

杨安泽是民主党员，也是一名美国企业家。他曾创造数以千计的就业机会，所以他知道怎样创造就业，他觉得入主白宫的人应该懂得商业、经济和科技。

杨安泽认为，导致美国职位流失的原因不是移民问题，而是科技发展。如果美国主流人士把移民当作职位流失的主因，这对华裔不利。

他认为应加大资金投入，让更多美国人进入STEM（科学、科技、工程和数学领域）工作，但他也指出不可能将此类职位的数量增加到让美国人都投入其中，所以美国应该建立一个具有“美国价值”的经济，美国人应根据这种价值观投入被认为最合适自己的职位。

杨安泽指出，美国的教育系统应获得投资从而得到改善，他认为美国真正的机会是学生们需要更多技术性的训练（technical training），而现在美国的高中生，只有半数接受有关训练，这个数字需要增加。

另一方面，杨安泽认为，美国应该吸纳世界各地的优秀人才。如果这些人才能有效帮助公司的业务增长，他觉得那家公司应该招聘他，而不只是看他的身份。

杨安泽在布朗大学就读政治和经济本科，之后到哥伦比亚法学院就学。身为亚裔美国人的他，长期服务于美国亚裔地区，并在多个亚裔团体中帮忙。他强调，他对自己的亚裔美国人身份感到自豪。

他想让亚裔美国人了解他为何参选总统，如果亚裔纷纷支持他参选总统，这将是历史性的创举。

（中国侨网2019－01－20/李青蔚）

美国太平洋铁路竣工 150 年　史学家讲华工历史

据美国《侨报》报道，2019年是横贯北美大陆的太平洋铁路竣工150年，美中人民友好协会于当地时间19日举办“1869中国工人完成跨横贯大陆铁路”讲座，邀请了南加州华人历史学会（Chinese Historical Society of Southern California）成员梅元宇（Eugene Moy），讲解华人在美生活和修建铁路历史。

梅元宇认为，中国人很早就来到美洲。他举例道，明朝永乐年间郑和下西洋，曾有人认为中国人在那时已踏足美洲。清政府在1872年至1881年送了120名幼童到美国读书。有历史文献显示，在美国生活的华裔人士在1859年参与当地的体力劳动，在小店铺工作，或进入商号工作。当年也有中国人为美国本土建立输水隧道，为居住

梅元宇（Eugene Moy）主讲“1869中国工人完成跨横贯大陆铁路”讲座（［美国］《侨报》/李青蔚　摄）

在山麓上的本地农田和城镇提供水电。

在1858年，加州中央太平洋铁路首次出现有华人工作的记录，在1864年早期，有21名中国人为该公司工作，在1865年华裔铁路工人人数达到约4000人。在1867年，大约8000人兴建隧道，3000名工人铺铁路轨道。根据文献统计，当年曾一段时间，有1万至1.5万名华人同时工作。

而白人和华人承包商向这些大部分来自广东五邑的铁路工人派发每月24至31美元的工钱，兴建隧道则取得每月1元的额外工钱。在1867年6月，工人曾经发动罢工，争取每月40美元的工资，但以失败告终。

这些工人平日以米饭、干蔬菜、鱼类和一些猪肉和家禽等作主食，也有新鲜茶叶、热水，偶尔可获得葡萄酒和鸦片。研究发现，厨师比工人工资更高。另外，生病的华裔工人可根据合约得到华裔医生的治疗。

8名爱尔兰人和4000名华裔铁路工人在1869年4月28日一天内建设了10英里长的铁路。而整个工程的死亡人数有50至150人或1200人。在铁路完工后，很多中国工人失去工作，部分回到中国，也有人留在犹他州。

梅元宇表示，“他们在铁路完工后就找其他的合约工继续赚钱”。在1876年，邻近犹他州的Silver Reef曾经出现过中国城，据称有250名中国工人在Silver Reef的南部建立中国城，还有一位华裔市长和数间商店。

2019年5月10日是横贯美国大陆铁路竣工150周年纪念日。

（中国侨网2019－01－22/李青蔚）

新移民眼中的新西兰：歧视多，但很安全

据《新西兰先驱报》报道，新西兰统计局近日表示，最近移民到新西兰的人，比在新西兰出生的移民和在这里待了五年或更长时间的长期移民，更容易感受到被歧视，然而，相比于后两个群体，前者认为新西兰更安全。

新移民对歧视感受更深

“那些在这里生活不到五年的新移民不太可能觉得自己像那些长期移民或者在新西兰出生的人一样，能够很容易地在这里生活。”劳动力市场和家庭统计高级经理Jason Attewell说。

根据2016年的综合社会调查（GSS），约26%的新移民表示他们在过去12个月内感受过歧视，而长期移民和在新西兰出生的移民有同样感受的比例则约为16%。

平均而言，新移民认为他们对大多数新西兰人的信任度为7.5（0～10等级，0为“完全不信任”）。相比之下，长期移民的评分为7.2，在新西兰出生的人评分为6.7。

GSS是新西兰社会福祉的官方衡量标准，该调查会询问8000人有关他们对新西兰生活的看法。在2016年的GSS中，新西兰居民人口中有30%是移民，其余则是在该国出生的本地人。新西兰总人口的5%是新移民。

与其他群体相比，新移民认为新西兰更安全

与长期移民和在新西兰出生的人相比，新移民更有可能在晚上使用或等待公共交通工具，并且在天黑后独自在住处附近行走。对于25至44岁的人来说尤其如此，他们占新移民群体的三分之二。

与在新西兰出生的女性相比，女性新移民中有相当大比例的人认为天黑后搭乘公共交通或独自行走非常安全。就夜间使用公共交通而言，57%的女性新移民感到安全或非常安全，然而只有30%的在新西兰出生的女性同意此观点。

与在新西兰出生的人相比，新移民群体中男女性在安全感方面的差异也较小。

人们居住的社区类型与他们的安全感有很大关系。居住在较贫困地区的移民感受到的安全性较低，有32%的新移民生活在新西兰最贫困的地方。相比之下，居住在这些地区的长期移民只有27%，在新西兰出生的人只有29%。

不过，“不管该地区的贫困程度如何，新移民与其他移民群体相比，觉得同一地区的安全性更高，”Attewell说，“这可能是因为一些新移民认为新西兰这个国家比他们的原籍国安全许多。”

（中国侨网2019－01－24）

巴西华人就习近平对台重要讲话举行座谈会

据《南美侨报》报道，1月28日晚，巴西中国和平统一促进总会联合巴西洪门总会、巴西华人华侨促进中国和平统一联合会，在圣保罗共同举办“开启新程　促统圆梦——巴西侨社学习习近平对台重要讲话座谈会”，中国驻圣保罗总领馆官员、巴西主要侨社侨领、华侨华人代表等近200人出席了会议。

中国驻圣保罗总领事陈佩洁表示，40年前发表《告台湾同胞书》，两岸关系发展由此揭开新的历史篇章；40年后，习近平主席的重要讲话深刻昭示了两岸关系发展的历史大势，科学回答了在民族复兴新征程中如何推进祖国和平统一的时代命题，是推进这项工作的纲领性文献。

陈佩洁指出，圣保罗生活着26万华侨华人，其中有约7万台湾同胞。多年来大家为反“独”促统做了大量工作，而未来大家仍重任在肩，因此向与会的华侨华人提出四点希望，希望大家能坚定“祖国必须统一，也必然统一”的信心，共担民族大义，顺应历史大势，继续发挥好“润滑剂”“黏合剂”“催化剂”“推进剂”作用，积极参与中华民族复兴的伟大历史进程，共同推进国家和平统一大业。

巴西中国和平统一促进总会会长李锦辉做了题为“新精神新征程，向促统圆梦奋进”的发言。他呼吁在座华侨华人代表，要更加砥砺奋进，携手包括台湾同胞在内的海内外中华儿女，在共筑中华民族伟大复兴中国梦的历史伟业中实现祖国完全统一。

巴西洪门总会会长王文捷表示，习近平总书记充分肯定了海外华侨华人对推动祖国统一大业作出的贡献，这让侨胞们备受欣慰和鼓舞。

巴西华人协会监事长叶周永说，习近平主席的讲话进一步坚定巴西华侨华人的信心，巴西华人将继续坚决拥护一个中国的原则。他表示，巴西的侨胞们一直坚持反“独”促统，我们要继续为促进祖国和平统一而奋斗。

巴西华人华侨促进中国和平统一联合会会长朱玉郎，巴西中华书法协会会长刘树德，中巴文化交流协会（利美拉）会长、台胞李正斌，台胞老侨领郭坤希等侨领和华侨华人代表也在会议上发言，均表示要在一个中国原则的基础上推动两岸关系和平发展，促进两岸同胞心灵契合，坚决反对“台独”，努力推动和平统一。

中国驻圣保罗总领馆领侨室主任李鹏宇、侨务领事张于成和副领事应曌玺以及巴西华人协会永久荣誉会长李少玉出席了座谈会。

（中国侨网2019－01－30）

华人超市整体改观　树立华商新形象

据阿根廷华人网报道，据不完全统计，目前阿根廷有华人超市近万家，他们不仅为当地居民提供了生活便利，同时也为当地人提供了许多就业机会，极大促进了当地经济的繁荣和发展。近期，多家华人超市对自己的经营场所进行了整体改造装修，使超市的店容店貌、安全性都得到了极大改善。

据悉，华人在阿根廷开超市始于二十世纪八十年代，最早以中国台湾同胞为多。九十年代中期，随着福建同胞的大量涌入，目前福建同胞开的超市约占华人超市的90%。华人超市遍布阿根廷全国各地，以首都布宜诺斯艾利斯为最多。

近期，多家华人超市对自己的经营场所进行了整体改造装修，使超市的店容店貌、安全性都得到了极大改善。一家家宽敞明亮，服务热情周到的华人超市出现在当地居民面前。

在改变店容店貌的同时，他们还将超市的供电系统进行了全面整改，确保了供电安全，避免了电源失火等灾害的发生。

装修后的华人超市，都安装了先进的安保监控设备，不仅减少了货物的丢失，也加强了安全防范，增加了安全保障。

虽然旅阿华侨华人在阿根廷经商时间很短，但他们勤劳肯干，服务热情周到，已经在这里扎下了根。随着时代的发展，旅阿华商的经营理念也在与时俱进。阿根廷华侨华人的明天会更加美好。

（中国新闻网2019－01－31）

中国春节文化进希腊校园　传统文化在这里生根发芽

中国农历新年将至，“2019中国（杭州）春节文化交流访问团”来到希腊雅典，走进ATHENS COLLEGE学校参加“中国春节文化进希腊校园活动”。中国驻希腊大使章启月、ATHENS COLLEGE学校校长Richard Jackson和Apostolos Athanasopoulos、杭州市委统战部巡视员胡德斌、中希文化教育交流中心主席应秋琳参加了活动。

ATHENS COLLEGE学校校长Richard Jackson在发言中说，他很高兴能看到来自中国年轻一代的面孔，这是新一代的中国人，他们热情洋溢的面孔上，有未来中国的希望。Apostolos Athanasopoulos校长在致辞中强调了中文学习在他们学校的重要意义，学习中文的学生和家长的热情，给ATHENS COLLEGE带来了新的气象。

杭州市委统战部巡视员胡德斌在发言中说，在中国农历春节来临之际，杭州市文化交流团很荣幸能到雅典的ATHENS COLLEGE交流演出，与大家共迎中国农历猪年，让世界感知中国，了解中国传统文化的重要部分——春节文化。此次来自杭州五所中小学的41位师生，将为大家带来中国古老的春节文化。

中希文化教育交流中心主席应秋琳在发言中说，中希文化教育交流从2016年开始，已经带着杭州300多位师生，走进希腊十几所小学、初中、高中、大学进行了学习和观摩，两国教师和学生互相了解，建立了良好的关系。中国和希腊都是有着悠久深厚教育传统的国家，虽有遥远距离，却有着奇妙的精神深处的相似。

孩子的心中，有一颗通向未来的种子，通过中国传统节日——春节，以富含中华民族深厚文化信息的民俗、茶艺、舞蹈、民乐、武术等文化形式为津梁载体，中希两国师生间建立起深厚友谊，他们展开对话，互鉴互学。

（［希腊］《中希时报》2019－02－01）

旧金山建立“华埠访客中心”　推介华埠历史、人文等

旧金山经过数月的精心筹备，有170多年历史的旧金山地标景点华埠终于有了属于自己的访客中心——华埠访客中心（Chinatown Visitor Information Center）。百余位

宾客1月31日云集华埠，见证干尼街625号访客中心的开幕。市长布里德，市参事会主席余鼎昂，市参事李丽嫦、佩斯金等民选官员与Joe D'Alessandro等共同为“华埠访客中心”揭幕。

由星岛日报与旧金山旅游局（SF Travel）合作打造的访客中心，即日起开放给八方来客，将通过专业服务人员的引导，把华埠历史、人文、商铺及活动等信息，通过更加现代便捷的方式推介，带动华埠乃至旧金山的经济繁荣。旧金山是一座美丽的旅游城市，有联合广场、渔人码头及金门大桥等景点，也有亚洲地区以外最大的华埠，华埠是全市第二多游客到访的必到之处，不过因语言以及文化等因素，这座古老的小区一直未能被主流或游客真正了解。

华埠访客中心的应运而生，就为前来华埠的访客们提供关于华埠最全面细致的解答，哪里买最有特色的中式手工艺品、哪里吃最地道的中餐、哪里欣赏中华文化艺术等种种疑问，都可以在这里找到答案。

31日，在热闹的中式传统舞狮表演后，加州州长纽森（Gavin Newsom）特别录制视频恭喜访客中心的建立。加州参议员威善高，众议员朱感生、邱信福、丁右立等亦派代表送上贺状。

旧金山市长布里德参观访客中心。并致辞先预祝华人民众农历新年快乐。她表示市府全力支持华埠访客中心的发展。

让游客获得最有价值信息

旧金山旅游局局长Joe D'Alessandro表示，旧金山每年有2500万人次游客到访，将近一半的人会访问华埠，并且该数字还在增长，希望未来会有更多的旅游巴士抵达华埠访客中心，让游客更加快捷地获得华埠最有价值的信息。

嘉宾为旧金山华埠访客中心揭幕（［美国］《星岛日报》/刘玉姝　摄）

在华埠出生长大的李丽嫦说，这里的建筑太值得更多的人探索，不仅是游客的目的地，还是属于华人的小区，访客中心的建立可以壮大华埠的力量，从而保护华人的权益。第四区马兆明、第九区卢凯莉及第六区杨驰马也到场支持。

与访客中心同时启动的还有精心制作的网站，细数华埠最值得拜访的商户，为游客提供全方位立体的华埠介绍。

（［美国］《星岛日报》2019－02－02/徐明月）

“春到华夏、情满五洲” 全球华校一起办网络春晚

“春到华夏、情满五洲”，又是一年春节到，中国华文教育基金会携手北京四中网校与全球华校一起办春晚、过大年！

举办首届全球华文学校网络春晚的消息发布以来，组委会共收到来自35个国家100所华文学校的162个节目（每所华校限报1至2个节目）。经专家评审，31个节目最终入选中国华文教育基金会“春到华夏、情满五洲——2019全球华文学校网络春晚”节目单。

为全面展示新时代海外华文学校风采，给所有参与活动的华裔青少年们一个放飞梦想的舞台，组委会搭建了网络春晚专题网站。在这里，大家不仅可以欣赏所有节目，还能观看基金会领导、各国华校送来的加油视频，了解网络春晚的幕后故事，参与写春联的活动……晚会将于北京时间2月3日下午4点，在“华文教师远程培训”公众号准时上线，并将于春节后在网络春晚专题网站更新，敬请期待。

感谢参与活动的校长、老师、同学、家长们为准备网络春晚付出的努力。中国华文教育基金会为所有参与网络春晚的100所海外华文学校准备了奖品，奖品为点读笔和中国华文教育基金会主持开发的教辅课本。

（中国侨网2019－02－03）

大阪“春节祭”成文化品牌 带动实体经济

据日本新华侨报网报道，“春节，要有年味！这个年味，在国内当然会有，在海外华侨华人社会中也应该有，在华侨华人的所在地更应该有。”2月2日，晴空万里，人头攒动，中国驻大阪总领事李天然在天王寺公园主持“2019大阪春节祭”期间，接受媒体采访时这样表示。

13年前，时任中国驻名古屋总领事的李天然，在日本著名中部城市名古屋发起“第一届名古屋中国春节祭”，其后他到日本各地担任总领事期间，也积极推动当地华侨华人与日本人一起联合发起中国“春节祭”。

中国驻日本各地总领事馆也相继因应与当地华侨华人推出名称有别、各具特色的中国“春节祭”，让中国的“春节祭”每逢岁初之际在日本的版图上由一点红、一抹红渐渐涂染成为一线红、一片红。李天然总领事也因此被誉为在海外推广中国春节文化的“中国外交官第一人”。

细观大阪“春节祭”，正在成为一个当地华侨华人展示团结形象的舞台。

据“2019大阪春节祭实行委员会”委员长张永胜介绍，在连续三年举办大阪“春节祭”过程中，他们始终按照总领馆的要求，将其打造成为一个“团结，合作，发

展”的平台。大家有钱的出钱、有力的出力、有点子的出点子、有关系的出关系、有路子的出路子，让日本关西地区的华侨华人因大阪“春节祭”而心气更团结、精神更振奋、情绪更高昂，以此为抓手凝聚侨心、汇聚侨力、团聚侨情、积聚侨智。

细观大阪“春节祭”，朴实无华接地气。

这里，没有打造让日本人感到震惊的中国春节文化的“高大上”；这里，强调是中国春节文化的悄然“融入”而不是个性的张扬；这里，依然主打的是富有中国特色的文艺节目和餐饮摊位。络绎不绝的日本游人在这里流连忘返，时而充满兴趣地观看文艺演出，竖起大拇指喊“真好”，时而驻足品尝包含中国文化底蕴的食品，连连张口说“好吃”。细雨润无声，这就是推介中国春节文化的成果。

细观大阪“春节祭”，并不是让侨团把一年的精力都“砸”在一个活动上，而是通过“春节祭”联动当地华侨华人每年举办“中秋明月祭”和“音乐祭”，形成别有特色的“三大祭”。

这不仅链接成为当地年度系列中华文化活动，还成为大阪当地的文化品牌，极大地丰富了中国文化的内容和形象。

细观大阪“春节祭”，还带动了实体经济——“大阪中华街”的建设。

连续3年的大阪“春节祭”，让大阪当地政府深入认识发展中的中国，让大阪当地财经界和工商界感受勃勃的“中国商机”，让大阪当地华侨华人跃跃欲试感到“有为可做”，正因为这样，一个有望改变历史的“大阪中华街”的计划正在缜密推行，一个闪烁文化辉煌的“大阪中华街”正在呼之欲出。这无论是对日本关西地区而言，还是对当地华侨华人而言，都是具有“获得感”的实体经济的新的发展形态。这是迄今为止“春节祭”结出的硕果之一。

（中国新闻网2019－02－04）

新西兰总理向新西兰华人祝福新春佳节　感谢华人贡献

2月2日，作为新西兰奥克兰市一年一度最具人气的中国新年庆祝活动——2019“欢乐春节”新春花市同乐日活动在奥克兰ASB会展中心开幕，新西兰总理杰辛达·阿德恩为花市舞狮团雄狮挂上节日绣球。

据新西兰中华新闻社报道，新春佳节到来之际，新西兰总理杰辛达·阿德恩通过媒体向当地华人拜年，她诚挚地祝福新西兰华人中国年安康、吉祥、新年快乐！

阿德恩在致辞中表示：

值此新春佳节之际，我谨向所有庆祝金猪新年的人们致以最诚挚的祝福。新春佳节是互祝安康、感恩亲朋好邻帮助与支持的时刻。

在此，作为新西兰总理，我特别想借此机会感谢新西兰华人为我们国家所做出的贡献。100多年来，华人社区一直是新西兰文化结构的重要组成部分，也是促进这个国家繁荣昌盛的重要群体之一。

2019年还是中国-新西兰旅游年，我很期待与你们一起庆祝。通过旅游、教育和贸易将加强两国的联系，鼓励两国人民深化了解，并有助于增进我们的友谊。

我谨代表我的家人和本届政府，祝愿新西兰华社的朋友在新的一年里身体健康、平安吉祥、繁荣兴旺、新年快乐！

（中国侨网2019－02－04）

西班牙媒体聚焦在西中国移民：20 年增长了近 16 倍

依据西班牙国家统计局采集全国市政府户籍普查数据，定居在西班牙的中国移民在过去20年间增长了近16倍，从1998年的12036人，到如今的195345人。

20年的人口倍增以及历史延伸，诞生出华人新一代移民，这些新生一代华人觉得居住在西班牙与居住在自己的祖（籍）国无异。依据记录，在2017年，诞生在西班牙的华人婴儿有2956名，他们的父母至少有一人为中国国籍，但父母都是中国国籍的占绝大多数。不过，近年来华人移民的跨国籍婚姻开始增多。

西班牙从2008年陷入严重的经济危机，至今未完全摆脱，尤其体现在就业方面。但华人群体的经济在危机中不断增长，截至2018年的数据显示，出现在西班牙社保系统里的华人参保人数为102367人，比2008年提高了51%。也就是说，一半华人处在工作以及缴纳社保状态中。这个就业水平对比西班牙全国水平而言极高，西班牙总人口4700万，就业人口为1800万，就业率为40%左右，而其他移民群的就业比例则更低。

西班牙华人不仅就业水平极高，业主身份的比例也最高。西班牙社保事务局的移民业主占比图显示，华人群体内的业主占比高达54%，这等于说，10万就业的华人里，有5.4万人为老板身份，多数是个体户工作者（Regimen Autonomo），这个比例无人能及，且远远高于第二位的荷兰移民（42%），而最大移民群罗马尼亚人（70万人）和摩洛哥（60万）的业主占比仅15%左右。这体现了华人的创业精神和进取精神。

2010—2014年之间，离开西班牙的华人数量高于入境华人数量，尤其在2013年迎来离境高峰，共有近1.58万华人离开西班牙，而入境者不足8000人，这也是西班牙经济最困难的年份，从2014年起，西班牙经济开始复苏，出现入境者数量高于离开者，2017年，进入西班牙的华人有1.18万人，离开者不到8000人。

（欧洲新闻社2019－02－06/柳传毅）

春节：在异国他乡坚守岗位——探访南非中企施工现场

“我们这条生产线，使企业产能翻倍，还满足了南非水泥市场需求。”春节期间，中材建设有限公司南非分公司总经理助理黄达通，指着120米高的水泥厂高塔对记者说。

2015年5月，中材建设有限公司与南非PPC水泥厂签订合同，承接了9号线熟料生产线建设项目和8号线窑尾电收尘车间的升级改造工作，合同总额超过1亿美元。

在这家距约翰内斯堡约300千米的水泥厂中，春节期间有近60名中国技术人员坚守岗位，在准备性能测试工作同时，也为当地企业员工提供技术培训。

35岁的黄达通，2015年来到这里，见证并参与了南非PPC水泥厂生产线转型升级的全过程。

黄达通说，水泥厂旧生产线都停止运转，目前只有8号线和新建设的9号线在生产。9号线是一条完整的新型干法回转窑生产线，于2018年3月31日成功点火，同年4月顺利生产出第一批熟料，目前日产能为3000吨；8号线的升级改造也基本完成。

据了解，9号线投产后，产量达标品质卓越，在提高运营效率、节能减排和控制产出成本等方面也表现优异，成为南部非洲地区重要的水泥熟料产出点，PPC水泥厂的客户群也在持续增长。

黄达通说，他在中材建设工作了15年，其间都在参与海外项目，曾在匈牙利、保加利亚、沙特阿拉伯等国工作，2019年是他在南非项目现场度过的第四个春节。

“我们施工单位，只看工期，不看节假日。”黄达通说。

水泥厂位置偏远，距最近的城镇也有近30千米，中方技术人员工作和休息都在工程现场，平时很少有机会能去约翰内斯堡感受城市生活。

“今年我们有将近60人在这里过春节，2018年春节期间工程繁忙，当时有250多名中方技术人员留在这里，”中材建设南非分公司市场部长朱东海说，“为了让员工身在异国他乡也能感受到大家庭的温馨，我们今年安排了不少文娱活动。”

“春节是每个中国人心底最温馨的符号，忙了一年，希望能和全家人一起好好吃顿年夜饭，但因为工作需要我必须坚守岗位。不只是我，我们中的很多人都是连续几年没有回国过年。”黄达通说。

这一项目2019年基本可以完工，项目组的部分员工将继续留在当地拓展南部非洲地区业务。“我希望明年可以回国陪家人一起过春节。”黄达通说。

（新华网2019－02－07/赵熙）

秘鲁：亚马孙雨林深处的中国春节

春节是全世界华人最隆重的节日，我们来看看海外的华人如何庆祝春节。在秘鲁境内的亚马孙雨林深处，有一个有着一百多年历史的华人社区，春节的传统在那里依然代代相传。眼下，他们就在热热闹闹地庆贺中国农历新年。

当地华裔在中华会馆相聚庆祝春节

秘鲁的伊基托斯市坐落于亚马孙河上游，由于被雨林与河水包围，是世界上为数不多的没有陆路与外界相连的城市。

就是在这里，有一个历史悠久的华人社区。每逢春节，这里的华人都要在建于1930年的中华会馆里相聚庆祝，吃年夜饭，这已经成为一个传统。

当地中华会馆会长林文基说："这是著名的秘鲁烤鸡，味道很香的。还有烤猪肉，猪年会给我们带来繁荣、发展和财富。"

据林会长介绍，2019年春节的年夜饭是各家各自准备、然后带到会馆一起分享。由于雨林环境的封闭性，这里的菜品、调料很少，年夜饭也是以当地的一些餐食和烤肉为主，但饺子是少不了的。在秘鲁生活多年的陈伟建和他的妻子凯蒂就正在为年夜饭忙碌，虽然是秘鲁人，但凯蒂已经熟练掌握了包饺子这门手艺。

凯蒂说："我最喜欢做饺子了，这是一种需要大家一起参与制作的美食，而且很健康，油脂少，过水煮成，味道十分特别。"

目前，会馆里有记录的在伊基托斯市的华人华侨有将近四百人，其中一些人已经完全融入了当地，但强烈的身份认同感把大家联结在一起。

在历史的漫长岁月中，中华会馆从未停止运转，一代又一代的中国移民出钱出力，对这里进行修缮和维护——因为这里是伊基托斯华人华侨最大的一个家。

（央视网2019－02－07/杨探骊）

欧洲大地上的中国年味儿

从头一次贴上春联的英国伦敦唐宁街首相府，到西班牙巴塞罗那凯旋门下"与巴塞罗那共庆新春佳节"文艺演出，再到从德国汉堡、杜伊斯堡等地驶往中国载满"洋年货"的中欧班列……欧罗巴大地的中国年味儿正愈加浓烈。

1月底，英国首相特雷莎·梅在唐宁街10号首相府举办中国春节招待会。首相府门口贴着春联，招待会现场张灯结彩，气氛热烈。来自英国各地的60名小朋友制作了中国手工艺品送给首相和现场来宾，特雷莎·梅亲手剪了"春"字窗花。这是英国首相连续第7年举办春节招待会。

中国新年也成为英国许多小学和幼儿园的教学主题，春联、窗花装扮着孩子们

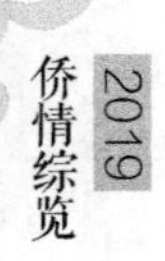

的课堂，年兽、生肖留在孩子们的脑海。一些学校食堂在春节还特意提供春卷、饺子等中餐，并教孩子们用筷子。

伦敦码头区博物馆里，求“福”字和春联的队伍排了老长。英国“奶爸”弗兰克带着妻子和稚子挤在队伍中，一步一步往前挪。“我喜欢中国的书法，也想把中国的福气带回家。”他说。

在西班牙巴塞罗那，共庆新春佳节文艺演出吸引了数千人观看。舞台上的西班牙主持人用标准的中文给大家送上新春祝福，引来现场各国观众喝彩。

旅居巴塞罗那多年的英国人麦克尔早早来到现场等待演出。他告诉记者，春节已成为巴塞罗那一个重要的公共节日。“这些节目都很精彩，其中我最喜欢的是中国孩子表演的舞蹈，他们真是太可爱了，排练水平也很高！”

春节前后，中欧班列再次成为欧洲商品进入中国消费市场的热门通道，寻求合作的商家和产品种类显著增多，特别是酒类、乳制品以及肉类等快消品的销售热度持续升温。

德国汉堡一家物流企业负责人格伦瓦尔德说，目前公司业务中与中国相关部分比例已超过60%，特别是中国春节前夕的一段时间，要处理的货物更加集中。

格伦瓦尔德说，汉堡拥有海铁联运的优势，中欧班列来到汉堡以后，本地企业对这条新通道和中国市场的关注度越来越高，德国还有不少优质的农产品，牛奶、蜂蜜和肉类都很好，希望中欧班列可以促进汉堡与更多中国城市的贸易。

比利时“凤凰”精酿啤酒厂老板库尔特·德奎纳则用他的啤酒拉近与中国的距离。春节临近，一箱箱“凤凰”精酿乘船出发，登上中国人热闹的春节餐桌，用酒香点缀幸福和团圆，也让不同文明跨越地域彼此联通。

随着来自中国的订单增多，德奎纳购置了新的场地和设备，计划2019年将产量提高两倍多。站在新厂房前，德奎纳举起酒杯，斟满对未来的祝福与期盼……

（新华社2019—02—9/顾震球、张代蕾、郭求达等）

大马维护华教联会主席吁华裔维护权益　勿自我矮化

据马来西亚光华网报道，日前，马来西亚维护华教联合会促政府兑现竞选承诺，尽速承认华文独中统考，并且呼吁华裔勿再发出“政府承不承认统考文凭不重要”等自我矮化的声音，否则如同放弃本身的权益。

维护华教联合会主席叶新田指出，随着希望联盟掌权已超过9个月，因此政府应尽快落实承认独中统考文凭的竞选承诺，否则会被人民认为希盟乃言而无信的政党联盟。

“虽然新的政府采取了前所未有的协助华教发展措施，如给予独中和3所民办大学学院拨款。但由于旧有的一套教育政策和措施依然存在，包括‘前朝’多年来推行的不利于母语教育的政策等。”他说，如果希盟政府不改变教育政策，那华文教育发展必然面对诸多问题。

“关于承认统考文凭，无论是国阵或是希盟，都列为竞选宣言，因此相信两边的阵营已经解决了所谓的技术性问题，因此我们敦促希盟政府尽快兑现。”

叶新田2月10日在2019年雪隆草根维护华教联合会己亥年新春团拜上表示，他也希望华裔不要再发出“政府承不承认统考文凭不重要”的声音，因这等同于华裔自行放弃本身的权益。“有人担心政府承认统考后，独中体系不再由华裔主导，反而被政府管控，所以认为政府承认统考与否不重要，但这是一种自我矮化的声音。”

“我的看法是独中体系的主导权固然要捍卫，但承认统考是必须的，这是信用问题。”

叶新田也透露，砂拉越人联党马拉端县州议员拿督陈冠勋，将于这个月杪率队与该会针对统考课题进行交流。

另一方面，他也表示，该会于2019年7月也将再次举办“世界华文教育论坛”，邀请中国及东南亚华教组织的代表，寻找新的策略以实现争取华教公平合理的待遇，期盼马来西亚的华教有更好的发展。

（中国侨网2019－02－11）

荷兰传统薯条店行业　华人占一席之地

据荷兰一网报道，荷兰传统的快餐店薯条店，已经有将近一半为华人经营，这是近20年来发展起来的。

荷兰中餐业组织中饮公会（VCHO）的调查数据显示，1998年，华人经营的快餐店薯条店，只有大约200家。但是，2018年已经达到2000家。与此同时，全荷兰的快餐店却从5644家，减少到4869家。

荷兰华人对快餐店薯条店的渴求还没有降温，如在Doetinchem、Hengelo、Bennekom和Wageningen等地区。最近，在Hengelo，一家有着400年历史的家庭薯条店Langeler，被一对华人夫妇购买。

报道称，这种现象也出现在Andelst、Dieren、Heteren、Millingen、Nijmegen、Tiel、Rheden和Westervoor等小城市。在阿纳姆，出售“薯条加火肉”的快餐店已经相当多，这些店显然是由华人经营的。

报道还称，这些经营快餐薯条店的华人，其父母辈大都开过餐馆。报道引述了中饮公会经理林丽萍的话，由于各种原因，华人新一代对接手餐馆的兴趣并不是很大，而投资快餐店成本没有那么高，也不用到处寻找短缺的中餐厨师。目前，寻找厨师对于中餐馆来说，是十分困难的事情。

20世纪90年代中期，当荷兰这一传统行业（快餐薯条店）出现华人经营的时

候，华人能否在这一行业中占有一席之地，还并不明确。但是，现在已经十分清楚了。

华人的烹调天赋和灵活的头脑，给予他们很大帮助。而且，他们在中餐馆和打包店培养起来的工作效率，以及快刀砍乱麻的作风，对于他们经营薯条店很有利。因此，华人经营的薯条店，一般业绩都不错。

目前，荷兰华人中已经有一个薯条店的行业组织。据说会员已经发展到千人，并且定期举行各种大型活动，还得到荷兰原材料供应商的赞助。

（中国侨网2019－02－11）

意大利伦巴第大区：华人约8万

据欧联网援引欧联通讯社报道，日前，意大利多种族融合的研究机构（ISMU）发布的统计资料显示，截至2018年7月1日，意大利伦巴第大区居住的华人大约为8万人。其中，男性占50.5%，女性占49.5%。米兰、蒙扎和布里安扎，为伦巴第大区主要华人聚集区，大约有4.7万人。

据报道，伦巴第大区居住的华人，绝大多数人在意大利生活已超过10年，超过10%的华人年龄在50岁以上。在该地区生活的华人，有6000多人的月收入超过2500欧元。

统计资料显示，伦巴第大区的华人，65%已婚，50%的人拥有中学以上文化水平，10%的人完全不懂意大利语；30%的华人为老板和自由职业者，8%的华人每月净收入超过2500欧元，46%的华人每周工作时间超过50个小时。

意大利国家统计局统计数据显示，截至2018年1月1日，米兰市合法外国移民人数为26.7万人，华人为2.9万人，占外国移民总数的11%。米兰市下辖9个市行政区，53.3%的华人集中在米兰市西北部的8区和9区。

（中国侨网2019－02－11/胡彪）

加拿大温哥华华埠春节大游行　吸引数万市民欣赏

日前，加拿大数千民众冒着零下三度的寒冷天气，在温哥华华埠参观第46届春节大巡游。活动主办组织表示，2019年共有逾70支队伍参加，来自小区和文化组织的参与者逾3000人。

来自美国华盛顿州的游客称，在美国从未见过规模如此大的新春游行，为此感到兴奋不已，不过由于天气寒冷，许多市民在游行还未结束时便已离场。

10日上午11时前，加拿大联邦国防部长石俊（Harjit Sajjan），温哥华市长肯尼迪（Kennedy Stewart），卑诗省就业、贸易及科技厅长赖赐淳（Bruce Ralston），联邦司法部长王州迪（Jody Wilson-Raybould），卑诗省贸易省务厅长周炯华，卑诗省自由党党领韦勤信（Andrew Wilkinson），中国驻温哥华总领事佟晓玲等社团代表，以及众多议员已在千禧门牌楼准备游行起步。活动吸引逾千民众沿途围观欣赏，节日气氛浓厚。

（［加拿大］《星岛日报》2019－02－12）

西班牙华人后代成“网红”　通过网络减少文化误解

一名出生在西班牙的中国网红Tsai最近受到西媒关注，农历新年之际，当地媒体对其进行了采访，这位在社交媒体上发出视频引发大家关注的华人网红又一次走进了西班牙网友们的视野。

采访中，Tsai表示：“我唱出来的都是我自己的生存状态和移民经历，要不是因为这个网络平台，我可能还是班级上被‘抛弃’的那一个。”显然，Tsai曾遭遇的一些偏见和不适感受都是华人孩子在西班牙有可能感受到的，而他则想通过网络平台逐渐减少这种误解，让两种文化有更紧密的连接和相互理解，移民子女不再是被贴标签的群体，一提到移民子女，不再永远是“封闭、百元店和家庭商店”。

对此，Quan Zhou作为华裔，也有着同样的见解：“我们是一架桥梁，是两种文化和两个群体之间的桥梁。”

与在社交网络平台发布视频这一方式不同，另一名华裔Yong Li Ou则是通过漫画的形式将自己作为移民子女的经历以十分幽默的方式表现出来。如今，已经有越来越多的华人子女以各种各样的身份走进西班牙社会，摆脱了固有的行业，甚至成为具有影响力的网络红人。

（中国侨网2019－02－12/豫立）

一个马来西亚峇峇娘惹家庭文化交融的春节故事

大年初八午夜，和家人一起庄重地往供桌上摆放金猪（烤猪）、烧肉等菜肴以及甘蔗、凤梨等水果后，马来西亚侨生公会会长颜泳和告诉中新社记者，即将开始的“拜天公”，源于中国，是马来西亚峇峇娘惹族群春节最重要的民俗之一，“过完‘初九拜天公’，春节的各项礼俗才算告一段落”。

说话间，窗外烟花璀璨，铺满了马六甲的天空。

峇峇娘惹又称马来西亚侨生，是早年移民到马六甲等地的华人与当地人结婚生下的后代，男性称峇峇，女性叫娘惹，是东南亚的土生华人族群。颜泳和的高祖就来自中国闽南厦门地区，在当地传承已经一百多年。

颜泳和说，目前侨生公会共有3000多名会员，他们中很多人虽然已经不会说中

文了，但依然保留着众多华人传统风俗，又融以马来西亚当地风俗，形成别有特色的峇峇娘惹春节习俗。

大年二十九，颜泳和就和全家一起忙碌着准备祭拜祖先的供品。他说，其中的菜肴至少要“四大盘、四大碗”，还要准备时令水果以及金纸。

除夕的年夜饭则少不了一味流行于马来西亚和新加坡等地的独特年菜——捞生。捞生是将代表各种吉祥含义的生鱼片、萝卜丝、青瓜丝、坚果等摆在一个大盘中，吃的时候全桌人要一起将筷子伸入盘内搅拌，还要高喊“发”或“捞起”，“越大声越好”，象征来年兴旺发达。

吃完年夜饭，峇峇娘惹习惯到宫庙中迎接新年。颜泳和就是和家人在马六甲勇全殿迎来己亥年。身为勇全殿名誉顾问的他说，这里保留着马来西亚送王船民俗，正在计划和中国华南的送王船民俗联合申报世界文化遗产。在这里度岁，颜泳和除了为全家祈求神明保佑，也希望“申遗”能早日成功，让这一在马中两地都有保留的华人民俗发扬光大。

大年初一则是走亲访友的日子。颜泳和告诉记者，对峇峇娘惹而言，走亲戚要从最年长的长辈依序一家家走下来，“有时得‘舍近求远’绕远路”，“这体现了华人长幼有序的传统”。

到了大年初二，颜泳和每年都要邀请亲朋好友来家中聚会，在庭院中所设的自助餐席，既有当地特色的糕点，色彩鲜艳，十分悦目；也有马来特色的咖喱菜肴；还有华人传统的白切鸡等菜品。这些都是峇峇娘惹喜爱的美食。

用餐告一段落，接下来有传统的舞狮表演。马来西亚的舞狮，有传承自中国的“南狮”“北狮”，还有独具特色、被列入马来西亚国家文化遗产的高桩舞狮。在舞狮“采青”环节，“利是”悬于二楼，舞狮者跃上高桩，摘得“利是”，赢得观者一片叫好喝彩。

餐会结束后，能歌善舞的峇峇娘惹们又载歌载舞，唱起马来歌谣，气氛热烈。

在参观颜泳和家时，记者注意到，孩子的房间中既有马来西亚明星照片，也有中国偶像团体的“应援大礼包”。文化的交融，在年轻一代中，依然延续。

（中国新闻网2019－02－13/陈悦）

中驻蒂华纳总领馆推新举措保障公民旅游　受好评

近日，驻蒂华纳总领事于波与蒂市长代表、蒂旅游局负责人等，共同启动“蒂市政警察在旅游景点佩戴中文袖标巡逻”新举措。启动仪式特意选在中国游客最集中的蒂华纳地标建筑大拱门，为中国公民平安旅游蒂华纳保驾护航，得到旅墨中国游客好评。

据墨方数据，2018年以来，通过美墨边境口岸到蒂旅游的中国游客数量激增，高达年均五六万人次。总领馆践行“以人民为中心”的宗旨，始终高度重视中国公民领事保护工作，有针对性地推出了多项预防性领事保护新举措。

春节期间，总领馆又提出“平安出行，欢乐过年”理念，并与蒂华纳市政府警察、移民等部门密切合作，推动墨方在中国重要节日增配警力，并在旅游景点佩戴中文袖标巡逻，为春节期间到蒂旅游的中国公民提供更好的安全保障。

蒂华纳与美国圣迭戈一“墙”之隔，是各国游客经美访墨“一日游”的主要目的地。蒂华纳大拱门紧靠墨美边境口岸，备受当地市民和各国游客青睐。

在大拱门下，于总领事向春节期间旅墨的众多中国游客拜年，提醒大家加强安全意识，祝大家在墨西哥度过平安喜庆的中国年。大家纷纷表示，看到大拱门屏幕里播放的欢庆春节视频，看到身边的墨西哥警察佩戴着“蒂华纳旅游警察”中文字样和喜庆金猪图案的红袖标，颇感惊喜，觉得安全安心，为总领馆保障中国公民平安出行的实招点赞。

（中国侨网2019－02－13）

创造历史！美国总统候选人任命华裔为竞选经理

据美国中文网微信公众号消息，2020年美国总统候选人、马萨诸塞州参议员伊丽莎白·沃伦当地时间13日宣布，她的竞选经理一职，将由其长期助手刘炜（Roger Lau）担任。

此次任命，沃伦没有从外部选择战略家或曾经辅选过总统竞选工作的专家，而是将此重任交给两次助自己获选参议员的重要助手、41岁的刘炜。这项任命也创造了历史，刘炜成为首位美国主要总统候选人的亚裔竞选经理。

另外值得一提的是，虽然还未正式开跑，但2020年大选已成为拥有最多元化候选人的一届总统选举。

沃伦在一份声明中说：“自我从政的第一天开始，罗杰（刘炜）便和我在一起，这是一场发自内心的选战。这就是把我们联系在一起的东西。罗杰相信建立草根行动的力量，这正是我们要做的。”

同一声明中，沃伦还宣布自己在参院的幕僚长戈尔登（Dan Geldon）将担任竞选团队幕僚长。

刘炜的同事们也称他是一名行事稳重且忠诚的助手。他自2011年以来一直陪伴在沃伦身边，预计将监督她2020年竞选活动的各个方面，包括组织、动员以及人员配备。

刘炜是土生土长的纽约人，他的父母于20世纪70年代从中国移居来美，在纽约皇后区居住。刘炜在读高中时辍学，后以高中同等学力G.E.D.进入马萨诸塞大学安姆斯特分校就读。1998年，他以大学实习生的身份加入时任参议员约翰·克里团队，步

入政坛，后来又正式成为克里2004年总统竞选团队的一员。

克里13日也在一份声明中称，刘炜是一名“脚踏实地、能完成工作的领导者”。这位前国务卿还说：“他不轻易承诺，但会超额完成任务。他对细节一丝不苟，不会让人猜来猜去，也不会变卦。”

克里还表示：“竞选经理最重要的职责之一就是预测和预防，在候选人本人发现前就解决问题，罗杰本质上就是一名调停者，并且丝毫不受压力影响。”

刘炜曾担任过多位马萨诸塞州民主党人的竞选经理，包括国会众议员桑格斯（Niki Tsongas）和尼尔（Richard Neal）。他还曾被时任商务部长的骆家辉选中就任其幕僚。

沃伦的前学生、波士顿首名华裔市议员吴弭（Michelle Wu）评价称：“几十年来，罗杰一直处于马萨诸塞州政治斗争的战壕中。他巧妙地指导地方和国家候选人取得成功，同时也确保为下一代员工和活动家提供指导，并为他们开放机会。他一直是亚太裔在政治领域的开拓者。看到他突破这个国家的障碍，我的内心充满骄傲和激动。”

新年前夜，沃伦突然加入2020年总统竞选，可谓迄今宣布参选的民主党候选人中最知名的一位。刘炜也在过去的六个星期中一直伴随她到爱荷华、新罕布什尔、南卡和波多黎各进行竞选集会。

（中国侨网2019－02－14）

《欧洲时报》：听西媒讲述旅西侨胞“融入”的故事

随着中国新年的到来，中国与西班牙的跨文化交流活动频繁在西班牙多地发生，旅西华侨华人无疑在这些活动中扮演着主要角色。于是，“融入”“认同感”等有关华侨华人的热门话题又在春节期间受到了西班牙媒体的热议。

难融入西班牙当地社会？语言已不是问题

西班牙《国家报》报道，“我只在中国生活了不到6年时间。如果一定要在认同感这个问题上做出判断，我的回答是西班牙。而我的父母则更认同中国。”31岁的豪尔赫·陈（Jorge Chen）一边对媒体记者讲述自己的故事，一边为客人倒饮料。

在西经营酒吧的陈认为，所谓的“中国人不融入西班牙”这个论调是不正确的，除了像他这种在西班牙长大的华人，很多华侨华人都非常愿意融入当地社会。他说：“我父母这代人在西班牙生活久了，也会融入当地社会。这是很自然的事。”

报道称，在过去约40年的时间中，西班牙的华人社区逐渐形成了规模。以马德里为例，在过去十年中，中国人的数量几乎增长了一倍。西班牙国家统计局（Instituto Nacional de Estadística，INE）发布的最新数据显示，2008年，马德里的中国人数量约为3.3万人，到了2018年底，这个数字增长至约5.9万人。尽管语言障碍还在困扰年长的一代，但在年轻人中，无论是对于华二代还是留学生，语言问题已不是什么阻碍了。

陈说："还是有很多西班牙人认为'中国人不交税'。这种说法非常可笑，难道政府是傻瓜吗？怎么可能有人不交税还可以经商？"不过陈认为，在西班牙的大众社会心理中，还存在对中国人的刻板印象，比如会有西班牙人说，"他们像中国人一样欺骗了我""像中国人一样工作"。

现年51岁的西班牙青田同乡会秘书长兼常务副会长朱晓海说："最初，除了联系中国同胞及青田老乡，我们和西班牙社会的联系不多，主要原因是语言障碍。但到目前，我已在西班牙生活了30多年，和许多当地人成了朋友，曾经的隔阂现在几乎不存在了。而年轻一代人，如我的孩子，能和西班牙的同龄朋友打成一片。时间是解决融入问题的好办法。"

"融入当地"还是"保留传统"？"我是中国人，也是马德里人"

值得注意的是，华侨华人在融入西班牙当地社会的同时，仍牢记着乡音、保留着乡情。

报道称，在马德里Usera区生活的大量中国人保留了中国文化传统。在Usera，只要会讲中文，几乎没有办不到的事。

一位名为玛丽莎·王的27岁华人女性表示，自己的父母来西班牙时，中国还处在相对贫穷的时代，而现在中国成为全球最大的经济强国之一，而西班牙则陷入经济危机多年，至今仍没有完全恢复。

王在接受媒体采访时表示，她计划去Usera参加中国新年庙会，希望自己能够融入其中，享受中国传统文化带来的乐趣。

和朱晓海同样负责庙会筹备活动的安东尼奥·刘洋（Antonio Liu Yang）表示，很多华人父母认为孩子能讲西班牙语是一件值得自豪的事，但父母们也希望孩子不要忘记自己的"根"——中国。

一位经营酒店生意的35岁中国老板林森（Lin Sen）认为，在西生活的绝大多数中国人都很享受地中海的平静与祥和，唯一的遗憾是，在西班牙不能用在中国国内那样传统的方式庆祝春节。他说："我在西班牙有产业，但一直保留着中国国籍，我不想失去自己的根。"

其实，融入住在国社会与保留中国传统文化并不矛盾，"东西兼容"正是华侨华人们身上带有的特殊属性。

中国知名导演于德鹏说："我们之间存在巨大的文化差异，这是不可否认的。"他拍摄的电影《马德里未知的华人社区》于2月15日至3月3日在马德里的Naves Matadero Centro Internacional de Artes Vivas剧场上演，电影讲述的就是这种文化差异。

另一位在马德里工作生活了17年的华人女性说："我在这里生活得很好，有很多西班牙朋友，我不打算回中国了，也不会去马德里以外的任何地方定居。我不是chiñola（中国人与西班牙人两个单词的合写），我是中国人，也是马德里人！"

（《欧洲时报》微信公众号2019－02－14/异人）

马来西亚达岛中华公学家教主席望华裔同胞多多生养

据马来西亚《诗华日报》报道，马来西亚达岛中华公学家教主席沈明慧期望，在这一年里，华裔同胞有能力的，能多多生养，不然华裔学生人数持续减少。

以该校为例，目前，有73%的学生是土著生。

她称，按照2017年马来西亚人口的比例统计，华裔只占23%，较2016年下降0.2%。

因此，她督促年轻的华裔父母们要加油。

沈明慧13日在达岛中华公学2019新春联欢会上致词时称，金猪献瑞，猪报平安。十二生肖走了一轮，今天也迈入生肖属猪的己亥年。由猪来完成十二生肖大结局的任务，代表一个循环的圆满和继起，充满新生的希望，那就像它的外形一样显示着丰润，圆满。

她说，温和的猪给人恬淡自得之感，自古就是生活安定，财源滚滚的象征。在古时候，猪是衡量勇敢和财富的尺码，人们用拥有猪数量的多少来代表贫富。

她继称，"家"的含义就是在房子内养猪，可见猪在古人心目中的地位。

她说，校方独出心裁连续好几年举办新春联欢会，值得赞扬。

沈明慧表示，该校纯华裔学生不多，未至20%。这个活动不多不少能让友族同胞了解中华文化精髓，促进各民族交流，让他们明了春节不只有红包、红柑、红灯笼、红衣裳、红春联，教师也可以教孩子们剪窗花，让他们发掘中华文化精髓如此丰富，不只限于吃喝玩乐。

"同时，也可让他们知道，华人新年习俗，如新年前的'除尘'是期望把往年的不如意统统扫出门外；放鞭炮是为了驱逐年兽及邪魔鬼怪；年糕又象征年年高升等；大年三十除夕晚上吃团圆饭又称年夜饭；祭祖，餐桌上一定少不了一道鱼，象征年年有余；除夕夜的守岁是感恩并祈福家中父母新的一年身体健康，岁岁平安，同时一起迎接新年的到来；再到年初一，亲朋好友之间相互走访拜年和祝贺，表达对亲朋间的情怀以及对新一年生活的美好祝福。"

她说，这些传统习俗除了在课本、图案上学习，家里也应该进行，是孩子体验并传承传统习俗的时机。

（中国侨网2019－02－15）

方李邦琴：中国是生母美国是养母　愿两国人民友谊长存

湾区协会（Bay Area Council）在当地时间13日的第九届农历新年庆典上，授予侨领方李邦琴“全球领导力奖”（Global Leadership Award）。执行长总裁温德曼（Jim Wunderman）表示，这是本次活动颁发的最高奖项，没有人比方李邦琴更值得拥有这一殊荣。

湾区协会执行长总裁温德曼（左）为方李邦琴（右）颁发“全球领导力奖”（［美国］《世界日报》/黄少华　摄）

中国驻旧金山总领事王东华、加州主计长余淑婷、加州平税局委员郭娴（Malia Cohen）、旧金山市长布里德（London Breed）等本地政要人士先后致辞，祝贺方李邦琴。布里德和加州众议员邱信福的代表向方李邦琴送上贺状。

2008年5月，方李邦琴向北京大学捐赠1600万元人民币（约237万美元），用于兴建对外汉语教育学院大楼。北京大学将这座大楼命名为“方李邦琴楼”，并授予方李邦琴“北京大学110周年校庆杰出教育贡献奖”以及“名誉校董”。大楼于2011年6月奠基，并于2013年10月落成。

2017年，方李邦琴以“飞虎队”历史委员会名誉主席的身份向中国捐赠了代号为“飞兔”（Buzz Buggy）的抗战运输机C-47。这是“飞虎队”援华抗日使用过的运输机，曾在二战期间多次飞越“驼峰航线”运送重要战略物资。方李邦琴于2014年出资从澳大利亚购买了这架飞机并进行修复，永久安放在二战时期“飞虎队”驻地桂林。

上述贡献是湾区协会给方李邦琴颁奖的主要原因。

方李邦琴说：“中国是我的生母，美国是我的养母，我有一个梦想，就是希望中美两国人民能友谊长存。”她表示，这是华人被美国主流商会表彰的难得机会，因为中国的日益强大，在美华人也跟着日益强大，因此，她要感谢自己两个“可爱的母亲”。

2019年是美中建交40周年，方李邦琴表示，她要为美中关系健康发展进一步贡献自己的力量，如果条件成熟，她希望办一个以美中建交40周年为主题的论坛。她也借该场合祝所有华人同胞新年快乐、诸事如意、身体健康、幸福美满。

（［美国］《世界日报》2019－02－15/黄少华）

南非新春大拜年活动在约堡举行

作为南非华人的年度文化盛典之一，一年一度的南非新春大拜年活动16日在南非约翰内斯堡唐人街举行，意在通过中国传统文化等内容的展示，庆祝农历猪年新年的到来。

当日，中国驻约翰内斯堡总领事阮平、约翰内斯堡市公共安全局局长孙耀亨、南非华人警民合作中心主任李新铸、约堡唐人街管委会主任张方腾及驻约堡总领馆官员、南非当地政府官员、旅南华侨华人、中资企业和当地上万民众一同参加了活动。

活动现场云集了舞龙舞狮、烟花表演、花车游行、美食品尝等，到处洋溢着中国农历新年的欢乐气氛。随着夜幕降临，600多米长的唐人街被装点成了一条喧嚣的“花街”。与往年相比，2019年活动最大亮点为主街道的一侧专门搭建有表演舞台，从而让更多华人华侨近距离感受到中国春节的喜庆。

南非约堡唐人街新春大拜年活动由唐人街管委会组织筹办，至今已经连续举办了十余年，并逐渐成为南非最具知名度的华人年度文化庆典活动之一。唐人街管委会主任张方腾表示，这是一场约堡华侨华人同贺新春的盛会，也是传播中华民族传统文化的大舞台，目前正有越来越多的当地民众参与到新春大拜年的活动中来。

张方腾说，新春大拜年活动的成功举办，除了扩大中国文化在南非的影响力，还让当地华人华侨更有信心将唐人街打造成一个安全、舒适和干净的好地方。

（中国新闻网2019－02－17/王曦）

法国政府发言人格里沃：没有华人，巴黎就不是巴黎

日前，法国总理府国务秘书兼政府发言人本杰明·格里沃（Benjamin Griveaux）到巴黎幸福楼与旅法华侨华人共庆新春，并热情表示“没有华人社区，巴黎就不会是巴黎”。格里沃还接受专访，重点谈了巴黎治安、就业、反种族歧视等关键议题。

法国政府发言人谈中国农历春节

格里沃表示，春节已经成为很多法国人的节日，并且没有华人的巴黎、没有年轻一代华人的巴黎就不是巴黎。

谈到中国农历新年，格里沃认为猪年承载着人们对岁月的期待，而这一乐观、关切的态度对如今面临深刻分歧的法国来说尤为重要。“猪年是重要的年份，因为猪寓意繁荣。换言之，它象征着我们国家的繁荣、安定，代表着人们重寻所珍视的价值观。多年以来，巴黎华人群体始终秉持这一价值观。正因为此，我想通过今晚

我的在场来进一步展示华人群体与法国的良好关系，更表明华人群体是法国的一部分。”他说。

借着对猪年的新春祝福，格里沃再次强调，华人群体在法国代表了人道主义和进步的价值观。

55 年中法关系回顾：绝不限于经济合作

2019年是中法建交55周年，中法将迎来一系列重要高层互访，并推动一大批标志性项目的合作。

格里沃回顾了法国对华外交政策，还提到了两国民间文化交流的现状和潜力。他说：“人民之间的交往并不局限于经济层面。除经济合作，中法之间的联系还延展至文化、艺术、高校、思想领域。”

事实上，目前有11万法国学生学习中文，超过1万名法国留学生在华学习，而文化交融正承担着打破隔膜的角色。“越来越多的法国年轻人在学中文，如果想达成更多合作，商业是绝佳的催化剂；而想让两国人民有更多交流，那么首要媒介则是文化。”格里沃最后总结道，“这传达了一个讯息：55年来，两国的交往很大一部分也得益于文化领域的交流。”

打击针对华裔的种族歧视

格里沃特别提到针对华裔族群的种族歧视犯罪（暴力抢劫等），称将对华人关注的治安问题加大打击犯罪力度。“我们常谈及反犹现象，却容易忽视亚裔群体已经多次遭受种族歧视暴力行为，特别是发生在巴黎北郊欧拜赫维利埃市（Aubervilliers）的恶劣事件。”他说。

他表示，“种族多样性是巴黎的力量之源”，并提出加强巴黎市政警察培训和武装等方案，以改善治安状况。

除了显性的种族歧视行为，围绕各族群的隐性种族歧视（如“玻璃天花板”）也是移民后代所关注的重要议题。对此，格里沃确认玻璃天花板客观存在，但一切皆有可能。“玻璃天花板当然存在，这一点无法自欺欺人。总统的目标正是要打破这一限制。对于法国的每个孩子来说，一切皆有可能。”他说。

格里沃认为，无论肤色、种族、文化背景，大门向所有人敞开。而我们如今已经开始推动这一开放性。政府部门里，已经有亚裔成员履行不同职务。法国向这些孩子、向她所有的孩子们敞开胸怀，而政府的职责是努力为孩子们提供一样的教育条件，使得他们能通过勤奋、竞争在社会占据一席之地。

（《欧洲时报》微信公众号2019－02－22/杨雨晗）

缅甸新世纪仰光中文学校开学　满足当地新型华教需求

2月26日，缅甸新世纪国际教育（CPEC）第三所学校——仰光新世纪国际中文学校举行学校介绍会及开学典礼。仰光云南同乡会、妇女会等侨团组织及学生家长参加了本次活动。

活动在学校多功能大厅举行，整个大厅座无虚席。会上，新世纪董事长张旺后致辞，新世纪学校校长张继向与会家长详细介绍了新世纪的办学定位、目标宗旨、中文特色以及仰光国际中文学校的师资力量、课程设置等情况。

据悉，为满足学生选择不同时间上学，学校开设了“常规班”和“周末班”两种教学班。

张继介绍，仰光新世纪是缅甸新世纪国际教育（CPEC）继曼德勒和腊戍新世纪国际学校后，在仰光兴办的又一所中文分校。“仰光新世纪国际中文学校定位为‘新型华文教育’，学校全部聘请中国师范大学毕业并取得教师资格的中方专业教师担任教学和管理，学制模式、教材和质量标准与中国（大陆）同步，并针对仰光学生整合优化课程，以保证家长对高品质中文教育的需要。”

张继称，仰光新世纪的建成，无疑会对仰光的华文教育产生很大影响，满足了该地区的学生越来越需要高起点、高标准、高品牌、专业化的汉语教育需求。

多年来，新世纪教育始终坚持“传播优秀文化，服务缅华社会，增进缅中友好”的办学宗旨，坚持“服务学生、服务家长、服务社会”的教育服务理念，坚持“为培养未来社会需要的能为社会创造财富的精英人才奠定基础”的育人目标。“新世纪感谢缅华社会一直以来对曼德勒新世纪、腊戍新世纪的支持，仰光新世纪才刚刚起步，更离不开缅华社会各界人士和各位家长的关心、支持与帮助，新世纪人绝不辜负缅华社会的高品质中文教育期待。”张继说。

（中国侨网2019－03－01/夏红）

苏格兰受中国留学生青睐　大学申请人数十年增十倍

近几年，苏格兰中国留学生数量增长，申请报读大学人数十年增十倍，为英国之最。

据《泰晤士报》报道，15所苏格兰大学所收到的中国学生申请表，已占全英国130所受访大学中的1/4，从2009年的580份简历，增至2019年的5370份，增幅达到826%。

相反，爱尔兰大学收到的简历则减少，从2010年的3840份简历减少至2019年的2295份。

受到脱欧影响，自2016年脱欧公投以来，来自欧盟国家的学生申请也直线减少。

大学倡导团体Universities UK表示，有好几位在中国备受瞩目的名人，与苏格兰的高等教育有着各种联系，这使得越来越多中国人报读苏格兰的大学。

苏格兰国会保守党议员Dean Lockhart表示，在中国人心目中，苏格兰大学是声望极高的教育机构。“中国学生一年接一年地报读苏格兰大学，师兄师姐们又影响鼓励师弟师妹们，令中国学生的入学申请数量年年增加。”他说。

苏格兰大学倡导团体Universities Scotland发言人表示，特别是2019年，中国学生的报读人数惊人增长。从此可看出，苏格兰仍然受到海外支持。特别是中国人，他们认为苏格兰依然开放。全世界都知道苏格兰开放、好客，这令我们感到高兴。

大学及院校招生事务处（UCAS）表示，2019年报读英国大学的中国学生人数增长了33.3%，从2018年的11915人增加至15880人。

（欧洲《星岛日报》2019－03－02）

马来西亚马华公会举行 70 周年党庆

马来西亚华人公会（马华公会）2日举行70周年党庆。

成立于1949年2月27日的马华公会，曾长期处于执政联盟中，成为马来西亚政坛重要政治力量。但近几届选举中，马华公会在国会中的议席日渐式微。

去年5月，马华公会所处的马来西亚国民阵线（国阵）在大选中首度失利，马华公会也成为反对党，且在国会下议院仅保住一个议席。

在成为反对党后举办的首个党庆上，“马华加油”响彻会场，成为大会的主要口号。为了重新“加油”，马华公会推出多项新举措，盼提振士气。

作为反对党，马华公会宣布成立9个内阁监察小组。马华公会总会长魏家祥称这9个小组涵括对所有政府部门监督，以理性论政、专业问政的原则，监督各部门的施政与表现。

魏家祥还表示，马华公会新一届领导层重要目标是将年轻干部推向前线，“投资未来”。不但此次成立的9个小组成员大部分是年轻干部，马华公会还在党庆上新设青年演讲平台，让6名年轻党员上台演讲，发表年轻人的看法。

魏家祥称，“马华1.0”要升级成为“马华2.0”，但他承认，马华公会要重回政治主流，重新成为广受华人认同的政党“并非短期能够做到”。

马华公会总秘书周美芬在党庆当日发言时坦言，过去几届选举，马华公会都失去华人选票的支持，而从近来的几场国会议席补选来看，虽然马华公会“铆足全力”，华人选票回流仍“让人失望”。

此外，在处理国阵关系上，去年年底的马华公会代表大会授权中央委员会推动解散国阵，筹组新联盟。周美芬在2月26日的党庆发布会上称，马华公会已致函国阵最高理事会要求讨论解散国阵问题，但连续举行的补选导致进度被拖延。魏家祥则

在党庆当日表示，将待国阵最高理事会召开，“痛痛快快做个定论”。

此间不少观察家认为，对这个70年历史的老牌政党而言，要顺利“加油”再出发，还有很多问题需要解决。

（中国新闻网2019－03－02/陈悦）

重现史实　芝加哥华埠博物馆展出华工修铁路历史照

据美国《世界日报》报道，1869年5月10日，上百名工程师、工人，在横贯美国大陆两段铁路会合点的犹他州，留下独缺华工的历史照，150年后，芝城美洲华裔博物馆最新在“华工与铁路”展览中，透过华裔摄影师李扬国（Corky Lee）在上述地点组织华人重拍的照片，重现史实。

芝加哥伊利诺伊大学亚裔研究副教授江慕白在该项展览开幕式中表示，横贯美国大陆的铁路，在美国发展过程中，扮演关键角色，这也是华人都应该了解华工对此贡献重大，且不应受到忽视的主因。

江慕白说，1863年铁路工程启动，因为工人难寻，1865年该工程引进第一批50位华工参与，三年后，华工成为中央太平洋线（Central Pacific Line）的兴建主力，该线路有八成为华裔工人，1万到1.5万位。

然而这些华工，却明显受到歧视、剥削，江慕白说，华工不仅薪资比白人低，工时也比较长，而且还不供给食物，估计当时聘用华工的成本，仅需白人工人的30%到50%。

江慕白表示，华工当时的贡献完全受到忽视，1869年留下的两段铁路完工交会照片中，更找不到任何华人面孔。他说，2019年5月10日是美国第一条横跨大陆铁路建成的150周年纪念日，日前国会众议员孟昭文已经向众院提出决议，要求纪念并表彰参与修建该铁路的近12000名中国工人，并致敬在铁路修建过程丧生的中国工人。“华工为美国铁路修建的贡献不应被磨灭。”他说。

100多年前华工兴建铁路时的炒菜大锅（［美国］《世界日报》/黄惠玲　摄）

孟昭文提出的决议要求，承认中国铁路工人对美国铁路和经济增长的贡献，并纪念在修筑铁路期间，因过度劳累、发生意外事故而丧生的近1200名中国工人，承认他们曾忍受歧视和不平等薪资待遇。

芝加哥华埠博物馆基金会会长梅素兰表示，“华工与铁路”展览包括丰富的历史文献、图片，这些资料都以中英文双语说明，此外，展览中还有建造铁路时使用的工具，仿制当年华工居住的帐篷、煮饭的器具、烹煮用的酱料、干粮等。

梅素兰也介绍了博物馆新到任的馆长刘振斌。对华人历史兴趣浓厚的中国驻芝加哥总领事馆副总领事黄黎明及众多华洋代表，出席了开幕典礼。

（中国侨网2019－03－06/黄惠玲）

美国圣地亚哥多名华裔入当地政府部门参政议政

据“美国华文网－圣地亚哥华文网”微信公众号报道，近日，圣地亚哥平权会创始会长、理事徐佶翮（软件工程师）被任命为圣地亚哥郡健康服务顾问委员会（San Diego County Health Services Advisory Board）候补委员（Alternate board member）。

这是自2018年该平权会另两位华人理事，现任平权会会长的谢家树（软件工程师）和副会长胡自立（银行家），被任命为圣地亚哥市警察行为公民检视委员会委员以来，又一位华人参政，呈现了中国华人新一代积极进入美国当地政府参政议政的喜人态势。

除了三位理事进入郡、市一级的政府机构，该平权会理事，华人女性韩爱杰加入了圣地亚哥防止自杀委员会的工作队伍。

圣地亚哥郡健康服务顾问委员会对全郡的医疗服务相关的立法、预算（每年21亿美元左右）有建议权，直接对五位郡长负责。

徐佶翮先生表示：“华人能够加入这些部门参政议政，能够代表社区利益，在公共事务议题和政策上能够预感先知，代表华裔去争取公平利益，因为他们最了解华人社区在相关事务里最需要的是什么，尤其在遇到别的社区不了解、不重视华人社区事务情况下，从根本上去努力维护华裔的权益平等。”

2013年成立的圣地亚哥平权会不仅积极服务于华人社区，努力做到有求必应、有难必帮。对发生于华人社区不公不利的重大事件，该会会率先采取行动，一方面以平权会名义尽快上书建议，一方面动员华人向有关部门呼吁和抗议纠正。

这其中包括2014年发生的ABC电视台主持人公开发表反华舆论，加州立法SCA5不合法草案，积极组织建议当地学区改变取消各校设中文课程的计划等重大事件。与此同时，该平权会还注重在本地组织举办树立华裔形象的活动，如华裔学生市长奖评选、郡长奖评选、青少年立法论文大赛及青少年参观各级官员办公场所等。

（中国侨网2019－03－11）

新西兰奥克兰举办爱心交流表彰会　百名华社代表参加

据新西兰中华新闻社报道，当地时间3月9日，由新西兰奥克兰华人爱心交流会举办的2019“爱心服务社区，文化搭建桥梁”交流表彰会在奥克兰社区活动中心举行。一百多名来自奥克兰多家华人社团的代表，以及多位新西兰国会议员及当地政府机构政要和慈善组织负责人等应邀出席了表彰会。会上向十一名以各种形式积极将中华文化融入新西兰当地社区的突出贡献者颁发了奖状。

新西兰华人爱心交流会会长李军首先在会上致辞，她感谢今天出席这次会议的每一位来宾，对本次爱心表彰会的高度重视和积极的参与支持。同时感谢所有对本次爱心表彰会做出贡献的志愿者。李军会长在致辞中特别向大家介绍了大会的发起人，新西兰华人爱心交流会创会老会长，已85岁高龄的陈炳玉。

李军会长介绍说：“陈炳玉老师今年已是85岁高龄，她于2018年在新西兰荣获英女王文化服务勋章，她的这枚勋章应该是她和杨先生两个人的荣誉，两位老人1998年随儿女移民新西兰，就共同致力于服务社区的工作。”

李军会长还在会上宣布了优秀华人爱心交流会会员的名单，他们在陈炳玉的感召和影响下，用各自不同的专长，通过文化搭建桥梁，热心服务社区，增进了华社和新西兰社会各族群的了解，促进了族群的融合。

在表彰会上，在新西兰中国风电声乐队演奏美妙的乐曲中，与会嘉宾为每位获奖者佩带上荣誉花环和奖牌，并向他们颁发了爱心荣誉奖状，新西兰亚裔家庭服务中心为获奖者赠送了礼物。这时，全场响起热烈的掌声，共同向他们致以衷心的祝贺。

（中国侨网2019－03－11）

“暨南大学汉语国际教育日本硕士班”入学典礼在东京举行

“暨南大学汉语国际教育日本硕士班”入学典礼16日在东京丰岛区“千代田教育集团”大楼举行。中国驻日本大使馆总领事詹孔朝、暨南大学华文学院副院长曾毅平、日本杏林大学教授刘迪等各界人士及六十多名学生出席了典礼。

暨南大学华文学院向千代田教育集团赠送锦旗（东友 摄）

千代田教育集团会长陈秀姐在致辞中表示，暨南大学长期致力于支持和服务海外华人华侨子弟，将优秀的中华传统文化传播到五湖四海。暨南大学与日本千代田教育集团目标一致，不断合作、创新，从五年前的中文学院的博士课程到三年前的中国海外交流协会支持的华文教育硕士课程，再到如今的汉语国际教育兼读制硕士课程，双方合作不断深入。在暨南大学资深教授们全面而又系统的培养下，至今已有近百名旅日侨胞在文化、贸易、教育等各行各业里刻苦钻研着诸课题，成为名副其实的“暨南人”。

据介绍，该硕士班学制为两年，由暨南大学与千代田教育集团合作招生。教学采取导师个别指导、教学点密集面授、网上视频教学相结合等方式进行课程教学。修满本专业规定学分以及课程成绩达到相应要求，通过学位论文答辩，并且符合学位授予条件，即可获教育部认可的硕士研究生毕业证书以及学位证书。

（中国新闻网2019－03－17）

美国华人谢可纬获法国国家荣誉勋章

全球可持续发展倡导者、当代艺术策展人谢可纬（Noelle Xie）日前在法国驻纽约总领事馆文化处，获颁法国国家荣誉勋章（l'Ordre National de la Légion d'Honneur），表彰她在国际发展和文化艺术领域的杰出贡献；这是首位出身中国大陆的美籍华人获此殊荣。

谢可纬出生在上海，之后留学法国，毕业于巴黎索邦大学，多年来在赞比亚、津巴布韦、法国、日内瓦和纽约等地为联合国儿童基金会（UNICEF）和世界卫生组织（WHO）工作，致力于可持续发展。

15日晚，法国常驻联合国代表Francois Delattre为谢可纬颁发此勋章。谢可纬在致辞中表示，是中国给了自己丰富的历史文化传统熏陶，之后接受法国的教育，在非洲得到历练，最后来到纽约，所有的经历推动自己在国际发展和国际文化艺术传播上努力工作。

谢可纬表示，自己1995年曾作为联合国儿童基金会青年代表，出席有历史意义的北京世界妇女大会，近年来她为联合国、美国国务院和全美艺术联盟提供专业服务，整合资源，在中法美三国间策划并组织国际论坛、艺术展览和媒体节目等，致力于建立和加强国家政府与私营部门的伙伴关系和合作。

法国国家荣誉勋章由拿破仑于1802年创建，两个多世纪以来一直由法国政府颁发给卓越的法国公民与外国杰出人士，表彰他们在各自领域为法国与世界做出的贡献。

（［美国］《世界日报》2019－03－19/金春香）

新加坡华侨中学百年校庆　李显龙：华校肩负传承责任

据新加坡《联合早报》报道，新加坡总理李显龙在新加坡华侨中学百年校庆万人宴上，对成为特选中学后的华侨中学，在各方面取得的卓越成就表示肯定，并呼

新加坡华侨中学操场搭有九个大帐篷，现场共摆放超过1200张桌子，2019年的宴会是华侨中学历年来规模最大的万人宴会（［新加坡］《联合早报》/何家俊　摄）

吁每一所学校像华侨中学那样，倡导开放包容的精神，维护新加坡多元文化社会的根本。

因为特选学校计划，当年一批拥有优良传统的华校，以新的形式保留下来，继续肩负传承华族文化的责任。

李显龙说："我们应该加强对各族母语的教导，丰富我们社会的底蕴，进一步巩固新加坡多元种族、多元文化的国家身份。"

2019年是特选中学创立40周年，围绕特选学校，一直有批评的声音，包括担心学生可能没有机会接触其他社群的朋友。

李显龙在发表中文演讲时，以华侨中学为例说，作为特选学校，华侨中学没有很多非华族学生，但校方还是设法通过各种活动，让学生有机会跟不同背景的同辈交流，认识更多不同种族的朋友。

他也指出，华侨中学的学生除了熟悉中西文化，对新加坡多元文化的社会特色，也有充分的认识。"保持这样的多元文化交流，对促进我国社会的凝聚力和融合至关重要。"

近1.2万名华侨中学校友、历届和现任校长、师生，以及董事会和管委会成员等齐聚华岗，参加这场历年来最盛大的校庆活动。

尽管晚宴开始前下了近两小时的大雨，但大雨浇不息人们的热情。

宴会开始前，全场高声吟唱华侨中学校歌，场面温馨，许多老校友久别重逢，相聚畅谈叙旧，宴席间笑声此起彼落。

历经风雨与挑战屹立不倒

李显龙在晚宴上说，走过百年，华侨中学培育了一批又一批的人才，像长青松柏，历经风雨与不同时代的挑战仍屹立不倒。他多次强调校训与精神，呼吁大家不时用自强不息的校训来激励自己。

华侨中学的悠长校史与"新加坡故事"交织重叠，这所由华社领袖陈嘉庚倡办的东南亚第一所华文中学走过一个世纪，也见证新加坡多个重要的历史发展阶段。

李显龙还在讲话中重点阐述新加坡华侨中学与本地华校如何在特殊的时代背景下，经历了一次又一次的考验。

二战后，世界局势发生巨大变化，全世界殖民地刮起争取独立自主的风潮，华侨中学的学生受到时代的感召，选择投身反殖民抗争运动。

李显龙说："那是个风起云涌的时代。当年的各种抗争，如今都成了历史的一页。"

后来新加坡独立，新加坡华侨中学纳入教育部学校体系，也几次转型。20世纪70年代，新生入学率逐步下降，面临关闭危机，当时总理李光耀认为华校有优良的传统，并且肩负着传承华族文化的责任，如果消失，将会是新加坡一大损失，因此提出了特别辅助学校计划，让华校以新的形式保留下来。

李显龙指出，新加坡华侨中学必须继续为国家养德育才，维持高学术水平，了解他们扮演的角色，积极参与社会。

华侨中学董事会董事长李德龙在致辞时则说，教育是立国之本，而学校的成功与否，掌校的校长至关重要。他对一个世纪以来带着奉献精神领导华侨中学的校长表达感谢。

（中国侨网2019－03－22/许翔宇，黄伟曼）

意大利华侨华人热议习近平访意："一带一路"合作助力中意共赢

应意大利总统马塔雷拉邀请，中国国家主席习近平于3月21日至24日对意大利进行国事访问。来自不同领域的多位旅意华侨华人向中新社记者表示，习近平此访提升了两国关系水平，为旅意华侨华人带来了更加广阔的机遇，尤其是两国签署关于共同推进"一带一路"建设的谅解备忘录，将助力中意在更大的舞台上实现互利共赢。

位于意大利北部的米兰是该国经济中心，当地活跃着大批华商，各项事业经营得风生水起。意大利米兰华侨华人工商会常务副会长卢锡华不久前刚刚作为海外侨胞代表列席全国政协十三届二次会议。在意大利经商多年的他表示，通过列席全国两会，自己近距离地感受到了中国国家治理的与时俱进，国家发展的日新月异，增强了对祖（籍）国未来发展改革的信心。

"习主席此次访问进一步提升了意大利同中国的友好关系，不仅给两国经贸合作，也为我们华人华侨参与'一带一路'合作提供了更多的机遇。"卢锡华表示，意大利和中国近年来各方面合作发展非常好，作为旅意侨胞，能够发挥自身通晓中意两国语言文化的独特优势，积极融入意主流社会，向意大利朋友讲述中国故事，为中意友谊大厦添砖加瓦，自己感到非常荣幸。"中国对意大利产品有很强的需求，此次签署'一带一路'谅解备忘录，是一个非常好的开端。"

"'一带一路'倡议是中国带给世界的一大贡献，意大利作为欧洲重要国家，此次同中国签署共同推进'一带一路'建设的谅解备忘录，标志着'一带一路'

国际合作再上新台阶。”意大利青田同乡总会会长徐小林表示，中意两国不断深化各领域合作，将造福两国人民，“我们意大利华侨要把握好、利用好这一历史机遇。”

随着中意合作日益密切，近年来意大利掀起了“中文热”。在意大利以中文教育著称的罗马国立住读学校校长雷亚莱和8名高中学生在访问前夕致信习近平主席，表达了对习近平主席来访的热切期盼和从事中意友好事业的良好意愿。习近平主席给该校师生回信，勉励他们做新时代中意文化交流的使者。

这一消息令意大利帕多瓦中意国际学校校长李雪梅尤为感慨。李雪梅说，作为一名在意大利生活近30年的华人，她亲身感受到了随着祖（籍）国经济快速发展，国际地位日益提升，对外开放的步子越迈越大，使越来越多的意大利人了解了中国，喜欢上了中国文化，从而也使风靡全球的“中文热”在意大利不断升温。“现在意大利不仅越来越多的华人子女开始学习中文，而且本地高中、初中和小学甚至幼儿园都有学习汉语的需求，我感到特别的高兴和自豪。”

“我们一定不忘初心，不辱使命，努力传播中国文化，以文化育人，为培养适应‘一带一路’建设的优秀多语人才作出我们的贡献。”李雪梅表示。

与此同时，习近平此次到访西西里首府巴勒莫的消息亦令当地华侨华人振奋不已。

“习主席此次能来到西西里，真是非常难得，我们这些生活在此的侨胞们都感到非常惊喜和振奋。”西西里华侨华人联谊总会会长章建通表示，西西里位于地中海要道，随着中意深入开展“一带一路”合作，居住在本地区的华侨华人亦可收获更大的商机。

（中国新闻网2019－03－24/彭大伟）

探访多米尼加首都圣多明各“唐人街”

在多米尼加共和国首都圣多明各的老城区，有个闻名遐迩的“唐人街”，它坐落于杜阿尔特大街与梅利亚大街的交叉地带，有近4万平方米，分布着数百家店铺、商场和中餐馆。

走进“唐人街”，可以看到这里的店铺和餐馆大多使用中西文招牌，十分醒目。在“唐人街”做生意的华侨华人主要来自中国广东和福建等地。经营商品大多来自中国，种类繁多，应有尽有。

当地华人说，“唐人街”是旅居多米尼加华侨华人的主要聚集地。每逢中国传统佳节，同胞们或舞狮舞龙，举行武术表演；或烧香点烛，拜祖宗、祭神灵，祈求幸福与吉祥；春节时还会放鞭炮，在爆竹声中辞旧迎新。

南北走向的杜阿尔特大街是这里最繁华的一条街道，川流不息，车水马龙，热闹非凡。两边华人店铺和商场鳞次栉比，商品琳琅满目。这条街的南北两头分别竖有两个牌坊，分别刻着“四海为家”和“天下为公”。

记者到访之时恰逢周日，杜阿尔特大街变成了集市。除日常经营的超市、店铺外，华侨华人还在这里摆摊出卖蔬菜水果、鸡鸭鱼肉、特色小食等。前来赶集的不仅有华侨华人，还有不少当地民众。

来自福建的唐艳英在集市上卖菜。她对记者说：“我来多米尼加已有20多年了，在这里卖菜也有好几年，卖的菜都是自己种的，生意还行。”

周日的中餐馆更是顾客盈门，生意兴隆。

来自广东江门的中餐馆老板朱云彩告诉记者，她经营的中餐馆有两层楼面，已经开业6年多。店员除侨胞外，还有十几名多米尼加的服务员。“中餐在多米尼加很有名气，多米尼加人也很喜欢吃中餐。在节假日，我们这个店生意非常好。”

广东籍华裔姑娘吴子怡在这里经营一家珠宝店，专营多米尼加的蓝珀。她对记者说：“多米尼加的蓝珀在世界上可以说是独一无二的，备受中国消费者喜爱，现在前来购买蓝珀的中国人越来越多。”

来自广东恩平的罗新朋在“唐人街”开一家旅行社。他说，位于加勒比海的多米尼加气候宜人，风景独好，是闻名世界的旅游胜地。中多两国建交后，多米尼加已成为中国人出境旅游的目的地之一。“我看好多米尼加的旅游市场前景，计划与中国一些旅游机构展开合作，为越来越多愿意走出国门看世界的国人提供服务。”

同样来自广东恩平的梁家进在这里经营一家规模较大的百货店。他告诉记者，这些百货商品大多从中国进口。中国商品物美价廉，深受多米尼加人喜爱，产品销售很好。“中多经济互补性强，合作前景广阔。随着中多两国友好关系的不断发展，双方各领域的合作也将不断拓展，相信我们华侨华人在这里的日子也会越来越好。”

（中国新闻网2019－03－25/莫成雄）

“种族歧视害科研”　美三大华裔科学家组织联合发声

经过一段时间的努力，美国知名的三个华人科学家组织——美国华裔生物科学家协会（SCBA）、美国华裔血液和肿瘤专家网络（CAHON）以及华人生物学者教授学会（CBIS）联合在美国最权威的《科学》杂志上发文，表达了他们的担忧。这篇文章在发表的当天就得到了美国国立卫生研究院（NIH）的回应。相关内容翻译如下：

三个华人科学家组织的文章于3月22日发表，文中称：

“我们代表美国华裔生物科学家协会（SCBA）、美国华裔血液和肿瘤专家网络（CAHON）以及华人生物学者教授学会（CBIS）撰文，表达我们对近期一些政治言论和政策的担忧。

“类似于‘在美国工作的华人学生和学者是对美国国家利益的威胁’之类的言论，给高度敬业的华裔专业人士带来困惑、恐惧和沮丧。他们面临着被专门针对，成为替罪羊、种族歧视和偏见伤害的对象的可能。

“现有的美国法律，立足于保护美国的利益，惩罚盗窃商业机密或从事非法活动行为的人。我们绝对支持保护知识产权和为避免就业与治理中出现的利益冲突而定的相关政策。

“近年来，这些政策得到了进一步加强，包括美国国立卫生研究院（NIH）在内的各种联邦和州机构提出了更为详细和具体的要求。绝大多数华人科学家和学生都是遵守这些规则的守法公民、居民或短期留学访问的学生学者。

“开放数据访问和数据共享，这对于加速研究进步非常重要，而在操作的时候也完全可以不给美国的国家安全带来风险。美国国立卫生研究院多年来一直支持这些政策。

“大多数华裔科学家认为，生物医学研究对全人类都有益，多国合作加速了科学进步和发现。但是如果NIH在要求中渗入了偏见，则可能伤害良性合作。

“近几十年来，有几个引人注目的案例，涉及的美籍华裔科学家都被错误地指控成间谍。虽然所有指控最终都被撤销或当事人被证明无罪，但这些诉讼不仅对这些人的职业生涯造成了破坏性影响，而且对整个美国华人科学界产生了令人不寒而栗的负面影响。同时，中国学生和学者越来越难以获得签证，严重妨碍了他们进入美国进行科学会议、探访和研究的机会。

“我们真诚地希望，这些我们认为相当于种族歧视的行为能立即停止，加强国家安全措施同时不要玷污守法的科学家，导致限制正常和富有成效的科学交流。

“因此，我们敦促联邦和地方政府与我们的学术和研究机构合作，不分种族地为每个人创造一个被尊重，透明而富有成效的环境。我们也希望，美国和外国学术界之间的科学合作和交流，能够得到加强而不是被压制。

“美国的科学进步和技术创新是全球努力的结果。它的未来将取决于在全球舞台上，能否延续这一经受了时间考验的、开放和合作的传统。”

文章发表后立即得到了NIH的回应。回应中称，NIH高度重视华裔科学家的价值，几十年来华裔科学家为全美科学领域的革新与进步做出了巨大贡献，NIH相信，绝大部分在美工作的华裔科学家都是值得尊重的而且有良心的，他们勤恳而投入地促进知识进步，以求造福于人类。但是，发生在一些特定科学家身上的案子让人们看到另一面，他们中的一些人与外国机构或政府有关联，触犯了以荣誉为基础要求的美国科学界与操作系统。

因此，NIH的建议委员会非常谨慎地要求在审核科研资金时要确保公正以及保护知识产权的原则。这一建议适用于所有外国科学家，而不只单独针对有华裔血统的科学家。

同时，回应中还表示，NIH承诺他们将避免过度反应、刻板印象以及骚扰伤害，如果确实是带有偏见的行为，NIH会运用他们的影响力来加以阻止。

（［美国］《侨报》微信公众号2019－03－26/陈琳）

斯里兰卡华人口述历史活动开机仪式在科伦坡举行

斯里兰卡华人口述历史活动开机仪式26日在科伦坡举行。

中国侨联副主席齐全胜在仪式上致辞说，斯里兰卡华人数量虽然不过千余人，但他们在促进斯里兰卡经济发展中起到重要作用，希望此次华人口述历史活动能够更多展示华人在斯里兰卡的发展史，促进中斯文化交流和传播。

据介绍，此次斯里兰卡华人口述历史活动由斯里兰卡华联会、华助中心以及中建三局联合发起。主办者将以音视频、文字等多种形式采访仍健在的斯里兰卡本土华人代表，让更多人了解斯里兰卡，了解斯里兰卡的华侨华人。

华联会会长张旭东表示，近代以来不少中国同胞定居斯里兰卡，在这里落地生根，逐渐衍生出二代华人、三代华人，形成独特的斯里兰卡华人生态圈。由于有关斯里兰卡华人的文字资料非常有限，及时让这些年事已高的华人通过口述给后人留下宝贵的创业历史刻不容缓。

中国驻斯里兰卡大使馆官员及当地华侨华人代表出席仪式。

（新华网2019－03－26/唐璐，朱瑞卿）

莫桑比克华侨华人团体与中资企业积极参与当地赈灾

连日来，莫桑比克华侨华人团体和多家中资企业，纷纷以各种形式积极为受强热带气旋“伊代”重创的莫中部地区捐款、捐物，支持莫政府的赈灾活动。

20日，首都马普托的华侨华人在得知贝拉等地灾情严重后，开始在社交媒体上呼吁为灾区募捐。在随后几天时间里，近300名华侨华人捐款捐物，30名志愿者连日高强度工作，帮助筹措物资。22日和25日，两批各11卡车捐赠物资由莫桑比克赈灾管理机构接收，包括食品、糖、饮用水以及衣物、卫生用品等。

27日，万宝非洲农业发展有限公司及股东中非发展基金、中葡合作发展基金向莫国家赈灾委员会联合捐赠大米100吨，莫桑比克中国商会、中铁二十局等中资企业还向万宝非洲预购救灾大米110吨，成为莫桑比克受灾以来收到的来自当地中企的最大一笔大米捐助。

除了大米，中国商会还捐赠了矿泉水、饼干、棉被等物资。四达时代传媒（莫桑比克）有限公司向灾区捐献20套太阳能发电设备。

28日，中国石油集团捐助20万美元，用于灾区重建工作。集团还通过员工个人

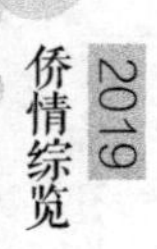

捐款和合作伙伴公司捐款，购买粮食和饮用水等紧缺物资运往灾区。

“伊代”14日晚间从莫桑比克贝拉市登陆，带来暴风、强降雨天气和洪涝灾害，影响索法拉、马尼卡、太特和赞比西亚等省份，受灾人数超过53万。根据官方最新统计，受“伊代”影响，莫桑比克已有468人遇难。

（新华网2019－03－29/聂祖国）

澳大利亚华人在悉尼举办恭拜黄帝大典

澳大利亚华人恭拜黄帝大典31日在悉尼举行，800名华侨华人代表参加了拜祖大典，为中华民族祈福，为世界和平祈愿。

当天上午，在恭拜大典现场，黄帝巨幅雕塑画像悬挂在舞台中央，上面写着大典主题——“同根同祖同源、和平和睦和谐”。

醒狮迎拜拉开本次大典的序幕，接着敬献花篮、奠帛进馔、行施拜礼、恭读拜文、祈福中华等九项议程依次进行。大典之后华侨华人还表演了武术、越剧、朗诵等文艺节目，表达华侨华人对祖（籍）国的热爱，对传承中华文化的热情。

澳大利亚中国和平统一促进会会长李国兴致辞时表示，海外华侨华人按照中华传统礼制恭拜轩辕黄帝，展示传统文化，祈福世界和平，致力于在澳大利亚打造一个享誉中外的传统文化盛典，并以此为契机，积极搭建澳中经贸文化友好交流的平台。

2018年是华人来澳200周年。200年来，华人为澳大利亚的繁荣、发展、贡献的同时，不忘本源，铭记来路。“三月三，拜轩辕”是中华民族的文化传统，澳大利亚华人已连续三年举办恭拜黄帝大典。

据悉，主办方还计划组织澳大利亚华人政商代表团，参加4月7日在河南省新郑市举办的“已亥年黄帝故里拜祖大典”和“第十三届中国河南国际投资贸易洽谈会”。

（中国新闻网2019－03－31/游洋）

亲人身畔是故乡　美国华侨“落地生根”成主流

美国华侨故去，是落叶归根，还是落地生根，不同时代下不同家庭会做出不同的选择。而随着近年来年轻一代新移民的不断增长，越来越多的中国留守老人愿意过世后离开祖辈的故土，送骨灰来美落葬，与定居海外的子女们团聚。

作为纽约布鲁克林八大道最早的华裔移民之一，台山籍侨胞梅增新早在20世纪90年代就在八大道开办华人超市，30多年来见证了八大道侨社的发展变迁。他表示，如今来美的新移民中，选择落地生根已成为主流，不少台山、福建的同乡会多年前就组织起来置办墓地，早早安排好自己甚至一家人身后归处。

担任布鲁克林端芬同乡会会长的梅增新介绍，2014年时他在会员们的提议下，出资购置了新泽西月桂墓园的一片穴位，再转售给有需要的乡亲。短短两三年的时间里，800个位置全部售出，不少乡亲一口气定下十个八个穴位，希望的就是一家几口能够“团聚”，也方便后辈扫墓时不必四处奔波。

他指出，按照以前的封建思想，老人一般不愿意还活着就提前安排后事。现在观念开放了，很多老人家开始早早打算，像他自己的父母，30年前就已在洛杉矶准备好了墓地。近年来纽约附近好位置、好风水的陵园墓穴价格飞涨，“靠山望海”的好位置售价甚至可以高达两三万美元。

“用一个地，少一个地。提前买好，心里肯定安定一点。”梅增新还表示，因为同乡会很多会员彼此认识，乡亲们也愿意几个家庭买在一起，清明拜山时可以一起租巴士去，互相有个照应。端芬同乡会购置的这片墓园现在特别以该会的名字命名，每年清明组织扫墓，焚香祭拜，一去一天。

随着近些年移民“落地生根”的潮流，很多留守国内、暂时没能被子女亲戚申请过来的老人家，也逐渐转变观念，愿意死后让家人把他们的骨灰带到美国，漂洋过海落葬他乡，最终得以和移民美国的子孙后辈们团圆。

梅增新介绍，如今这种情况不算少见，父母在大陆过世后，火化的骨灰办好证明和手续，就可以带进美国，然后再办理入土埋葬或租位安置。

他说，很多殡仪馆现在已经提供成熟的一条龙服务，直接到机场接取大陆送来的骨灰，避免人们忌讳把骨灰带回自己家里。

“毕竟，爸妈一个人埋在国内孤苦伶仃，到时候谁去祭拜他们呢？不如过来，与自己家人天堂团聚。”不过，他也表示，一些来美打拼的新移民，没等到扎根就客死异乡，家里老婆儿女还在大陆，那些人大部分还是愿意把骨灰送回中国，魂归故里。“还是看，哪边亲人多，就更愿意葬在哪边。”

（［美国］《侨报》2019－04－01/高诗云）

纪念铁路华工　旧金山驻美中华总会馆参加“金钉节”

美国旧金山驻美中华总会馆于3月30日的月会上通过一项决议，同意以总会馆的名义捐款1万美元，参加于5月6日至5月12日在犹他州盐湖城举行的2019年“金钉节”大会，纪念中央太平洋铁路完工150周年以及为修筑这条铁路而做出巨大贡献的华工。

根据相关资料，给予1万美元捐款额的“铜级赞助商”单位可于大型晚会的纪念特刊上获得四分之一版宣传，徽标刊登于活动网站，并获得2张出席“金钉节”大会的贵宾票。单位代表有望获得在大会上发言的机会。

“金钉节”大会主办方“铁路华工后裔协会”主席余黄铿娟（Margaret Yee）表

示，本次大会旨在讲述中国和华工对美国的贡献。她发表声明称，专家们将以铁路华工不可思议的贡献为支点，探讨铁路华工过去克服逆境和分裂的经验教训，帮助华人克服当前和未来的挑战。她介绍，"金钉节"大会参加者中有不少历史学家、族谱学者、艺术家、作家、电影制片人等。

旧金山驻美中华总会馆上述决议是在驻美台山宁阳总会馆推动下通过的。中华总会馆下属最大的宁阳总会馆商董伍璇灿和黄华玺在商董会上介绍，于1996年11月在内华达州卡林市（Carlin）发现的14名铁路华工遗骸当中，有两名是广东台山人。从一处荒废华人墓园挖出的墓碑墓志铭上显示，两人分别叫"余柏智"和"余维垣"。

2018年7月3日，卡林市举行仪式厚葬这批铁路华工。

旧金山驻美台山宁阳总会馆已经决定捐出5000美元成为"金钉节"大会的"铁级赞助商"单位。主席黄楚文介绍，两名台山籍铁路华工虽然已经在卡林墓地重新下葬，新的墓碑却没有树立起来。商董李殿邦说，宁阳捐资为两名台山籍铁路华工打造碑牌，交由施工单位在"金钉节"立碑仪式上安装起来。

黄楚文表示，宁阳捐出的5000美元当中有3000多美元用于打造新墓碑。

由于驻美台山宁阳总会馆的主要组成姓氏当中没有余氏，伍璇灿将这一问题在驻美中华总会馆商董会上提出来，希望余氏所在的合和总会馆乃至其他会馆共同参与，在2019年的"金钉节"大会上，在中央太平洋铁路完工150周年纪念这个非常重要的历史时刻，共同纪念两名台山籍余氏华工及所有华工。

（［美国］《世界日报》2019－04－01/黄少华）

南侨机工公祭仪式在马来西亚举行

清明前夕，由中国驻马来西亚大使馆主办的南侨机工公祭仪式于4月3日在马来西亚"雪兰莪华侨机工回国抗战纪念碑"前隆重举行。

4月3日，南侨机工公祭仪式在马来西亚吉隆坡广东义山南侨机工纪念碑前举行。图为出席公祭仪式的各界人士共同放飞气球，祈愿和平（中新社记者/陈悦　摄）

2019年恰逢南侨机工回国抗战80周年。1939年，在陈嘉庚先生号召下，先后有逾3000位南侨机工返回中国效力，在滇缅公路上抢运抗日战争军需，保障了"抗战生命线"的畅通，他们中不少人亦为此付出生命的代价。

中国驻马来西亚大使白天在公祭仪式上表示，南侨机工丰功伟绩、家国情怀和民族精神为中国人民与马来西亚人民共同铭记，今天在这里纪念南侨机工，缅怀过去、铭记历史，正是为了珍惜和平，开辟美好未来。

他说，今天的中国是世界和平的坚决倡导者和有力捍卫者，中国人民愿与包括马来西亚人民在内的各国人民团结起来，为建设一个持久和平、共同繁荣的世界而奋斗。

身为南侨机工后代的马来西亚国会下议院副议长倪可敏亦表示，在当今世界，和平发展、共存共荣成为主流，在缅怀南侨机工功绩同时，更要珍惜和平、维护和平。

马中友好协会秘书长陈凯希、马来西亚中华大会堂总会会长方天兴以及马来西亚华人华侨代表、南侨机工后裔代表、马来西亚中资企业代表和中国留学生代表共百余人参加了公祭仪式。

（中国新闻网2019－04－03/陈悦）

清明前夕马尼拉华侨义山祭奠华侨抗日烈士

清明前夕，84岁的福建泉州老人曾焕胜，在儿子曾国波、曾国凉的陪同下，专程飞到菲律宾，在马尼拉华侨义山菲律宾华侨抗日烈士纪念碑前献上花篮，祭奠堂哥、“菲律宾华侨抗日游击支队”（简称“华支”）烈士曾焕骰。

“堂哥在‘华支’的一次战斗中英勇牺牲，他的战友辗转为我们带回一抔菲律宾热土。我们整个家族为堂哥骄傲，家中厅堂挂着他的照片，祖祠供奉着他的灵牌，我将次子过继给他家为后。”曾焕胜捧着曾焕骰烈士英姿勃发的照片，道出此行的心愿：“这次专程来菲祭扫，我们希望能找到更多有关曾焕骰烈士的档案。”

当日，95岁的菲律宾“华支”老战士李康希和89岁的战友吕水涯，与菲律宾华侨华人主要社团侨领、中国驻菲大使馆工作人员数十人，在马尼拉华侨义山祭奠华侨抗日烈士，向多个时期建造的烈士纪念堂、纪念碑献花、鞠躬、追思。

驻菲使馆公使衔参赞檀勍生在祭奠仪式上致辞说：“中国政府和人民永远不会忘记，当日本军国主义的铁蹄践踏着亚洲各国的美好河山时，在菲律宾，有一群热血华侨，义无反顾就地投身到抗日斗争中。他们与菲律宾人民携手并肩、英勇作战，把鲜血倾洒在美丽的千岛之国。他们为菲律宾抗日战争、为中国抗日战争，以及世界反法西斯战争的最后胜利，立下了不朽功勋。同时也谱写了一曲壮美的中菲友谊之歌。他们是中华民族的骄傲，更是中菲人民患难与共、世代友好的历史见证。”

檀勍生代表中国政府对华侨抗日烈士、抗日老战士们致以最崇高的敬意，向所有华侨抗日烈士、老战士的亲属们致以亲切慰问。

菲华商联总会理事长林育庆缅怀说，“华支”等旅菲抗日组织战士、时任领馆馆员，以及许多支持抗日的侨胞不屈不挠，舍生取义，英勇赴难，展示出中华民族

大无畏的英雄气概。

菲华善举总会董事长吴荣祥表示，经验告诉我们，海外华侨华人的命运与祖（籍）国的命运息息相关，只有一个强大统一的祖（籍）国，才有海外华侨华人的地位。今天我们菲华融入菲律宾主流社会，更要一如既往，和菲律宾广大民众同舟共济，促进中菲友好睦邻关系。

1942年日军占领菲律宾全境，旅菲华侨成立了“华支”，与菲律宾人民一道抗日。到1945年日本投降时，“华支”共参加大小战役260多次，击毙、俘获敌人2000多名，队伍规模最大时有700多人。

（中国新闻网2019－04－04/关向东）

东南亚百年华文学校历久弥坚焕发新活力

近日，由爱国华侨陈嘉庚创立的新加坡南洋华侨中学迎来百年校庆。“华校肩负传承责任”，新加坡总理李显龙盛赞华侨中学为新加坡做出的贡献，并呼吁其他学校学习华侨中学开放包容的精神。

同月，马来西亚吉隆坡中华独立中学也举行成立100周年的盛大仪式。

百年间，华文学校历久弥坚，正成为海外华文教育的一张耀眼名片。

百年传承

百年来，无数华人在东南亚地区成家立业，华文教育也随之生根发芽。

1919年，陈嘉庚先生创建东南亚第一所华文学校——新加坡南洋华侨中学。无数华文教育工作者披荆斩棘，在东南亚建立起一所又一所华文学校，让中华文化跨越南海，远扬异域。

近年来，随着中国日益强盛，尤其是“一带一路”倡议的提出，东南亚华文教育迎来了新的发展机遇。

统计数据显示，目前东南亚地区有华文学校上万所，华文教育从业者数十万，有数百万人在学习和使用中文。2019年3月，印尼举行了全国汉语水平考试，6078人参加考试，是历年来参与人数最多的一次。“中文热”作为一种文化现象正影响着越来越多的年轻人，不仅仅是华裔，东南亚各族裔纷纷选择到当地华校就读，中文正在成为更多人的选择。

3月22日，李显龙在新加坡华侨中学百年校庆上说：“我们应该加强对各族母语的教导，丰富我们社会的底蕴，进一步巩固新加坡多元种族、多元文化的国家身份。”华人是新加坡第一大族群，中华文化内蕴的热爱和平、共同发展等理念，正在通过中文向新加坡乃至整个东南亚进行传递。

菲律宾红烛华文教育基金会咨询委员张杰常年在东南亚从事华文教育，他接受采访时回忆了在海外某华校参与的一次春节庆典："当时全校2000多人齐整地穿戴着'中国红'来庆祝中国新年，但一到歌舞表演，菲律宾当地各民族的特色就都出来了，各族文化相得益彰。"他说："华文学校并不是单纯地传播中华文化，它是当地的一所国际学校，与当地语言、英语甚至法语共同构成了当地的文化生态。"中文和中华文化也是东南亚多元文化重要的组成部分。

崭新机遇

北京大学亚太研究中心副主任杨保筠教授说："中国与东南亚国家交流越来越密切，很多东南亚国家都希望搭上中国经济发展的快车，在这个过程中，中文是重要的工具。"

中国商务部数据显示，2017年中国和东盟贸易额达5148.2亿美元，是2003年的6.6倍，占中国对外贸易总额的比重上升到12.5%。

中国已连续9年成为东盟第一大贸易伙伴，东盟连续7年成为中国第三大贸易伙伴。2018年1—5月，中国—东盟贸易额同比增长18.9%，达到2326.4亿美元。

与中国合作的巨大经济利益，促使东南亚改变了对中国的看法。中国早已不再是贫穷落后的代名词，恰恰相反，中国代表了发展和未来。张杰说："中国的发展为华文教育的发展带来了前所未有的机遇。过去，东南亚民众不知道学了中文要做什么，现在很明白，学中文是要和中国做生意，要学习中国，像中国一样发展。"

中国的快速发展，不仅点燃了东南亚当地民众学习中文的热情，更激发了当地老一辈华人传承中华文化的使命感。然而，东南亚的华文教育曾经出现过断层，许多华人不太了解中华文化，甚至无法流利地用中文交流。

4月2日，已连续举办19年的菲律宾华裔学生学中文夏令营再一次开营，菲律宾华教中心主席黄端铭表示，这也是老一辈华人所愿意看到的，"希望子孙们将中华文化一直传承下去。"

"对祖（籍）国有深厚感情的老一代华侨华人逐渐退出历史舞台，他们都希望培养一些对祖（籍）国文化有了解、有感情的年轻人。"华侨大学华文学院的陈旋波教授说。

补齐短板

陈嘉庚创办的华侨中学，很快成为东南亚爱国华侨的基地，老一辈华侨的家国情怀深刻影响了之后的华中学子。

李显龙在华中百年校庆上说："华侨中学培育了一批又一批的人才，像长青松柏，历经风雨与不同时代的挑战仍屹立不倒。"华文学校扎根当地，相伴中华，成为沟通中国与东南亚各国的一座桥梁。

时下，东南亚华文教育已蓬勃发展，但若要推动华文教育进一步发展，仍需弥

补短板。

陈旋波表示，目前东南亚华教人才年龄普遍偏大。东南亚当地华教机构不仅要在年轻一代华侨华人中大力普及华文教育，更要从中培养有意愿、有志向的华教人才，避免出现华教人才青黄不接的局面。

同时，华文教育标准有待完善。陈旋波指出，东南亚各地在课程安排、教材标准等方面仍然存在差异。各地的华教机构需要加强交流沟通，逐步推动当地华教规范化、制度化。

展望未来，推动东南亚华文教育向前发展，华侨华人充满信心。

“趋势是向好的。”张杰说，“对前景我们是乐观的，东南亚各国与中国的联系越来越密切，交流也越来越多，各地华教正在向规范化、标准化、正规化的方向发展。中国发展得越来越好，我相信会有越来越多年轻人投入到华文教育中。”

杨保筠说，“只要华文教育始终秉持中华文化和平发展的内涵，搭乘中国经济发展的顺风车，就一定能让更多的人了解中文，学习中文。”

（《人民日报海外版》2019－04－08/杨宁，尹昊文）

百人会声明：谴责对华人种族偏见，鼓励华人发声

当地时间4月7日，美籍华人精英组织百人会（Committee of 100）发表声明，谴责正在美国不断蔓延的、针对美籍华人带有种族偏见的刻板定性，表示将继续致力争取美国华裔的平等权利，并鼓励美籍华人公开发出正确和公正的声音。

百人会会长吴华扬在该会举行的年会上宣读了这一声明。当地时间7日，百人会在纽约曼哈顿举行2019年年会暨成立30周年庆典。与会的美中各界人士围绕“美国和中国：新愿景”这一年会主题，探讨美中关系及双方在各领域合作的前景。

百人会于7日发布的声明称，在全美反对种族偏见氛围高涨的形势下，“一些在美华裔却被有针对性地当作潜在的叛徒、间谍和外国势力的代理人；作为一个非营利组织，百人会的双重使命是推动美中两国的建设性交往，以及为华裔美国人争取平等权利并融入社会；然而，即便在百人会庆祝其成立30周年之际，我们的小区依然持续遭到攻击。”

声明还称，在过去几年，“一些高级美国政府官员和媒体等，都曾公开说明或暗示所有在美国的华人”都有从事不法活动的行为。声明还特别列出了华裔水文学家陈霞芬（Sherry Chen）和天普大学（Temple University）华裔教授郗小星（Xiaoxing Xi）以及华裔科学家李文和（Wen Ho Lee）的事件，说明了在过去数年“华人间谍”威胁论对这些无辜人士的诋毁和伤害。

百人会的声明还称，这种“基于种族和国籍”的偏见行为，“违反了我们共同的美国理想”，并呼吁需要立刻停止该行为。

当地时间6日，百人会理事长王恒在接受媒体专访时曾表示，“一定有必要来澄清一些不正确的、片面的、欲加之罪的罪名”，例如“中国学生是间谍、美国的技术大量被中国剽窃”等。王恒理事长还表示，对于这些“罪名”，除了坚定立场外，还要做“正面的引导工作”。

百人会在当地时间7日发布的声明中说，“一年多以前，美国联邦调查局（FBI）局长在国会质询中说，所有中国学生和研究人员，对美国‘整个社会’的生活方式构成威胁”。

“在他看来，每个拥有中国血统的人都会受到不信任”，声明还说，“然而，对于华裔美国人而言，其影响已经令人不寒而栗：在科学界、商界、政界和学术界，华裔美国人报告说，他们的工作和日常生活受到更严格的审查和偏见”。

“在我们民主国家，至关重要的，是那些致力于公民权利的所有美国人，都否认这些粗俗且老旧的种族偏见观念”，声明说。

“事实胜于雄辩，（做）越多正面的事情，就能够抵消反面的、负面的和不正确的信息。”百人会理事长王恒对媒体说。

而在百人会发布的声明中，也提到了自美中关系正常化40年以来，“我们目睹了人类历史上从未有过的中国经济转型”，并称可以理解“美国人对此的焦虑”。

声明指出，“美国和我们华裔美国人，可以对中国的政策和做法表达自己合理的担忧。在个别情况下，也有部分华裔美国人有不恰当甚至非法的行为。然而，美国的理想是无罪推定、程序正当性，以及所有个人表达自己意见而免于对株连犯罪恐惧的权利，尤其是这种株连在基于种族背景的情况下”。

声明还强调，百人会“相信华裔美国人在美中交流中，可以发挥独特的桥梁作用”，并将通过“公民参与的方式，继续争取华裔美国人平等的权利，并反对歧视和不公正待遇”。

“通过公开发出正确和公正的声音，华裔美国人可以带头尽到作为美国人的责任：更完美地体现这个伟大国家的理想和原则，这也是我们的国家”，声明说。

（中国新闻网2019－04－08）

洪森与柬埔寨华侨华人“共享团结宴”

为团结华侨华人，致力推动国内经济与柬中友谊发展，在柬埔寨传统新年前夕，柬埔寨首相洪森4月9日晚与在柬华侨华人“共享团结宴”。中国驻柬大使王文天和夫人等出席了晚宴。

洪森高度赞扬在柬华侨华人的纳税文化精神。

柬华理事总会、中资企业、港澳台商会和华校师生等出席了晚宴。这是柬埔寨第3次举办洪森与华侨华人“共享团结宴”。

柬华理事总会会长方侨生表示，华侨华人要通过勤劳奋斗和聪明才智，为柬埔寨的经济发展和社会稳定，为柬中友谊的发展作贡献。他表示，将加大力度推动中柬投资与商务的交流合作，利用好柬华理事会的平台，团结更多的华侨华人，为柬埔寨的稳定、繁荣，为华社的兴旺，为柬中友谊添彩。

（中国新闻网2019－04－10/黄耀辉）

瑞典中国商会助推中瑞双边经贸合作

瑞典中国商会10日在瑞典首都斯德哥尔摩召开2019年年会，探讨如何深化中国和瑞典两国经贸合作。

中国驻瑞典大使桂从友、瑞典贸易投资委员会会长于尔娃·贝里以及数十名中瑞企业代表参加了当天的会议。

桂从友表示，过去30余年中，中国在瑞典企业已成为双边经贸等领域务实合作的中坚力量。随着中国人民生活水平不断提高，中国消费者对高品质的瑞典产品需求越来越大。他希望中瑞企业进一步深化合作，为扩大、深化双边经贸投资等务实合作作出更大贡献。

贝里表示，近年来，她每次到访中国都对中国的创新印象深刻。她说，很多中国企业都极具创新性，很多在瑞典投资的中国企业都注重创新及可持续发展，“这让我对未来充满希望”。

瑞典中国商会于2016年12月成立，致力于为在瑞中企提供更好平台和更多服务，并推动会员企业加强与瑞典相关企业与机构的合作。

（新华网2019－04－11/和苗）

南非侨胞向“辱华”说“不”

“团结就是力量。”海外侨胞对这句话的体会越来越深。最近，南非侨胞正在亲身经历维权的艰难与团结的力量。

一场官司400万兰特（约合200万元人民币），值不值得打？南非侨胞给出了一个响亮的回答：值。

3月底，南非侨胞关注已久的“辱华案”开始正式庭审程序，11名南非人站上了法院的被告台。此案源于2017年春节期间，南非杜省中华公会的脸书主页上出现了一系列种族歧视、恶意诅咒等辱华言论。经过两年多的拖延，此案终于进入正式庭审。但是，5天的庭审之后，只有9人认罪，另外2人拒不认错。案件还未终结。

要将维权进行到底。于是，南非多个华人社团组织起来，奔赴各个侨胞集中的商城募捐。

南非曾多年实行种族隔离。种族歧视是这个国家难以言说的伤痛。1994年，南非政府将每年3月21日定为全国“人权日”，以纪念1960年3月21日发生在南非沙佩维尔镇的当局镇压大规模反种族歧视示威游行酿成的惨案。

在南非生活着约30万名华侨华人。他们在这里发现了自身发展的机遇，也为南非发展做出了自己的贡献。然而，“辱华”依然时有发生。之前，有南非知名电视节目播出有关阿胶制造业的特辑，被一些别有用心的人恶意利用，传播不利于中国的言论，对当地华人形象造成负面影响。最近，南非超市里甚至有一款矿泉水出现了具有明显辱华色彩的广告词，引发华人愤慨。

在海外，你的名字叫“中国”。恶毒的语言攻击像一把把锋利的尖刀刺在侨胞心上。曾经，崇尚低调做人的海外华侨华人习惯于忍气吞声，信奉“多一事不如少一事”的人生哲学。如今，多年的海外生活经历和中国实力的提升让他们的维权意识越来越强烈。

维护自身权益，注定是一条漫长的道路。但是，正如南非侨胞在此次“辱华案”中所展示出来的，他们有信心有决心也有能力坚持下去。海外侨胞们选择团结起来，合法维护自身权益。这是为了自己、也是为了后代拥有更加平等、更加美好的生活，更是为了让世界更加多元、更加和谐。

（《人民日报海外版》2019－04－12/叮咚）

大多伦多区促统会成立 19 周年　期待再为反“独”促统作贡献

全加华人促进中国统一委员会（大多伦多区）（简称“大多伦多区促统会”）当地时间4月13日晚在多伦多举行成立19周年庆典暨第十届常务理事会就职典礼。新一届常务理事会郑重承诺，将秉承一贯宗旨，坚决反对“台独”，继续为推动实现祖（籍）国和平统一这一伟大目标作出应有的贡献。

连任大多伦多区促统会主席的陈丙丁表示，反“独”促统工作仍面临很大挑战。目前台湾民进党当局拒不承认“九二共识”，并有越来越明显的“台独”倾向，两岸关系走向令人担心。他呼吁全加拿大华侨华人更多关注台海局势发展，尽自己的努力反对“台独”，促进祖（籍）国和平统一。

陈丙丁亦表示，大多伦多区促统会创办者们19年来的高瞻远瞩以及魄力、决心和坚持，赢得了华人社区的尊重与支持。大多伦多区促统会将建设发展成为致力推动实现和平统一的坚强、执着的组织。

中国驻多伦多总领事韩涛在致辞时对大多伦多区促统会历届理事和顾问19年来所作的不懈努力表达敬意和感谢。他表示，当前台海形势复杂敏感，也牵动着大多伦多地区侨情变化。希望新一届促统会理事会以习近平主席在《告台湾同胞书》发表40周年纪念会上发表的重要讲话为指引，凝聚越来越多的大多伦多地区侨胞参与到推进祖（籍）国和平统一的历史进程中来，与海内外中华儿女一道共担民族大义，为实现祖（籍）国的和平统一大业再立新功。

大多伦多地区侨界代表逾600人出席庆典。渥太华、温哥华等地促统会代表亦专程赴会。该会在庆典中回顾了19年反“独”促统历程，并为长期致力反“独”促统工作的侨界人士颁授特殊贡献奖。

大多伦多区促统会成立于2000年初，创会主席为詹文义。该会广泛团结有识之士，通过发表声明、组织座谈会、发行《海峡纵横》杂志和开设报纸专栏等多种形式，宣介反“独”促统主张。多伦多与温哥华、埃德蒙顿、渥太华、蒙特利尔促统会于2001年组成加拿大华人促进中国统一联盟。

（中国新闻网2019－04－14/余瑞冬）

巴西中医药学会为当地老人针灸义诊

这是巴西圣保罗市的普通一天。早上8点，整个城市还未完全醒来，店铺门窗紧闭，街道上冷冷清清。但位于市区西南部的巴西中医药学会诊所已相当热闹，十几名身穿白大褂的针灸师带着医疗设备上了车，行将奔赴两个针灸义诊点。

其中一队医生来到山城科蒂亚一家名为“恢复年轻俱乐部”的老年人活动中心。刚一抵达，记者就看到已有60多名老人坐在大厅里，等待来自专业针灸团队的免费治疗。

大厅一个角落用黄色帆布围出了一片区域，里面整齐地摆放着11个床位。9点整，包括华人和当地人在内的12名针灸师全部准备就绪，义诊正式开始。医生们在浏览病历并询问病情后，针对具体病症迅速进行诊治，动作娴熟麻利。

巴西中医药学会会长叶富坤告诉记者，自2003年以来，每个月的第一个星期天，学会的针灸师都会前往圣保罗南部做义诊，一直坚持了16年，在那里就诊的病人现在已有二三百人。这家老年人活动中心的义诊点是6年前设立的，每次来的病人也有近百人，且多为60岁以上、患有慢性病的老年人。

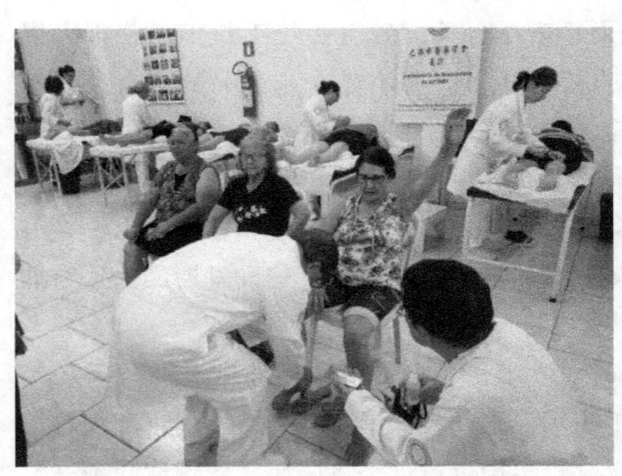

4月7日，在巴西科蒂亚市，针灸师在老年人活动中心为病人治疗（新华社记者/宫若涵　摄）

60岁的奥德丽丝来接受治疗已经3年了。她以前做过心脏搭桥手术，术后脚肿得厉害，经过针灸治疗有了很大好转。目前在治疗腰椎疾病的她对记者说：“义诊太棒了！是慈爱的行为，医生们都很有爱心。”

74岁的若泽也称赞针灸疗效“非常好”，他2019年3月第一次来义诊点针灸治疗腰椎增生和肩膀疼痛，感觉很好。他说以后会坚持来，并推荐亲戚和邻居也来治疗。

临近12点，来就诊的约90名病人都接受了治疗。老年活动中心健康部门负责人特雷齐尼娅告诉记者：“一般来说只有活动中心的会员才能来接受义诊，如果不限定人数，病人多得根本治不过来，因为义诊太受欢迎了！”

巴西中医药学会副会长马佩玲说，巴西存在看病难的问题，去公立医院看慢性病要排很久的队，而私立医院费用又太高，所以越来越多巴西人选择了价格便宜见效又快的针灸。

义诊不仅需要针灸师的技术，更需要爱心。叶富坤说：“义诊培养了一批医生，他们有爱心，有奉献精神。”

针灸师罗莎原来是理疗师，从2012年开始学习针灸理论和临床实践。她表示，每一次义诊都是向师傅学习、精进技艺的一个机会。自己参加义诊，是因为“中医可以帮助很多人，想借此回报巴西民众”。

几位华人针灸师也纷纷表示，能用博大精深的中医疗法给巴西人治病，是回馈社会的一种方式，感觉很有意义。

（新华网2019－04－14/宫若涵）

新西兰海外教师工资低于法定最低工资　华人教师不满

据新西兰先驱报中文网报道，新西兰教师工会表示，为帮助改善急缺教师的状况，政府招募了许多海外教师，然而，有些教师的工资却低于法定最低工资。

新西兰教师协会（NZEI）已将三个案例提交给劳动监察局的移民剥削部门处理，该工会表示，除了这些海外教师外，还有至少60名在新西兰接受培训的教师的工资低于最低标准。

新西兰教育部已确认“有少数教师的薪酬低于最低工资”，因为他们的资历和经验仍在评估中，如此才能确定合适他们的工资水平。

新西兰教育部在复活节前一天告诉NZEI工会说，这个问题将得到解决，所有受影响的教师将在5月8日前收到正确的工资。

华人教师：新西兰老师的待遇让人震惊

受影响的教师之一侯席娟（Xijuan Hou，音译）表示，她对教师在新西兰这种发达国家得到的待遇感到震惊。

33岁的侯席娟拥有心理学学位和教师资格，她曾在新加坡任教六年，后在2016年与她的律师丈夫一起搬来新西兰。

她被告知在新西兰学历架构下，她的新加坡学历只能算是5级学历，比新西兰学士学位要低2个等级。所以，她又于2018年在惠灵顿维多利亚大学拿到了教育专业研究生文凭。

然而尽管如此，侯女士在New Lynn的Arahoe小学担任全职教课教师时，却只拿着每两周税前1245新西兰元的“未经培训的员工”工资。算下来每周是622.5新西兰元，按每周40小时来算，时薪是15.56新西兰元，比法定最低时薪还低2.14新西兰元。

税后工资付完房租所剩无几

28岁的Michaela是在美国接受教师培训的一位老师。自2019年年初开始，他每两周的工资也是税前1245新西兰元。

她拥有教育硕士学位，曾在美国任教三年，同时获得了教学研究生文凭。2018年，她在奥克兰的一所学校里实习，并在实习时间申请了另一所学校的工作。“我真的很喜欢新西兰，所以我决定回来。”她说。

然而，如今她只拿着每周税后不足500新西兰元的工资，其中250新西兰元还要付房租。她已经用完了自己所有的积蓄，不得不让家人从美国寄钱来支援她。“真的很令人沮丧，挣这点工资在奥克兰很难生活，我搬到这里也花了很多钱。”她说。

26岁的Anna Pryde是在新西兰接受教师培训的，刚刚开始在Panmure Bridge学校任教。她表示，由于教育系统工资支付公司Novopay仍在等待美国的安全许可，所以她仍然拿着每两周1245新西兰元的工资。她的税后工资是每两周980新西兰元，然而其中700新西兰元要用来支付租金和电费。

教育部：会确保所有教师拿到正确工资

NZEI的项目主任Stephanie Mills表示，教师绝不应该处于这种境地。“这不仅仅关乎支付正确的工资，这表明教育部没有履行支付高于法定最低工资的薪酬的义务。”她说。

教育部的基础设施服务负责人Kim Shannon表示，绝大多数教师拿到的薪酬都是正确的。

由于新的最低工资标准从4月1日起适用，少数教学人员受到影响。“我们并未发现由教育部批准的招聘机构招聘的海外教师受到影响。”她说。

Kim Shannon说：“我们会联系招聘机构，确保他们招聘的所有教师都能拿到正确的工资。如果有任何海外教师——包括那些不是由教育部批准招聘机构招聘的教师——对他们的工资有疑问，均可以与我们联系。”

Kim Shannon 表示，目前正在与薪酬服务提供商合作，确保所有教师都拿到正确的工资，确保未来所有学校的薪资支付系统都能捕捉到最低工资调整。

（中国侨网2019－04－25）

美华裔青年把中国文化融入街舞　抱团做事业打造品牌

美国华裔创办娱乐公司，主要教授街舞，目前已有一家总店和三家加盟店。公司创始人李子寅说，街舞属于非裔的嘻哈文化，但街舞的动作也吸收了中国武术元素。他把更多的中国传统文化融入街舞动作，创造自己的品牌。

李子寅说，与开中餐馆不同，街舞属于文化产业。跳街舞可以影响人的精神，也反映美国的文化。“舞者在舞台上表达自己，可以培养自信。”但是，许多华人没有认识到这一点，七八成的家长不理解。他说，他不在乎别人的冷眼，要把它当作一个事业做下去。

了解文化　跟西裔学街舞

32岁的李子寅16岁时从沈阳随家人移民美国，在纽约法拉盛读高中。刚来时不会讲英语，也没有朋友，不了解美国文化，总想有机会了解。这时，一个同学告诉他，学校成立一个街舞俱乐部，于是他就参加活动开始学习街舞，“老师是西语裔，是我的启蒙老师”。

高中毕业去了拉瓜地亚小区学院学习商业摄影，在校期间，他参加了纽约市街舞选拔赛，虽然没通过海选，但是被一位非裔老师看上，邀请他参加街舞团队。“于是，我经常去布朗士和曼哈顿下城跳街舞。”

在小区学院最后一个学期，他决定成为一个全职舞者。2010年，他在法拉盛地下室里成立教室。“当时，身上只有50美元”，因为没有钱，就把广告放在图书馆里。没有想到，想学习街舞的华人不少，都是初中和高中生，“在第一个月，我就挣了7000美元。”

后来他每年都在法拉盛举办街舞比赛，现在这个赛事逐渐吸引来自全美的街舞舞者，中国也有人来参赛，主要来自上海和武汉，最多时能来二三十人。

学习街舞　可以建立信心

李子寅说，目前，公司有五六名老师，四名管理人员。他说，作为文化公司，公司的品牌很重要。街舞学校培养的学生就是它的产品，就是公司的品牌。就像麦当劳一样，看到一个大大的“M”，就知道能够吃到什么。他打算，如果纽约市饱和，公司就向其他城市发展。

Seven也是一个街舞教师，他在2006年随家人从河南洛阳移民美国，在纽约读高中就到李子寅的街舞教室学习，是该教室的优秀学生，去过洛杉矶、中国参加比

赛，还得到名次。从皇后小区学院毕业后，他成为职业的街舞老师。他说，“家人比较开明，支持我参加跳舞。”近几年，常春藤大学的中国学生联谊会每年举办春晚，他都被邀请领舞。

他说，很喜欢跳舞，跳舞时很开心，而跳舞也改变了他的人生。“如果不跳舞，我就和其他人一样平庸，而跳舞给了我很多可能性。”他解释说，这个可能性包括公司发展、个人职业发展和学生未来发展，都存在许多可能性。

法拉盛的街舞教室有许多华裔孩子。福州移民郑凡琼把一对儿女送来学街舞，她说，这对双胞胎已经八岁，女儿身体健康，但是儿子听力不好，无法参加集体活动。去年9月，她带着孩子来到街舞教室看看，结果儿子喜欢上街舞。于是，她把一对儿女都送去学习街舞，每周四次。她说，儿子自从学习了街舞，只要听到音乐身体就会动，在家里也跳舞，与小朋友接触也不害羞了。“学跳街舞一年的费用要一千多美元，但是值得。”

1.5 代移民　成为创业主力

李子寅说，2013年举办街舞比赛时，与当时20多岁的吴卡路认识。2018年，吴卡路加入李子寅的娱乐公司，成为项目协调人。吴卡路说，他在2005年随母亲从广西移民美国，在佛罗里达州的一所大学读了商业管理，2011年来到纽约创业。目前，该公司三位主要管理人员都是十几岁时随家人移民美国，属于1.5代华人移民。

过去八年，吴卡路已经有过四次创业，而来到李子寅的娱乐公司是他的第四个创业项目。他说，这是一个华人企业，学生也以华人为主，在美国华人小区有一定的市场，而且已经成为一个品牌。他认为，街舞教室不是暴利行业，只能细水长流，有水就有鱼。“我每个星期天去看看，与学生家长谈谈，了解家长们的想法。”

吴卡路认为，华人第一代移民比较辛苦，但是下一代就比较轻松。他们没有身份和养家的压力，可以放手创业。

吴卡路的体会是，创业前不要想太多，只要不会伤害到其他人，想做就去做。“不能犹豫，一犹豫就办不成。”创业速度愈快愈好，若是很快知道结果，发现不足赶快改正。若是很长时间才发现问题，就很难承担结果了。

（［美国］《星岛日报》2019－04－29/韩杰）

马来西亚三族裔共享盛宴　华裔尝手抓饭巫裔学用筷子

马来西亚霹雳州政府配合2019年怡保美食节盛会，精心策划一场截然不同的三大民族美食飨宴，邀请数十名群众以美食会友，从每道传统料理中，聆听佳肴背后的文化故事精髓。

国外游客品尝马来传统佳肴、巫裔学握筷子品中华传统料理、华裔享用丰盛的印度蕉叶饭，各族及国外游客怀着新鲜感及好奇心，融洽体验别开生面的美食文化飨宴，场面别具意义。

赴会的群众不仅能品尝三大民族传统料理，更能与各族相互交流饮食文化的差异，从中学习相互尊重及包容的态度。

霹雳州行政议员陈家兴、黄渼沄及李存孝，也与各族群众共聚一堂，在餐桌上重新认识三大民族传统美食的特色，一桌桌令人垂涎的地道料理，成为相互交流的媒介，彰显大不相同的美食文化，也达成各族和合交融之成效。

本次的三大民族美食飨宴中，马来传统佳肴以马来地道色拉乌蓝（Ulam）配于3种自制参芭、本地咸鱼及木薯片作为前菜，再搭配油饭、仁当鸡肉、黑酱油牛肉、发酵榴梿大头虾、香辣椰奶炒蕨菜，最后呈上桂尼芒果甜点，为马来传统佳肴的呈献画上完美句点。

入乡随俗的参与者，也尝试以手抓饭沾上咖喱、肉类及蔬菜等混合食用，从中体验马来传统佳肴的美味及美食的温度。

中华传统料理的餐盘中，有精心炮制的客家盐焗鸡，潮州卤鸭、卤豆腐及鸡蛋，福建五香肉卷及虾饼、菜脯煎蛋，海南罗汉斋，扬州炒饭及红豆沙等。

每一位参与者都被派发了富有民俗象征符号的筷子，他们被教授正确的使用技巧，以及筷子背后的历史典故和礼节等。

印裔同胞特制典型的印度手抓蕉叶饭供来宾品尝。厨师先以印度优格酱沙拉开启赴会者的味蕾，再以一大片香蕉叶为底，铺于各来宾的桌面，配以白饭或香料饭、多种特色小菜。至于手抓蕉叶饭的主菜，则少不了坦都里烤鸡配薄荷酱、玛莎拉鸡、咖喱羊肉、蔬菜咖喱等，最后的甜品为硕莪糕（Payasam）。

大伙儿从手抓蕉叶饭中了解印裔同胞的就餐习俗，有趣之余，更对印度传统美食文化有了更深层的了解。

（［马来西亚］《星洲日报》2019－04－30）

多伦多2019“中国熊猫杯”学生演讲大赛启动

中国驻多伦多总领事馆主办的2019年“中国熊猫杯”学生演讲大赛已开始报名。因2019年是中华人民共和国成立70周年，本届比赛将以“我与中国”为演讲创作主题。

中国驻多伦多副总领事庄耀东当地时间4月29日对媒体表示，语言是了解一个国家、一个民族和一种文化的一把钥匙。历届“中国熊猫杯”赛事活动体现出，华裔中小学生选手的参与热情越来越高，水平不断提升，反映出海外华侨华人对祖（籍）国关注度的不断提高。目前全世界有五分之一的人说中文，汉语也已是加拿

大第三大语言。学习汉语，可促进中加各领域交流合作；可帮助学习者提高自己，更好地实现人生价值；可有助于传播和传承优秀中华文化。

比赛承办方代表、加拿大华文教育学会会长任燕红表示，此次比赛面向加拿大安大略省和曼尼托巴省的华裔青少年。组委会希望参赛的华裔中小学生能以汉语普通话演讲的方式，反映70年来祖（籍）国和故乡发生的翻天覆地的变化，以及包括海外华侨华人在内的每一个中华儿女的生活所经历的改变。比赛要求参赛者通过写作和演讲，用心、用情、用功地表达在祖（籍）国的所见所闻，对祖（籍）国的所思所悟，分享对于新中国70华诞的喜悦。

此次比赛报名截止时间为6月30日。比赛将设小学组（1至8年级）和中学组（9至12年级）。其中中学组又分为土生和新移民（抵加时间为2015年1月1日以后）选手两个组别。演讲初赛将从7月1日至8月30日由各教育局或学校组织。决赛将于9月8日进行。比赛要求参赛者个人独立完成3到5分钟的演讲。决赛阶段设置评委提问环节。

比赛奖项及奖金设置为：小学组一等奖1名，奖金200加元；二等奖3名，奖金各150加元；三等奖5名，奖金各100加元；优秀奖10名，奖金各50加元。中学土生组和新移民组一等奖各1名（共2人），奖金各300加元；二等奖各3名（共6人），奖金各200加元；三等奖5名（共10人），奖金各150加元；优秀奖10名（共20人），奖金各50加元。

始于2013年的“中国熊猫杯”已成为中国驻多伦多总领馆面向华裔青少年推广中文及中华文化的系列赛事及活动品牌。此前已举办过七届的该系列活动包括中文征文、中华才艺、书法绘画、视频创作等比赛及专题活动。

（中国新闻网2019－04－30/余瑞冬）

中澳青年悉尼举办活动庆祝五四青年节

“澳大利亚－中国青年之夜”4月30日晚在悉尼举行，中澳两国青年手拉手，以文艺表演、对话、辩论等形式，庆祝即将到来的五四青年节。

主办方代表、澳大利亚中国和平统一促进会秘书长兼青委会主任李卫国表示，举办这次活动的初衷可以概括为三句话。第一句话：感悟于一段年华。青春年华值得用一辈子去感悟和纪念。第二句话：感恩于一个时代。全球化时代让中澳青年紧紧连在一起。作为当代青年，要把自身发展和当下时代特征紧密结合起来。第三句话：感受于一份责任。中澳两国青年有责任、有担当在相互尊重和学习各自的文化和历史的基础上，在青年一代中传播文化、传承文明、传递友谊，助力中澳的和平与发展。

中国驻悉尼总领事馆副总领事赵文飞致辞时指出，青年是国家发展的未来，是世界发展的未来，也是中澳关系的未来。2019年是五四运动100周年。他希望并相信两国青年、在澳中国留学生和在华澳大利亚留学生能携手努力，为推动中澳两国的共同发展、为促进两国各领域的交流与合作做出新的更大贡献。

新南威尔士州技能及高等教育部长李杰夫（Geoff Lee MP）赞赏这次活动不仅展示了澳中两国青年的出众才艺，也搭建了一个两国青年之间的对话与交流的平台。他表示，澳大利亚与中国的关系源远流长。澳中友好对两国都很重要。他鼓励更多中国青年赴澳大利亚留学，在学习深造的同时加深两国青年的了解、沟通，传承两国的友好关系。

当晚，两国青年代表就如何在互学互鉴彼此历史与文化中传递友谊，如何将自身成长和时代发展结合起来，如何更好地共建一个和谐繁荣的澳大利亚，助力中澳友好关系在青年一代中传承等热点话题进行了对话。

侨领周光明、新州影子部长Sophie Cotsis的代表Floris Lam等与悉尼大学、新南威尔士大学、麦考瑞大学、墨尔本大学、堪培拉大学、南澳大学等高校中国留学生和赴华澳大利亚留学生代表、中澳两国杰出青年、青年企业家代表及各界优秀青年约500人出席了当晚的活动。

（中国新闻网2019－05－01/陶社兰）

比利时华侨华人纪念五四运动100周年

在五四青年节到来之际，比利时华人青年联合会2日举办座谈会暨图片展，纪念五四运动100周年。

当地时间2日晚，座谈会在雄壮的国歌声中启幕。会议以“传承弘扬五四精神，新时代华侨华人青年肩负新使命”为主题，除比利时华人青年联合会，旅比各侨团代表也应邀出席。

比利时华人青年联合会会长朱旭林在发言中说，2019年是五四运动100周年，也是新中国成立70周年。当代华侨华人青年在住在国接受教育，学习科技文化，遵守当地法律法规，同时身上也流淌着“中国血液”。

朱旭林表示，现在重温一百年前的五四运动，共同缅怀五四先驱崇高的爱国情怀和革命精神，对当代华侨华人青年是一种鞭策，希望海内外青年一道用青春和热血践行五四精神，为中华民族伟大复兴贡献力量。

比利时华人青年联合会创会会长傅旭海在发言中表示，实现伟大复兴是中华民族的最高利益和根本利益，当代华侨华人青年应将实现个人梦想与实现民族复兴结合在一起，勇做新时代的“追梦人”。

傅旭海介绍，为纪念五四运动100周年，法国、卢森堡、斯洛伐克等国的青年侨团已举办一系列活动；5月4日当天，分布在欧洲各地的青年侨团还将齐聚荷兰海

牙，共同向华侨华人青年发出倡议。

聆听侨团代表的“心声”，应邀出席座谈会的中国驻比利时大使馆参赞孙伟表示，青年是“追梦人”更是“圆梦人”，新时代的海外儿女特别是青年一辈生逢其时、躬逢盛世，为中华民族伟大复兴肩负重大使命。

孙伟呼吁，当代华侨华人青年应勇于担当，砥砺奋进，努力做中国发展进步的促进者和中外友好合作的先锋，把个人奋斗汇入时代洪流，让青春在中华民族伟大复兴中绽放光彩。

（中国新闻网2019－05－03/德永健）

《百年丰碑》落户法国小城　纪念中国留法勤工俭学运动

当地时间5月4日下午，一座以纪念中国留法勤工俭学运动100周年为主题的《百年丰碑》大型雕塑被安放在距离法国首都巴黎100多公里的小城蒙塔日（又译蒙达尔纪）。

当天，百余位中国在法青年外交官、留学生、中资机构青年代表以及法国多位政界、学术界人士在蒙塔日共同纪念100年前轰轰烈烈的留法勤工俭学运动。

雕塑《百年丰碑》由中国美术馆馆长、法兰西艺术院通讯院士吴为山创作完成，艺术地再现了百年前胸怀救国梦的先辈们赴法求学的风采。2019年正值中国留法勤工俭学运动和五四运动100周年。从1919年开始，一批批年轻的中国学子漂洋过海来到了法国，在巴黎、蒙塔日、里昂等多座城市学习先进的科学技术和思想，探寻民族救亡图存之路。他们中有周恩来、邓小平、蔡和森、陈毅等革命先辈，也涌现出许多中国现代教育、科学技术、文化艺术的奠基人。

中国驻法国大使翟隽说：“留法勤工俭学运动是五四精神的伟大实践。早期留法学人是中法友好的第一批使者，为日后中法关系的发展打下了坚实的基础，我们不会忘记他们为中国步入繁荣富强做出的历史性贡献。”

如今，在蒙塔日市，为纪念曾在这里勤工俭学的中国领导人邓小平，该市将火车站前的广场命名为“邓小平广场”。当地一栋有300多年历史的老宅，曾是昔日中国留法勤工俭学青年的寓所，现在已成为中国旅法勤工俭学蒙塔日纪念馆。

蒙塔日市市长伯努瓦·迪容表示，未来该市还将与中国在教育、商贸等领域实现多项合作。他说：“中国在几十年内取得了西方国家在几百年中实现的成就。我们要了解中国为何会获得成功，首先就是要更好地了解中国。”

4日，蒙塔日市还举办了纪念留法勤工俭学图片展、研讨会、法文版图书《寻梦蒙达尔纪》发布等多项活动。当天，湖南省演艺集团与中国旅法勤工俭学蒙塔日纪念馆签署了合作创作话剧《从湖南到蒙达尔纪》的协议，向警予纪念馆还向中国旅法勤工俭学蒙塔日纪念馆赠送了历史资料。

（新华网2019－05－05/杨一苗）

全日本华侨华人联合会会长：亚洲文明对话大会将为各文明交流搭建平台

亚洲文明对话大会召开在即，全日本华侨华人联合会会长、知名书法家刘洪友近日在接受中新社记者专访时表示，亚洲文明对话大会将为各文明交流搭建平台，进而提升亚洲文化自信，丰富亚洲人民的精神内涵。

刘洪友赴日进行书法教育工作已有30余年，在世界各地通过书法也进行了多场展览和对话交流活动，他对各国文明交流互鉴深有体会。刘洪友表示，亚洲文明是世界文明重要的组成部分，四大文明古国有三个诞生在亚洲，足见亚洲文明在世界上的分量。

刘洪友说，在近代以前，无论是在经济还是文化、人口上，亚洲文明都是世界文明的引领者，近代欧洲工业革命以后，欧美开始大步赶上。后近代工业传入亚洲，亚洲各国纷纷学习西方，不同程度地实现了工业化。在世界发展进程的当下，亚洲文明对话大会的举办，将使世界的目光再次聚焦亚洲，聚焦东方。

“回顾历史，交流互鉴才是世界各文明发展的应有之义。中国的四大发明等亚洲文明成果通过古丝绸之路传入欧洲，促使了欧洲工业革命的到来，否则欧洲大机器生产可能还要推迟上百年。后来近代工业、西方思想理念等传入亚洲，各国通过几代人的奋斗，也都纷纷找到了适合自己国情的发展之路，人民生活水平不断提高。”刘洪友告诉记者。

有五千多年历史的中华文明绵延至今，是四大文明古国中唯一未发生中断的文明。刘洪友谈道，中华文明发展的历史告诉我们，“流水不腐，户枢不蠹”，中华文明具有兼容并蓄的特征，在和外来文明不断交流的过程中兼收并存，“己所不欲，勿施于人”的思想使得古代中国即使在强大时也不会试图去取代其他文明，而是和谐共生。这也是当代各文明间正确的相处之道。亚洲各文明都有自己悠久的历史和丰富的内涵，应相互尊重，相互学习，在交流合作中共同发展。

对于即将召开的亚洲文明对话大会，刘洪友说，在日各界华侨华人以及许多日本有识之士纷纷表示期待，希望亚洲各文明在此次大会上碰撞出新的思想火花，各文化音符共同谱出新的交响乐章。

（中国新闻网2019－05－06/吕少威）

马来西亚董总主席：凝聚华社力量　维护华文教育

马来西亚华校董事联合会总会（董总）主席刘利民日前表示，不管是前任政府还是当前执政的希盟政府，都不能一劳永逸地解决华小的所有问题。

“我们只是希望希盟政府除了能落实公平对待各族群母语教育的政策，制度化拨款给华小外，更能把华小的增建及发展，都落实制度化，制订全盘的计划解决师资短缺的问题，让教育回归教育，纯粹专注于学生教育内涵。”

他表示，诗巫与加帛省津贴华文小学董事联合会凝聚了两省所有津贴华文小学的董事部，扮演着非常重要的角色。

他说，华小董联会一直致力于凝聚华社力量，负起领导并推动华教的工作，争取与捍卫母语教育的权益及地位，在维护华小特征不变质，学校建设与发展各方面都付出许多。

他指出，现在整个的趋势对华文教育的发展是有利的，因此希望更多有能力，有才华，有热忱的华教同道出来，继续领导与推动华文教育的工作。

“为了华文教育、华小发展，华小董联会会员之间的密切合作，良好互动也是非常重要。为了能取得更大，更好的改变，我们全体华社也必须团结，凝聚各方支持力量，积极迎接挑战，坚持维护与发展华文教育。”

刘利民4日晚在诗巫与加帛省华小董联会第十八届理事就职典礼上发言时，这么表示。

他说，华文教育的历史展现出华族兴学办教育的精神，在风雨中挣扎求存和发展，无论如何艰辛，历届董事会坚持办学，出钱又出力。

“华文教师们百年树人，无私奉献，任劳任怨。华教斗士不屈不挠地坚持与奋斗，努力负起保存民族文化及教育子女之神圣任务，让华族的文化精神世代相传。在华裔只占了全国人口不到1/3的马来西亚，却拥有包含了幼稚园、小学、中学及大专完整华文教育体系。”

他称，华小仍然面对许多错综复杂的问题与挑战。

他表示，华小除了面对增建不易，还要面对校地、拨款、经费及师资不足等种种问题，即使是获得增建或迁校，也需要解决校地及经费问题。

（［马来西亚］《诗华日报》2019－05－06）

美国犹他州举办“金钉节”　多个环节致敬铁路华工

打扮成铁路华工的演员在舞台边休息（中新社记者/刘关关　摄）

当地时间5月10日，纪念美国太平洋铁路接轨150周年的“金钉节”在美国盐湖城举办。来自周边的美国居民以及包括华侨华人在内的嘉宾万余人，来到150年前铁路接轨的地方，纪念这一历史时刻。主办方在多个环节向远涉重洋参与修建铁路的中国工人表达敬意。

1864年起，超过1.2万名中国劳工远赴美国，参与修建州际铁路。他们为美国经济的腾飞做出了巨大贡献和牺牲，然而，长期以来，铁路华工的历史被忽视，他们因而被称为“沉默的道钉”。

树立在“金钉节”活动现场、那幅记录接轨时刻的著名历史照片里，工人们围绕在两个相对而立的火车头旁握手致意，还有人爬上车头，手拿香槟庆祝。却难觅华人踪影。

150年后，人们在“金钉节”上重现这一历史画面时，情况却发生了变化。清晨，两列火车冒着蒸汽，缓缓驶入活动现场。随着火车拉响汽笛，现场观众的情绪被推向高潮。连接在一起的两个火车头周围，身着150年前装束的志愿者、华工后代代表以及来自世界各地的嘉宾，仿照历史照片合影留念，向全体铁路建设者表达敬意。

活动现场，中国元素随处可见。2019年“金钉节”首次邀请了4个中国省市代表团参加庆典仪式，铁路华工后代被请上台发表演说，各种肤色的儿童在现场舞龙舞狮，华工的扮演者穿梭在多个节目中，现场突然响起的《茉莉花》旋律令到场的华人动容……

75岁的蔡国梁是广东台山人，已经移民美国58年。此前，蔡国梁无意间发现，自己的高祖父就是当年赴美的铁路华工。此后，他更加关注铁路华工的历史和现状。此次，他和太太跟随旧金山华人团体，先坐10个小时火车，再转大巴，来到活动现场。蔡国梁说，铁路华工这些年也越来越受到重视，情况在慢慢变好，“今天就是来给华人加油的”。

来自山东烟台的16岁中学生陈冠霖和同学们一起来到现场。他说，通过当天的活动，知道了华工这段历史的大概情况。

穿着150年前服装的志愿者在庆典现场随处可见。铁路修建过程中的重要人物斯坦福的扮演者斯科特·尼尔森老人虽然步履有些蹒跚，但依然身穿礼服，头戴礼帽，认真完成扮演斯坦福的任务。提及眼前的铁路，他说：“没有华人，就不可能有这条铁路。”说到动情处，老人眼眶湿润。

美国联邦交通部长赵小兰表示，很多华工没能把家庭带到美国，甚至他们本人也没能成为美国人，但他们的遗产永远地流传了下来。

中国驻美大使崔天凯在视频致辞中说：“这是一个有说服力的例子，说明中美两国人民合作能办成大事，甚至把不可能变成可能。”

（中国新闻网2019－05－11/刘关关）

第四届“中美二战友谊暨飞虎队历史论坛”曲终情不散

97岁高龄的原美国飞虎队轰炸机飞行员戴维·海沃德（David K.Hayward），在拉斯维加斯度过了一个惊喜而难忘的生日。

为庆祝中美建交40周年，以“父辈的旗帜”为主题的第四届“中美二战友谊暨飞虎队历史论坛”10日至11日在美国内华达州拉斯维加斯举行。当地时间11日晚，数百位中美各界人士出席论坛闭幕晚宴。

因当年飞虎队总部设于中国云南昆明，晚宴文艺节目之一就是云南歌舞。优美的歌舞表演结束后，身着云南各民族盛装的演员们并未退场，而是用英文唱起《生日歌》。与此同时，有工作人员把蛋糕送到台下就座的戴维·海沃德面前，全场嘉宾鼓掌祝福这位曾与中国军民并肩浴血奋战的老战士生日快乐。

“中国人民对飞虎队的深厚情谊，最令我难以忘怀。”不仅是戴维·海沃德，曾任飞虎队地勤人员的卫斯理·弗朗克（Wesley R.Fronk）也深受感动。

这位还有两个多月也要年满97岁的老人，当天戴着一顶印有退伍军人标志的帽子，帽子上别着象征友好的美中两国国旗徽章。

卫斯理·弗朗克告诉中新社记者，70多年前，他赴中缅印战区参加对日作战，非常高兴能为中国人民抗战胜利贡献自己的一份力量。近十余年来，他多次受邀到中国访问，看到了中国日新月异的发展变化。

“这个论坛让年轻一代也参与进来，是一件好事，有助于飞虎队的历史和传统一直‘活下去’。”卫斯理·弗朗克说，他的女婿曾于2015年陪自己访华，就非常喜欢那次中国之行，应该让年轻一代更多地了解那段历史。

论坛协办方、美中和平友好促进会会长鹿强，此次就特意让18岁的女儿向大学请了一天假，全程参加论坛。

鹿强对中新社记者说，“中美二战友谊暨飞虎队历史论坛”非常有意义。美中和平友好促进会全力支持、积极参与论坛筹办，还专门从洛杉矶带来珍贵图片资料，在论坛现场举行飞虎队纪念图片展，受到飞虎队老兵等美方与会者欢迎，感慨中国人民没有忘记他们。

“不仅我们这一代人要知道，重点是下一代也要知道这段历史，让中美人民之间的友谊一代又一代传承下去。”鹿强说。

（中国新闻网2019－05－12/张朔）

旅法侨界欢迎浙江代表团　举办“浙商回归”座谈会

5月13日，浙江省委常委、常务副省长冯飞率领的代表团抵达巴黎，旅法浙江籍侨团举行欢迎仪式，并召开了以“爱侨惠侨、浙商回归”为主题的座谈会。

当天活动由法国华侨华人会、法国青田同乡会、法国法华工商联合会共同主办，旅法侨界浙江籍侨团、侨商协办，法国法华工商联合会承办。中国驻法使馆余劲松公使，领侨处李成元一秘出席了当天活动。

法华工商联合会会长戴安友介绍法华工商联合会的历史和发展，并强调在家乡政府提出侨团建设“规模化、规范化、本土化、年轻化”的倡议下，协会积极鼓励和支持“华二代”参政议政，融入当地主流社会，加快培养社团的新生力量，维护侨胞合法权益，加强与兄弟社团的合作。2015年，法国法华工商联合会荣获浙江省外侨办授予的“最美侨团”称号；2016年，联合会被评为首批海外示范性社团。

戴安友说，虽然我们身在异国他乡，但始终牵挂着家乡发展。很多侨胞回家乡投资，并得到了家乡领导和地方政府的支持。浙江省正在深化“最多跑一次”改革，开展“三服务”活动，全面优化了营商环境，在海外引起了强烈的反响。温州市还与海外侨社成立了“为侨服务”联络站，通过网络视频提供远程司法服务，使海外华侨真正享受到了祖国关怀。

法国华侨华人会主席任俐敏代表旅法侨界欢迎家乡领导的到来。他介绍说，法国是中国主要的海外侨居国之一，法国的浙江籍乡亲又占了欧洲国家华侨中的大多数。目前，我们旅法的浙江籍侨团非常和谐，空前团结。

他表示，时代在发展，华二代、华三代都开始立足，进入社会。他们有了解中法文化、法律等优势。

余劲松公使代表中国驻法使馆欢迎冯飞副省长一行，并向出席的侨胞致以诚挚的问候。

她表示，近年来，旅法侨界加强和谐侨社建设，积极融入当地，努力维护侨胞合法权益，不断为当地的经济社会发展贡献力量；侨界一直支持使馆工作，在各方面都发挥了积极的桥梁和纽带作用，增进了中法民间友好，值得肯定。

冯飞感谢旅法侨商界的热情接待，他向旅法侨胞，特别是浙江籍侨胞表达了诚挚的问候和祝福。

冯飞介绍说，浙江省经济迅猛发展，2019年第一季度经济增长7.7%，在当下经济环境之下，实属不易；他希望大家常回家看看，因为我们的家乡更美了，“千村示范，万村整治”获得了联合国的“地球卫士”奖。他希望，广大华侨华人能把自身事业的发展和祖（籍）国的命运紧密相连，多回家乡看看，寻找新的发展点，开创新的事业。

当晚，冯飞代表浙江省政府向法国华侨华人会、法国青田同乡会、法华工商联合会颁发了“建设和谐侨团，促进共同发展”锦旗，以表彰他们在侨社建设、促进交流方面所做出的贡献。

（《欧洲时报》微信公众号2019－05－15/孔帆）

澳大利亚乡区移民迁入城市趋多　华人迁离乡镇比例高

研究发现，尽管澳大利亚政府鼓励人们在乡镇地区生活，但不少移民还是会搬到大城市。来自部分国家的移民在澳大利亚乡区定居的五年内离开。

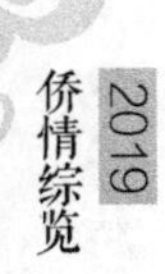

澳大利亚国立大学（ANU）对过去35年的人口普查进行研究，发现来自中国和印度的移民搬离乡区的比例最高，而且有上升趋势，而澳大利亚出生的人口也是从乡区迁往城市的主力军。以昆士兰州西部Murray地区为例，逾半中国移民在2011年至2016年期间迁离当地，同时期当地印度移民有约六成迁离。

澳大利亚国立大学人口学家Bernard Baffour说："我们发现一些首府城市——悉尼、墨尔本、珀斯和霍巴特——能保持人口，但其他地方总体上都在流失。数据显示政府希望吸引移民到澳大利亚偏远地区的政策并不奏效，我们所见的是趋势恰恰相反。"

政府2019年初推出两项新的工作签证，让工人和留学生可在乡区生活工作三年，名额多达2.3万个，是原有乡区签证的近三倍。新签证于11月开始接受申请。

移民研究机构MMIC总监Rebecca Wickes怀疑以签证鼓励人们留在乡区的方法是否有效，因为人们决定在何处生活的因素不仅仅是工作。她指出，一些需要人口的地方失业率高、犯罪率高、基建和生活设施不足，想吸引移民首先就要变得宜居。"你要有一个欢迎你的小区，否则你虽有份工，却被小区孤立。"

对19岁的Ezekia Nitanga而言，"超友善"的小区是令他从悉尼搬到新南威尔士州北部的主要因素。他是来自东非国家布隆迪（Burundi）的难民，6岁时与父母来到悉尼，一直在Mt Druitt、Canley Heights、Cabramattahe、Wollongong等地颠沛流离。务农出身的一家于三年前定居Mingoola。

Nitanga现正在新英伦大学（University of New England）就读护理专业，2019年休学帮家人打理农务。他想明年转读生物医学科学。他完全没有打算回悉尼。

澳大利亚地方研究院联合总裁Kim Houghton表示，像Mingoola这样成功的乡区，往往有城市的移民小区和自愿移居的移民充当"媒人"。"我们其实不鼓励新移民一开始就在乡区定居。虽然明白签证制度是这样设计的，但我不认为这具稳定性。"

澳大利亚国立大学人口研究还通过两份研究报告发现，不同的移民群体有不同的迁移习惯，比如新西兰人的流动性更高，华人则安土重迁。此外，不同城市也吸引不同移民——珀斯对英国人最有吸引力，最多新西兰人住在布里斯班，华人较钟情悉尼，印度人则倾向墨尔本。

（［澳大利亚］《星岛日报》2019－05－16/子庸）

历史首次！美籍华人沈伟妮出任美国乒协首席执行官

日前，美国乒乓球协会宣布，经过多层次多方面的竞争及遴选，美国乒协从近百名竞选人中，选出美籍华人沈伟妮出任首席执行官，这也是该组织历史上首次由美籍华人担任该职务。

据介绍，沈伟妮人生经历丰富。她出生于上海，6岁开始打乒乓球，13岁进入八一队，曾与乒乓名将刘国梁当过队友。14岁跟随父母移民美国。她毕业于纽约州立大学石溪分校哲学系，拥有学士学位。沈伟妮曾创办并领导了数个颇具规模的大中型企业，有的企业员工超过200人。此外，她还是非常杰出的艺术品收藏家。

作为一名优秀的乒乓球运动员，沈伟妮曾多次代表美国参加世界比赛，并获得过多次美国各种比赛的冠亚军。

沈伟妮具有非常广泛的人脉关系及专业素养，同时具有国际视野。美国乒乓球协会希望并深信，美国的乒乓球运动能在沈伟妮的领导下蓬勃发展，达到一个新的高度。

（［美国］《侨报》2019－05－17）

巴西首家华人青少年足球训练基地在圣保罗启动

由中国金达威体育和巴西中国商会共同组织的巴西“未来之星”华人青少年足球训练基地，当地时间5月19日在巴西圣保罗正式启动。

这是巴西设立的第一家华人足球青训基地，主要招收12岁以下的巴西华裔青少年，按照体育发展规律“从娃娃抓起”，以挖掘和培养足球运动的“华人球星”。同时为广大华裔青少年提供一个强身健体的重要平台。

中国驻圣保罗总领馆领侨处主任李鹏宇在启动仪式上说，巴西是“足球王国”，其足球理念、机制和文化值得中国借鉴。巴西建立华人青少年足球训练基地是一件好事，将为热爱足球的华裔子女提供难得的学习机会，希望家长支持孩子踢球，加强中巴足球交流，早日培养出中国的“内马尔”和“梅西”，为中国足球事业的发展而不懈努力。

巴西中国商会会长王小军表示，青训基地将依托巴西足协和科林蒂安足球俱乐部的优势资源来进行运作，主要目的是培养具有世界影响力的“华人球星”，未来规划将巴西华裔子女、本地有足球才华的青少年和中国国内足球青少年学员，按照“三三制”（各占30%左右）的原则进行结合，一起进行足球训练，共同提升足球水平。

巴西科林蒂安足球俱乐部国际关系部主任比森特·坎迪多表示，俱乐部将委派优秀青训教练对华裔儿童进行全面培养，涉及足球训练、比赛、医务监督、运动营养和科学指导等方面。目的是让华裔学生在健康、快乐、进取的环境中全面发展，发掘足球运动的潜力，挑选出优秀的足球少年送往更好的平台获得更高级别的专业培训，成为足球界的明日之星。

巴西中国商会秘书长冯波对记者说，圣保罗侨界对华人足球青训基地的设立十分重视和支持。许多家长争相带着孩子前来报名参加训练，他们希望孩子们通过踢球增强体质、锻炼意志和强化团队精神，为今后的全面发展打下坚实的基础。

巴西华人协会会长张伟以及圣保罗侨界部分侨领、巴西足球界友人、学生家长等100多人出席启动仪式。

（中国新闻网2019－05－20/莫成雄）

海外华人作家戴小华：对精神家园的笃定令我无漂泊之感

“我心中‘家’的这种概念不是属于地域性的或是国界的、疆域性的，而是精神上的。因为我强烈感受到中华文化血脉的存在，我对自己的这个精神家园可以说是非常笃定的。”5月25日，马来西亚著名华文女作家戴小华表示。

戴小华，祖籍河北沧州，生在台湾，定居吉隆坡。20世纪80年代后期以反映当时马来西亚股市风暴的剧作《沙城》一举成名，作品涉及戏剧、评论、散文、报告文学、小说、杂文等。

当日，戴小华携新作《因为有情——戴小华散文精选集》现身，此散文集收录了戴小华从创作的众多散文中精选和整理的80余篇，作品围绕当今生活之现实，叙事娓娓道来，文风素朴，给人以亲朋好友倾心交谈之感。

“这是我对自己一路走来的一次回首，如同巴金先生所说，‘我之所以写作，不是我有才华，而是我有感情’，这本集子叫作‘因为有情’正是源于此，其中的每一篇，皆是我心中所感。”戴小华说。

评论家贺绍俊认为，戴小华的作品中少见海外漂泊所带来的悲凄，代之以一种充满善意的平和宽容，“这份平和宽容，我感觉是源于戴小华自身，她的内心坚实有力，没有漂泊的纠结。”

“尽管世界上的华人分处各地，但基于血缘上的渊源及文化上的感情，即使身在他乡，语言和文字却使他们与故土的根源藕断仍丝连。”戴小华在集子中《我的中国梦》一篇中写道，“我这才明白‘血缘’和‘文化’不是一种可以任你随意抛弃和忘记的东西。”

戴小华直言：“对于‘家园’，曾经的我也在寻觅，但是随着阅历的增加，后来的我没有太多困惑了，我非常笃定，我们的精神家园，就是中华文化。”

戴小华是推动马来西亚和中国文化交流的先行者。在刚刚结束的亚洲文明对话大会上，戴小华参加了“文化旅游与人民交往”分论坛，她表示：“我非常愿意担当文化的传播者，世界各地的人们，有了了解就会有理解，有了理解大家才能够创造很和平和谐的一种关系。这种感情应该是长久且稳定的。我想这也是我们文化人的一个使命。”

谈及未来的创作计划，戴小华表示，自己计划推出一部长篇小说，“把我在生活上的一些经验，用小说的方式表现出来”。至于新作的风格类型，戴小华称：“当我拿起这支笔的时候，我希望能够给别人带来一些比较正能量的东西。”

（中国新闻网2019－05－25/高凯）

推广华文教育　大马华校教师总会推动举办华语演讲赛

第35届马来西亚全柔华小华语演讲比赛，将于当地时间6月15日，在峇株巴辖华仁中学一力厅开赛。当天，将有15名来自柔佛州各县的参赛者前往一较高下。

比赛由马来西亚华校教师总会（教总）主推、柔佛中区华校教师公会主办，并由柔佛州华校教师公会联合会协办。当天，也将颁奖给全柔笔试比赛及教师节绘画比赛的获奖者。

工委会理事日前召开新闻发布会指出，该华语演讲比赛旨在加强华小学生学习华语的兴趣，以提高其华文水平、促进华文教育的推广与发展，欢迎有兴趣的学生和教师前往观摩。

大会将邀请柔佛州议会副议长兼帆加兰州议员颜碧贞为赛会主持开幕，闭幕嘉宾是峇县发展华小工委会主席郭耀通。

（［马来西亚］《星洲日报》2019－06－06）

新加坡发新钞纪念开埠200年　三位华人被印上钞票

6月5日，新加坡总统哈莉玛宣布了一则消息。

为纪念新加坡开埠200周年，新加坡金融管理局将于10日正式推出20元纪念钞。哈莉玛表示，推出小面额纪念钞是希望能让更多新加坡人共同拥有新钞票，让开埠200周年的纪念更具意义。

小小一张纪念钞，包含的内涵却非常丰富。纪念钞正面印有新加坡首任总统尤索夫·伊萨的肖像，肖像旁是新加坡国家美术馆。

钞票背面则向八位曾对新加坡社会做出显著贡献的代表人物致敬，八人的肖像下流淌着新加坡河，河水从右边淳朴的码头流到左边变成繁华的市区，象征着新加坡过去200年从渔村、码头不断发展成现在先进的商业与金融枢纽的局面。

纪念钞设计者表示，这是首次有八名已故社会杰出人士一起出现在新加坡钞票上，这八位先贤过去200年在不同阶段、不同领域为现代新加坡奠下根基。

而值得一提的是，这其中有三位华人面孔。他们是为推动新加坡华文教育不遗余力的华教先驱陈嘉庚、被誉为新加坡特蕾莎修女的许哲（Teresa Hsu Chih）以及新加坡杰出女教育家王惠卿。

这些先贤的后人出席了推介活动。陈嘉庚孙女陈佩仪说：“爷爷坚韧不拔的态度和远大的眼光给人很深刻的印象，他奉献巨大的财富兴建学校，不只是在新加坡，在中国也这么做，历史学家说他兴建超过100所学校。”

杰出女教育家王惠卿的妹妹王惠恩说，下周适逢王惠卿的诞辰，这无疑是个最好的礼物。

这些华人为何受到如此推崇？他们曾经历过哪些风云历史？留下了哪些传奇故事？

陈嘉庚
华侨旗帜，民族光辉

1874年10月21日，陈嘉庚出生在闽南的小渔村，而后创业于东南亚成为“橡胶大王”。

陈嘉庚一生传奇，奉行“国家之富强，全在于国民；国民之发展，全在于教育”的理念，在各地创办和资助学校达118所。

1911年，陈嘉庚先后在故乡创办了集美小学、集美中学、师范、水产、航海、商科、农林等校（统称“集美学校”）和福建省最早的综合性大学——厦门大学。

在如今的集美学村和厦门大学，陈嘉庚被师生尊称为“校主”。嘉庚学子遍天下。

1955年，陈嘉庚设立“新加坡、香港基金”，他在新加坡的资产全部投入教育基金，被指定为集美学校经费。当他1958年患病住院时，立遗嘱将他的余款、利息及今后的各项收入，都作为集美学校教育基金。

陈嘉庚逝世后，其国内334万元人民币的存款，均由政府用于教育与公益事业，他的后代未取分文。

陈嘉庚也不遗余力支援中国抗战事业。抗战爆发后，陈嘉庚被公推为“南洋华侨筹赈祖国难民总会”主席，东南亚华侨在他的号召下，为抗战出钱出力。

1939年至1942年间，3200多名华人子弟受陈嘉庚感召，放弃了优越生活，从东南亚各国回到中国，在新开辟的滇缅公路上抢运中国抗战所急需的战略物资，为抗战胜利做出巨大贡献。

现而今，陈嘉庚精神已经传播到世界各地。以他名字命名的嘉庚星、嘉庚水母、嘉庚路、“嘉庚号”科考船、美国加州大学伯克莱分校的嘉庚楼……无不折射出世人对他的景仰与怀念。

许哲
被誉为新加坡的“特蕾莎修女”

许哲于1898年出生于中国汕头。在漫长的人生中，她曾在中国香港、英国、南美洲生活与工作，在国际义工组织担任护士。

她于1963年来到新加坡，两年后她设立了专为老弱和孤苦病人而设的福利养老院，义务收容了当地250位贫病老人。

“我小时候在汕头的家乡，透过家里的窗户，看到外面许多的乞丐。一些人残疾了不能走路，另一些人坐在街上哭喊着求助。我的心在哭泣。我说人不该这样活着，我告诉自己长大后有钱了我要给这些穷人。”

在志愿者的协助下，许哲还成立了“心连心”服务组织，给生病的老人分发食物和钱。83岁时，许哲卸下养老院的工作后，私下负担起照顾27名老人的责任。

许哲还时常收集旧衣服，送给印度尼西亚、菲律宾及印度的穷人。在105岁高龄时，她还千里迢迢到柬埔寨山区，把粮食和日用品分发给那里的村民。

她认为，助人不应分种族、国家和宗教，大家应视人如己、视天下如一家。“我视每一个人为我的兄弟姐妹。人类就像一个大家庭。我只是尽自己的力量去照顾需要我照顾的人。”许哲说，“当然，我没有权力要求他人也那么做，我只能身体力行。这种事，须发自内心才行。”

王惠卿
极具开拓精神的女教育家

王惠卿于1918年出生于新加坡，父母为中国福州人。她被广泛认为是具有前瞻性和开拓性的新加坡教育家、教师培训学院（TTC）的第一位女校长、教育学院（现为新加坡国家教育学院）的创始主任。

王惠卿曾获得哈佛大学教育研究生院的奖学金及教育博士学位。1963年在吉隆坡新成立的姐妹校区开设教育学院。1969年回到新加坡，并加入新加坡教育部担任研究主任。1973年成立教育学院（IE），并被任命为首任主任。

教育学院的建立显著改善了教师教育，王惠卿重新组织了教师培训课程，并采用了多学科的方法进行教师培训，建立教师的专业能力，助力学生的个人成长。

（中国侨网2019－06－09/冉文娟）

澳大利亚公布英女王寿辰授勋名单　13名华人获勋

澳政府公布2019年英女王寿辰的授勋名单，1214名澳大利亚人获颁勋章，表彰对国家或人类做出卓越贡献。其中13名为华人，人数之多是近年之最。

据报道，获颁勋章的人来自不同领域，包括艺术界、教育界、饮食界、科技界、医学界和小区服务界。

此外，今年获勋的女性比例达四成，也是史上最高。

即将卸任的联邦总督高斯罗夫（Peter Cosgrove）说：“整体提名人数和澳大利亚女性通过荣誉制度获得承认的人数继续上升，是伟大的事。我们全都乐见高尚的澳大利亚女性获认同的情况越来越好。”

（［澳大利亚］《星岛日报》2019－06－10）

阿根廷布省胡宁市召集华人商家举行食品培训

据阿根廷华人网报道，日前，阿根廷布宜诺斯艾利斯省胡宁市政府的食品卫生部门再次针对当地的华人超市业主举行了培训。

据了解，此类针对华人商家的食品培训已举行过几次，本次仍向参加培训的人员发放了中文版的操作手册，里面对于如何保证食品安全和健康不仅有操作说明，还列出了详细规定。现场有中文翻译人员。

对此，食品卫生部门的负责人Julio Ferrero解释称："我们针对本市的华人超市业主和运营者举行了新一期的培训，原因是这些超市有变换业主，所有人都应遵守法律规定的内容。"

他表示："这些培训涉及良好的食品操作规范，基于补货、保质期的管理、仓库内产品的操作及根据交易规模拥有一定数量人员的可能性。自从对华人超市进行管控以来，情况有了很大改善，这是因为我们与他们并肩工作。"

"现在，他们已改变了很多来自原籍国的行为，有时候需要通过文化形式来改变。但他们须适应我们的文化，因此我们说变化是非常大的。"

华人超市的法律代表Germán Pérez表示："这是我们与食品卫生部门共同完成的一项工作，这些课程采用中文授课，是一次真正的融合。这是为了帮助华人超市业主正确理解阿根廷食品法和每种操作技术规范。"

他表示："胡宁市政府向华人商家敞开大门，这种工作方式已取得了显著变化，这对全社会是重要的，我们应经常来参加此类培训，而不仅仅是为取得健康证，我们很高兴能与市政府一起合作。"

（中国侨网2019－06－10/黄东）

加拿大华裔老兵出席诺曼底战役 75 周年纪念仪式

加拿大卑诗省长贺谨于6月6日联同多名加国第二次世界大战退伍军人，出席在法国朱诺滩（Juno Beach）举行的诺曼底战役75周年仪式，其中包括现年97岁的列治文华裔退伍军人周镜球（George Chow），他也是唯一来自卑诗省的华裔退伍军人。

除了6日参与登陆日（D-Day）纪念活动之外，周镜球与其他多名加国退伍军人，以及加拿大总督帕耶特（Julie Payette），日前出席在法国尚布瓦（Chambois）举行的另一个仪式，纪念1944年盟军登陆诺曼底一役。

1921年在加拿大维多利亚市出生的周镜球，早在18岁时已经入伍，是当年少数获准加入卑诗省军队的华裔军人。在第二次世界大战期间，他担任加拿大皇家第2陆军炮兵队的炮兵。他忆述，在成功抢滩登陆后，他们继续向内陆的康城（Caen）及其他地区推进，然后再随军队前往比利时、德国及荷兰等征战。

大战结束后，周镜球加入加拿大皇家炮兵团的重高射炮第43分队，担任炮兵指挥官。直至1963年，周镜球正式退役。

诺曼底登陆战有1.4万名加拿大军人参与，其中359名军人阵亡。

（［加拿大］《星岛日报》2019－06－11）

两位浙江籍华人获选意大利普拉托市议员

据意大利《欧华联合时报》报道，两名祖籍为中国浙江的华人近日胜选意大利普拉托市议员，这是该城市第一次诞生两位华人议员。

据报道，在普拉托第二轮选举中，祖籍浙江青田县的华人王小波（Marco Wong）和祖籍浙江瓯海的华人林诗璇（Teresa Lin）参选的BIFFONI团体以56.13%的得票率胜出。

此次选举在5月26日举行了投票。

据悉，55岁的王小波在意大利出生，米兰理工大学毕业，从事亚洲食品进口，并任EXTRABANCA银行董事会的董事。他一再强调华人社区需有自己的话语权。

林诗璇今年24岁，毕业于美国弗吉尼亚商学院金融和会计专业，从事服装行业。她提出，为了自己和下一代，所有人都应当积极参与选举。

王小波和林诗璇在竞选过程中得到了普拉托侨界的鼎力支持。5月初，普拉托各华人商会的侨领在欧洲青年企业家协会召开会议为他们助选，号召华侨华人踊跃参加选举，为他们投上宝贵一票。

（［意大利］《欧华联合时报》2019－06－11/程源）

卢森堡华侨华人举行庆祝新中国成立70周年歌咏大会

当地时间6月11日，卢森堡华侨华人举行庆祝中华人民共和国成立70周年歌咏大会，展现华侨华人充满活力、团结和谐的精神状态，抒发对祖（籍）国的深沉爱意。

歌咏大会以“我爱我的祖（籍）国”为主题，由卢森堡青田同乡会、卢森堡中国和平统一促进会、卢森堡广东华侨协会、卢森堡温州同乡会、卢森堡华侨华人青年联合会、卢森堡福建同乡会共同主办。中国驻卢森堡大使黄长庆应邀出席。

活动开始前，六侨团组织了“我爱我的祖（籍）国”“快闪”演出，30多位华侨华人在卢森堡知名景点宪法广场展示横幅，激情高唱，气氛热烈欢快；在主会场，华侨华人合唱了《歌唱祖国》《我爱你中国》《我爱我的祖国》等脍炙人口的歌曲。

据了解，未来一段时间，卢森堡侨社将以庆祝中华人民共和国成立70周年为主

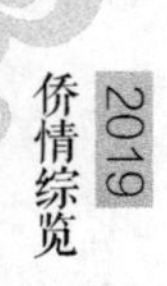

题，组织各协会开展歌咏活动，振奋精神，凝聚力量，展现华侨华人奋发向上的精神风貌，传递热爱祖（籍）国、团结和谐的正能量。

（中国侨网2019－06－12）

世界福州十邑同乡总会第十五届代表大会在马来西亚古晋举行

世界福州十邑同乡总会（下简称“世福总会”）第十五届常年会员代表大会，近日在马来西亚古晋举行，逾千名世界福州乡亲欢聚一堂，共迎盛会。

世福总会总会长吴换炎对前来参加大会的世界福州乡亲表示热烈欢迎与诚挚感谢。他说，世福总会成立29年来，已发展成为一个会员遍布全球各个角落的世界性组织，全球福州乡亲间的情谊历久弥新、愈发紧密。他希望全球福州乡亲们珍惜这份乡情，借助第十五届常年会员代表大会平台，助力世福总会继续成长，更加密切与各地同乡间的交流和往来，用一颗颗福州心，共同打造世福总会更加辉煌的明天。

“希望我们能尽地主之谊，让大家来到古晋，就如在海外回到了一个亲切温暖，乡音处处的‘家’。”大会主席、世福总会执行会长兼马来西亚福州社团联合总会总会长刘为强表示，本届大会盛况空前，世福总会104个属会中，共有93个属会报名参加活动，突破历届大会纪录，希望世界福州同乡不忘世福总会创立的宗旨与初心，携手同心、同舟共济，让乡情之花开遍全球，让满满榕情洋溢四海。

当晚，与会乡亲纷纷点赞本次大会接待工作的井然有序、周到细心，他们在海外感受到满满的乡情。欢迎会上，马来西亚民族舞、福州语歌曲等精彩节目纷纷上演，现场乡情融融，场面温馨热烈。

（中国侨网2019－06－14）

大洋洲中文教师大会在新西兰举行　讨论汉语教学

第三届大洋洲中文教师大会6月15日在新西兰奥克兰大学举行，百余名来自澳大利亚、新西兰和部分南太平洋岛国的汉语老师一起讨论汉语教学的经验和方法，为进一步推动大洋洲汉语教学建言献策。

本次大会讨论的议题涉及汉语文字教学、汉语口语教学、汉语语言和文化教学以及汉语教学评估等多个方面。

中国驻奥克兰总领馆副总领事肖业文在发言中说，近年来中国与大洋洲国家之间的交流不断深入，双方在教育、科技和文化领域的合作成果显著。这些都离不开长期在汉语教学领域辛勤工作的老师们的努力。他希望中文教师们能够充分利用大会的平台，切磋海外中文教育的经验，从而为中国与新西兰、中国与大洋洲地区的人文交流与合作作出更大贡献。

中国驻新西兰大使馆教育参赞董志学表示，中国欢迎更多大洋洲学生学习汉语，更多地了解中国。在中国和大洋洲国家的关系发展中，汉语教育扮演了重要角色，汉语老师更是功不可没。

两年一届的大洋洲中文教师大会是大洋洲地区汉语教学工作者的一次经验交流大会。

（新华网2019－06－16/卢怀谦，陈正安）

英国 50 家华人社团致公开信反对英方涉港错误言论

英国50多家华侨华人社团代表7月5日发表致英国政府的公开信，反对英方涉及香港的错误言论，呼吁珍惜来之不易的中英友谊。

这是继中国驻英国大使刘晓明3日举行中外记者会阐明中国严正立场之后，在英华人社会对英国干涉香港事务与中国内政表达强烈不满和坚决反对的一次集体发声。

公开信表示，中英关系逐年有了巨大的改善，特别是2015年10月中国国家主席习近平访问了英国，在英华侨华人和英国人民一样，高兴地见证了两国关系进入到前所未有的“黄金时代”。

公开信指出，英方就香港问题发表了一些不公正的言论和观点，与目前中英关系的“黄金时代”极不协调。英方有关涉港言论既无法理的依据，也会对中英两国人民珍视和来之不易的中英友谊造成不应有的伤害，这是生活在英国的华侨华人所不愿意看到的。

公开信强调，22年以前中英已经把影响中英关系的香港问题在历史上解决了，希望这个在主权和治权方面已经解决的问题，不会由于来自英方某些政治人物的不当言论而重新成为妨害中英关系的现实障碍。我们衷心希望两国都繁荣富强，更期盼中英友谊在平等互利、相互尊重主权的精神指引下日久天长。

公开信发起人之一、旅英文化学会主席黎丽表示，公开信由50多家华侨华人社团代表联合署名，并于当日下午寄给英国外交大臣杰里米·亨特（Jeremy Hunt）本人。公开信发出后，相继有20多家华人社团表示支持和响应。

（中国新闻网2019－07－06/张平）

泰国女侨领：让甘肃中医药在东南亚“生根开花”

一直以来，泰中（西北）商会会长虎炎为甘肃中医药进入泰国“来回奔忙”。她还克服困难，邀请泰国卫生部等多批高官，考察甘肃定西市临洮县、岷县等中药材原产地。

“甘肃在泰国过于低调，泰国人对甘肃认知度不高，事实上甘肃有很多资源。”近日，虎炎在兰州接受中新社记者专访时表示，比如，甘肃的道地药材和泰国传统天然植物草药有共通之处，市场前景很好。

祖籍为甘肃的虎炎离开中国已有27年，嫁给泰国丈夫后，夫妻俩一直致力于推动甘肃与泰国间的交流。她坚信，中医药必将在东南亚地区“遍地开花”，“首先泰国就有1400万华人，而东南亚是世界上华侨华人聚集最多的地区，有中医药文化之根。”

2018年5月，泰国岐黄中医药中心在曼谷挂牌成立，这是甘肃继在匈牙利、吉尔吉斯斯坦、白俄罗斯等国之后，在海外建立的又一个岐黄中医药中心，虎炎是泰方负责人。她透露，接下来，将和兰州佛慈制药合作在泰国建一所中医院，将甘肃“药食同源”的原材料出口到东南亚。

虎炎说，泰国人普遍愿意接受中医治疗，公立医院的针灸等中医疗法已经进入医保，泰国岐黄中医药中心目前接诊的患者大多是高收入华人群体，接诊患者数逐步增长。

“有一个明显趋势，中西医结合对癌症等一些疑难杂症病例的治疗效果，越来越受到包括泰国在内的国际社会关注，目前中医在海外规模虽然很小，但是会越来越好。”她说。

“甘肃有2000多年历史的古丝路，有考古实证中华文明达8000年的大地湾遗址，除了海洋以外的所有地形这里都有……”在敦煌开往兰州的火车上，虎炎不时用汉语、泰语和英语“自由切换”着向来自格鲁吉亚和乌克兰的同学不停地介绍甘肃，每一样都如数家珍。

在泰国华人圈，祖籍甘肃的侨胞人数较少，但虎炎十分有名。近日，她受甘肃省经济合作局所托，成为甘肃驻泰国商务代表处首席代表。

虎炎说，未来将在泰国推介甘肃丝绸之路旅游线路，并持续组织泰国官员、旅行商、第三代侨胞等群体游访甘肃，推动两地交流合作，“只有人和人的交流频繁，才能推动人才的互动，人才往来才能带动两地经济合作、文明互鉴。”

（中国新闻网2019－07－10/南如卓玛）

英国各族裔收入差距报告发布　华人是“最高薪”群体

根据英国国家统计局（简称ONS）最新发布的2018年英国各族裔收入差距报告显示，在英国所有族裔群体之中，华裔和印度裔员工的平均收入分别位居全国前两名，高于英国本土白人员工。

统计发现，2018年，华裔员工的平均收入比英国白人员工高出30.9%之多。

报告显示，孟加拉裔员工的收入最低，比英国白人员工少20%。平均来看，有色人种族裔的收入要比白种人族裔低3.8%。

ONS资深分析师休·斯蒂克兰（Hugh Stickland）分析称："如果把教育和机遇等影响因素加入后，英国白人和大部分其他族裔的收入差距会缩小很多，虽然其中仍然存在显著差异。"

此次统计的数据基于2012—2018年时薪收入总值的中位数。数据显示出，华裔群体的时薪高居榜首，2018年中位时薪为15.75英镑/时。

紧随其后的印度裔中位时薪为13.47英镑/时，其他国家白人族裔为12.33英镑/时，英国白人族裔为12.03英镑/时。

收入最低的孟加拉裔仅为9.6英镑/时，巴基斯坦裔以10英镑/时居倒数第二位。

"数据揭示了残酷的现实：即便在如今，种族因素依然深刻地左右着收入分配。"英国工会大会（TUC）的总秘书长弗朗西斯·欧格雷迪（Frances O'Grady）表示，"政府需要尽快制定有效法案，以进一步驱动就业平权，消除劳动力市场中的种族歧视问题。"

除了种族影响，性别差异对收入的影响也很显著。

尽管华裔总体收入居首，然而具体到华裔群体内部，男性收入却比女性高出19.1%，相差悬殊。总收入居第二的印度裔内部差异更甚，男性比女性收入高23.2%。

只有总收入排最低的孟加拉裔群体中，女性收入要高于男性。

从区域上看，伦敦的少数族裔收入，却比英国白人员工收入少21.8%。

是否出生于英国，对于少数族裔收入也有影响。数据显示，普遍上看，出生于英国的少数族裔收入会高于非出生于英国的同族裔员工。就孟加拉裔来说，生于英国的孟裔收入只比本土白人少8%，但非生于英国的孟裔则要少26.8%。

出生于英国的华裔和印度裔，与本土白人没有任何收入差异，甚至远高于后者。但生于英国以外地区的华裔和印度裔，收入则比本土白人分别低4%和5.5%。

ONS的报告中分析指出："这样的对比结果或许表明，拥有英国本地教育学历和可能地道的英语语言能力，是造成这种差别的原因。"

（《英国侨报》微信公众号2019－07－10）

全日本华侨华人联合会会长谈侨团运营如何更立足侨民

日前，全日本华侨华人联合会（简称"全华联"）新任会长贺乃和接受记者采访，讲述了他对于全华联工作的展望。在采访中，他提到侨团应该依照"规范化、功能化、年轻化、信息化"建设，立足于侨民。

会长贺乃和称，自己2010年起，对经商兴趣减退，想做喜欢的事。"由于我一直在热心于协会、社团，大部分精力都投入于此了。对我来说，第一是爱交朋友，

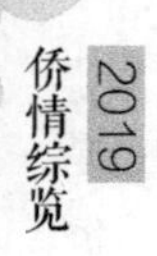

第二是当兵出身，重视言必行，行必果，喜欢正直的人。这么多年为侨团做事，出钱出力冲在前，主要是想努力回报大家的信任，带领大家把这个联合会搞得更加规范、健康。”他说。

在谈到全日本华侨华人联合会接下来将开展的工作。贺乃和表示，第一，要制度化。联合会制度化做得还不够，会章会规也有很多需要细化的地方。如何解决大家觉得不科学、不现代化、不信息化的地方，是自己要做的。如果让我们的侨团都按照规范化、功能化、年轻化、信息化这个标准建设，那么肯定会让各个侨团都受益。第二，建立监察委员会，为了监督会长，监督所有的领导团队成员，有没有会权私用，有没有违章违规，并提交常务理事会。让所有团队领导都知道，这个会是大家的，是62个团队的会。做事一定要公平公正。

当记者问到监察机制如何设立时，会长贺乃和发表了自己的看法，他说：“监察机制由我们设立的常务副会长讨论指定的人，他们只对常务委员会负责，不管你是谁，只要发现问题，就要向常务理事会提出报告，在每两三个月一次的例行会议上实时发布是否有违规事项。虽然我们是民间团体，但是也尽量向正规化靠拢，不能老是不规范。太松散的管理，是不能应付和适应现在越来越壮大的全华联的62个团体的。”

他还强调，以后所有入会团队都要经过审查，包括推荐理事也要经过审查，看看这个理事在日本期间参加过的团队和他的言行是否有问题，保证全华联理事的素质和质量。

会长贺乃和也认为工作推行起来会有难度，这就需要规章制度，将制度建好，让监察委员会监督执行，大家谁都没有意见，包括具体建设，由各个委员会的委员长拿出自己的施政方案。“我们取消介绍人制度，一切都是按照规章制度来。由常务委员会接管入会审查。大家一起来讨论，由事务局提供资料和调查报告。”他说。

他认为，侨团活动中，威信很重要，没有威信则难称为侨领。威信靠做人，不是靠任命，也是任命不了的。中国古话，“人过留名，雁过留声”，侨领也一样，靠口碑，靠做人。遇到事情是否出于公心，是否正直，是否出钱出力冲在前面，这是衡量一个侨领的标志。全华联应该立足于在日侨民，把华侨华人团结在一起，融入当地社会。“像我们在日本，就搞好自己的生活工作，搞好中日友好，也积极配合使馆做好各项活动。”

会长贺乃和表示，会依照“规范化、功能化、年轻化、信息化”这四化建设侨团，让侨团真正立足于侨民。

（［日本］《中文导报》2019－07－11/杜海玲）

荷兰中华书画协会举办书画艺术展庆祝新中国成立70周年

当地时间7月9日，荷兰中华书画协会在荷兰第四大城市乌得勒支举办书画艺术展，庆祝新中国成立70周年。中国驻荷兰大使馆代表、荷兰侨界领袖、旅荷书画艺术家等各界人士近百位嘉宾出席活动。

现场展出协会会员诸多画作并举行义卖活动。荷兰中华书画协会会长夏孟贤在致辞时表示，团结统一的中华民族是海内外中华儿女共同的根，博大精深的中华文化是海内外中华儿女共同的魂，实现中华民族伟大复兴是海内外中华儿女共同的梦。希望华侨华人在新时代有新担当、新作为。

松柏轩中国书画院画家胡泊和大家分享了自己的经历。他说以前搞了几十年书画，一直很难在海外推广传播。现在随着中国国力增强，民族文化多样性得到尊重，中华书画越来越受认可。

应邀出席的中国驻荷兰大使馆领事部秘书袁春华表示，新中国成立70年来，旅荷侨胞秉承中华民族优秀传统，积极融入和回馈当地社会，为传播中华文化、促进中荷人民友谊做出积极努力。本次书画艺术展即生动体现了旅荷侨胞对祖（籍）国的一片赤忱。

全荷华人社团联合会主席季增斌在发言中说，中华书画协会作为全荷华人社团联合会的成员之一，以书画的形式拉开了庆祝新中国成立70周年的序幕。中华书画协会一直为传播中华书画、弘扬中华文化努力，这种精神和毅力令人敬佩。

在义卖时刻，胡泊书画作品《双青图》和中华书画协会副会长吴欢武的隶书作品被购买收藏，义卖所得款项后又全部捐给了中华书画协会；荷兰华星艺术团也到场助兴，表演了笛子独奏《梅花泪》和民乐《妈妈的吻》，赢得嘉宾热情掌声。

（中国侨网2019—07—11）

博茨瓦纳华助中心“华助杯”汉语辩论大赛举行

据博茨瓦纳华助中心消息，当地时间7月7日上午9时，博茨瓦纳第二届（2019）“华助杯”汉语辩论大赛总决赛在博茨瓦纳中国大使馆的会议厅内顺利举行。至此，从2月份就开始筹备的辩论赛，经过了为期5个月的选手培训和初赛，圆满落下帷幕。

中国驻博茨瓦纳大使馆全权特命大使赵彦博及夫人毛雪虹、政务参赞王帮富、领事部主任申德春、哈博罗内华助中心主任胡中文、博茨瓦纳大学孔子学院院长蒲度戎出席决赛现场。

博茨瓦纳“华助杯”汉语辩论赛由哈博罗内华助中心主办，今年已是第二届。针对部分在博侨胞对中文的理解和运用不够娴熟，甚至会出现提笔忘字的情况，通过汉语辩论赛的形式，促进侨胞和孩子们多读中文、多用汉语。

哈博罗内华助中心发挥华助中心职能、服务侨民开展的辩论赛活动，既提高侨胞们的文化素质又丰富侨胞的业余生活。华助中心在比赛前邀请孔子学院的冯思思、曾奇老师担任本届辩论赛的培训老师。他们有过辩论赛经验，从开始就帮助选手们一起选辩题、找论点，让年轻的参赛选手对辩论赛的流程有所了解，并做好更充分的理论准备。每次的模拟辩论点评总结精准到位，给予选手们很大的帮助。

哈博罗内华助中心主任胡中文发表了讲话。他感谢大家百忙之中抽出时间来参加2019年“华助杯”汉语辩论大赛。并表示，在博茨瓦纳孩子们学校不同，中文水平不同，要举办这样一个专业性强、周期性长的活动非常考验人。

“今年，在对去年的赛事进行总结后，我们和孔子学院的老师们沟通，在取得他们的支持后，我们华助中心补贴老师的课时费及交通费，让老师们对孩子们在赛前先开展为期2个月的赛前辅导，让孩子们对辩论有个系统性的了解，为他们赢得更高水平的能力打下坚实的基础。”

赵彦博大使在致辞中希望大家再接再厉，把这项活动开展下去。

孔子学院的蒲度戎院长说，哈博罗内华助中心在筹办和组织这项活动中付出了辛勤劳动，孔子学院以实际行动派出老师们全力支持，为海外侨胞子女的教育工作添砖加瓦。

经过紧张激烈的唇枪舌剑，比赛决出了冠亚季军，并评选出最佳辩手及优秀辩手。

在此次比赛中，选手的表现令人称赞，他们紧扣辩题，抓住论据，答辩有理有章。选手们在查找资料、钻研辩题和论述论据的过程中需要运用中文，用中文思维去理解，在准备的过程中获得了团队合作的经验，他们互相帮助、团结协作，每名参赛选手都表示意犹未尽，他们总结上场的经验，分析对手的特点，学习氛围特别浓厚。在海外的小华侨们能通过这次比赛认识更多的朋友，促进华文教育的学习，思辨能力得以提高，他们希望这样的比赛经常举办。

家长们赞许这是一次了解中国文化，加强沟通的好活动，希望哈博罗内华助中心继续根据华侨华人的需求多办诸如此类的活动。

（中国侨网2019－07－12）

秘鲁江门五邑青年联欢交流　冀促进中秘友好

当地时间7月13日，在秘鲁利马举行的主题为“携手追梦，共创未来”的联欢晚会上，秘鲁江门五邑青年联合会主席雷丽娟说，将充分发挥秘鲁五邑青年生力军的作用，促进中秘友好。

刚刚接棒五邑青年联合会主席的雷丽娟说，来自广东的台山、开平、鹤山、新会和恩平的“五邑”年轻人，他们有的出生在秘鲁、有的从小随父母来秘，虽然有着不同的文化背景，但是他们的根在中国。这些年轻人在秘鲁学习、生活，成长在中国与秘鲁两个特殊的文化环境中，他们融入秘鲁社会之中，成为秘鲁社会的一分子。这些年轻人有朝气，有语言优势，在社会不同行业都发挥着他们自身独特的优势，他们也是会馆的后备力量和未来侨社的生力军。

据了解，这是自江门五邑青年联合会成立以来第一次举办联谊活动，当天的联欢晚会有一百多位来自广东五邑的青年们欢聚在一起，他们表示，身在秘鲁不忘根，愿意为促进中秘两国友好贡献自己的力量。

（［秘鲁］《公言报》2019—07—15）

欧洲浙江籍侨团负责人“一带一路”座谈在罗马举行

据意大利欧联网援引欧联通讯社报道，当地时间7月16日，由中国驻意大利使馆支持，浙江省侨办、浙江省侨联、浙江省海外联谊会主办，意大利华侨华人联合总会等华人社团承办的“发挥华侨华人优势，参与一带一路建设”欧洲浙江籍侨团负责人“一带一路”座谈会在意大利首都罗马举行。

中国驻意大利使馆吴冬梅参赞，浙江省委常委、统战部部长熊建平，浙江省侨联主席连小敏，温州市委统战部部长施艾珠，丽水市委统战部部长王小荣，以及来自意大利、法国、西班牙、奥地利、希腊等20多个欧洲国家的100多位浙江籍侨团负责人和代表应邀出席了座谈活动。

座谈会由浙江省侨联主席连小敏主持，意大利中国和平统一促进会创会会长刘光华、法国华侨华人会主席任俐敏、西班牙华侨华人协会主席毛峰、奥地利奥中企业交流协会主席詹伟平、希腊华侨华人总会会长邹勇、葡萄牙华人联合总会会长王小伟、意大利华侨华人青年会会长曾步锋、德国青田同乡会会长赖成敏等侨团负责人分别在座谈会上发言，并就欧洲浙江籍华侨华人主动融入国家发展大局，抓住共建“一带一路”的机遇，发挥华侨华人桥梁和纽带作用，不断密切中欧友好关系，共同拓展“一带一路”沿线市场交换了意见和看法。

意大利华侨华人联合总会会长胡海峰首先代表座谈会承办方对与会领导和出席座谈活动的侨领表示欢迎。胡海峰说，共建“一带一路”符合世界各国的发展利益，是欧洲沿线各国发展的共同愿望，必将迎来新一轮高质量发展的热潮。

胡海峰表示，生活在欧洲的华侨华人是“一带一路”建设中的重要力量，具有独特优势和重要作用，共建“一带一路”已经成为华侨华人同圆共享中国梦的新的历史舞台，我们要抓住契机，站在更高起点、更高层次、更高目标上，助力“一带一路”实现高质量发展。

中国驻意大利使馆吴冬梅参赞表示，中意两国是古丝绸之路的起点和终点，意大利是七国集团中首个与中国签署“一带一路”合作谅解备忘录的国家。中意在“一带一路”框架下的务实合作，可以在凝聚共建“一带一路”的新共识、打造互联互通的新亮点等方面着力推进。希望广大华侨华人不断挖掘务实合作的新潜力、丰富民心相通的新渠道，为中意两国携手构建人类命运共同体不断注入新的活力和动力。

温州市委统战部部长施艾珠、丽水市委统战部部长王小荣分别向与会侨领介绍了侨乡近年来社会经济发展所取得的巨大成就。希望大家争做和谐社团建设的维护者，不断完善侨团运行机制，引导侨胞共同融入“一带一路”建设的历史大潮，把“一带一路”建设成为最广泛凝聚侨心侨力之路，创新发展文化交流之路，在“一带一路”倡议的实践中展现人生价值，实现远大抱负。

意大利中国和平统一促进会创会会长刘光华表示，“一带一路”已经成为世界上规模最大的合作平台和最受欢迎的公共产品，越来越多的国家参与其中并从中获益。华侨华人须积极发挥自身优势，在投资贸易、人文交流方面进一步促进旅居国与中国的交流合作，促进社会经济发展的多元化。

法国华侨华人会主席任俐敏说，每个国家的文化习俗各具特色，国之交在于民相亲，推进“一带一路”建设文化要先行。通过文化的认知，让更多的西方人士了解中国和“一带一路”的愿景。

任俐敏表示，海外侨胞有融通中外的独特优势，如果我们做好“一带一路”文化沟通，那么“一带一路”的人文思想、包容思想与合作共赢的思想理念，就更加容易被西方社会所接受。

希腊华侨华人总会会长邹勇强调，海外侨胞要积极关注国内市场和政策，特别是家乡的政策，发挥身边的优势资源，寻求适宜的产业，既为家乡发展做贡献，也为自身多元化产业发展创造更好的条件。

邹勇表示，希望浙江有关侨务主管部门加强涉侨经济课题研究，建立海外侨商回国投资咨询服务平台，专门为侨商投资提供咨询服务，提高侨商回国投资的成功率。

浙江省委常委、统战部部长熊建平表示，今天在意大利罗马举办“一带一路”欧洲浙江籍侨领座谈会，首先我们要深刻认识华侨华人在“一带一路”建设中的地位和作用。浙江籍侨胞主要分布在“一带一路”沿线国家和地区，经济实力雄厚，智力资源丰富，商业人脉广泛，有优势，有基础，有条件，在促进浙江与沿线国家和地区加强互联互通上发挥了重要作用。

其次，广大华侨华人要成为“一带一路”建设的有力推动者，推动“一带一路”走得更通，走得更强，走得更顺。

第三，真正把“一带一路”建设成为最广泛凝聚侨心侨力之路，要把“一带一路”打造成一个团结的合作之路，一个创新发展之路，一个文化交流之路。

熊建平表示，希望广大华侨华人，充分借助“一带一路”建设契机，发挥人文优势，更好地展示浙江形象和浙江文化。积极主动向当地社会宣传介绍中国文化、浙江文化，为“一带一路”做正面宣传，传播更多的中国好声音，浙江好声音。

据悉，座谈活动由意大利华侨华人联合总会、意大利华商总会、意大利（中国）总商会、意大利温州工商会、意大利青田同乡总会、意大利罗马妇女会、意大利南部瑞安同乡会、意大利南部文成同乡总会、意大利侨爱慈善会、意大利中国和平统一促进会、意大利衢州总商会、意大利华侨华人青年会、意大利妇女企业家联谊会、欧洲文成（社团）联合会共同承办，并得到了中国驻意大利大使馆的大力支持。

（中国侨网2019—07—17/博源）

首届阿根廷世界华裔小姐大赛初赛举行

近日，首届阿根廷世界华裔小姐大赛初赛举行。比赛分为青年组和辣妈组，参赛佳丽们身着礼服进行T台走秀，展现自己的美丽与自信。

阿根廷华文教育基金会、阿根廷广东商会、阿根廷浙江商会、阿根廷东北三省总商会、阿根廷华侨华人妇联总会联合主办本次大赛。

接下来，大赛将进行网络投票并在8月4日进行决赛，选出优秀选手参加2019年8月在广州举行的世界华裔小姐大赛总决赛。

“世界华裔小姐大赛”，以弘扬中华民族优秀传统文化，服务全球侨界，携手合作，发展共赢，致力打造明日之星为宗旨。

“世界华裔小姐大赛”由中国侨商联合会、广东省侨联指导，广东省侨联青年委员会、广东省侨界仁爱基金会等承办，全国各省市侨联与侨商联合会支持。它也是一个服务于全球华人华侨的顶尖国际赛事，以华裔特有的面貌和主题，向世界展示华裔女性独有的美丽与素质。

（阿根廷华人网2019—07—17）

马来西亚人口数约 3260 万　华裔比例较 2018 年减少

日前，马来西亚统计局总监莫哈末·乌兹尔在文告中指出，根据2019年马来西亚现有人口估计报告，2019年马来西亚人口约3260万人，比2018年的3240万人增加0.62%，但华裔人口却减少了0.2%。

莫哈末·乌兹尔在文告中指出，2019年男性人口比女性人口多，分别是男性1680万人及女性1580万人。他说，在2019年，性别比是每100名女性对107名男性。

他说，在总人口当中，2940万人是公民，320万人是非公民。

莫哈末·乌兹尔还提到，报告显示，0至14岁人口比重减少至23.3%，2018年则有23.8%，而年龄65岁及以上人口则从去年6.5%增至6.7%。他指出，根据马来西亚的乐龄人士（老年人士）政策，一旦年龄60岁及以上人口达到15%将进入人口老化，而2019年60岁及以上人口占10.3%，比2018年10%增加0.3%。马来西亚预计在2030年人口老龄化，届时60岁及以上人口将达到15.3%。2019年比重最高的州属是雪兰莪州20%，沙巴州12%及柔佛州11.6%。

他表示，在马来西亚本地人口当中，马来族人口增加0.2%至69.3%，华裔人口从23%减少至22.8%，印度裔及其他种族分别维持在6.9%及1%。

（［马来西亚］《诗华日报》2019－07－18）

西班牙拍摄纪录片　华人走上荧屏讲述投资故事

近年来，中国投资者不远万里到世界各地投资兴业，与中国合作密切的西班牙，也愈发受到青睐。西班牙第四电视台"Fuera de Cobertura"节目就拍摄了纪录片《欢迎郑先生》，讲述中国人在西班牙投资的故事。

据西班牙电视台第四频道消息，"Fuera de Cobertura"节目拍摄了纪录片《欢迎郑先生》，主持人Alejandra Andrade采访了几位中国商人，请他们讲述在西班牙投资的故事，这部纪录片于当地时间7月17日22时45分播出。

据悉，中国投资者在西班牙收购了公司、酒庄、足球俱乐部，购买了住宅及建筑物等，但是这些"神秘的富翁"从来不愿以真面目示人。西班牙电视台第四频道拍摄了这部纪录片，向西班牙社会介绍中国投资者，让这些中国人士走上西班牙荧屏。

在纪录片中，主持人Andrade采访了一位在西班牙考察的中国投资者。这位姓李的富豪走访了西班牙的马德里、马拉加、加迪斯等地，寻找值得投资的土地、酒店及酒庄等，计划在西班牙投资数百万欧元（1欧元约等于7.74元人民币）。

两天的行程结束后，李先生的随行负责人向Andrade表示："我们以这种方式考察，是因为他的时间很宝贵。"李先生希望为来到西班牙海岸度假的中国游客打造一个度假村，他们愿尽一切可能推进该项目发展。

西班牙的葡萄酒产业对中国投资者有着极强的吸引力。据悉，节目组走访了位于Aranda de Duero的一家酒庄，这是西班牙第一家完全由中国人经营的酒庄，老板是23岁的年轻人Julián。他的父亲Ping在30年前来到西班牙，并买下了一家酒庄。

据悉，这家酒庄70%至80%的葡萄酒会运往中国，剩下就销往西班牙和欧洲其他地区，在米其林餐厅或英国宫都能找到它的影子。Julián说，他认为西班牙的红酒质量是世界上最好的，中国人也越来越喜欢西班牙的红酒了。

Fuera de Cobertura节目组还来到了马德里IE商学院，该学院的研究生学费至少5万欧元。如今，约有70名中国学生就读于IE商学院，Andrade采访了其中的3名。他们都住在萨拉曼卡区（Salamanca），没有工作，需要家里人提供生活费。这些学生告诉她，他们从周一到周日每天要学习至少10个小时。

同样，在马德里，Andrade还陪同中国会（西班牙）名誉会长Margaret Chen参加了她组织的板网球比赛，听她讲述她在西班牙的生活。Chen在美国的顶尖大学学习计算机工程专业，但是最后为爱留在了西班牙。作为几家中国和西班牙公司的顾问，Chen向记者表示她每天都要“工作18个小时”。

她说：“西班牙对于打入欧洲及拉美市场是一个重要的窗口，西班牙有很多丰富的资源，而中国人之前并不了解。”她还向记者表示，西班牙人对中国人有很多刻板印象，但其实还有西班牙人看不到的一面，很多为社会做贡献的中国人，有各种各样的人。其实在内心深处，中国人和西班牙人很相像。

最后节目组来到了巴塞罗那的奢侈品一条街，看到了中国游客强大的购买力。报道称，中国游客在西班牙的最主要旅游目的地就是巴塞罗那，他们在每家商店平均消费1000欧元。2018年，中国游客在西班牙的旅游开销高达8亿欧元。

节目指出，西班牙俗语“像一个中国人一样工作”并不是空穴来风，这就是为何华人群体在西班牙乃至全世界都获得巨大成功的原因。

（《欧洲时报》西班牙版2019—07—19/土伯尼）

首届非洲华侨华人民间外交论坛新闻发布会举行

据《非洲华侨周报》报道，7月19日，“华侨华人和国家形象”——首届非洲华侨华人民间外交论坛新闻发布会在哈博罗内举办。中国驻博茨瓦纳大使馆政务参赞王帮富、领事部兼办公室主任申德春、活动主办方博茨瓦纳中国和平统一促进会暨华人慈善基金会会长南庚戌、博茨瓦纳华侨华人总商会会长胡中文等出席活动。

中国驻博茨瓦纳大使馆政务参赞王帮富指出，2019年是中华人民共和国成立70周年，是中华民族伟大复兴的征程上一个重要的节点，在这个关键时刻，举办一场提升海外华侨华人形象、展现中国大国风貌的论坛，可谓恰逢其时。“华侨华人与国家形象”这一主题十分巧妙，符合时代主题，而这一活动落地博茨瓦纳，意义非凡，是在博华人华侨的荣幸。

王帮富说，当前，中博、中非友好发生历史性变化，民间友好作为中非交流当中的有力支撑，是时代赋予我们的使命，离不开我们共同的努力。他说，看到现场这么多华人华侨代表的参与，让我们感到很有底气，希望旅博侨胞把握机遇，携手并肩，努力办好此次活动，共同把中博、中非关系推向新高度。

南庚戌在发言中表示，此次论坛由博茨瓦纳中国和平统一促进会主办，由博茨瓦纳和各非洲侨社共同协办。论坛将充分汇聚华人华侨民间智慧、凝聚民间力量，

推动华人华侨在非洲的可持续发展，推进构建更加紧密的中非命运共同体。论坛中，除了主论坛外，还分别就中国和平统一、野生动植物保护、文化艺术、慈善公益、汉语教育、“一带一路”合作等等设计了分论坛。目前，论坛的筹备工作正在按部就班、有条不紊地进行中，将于下月初如约而至。

南庚戌透露，来自南非、赞比亚、坦桑尼亚、莫桑比克、安哥拉、肯尼亚、埃塞俄比亚、纳米比亚、苏丹、津巴布韦、卢旺达、巴拿马、捷克及博茨瓦纳等近20个国家的中国和平统一促进会、中企机构与华人社团代表，以及来自文化艺术、传媒教育、野生动植物保护等领域的近两百位华侨华人代表将汇聚一堂，论坛为大家交流思想、分享经验、凝聚共识、建言献策提供平台，并就华侨华人关注的重要议题进行相关讨论。

博茨瓦纳华侨华人总商会会长胡中文表示，总商会与华助中心将从资金、人力等方面全力配合。胡中文说，举办这场论坛是属于博茨瓦纳的荣誉，而各位旅博华人理应义不容辞。

侨界代表近50人出席了活动。

（中国侨网2019－07－21）

促进多元文化繁荣　两华人获阿根廷“移民巾帼奖”

当地时间23日晚，阿根廷侨团联合会，阿根廷国家移民局和布宜诺斯艾利斯市议会，联合向来自阿根廷、中国、意大利、海地、秘鲁等22个国家的30位移民妇女，颁发阿根廷“移民巾帼奖”，以表彰她们为促进阿根廷多元文化的繁荣所做出的杰出贡献。旅阿侨胞，阿根廷妇女儿童联合会会长陈静、阿中文化交流使者都晓琳获此殊荣。

多年来，阿根廷妇女儿童联合会会长陈静一直带领阿根廷妇女儿童联合会，坚持关注旅阿华人妇女儿童及其他国家移民团体的妇女儿童切身利益。定期组织开展贫困家庭扶贫慰问活动；多次去儿童医院看望患病儿童，给他们送去学习用具、儿童玩具等，关心青少年的身心健康；利用在阿根廷移民协会担任秘书长的工作条件，悉心了解阿根廷的移民政策，为20余名旅阿华人争取并办理了退休养老金。陈静表示，今后还要为更多的旅阿华人争取合法权益，使大家在阿根廷能够愉快地生活。

旅阿华侨、阿中文化交流使者都晓琳，多次参加阿中两国高层互访活动，并担任首席翻译工作，为促进阿中两国的友好交往做出了积极贡献。

都晓琳还受聘于阿根廷外交部，阿根廷总统府等重要部门担任中西文翻译。今年在阿根廷召开的G20国家首脑会议中，都晓琳继续担任翻译工作。多年的辛勤工作中，她见证了两国关系发展的多个重大历史时刻。

旅阿华人为居住国的繁荣发展做出了积极贡献，得到了阿根廷社会的认可和赞誉。广大旅阿妇女更是“巾帼不让须眉”，她们在各自的岗位做出了令人瞩目的成绩。

（阿根廷华人网2019－07－24/柳军）

意大利摩德纳华人表现抢眼　工会向华人抛橄榄枝

目前华人已成为意大利艾米利亚-罗马涅大区的第五大族群，在摩德纳省排名第四，华人也是移民当中创业比例最高的族群，引来意大利工会的关注。

统计显示，截至2019年1月1日摩德纳省内华人数量已达6169人，占当地移民总数的6.6%。在艾米利亚-罗马涅华人约有3万人，且男女比例均等，大区中超过60%的华人都生活在各中国街及附近区域。据摩德纳省商会的统计，当地华人企业近1200家，占总数的3.3%。其中华人服装纺织产业占到半数，主要聚集在Carpi、Campogalliano、Soliera和Novi地区。华人餐馆有200家，占总数的13%。大部分华人都持工作居留，但与华人高就业率不成正比的是，当地工会中的华人会员寥寥无几。

意大利工会协会CISL工会艾米利亚大区秘书长对此表示：“尽管华人很多，但对于我们工会来说却是一个陌生的群体，他们总被描绘成一个看不见的群体，他们和自己的祖（籍）国还有自身传统一直保持着紧密联系。事实上，意大利的华人群体十分年轻，这里年过70岁的华人不超过十人，获得意大利籍的年轻华人正在不断增多。在我看来，学校已成为华人二代融入当地社会的理想之地。”他还表示：“我们希望与华人之间建立关系，首先是要赢得华人的信任。加入工会的华人需要诸如续居留这样的服务，我们希望在不久的将来摩德纳也能成为华人工会会员最多的地区。”

（《新欧洲侨报》微信公众号2019－08－02）

中医专家赴新西兰基督城义诊　获当地侨胞好评

为庆祝中华人民共和国成立70周年，扩大中华传统医学和文化在海外的影响力。由河南省人民政府侨务办公室主办，河南省各中医院与新西兰基督城中华协会、新西兰河南文化贸易促进会联合承办的大型中医药专家讲座及义诊活动——“中医关怀”，近日于新西兰基督城正式拉开帷幕。

本次活动得到了当地华侨华人、中资机构以及外国友人的广泛关注与好评，并在基督城当地掀起了一股看中医、学养生的“中医热”！

2019年8月1日上午10时许，“中医关怀”活动开幕式在基督城市中心图书馆正式举行。中国驻克赖斯特彻奇领事馆总领事汪志坚先生、基督城市长莉安·达尔齐

尔女士、基督城市议员陈金龙先生、基督城社区委员会委员艾伦·坎贝尔先生、新西兰基督城中华协会会长张宏寰女士等嘉宾出席了开幕式并致辞。

河南省人民政府侨务办公室王润玲处长做了国情宣讲，介绍了中华人民共和国成立70年来取得的巨大成就。来自河南省的五位中医专家在现场为100余位华人华侨和外国友人进行了中医"望闻问切"和针灸推拿治疗，还为大家表演了中医传统养生功"五禽戏"，受到了与会华人华侨和当地友人的高度赞誉。

中医药学是中国古代科学的瑰宝，也是打开中华文明宝库的钥匙。"中医关怀"计划不仅仅是祖国在新中国成立70周年之际，为海外华人华侨送去的一份关爱，同时也充分体现了海外侨胞优势，并对提升海外中医行业的整体水平与形象起到了极大的推动作用，扩大了中华文化和中医药在世界范围内的影响力，让更多人能够从中医药中受益并获得健康。

（新西兰中华新闻通讯社2019－08－03/徐柏曾）

驻挪威使馆举办旅挪华侨华人座谈会　侨领建言献策

据中国驻挪威大使馆网站消息，近日，驻挪威使馆举办旅挪华侨华人座谈会。中国驻挪威大使易先良、使馆相关负责人以及来自15个旅挪主要侨社的30余名侨领出席。

座谈会气氛热烈。侨领们纷纷畅所欲言，介绍了各自侨社的发展历程，并围绕中挪关系、侨社未来建设以及使馆侨务工作积极建言献策。

易大使认真倾听了与会侨领的介绍和建言，对广大旅挪华侨华人长期以来坚定支持中国和平统一大业，积极推动中挪各领域友好交流与合作予以高度赞赏。他表示，中国驻挪使馆作为"旅挪华侨华人之家"，将始终坚持"以人为本，外交为民"，一如既往地为广大旅挪侨胞做好服务。希望他们继续秉承中华民族优良传统，包容互助，精诚团结，更好地融入当地社会，为进一步促进中挪友谊与合作作出新的贡献。

（中国侨网2019－08－03）

首届非洲华侨华人民间外交论坛在哈博罗内召开

首届非洲华侨华人民间外交论坛5日在博茨瓦纳首都哈博罗内开幕。

此次论坛主题为"华侨华人和国家形象"，旨在为来自全球的华侨华人提供一个广阔的平台，使其共同探讨华侨华人在民间外交领域的历史、现状与未来发展走向。

中国驻博茨瓦纳大使赵彦博表示，举办此次民间外交论坛是旅非侨界的一大盛事，更是中非人文交流发展进程中的一座里程碑。论坛举办一是具有特殊的时代背景，二是面临紧迫的客观需要，三是拥有难得的历史机遇。“国之交在于民相亲，民相亲在于心相通。”他提出，召开首届非洲华侨华人民间外交论坛是促进中非人文交流、增进民心相通的一项重要行动，“众人拾柴火焰高”，新时代的中非关系需要海外华侨华人贡献力量与智慧，做“中国故事”的宣传者，做“一带一路”的开拓者，做“文明互鉴”的推动者。

即将迎来80岁生日的博茨瓦纳前总统费斯图斯·莫哈埃应邀参加此次论坛。他表示，博茨瓦纳与中国两国人民的友谊源远流长，中方为博基础设施建设和人力资源能力建设等方面提供了宝贵的支持，博茨瓦纳衷心感谢中国政府和人民长期以来对博提供的帮助，并重视同中国的双边关系。此次论坛不仅是博茨瓦纳华侨华人的大事，同时也是博茨瓦纳全国的大事，论坛将帮助两国人民加强相互了解，拓展两国双边交流合作的深度和广度，同时也能向全世界更好地展示博茨瓦纳的良好形象。

博茨瓦纳中国友好协会执行会长南庚戌表示，为推动中非合作向更高质量发展，助力中非全面战略合作伙伴关系迈向新高度，避免中非合作过程中出现不必要的误会与矛盾，此次论坛将充分汇聚民间智慧，凝聚民间力量，推动华侨华人和中资企业在非洲的可持续发展。

（中国新闻网2019－08－05/王曦）

加拿大众多华人团体谴责暴力乱港行径　拥护“一国两制”

加拿大众多华侨华人团体近期陆续公开发表声明，谴责香港激进示威者实施的违法暴力活动以及冲击“一国两制”底线的行径，支持香港特区政府依法施政。

来自温哥华、多伦多、渥太华、蒙特利尔、卡尔加里、埃德蒙顿、维多利亚等诸多城市，包括温哥华中华会馆、加拿大中国洪门民治党总支部、加国港人关注港情协会等在内的204个侨团机构日前发表联合声明，表示支持香港法治稳定，反对少数激进分子的暴力行径，反对任何“港独”及分裂势力破坏香港的社会稳定，支持香港特区政府依法施政。声明表示，香港事务是中国内政，反对任何外国势力干预。维持香港的和平、法治、稳定和繁荣发展是海内外华人的共同愿望。

全加华人联会（安大略区）的声明表示，部分示威暴徒悍然冲击中央政府驻港机构，玷污国旗和国徽，公然挑战中央政府的权威，触及了“一国两制”的原则底线。全加华人联会（安大略区）对此恶劣行径表示极大愤慨和强烈谴责。这种行为破坏了香港的繁荣稳定，严重损坏了“一国两制”的基本原则与香港同胞的切身利益和长远福祉。

加拿大华人同乡会联合总会发表的题为《拥护“一国两制”，谴责暴力乱港》的声明指出，香港某些私欲至上的政客不惜勾结某些海外反华势力，诱导以年轻人

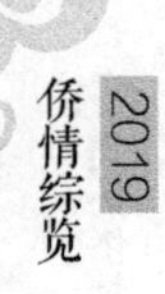

为主的激进示威者为“炮灰”，不断破坏香港安宁，冲击香港法治。真心希望全香港市民看清激进示威者背后政客的庐山真面目，在大是大非面前做护港爱家的良心市民。声明说，坚信香港一定会挺过眼前的困难，坚信有“狮子山精神”的香港广大爱国爱港市民一定会胜利，更坚信香港特区政府和香港警队一定会维护香港的法治和安宁，保护市民安全和所有旅游者。

全加华人促进中国统一委员会（大多伦多区）与加拿大多伦多华人团体联合总会亦发表声明，强烈谴责香港部分极端分子近期的一系列暴力乱港行径；支持香港特区政府依法严肃处理相关事件，采取一切必要措施恢复香港的法治和社会安宁。

（中国新闻网2019－08－06/余瑞冬）

南非政府设立“南非中文日”

当地时间8月5日，南非政府宣布将每年的9月17日定为“南非中文日”。

南非基础教育部部长安吉·莫采卡对汉语教学在南非所取得的成果予以肯定并指出，2015年南非政府决定将汉语作为选修语言纳入国民教育体系以来，汉语教学日益受到社会各界的欢迎。“人文交流是南中两国战略合作伙伴关系的重要支柱之一，期待通过语言教学深化两国人民之间的相互理解。”

南非卡拉遗产学院主席马托勒指出，南非与中国的文化纽带源远流长，两国人民历史上就形成了友好的情谊。所谓的“文明冲突论”根本站不住脚，恰恰相反，不同的文明更应该交流借鉴，相互取长补短。

“这是一件了不起的事情。”金山大学非洲语言文学系系主任邦尼·宗古认为，这意味着中国对南非的传统文化展现出了极大的善意与尊重，也为深化两国民心相通奠定了重要基础。

中国驻南非大使林松添表示，为促进中南文化交流与相互了解，中国也在积极引进南非语言教学。林松添指出，中国顶级的外国语高校——已有84种外语教学的北京外国语大学，开设了祖鲁语教学，同时开设了茨瓦纳语、科萨语和索托语选修课，开始招录中国学生，并即将出版中国版的祖鲁语教材和词典。北京外国语大学还派遣了两位老师来金山大学学习。

中文推广在南非已经走过了15年的历程。2003年，中南两国政府签署了高等教育合作协议，开启了两国教育合作的新篇章。2004年，南非第一所孔子学院在斯坦陵布什大学正式设立。如今，南非是非洲大陆孔子学院和孔子课堂数量最多的国家，已合作建立了6所孔子学院和3个孔子课堂。中国在南汉语教师和志愿者共54人。除6所孔院外，还在45所中小学开设汉语课程；目前共计有中小学生学员7100余名，大学生学员1300余名，社会学员450余名。

（中国新闻网2019－08－06）

美国旧金山抗战史维会举办活动　呼吁民众纪念慰安妇

8月14日是国际慰安妇纪念日。近日，美国旧金山湾区抗日战争史实维护会（下文简称“史维会”）召开记者会，公布了最新制作的纪念慰安妇海报牌，并呼吁民众免费领取，插在自家前院草坪上，以便让更多人了解二战期间日本军国主义分子的罪行。

史维会会长张昭富表示，2019年是史维会第一次发起该活动，希望民众今后每年8月的第3个星期都拿出海报插在院子里，以纪念国际慰安妇纪念日，为受害者伸张正义。他表示，自己已将牌子插在院子里，并保持到日本正式道歉，对受害者进行赔偿。“有邻居询问，我就给他们介绍，这也能让更多人知道二战期间日本犯下的恶劣罪行。”

据了解，牌子上写有“慰安妇应得到正义”（“Comfort Women” Deserve Justice）字样，三名慰安妇少女铜像图案从左到右分别代表韩国、中国和荷兰慰安妇。她们坐在椅子上，双手握拳，目光直视前方。

前史维会会长邵正印介绍，该纪念活动由韩国于2018年首先发起。1991年8月14日，韩国慰安妇受害者金学顺挺身而出，在历史中首度公开揭露日军二战期间性暴力犯罪。“战后46年终于站出来，这非常不容易，她的勇气也鼓舞了其他慰安妇站出来发声。”邵正印说。虽然联合国、美国国会及多国议会一再谴责二战时日本的暴行，但日本政府至今不肯承认及道歉。

活动现场，多位协会成员也纷纷对日本军国主义者在二战期间强征数十万年轻妇女充当日军性奴隶的行径予以谴责。目前，亚洲多个国家和地区都发现了慰安妇制度的受害者。

（［美国］《世界日报》2019－08－6）

“海外成都”尼日利亚工作站设立

近日，成都海外交流协会卢伟良团长率代表团访问尼日利亚，在拉各斯举行成都海外交流协会与尼日利亚中国商贸企业协会共建“海外成都”尼日利亚工作站签约和授牌仪式。

成都市委统战部副部长、市侨办主任卢伟良，尼日利亚中国商贸企业协会会长倪孟晓均表示，将以“海外成都”尼日利亚工作站设立为契机，进一步密切联系，扩大交流领域，促进务实合作，实现互利共赢，为推动中尼友好贡献力量。

据介绍，2015年9月以来，成都市按照“资源共享、渠道共用”的工作思路，以会员遍布55个国家和地区的成都海外交流协会为载体，与对华对蓉友好的海外华侨华人及其社团、企业等机构开展合作，依托他们在所在国的政商界人脉和资源优

势，在全球创设了21个“海外成都”工作站。

（中国侨网2019－08－08）

日本东华教育文化交流财团：侨资基金30年前世今生

近日，日本公益财团法人东华教育文化交流财团发行了创立30周年纪念志《东华教育文化交流财团30年的历程》，记叙了这一历史悠久侨资基金的30年风雨路以及2018年10月举办的纪念活动，同时也成为30年来的中日交流的一个缩影。

据了解，财团的基本资产来源于华侨华人的捐助和伪满洲国高官之妻的在日遗留财产，从1988年发起时的3亿日元（1日元≈0.067人民币），至1998年的27亿日元，成为在日华侨华人社会的一笔巨大财产。

东华财团设立30年来，为中日两国的留学生交流和人才培养事业，为中日两国的教育、学术、文化交流事业提供了巨大的资助、做出了贡献。但是，30年今昔对比，中日两国国情与留学生交流规模已发生了重大变化，青少年交流事业更成为国家级项目，而在日华侨华人人数也迅速增长，面向华人子弟的华文教育问题日显紧迫。对此，东华教育财团如何继往开来，既维护好华侨社会的重要资产，又使其最大限度地发挥资助教育的作用，成为财团必须面对的课题。

旅日华侨耗时35年，赢得财团基础资产

东华教育文化交流财团前任理事长江洋龙曾在《20年纪念志》中回顾说：“东华财团是由东京华侨总会作为发起人并提供3亿日元基金的基础上设立的。财团创立以来，在中心人物陈焜旺前理事长和小川休卫理事的努力下，解决了伪满洲国高官的日本遗留财产，并接受了寄赠，才达到基本财产约27亿日元的规模。”原横滨山手中华学校潘民生校长说：“东华教育文化交流财团于1988年8月正式创立，从无到有，其中甘苦无法一语道尽。”这些历史证言，都说明了东华财团的创立极其不易，是旅日老华侨和日本友人耗费了时间、投注了精力，通过不懈斗争才赢得的可贵成果。

东华财团源自华侨，服务中日

据介绍，老一辈华侨和日本友人耗尽心力，费尽智慧，付出勇气，为华侨社会挣下这份财产。承接下厚重的历史遗产，必须慎重运营，为中日交流事业贡献力量。这是财团设立之初定下的宗旨，也是华侨和日本友人组成的理事会共同维护的原则。

财团成立多年来，基本上都是稳健运营。在泡沫经济高峰时期，财团购买十年国债的年利率高达8%～9%。虽然当时只有3亿资本金，但年收入规模几乎与现在相

同。如今，处于零利率时代，每年的运营收益只有1%～2%，虽然有27亿资本金，但运营收入不过3500余万日元。据统计，东华财团在1992年时，资本金不过7亿多日元，但年收入约达4900万日元，创出历年第二高峰；1998年，资本金达到27亿日元，年收入超过5000万日元，是唯一一次。近年来，财团资金运营年收入维持在3500万～4000万日元之间。

30年来，东华财团的事业贡献分为几个方面：

第一，为中日留学生提供奖学金，培育人才。财团每年为20～30名中国留日学生提供奖学金，每人每月8万日元，总计有900余名中国留学生获益；每年还为20～30名日本赴中留学生提供奖学金，每人每月2万日元，总计超过700人，两项事业费累计支出10.6亿日元。

第二，财团为中日之间的学术、教育、文化交流事业提供助成金，30年来资助了260个项目。

第三，财团每年为横滨山手中华学校和神户中华同文学校提供300万至400万日元的助学金，以支持在日华文教育。

第四，支援中国的华侨教育事业，每年资助暨南大学和华侨大学的教师来日留学或访问等。

接受过东华财团资助的留学生，现在活跃在中日多个领域，成为社会骨干力量。比如2005年度奖学生陈孜，现在成都医院应用心理教研室工作，在四川大地震后深入灾区，为孩子们做心理治疗；2005年度奖学生王蕊，在财团资助下完成了横滨国立大学的学习，后成为山手中华学校的教师；又如1995年奖学生周怀谷，在东京医科齿科大学取得博士学位，现已成为中国公安部DNA指导组成员等，在重要岗位上发挥作用。

东华财团面临继往开来时代新课题

自20世纪80年代末泡沫经济崩溃后，日本经济一直缺乏起色。持续多年的零利率政策，更对稳健型的东华财团的运营收入造成压力，使其不断扩大事业、资助更多留学生和中日交流事业的雄心变得捉襟见肘，力有不逮。

东华财团的创设与运营，凝聚着老一辈华侨的心血和智慧，值得所有华侨华人为之起敬。与此同时，财团成立之初，在日华侨华人不到10万；30年后的今天，在日华侨华人将近百万，其后代的华文教育问题非常突出，市场需求日益增大。对于以教育为宗旨的东华财团来说，这也许是一个转换运营思路、开创新天地的好机会。

（［日本］《中文导报》2019－08－08/杨文凯）

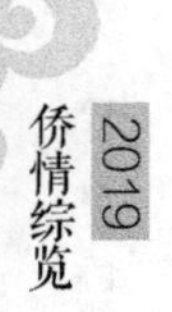

亚洲地区中国统促会理事会泰国召开 嘉宾合唱尽显中华情

当地时间8月10日，中国统一论坛暨亚洲地区中国和平统一促进会联合总会（以下简称“统促会”）二届三次全体理事大会，在泰国曼谷召开，泰国中国和平统一促进会总会会长王志民及夫人，中国驻泰国大使馆公参杨欣，泰国皇室席琳亲王，泰国中华总商会主席陈振治，泰国潮州会馆主席黄迨光等嘉宾，各国统促会代表以及台湾同胞等数百人出席会议。

大会上，主办方特别安排了爱国快闪活动环节，到场嘉宾合唱《我和我的祖国》，现场顿时被浓烈的爱国情怀包围，大会也在大家热情的歌声中被推上了高潮。

泰国统促会会长王志民表示，海外统促会将始终如一、牢记使命，恪守一个中国原则，坚决捍卫国家主权领土完整以及中华民族复兴，秉持“中泰一家亲”理念，扩大、深化两岸交流、交往，凝聚包括港澳台同胞和海外侨胞在内的全体中华人民，共促中国和平统一，共圆中华民族伟大复兴中国梦。

中国驻泰国大使馆公参杨欣发表讲话。他表示，2019年是中华人民共和国成立70周年，70年来两岸关系发展的历史证明，台湾是中国不可分割的一部分，两岸同属一个中国的历史事实是任何人、任何事都无法改变的；两岸同胞都是中国人，血浓于水、守望相助的天然情感和民族认同是任何人、任何事都无法改变的；台湾形势走向和平稳定，两岸关系向前发展的时代潮流是任何人、任何势力都无法阻挡的；国家强大、民族复兴、两岸统一的历史大势更是任何人、任何势力都无法阻挡的。

泰国中华总商会主席陈振治表示，中国一直坚持和平统一、“一国两制”，以和平方式实现国家统一是全体中国人民的共同心愿，和平统一有利于全民族大团结，有利于国家经济发展。两岸同胞都是中国人，有着血浓于水的亲情和共同历史文化，这是两岸关系和平发展的不竭动力。台湾是中国不可分割的一部分，两岸同是一个中国，这是不容争辩的事实。实现中国和平统一是全体海外侨胞的心愿。

泰国潮州会馆主席黄迨光在致辞中表示，海内外同胞要共同担负起和平统一大业的责任，任何国家及其势力都不能阻挡中华儿女和平统一的心愿。

随后，中国和平统一促进会联合总会二届三次全体理事会议也顺利召开，并选举老挝为亚洲地区中国和平统一促进会联合总会下一届轮值国。

（泰国头条新闻社2019－08－12/知否）

温哥华华埠节举行 以“功夫”为主题吸引逾五万人

主题为功夫的“2019温哥华华埠节”，当地时间8月10日在加拿大温哥华华埠举行。除有功夫及各种文娱表演外，现场还设置逾百个摊位，包括各式游戏和抽奖，更有20多辆美食车，向市民售卖不同种类的食品和饮料。主办单位估计，有超过5万名市民参与。

温哥华华埠商业促进会（VCBIA）主办的温哥华华埠节，是温哥华每年夏季其中一项大型多元化文化活动，除2018年停办一年外，在过去19年，每年都吸引数以万计市民及游客到华埠参与这项盛事。

华埠节现场设置舞台及大屏幕，用作表演及放映电影（［加拿大］《星岛日报》/冯瑞熊 摄）

大会2019年在温哥华奇化街（Keefer St.）夹哥伦比亚街（Columbia St.）路口处，设置表演舞台及大屏幕，安排各类表演，傍晚时分播放电影《功夫熊猫》。在路口以西路段则摆设多个摊位，市民可以玩游戏，欣赏传统手工艺品示范，参与迷你四驱车比赛，儿童可以在儿童游乐区玩乐，更可以到美食车购买食物和饮料，市民在此度过了一个愉快的周六。

活动让市民增进了解

大会在正午举行开幕礼，由VCBIA代主席沃克（David Walker），华埠节共同主席李世雄及黄杨燕霞主持，被邀出席的三级政要包括：国会议员关慧贞和黄陈小萍，卑诗省就业、贸易及科技厅厅长赖赐淳（Bruce Ralston），卑诗省专上教育、技术及训练厅厅长马兰妮（Melanie Mark），卑诗省贸易省务厅厅长周炯华，温哥华副市长郑慧兰（Melissa De Genova），温哥华市议员杨瑞兰（Sarah Kirby-Yung）和弗赖伊（Pete Fry）等。

李世雄在致辞时表示，华埠节2019年得到赞助商支持，令VCBIA不需要动用分毫，便可以举办这样盛大的活动。

赖赐淳在接受《星岛日报》记者访问时称，2019年的华埠节是历来最出色的一届。华埠节不单可令市民更好地相互了解，也令他们提高对彼此的信心，这在生活以及营商上都很重要。他又说虽然现时加美贸易出现纠纷，全球经济也有些动荡，都或将对卑诗造成影响，但他仍对本省经济及就业充满信心。

温哥华中华会馆副理事长吴俊誉表示，2019年的华埠节比往年更为隆重，通过这些活动，可令更多人认识华埠，也吸引更多人来华埠。

大会2019年增设华埠历史导赏团，导赏团带领市民参观各堂所，了解华埠历史；大会又提供免费穿梭巴士，巴士由温哥华市中心海旁天车站（Waterfront Station）接载市民到华埠；大会还设立单车存放区，方便骑单车人士参加。

（［加拿大］《星岛日报》2019－08－12/冯瑞熊）

肯尼亚华商讲述创业故事：在非洲拥抱中国机遇

从初出象牙塔奔赴肯尼亚工作的年轻人，到如今深耕中非国际贸易的企业家，卓武已经和非洲结缘20多年了。体验过成功和失败，经历过摸索和尝试，卓武将自己的创业故事向本报记者娓娓道来。

这是一个关于勇气的故事，也是一个关于机遇的故事。

爱上非洲这片土地

“当时，我刚刚毕业，参加工作不久。对非洲知之甚少，基本停留在书本上。”谈起20多年前初到肯尼亚的情景，卓武回忆说。

1996年，卓武从河北工程大学的国际贸易专业毕业后，进入河南省一家国企工作。不久后，卓武被公司派驻肯尼亚，负责当地市场拓展工作，并处理产品的遗留库存。

对走出象牙塔、初入社会的卓武来说，这次非洲之行是“无条件执行公司安排的任务”。他没有犹豫，背上行李，踌躇满志地踏上了这片陌生又神奇的大陆。

在肯尼亚工作两个多月后，表现突出的卓武又被公司派遣至乌干达分公司担任总经理。“那是一次难得的机会。”卓武感叹说，“肩上的责任要求我不得不更快地提升自我，更快地了解、融入非洲这片天地。”

说是总经理，其实就是一个光杆司令。“在国外独自生活的好处之一，就是迅速适应了当地生活。我在乌干达很快组建起自己的销售团队。”卓武说。

1999年底，工作快3年的卓武迎来了人生中的又一次选择。

当时，卓武与公司签署的合同即将到期。鉴于他驻外期间的优异表现，公司决定将他调回总部，从事国际业务的综合管理工作。

即将挥别非洲的卓武发现，自己已经深深爱上了非洲。“我喜欢这里的环境，喜欢这里的生活方式。最重要的是，我觉得非洲是一个充满了机会、具有广阔发展空间的大舞台。”

辞职，留在非洲。卓武做出了一个大胆的抉择。凭借此前从事销售的经验和基础，卓武的创业之路起步顺利。他开始在非洲销售河南生产的轻工业产品，后来进口山东烟台的苹果等鲜果产品在非洲销售，之后他成功加入联合国驻乌干达维和部队水果供应商的名单，很快站稳了脚跟。

逆境之中再出发

困难来得比想象中更快。

创业没多久，卓武就遭受了连番挫折。“首先是从国内进口的一批日用搪瓷产品出现了质量问题，损失惨重。随后，又因为物流问题，一批苹果在运输途中全部烂掉，造成了大笔损失和商业违约。我失去了供货商资格。之后，我投资饮料业，因为用人有误，再度以失败告终。”卓武向记者细细盘点着当时接踵而至的打击。

一系列的失败，让卓武几乎损失了此前的所有收益。他开始萌生退意，有了离开非洲的想法。当时，他申请了英国留学，并成功拿到了一所英国大学的入学通知。

“真的不甘心就这样离开非洲。”卓武撕掉了入学通知书，决定破釜沉舟。

时隔多年，谈起当年种种挫折，卓武显得云淡风轻。“我一直很喜欢日本企业家松下幸之助的一句话——逆境给人宝贵的磨炼机会。只有经得起考验的人，才能算是真正的强者。那段难熬的岁月，让我真正理解了这句话的内涵。”

2004年，再次起步的卓武反思了前几次生意失败的原因，总结出两条经验：一是不能经营易坏的产品，容易像苹果一样砸在自己手里；二是要在国内找到一个能够信任的合作伙伴，避免收到不合格产品。

卓武瞄准了建材业务。他发现，鲜有中国人涉足的东非建材市场蕴藏着巨大的商机。“以瓷砖为例，西班牙和意大利的瓷砖价格竟是中国同样产品价格的10倍。”说干就干，卓武重新筹措资金，联系国内供货商，从物流公司赊账，从零开始。

从2条货柜变成4条货柜，从4条货柜变成8条货柜……卓武一头扎入建材市场，从乌干达转战卢旺达，再回到肯尼亚，他的事业再次回归正轨。

如今，卓武依然在销售建材产品，不过他的商业版图已经扩展到了国际物流、旅游、医疗器械、生物科技、咨询公司等行业。

机遇来自中非发展

卓武扎根非洲已经超过20年了。“感受最明显的是，来非洲工作生活的中国人越来越多了。”深耕非洲市场多年的卓武一直在思考，如何帮助在非同胞少走弯路，更好更快地融入当地社会。

2017年，卓武和一些华商朋友共同筹建的肯尼亚中国总商会挂牌成立，由他担任会长。“为遇到困难的侨胞发声。”这是卓武的初衷。

近年来，中非关系进入全面发展的快车道，“一带一路”倡议和新时代中非关系并肩前行。处在国际贸易第一线的卓武，深切感受到中国机遇给非洲带来的澎湃活力。

2017年5月，在“一带一路”倡议的推动下，由中国企业承建的肯尼亚蒙内铁路正式建成通车。该铁路全长480公里，是肯尼亚独立以来最大的基础设施建设项目。“这条铁路为当地带来了实实在在的利益。”卓武感慨地说，以前货柜从蒙巴萨港口用货车运输至内罗毕需要几天时间，现在通过铁路运输仅需几个小时，而且方便、快捷和安全。

随着“一带一路”建设在非洲的深入推进，卓武正拥抱新的机遇。“许多在当地承建基础设施的中国企业，都从我这里购买过建材、家具、设备等。我和中航国际、中国路桥等许多国内企业也开展了密切合作。”

如今，事业有成的卓武依旧闲不下来。他活跃在中非经贸和人文交流活动中，为推动中非友好贡献着自己的力量。他曾奔走牵线，和多位中非友好人士一起，促成黄山风景区与肯尼亚山国家公园签订建立友好公园备忘录。

“非洲是我的第二故乡。”卓武动情地说，“我在这里取得的成就，全部源于中国和非洲的发展带来的机遇。”

（《人民日报海外版》2019－08－12/李嘉宝）

纽约“2019中央计划亚太裔职业日”吸引数千求职者

当地时间8月11日，“2019中央计划亚太裔职业日”在纽约华埠中华公所大礼堂举办，40家政府单位、企业及非营利机构现场招聘人才，吸引了数千名民众到场寻找机会。大部分求职者为应届大学毕业生，而薪资优渥、福利好的“铁饭碗”政府工则最受求职者青睐。

主办方之一纽约中华总商会副董事长邓遐勋介绍，此次职业日让求职者了解当前就业形势现状，也让他们获得了一定的面试技巧。

在谈到招聘要求时，很多企业的招聘负责人都表示，优秀的沟通能力、严谨的逻辑思维、丰富的社会实践经验和良好的团队协作意识是他们在面试中最看重的几个方面。

参加此次招聘活动的40家单位包括了州和市政府机构，以及知名的企业和非营利机构等。职业日现场秩序井然、人头攒动，每家企业前都挤满了咨询的大学生及求职者，热烈的气氛还吸引了很多在校生驻足聆听，提前了解企业招聘流程及要求。以纽约消防局、纽约市捷运局、纽约市监狱局等为代表的“铁饭碗”职位更是华人咨询的热门。

24岁的应届毕业生郑行11岁时从福建移民来美，大学就读的是心理学专业。他表示，最感兴趣的单位是纽约消防局和大都会运输署。此外，他也注意到许多职位都有双语要求，他认为这是亚裔求职者的一大优势。

毕业于纽约市立学院机械工程专业的龚晨阳表示，希望通过职业日找到一份相对稳定而薪资又比较高的工作。“私立的公司工资待遇好，但是政府工作比较稳定，各方面福利也有保障，我会尽量多投一些简历最后再作比较。”龚晨阳说。

亚太公共事务联盟纽约分会会长王晓薇表示，华裔民众由于各种原因，在职业选择上往往局限于华人社区内，但其实政府部门亦有很多对学历和语言程度要求不太高的岗位，而且薪资和福利待遇也相对高。

她指出，亚裔警员约占纽约市警数量的6%，其他政府机构甚至更低，这与亚裔民众占纽约市人口的比例相差较大，希望通过本次活动让更多的华裔民众接触和了解政府岗位的就业机会。

（［美国］《侨报》2019－08－12/杨澄雨）

意大利数十侨团为浙江灾区募捐　支持家乡抗灾重建

北京时间8月10日凌晨，超强台风“利奇马”在浙江台州温岭市沿海登陆，浙江永嘉出现严重山体滑坡、临海千年古城遭遇大水围城。灾情牵动了意大利广大华侨华人的心，支持家乡抗灾重建瞬间成为意大利华人社会的头等大事。

当地时间11日，米兰华侨华人工商会、意大利中国总商会、意大利中意青年联合会、佛罗伦萨华人华侨商贸联谊会、米兰浙江华侨华人联谊会、意大利威尼托华侨华人工商联合会等数十家意大利华人社团纷纷发布倡议书，号召广大华侨华人在祖国家乡遭遇自然灾害的关键时刻，共同支持家乡灾区人民重建家园、恢复生产，为浙江抢险救灾贡献力量。

米兰浙江华侨华人联谊会在倡议书中说，2019年是新中国成立70周年。然而，超强台风“利奇马”却为我们的家乡带来了严重的洪灾。为了支持浙江抗洪救灾，减轻灾害给家乡人民造成的损失，我们呼吁旅意华人社会积极向家乡灾区人民伸援手，献爱心，为抗灾重建多作贡献。

米兰华侨华人工商会倡议书表示，浙江是生我们、养我们的故乡，让我们把对祖国和家乡的爱凝聚为一种共同的力量，用行动、用爱心去抚慰家乡灾区人民的创伤，尽我们微薄之力去帮助家乡灾区人民重建家园，和家乡父老乡亲共同迎接新中国70周年华诞到来。

据悉，意大利中意青年联合会在发出倡议书后，在会长郑再生、秘书长叶序杰的组织下，不到5个小时的时间，便为灾区人民募集了善款10000多欧元。

郑再生表示，作为浙江籍侨胞，我们有责任和义务为家乡抗击自然灾害贡献自己的力量，大家有钱的出钱、有力的出力。所有善款将转交浙江省侨联统筹安排，让赈灾款项发挥最大作用。

（中国侨网2019－08－12/博源）

华文作家槟城采风　感受文化“守望相传”

第四届世界华文作家槟城采风团活动12日在槟城落幕，南开大学教授刘俐俐对中新社记者说，在这里，她感受到了华人对传统文化“守望相传”的力量。

在为期4天的行程中，来自十余个国家和地区的30余位华文作家、学者在槟城走访，与当地华社、华教和文化界充分交流。其中，有一场音乐会尤其让采风团成员们惊艳。

这场名为“槟城艳”的演出展示了多首从马来西亚走出的经典华文歌曲。让很多采风团成员们没想到的是，原来《无言的结局》《路边的野花不要采》《南海姑娘》等耳熟能详的华文歌曲，都是出自马来西亚华人创作者之手。

中国社会科学院研究员、中国世界华文文学学会副会长黎湘萍也告诉记者，其实不仅仅是歌曲，马华文学很早就成为华人文学的重要部分。

在参访马来西亚著名华文作家朵拉设于槟城的工作室时，其创作的中国国画让采风团成员们赞叹不已。刘俐俐说，作为马来西亚华文作家，朵拉也许很少见到雪中梅花盛开的景象，但寒梅、牡丹等中华文化的传统意象凝聚在她的文化血液中，让她可以毫无障碍地在宣纸上绘出动人的牡丹争艳、寒梅傲雪。

她说，其实马来西亚华人文艺作品亦如此，这些作品的根基和内核，就来自中华文化的传承。

第一次来到马来西亚的黎湘萍则希望进一步探寻，是怎样的水土，能孕育出马来西亚华人文化的绚丽的“花”和“果”。

经过数日的走访，黎湘萍说，“这是一片肥沃的土壤”，居于首功的是马来西亚传承不息的华文教育。

在槟城华人大会堂门前，有整整一面墙上镌刻着当地华社、华人对华人大会堂教育基金的募捐，捐款人从富商巨贾到普通民众，捐款额从几万林吉特（马来西亚货币）到上百林吉特。这面墙吸引了不少采风团成员驻足观看。

已经七度来马访问的福建师范大学教授袁勇麟说，在马来西亚，几乎每一位华人都曾为华教慷慨解囊，而华文教育，构成了马来西亚华人文化的坚实基础，令其生生不息。

持续四年的华文作家采风活动，有赖于槟城当地华社的坚持与努力。前几年，槟城嘉应会馆原计划拆掉重建，但后来发现其中所保存的众多中华传统建筑，会馆立刻停止原计划，决心修旧如旧。如今，嘉应会馆成为槟城又一景点。

也正是这件事触动了槟城华人大会堂主席许廷炎，他感到，作为当地华社组织，华人大会堂要举办更多中华文化交流活动，让槟城华人文化走向世界，也引入“活水”，保持当地华人文化的蓬勃生机。

于是许廷炎委任著名华文作家朵拉组建马来西亚各州华人大会堂首个文学组，并发起这一采风活动。朵拉则笑言，因为人手有限，作为组织者，每一届采风活动她都要拉上先生和女儿、妹妹一起来做义工，“全家总动员”。

在刘俐俐看来，所谓马来西亚华人对文化的守望，“守”是传承，“望”是发扬，在守望的同时，其文化又具备极大的包容性，能够与不同文明融合交流。

让黎湘萍印象深刻的，则是槟城的“和谐街”，不长的街道，观音庙、清真寺、印度教庙宇和教堂近在咫尺，和谐相处，成为文明交流共处的示范。袁勇麟告诉记者，这次采风活动中，他尤其观察到当地华人创办的宏愿大学，以开放式的教育平台，欢迎各个族裔学生入学学习，共同进步，充分体现了华人文化的包容性。

刘俐俐相信，在“一带一路”倡议推动下，这样的文明交流和融合一定能更加顺畅。朵拉也说，“一带一路”倡议愈来愈成为每届采风活动的焦点，对槟城华人文化对外交流和发展会有很大的推动作用。

（中国新闻网2019－08－13/陈悦）

中国驻朝鲜大使李进军赴江原道元山市慰问旅朝华侨

近日，中国驻朝鲜大使李进军赴朝鲜东部江原道元山市慰问当地华侨，了解侨胞工作和生活情况，并为他们送去祖国的关怀和温暖。中国驻朝鲜大使馆领事参赞林如海，江原道华侨联合会委员长金晨曦，江原道对外事业局、元山市对外事业处负责人等陪同。

李大使抵达元山中国人小学校后，与早早在此等待的华侨代表们亲切见面，两名侨胞子女手捧鲜花欢迎李大使到访。

李大使一行来到学校会议室，与华侨们深入座谈交流。李大使一一询问每位侨胞的姓名，详细了解他们在工作、生活、教育、医疗、养老等方面的情况，特别是面临的困难，表示使馆将深入调查研究江原道和在朝华侨各方面处境，并在力所能及的范围内为大家解决实际问题。李大使说，旅朝华侨虽然身在国外，但仍与祖国血脉相连，祖国和人民一刻也没有忘记大家，作为旅朝华侨“温暖的家”，使馆将一如既往贴心地了解在朝侨情，用实干践行“以人为本，外交为民”的理念，贯彻落实习近平总书记有关侨务工作的重要论述和党中央的各项要求。

李大使积极评价旅朝华侨为中朝关系发展作出的贡献，表示2019年是中华人民共和国成立70周年，也是中朝建交70周年，在这“两个70周年”之际，中国人民实现了从站起来、富起来到强起来的巨大飞跃，中朝关系掀开了历史新篇章。旅朝华侨应当以更加自尊、自信、自强的精神，在相互支持帮助、共同实现美好生活的同时，继续做好中朝友好交往的使者，为传承中朝友谊贡献一份力量。祝愿大家在朝工作顺利、生活舒心、身体安康。

华侨们感谢李大使远道而来慰问，感谢使馆一直以来对旅朝华侨的关心与帮助，表示祖国日益繁荣富强，旅朝华侨的幸福感和自豪感也与日俱增，今后将会在工作好、生活好的同时，发挥中朝交往的桥梁作用，为发展中朝友谊做出不懈努力。

（中国侨网2019－08－13）

巴西圣保罗举行“中国移民日”庆典活动

巴西“中国移民日”暨中巴建交45周年庆典活动18日在圣保罗举行，近3000名华侨华人和巴西民众参加了当天的活动。

活动在该市著名的旗手纪念碑旁的广场上举行。巴西华侨华人为现场观众带来了一个又一个充满中国元素的节目，赢得了现场阵阵热烈掌声。巴西桑巴舞校的舞者则用热情似火的舞蹈将现场气氛推向了高潮。

现场还设立了中医、书法、中国画、剪纸、中国结和中国美食等多个摊位，引来众多华侨华人和巴西民众驻足体验。

中国驻圣保罗总领事陈佩洁在庆典仪式上致辞说，感谢巴西议会推进“中国移民日”的设立，也感谢巴西华侨华人对推动中巴友好作出的巨大贡献，希望双边关系和两国人民的友谊能上一个新的台阶。

1900年8月15日是巴西官方有据可查的华人首次抵达巴西的日子，他们通过种茶、修路，在当地扎下了根，为巴西的发展作出了突出贡献。1974年8月15日，中国和巴西正式建立外交关系。2018年时任巴西总统特梅尔签署法令，将8月15日定为“中国移民日”。

（新华网2019－08－19/宫若涵）

通讯：非洲贫民窟里的中国“造梦者”

随着最后一个鼓点落下，保罗·奥丁多将舞姿定格在舞台上。这位在肯尼亚首都内罗毕第二大贫民窟马萨雷长大的16岁男孩，环顾四周，享受着观众们山呼海啸般的欢呼和掌声。

奥丁多自小喜爱舞蹈，只要有音乐，就会不由自主地跟着节拍舞动起来。但在垃圾遍野、污水横流的非洲贫民窟里，在生锈铁皮或焦黄泥土拼凑的简易房中，表演舞蹈对于奥丁多来说，只是一个遥远的梦。

真正帮助他实现舞蹈梦想的，是一群来自中国的青年志愿者。去年，奥丁多加入了造梦公益组织的才艺发展项目，开始接受专业舞蹈培训。

造梦公益组织由5位中国青年志愿者于2014年成立于马萨雷贫民窟，现在已发展为几百人的志愿团队，其成员绝大多数是在中国、肯尼亚和欧美各国的中国年轻人，也包括一些外国志愿者。这群志愿者穿梭于贫民窟的街巷之中，为帮助当地青少年实现梦想而奔波。

奥丁多所在的舞团凭借精彩表现，在日前举办的贫民窟达人秀中获得了最佳人气奖。这场别开生面的达人秀，是造梦公益组织发起的“贫民窟嘉年华”的重头戏，迄今已举办四届。

造梦公益组织志愿者袁一飞说，近一个月来他们在贫民窟里张贴海报、发传单、去学校宣讲……最后共有700名选手参加了达人秀海选，其中20组进入决赛。

除了达人秀，2019年“贫民窟嘉年华”的另一个重要活动是一年一度的足球节日——青少年足球联赛。这项历时5天、有90场比赛、约500名队员和4000多名观众参与的足球赛事，给众多贫民窟孩子带来欢乐。

志愿者刘文杰说，如果没有志愿者来组织比赛，马萨雷贫民窟的孩子们只能在污水沟边踢瓶瓶罐罐。“我们希望一年中总能有一段时间，让他们无忧无虑地享受足球。”

从2016年起，造梦公益组织开始与马萨雷中小学共同举办青少年足球联赛，时至今日，联赛已覆盖20所学校，男女共36支队伍，被当地人亲切地称为“马萨雷世界杯”。

参赛队伍之一的“命运之队”教练狄克逊·奥瓦加说，球队之所以起名叫“命运”，就是为了告诉孩子们，努力可以改变命运。

第二次来马萨雷做志愿者的潘阳梦柔正带领团队探索足球奖学金模式。她告诉记者，希望足球带给孩子们的不仅是快乐，还有更好的教育和更大的世界。

在万里之外的非洲大陆上，中国志愿者为贫民窟的孩子们带去希望，而孩子们也为年轻的志愿者带来成长。

造梦公益组织现在每年在全球招募数十名志愿者，利用寒暑假来到非洲执行短期志愿项目。同时，造梦公益团队也有成员长期扎根在非洲，目前已经在肯尼亚和乌干达建立起本地化团队。

“造梦公益一路的成长其实就是一个自我实现的过程。”造梦公益组织创始人之一阴斌斌说，5年前，大二时对未来迷茫的他第一次来肯尼亚做志愿者，那段经历让他重新找到了对梦想的热情。

“第一个梦想其实很小，就是给贫民窟的孩子建一所小学。”阴斌斌说，当时在一个完全陌生的环境里，完全靠一腔热血就开始了行动，在社会各界人士的帮助下，他们完成了这一计划。

时至今日，在中国一些基金会和个人的捐款资助下，造梦公益组织已经在马萨雷援建了4所学校，“免费午餐计划”也正在肯尼亚、坦桑尼亚、乌干达、马拉维等6个非洲国家为4862名儿童供餐。同时，达人秀、足球赛、梦想画展、青年培训等项目也一一展开。

在一次次实践中，造梦公益组织逐渐找到了方向。随着对贫民窟的了解日益加深，阴斌斌和伙伴们发现，单纯的援建很难真正给贫民窟带来实质性改变，必须从思想、视野、技能等方面入手，综合来说就是教育与平台，教育改变思想，平台提供机会。通过青年培训，提供平台、创造就业机会，让他们通过自己的努力来改变命运。

为研究造梦公益组织而加入的英国志愿者、利兹大学博士生伊登说，随着中国

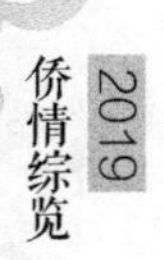

经济水平的发展，新一代的中国年轻人更具有世界视野和天下情怀，他们正在重新塑造着中国在世界上的形象。

“公益无国界，无论是中国还是非洲的孩子，面临饥饿的时候都需要帮助。”阴斌斌说，中国在脱贫事业上取得了巨大成就，在国际舞台上也扮演着越来越重要的角色，中国的公益组织走出来，也是中国形象和中国软实力的重要组成部分。

（新华网2019－08－23/杨臻，王腾）

秘鲁洪门民治党总支部新成员宣誓仪暨党员大会

据秘鲁《公言报》报道，有着三百四十五年历史的洪门，二十日在秘鲁的洪门民治党总支部举行了新成员的宣誓仪暨党员大会，这也是具有百余年历史的秘鲁洪门民治党的一次重要事件。

会议由万志新秘书长主持，会上，秘鲁洪门民治党盟主、八十七岁高龄的罗振中老先生回顾了秘鲁洪门民治党的历史，感谢为秘鲁洪门民治党重新焕发生命力的萧孝权、季晓东等昆仲，以及为恢复秘鲁民治党党报《公言报》做出贡献的季晓东、万志新和孟可心等。他希望在座各位继续把洪门的爱国精神发扬光大。

秘鲁洪门民治党主席季晓东从历史和现在的角度，讲述洪门1674年起源雏形能够延续至今三百四十五年的历史，与其自身的传承和民族复兴的历史使命分不开。秘鲁洪门的存在与华人大规模移民秘鲁同期，秘鲁洪门在鼎盛时期有3000成员，在秘鲁沿海各地均有分支机构。有历史资料证明，秘鲁洪门组织参与了中华通惠总局的前期筹建工作。

季主席称：“符合民族大义的事，我们都可以去做，我们都应该去做，我们同中国致公党有直接联系，他们也希望我们发展组织年轻化，更有朝气，能为国家统一、振兴中华贡献力量。”他说：“有老一辈的支持，有新鲜血液的加入，我们会越做越好。”

秘鲁洪门民治党副主席萧孝权解析了洪门三大信条的内涵：义气团结，忠诚爱国，义侠除奸。他列举了历史上一系列重大事件，秘鲁洪门昆仲所做出爱国壮举的事迹。

仪式上开始时，由罗振中盟长带领洪门昆仲举行敬香仪式，在秘鲁洪门民治党宣传部部长孟可心领誓下，有众多新成员被吸纳为秘鲁洪门民治党新党员。最后，举行了秘鲁洪门民治党新址的揭牌仪式。

参加当天活动的还有，秘鲁洪门民治党副秘书长丁鲁平，秘鲁中国和平统一促进委员会主席雷子明等部分秘鲁华侨社团负责人和企业界人士等党员。

（［秘鲁］《公言报》2019－08－27）

马来西亚举行峇峇娘惹文化周促进海丝文化交流

第三届马来西亚峇峇娘惹文化周25日至30日在马来西亚历史名城马六甲举行，以促进海上丝绸之路文化交流。

马来西亚侨生公会总会长颜泳和在文化周期间表示，历史上，中国与马六甲等今天马来西亚所属地区有着不解之缘。早期的中国移民与当地人的后代被称为峇峇娘惹，是东南亚土生华人族群。峇峇娘惹保留了中华传统习俗，同时也吸收了当地马来人的文化，是中马文化交流融合的代表，也是马来西亚极具特色的文化符号和珍贵文化遗产。

马来西亚中国公共关系协会副会长颜天禄表示，文化艺术是实现民心相通的重要手段。2019年是中马建交45周年，2020年是中马文化旅游年。随着两国之间的联系越来越紧密，文化艺术作为加强民间交流的重要载体将在今后两国交流中进一步发挥重要作用，不断促进民众之间的相互了解、信任与友谊。

除了反映峇峇娘惹生活习俗的相关展览及舞蹈表演，本届文化周还举行了中马文化艺术论坛和马六甲海丝文化论坛，邀请中国、法国、尼泊尔、印度尼西亚、新加坡、斯里兰卡、马来西亚等国家和地区的专家学者分别就峇峇娘惹文化的传承与发展、海丝文化交流、跨国文化保护合作等课题进行了深入探讨。

第三届马来西亚峇峇娘惹文化周由马来西亚侨生公会、马六甲当地政府部门、马六甲郑和朵云轩艺术馆等联合主办。

（新华网2019—08—30/林昊，王大玮）

新加坡唐人街牛车水举行中秋亮灯仪式

新加坡唐人街牛车水8月31晚举行中秋亮灯仪式，正式拉开一年一度的牛车水中秋庆祝活动的序幕。新加坡总理李显龙出席了亮灯仪式。

2019年进入第18个年头的牛车水庆中秋活动，由牛车水—金声区公民咨询委员会主办。负责牛车水—金声基层事务的惹兰勿刹集选区议员梁莉莉介绍，结合新加坡纪念开埠两百周年，今年的活动以“欢庆开埠两百年，花好月圆庆中秋”为主题，设计制作了反映新加坡过去两百年历史以及展示现在、展望未来的各种灯饰。希望通过丰富多彩的活动吸引各个年龄层的观众。

在牛车水长达2公里的路段，悬挂或摆放着168盏形态各异的灯饰。这些灯饰由新加坡南洋艺术学院师生设计，48名中国工匠手工打造而成。其中最引人注目的一组高11米的组灯，除了嫦娥与玉兔等传统题材外，还包含了反映新加坡发展轨迹的7枚“时间邮票”以及寓意未来的太空舱等。

除了灯展，庆中秋活动还包括综艺晚会、街头市集、大型游灯会、灯笼彩绘比赛、中秋集市等。此外，今年还将举办"美食与文化之旅"，让公众通过走访22家历史超过30年的美食摊位，更好地了解牛车水的美食文化。

（新华网2019－09－02/王丽丽）

德国法兰克福首届中国节开幕

当地时间8月30日下午，伴随着《我和我的祖国》的歌声和快闪演出以及德国友人精心排演的舞龙舞狮，首届德国法兰克福中国文化艺术节拉开帷幕。此次活动旨在推广中国文化，加深中德文化交流，向中华人民共和国成立70周年献礼。

中国节在法兰克福商业中心采尔大街和卫戍大本营（Hauptwache）之间的广场搭建起主舞台和30多个展位，在3天的时间里，向法兰克福市民和游客展现中国文化的方方面面，包括民间工艺、美食、书画、茶艺、剪纸、武术、旗袍秀、民族歌舞等等。法兰克福中国文化艺术节整个节日期间预计将吸引近10万人参访和体验。

法兰克福市市长代表、副市长克劳斯·莫比乌斯在开幕式上致辞。他表示，法兰克福市和中国有着传统的友好关系，生活在法兰克福的12000名华侨华人是这座国际化城市的重要组成部分。近年来，他看到越来越多的中国游客走进法兰克福，越来越多的中国元素，如中国电影、歌舞、书画等也亮相法兰克福。他希望法兰克福的市民和游客可以借助首届法兰克福中国节这个窗口，进一步了解和喜爱中国这个充满魅力的国度。

中国驻法兰克福总领馆副总领事卢奇志说，在新中国成立70周年即将到来之际，法兰克福的华侨华人在较短的时间内组织起这样一场盛会，令人赞叹。中德两国之间的互利互惠、合作互信不断加深，法兰克福市也在其中扮演着重要的角色。祝愿首届法兰克福中国节取得圆满成功，助力中德两国关系的持续健康发展。

欧洲时报文化传媒集团总裁、《欧洲时报》社社长张晓贝在致辞中表示，从今天开始，在法兰克福这个多元文化的国际大都市，这个生活着世界100多个民族的大家庭，多了一个属于中国人、也属于法兰克福的节日——中国节。"国相交在于民相亲"，而文化对不同民族之间的相互理解和尊重具有重要促进催化作用。希望通过举办中国节，能让优秀的中国文化和传统，扎根于法兰克福，并从这里出发，传向四面八方。为增强中德两国之间的交流和合作、增进两国人民之间的了解和友谊，作出应尽的贡献。

中德莱美文化协会会长郑爱珍表示，在德国法兰克福有日本节、韩国节、泰国节等，通过各方的共同努力，今天华人终于迎来自己的中国节，梦想成真，倍感自豪。

开幕式期间，莫比乌斯副市长、卢奇志副总领事、张晓贝社长、郑爱珍会长、黑森州经济部外贸投资部代表诺伊泽尔、哈瑙－台州友协主席绍尔曼、中国驻法兰克福旅游办事处代表李红军共同为中国节剪彩，主舞台大屏幕还播放了《美丽中国》宣传片。

参与快闪演出的法兰克福恒德舞蹈学校校长柯蕴对记者说：“为了筹备本次中国节的演出，许多小演员们都付出了很多。看到今天精彩的呈现，感觉一切都很值得。”德国华人华侨联合会主席李阿平说：“中国日益强大，在法兰克福的中国社区也融入这座城市之中。作为一个中国人，感觉有责任，参与到此次的中国节之中。”

本地市民格拉什对记者说：“自己去过几次中国，对这个古老而现代的国度充满了敬意。这样规模的中国节活动在家门口还是第一次体验，希望它持续办下去。”

（《欧洲时报》德国版微信公众号2019—09—02/陈磊）

在日华人举办丰富活动庆祝新中国70华诞

2019年是新中国成立70周年，在日华侨华人早早开启了庆祝模式，筹划、组织、举办大型活动也是风生水起。

8月31日，留日学人举办了庆祝新中国成立70周年座谈会，畅谈心声，表达了个人命运与祖国发展休戚相关的领悟和感想。9月10日，日本华文教育协会将举办“第二届东京教师节”活动，为在日教师们点赞喝彩。9月12日，在日中国大学日本校友会中秋联谊会将热烈举行，40余所大学日本校友会的会长和代表们将汇聚一堂，增进友谊，共迎佳节。

9月13日，日本中华总商会一年一度的“中秋联欢会”将在明治纪念馆如期举行，同时也拉响庆祝中国国庆的前奏。9月16日，日本浙江侨团联合会、日本浙江总商会将联合主办第七届“浙江之夜”中秋联欢会暨庆祝中华人民共和国成立70周年庆典，向长期关心、支持商会和侨团发展的各界朋友表达感谢和敬意，也向新中国的70周年华诞表达祝贺和致礼。

9月21—22日，“2019中国节”将在东京代代木公园活动广场盛大举行，预计将吸引15万名中日各界观众入场。2019年是中华人民共和国成立70周年，“2019中国节”以此为主题，通过大规模的文艺演出、文化展示、美食品尝、旅游推介等方式，让更多日本民众近距离了解中国、亲身体验中国文化，为中日两国民众相互交流和增进理解搭建平台。

9月22日晚，为庆祝中华人民共和国成立70周年，由在日华侨华人和在日中资企业举办的70周年庆典晚会“礼敬共和国”将闪亮登场。本次大型庆典晚会凝聚了在日华侨华人的创意和智慧，不仅会奉献一场华丽盛宴，更成为在日华侨华人倾情表达庆贺与祝福的庄严仪式。晚会将汇聚中日各界友人于一堂，为新中国70周年华诞庆生，也用行动传递祝福和期盼。

“礼敬共和国”大型庆典，将营造壮丽辉煌的场景，把演唱、舞蹈、舞台场面融合为一，体现出史诗性的时代主题、历史画面和艺术风格。不仅有名家献礼、领唱，还有近200人的华人合唱团。

9月29日—10月1日，横滨华侨总会将主办大型纪念活动，庆祝新中国成立70周年。多年来，横滨华侨每年都举办活动，包括纪念酒会和中华街庆祝巡游等，形成了传统。今年，横滨庆祝活动的内容和规模较以往更上层楼，成为在日华人中的一道亮丽风景。

新中国走过风雨70年，在日华侨华人从内心洋溢欢喜，由衷表达祝福，成为一股澎湃的洪流，汇入全球华人礼敬共和国祝福的海洋，展示出华人社会真实的力量和风貌。回顾往昔，在日华人走过历史，也在创造历史，向日本主流社会传递着中国味道、中国声音、中国色彩，讲述着中国故事，演绎着中国风格。在新中国成立70周年之际，在日华人为新中国献礼，也为自身发展写下新的篇章。

（［日本］《中文导报》2019－09－03/申文）

南非华文教育基金会举办中文教师学习成果交流会

据南非侨网报道，近日，南非华文教育基金会主要干部及老师在中文学校座谈，与两位北京培训归来的华文教师交流研讨其学习成果和经验。

2019华文教师证书研习班是由国务院侨务办公室主办、北京华文学院承办、面向海外华文教师的培训课程。其目的是为海外华裔学生提供更专业、更有针对性的教学，增强海外汉语教师教学能力和水平，更广泛地传播汉文化。

经过公开选拔，南非华文教育基金会韩芳主席派出邵秀丹、蒋丽英老师前往北京参加此次研习班，并在她们学成归来后，特地举办交流座谈会，请两位老师讲述学习心得，与中文学校的主要干部和老师探讨如何进一步提高本校教学质量。

邵秀丹老师系统地介绍了此次学习的过程，“在18天的高强度的培训过程中，我开阔了眼界，学到了知识。”

她介绍道：“北京华文学院为我们配备了一支强大的教师团队。我们的老师水准高、专业性强。老师基本都是博士或者在读博士后。这些老师不仅有丰富的教学经验，而且多才多艺，学识渊博。更难能可贵的是，他们的教学态度严谨，非常敬业。有些老师为了教好课程，在备课过程中花费了大量时间，收集、整理相关资料，制作PPT和多媒体视频等，来增强我们的学习兴趣和记忆。”

她说：“来自29个国家和地区的120多名学员交流分享了各自的教学经验。在培训过程中，我们所有学员的学习目的很明确——不是为了拿证而拿证，不是为了考试而考试，而是为了提高自身的修养和素质，更好地授业解惑，做好汉语言传播，弘扬中华文化，让海外汉语教学系统不断发展壮大，让海外华人华侨子女不忘祖先，知道自己的根在中国。”

蒋丽英老师则通过PPT向大家介绍了这次培训的特点：“这次培训是综合性的，针对各个国家华文教学环境的不同特点，进行整合培训，同时又兼顾不同国家的需求。我们不但能学到适合自己所在国的教学方法，拿到适合我们的教材，也能从其他国家的老师那里，学习到他们的闪光点。这极大地开阔了我们的眼界，也使我们认识到自己的不足，促使我们更加虚心努力地学习，在华文教育上做到更专业、更精进。”

（中国侨网2019－09－03）

阿根廷免除增值税优惠将扩展至华人超市等小型商家

8月中旬，作为缓解消费压力的一项措施，阿根廷政府取消了部分基础食品的增值税，但在实施中仅有大型商家才能享有此优惠。不过，如便利店和华人超市等小型商家也将可以向客户推出“零”增值税的产品了。

阿根廷分销商及小型超市批发商协会（CADAM）负责人阿尔贝托解释称：“原来的决议允许向最终消费者免除增值税，最后一个环节负责取消税收。现在，批发商有可能在销售环节就向小型商家提供零增值税的产品，这有利于社区超市和最终消费者。”

据了解，大多数如社区便利店和华人超市的小型商家都是单一税交纳者，目前还无法向客户提供零增值税产品，所以不得不将增值税也加到价格里。

据日前已发布在官方公告中的603/2019号法令，“考虑到上述措施已被接受，现将其扩展至批发或零售的分销或销售渠道，以确保所有人都能从中获益。”在此情况下，小型超市、便利店及杂货店等也可享有零增值税销售。

根据Scentia咨询公司的报告显示，2019年7月份，超市及自助超市的销售额与去年同期相比下降了10%，2019年以来累计减少了7.6%。不过，随着近期美元上涨，8月份的数据有可能会进一步恶化。

（阿根廷华人网2019－09－03）

坦桑尼亚侨胞喜迎中秋佳节共庆新中国成立 70 周年

近日，坦桑尼亚福清商会在达累斯萨拉姆举行招待会，与旅坦各界侨胞喜迎中秋佳节，共庆新中国成立70周年。中国驻坦桑尼亚大使馆公使衔参赞徐晨、坦桑尼亚华助中心暨中华总商会会长朱金峰、坦桑尼亚中非商会会长丁贤、坦桑尼亚浙江商会会长夏赵春、坦桑尼亚中国和平统一促进会会长冯振宇等侨领及广大旅坦同胞

近百人出席。

中国驻坦桑尼亚大使馆公使衔参赞徐晨称，本次招待会为旅坦侨胞促进友谊、增强家国情怀提供了一个良好的契机。他指出，2019年是新中国成立70周年，在中秋节这样一个传统佳节到来之际，旅坦侨胞欢聚一堂，充分体现了旅坦侨胞心系祖国、热爱家乡的爱国情怀。最后，衷心祝愿坦桑尼亚福清商会及所有旅坦侨胞中秋快乐。

坦桑尼亚福清商会会长姚少青在致辞中首先代表坦桑尼亚福清商会对出席本次招待会的各位嘉宾表示热烈欢迎，他指出非常荣幸与驻坦使馆领导及福清籍父老乡亲欢聚一起，共庆新中国成立70周年及中秋佳节，共叙亲情友情。他表示，虽然远离家乡，身在海外，但是祖国一直都在广大旅坦侨胞心中，祖国的强大是海外侨胞共同的心愿。最后他祝愿大家身体健康，家庭美满，事业蒸蒸日上。

坦桑尼亚华助中心暨中华总商会会长朱金峰首先向所有的旅坦侨胞致以节日问候和良好祝愿。他指出，中秋是中华民族庆团圆的传统佳节，2019年的“十一”是伟大的新中国成立70周年，在这样特殊的日子里，虽然大家远在非洲不能与家人团聚，但旅坦侨胞欢聚一堂，载歌载舞，通过明月寄上了对祖国和亲人的深情思念和祝福。最后，他代表坦桑尼亚华助中心感谢坦桑尼亚福清商会对华助中心一直以来的大力支持，祝愿福清商会会务兴旺，蒸蒸日上。

招待会现场嘉宾和侨胞纷纷上台献艺，精彩演出不时引来阵阵掌声。

（《非洲华侨周报》微信公众号2019－09－04）

大马华裔家庭两代人异族通婚　包容差异其乐融融

马来西亚有这样一个华裔大家庭，家中有华、印、马来三族成员，每年过4个节庆，家中讲5种语言。这家人通过理解彼此，打破了族群与语言隔阂，形成了马来西亚多元文化交融下的独特风景，也化解了多元文化与语言所带来的挑战。

41岁的黄观来是个华印混血儿。父亲是个华裔，与印裔母亲结婚后，生下8个子女。从小到大，黄观来在家中以粤语交流，在家中也烧香、拜观音，过年过节从未去过印度神庙祈祷。

对黄观来来说，个人身份看的不是肤色。她身份证上是华裔、有中文名，在日常生活中过的也是华人的生活。但由于肤色黝黑，她常被误认为是印裔，朋友都习惯称她为娜塔莎（Natasha）。她笑言：“每次出门在外说粤语，旁人都会吓一跳，说幸好没有说我的坏话。”

在黄观来21岁那年，一位年轻的印度男子朗姆（Ram）搬到黄观来家附近，两人相识相爱，数年后结为夫妇。其实不只是黄观来，她的姐妹也陆续嫁给华裔与马来人，黄家也成了容纳多元族群与宗教的大家庭。黄观来表示，因为父母是异族通婚，家中对于跨族群婚姻也比较包容。

黄观来与朗姆家不远的地方，是黄观来母亲居住的老家。每到节庆，不管是农历新年、开斋节、圣诞节、屠妖节或家人生日庆祝，全家人都会回到老家一同庆祝。

因为黄家有不同族群的家人，所以处理食物的禁忌就成了一件重要的事。因此，黄家分了两个锅，分别煮清真与非清真食物。对黄家来说，这事一点都不难，只要彼此尊重，互相配合与关照，这些禁忌并不阻碍彼此成为家人。

除了饮食上的区分，异族家人之间也会有一些彼此不懂的问题。对此，黄观来表示，遇到不一样的地方，大家都会互相询问。“比如我们不明白为什么穆斯林要斋戒，那我们就会问，得到解答之后就对对方有了更多认识，也学会了尊重对方。”黄观来说。

面对多种多样的文化、信仰与语言所形成独特的家庭关系，黄观来感到非常骄傲。“我觉得很光荣，因为我身上有两种的文化，这意味着我同时承载着两套知识与思维方式，这是其他人没有的。”黄观来说。

家庭聚会时，这个大家庭中有着一个个的小家庭，他们各自说着不同的语言，如同马来西亚的缩影。黄观来认为，不同的人应该学会尊重彼此。通过翻译，他们能确保每个人都参与在对话中，没有人被排除在外。

“聚会中，我们会以说粤语为主，但是我会以英语向我的丈夫翻译，而嫁给马来人的妹妹则会以马来语向她的丈夫翻译，让他们知道大家谈话的内容。”黄观来说。她以弟弟的婚礼为例，她和印裔的丈夫要接受弟弟与弟媳敬茶，但处于说粤语的环境中，丈夫有些不知所措。黄观来则会一步步地为丈夫翻译和解释，带领他顺利参与整个婚礼仪式。

虽然多语沟通是个挑战，但也显现了一种特殊的家庭文化。黄观来透露，在外用餐时，饭桌上众人以不同的语言对谈，彼此之间却并不缺乏互动，往往令服务员惊讶，大叹“你们的家庭好有趣”。

（［马来西亚］《星洲日报》2019—09—05/刘存全）

华语作家探讨菲华文化中旅居文化内涵

来自八个国家和地区的30多位华语作家4日汇聚菲律宾首都马尼拉参加“千岛之国与华人文化足迹”国际研讨会，这也是第三届华文旅游文学旅居文化国际论坛，探讨菲华文化的旅居文化内涵。

论坛主要发起人、世界华文旅游文学联合会会长潘耀明的父亲旅居菲律宾70多年。潘耀明说：“父亲侨居菲岛近四分之三世纪，但他有一句口头禅——‘我是喝家乡的水长大的。’老一辈华侨念念不忘家乡的山山水水，那是他们的根。所以，

旅居文化在老一辈华侨华人身上的体现是——侨居地经济社会的发展，有他们的一份血汗；家乡的兴旺，也有他们一份贡献！”

潘耀明希望通过世界华文旅游文学联合会的各个华语文学平台，将海外华人的奋斗史，以及对旅居地经济、社会、文化的贡献传播出去。

新加坡作家尤今不止一次到访菲律宾，她接受中新社记者采访时表示，旅游提供了观察世界的一个视角，自己所到之处喜欢与当地民众接触，民众生活是国家的缩影。她“惊叹”于菲律宾、西班牙、美国、日本等多元文化的融合；“惊奇”于在马尼拉世界最古老中国城内，各种族裔的融合，体现华人对旅居地的贡献获得尊重；“惊喜”于菲律宾华校、华报、华社的兴盛，说明菲华对中华文化有很好的传承；“惊艳”于菲律宾千岛之国美丽的海滩、岛屿、梯田和独特的土著文化。

论坛发起人之一、来自北京的白舒荣女士长期关注东南亚华语文学，2018年她曾来菲主持“菲华文学国际研讨会”。她对中新社记者说，东南亚华语作家多是第三、第四代土生土长的华人，在非华语世界坚持华语创作难能可贵，应给予更多关注。她感叹于菲华商界对当地华语文学活动热心支持，令菲华文学与住在国文化有独特的结合。

（中国新闻网2019—09—05/关向东）

美国加州众院通过决议案　纪念废除《排华法案》

美国国会早在1943年12月17日废除《排华法案》，但在如今反移民政治气氛中，加州民主党众议员丁右立近日进一步提出AJR 22决议案，已获得众院批准，纪念该历史性时刻届满76周年。

《排华法案》的废除是美国移民争取公平和平等奋斗的一个重要时刻，决议案还呼吁特朗普总统撤销反移民命令和行动。

丁右立表示：“美国亚裔在总统的言论和政策中看到了过去的回声，AJR 22决议案是一个必要的提醒，这个进展十分脆弱，加州必须坚决反对一个决意退回过去的政府。”

鉴于联邦政府反移民政策的最新例子，议员抢在这个时刻通过该决议案。

对“公共负担”规则的修订将自10月15日起生效，新规则令使用如粮食券、住屋和医疗补助等政府福利计划的移民更难以取得绿卡。

丁右立上周在奥克兰参加一场集会谴责该变化，还有特朗普当局反特定种族、族裔和移民身份者的一长串行动，认为那是重蹈过去的错误。

《排华法案》于1882年颁布，历经60多年才被废除，是美国首项纯粹基于种族的禁止移民政策，理由是“中国劳工的到来危及某些地方的良好秩序”。然而，对于已经在美国的华人，该法案也拒绝让他们成为美国公民。

AJR 22决议案重申加州欢迎所有的移民和难民，现已送交州参议院审议。决议案的共同起草者包括亚太裔党团。

（［美国］《星岛日报》2019－09－05）

马来西亚举办第36届华人文化节

马来西亚第36届全国华人文化节7日在吉打州亚罗士打举行开幕式。

当日中午，马来西亚财政部部长林冠英点燃本届华人文化节主火炬，为华人文化节正式揭幕。

在开幕式上，本届华人文化节主办方、吉打州华人大会堂会长钟来福表示，本次华人文化节主题为“直的传承，横的交流”，盼在加强中华文化传承的同时，也促进和马来西亚各族裔文化交流，促进各族裔相互了解，相互包容。

马来西亚中华大会堂总会（华总）总会长方天兴亦表示，相信马来西亚华人文化可与各族裔文化共存共荣，共同打造别具一格的马来西亚文化。

据介绍，本届华人文化节将举办包括文化大汇演、提灯游行、华人文化村、学术专题讲座在内的约30场各类活动，全面展示中华文化和马来西亚华人生活习俗。预计将有来自马来西亚各州华堂逾600位代表和5万名游客前来参与。

1983年，来自马来西亚各地15个华人团体在槟城举行文化大会，并于翌年创办首届“全国华团文化节”。1993年起，文化节更名为“全国华人文化节”并举办至今。每年文化节开幕前，还会在马来西亚各地举办盛大的火炬传递活动，象征华人文化在此薪传不息。

（中国新闻网2019－09－07/陈悦）

吴添泉当选马来西亚华总新任总会长

马来西亚中华大会堂总会（华总）8日在吉打州亚罗士打举行代表大会，会上选举沙巴中华大会堂会长吴添泉为新一任总会长。

吉隆坡暨雪兰莪中华大会堂会长翁清玉同时当选署理总会长。代表大会还选出了5位副总会长等其他领导机构人选。他们和吴添泉的任期均为3年。

吴添泉在当选后表示将兑现竞选承诺，并和领导机构其他成员共同为华社服务。

随着吴添泉当选，此前10年一直担任华总总会长的方天兴亦随之卸下总会长职务。

方天兴是马来西亚华总史上任期最长的总会长。在其任内建成华总现今的总部——华总大厦。当天代表大会也通过特别提案，表彰其对华总贡献，并委任其为

永久名誉会长。

成立于1991年的马来西亚中华大会堂总会是由马来西亚13州的中华大会堂或华团总会所组成的一个总机构。作为马来西亚的华人社团领导机构，其专注于华社的文化、教育、经济、社会及民生课题。

（中国新闻网2019－09－08/陈悦）

澳大利亚南澳州数十个社团联合庆祝中秋

澳大利亚南澳州数十个社团，8日联手在阿德莱德举办中秋文化艺术节，共同庆祝中国传统节日中秋节。

从当天早上开始，来自南澳州各地的两千多名华侨华人，陆续聚集到南澳华联会所在地，出席这一热烈而喜庆的节日活动。

南澳州州督黎文孝先生、州长助理部长李菁璇议员等出席活动并致辞表示，中国文化在南澳多元社区中起到非常重要的作用，中国的节日越来越受南澳和阿德莱德民众喜欢。他们向当地华人致以节日祝贺。

中国驻阿德莱德总领事何岚菁致辞时表示，在中国传统文化中，中秋节又叫“团圆节”，象征团圆和丰收。华人社区作为澳大利亚多元社会的重要组成部分，多年来发扬中华民族的优良传统，自律自强，为繁荣当地经济、丰富多元文化和促进社会作出了积极贡献，同时利用自身的“桥梁”和“纽带”优势，积极促进了中澳经贸合作和人民之间的务实交往。

她指出，国之交在于民相亲，民相亲在于心相通。总领馆将继续与南澳州政府、华人社团及各界人士一道，共同努力使中国与南澳州各领域的交流合作再上新台阶，结出更多丰硕成果。希望广大侨胞朋友继续关心祖（籍）国和家乡的建设，经常“回家”看看，使更多的中国人了解南澳州，喜欢南澳州，与南澳州进行更多的合作，同时也使南澳州人民更多地了解中国。

活动现场，当地华侨华人及其他族裔人士表演了丰富多彩的文艺节目，赢得观众阵阵掌声。

这次活动由南澳华联会、澳大利亚报业集团等26个社团联合举办。

（中国新闻网2019－09－08/陶社兰）

澳大利亚华侨华人举行活动庆祝新中国成立 70 周年

由澳大利亚中华经贸文化交流促进会举办的庆祝中华人民共和国成立70周年暨中澳建交47周年庆典活动，8日在悉尼以“海陆空”并行方式进行。

随着澳大利亚原住民的管乐器表演和中国传统古筝、琵琶民乐表演，活动拉开帷幕。演出以合唱、舞蹈和器乐等多种表演形式进行。首先，小火花合唱团和青年歌手分别演唱《澳大利亚我的家》和《中国》。随后，青年舞者展示具有中国传统文化特色的汉服表演和动感欢快的现代舞表演。

与陆地遥相辉映的海上庆典也在持续进行中，一艘长43米的游轮缓缓向主场海域驶来。游轮上，200多名表演者身着56个民族的服饰，一同摆出“70”的图案。同时，他们挥舞着中澳两国国旗，与在场观众一同高声齐唱《我和我的祖国》和《爱我中华》等歌曲。蓝天上，喷气式飞机喷出了“70CHINA”的字样，将整场活动推向高潮。

中国驻悉尼总领事顾小杰致辞时表示，中华人民共和国成立70年来，中国的经济发展和社会进步都取得了举世瞩目的成就，国家面貌发生了翻天覆地的变化，人民生活水平不断提高，国际地位和影响力显著提升。2019年是中澳建交47周年，两国一直秉承优势互补、互利合作原则，推动各自经济健康稳定发展，符合两国和两国人民的根本利益。

澳大利亚中华经贸文化交流促进会主席王福官表示，70年来，中国发生了翻天覆地的变化，无论从政治、经济、文化、体育和科技都日新月异。“作为海外华侨华人，我们为中国的繁荣昌盛感到无比骄傲和自豪。促进中澳两国文化的不断深入发展也是我们义不容辞的责任和使命。”

新南威尔士州议会下议长乔纳森·奥代说：“我们要继续加强新南威尔士州与中国经济、商贸及文化的紧密联系。”澳中在旅游、教育、农业、矿业等方面的联系都在不断增加。只有建立了友谊，才能实现双赢。

（中国新闻网2019－09－08/崔琳）

巴西圣保罗侨界举行文艺晚会　庆祝新中国70周年华诞

当地时间9月8日晚，巴西华人协会联合圣保罗华助中心、圣保罗华星艺术团等侨团在圣保罗安年比大剧场举行《我爱中国》大型文艺晚会，隆重庆祝中华人民共和国成立70周年。

中国驻圣保罗总领事陈佩洁、副总领事孙仁安、领侨处主任孙鹏远、侨务领事张于成，巴西国会众议员、巴中议员阵线主席皮纳托以及华侨华人、各界友人等3000多人出席并观看了精彩的文艺演出。

陈佩洁致辞说，新中国成立70年来，中华民族取得了从站起来、富起来到强起来的历史性进步，中国由一个二战后满目疮痍、积贫积弱的国家发展成为全球第二大经济体，创造了国内生产总值持续稳步增长的传奇，走完西方发达国家数百年才能走完的历程。在国际上，中国始终围绕促进人类进步这条主线，致力于同世界各国和平相处，平等合作，坚定不移地加强与包括巴西在内的广大发展中国家的团结合作，构建人类命运共同体，共建“一带一路”。举世瞩目的成就令每一位中华儿女骄傲。

陈佩洁表示，实现中华民族伟大复兴是海内外中华儿女的共同愿望，新中国70年发展成就，离不开广大海外华侨华人的巨大贡献。巴西是片充满热情的热土，人民真诚友善，中巴两国是全面战略伙伴关系。希望华侨华人为深化中巴友好、为民族伟大复兴尽一己之力。祝国家繁荣昌盛，祝人民幸福安康，祝中巴友谊长青。

巴西华人协会会长张伟在致辞中说，新中国成立70年来，在中国共产党的正确领导下，中国人民跨越无数艰难险阻，自强不息，砥砺前行，用辛勤的双手打造出一个崭新的中国，开创了中华民族伟大复兴的新纪元，谱写了中华民族发展史上的壮丽华章，走出一条繁荣富强的现代化之路。“我们为祖籍国取得的伟大成就欢呼喝彩，为新中国今天的辉煌骄傲和自豪。”

张伟表示，“我爱中国”是圣保罗华侨华人久久不变的情怀，也是巴西华人协会以及圣保罗各侨团一直的坚持和信仰，有“一带一路”倡议和中巴友好的基础，圣保罗华人华侨有信心有能力“与国同梦”，努力成为中华民族伟大复兴中国梦的追梦人。

皮纳托也在会上发表了热情洋溢的讲话，热烈祝贺中华人民共和国成立70周年。他说，中国是巴西最大的贸易伙伴，也是巴西主要的投资来源国。中国移民对巴西的经济建设和社会发展做出了卓越的贡献。巴西设立“中国移民日”是对中国移民所作贡献的认可和肯定。2019年是巴中建交45周年，希望以此为契机加强巴中两国在各领域的合作与交流，实现互利共赢，共同发展，造福两国和两国人民。

随后，远道而来的上海东方鼓舞团和圣保罗华星艺术团、妇女联合会、精武武术协会及华文学校小演员联袂表演了精彩的文艺节目，赢得满堂喝彩，现场掌声不断，气氛热烈。

（中国新闻网2019－09－09/莫成雄）

第二届东京华文教师节举行

第二届东京华文教师节10日在东京中国驻日本大使馆举行，中国驻日本大使孔铉佑以及华文教育工作者代表等100余人出席。

孔铉佑在致辞中首先对长期耕耘在华文教育一线的老师们致以节日的祝贺和问候，并对长期关心、支持华文教育的侨胞们表示感谢。

孔铉佑说，旅日华侨华人素有热心华文教育的传统，由华侨先辈们创办的横滨中华学校、神户中华同文学校等一直薪火相传至今，成为旅日侨界开展华文教育的典范。今后要继承发扬光荣传统，不断提高办学水平，进一步推动华文教育发展，为传播中华文化、促进中日友好作出新的贡献。

日本华文教育协会会长颜安致辞表示，三尺讲台所承载的是思想的塑造、道德的引领和文化的传承，也是一个民族的希望所在。华文教育强化了在日华侨华人子女对中文以及中华文化的认同感，增强了他们的文化自信。新时代华文教育的重要性愈加凸显，华文教育接力棒需要更有力地传递下去。

当天还颁发了征文比赛等奖项，老师和学生们编排了精彩的节目，出席活动的嘉宾展开了热烈而深入的交流。

（中国新闻网2019－09－10/吕少威）

大马三博物馆合作　致力传承华人文化带动经济发展

日前，马来西亚务边历史文物馆、近打锡矿工业（砂泵）博物馆、金宝历史文化馆举行联盟合作备忘录签署仪式，希望为华人历史文化传承贡献力量，并带动霹雳州旅游业及地方经济增长。

务边历史文物馆主席黄文斌表示，三馆结盟后将会有不同程度的合作关系，包括提供大学生实习机会等。实习生实习期间，可以轮流到三馆学习。

1 张票可参观 3 个博物馆

据了解，三馆合作后，游客只要每人购买一张票，便可同时参观3间历史博物馆。黄文斌认为，这种方式可以结合三馆的力量，共同发展旅游业。

黄文斌指出，此前近打锡矿工业（砂泵）博物馆是全马唯一的锡矿博物馆，前来金宝观光的游客大多都会前往该馆参观。“至于务边历史文物馆则是务边主要的观光景点，最近获得州政府批准一块2.3英亩的土地，作为建设历史博物馆用途，未来将会有更好的发展。”黄文斌说。

此外，除了务边历史文物馆和近打锡矿工业（砂泵）博物馆，目前还在创设中的金宝历史文化馆也有意成为合作伙伴，如今合作关系已经正式落实。

“我们将以金宝古庙为中心，推动一系列的人文及旅游计划，包括创设金宝历史文化馆等。”黄文斌说，“计划逐步落实后，我们希望将金宝的地方历史转型成旅游产品，并通过旅游业留住年轻人就业，继而带动地方经济的发展。”

拉曼大学带头“留住”年轻人

当地华人丘思东表示，早年到金宝落脚的华人大多从事锡矿业，金宝也因此而繁盛起来。然而，自从锡矿业没落后，年轻人也渐渐选择到外地谋生。如今，随着拉曼学院和拉曼大学的建立，加上社会各界力量的共同合作，金宝的状况将获得改善。

近年来，拉曼大学在国际大学排行榜上的表现十分出色，在拉曼大学深造的国际学生（尤其是中国留学生）也有增加的趋势。“接下来，拉曼大学将筹建一所集

中医和西医为一体的医院，希望日后建立国际专科医疗中心，为更多病人提供完善的医疗服务。”丘思东说。

对于金宝的旅游业发展，丘思东十分乐观。他认为，除了博物馆、文物馆及文化馆的努力，也需要社会各组织的助力。只有多方团结一致，才能将金宝打造成一个集高等教育、医疗及旅游业为一体的繁荣城镇。

做好华人文化传承

拉曼大学副校长钟志强表示，拉曼大学自2007年成立以来，已经迎接了许多来自国外的考察团，他们都对华人先辈南来后在金宝的发展史感兴趣。无论是博物馆、文物馆还是文化馆，当地华侨华人在历史和文化保存方面的工作都做得非常好，努力将祖辈传下来的文物留给下一代。

“这些都是祖先给我们遗留下来的回忆，如今，金宝的年轻一辈也可以通过博物馆、文物馆及文化馆，学习到新的知识。”钟志强说。

（［马来西亚］《星洲日报》2019－09－20）

新西兰侨界“民族情　祖国颂”诗歌朗诵会祝福祖（籍）国

9月27日由新西兰中华新闻通讯社策划发起，并由新西兰海南社团总会、新西兰江西同乡联谊会、新西兰西区华人活动中心、新西兰中华传统文化艺术体验中心等多家社团及单位联合主办的首届新西兰侨界“民族情　祖国颂”诗歌朗诵会，在奥克兰中华传统文化艺术体验中心举行。

朗诵会在身穿民族盛装的pakuranga协会腰鼓队员欢乐鼓声中开始。新西兰侨界以祝福祖国为主题的诗歌朗读会在全体起立共同高唱《歌唱祖国》的歌声中拉开了帷幕。

这次前来参加朗诵的人员都是来自奥克兰多家华人社团的侨胞，他们当中最小的年龄仅仅4岁，而最长者已八十多岁。当天他们都是为了一个共同的目标相聚，就是以最美的诗句献给祖（籍）国生日，用最真挚的情怀祝福中华民族、祝福祖（籍）国繁荣昌盛！在一曲曲时而优雅明快、时而雄壮铿锵的朗诵伴奏乐曲的旋律中，《奋斗七十年，壮丽新中国》《我骄傲，我是中国人》《祖国颂》等诗歌朗诵都饱含了每一位新西兰侨胞的心声和对祖（籍）国的祝愿。

在朗诵会上记者了解到这样一个情节令人感动，一位已六十多岁名叫燕子的朗诵者，她朗诵的诗歌作品，是两天前刚知道这次朗诵会的消息后，凭着她对祖（籍）国的深厚情怀，用两个不眠之夜写的一首长诗。舞台上她以自己的经历为见证，用那纯朴的诗句表达了海外儿女对祖（籍）国永远不能分割的深情。她倾情的投入和忘我的朗诵，深深地打动了在场的每一位观众。

本次活动的评委主任于聚义当谈到这次主题诗歌会的特殊意义和感受时，他表示：“我荣幸地担任本次‘民族情　祖国颂’诗歌朗诵会评委主任，我觉得这次朗诵会办得非常成功，我见证了身居海外游子对祖（籍）国的一往情深。这次诗歌朗诵会上，从4岁的幼稚儿童到80岁的耄耋老人，他们用诗作倾情歌颂祖（籍）国的恩情和七十年来取得的辉煌成就。特别是几位在新西兰出生长大的幼童和青少年选手，虽然普通话稍逊，但在主流英语国家能用流利的中文和汉语表达自己内心的诗文，我觉得这是难能可贵的。这说明了海外华侨华人世世代代都不会忘记我们的民族，无论走到天涯海角，他们不仅热爱居住国，也不会忘记我们的根永远在中国。这次诗会主题充分体现了海外中华儿女的共同心声，就是祝福中华民族早日实现伟大复兴、日新月异迈向新时代的锦绣前程！”

朗诵会进入尾声，在万紫千红舞蹈队带来《我的祖国》优美的舞蹈和全场高唱《我和我的祖国》歌声中圆满落幕。

（新西兰中华新闻社2019－09－30/张晶岩）

马来西亚华人、在马中企热议国庆大典

“荣幸、喜悦、祝福！”马来西亚中国公共关系协会副会长颜天禄1日晚接受中新网记者采访时，谈起当日上午受邀参加庆祝中华人民共和国成立70周年庆祝大会的心情，依然十分激动。

他说，能有幸出席观礼，尤其观看了阅兵式，见证这历史性的一刻，让他充分感受到了中华儿女从站起来、富起来到强起来所创造的奇迹。

作为海外华人，他对“坚持‘和平统一、一国两制’的方针，保持香港、澳门长期繁荣稳定，推动海峡两岸关系和平发展，团结全体中华儿女，继续为实现祖国完全统一而奋斗”尤其深表认同。

颜天禄说，两岸同胞血脉相连，希望能早日携手追梦、筑梦、圆梦，为中华民族共创空前未有的光辉历史。

在吉隆坡，中国交通建设（马来西亚）有限公司的员工自发聚集在一起，观看了国庆大典，全程不断挥舞手中的国旗，为祖国祝福。

中国交建疏浚集团东南亚区域中心总经理闫永桐说，作为在马中企，他们最深切地感受到，正是祖国的不断发展，才令中企在海外的竞争力不断加强。中国交建马来西亚公司副总经理朱雁滨也说，作为“一带一路”倡议的践行者，中交建马来西亚公司在马承建多项重大工程，通过观看庆典，感受到祖国的繁荣昌盛，倍感振奋，更增强了投身“一带一路”建设的决心。

（中国新闻网2019－10－01/陈悦）

旅日侨胞横滨举行盛大游行庆新中国70华诞

10月1日是新中国70华诞。当天，拥有100多年历史的日本横滨中华街上鞭炮齐鸣，锣鼓喧天，街道两旁挂满了大大小小的五星红旗和大红灯笼，由横滨、东京两地侨胞组织的国庆大游行在此举行。

中国驻日本大使孔铉佑到场并发表致辞。孔铉佑表示，70年来，广大侨胞始终与祖国同呼吸、共命运，坚定维护祖国统一，大力支持祖国家乡建设，积极促进中日友好交流合作，为祖国的发展进步赤诚奉献，作出了积极贡献。

孔铉佑说，横滨中华街是旅日侨胞主要发源地之一，具有浓厚的华侨文化和爱国爱乡传统，在海内外享有广泛盛誉。作为旅日侨界唯一的国庆游行活动，横滨中华街国庆大游行已连续举办50多年，成为侨胞对祖国表达赤子之心的品牌活动。今天，横滨中华街国庆大游行再次隆重举行，向祖国送上70华诞深情祝福，也将充分展现新时代旅日侨胞炽热的爱国情怀，激励全体在日同胞为祖国发展、民族复兴不懈奋斗。

随后，现场所有侨胞一起面向国旗，唱国歌，许多人热泪盈眶。在喜庆的鞭炮声中，游行正式开始。据悉，侨胞十分踊跃，积极报名参加游行队伍，组委会最终从报名的200多个团体中精选出30多支队伍参加当天的游行。其中包括舞龙舞狮、京剧、民族舞蹈、民族乐器、杂技等中华传统文化展示。

队伍举着红色的庆贺条幅，挥舞着五星红旗，队员露出溢于言表的喜悦之情，向夹道观看的民众挥手致意。民众纷纷拿出手机、相机，记录下精彩的一刻。由于民众较多，记者向街边一中餐馆店主询问可否去他家二楼拍照，店主欣然答应，箭步跑到楼上把所有灯都打开，兴奋地对记者说："今天真是高兴，祖国强大了，我们华侨在外也有底气，希望媒体能把我们的爱国情怀和喜悦之情传递出去。"

在观看游行的山田女士向中新社记者表示，中华文化确实很了不起，70年来中国也取得了飞速发展，当前日中关系逐步改善，对两国民众来说都是值得庆贺的喜事。

据横滨华侨总会国庆70周年实行委员会副委员长、横滨山手中华学校校长张岩松介绍，此次横滨华侨总会主办的国庆活动主题为"凝聚侨心侨力齐贺七十华诞，携手爱国爱乡同圆中国之梦"，从9月29日开始连庆三天，10月1日的大游行是重头戏，也是最高潮，侨胞们不分昼夜地辛苦准备，就是希望向祖国70华诞献礼，送祝福。

（中国新闻网2019－10－01/吕少威）

澳大利亚文化包容性增加　华裔称种族歧视现象减少

目前，澳大利亚的华裔人口有120多万。据悉，生活在澳大利亚的华裔认为，近年来，澳大利亚的文化包容性增加，种族歧视现象减少了。金龙博物馆（Golden Dragon Museum）首任馆长谭斯团（Tan See Tuang，音译）近日称自己从未遇到真正的种族歧视。

中国移民为澳大利亚做贡献

据《澳大利亚人报》5日报道，2016年的人口普查结果显示，在120万名有中国血统的澳人中，41%出生在中国。此外，澳大利亚统计局（ABS）公布了在中国出生并移居澳大利亚的人数，在1971年，有超过1.76万人，但到了2016年，这个数字上升到逾50.9万人。

近日，澳大利亚联邦移民部长科尔曼（David Coleman）就华裔移民相关问题指出："澳大利亚是世界上最成功的多元文化国家之一，包括中国移民在内的移民为澳大利亚做出了贡献。"

金龙博物馆首任馆长分享经历

一些华裔认为，目前澳大利亚社会的种族歧视现象减少，文化更具包容性。

据了解，华裔谭斯团出生在马来西亚，在一个传统的中国家庭长大。1970年夏天，时年19岁的谭斯团首次来到了维州本迪戈（Bendigo）。尽管障碍重重，现年70岁的谭斯团成为亚裔移民成功者中的一个。据悉，谭斯团曾是一名合格的教师，后来成为一名餐馆老板，并成为世界知名的金龙博物馆的首任馆长。

对此，谭斯团说："我只是一个普通的澳人，就像有人是英国人或爱尔兰人一样。我为自己是华裔感到自豪。"同时，谭斯团表示："我从来没有遇到过任何真正的种族歧视。尽管在最初几年里，一个人进入酒吧都感到不舒服。当时，我是班上唯一的亚洲人，好在我交到了朋友。"

华裔为中国传统感到骄傲

据悉，现年86岁的比尔·莫（Bill Moy，音译）是第四代澳大利亚华裔，他的曾祖父1875年从广州来到维州Ballarat当医生。长期以来，比尔·莫一直是Ballarat华人社区中非常活跃的一员，他看到了当地社区发生的巨大变化。对此，比尔·莫称："这里的文化比以前丰富多了，虽然仍然有部分种族歧视，但没有那么糟糕。"同时，比尔·莫说，年轻的澳大利亚华裔非常注重尊重。"他们尊重长辈，而一些澳人则没有这个观念。"

此外，来自悉尼北部Ryde的21岁女孩基德曼·施（Kidman Shi，音译）认为自

已很幸运能够成长在一个中国移民家庭。她为自己的传统感到骄傲，并觉得自己完全属于澳大利亚社会。“在文化上，我为自己是中国人感到非常自豪，中国的语言和文字都很优美。在我小时候，我一开始甚至没有种族观念。小学生有时候会开玩笑，但我知道这不是出于恶意，更多出于他们不理解。与其说是种族主义，不如说是无知。”

（中国侨网2019－10－05/元纯灵）

桂籍侨胞欢聚纽约时代广场　展示广西文化魅力

广西侨联4日介绍，在美国纽约广西商会的组织策划下，来自美国东部地区的桂籍侨胞近日欢聚纽约曼哈顿时代广场，通过“快闪”、歌舞等形式，送上对祖国生日的美丽祝福，展示广西文化魅力。

参加活动人员合影（钟欣　摄）

活动当天，美国纽约广西商会会长韦家伟一早就来到活动现场，他表示，举办此次活动旨在表达广大海外广西籍儿女，对祖国繁荣富强的期盼和最真诚的祝福。为办好此次活动，主办方专门从中国国内购买了1000面五星红旗和美丽的民族服饰，展示喜庆的氛围和中华文化特色。当手舞五星红旗、身着民族服装的侨胞共同起舞，顿时成为曼哈顿时代广场上一道亮丽的风景线，获得各国游客赞美。

此次活动亦是“广西三月三·乡音播全球”民族文化交流活动的系列项目之一，广西侨联相关负责人表示，接下来，将加强联系引导，鼓励更多海外桂籍侨胞、侨社组织开展相关活动，让更多人了解“广西故事”，体验感受广西文化的魅力。

（中国侨网2019－10－08/林浩）

马来西亚槟城韩江学校举办活动迎百年校庆

当地时间10月10日，马来西亚槟城韩江学校迎来了百年校庆，中国驻槟城总领事鲁世巍等多位嘉宾出席开幕典礼。

韩江三校董事长黄赐兴在致辞中表示，韩江学校将继续加强学校软硬件建设，深化行政与教育改革，大力推进素质教育，组建高效能的行政团队，向着更高更远的目标迈进。

此外，黄赐兴还透露，韩江小学计划改为单班制。如此一来，学校便可集中精神教导学生，而学生也将拥有更多时间学习。不过由于目前校舍空间有限，加上兴建校舍也不容易，因此这项计划暂未确定具体期限。

韩江小学校长李凤珠在致辞时表示，韩江秉持“有教无类”的教育理念，百年来，学校教育出了不少英才。目前，韩江正在深化教育改革、推进教育创新、规范教育管理、提高教育质量，致力于成为一所以素质教育为主的高品质学校，也将努力打造一个让学生能健康成长的校园。

1919年，韩江学校建立；1951年，名誉董事长林连登捐献地段，并创立了韩江中学；1963年，韩江小学搬迁至与韩江中学相毗邻；1978年，韩江新闻专科班正式开课；1999年，韩江学院建立，并在2017年升格成为韩江传媒大学学院，构成了韩江三校的完整教育体系。

（［马来西亚］《星洲日报》2019－10－11/陈云清）

新加坡掀起华语儿童剧热潮　舞台背后学问多

新加坡《联合早报》近日刊载文章，对新加坡华语儿童剧的发展现状作了简单介绍。近年来，新加坡掀起华语儿童剧热潮，不少剧团如实践剧场、新加坡专业剧场（SRT）在华语儿童剧目产出方面都有不错的表现，包括新加坡国家性艺术机构——滨海艺术中心也在为小观众们量身定做节目。

文章摘编如下：

新加坡专业剧场：将英语版儿童剧中译演出

新加坡专业剧场执行董事莎洛特·诺尔斯（Charlotte Nors）肯定了该团对华语儿童剧的投入经营。从2013年开始，该剧团每年至少会将1部华语儿童剧搬上舞台，至今已累计了8部。2002年起，该剧团首次制作英语儿童剧目，旗下的小剧团（The Little Company）也将英语演出的儿童剧翻译为中文版本上演。

“市面上的儿童英语剧越来越多，华语剧却有很大缺口，而我们有能力来补足这个缺口，”莎洛特说，“有了制作英语儿童剧的心得，我们请了通晓中文的翻译和制作团队，将每部剧以华语进行翻译演出。从目前的势头看来，华语儿童剧很值得我们继续投资。”

实践剧场：每年打造一部亲子作品

实践剧场艺术总监郭践红用“亲子剧场”来指称儿童剧场，她认为，亲子剧的首要任务是让成人和孩子一起看戏。20年来，新加坡国家艺术理事会的艺术拓展

工作一直在学校进行，因此亲子剧场、学生剧场的青少年剧场的观众群体也一直在累积。

郭践红表示，华语亲子剧场也与青少年的华语学习息息相关，因此观看剧目也变成了学习华语的一个渠道。从20世纪90年代开始，实践剧场就开始在学校演出，几十年来都在做青少年作品。“真正开始连续做亲子作品是在2010年，从那以后，我们基本每年都会打造一部亲子作品。”郭践红说。

滨海艺术中心：带动华语儿童剧市场

滨海艺术中心从2006年起推出儿童作品，目前已经亮相的剧目包括原创的“小玩艺”系列，以及委约的《儿戏》系列。2010年至今，该艺术中心已经联合制作、委制或引进了9部作品，不少作品取材自中国民间故事，均取得了不俗的成绩。

滨海艺术中心节目监制李国铭认为，近年来华语儿童剧发展较好，主要原因有几点：中等收入阶层的购买力有所增长，促进了文娱活动上的消费；越来越多来自华语地区的永久居民在新加坡定居，观众逐渐累积；华语在全球范围内走俏，家长希望孩子通过戏剧艺术寻根溯源，多接触母语。

剧集要兼具娱乐性和教育性

剧场的工作者们纷纷表示，儿童剧不仅要有娱乐性，教育性也不可缺少。

莎洛特认为，儿童剧一定要突出扎实的教育核心。以长青童话剧为例，剧情基本上都紧扣友情、互助、勇气、善良、爱等对儿童来说有实际意义的价值观。李国铭则表示，艺术除了具有跨越社会经济和文化界限的能力外，还能在儿童的认知、社会和情感发展方面发挥作用。

“孩子们往往能通过故事和戏剧培养同理心，学会从不同角度看世界。在形成自我意识和认同的同时，艺术将是孩子探索文化遗产、表达自我、培养自信的一种方式。随着年龄增长，艺术活动也能让他们成为具有求知欲望、质疑能力和反思精神的自主学习者。”李国铭说。

郭践红表示，亲子剧提倡了一种新观念。“我们的亲子作品想要传达一种观念：提问比答案重要。”郭践红说，“我们的作品相对来讲不太说教，而且我相信看戏只是孩子或者亲子间互相认识、学习的一个过程，看戏前后的讨论和对话才是更重要的。”

受众不应仅限于儿童

“专业剧场的华语儿童剧现场，常有一家三代一齐来看戏，而英语儿童剧则没有这种现象。”莎洛特指出，专业剧场的华语儿童剧长达五个星期的演出周期中，平均上座率之所以能突破90%，就是因为常常会有长辈陪孩子来看。

李国铭表示，儿童剧得先经由家长，再“抵达”小朋友眼前。“我们在推广这些作品时，首先接触的对象是家长，家长必须对这些作品感兴趣。事实上，家长也会受益于这些作品。在短短一个小时里，他们释放压力、发挥想象力，从孩子的角度看世界。”李国铭说。

此外，李国铭观察到，并非所有观众都是华人，许多非华族观众也会出现在华语剧场里，他相信这些非华族观众极有可能正在学习华语。

儿童剧未必要降低语言难度

既然儿童剧也面向成人，那么创作者是需要降低语言难度“迁就”小观众，还是维持语言的成熟度，不至于让成人观众觉得“简化”呢?

“我们的亲子作品有一些原则，比如不会简化语言。如果我们觉得文字有一部分比较难懂，我们可以用行动，用人物的行为、声音，甚至形体等来讲故事。毕竟，年纪跟语言水平是两件事。”郭践红说。

她举例说，在新加坡，5岁孩子的华语未必逊色于15岁的孩子。“语言程度跟孩子的年龄发展不一定成正比，所以我们不会特别去调整语言，但我们会注意沟通，而这个沟通不只是语言沟通。”郭践红说，“一个好的亲子作品应该是所有人都能看的，大人看深一点，孩子看浅一点，但孩子的感受未必比大人的少，也不一定比大人的浅白。”

李国铭也认同这一点。他指出，认为创作和呈献儿童作品容易是错误的想法。“创作者作为成年人，必须从孩子的角度来思考。不要低估孩子们的学习潜力。应该注意确保语言不会过于浅白，以帮助增加孩子词汇量；当然也不能过于晦涩，致使孩子无法掌握任何词汇。”李国铭说。

莎洛特也表示，儿童剧不是降级的戏剧，不应降低儿童剧语言品质。要在舞台上讲好一个故事，除了好演技、好编导和好的幕后制作，精妙的语言也不可缺，这不只是对小观众负责，也是对家长们负责。

两年来，家长梁晓萍都带孩子来看华语儿童剧，包括《儿戏》和《真假美猴王》。“新加坡以英语为主要媒介，要让孩子学习并接触华文是一项挑战，我非常重视这一环。”梁晓萍说。

家长陈翠薇带两个孩子看完《了不起的狐狸爸爸》后，对孩子们在舞台上玩的文字游戏尤为欣赏。她认为，看华语儿童剧的乐趣不亚于看英语剧，而这种戏剧兴趣是培养出来的。如今对于两个孩子来说，观剧已经成为一种享受，尤其是华语剧。

陈翠薇坦言，即使是华语儿童剧，自己也倾向于带孩子看经典作品。“熟悉的故事对孩子而言不会造成迷失感，特别是在他们克服语言难关的阶段。”陈翠薇说。

（中国侨网2019－10－11/王一鸣）

大马登嘉楼关帝庙热心华教 10 年为华校筹款过百万

马来西亚登嘉楼关帝庙热心华教，10年来为华教筹募超过百万林吉特的教育基金。该庙主席陈永昇表示，关帝庙每年庆祝关帝圣君千秋宝诞时，都会为多所华小、华中筹款。

陈永昇透露，该庙在积极推动庙务发展之际，也关心华教，希望为华教传承尽一分绵力。2019年共筹得10万多林吉特，其中拨给中华维新小学2.9138万林吉特，中华维新中学5.0037万林吉特，哇加打北中华小学1.4138万林吉特，中华独中1.6630万林吉特。

登嘉楼关帝庙顾问杜振耀指出，正是华社、华团对华教的付出，造就了马来西亚华教今日的繁盛。登嘉楼关帝庙为华教筹款，履行了社会责任，值得赞扬。今后，华教依然需要华社及华团的支持，也只有这样，华教才能发展得更好。

（［马来西亚］《星洲日报》2019－10－12）

新加坡教育部推出母语辅助计划　增强学生华文能力

自2018年起，新加坡教育部开始在全国24所小学内试行“母语辅助计划”，旨在更有针对性地帮助母语弱的学生提升语文能力。从2021年起，母语辅助计划将覆盖新加坡所有小学的三年级学生，2022年会覆盖小学四年级学生。

据了解，参加该计划的学生将以小班形式上华文课，节数与其他学生一样。教育部课程规划与发展司母语处司长王梅凤指出，教育部将分阶段为教师提供培训与反馈，确保每所学校都有足够的教师来指导学生。目前，各校教师人数依学校需要和师资而定，每所学校将至少有1名教师。

除了师资力量的保证，教育部也会提供给教师必要的教学资源，如字卡、图卡、电子简报等。与普通字卡不同的是，辅助计划使用的字卡用不同颜色突出汉字部首，以便让教师更有效地帮助学生认字。

圣婴女子小学华文教师谢秀彬表示，计划中的每项活动和游戏背后都有其目的，旨在让学生在玩乐中学习。通过一段时间的教学，她发现学生的专注力增强了。而教具和教案由教育部统一提供，教学设计十分系统，对教师很有帮助。

恒力小学华文教师郑伊婷发现，一段时间后，她的学生更有信心使用华语了，学习课文的核心部分时也能更快上手。她指出，2018年上了培训课后，教育部课程规划与发展司的同事也会到课堂旁听并给予她反馈，她也曾去其他试教学校听课，向其他教师学习。

根据新加坡华文教研中心公布的调查结果显示，学生参与辅助计划后，在华文课上的参与感变得更强，持续的口语对答比一般学生多了14%，书写内容也多了

3%。这在一定程度上反映出，学生对学华文更有信心和兴趣了。

（［新加坡］《联合早报》2019－10－14/胡洁梅）

南非姆普马兰加省华人警民中心与福建同乡会爱心捐赠

当地时间10月12日，由南非姆普马兰加省警民中心与福建同乡会出资，由Emalahleni市政府主办的爱心捐赠活动在南非姆普马兰加省举行。

南非姆普马兰加省副省长BT Shongwe，Emalahleni副市长P Maseko，南非洲粤港澳总商会会长吴少康，姆普马兰加省华人警民合作中心主任、姆普马兰加省福建同乡会会长陈福州，南非洲上海工商联合会荣誉会长徐侃毅等共同出席捐赠会。

姆普马兰加省副省长BT Shongwe在捐赠会现场表示，感谢警民中心与福建同乡会的无私奉献，为受害家庭带来慰问。BT Shongwe表示这次歹徒给这个家庭带来的伤害是沉重的，政府也会加大力度保护好民众的人身安全、财产安全，一定会严厉处罚这些非法之徒，为民众们营造一个更安全的生存环境。

这次捐赠活动充分表明了姆普马兰加省华人华侨积极回馈南非社会、为社会作贡献的热情。此次捐赈活动也体现了南非华人华侨乐善好施、扶贫济困的优良传统，和中南民众患难与共的兄弟情谊。

据南非姆普马兰加省副省长BT Shongwe介绍，此次受捐助的家庭中，有一位受害者家中有两个孩子，其中一个孩子因迷信等原因而被绑架，事后歹徒发现这名被绑架的儿童不是他们本来的目标，于是杀害了他。这个事件很快就被当地市政府警察部门知道，并很快知道受害者家中的另外一个孩子处于危险状态，于是发动力量保护这个家庭。

副省长BT Shongwe补充道，目前已经抓到了四名嫌疑人，其中一名已经认罪并被判刑，剩下三名依然还在取证。姆普马兰加省福建同乡会会长陈福州也表示只要受害者家庭还有需要，肯定会积极给予帮助。

（《中非新闻报》2019－10－14/龙辉）

新西兰奥克兰地方选举　8名华人当选市议员和地区议员

2019年地方选举投票已经结束，新西兰各位新市长和议员的初步投票结果已出炉。值得瞩目的是，在参与奥克兰地方选举的17名华人中，有8人成功当选市议员和地区议员，堪称华社骄傲。

13日公布的初步计票结果显示，在今年的21名市长候选人中，只有5人的票数过万。

Phil Goff以远超第二名John Tamihere一倍多的票数成功连任奥克兰市长，前者

得票数超17万，后者得票数近7万。Craig Lord以近3万票位列第三。华人候选人John Hong（洪承琛）排名第四，获得15965张选票。

虽然票数远远落后于当选的Phil Goff，但John Hong的这场政治首秀依然算得上一场胜利。

整个竞选过程中，他的亮相有些姗姗来迟，人们几乎没有时间充分了解他的背景。然而输了选举，赢了名声，他成功打造了个人形象，为自己铺垫了通往中央政府的道路。

有分析认为，John Hong的下一步，是打算在明年大选前，跻身工党或国家党的排名议员之列。

许多政客都是通过地方选举来树立形象，进而登堂入室，参与国家治理。而凭借与华社的紧密联系，以及在投资和国际事务方面的专业经验，John Hong的计划很可能得以实现。

2018年，Paul Young（杨宗泽）赢得了奥克兰Howick选区补选，成为大奥克兰首位华裔市议员。2019年，他再次以第二名的票数（16595票）成功连任Howick选区市议员，并顺利入选成为Manukau地方医管局成员。

Paul Young在本次地方选举的候选人自我介绍中表示，他的首要目标是：建设高质量的公共交通系统，推出无轨电车。这种电车拥有轻轨的所有优点，但没有废气排放等缺点，同时也能以更少的投资为更多的乘客提供服务。他的另一个重点在于法律和秩序，Paul Young支持增加闭路电视摄像头，以阻止或帮助解决犯罪。作为一名华裔新西兰人，他希望确保新移民融入社区，同时确保新移民都能从他们的贡献中受益。

在当选Manukau地方医管局成员后，Paul Young的工作重点是让Middlemore医院成为拥有更多床位的世界级医院，以及建设更便捷的交通和更安全的街道，为卫生系统提供更多支持。

除Paul Young以外，多名华人亦在地区议员的选举中成绩斐然。

Peter Chan（陈文辉）以第四名的成绩（9650票）当选Henderson-Massey地区议员。他在参选时表示，如果当选，他的首要目标是设法将税收保持在合理水平。其次，尝试与中央政府和奥克兰交通局合作，解决公共交通问题。第三，支持社区多元化、互联互通、健康包容。第四，为奥克兰西区居民修建新的游泳池。

Peter Young以第二名的票数（5357票）再次当选Howick选区Botany地区议员。在本次当选之前，作为Howick地区议会的一员，Peter Young已为Botany社区服务超过20年。他不仅在房地产开发和市场营销方面取得了很大成就，而且是国际佛光会的主席和太平绅士。作为一位行动力很强的社区领导人，他还创建了Botany and Flat Bush多种族协会，向新移民提供帮助。

David Wong凭借第三名的成绩（14537票）再次当选Ōrākei地区议员。出生于新西兰的移民二代David Wong曾在银行和保险业就职25年。作为新西兰华联总会奥克兰分会和奥克兰华人社区中心的副主席，David Wong是远近驰名的文化领袖，同时还是社区的规划师，并担任太平绅士。

Fiona Lai和Bobby Shen分别以第四（5873票）和第五（5618票）的成绩当选Puketāpapa地区议员。此外，前者还成功入选成为奥克兰地方医管局成员。

Fiona Lai一直住在Mt Roskill，做了多年的青年导师和教会领袖，精通多门语言。毕业于奥克兰大学药剂学专业的她拥有超过十年的药剂师工作经验。作为新西兰医药协会的成员，她主持了关于健康风险和疾病预防的许多研讨会。Fiona Lai想改善人们的健康意识，打造安全社区、繁荣商业、更好的娱乐设施、便捷的公共交通。她善于同不同背景、文化和年龄的人互动，希望为地区委员会带来新想法和多元视角。

Bobby Shen是建筑师，在Puketāpapa的Mt Roskill社区生活30年。他在自我介绍时表示，如果当选，他将倡导高质量的开发与适当的社区基础设施相结合。其次，他还有一个长期愿景：用他参与制订的愿景文件，加上社区投入，重振Mt Roskill商圈。

Benjamin Lee以第一名的好成绩（6152票）成为Albert-Eden选区的Maungawhau地区议员。Benjamin Lee拥有工程学学位，在金融、航空和海事领域拥有超过10年的专业经验。他倡导让Eden Park的经济可持续发展，在区域内推出居民停车计划，整治非当地居民占用停车位的情况，并让奥克兰交通局等市议会控制的组织实体（CCO）倾听社区的需求。

Susan Zhu（朱旭东）则以第三名的成绩（5636票）如愿连任Whau地区议会区议员。她是一名律师，同时在中央和地方政府工作超过15年，有丰富的管理经验。过去，她为Avondale的未来发展争取了许多项目投资，包括2100万纽币的Avondale社区中心和图书馆，1.04亿纽币的Whau游泳池和娱乐中心。她计划解决当地的交通、住房和社区安全问题，包括为青年和老年提供经济适用房，在公共场所禁酒等等。

未来三年，是成功进入奥克兰城市领导班子的8位华人大展宏图、传递奥克兰华社声音的三年，也是选民们检验Goff先生是否值得信赖的三年。

（《新西兰中文先驱报》2019-10-15）

世界客属恳亲大会在马来西亚举行

世界客属第三十届恳亲大会19日在马来西亚吉隆坡开幕，来自世界各地的逾3000名客家乡亲出席。

本次客属恳亲大会是时隔20年后再度在马来西亚举办的。大会以“天下客家，永续共荣”为主题，将举办涵盖客家民俗、客家文化、客家歌乐及论坛等丰富多彩的活动。

马来西亚总理马哈蒂尔以视频方式为大会致辞。他在视频致辞中赞扬客家人为马来西亚经济发展做出了很大贡献，并期待此次大会能在旅游、投资等方面令马来西亚受益。

本届大会主席、马来西亚客家公会联合会总会长张润安介绍，客属恳亲大会已经发展为客家乡亲开展经济合作和文化交流的重要舞台，此次大会将继承历届大会使命，团结炎黄子孙、发扬客家文化、创造更大价值。

世界客属恳亲大会协调委员会代表熊德龙亦表示，随着中国的发展，海外客家人应为自己所在国牵线搭桥，令所在国从“一带一路”倡议中受益。

本次大会还颁授了“全球客家事业杰出贡献奖”和“马来西亚杰出客家人奖”。不久前去世的金利来集团创办人曾宪梓、中国国民党前主席吴伯雄以及谢富年、何侨生、熊德龙被授予“全球客家事业杰出贡献奖”。

世界客属恳亲大会缘起于1971年，已在多个国家和地区举办，规模也逐渐扩大，由单纯的恳亲联谊，发展为融经济合作、文化交流和学术研讨于一体的客家乡亲大聚会。

（中国新闻网2019－10－19/陈悦）

新加坡南洋理工大学更名校内设施　纪念华社贡献

日前，新加坡南洋理工大学的“南洋谷”路正式易名为“陈六使径”，人文学院大楼也改名为“新加坡福建会馆楼”。据了解，此举是为了纪念南洋理工大学创始人陈六使，以及新加坡福建会馆为推动文教事业所作出的贡献。

南洋理工大学方面表示，学校选择对“南洋谷”和人文学院大楼重新命名，主要因为它们与华裔馆、南大湖和云南园毗邻，而这三处都具有历史渊源。1958年学校正式启用时，正是在云南园举办了典礼。目前，云南园正在整修美化，完工后将与华裔馆和南大湖组成南大校园的文化遗产区，预计将于2020年对外开放。

据悉，南洋理工大学的前身——前南洋大学是东南亚首所民办的华文大学，建校所用的土地由福建会馆捐献。1953年，在缺乏高等华文教育学府的背景下，时任福建会馆主席的陈六使倡办南洋大学，并且以身作则，捐献了500万新元作为建校基金。

当时创办大学的倡议，获得了新加坡乃至东南亚各社团、各阶层民众的大力支持，掀起了一波空前的社会热潮，在新加坡教育发展史上，创下了历史纪录。南大校长苏布拉·苏雷什表示，新加坡福建会馆楼和陈六使径的命名，肯定了新加坡华社为新加坡高等教育发展所作的历史贡献。

（［新加坡］《联合早报》2019－10－21/许翔宇）

智利圣地亚哥持续骚乱　旅智侨团齐心协力共助侨胞

据中国驻智利大使馆网站消息，针对连日来圣地亚哥局部骚乱，在中国驻智利大使馆号召下，旅智各侨团紧急行动，齐心协力，同舟共济，共同做好协助侨胞工作。

各侨团和侨领们通过多种渠道向侨胞通报最新形势，提醒大家注意安全，同使馆领侨处保持密切联系。智利华助中心成立专门委员会，与当地警局建立联系，整理发布首都大区各警察分局的报警电话。广东、浙江、福建、江苏等各侨团第一时间指定专门联络人，帮助遇险侨胞报警并积极提供必要协助。

中国驻智利大使馆高度赞赏并衷心感谢旅智侨团在危急时刻守望相助、团结和谐。希望广大侨胞冷静应对突发情况，人身安全第一，遵守宵禁规定，加强安全防范，团结一致渡过难关。

（中国侨网2019－10－22）

新加坡庆祝“讲华语运动”40周年

为庆祝“讲华语运动”40周年，新加坡推广华语理事会22日在新加坡华族文化中心举行隆重庆典，新加坡总理李显龙出席庆典并致辞。

李显龙说：“我们必须清楚认识到，新加坡的双语优势正在相对减弱。我们需要加倍努力，鼓励国人把华语融入日常生活中，也必须想方设法保持我国华语的活力和独特之处。”

推广华语理事会主席蔡深江说：“今年是‘讲华语运动’的一个里程碑，令我们感到鼓舞的是，许多人都相信掌握华文华语将有助于巩固我们对新加坡华族文化的认识。今年的‘讲华语运动’将鼓励人们对华文华语抱有正面的态度，积极鼓励身边的人多使用华文华语。”

新加坡政府一直强调，在过去的数十年，华语起到了团结新加坡华族社群的作用，并加深了人们对新加坡华族文化的了解。放眼未来，“讲华语运动”希望能加强新加坡人在不同语境中有效使用华文华语的能力和信心，继续提供有利于学习和使用华文华语的环境。

在庆祝“讲华语运动”40周年之际，推广华语理事会还宣布将推出新加坡华语资料库。新加坡民众可在这个资料库里搜索到新加坡人常用的、具有特色的词汇。这些词汇反映了新加坡多元种族和多元文化的特色以及新加坡华语丰富的生命力。

“讲华语运动”于1979年由时任总理李光耀发起，至今已经走过40年。当年“讲华语运动”的宗旨是鼓励新加坡的华族人士使用华语，而不是方言。经过多年的推行，“讲华语运动”现在则着重鼓励以讲英语为主的新加坡人使用华文华语和加强人们对新加坡华族文化的认识。

（新华网2019－10－23/蔡蜀亚）

波士顿华埠社区召开会议　探讨华埠历史文化保护

日前，美国波士顿部分华埠社区组织举办“华埠历史暨文化保护讨论会”，约70名社区人士参与讨论并发表意见，思考华埠文化的意义与内涵，不同单位也就移民历史足迹、华埠工人铜像、华埠历史遗产中心等保护计划做了报告。

讨论会上，华埠居民纷纷提出，“华埠之为华埠”是因为有中餐馆、华人超市、中药店、中医针灸、中文街道名等多种因素存在。波士顿华人前进会汤建华表示，富有历史特色的排屋（row house）、包厅和烘焙点心的饮食文化都很重要。退休小学校长李素影讲述了往事，认为“华埠就是华人的家”。

中华公所主席陈家骅表示，华埠目前的问题在于房屋。华埠的发展需要考虑各种收入的人口，而排屋需要保留更新，新楼需要开发建设，房租与政府补助又很复杂。如何在现实中找到最好的解决方案，还需要探讨商议。

会议上，麻省理工学院学生还介绍了“华埠历史数据库”项目，呼吁大家将华埠的故事输入数据库，并表示希望能在年底之前推出“华埠历史之旅：美食篇”。届时，游人可以扫描置于餐厅和华埠各地的海报二维码，阅读华埠各餐馆的历史及美食文化故事。

（［美国］《世界日报》2019－10－23/唐嘉丽）

旧金山湾区侨界庆祝加州首个“华裔美国人日”

美国旧金山湾区侨界当地时间22日在旧金山市立图书馆举办活动，庆祝加州首个“华裔美国人日”（Chinese American Day）的到来。

加州“华裔美国人日”是为华裔美国人设立的节日，由加州华裔议员陈立德在加州议会提出，并于今年8月22日正式通过。加州立法文件中提到，将把2019年10月23日定为加州的“华裔美国人日”，以强调华裔美国人对加利福尼亚州和美利坚合众国的重要历史贡献。

活动现场，主办方播放了华工修建太平洋铁路等历史事件以及关于赵小兰、林书豪等华裔故事的相关视频。

美国大上海联盟会长琚以中在致辞中说，不少在美华裔精英在多个领域取得出类拔萃的成就，为美国的发展作出了重大贡献。美国成为全球经济总量排名第一的国家，华裔功不可没。

美国大上海联盟理事长章志尧表示，改革开放以来，中国由一个“一穷二白”

的国家成为全球经济总量第二的强国，成就举世瞩目，在美华裔为中国的繁荣昌盛感到欢欣鼓舞。章志尧表示，在庆祝“华裔美国人日”的同时，华裔美国人对处于低谷的两国关系感到忧虑。他说，坚信两国“和则两利，斗则俱伤”，华裔美国人将继续为促进中美友好尽一份力。

（中国新闻网2019－10－23/刘关关）

新加坡“福建人的建筑”展：南洋风融入福建建筑

日前，由新加坡国立大学建筑系主办，新加坡福建会馆、天福宫及市区重建局联合支持的展览“福建人的建筑：从天福宫到林路大厝”在新加坡牛车水直落亚逸路举行。展览获得了热烈的反响，其中南洋风格对中国福建建筑的影响让公众感到十分好奇。

据了解，本次展览是新加坡国立大学建筑系部分学生到闽南侨乡考察的成果，展示了早期南下的闽籍杰出人士在家乡建筑中对南洋风格的融入。当时，新加坡著名侨商林路（抗日烈士林谋盛之父）在福建南安老家兴建了99间房大厝（方言，意为很大的房子），采用了与天福宫一样的瓷砖与地砖。

林路大厝的其他细节也反映了南洋特色。横梁上的木雕装饰一边是华人，另一边是锡克人。半圆形穹窗和红砖外墙也不属中国传统风格，据推测，应该是林路从南洋带了一批工匠，专门回到家乡建造的。红砖在当地是昂贵建材，因此墙体还是泥土制的，只在最外层砌上了红砖。

新加坡国立大学博士陈煜表示，这不但反映了林路对这种建筑装饰的喜爱，也显示了南洋文化在福建的影响力。可见建筑风格的交流是双向的，不只是南洋建筑受中国风格影响。2019年是林路之子林谋盛烈士牺牲75周年，这也让展览具有了更深刻的意义。

本次展览上，公众的反响也十分热烈。44岁的教育工作者林淑珍表示，自己因为敬重林谋盛，想对他的故居有更多了解，所以前来参观。没想到原来林路大厝跟天福宫竟有这么多相似之处，让她获益匪浅。

（［新加坡］《联合早报》2019－10－28/陈爱薇）

吉隆坡仙四师爷庙被列入马来西亚国家文化遗产

日前，经过2年的争取，马来西亚吉隆坡仙四师爷庙被列入马来西亚国家文化遗产。据了解，这是第一间被列入马来西亚国家文化遗产的华人庙宇，开创了先河。

吉隆坡仙四师爷庙位于敦李孝式路和富都口（Lebuh Pudu）交界处。155年前，吉隆坡开埠者叶亚来在家后面的椰林里，盖了一间茅草屋供奉仙四师爷，后来香火越来越盛，就决定兴建一座庙。如今，该庙已经成为国内外游客喜爱的热门景点。

吉隆坡仙四师爷庙总理兼博物馆主席丘伟田表示，150年过去了，吉隆坡仙四师爷庙依旧矗立在吉隆坡市中心。它历史悠久，见证了吉隆坡从荒芜到大城市的转变，也见证吉隆坡的安稳与发展。目前，仙四师爷庙博物馆已经开始修建，希望在不久的将来开放供人参观。

此外，该庙奖学金主任施锦福表示，吉隆坡仙四师爷庙一直在进行慈善教育捐献，受惠团体包括独中、孤儿院、老人院、盲人协会、临终关怀中心、痉挛儿童协会等。同时也向需要的学生发放奖助学金，受惠学生人数超过700人，总支付超出120万林吉特。

（［马来西亚］《星洲日报》2019－10－30）

美国华裔学者李文渝获“科学突破奖”

日前，被称为“科学奥斯卡奖”的科学突破奖（The Breakthrough Prize）在美国加州山景城太空总署埃姆斯研究中心（Ames Research Center）举行第八届颁奖典礼，Google共同创办人布林（Sergey Brin）、Facebook创办人扎克伯格（Mark Zuckerberg）等人参加。

本次共9位顶尖生物学家、病理学家、天体物理学家和数学家获得“突破奖”。其中，美国华裔学者、宾夕法尼亚大学教授李文渝（Virginia Man-Yee Lee）是“生命科学突破奖”五名得主中唯一的女性，在对神经退行性疾病的研究中，其研究团队发现了帕金森氏症病和多系统萎缩症中，不同类型细胞内α-突触核蛋白的不同形式，在相关领域取得了重大进展。

据了解，科学突破奖由众多科技界人士、科学家共同创办，设生命科学突破奖、基础物理突破奖、数学突破奖及物理学新视野奖、数学新视野奖等奖项，旨在鼓励在相关领域有重大贡献的研究者。突破奖也是全世界单项奖金最高的科学奖，每位获奖科学家可以得到300万美元奖金，高出诺贝尔奖两倍。

除此之外，本次还有两名华裔科学家获得新视野奖，以鼓励他们在物理和数学方面取得的成就。华裔物理学家陈谐因研究拓扑物质状态及其关系，获得新视野物理奖，数学家朱歆文因对算术代数几何研究的贡献，获颁新视野数学奖。

（［美国］《世界日报》2019－11－06/李荣）

华裔美国人博物馆办展　讲述昔日上海犹太人生活

近日，位于美国华盛顿的华裔美国人博物馆（CAMDC）推出“安全港湾：上海，二战犹太难民的惊人故事”（Safe Harbor：Shanghai Surprising Stories of Jewish Refugees in WWII）特展，讲述了二战时期犹太人在上海安身的故事。

博物馆方面表示，通过讲述犹太人在上海的故事，强调了不同族群与共同历史间的紧密关系，也通过独特的国际视角，让更多美国人了解了这段充满人性光辉的历史。

据了解，此次展览的资料除了来自上海犹太难民纪念馆，还有不少来自华盛顿的犹太人大屠杀纪念博物馆（Holocaust Memorial Museum），以便从多角度重现历史及故事。

此外，华裔美国人博物馆还举行了研讨会，邀请出生在上海法租界的莉莉安·威伦斯（Liliane Willens），以及当年的犹太难民贝蒂（Betty Grebenschikoff）等人，讲述犹太人在中国经历的文化适应及生活故事。

（［美国］《世界日报》2019－11－06/罗晓媛）

越来越多大品牌看好“华人百元店”生意潜力

西班牙目前有大约3万家商铺是由外来移民群体经营，其中超过一半为华人店。华人百元店因为所售商品大部分还是低端廉价的，一定程度上造成其形象和被抵制的危机。但另一方面，因为产品便宜实惠，越来越多的当地居民去食品店或是百元店购买东西。

随着华人店的多元化发展以及其市场份额的不断增长，华人店的商业模式正在吸引大品牌，让他们看到商机。据悉，有些公司就已经开始在华人店投入一定的产品进行检测，通过可见、有战略的方式，吸引消费者购买这些产品。Winche商业公司就是其中一家。

Winche Redes Comerciales是一家商业外包公司，专门从事Gran Consumo渠道和Farmacia渠道的运营。该公司自2008年以来，已经建设一系列的销售渠道，是一支专门向移民群体所经营的商店进行产品分销和销售的专业团队，该公司也在不断挖掘“华人店”的潜力。

据悉，在西班牙，3万家外来移民经营的店铺中，华人店的数量达18000家，又有12000家为巴基斯坦籍人经营。鉴于这些数据，Winche公司利用这两大移民群体的商店，放入其旗下的产品和品牌，促进销售增长。据透露，2019年，该公司增加500名左右的员工，其中有15名为华人，负责同华人进行商业谈判交流，预计实现3000万欧元的销售额。

（西班牙欧华网2019－11－06/青峰）

安哥拉华人消防会议在浙江总商会召开

当地时间11月2日，安哥拉华人消防专题会议在浙江总商会会议室进行，安哥拉浙江总商会、安哥拉福建总商会、罗安达华商联合会、江苏总商会、河南商会、安徽商会、海山集团、佑兴集团代表和志愿消防队代表等近20人出席会议，安哥拉浙江总商会秘书长陆剑锋主持了会议。

浙江总商会会长陈志好在欢迎辞中表示，在安哥拉经营发展的中国企业面临语言沟通、热带疾病等困难，特别是近年来经济大环境的变化，这些困难和挑战让在安同胞更懂得团结互助的重要；早在2019年7月份，浙江总商会就在推动成立一支志愿消防队，以备紧急情况下，更有效率地协同，在火灾发生时，在确保自身安全的同时，动员各方力量配合救助，将损失降到最低。

罗安达华商联合会会长林峰平在会上介绍了一场发生于10月4日的火灾的救援情况。10月4日上午的火灾，得到浙江总商会、中国总商会等各方救灾支援，中国驻安哥拉大使龚韬每隔半小时就询问救灾情况，并三次到现场察看。华商联合会将认真总结，加强消防隐患排查和消防演练。

河南商会秘书长朵庆坤建议增强与取水点的联络，一旦发生火灾，就可以就近取水，河南商会和广进集团愿意积极提供水源，供救灾使用。

安徽商会秘书长薛典兵询问了水车的情况，建议志愿消防队水车应处于满载状态，随时可以支援。

江苏商会代表周小云表示，消防防范十分重要，应切实做好消防器材的检查、掌握使用方法，一旦发生火情第一时间扑灭是最理想的。

海山集团代表表示，火灾发生时的就近救援十分重要，特别是华商集中的区域，应以数字形式标注在位置示意图上，以提高救援效率。

佑兴集团代表王衍庆表示，安防联席会和佑兴集团支持成立志愿消防队的倡议，准备购置水车加入志愿消防队，同时也是加强自身消防措施的一部分。

志愿消防队联络人史纪生介绍了水车救火装置安装情况，到11月2日已有5辆水车完成改装，加上海山集团的经过改装的水车，至少已有6辆可以机动救援。

陆剑锋秘书长介绍了浙江总商会消防基金情况，这个消防基金由浙江总商会理事会内部动员捐赠设立，包括此前5辆水车的改装均由基金支持。

会上还决定近期开始举行无预警演练，测试救援协调效率和反应速度，今后还将广泛动员，举行各种形式的消防专题讲座和培训，促进消防防范水平的提高。

会议结束后，与会代表在浙江总商会大楼前观看了改装水车的演练，水枪喷洒的效果赢得各方的肯定。

（安哥拉华人网微信公众号2019－11－07）

旧金山华裔民众积极参与选举投票　民生议题受关注

11月5日是旧金山选举投票最后一天，2019年旧金山中国城几个固定投票点的投票情况与往年相比，逐步在减少，上班高峰过后，华埠麦礼谦图书馆和华埠救世军两个投票点的现场投票人数也只有30人左右，在场的工作人员表示，因为2019年不是大选年，选举票没有太多议题，许多民众都选择以邮寄方式投票。

由于居住在中国城的选民以长者居多，有华裔民众对选票的填写并不是十分熟悉，于是前往选举点请求帮助，在场的工作人员表示他们不可以帮助他填写选票，在细心了解后，得知这位长者心目中已经有他的选项结果，工作人员告诉长者，他们可以向他提供指引，这名长者在他们指引下单独完成他的选票。

这次选举投票主要选出旧金山市、县政府部门职位，包括：市长、市府律师、地方检察官、公辩官、县警长、财政官、市议员、教育委员、社区大学校董。同时对地方住房、交通、教育、竞选捐款等6个提案进行投票。

民生议题一直都是华裔民众关注的提案，社区住客联会的成员在每次选举中都积极参与。

（美国侨报网2019－11－08）

槟榔屿华侨抗战殉职机工纪念碑公祭仪式在槟城举行

当地时间11月11日，驻槟城总领事鲁世巍出席槟榔屿华侨抗战殉职机工暨罹难同胞纪念碑公祭仪式并讲话，马来西亚财政部部长林冠英、槟州首席部长曹观友、槟州华人大会堂主席许廷炎、槟榔屿华侨抗战殉职技工暨罹难同胞纪念碑管委会主席庄耿康、广西南宁南侨机工后代代表及50多个主要政党、社团、华教组织及媒体代表等400多人出席。

合唱团献唱《纪念碑之歌》《再见南洋》歌曲后，公祭仪式正式开始。鲁世巍总领事在讲话中表示，南侨机工为中国抗日战争及世界反法西斯战争的胜利，作出了不可磨灭的贡献，也作出了重大牺牲，对于他们的爱国主义精神和英雄壮举，所有海内外炎黄子孙都永远不会忘记。中马两国人民共同经历了战争的磨难，更加懂得和平来之不易，更加懂得和平而不是战争，合作而不是对抗，才是人类社会发展进步的永恒主题。今天的中国已经发展成为世界和平的坚定倡导者和有力捍卫者，中国人民将坚定不移走和平发展道路，坚定不移维护人类和平与发展的崇高事业，愿同各国人民真诚团结起来，为建设一个持久和平、共同繁荣的世界而努力，共同创造人类世界的美好未来。

林冠英表示，举行今天的公祭仪式是为了缅怀南侨机工为反对日本殖民侵略、争取和平所做的伟大牺牲，我们要勿忘历史、反对战争、珍视和平。

曹观友表示，南侨机工在日本发动侵华战争后，一呼百应，归国参加抗战，他们的付出与牺牲不会被忘记。马来西亚是爱好和平的国家，我们应该从历史中吸取教训，弘扬和平精神。希望世界各国都以和平协商的方式维护人类共同利益，不以

摧毁家园的武力方式解决问题。只有家和才能万事兴，才能国泰民安。

活动过程中，鲁世巍总领事及馆员还上台敬献花篮，仪式庄严肃穆，气氛深沉感人。仪式结束后，鲁世巍总领事代表总领馆向纪念碑维修和展厅发展基金捐款。

抗日战争期间，3200多名南侨机工回国支援抗战。他们在滇缅公路上不畏艰难，舍生忘死，夜以继日地抢运军需物资及兵员，组装维修车辆，确保抗战生命线畅通，粉碎了敌人的封锁，为抗战最终胜利作出了重要贡献。槟榔屿华侨抗战殉职机工暨罹难同胞纪念碑建成于1951年。每年11月11日，槟州各界代表举行纪念碑公祭仪式，以祭奠抗战殉职的南侨机工及罹难同胞。

（中国侨网2019－11－12）

新西兰举行中国元素武术锦标赛　260 多位运动员参加

当地时间11月9日，由新西兰国家武术协会和新西兰湖南总商会联合主办的“湘商杯”2019新西兰全国功夫武术锦标赛在奥克兰隆重举行。来自新西兰全国各地16支代表队的260多位运动员参加了这个南太平洋岛国一年一度的武林盛会。

新西兰国会议员霍建强先生、杨健博士，中国驻奥克兰总领事馆文化领事周立先生、奥克兰市议员杨宗泽先生、新西兰湖南总商会周惠斌会长等华社侨领，以及来自奥克兰各社区不同族裔的武术爱好者和朋友们近600人到场观摩助威。

开幕式首先由新西兰国家武术协会主席Glen Keith先生致欢迎辞，他在讲话中真诚地感谢社会各界对本次赛事的赞助和支持，并向来自新西兰全国各地的武林同仁、武术健儿和来宾们表示热烈的欢迎和诚挚的谢意。

新西兰国会议员霍建强先生、杨健博士、中国驻奥克兰总领事馆周立领事先后致辞，他们分别对本届以“湘商杯”冠名的新西兰武林盛会表达了热烈的祝贺和热切的期待。

新西兰中国书画院著名画家林金水先生和华人书法家于聚义、林如海先生分别向主办单位——新西兰国家武术协会和新西兰湖南总商会捐赠了书画作品，以表达对中国传统竞技文化的支持。

在全场观众期待的目光中，本届武林盛会的各项赛事拉开了帷幕。比赛分为武术套路、武术太极和武术散打三大类别，参加各类比赛的264位选手先后登场，他们分别要在数十个不同的比赛项目中激烈角逐，向全场观众展现力量与健美的视觉盛宴。

中华武术在新西兰有着较好的群众基础，记者在比赛现场了解到，目前新西兰各地有35000多名中华武术的爱好者和习练者，这其中，新西兰本土不同族裔的人士占有越来越大的比例。近年来，中华武术走进校园，渐渐成为新西兰青少年熟悉和喜爱的运动项目，随着教练员和裁判员的逐渐专业化，中华武术在新西兰已经从休闲时的业余爱好逐渐发展成为竞技与文化一体的体育项目。

多年来，新西兰华人社团为中华武术在海外的发扬光大做出了积极的努力和突出的贡献。本次锦标赛的主办方之一，新西兰湖南总商会周惠斌会长向记者介绍了他们一直致力于在新西兰为推广和弘扬中华武术提供帮助和支持的感想与初衷，他说："武术是我们中华民族的文化瑰宝之一。对于我们湖南商会来讲，就是希望能够帮助咱们优秀的传统文化更好地向世界传播，我们有这个责任和义务，也有这个能力让中华武术在海外得到传承和发展，这是我们的一个使命。希望通过我们的努力，让中华武术在新西兰成为全社会各族裔大众喜闻乐见的运动项目，让中华民族文化在这个国度里生根、开花、结果。"

在比赛现场的武术表演环节，记者被一位鹤发童颜、气宇轩昂的洋人老先生所表演的太极所吸引，他那行云流水、稳健如山的一招一式，让人一看就知道他具备深厚的太极功底。他的表演一结束，记者便上前请他谈谈对武术太极的感受。他说："我最初开始练习太极是为了健康，而现在，它就像我的一种生活方式，可以探索我的思想和增进对我的好处。因此，我研究了很多方法，想要推广太极拳武术，以帮助其他人也从中受益。因此，我认为要以自己为例，作为模范带领其他人，以便鼓励他们加入中国太极武术，并从中获益。"

在比赛过程中，新西兰国家武术协会主席Glen Keith先生向记者表示："这次的锦标赛是我们举办的全国性年度盛会，迄今为止，我们开展这样的活动已经有29年了，明年将是本会成立30周年。在这次锦标赛上，我们有包括武术套路，武术太极和武术散打也就是中国拳击这三大类别的比赛项目。非常欣慰能够见证有越来越多的人加入习练中华武术功夫的行列中。尤其令人高兴的是，在新西兰，我们有许多年龄较小的孩子们都将功夫和武术作为最喜爱的运动。"

新西兰国会议员杨健博士在现场接受记者采访时，高度评价了中华武术在促进国与国之间文化交流方面所发挥的特殊作用。他说："了解一个民族和一个国家的文化，对那个国家有很重要的意义。武术对中国文化本身的宣传是一个非常好的媒介，在海外也容易被接受，所以在新西兰搞这种武术比赛对于弘扬中国的文化、增进各民族之间的沟通和交流，的确有着非常重要的意义。"

（新西兰中华新闻通讯社2019－11－12/景曦，张宁）

葡萄牙埃斯托里尔办中医针灸国际大会　展中国文化

当地时间11月10日下午，21世纪中医针灸国际大会在葡萄牙埃斯托里尔（Estoril）顺利落下帷幕。此次大会为期2天，来自26个国家和地区的300多位专家和学者参加会议。科英布拉大学孔子学院作为协办方，应邀参加会议，并进行中国文化展示。

科英布拉大学孔子学院葡方院长周淼出席开幕式。周院长致辞表示，作为伊比利亚半岛唯一一家以中医为特色的孔子学院，科大孔院除了汉语与中国文化教学外，更致力于提供中医教育和培训，为中医与西医的交流搭建平台，促进科研合作，共享优质中医教育资源，提升葡萄牙中医服务能力。她介绍说，科英布拉大学是一所具有729年办学历史的古老大学，医学专业是该校最早的三个专业之一，也是葡萄牙医学的起源。

本次大会举办了葡萄牙中医教育论坛。该论坛由欧洲中医药联合会主席柯立德（Gerd Ohmstede）主持。柯主席代表欧洲中医药联合会对葡萄牙政府通过了中医和针灸立法表示祝贺。他说，葡萄牙政府出台了中医和针灸本科教育基本要求，是欧洲中医教育的典范。立法之后，中医教育的规范化、本土化、现代化等问题亟待解决，这也是当前面对的共同难题。葡萄牙中医教育的探索和经验将为其他国家的中医教育立法提供重要参考。

科英布拉大学孔子学院中方院长黄在委应邀参加该论坛。黄院长介绍了中国高校当前中医教育的基本情况以及面临的问题。同时他提出，建议葡萄牙政府或协会尽快建立一个能领导和服务各中医教育机构和协会的统一组织，探索建立中医和针灸本科教育的规范标准和考试标准，鼓励开展中医教育研究和科学研究，尝试推动专业评估工作等。该建议得到与会者高度认可。

大会期间，科英布拉大学孔子学院还举办了中医与中国文化展览，展览包括药茶、中药香囊、艾灸，中国武术与中国书法等。

（［葡萄牙］《葡华报》微信公众号2019－11－13）

台港澳青年英伦共话融合发展

“我们和我们的祖国——台港澳青年英伦共话融合发展”座谈活动16日在伦敦举行。

该活动由全英华人华侨中国统一促进会主办，全英中国学生学者联谊会协办。活动旨在集聚台港澳优秀青年，共话台港澳与祖国大陆的融合发展赋予青年的成长机会，探讨如何携手为祖国和平统一和民族复兴贡献力量。来自中国台湾、香港、澳门地区的青年学生和学者等近50人出席了该活动。

知名爱国侨领、全英华人华侨中国统一促进会主席单声发表致辞表示，对于香港地区的年轻人所受到的误导感到痛心。在这样的情况下，青年更要团结、行动起来，以清醒的认知为祖国的强大贡献自己的力量。

剑桥大学法律系本科生、来自香港的吕嘉仪认为，祖国的强大给青年带来更多机会，香港青年需要更主动地去了解内地的发展情况，努力参与其中，从中找到自己成长发展机会。

台湾暨南国际大学副教授、台湾青年学者许文忠分享了自己做两岸青年交流工作的体会，分析了与青年之间交流所遇到的困难，呼吁两岸爱国青年主动参与促统行动，以实际行动增进两岸之间的关系。

来自台湾的青年博士程琪则以台湾青年在祖国大陆工作和发展为主题，讲述了自己在珠海的工作经历，探讨了台湾青年在祖国大陆发展的核心优势、推广渠道等，希望两岸青年积极利用祖国大陆搭建的人才引进系统，寻找更多创业就业机会。

在一家国际律师事务所执业、来自澳门的陈贤海认为，许多海外留学生并不知道祖国目前的发展有多快，希望澳门青年能有更多机会和祖国内地青年人加强交流。

（中国新闻网2019－11－17/刘红豆）

中西文化交流协会参与巴塞罗那国际移民日活动

当地时间11月17日，西班牙巴塞罗那一年一度的国际移民日活动在凯旋门拉开序幕。中西文化交流协会在杨若星会长的组织带领下参加了此次活动。

在中国文化展区，西语名字中文书法书写的展位前排起了长长的队伍，展区中还有中国戏剧介绍、画脸谱、中国茶文化介绍和品茶活动等中国文化展位。

杨若星会长表示，中西文化交流协会曾连续多年参加西班牙国际移民日活动，西语名字中文书法书写展位吸引的观众一年比一年多，会讲汉语的非华裔参观者也越来越多。她介绍，这个活动自开展以来，中西文化交流协会年年都会组织侨胞在活动中进行文艺表演，得到了广大侨胞的支持，她表示非常感谢。

本届舞台上有现代京剧《梨花颂》、笛子伴奏蒙古舞、少儿民族舞蹈等中华文化表演，博得了现场热烈的掌声。

据了解，国际移民日活动由巴塞罗那市移民委员会组织，是每年一次的节日性的、移民组织和市民参与的活动，旨在基于对多样性的认识、良好的社区关系以及实体与公民之间的互动，打破陈规定型观念，帮助建设一个多元化和凝聚力的城市，并促进平等的权利和机会。

活动进行了很多年，有许多组织和个人参加，已经成为巴塞罗那城市每年秋季重要活动之一。其目的是展示公民的多样性和跨文化性，强调移民及其组织所代表的丰富性。巴塞罗那移民委员会每年选择特定主题，2019年是“移民老龄化”。

本届活动组织了70多个展台和活动空间，包括手工作坊、儿童游戏、生活图书馆、图片展、研讨会论坛等，并在凯旋门下搭建了舞台，各族裔的移民组织都会表演具有各自民族特色的节目。

（［西班牙］《侨声报》微信公众号2019－11－19/贺耀龙）

马来西亚百年华小设校史馆　盼华教精神代代传扬

“设立校史馆，最主要是让同学们了解到马来西亚华文教育的历史和一代代马来西亚华人对华教的奉献。”漫步在本月初甫落成的坤成一小校史馆内，坤成一小董事长陈达真对中新社记者说，希望校史馆能令华教的精神在一代代坤成学生中传扬下去。

已有111年历史的坤成一小，前身坤成女子学校是马来西亚第二所华文小学，也是一所华文女子小学。学校从初创之际，即取《易经》中“乾道成男，坤道成女；乾知大始，坤作成物”而将学校命名为“坤成”。

陈达真说，从校名即可看出，从学校初创，坤成就重视中华文化的传承。走进校史馆，当面白墙上“礼义廉耻”的校训尤为令人瞩目。

在校史馆中的陈列品中，也可以看到坤成创办时使用的《小学新编》课本，课本中教导学生要“忠孝”“正直”。坤成一小校长张逊贞告诉记者，在今天，坤成依然注重在学生中进行《弟子规》及“好孩子计划”教育，并在课外活动举办书法、舞狮等培训班。

如今，坤成已经从初办时的20名学生，拓展到拥有坤成华文独立中学、坤成一小、坤成二小、坤成幼儿园在内的“坤成四校”，总计逾八千名在校学生。而且连续多年在马来西亚小学毕业考试、中学毕业考试中获得金奖佳绩。

陈达真说，正如坤成校歌中所唱“筚路蓝缕，拓土南荒”，坤成这一路走来的历程，离不开一代代华人为华文教育的奉献。

在校史馆，复建了首任校长钟卓京家的模型。坤成创校时，没有校舍，就是在钟校长家二楼为学生授课。

在校史馆，还有王廷杰、杨忠智、陈文彬三位先生的半身像并肩而立。在二十世纪七十年代到九十年代末，三位先生携手，出钱出力，令坤成取得大发展。

其中，王廷杰、杨忠智先后出任坤成学校董事长30余年。王廷杰专门为坤小存入巨款，定期以利息支持学校发展。杨忠智发动华社，主持了坤成几度大规模扩建。陈文彬全力辅佐两位董事长，留下校庆晚会上“唱《买糖歌》为坤成筹款”的佳话。

“当年，马来西亚华人即使自己穿着有破洞的衣服，也要把钱省下来，一分一毫地捐给华教。”陈达真说，这就是校史馆最希望展现的华教精神！

带领团队全力打造校史馆的陈达真和其所率团队，同样也是此种华教精神的体现。

陈达真是杨忠智的夫人。毕业于坤成的她，又留在坤成任教，从教师到董事、董事长，服务坤成超过70年。如今又率领团队善用华社捐款，全力以赴打造校史馆。

毕业于坤成，曾为陈达真学生的黄玉莹博士不但为校史馆捐献多件文物，还和家长协会成员戴舒兰及校友会理事赵善琼一起承担校史馆文字编撰和平面设计工作。而硬体设计和装修方面有数位董事亲力亲为监督一切。张校长则是协调整个筹备工作的中心人物。陈达真说，筹办校史馆的工作不假手于外人，正是继承了华社先贤在这片土地“一手一脚”创办华教的精神。

如今的坤成一小校园始建于1964年，坐落于吉隆坡市中心，周围绿树成荫，风光优美。历经50多年风雨后，许多当年的幼苗已经在校园内成长为参天大树，郁郁葱葱，为校园别添景致。

陈达真说，在华教和华社先贤的精神鼓励下，相信坤成未来还会继续成长，而此种精神在这座校园中也一定会继续薪火相传。

（中国新闻网2019－11－19/陈悦）

日本“华文小姐和中华太太”决赛落幕　佳丽秀华服

当地时间11月18日，“2019日本华文小姐和日本中华太太全国总决赛”在东京圆满落幕。世界华文小姐和中华太太大赛是一项关爱已婚女性的社会公益活动，日本赛区以女性主题为切入点，开展中日女性生活、文化交流，为升华中日友好邦交提供新的契机。

本届大赛由一般社团法人中华太太日中文化交流联合会、朝日东京株式会社联合主办。中国驻日本国大使馆詹孔朝总领事、东京文化中心主任罗玉泉等嘉宾出席。

中国驻日本大使馆詹孔朝总领事到场并且致辞，他对以吉田健子为首的各位同胞筹办这次活动付出的艰辛努力表示感谢，也对来到会场的各位日本人给予这次活动的支持和关注表示崇高的敬意和衷心的感谢。

东京华助中心主任、华人艺术家颜安担任本届大赛的评委审查长，他在致辞中表示，选美活动是把人的天性发掘出来，可对其潜藏的素质、可能性进行提升，同时也能激发追求美的内在意识，然后让它得以绽放。很多选手通过参与这个活动把芳华留给了岁月，再让岁月重新展现芳华。

华文小姐和中华太太大赛日本赛区创始人、本届大赛组委会执行主席吉田健子在致辞中对评审团各位评委的辛劳付出、协办单位与后援单位的赞助支持、参赛佳丽的积极参与与精彩表现和各界观众的到场观赏与支持致谢。

总决赛分为第一场和第二场。

第一场是总决赛的比赛部分，进入决赛的优秀华人女性们在舞台上尽情展示个人魅力，带来最精彩的视觉盛宴。进入总决赛的选手来自日本不同地域，出身与职业也各异，但她们都是美丽的使者，通过舞蹈、音乐、歌曲等精彩纷呈的表演，为观众传递了在日华人女性的传统魅力与现代风采。

大赛评分标准中包含仪表形象、人品、现场表现、个人才艺、口才等。中华太太总决赛审查内容包括旗袍审查、个人才艺审查、即兴演讲审查，华文小姐总决赛审查内容包括浴衣审查、青春活力审查、演讲审查。

第二场为“东京丝绸之路·故乡的夜”，在举办盛大的颁奖典礼的同时，还有旨在展示中国传统刺绣和纺织精湛技术的旗袍时装秀。

演出推出了由吉田健子设计的十套和服旗袍晚装，她希望通过这种两国文化交融在一起的方式，让更多的日本友人了解和接受中国的文化。

随后模特们靓丽出场，展示了各种文化创意服装，包括京剧元素时装、“非遗”手工旗袍、中国二十四节气题材时装等，这些服装精工细作，体现了中国传统文化的精髓。著名服装设计师杨贝贝担任策划与设计。

大会最终角逐出了2019日本华文小姐和日本中华太太总决赛的奖项。

（［日本］《中文导报》2019－11－20）

芝加哥华博馆携美国一大学推 APP　介绍华埠历史

由芝加哥美洲华裔博物馆和美国伊利诺伊理工学院（IIT）合作的“华埠徒步之旅应用软件”（Chinatown Community Walking Tour APP）发布会，日前在芝加哥华博馆举行，这款新APP下载后，可让访客了解芝加哥华人移民历史及华埠社区内著名的地标、公共艺术、庆典活动等，同时也介绍华埠多个非营利组织，并记录华埠社区居民故事。

当天活动由华博馆馆长刘振斌主持，伊利诺伊州州众议员马静仪、华埠博物馆基金会会长梅素兰、华埠更好团结联盟主席吴常义及创办人陈增华均与会。

刘振斌说，这款APP不同于一般以观光和消费为主轴的应用软件，目的在鼓励用户更深入了解芝加哥华埠的各个层面；马静仪肯定此APP研发计划的成果，感谢学生利用当代科技，不仅能保存并发扬芝加哥华埠的历史，也能鼓励用户多层面及全方位地了解芝加哥华埠社区。

此APP的研发由伊利诺伊理工学院的Inter-Professional Projects Program执行，并有超过30名学生参与，他们来自不同的领域，包括社会科学、计算机程序设计等系所，有人负责APP内容的采访、翻译及编辑，有人负责APP的市场推广和设计网页，还有人专门负责书写经费申请企划案等。

学生研发团队中的Daniel表示，芝加哥的华埠一直在持续成长，然而南环区（South Loop）的壮大及78区的开发，令人对华埠未来开始担忧，尤其是芝加哥华埠是否也会面临街区贵族化，进一步迫使居民迁出该区的困境。

他说，与华博馆合作研发这款徒步之旅的APP，背后的精神就在于保存芝加哥华埠独特及丰富的文化资产，并鼓励更多人造访华埠。

（［美国］《世界日报》2019－11－28/吴政仪）

第八届印尼汉语教学研讨会在泗水举行

第八届印尼汉语教学研讨会11月30日在泗水国立大学举行。来自印尼各地50余位中外汉语教师代表及泗水国立大学中文系全体师生约400人参加会议。

泗水国立大学语言与艺术学院第一副院长陈丽娅博士、中文系主任李安博士，印尼东爪哇华文教育统筹机构执行主席苏先源，泗水国立大学孔子学院中方院长肖任飞、印尼方院长斯拉梅特·塞提阿万，玛琅国立大学孔子学院中方院长廖桂蓉和阿拉扎大学孔子学院中方院长肖祥忠等出席会议。

此次研讨会既有来自中印尼两国专家的主旨报告，也有来自一线教师的经验分享。中国华中科技大学程邦雄教授和湖南师范大学廖光蓉教授分别做了题为《华文教育中的汉字教学》和《汉语句子成分位移超常及其典型性与规范化》的主旨报告。

近50位一线汉语教师分别就“汉语教学理论与教学法”“汉语课堂教学方法”及“教材与测试”三个主题分享了他们的汉语及汉语教学相关研究成果和经验总结。与会教师纷纷表示受益匪浅，希望印尼汉语教学研讨会成为印尼汉语教学交流的一个重要平台。

本次研讨会由泗水国立大学孔子学院及泗水国立大学中文系共同主办，研讨会结集出版的《印尼汉语教学研究与案例》成为印尼汉语教学的重要成果。

（中国新闻网2019－12－01/徐梦玲，林永传）

阿根廷布市议会为文化杰出贡献者颁奖　华人林文正获奖

当地时间11月29日下午，阿根廷布宜诺斯艾利斯市议会组织举行“文化杰出贡献奖”颁奖活动，旅阿华人林文正获此殊荣。作为阿根廷国家电台播音员，他用声音为华人争取权益，他用声音搭建中阿友谊桥梁，他用声音积极宣传阿根廷与中国文化。

布市人权与多元文化部部长Matias López、副部长Mercedes Barbara，中国驻阿使馆文化参赞甘萍，布市议员袁建平及其他部分议员，旅阿华人代表等出席活动。

布市议员袁建平在会议发言中表示，林文正作为华人，他心怀民族情感，运用流利的西语为华人发声，为华人谋取正当权益。在促进中阿两国文化交流，促进布市与中国的友好合作，宣传布市、让更多人了解布市等方面做出了杰出贡献，所以今天布市议会向他颁奖，希望他今后继续为增进布市与中国的友好交往、维护旅阿华人的正当权益做出更多贡献。

39岁的林文正，出生在玻利维亚，成长于阿根廷。在家庭的熏陶下，他从小就具有刚强上进的性格。父辈饱受语言障碍之苦的经历，激励他一定要学习好西班牙

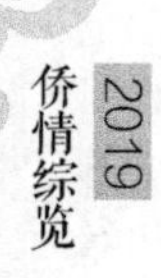

语。他刻苦学习西语，先后获得了新闻和播音两个专业的大学学历，并成为阿根廷国家电台播音员。

在旅阿华人遭遇不公待遇时，他积极为华人发声，为华人争取权益赢得尊严。多年的华人春节庙会，电视教学节目《基础汉语》和由他参与自创的《千年》电视栏目等活动中，都能够看到他忙碌的身影。传播中国文化，增进中阿两国友好交流，担当旅阿华人的代言人，已成为他生活中的重要部分。

林文正说："今天的获奖是对我的鞭策，我会继续为广大旅阿华人服务，为布市的建设和发展尽一份力，与布市共同成长。"

（阿根廷华人网2019-12-01/柳军）

大马华小华裔学生转学率高　华校面临国际学校竞争

马来西亚巴生区共有21所华小，可以说是全国数一数二的华小密集区，2019年当地的华小生总数高达25000人，当中不乏一些巫裔学生。然而，每年都有华小生读到一半转校，预估逾10%巴生华裔子弟选择进入国际学校受教育，从教育发展趋势来看，当地的华文教育和华小已面临国际学校的强势竞争。

巴生华小发展工委会总务吕志勤接受采访时直言，巴生区华小，平均每年都有华小生读到一半转校到国际学校，保守估计有10%的华裔子弟在国际学校就读。

他说，巴生地区在人口大迁移的情况下，已有3所华小沦为微型华小。然而，巴生华小不只面临学生来源逐年减少的窘境，还面临国际学校的强势竞争。

"华小工委会未曾对国际学校做过统计分析，部分家长对孩子的教育有要求，选择把孩子送去国际学校。以短期来看，孩子确实能有好成绩；但长远来看，华小始终是华社的根。"

针对市区人口流失、华小生来源逐年下滑的挑战，吕志勤表示，各个华小始终坚守岗位，维护学校素质和校风。如果能把校务搞好，无论学校多远，家长都会把孩子送过来。

他表示，巴生华小确实面临着国际学校和私立学校的竞争，尤其现在每个新发展区都设有国际学校。然而，部分华小在迁校后，出现学额爆满的现象，这说明当地华社对华小依然有很大的需求。

此外，吕志勤也透露，巴生区的微型华小分布在吉胆岛和直落昂，上述地区的华裔人口大量流失，其中直落昂利民华小正在申请迁校，希望教育部能尽快批准。

"另外两所微型华小则是吉胆岛的竞智华小和五条港的新民华小，这2所华小目前都没有迁校的意愿；虽然当地人口流失，然而乡民希望两所华小不要搬迁，继续保留直至完全没有学生来源为止。"

他指出，除了微型华小外，巴生区还有3所小型华小，这包括吉胆岛的华联华小、加埔的英华华小以及中路的中华国民华小。其实，小型学校也有其优势，学生在小班制更能吸收知识。

他指出，部分小型华小所处于的位置，在未来会有重大发展，因此即便现在学生人数少，但长远来看，当地人口不会大量流失，在未来更可以满足地方发展对华小的需求。

瓜冷区未来将新增 2 华小

瓜冷区现有7所华小，未来还会有两所新建华小落户在瓜冷。

根据统计，瓜冷区7所华小的学生总人数为4461人，当中除了仁嘉隆华小学生人数达到1685人，属于大型华小外，其余的6所华小，学生人数最少135人，最多983人。根据学校规划指南，学校的学生最好不超过1050人，少于150名学生则属于微型学校。其中，新邦摩立华小只有135名学生，属微型华小。

福隆港华小于2019年9月13日进行迁校动土仪式，由于地理位置靠近巴生谷大道（SKVE），距离吉隆坡区有50分钟的车程，预估可满足布城、赛城、吉隆坡以及瓜冷区对华小的需求。

随着福隆港华小的迁校，加上敦翁毓麟华小明年在金务大湾城（Gamuda Cove）进行动土仪式，整个瓜冷区将会有9所华小。

瓜冷华小发展工委会副总务陈超胜表示，瓜冷华小学生人数2019年有比往年增加，所以工委会乐观看待瓜冷区华小的未来发展，目前各华小董事部都在关注华小的硬件建设。

他指出，瓜冷区华小现阶段的挑战，就是学校硬件设施的不足，比如昔江港、直落邦立玛加农（Telok Panglima Garang），甚至是仁嘉隆的华裔家庭，鉴于巴生区学校硬件设施较为完善，部分家长宁愿大老远把孩子送往巴生区的华小就读。

"由于距离仁嘉隆仅约半小时车程，巴生务德华小和巴生兴华小学也就成为瓜冷区华裔子弟的另外选择；如果瓜冷区华小能够做好硬件建设，华裔子弟就不必去到远处受教育。"

针对华小面临国际学校林立的竞争，陈超胜指出，瓜冷区的求学环境氛围跟巴生区有差别，国际学校其实早已进驻瓜冷区，然而万津和仁嘉隆不像巴生高度城市化，因此家长在教育上不见得对国际学校有太大需求，因此瓜冷华小面对国际学校的竞争还是比较低的。

国际学校 10 年增 82 所

根据马来西亚教育部的数据显示，截至2019年6月30日，全国国际学校和私立学校共有286所，其中国际学校就高达155所，比10年前增加了82所。

在过去10年，私立中小学因教育需求每年的数据有增减，然而，国际学校却是

逐年增加，尤其在2017和2018年，连续两年分别激增16所和18所。

根据地方发展的惯例，每当一个县市在规划郊区发展时，发展蓝图内必定有规划新学校的发展和建设，也有大量的国际学校入驻新发展区。

以巴生县郊区发展为例，尽管巴生有多所华小往郊区迁校，然而，更写实的景象就是华小耸立在国际学校丛林中，进行公平竞争。

（［马来西亚］《诗华日报》2019－12－02）

加拿大魁北克 2019 年度优秀华商评选揭晓 7 项大奖

由加拿大华人企业家理事会（CCEC）主办的加拿大魁北克2019年度优秀华商颁奖晚会于当地时间11月30日在蒙特利尔举行。优秀新移民创业奖、优秀华裔青年创业奖等7项大奖揭晓。

该项评选旨在宣传加拿大特别是魁北克华裔艰苦创业精神，凝聚华人力量，倡导社会责任感，凝聚华人社区工商界力量，提升华裔企业在主流社区的公众形象和品牌形象。

各奖项共有70多名候选者（包括候选企业和个人）报名，初选后有21名候选者入围，最后7项大奖揭晓——优秀新移民创业奖：尚旸；优秀华裔青年创业奖：王若宾；优秀魁北克出口企业奖：Orkan公司；优秀华裔社区贡献奖：李西西；优秀华裔女企业家奖：牟怡；优秀华裔企业影响力奖：Sinobec Group集团；杰出华裔企业家大奖：李国强。

中国驻蒙特利尔总领事陈学明、加拿大联邦国会议员门德斯（Alexandra Mendes）、魁北克省农业厅副厅长Aziz Niang、魁北克省前卫生厅厅长Gaetan Barrette、宝乐莎市（Brossard）市长Doreen Assaad，以及魁北克省工商界人士逾500人出席颁奖晚会。

（中国新闻网2019－12－02）

第一届拉美华人青年论坛在巴西圣保罗举行

由巴西华人华侨青年联合会主办的第一届拉美华人青年论坛当地时间1日在巴西圣保罗举行。

本次论坛以“齐聚拉美青年才俊，共绘未来宏伟蓝图”为主题，来自巴西、阿根廷、智利、哥伦比亚等国家的华人企业家、侨领以及中资企业的代表共一百余人与会。与会者围绕“拉美青年与中国”“搭建沟通、信任、共赢的团队”“青年企业家的成功经验”等议题进行了深入的讨论。

巴西华人华侨青年联合会会长周海军在开幕式上致辞说，在巴西华人华侨青年联合会成立10周年之际，联合会主办第一届拉美华人青年论坛，旨在让大家有一个互相学习、互动、交流、创新、共赢的平台，希望透过这样的论坛能加强大家之间的互动、交流和合作，携手共进，共享未来。

巴西华人协会监事长叶周永表示，本次论坛汇聚了来自拉美地区的华人青年才俊和创业精英。巴西乃至拉美地区的华人世界的未来需要华人青年去创造，希望华人青年通过此次论坛相聚相知，相互交流，畅谈理想，共图未来，为促进中国与拉美青年之间的交流发展、构建和谐侨社和推动中拉人文交流做出更大的贡献。

中国驻圣保罗总领馆领侨处主任李鹏宇表示，青年是侨社的未来，也是侨社建设的主力军。希望华人青年加强交流，敢干敢闯，发奋图强，在发展事业的同时积极回馈当地社会，为推动中拉关系发展、促进中拉人文交流、增进中拉人民友谊而不懈努力。

宗申巴西公司董事长兼首席执行官曹澜波表示，此次论坛为拉美地区的中资企业和华人华侨企业提供了很好的交流平台，大家在这里相互交流，分享经验，抱团取暖，共谋发展，机会难得，希望这个论坛继续办下去。

（中国新闻网2019－12－02/莫成雄）

第五届旅西侨界发展论坛在马德里举行

当地时间12月3日，第五届旅西侨界发展论坛在马德里中国文化中心举行。本次论坛由西班牙华侨华人协会、西班牙青田同乡会、西班牙温州同乡会、马德里中国文化中心、马德里华助中心共同主办。

马德里康普顿斯大学语言学院东亚研究中心讲师赵立南博士主持了本次活动。她发言称，西班牙侨界不断发展，层次不断提升，如今侨界已经将目光投向了更好的发展模式，专业转型升级也是势在必行，大家合作共赢，优势互补，才能更好促进侨界进一步发展。

西班牙华侨华人协会主席陈建新发言表示，本次旅西侨界发展论坛活动是一种传承，不仅是理念传承，还是一种侨界文化的传承与积累。2019年的论坛，加入了很多新的内容，九位各行各业的侨胞，将在此讲述各自的发展故事以及经验，这对于促进侨界发展有着至关重要的作用。

西班牙青田同乡会会长叶国平表示，随着时代的发展和“一带一路”倡议的不断深入，旅西华侨华人年轻一代中涌现出了一批又一批青年才俊。他们拥有着比第一代旅西华人华侨更高的文化程度以及更广阔的视野，紧跟时代脉搏，利用自己的优势在当今西班牙的各行各业崭露头角。如今，他们将把新时期的新理念和自己的经验分享给旅西华侨华人，不仅对旅西华人企业家有所启发和帮助，同时对整个侨界的未来发展有着积极的意义。

西班牙温州同乡会会长李欣瑜提出，青年人有无限可能，作为华一代，在西班牙几十年时间，打下了基础，但是有了既定的发展轨道，有了惯性思维。他十分期待听到年轻一代的言论，希望大家脑洞大开，互相讨论，互相给予新的启发，提供新的思路，获得新的收益。

马德里中国文化中心主任、中国驻马德里旅游办事处主任姚永宾感叹道，转眼间，旅西侨界论坛迎来了第五个年头。他作为论坛参与者和见证者，向活动主办方以及各种支持者表示敬意。

他表示，在座的各位中有不少新面孔的到来，他感到十分高兴，这说明侨界不断注入新鲜血液。

论坛上，九位青年才俊分享了关于自己旅西生活的经验故事。

西米科技创始人丁英哲以“互联网应用与华商下一个时代的生意”为题展开演讲，他表示，互联网的大趋势必然会加快市场规范化的进程。通过跨平台数据互通的系统，线下门店也同样有一套完整的解决方案，帮助华商巧妙利用互联网思维以及操作吸引更多客源。

亚马逊物流部门区域经理项留云就“关于社会新人如何规划自己的职业道路”进行了分享。她表示，新手的职业规划分为三步：充分准备简历，实习探索，打造技能。求职者需要明确自己的优势与劣势，以及学习可迁移能力。

项留云补充道，软实力也是职场进阶中非常关键的能力。比如，沟通技巧和妥善处理人际关系都是工作中较为重要的软技能。

从事餐饮销售类工作的庄哲明就华人食品公司专业化做了演讲。他分享了公司创办至今的一些过程和经验，提出，公司内部应该各司其职，建立团队，信任团队，管理团队；管理者必须先专业化，尊重专业人士，遵守公司纪律以及制度。人事专业，有纪律，有制度，建立食品安全意识才能够做出有安全以及品质保障的产品。同时，公司的未来发展路线、自我定位以及核心价值观也不能忽视。

零售行业从业者陈毅伟就“一带一路”倡议所带来的切身变化以及感受作了分享报告。他表示，“一带一路”倡议从实施到现在，所取得的成就是有目共睹的。在西班牙，侨胞们看到Valencia港口的建设与开发、义新欧班列的开通、中国自贸区的建立等等一系列基础设施的建设，给中西贸易的发展提供了强大的推动力。

他表示，“一带一路”不仅在经济上提供了强大的动力，在文化上也促进了全面的交流，全球经济一体化的进程不断加快，给海外侨胞创造了很多机遇，同时很多中西企业会搭上这列快车，因此大家需要提高自身竞争力，扬长避短，优势互补，创造更好的发展模式。

（［西班牙］《联合时报》微信公众号2019－12－05/千山）

华人舞蹈家沈伟获美国舞蹈节编舞家终身成就奖

2020年美国舞蹈节宣布编舞家终身成就奖获得者授予著名华人艺术家沈伟。沈伟在接受采访时表示，接到获奖通知时有点不敢相信："因为我才刚过五十，就被定'终身'了，是不是太年轻了？能和历史上重要的国际编舞家在一起，是一件非常自豪的事。毕竟这个奖是国际编舞界的最高奖项之一。"

沈伟6岁学习国画，20岁之前，一直学习中国传统戏曲与绘画，1989年插班进入杨美琦联合美国舞蹈节及美国亚洲文化基金会于广东舞蹈学校创办的现代舞专业实验班，1994年凭借独舞《不眠夜》获得中国首届现代舞大赛创作和表演两个金奖，1995年获得奖学金前往美国学习，自此开启了国际舞蹈之路。2008年，他担任北京奥运会开幕式策划和《画卷》篇编导。他还受邀担任热门舞蹈类综艺节目《舞蹈风暴》评委。

（《北京晚报》2019－12－06/王润）

美国新泽西华人 2019 参选总结研讨会：团结是关键

美国新泽西华人联合总会3日举行华人选举总结研讨会，参与今年选举的华人及团队、小区成员出席，探讨和分享此次选举的经验。总会主席林洁辉指出，选举有成败，但参与、讨论政治是华人小区最宝贵的经历。

以最高票连任安歌坞崖（Englewood Cliffs）市议员的胡世远（Bill Woo）分享其参选策略，指出注重解决居民的现实问题是此次选举大胜的原因之一，"安歌坞崖面临开发商的大举进入，我们从一开始就明确反对，但参选对手却迟迟不敢表态，导致最终输掉民心。"

胡世远还分享团队竞选策略，包括注重意见领袖、团结志愿者的力量，以及在各族裔、不同团体设置负责人，每周报告不同小区的意见和建议，"我在胜选后致电同为华裔的对手，称赞他的努力。我希望华人能够不分党派，支持愿意出来服务的华人。"

彭晓寒也以最高票连任爱迪生学区委员，"每次在遇到困难的时候，总会和主席都会第一时间伸出援手，这是后盾的力量，也是我这次再次参选的动力。"她同时强调使用主流社交网站、加强网络宣传的重要性，并呼吁华人小区应该统一发声，杜绝分裂现象。

洪利武同样以最高票连任东布朗士维克学区委员，他感谢志愿者以及福建同乡会的支持，并分享自己拜票时的小故事："我带着儿子插竞选牌子的时候，他突然说，爸爸我长大了要选美国总统。我说好啊，到时候爸爸陪你去插好多好多的竞选牌。这段对话也让我明白，孩子是在看着我们的一举一动，他们从小就会把参政的

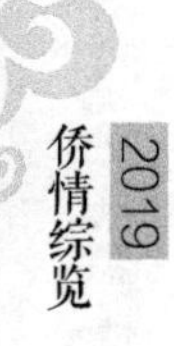

种子埋进心底。”

刘郑琼英以三票的细微差距，领跑含德市（Holmdel）委员的选战，但对手已提出重新计票，并将在5日进行。前密尔本（Millburn）学区委员会副主席刘建翔、华夏总校公关部长叶晶分享含德市选情，并呼吁华人团结一致支持刘郑琼英。

西温莎–平原学区（WW–P）委员仲宇（Yu Taylor Zhong）在今年的选战中遗憾落败，他坦言今年自己未做动员工作，“学委在很多重大投票时，往往会遭遇民意分歧，这样的情况让我觉得十分棘手。考虑到华人小区也有不同意见，为了避免争吵，我今年未发动志愿者拜票。感谢总会的研讨会以及大家的分享，让我受益良多。”

爱迪生学委会主席施景渭表示，华人参选需要团结其他族裔，因为光靠华人的力量不够，“我们两次选举胜利都是与印度裔合作，少数族裔联合起来才能获得成功。”

（［美国］《世界日报》2019－12－06/谢哲澍）

阿根廷布省办图片展　庆祝新中国成立70周年

12月2日，由中国驻阿根廷使馆和布宜诺斯艾利斯省参议院共同举办的庆祝中华人民共和国成立70周年图片展在布宜诺斯艾利斯省参议院开幕。驻阿根廷使馆王晓林参赞，布宜诺斯艾利斯省参议院外贸、南共市及地区一体化政策委员会主席皮诺科，布宜诺斯艾利斯省和拉普拉塔市议员代表，当地政党代表，拉普拉塔大学孔子学院师生及当地华侨华人代表等共50余人参加活动。

王晓林代表邹肖力大使对活动的成功举行致以诚挚祝贺，并回顾了中华人民共和国成立70年来，中国人民所取得的辉煌成就。他强调，70年来，特别是改革开放40年来，中国不断融入世界、扩大国际交流合作，“一带一路”倡议进一步密切了中国与世界的联系，为促进世界和平与发展提供了新的重要机遇。

王晓林指出，中国与阿根廷建交47年来，两国关系日益密切，互利合作不断扩大，人民间的友谊更加深厚。布宜诺斯艾利斯省是阿根廷最重要省份，同中国相关省市交流合作密切，为两国地方交流起到了积极的示范作用。拉普拉塔大学孔子学院和在布宜诺斯艾利斯省生活工作的华侨华人也为推动当地发展、促进两国民间友好做出了重要贡献。相信通过此展，能够增进布宜诺斯艾利斯省人民对中国的认知，进一步拉近两国人民心与心的距离，助推双方各领域友好合作。

皮诺科和来宾们对中华人民共和国成立70周年来取得的巨大成就深表钦佩，感谢中国驻阿根廷使馆同布宜诺斯艾利斯省参议院合办此展，表示愿进一步加强双边各层级交往和务实合作，实现互利共赢。

此次图片展是中国驻阿根廷使馆庆祝中华人民共和国成立70周年系列活动组成

部分。此前曾在拉美最大文化中心——布市基什内尔文化中心和“世界尽头”乌斯怀亚市展出。

（阿根廷华人网2019－12－06）

委内瑞拉侨界代表看望委孤儿并捐赠物资

旅居委内瑞拉侨界代表8日中午看望位于本市的岗比孤儿院儿童，并捐赠食品和生活物资。

委内瑞拉中国和平统一促进会会长聂国常表示，新年将至，我代表旅居委内瑞拉的华侨华人看望部分委内瑞拉孤儿，并将侨界所赠物品交给院方。助人为乐是中华民族的传统美德。在委内瑞拉中国和平统一促进会的倡议下，旅居委内瑞拉侨界积极响应，在较短时间内就筹集了大米、奶粉、面粉等食品，以及卫生纸、清洁用品等生活物资以及部分玩具。

岗比孤儿院院长艾利卡对中国侨界善举表示十分感谢。她说，该孤儿院收留的儿童大多来自首都地区，现有52名孤儿，年龄为零至10周岁不等。这是该孤儿院第一次接受来自中国侨界的实物捐赠，加强了这些孤儿的生活保障。我们会将中国侨民的爱心传递给这些年幼的孩子们。大爱无疆，愿委中友谊代代传承。

捐赠仪式结束后，旅居委内瑞拉的侨界代表还分别探望了不同年龄段的孤儿，询问他们的生活现状，希望以其微薄之援，帮助这些孤儿健康成长。

（人民网2019－12－09/张卫中）

新加坡土生华人文化：首饰代代相传　融合各族文化

新加坡《联合早报》日前刊载文章，介绍了新加坡社会土生华人的首饰文化。生活在新加坡这个多元种族社会，许多人对其他种族的文化习俗却一知半解。本文通过介绍，希望读者提高认知，互相尊重习俗。

婚丧喜庆都戴首饰

土生华人的历史可追溯到15世纪。当时，一些中国华族商人来到南洋后与本地女子结婚，落地生根，他们的后代就是“土生华人”。土生华人男性称为“峇峇”，女性称为“娘惹”。早期许多土生华人从事贸易，很快就累积了一笔财富，于是生活的各个方面也开始讲究起来，首饰是其中之一。

土生华人无论红事或白事，都会穿戴首饰，他们一般较喜欢黄金与钻石，赠送及代代相传首饰是土生华人的传统。长久以来，在首饰制作与设计上融汇各族文化，采用传统技术，成就了土生华人首饰的珍贵与独特之处。

一般娘惹在日常生活中，会佩戴一条项链或一对耳环；到做满月、婚礼或丧礼等重大日子，有些娘惹从头到脚的首饰加起来可重达五六公斤，可见土生华人对穿戴首饰的重视。

婴儿满月会收到小巧可爱的首饰礼物，包括项链、手镯、脚链等。女童从小就打耳洞戴耳环，成年后结婚时也是"穿金戴钻"（平时不戴银饰）。新娘子全身上下的首饰是父母送的嫁妆，一来显示其家族富贵，二来其实是给女儿的一种保障——嫁出去后，如果遇到经济问题，至少还能典当首饰应急。

新加坡华人饶宝凤家族上两代，都在制作和售卖土生华人首饰。她的祖父1925年从中国汕头来到新加坡后，曾当过银匠和金匠，父亲则开过金铺，长辈们传下好几样金银珠宝，包括一条由她祖父打造的金腰带。

"很多人对于婚礼时收到长辈送的首饰不以为意，觉得送现金也可以，可是首饰有它的含义。就像我现在看到首饰，就会想起已故的爸爸。"饶宝凤说。

不喜欢朴素的设计

娘惹们从小沉浸在首饰的世界里，自然而然地就懂得欣赏，也注重首饰的设计款式。手工精致，图案繁复，使用大量黄金与钻石，就是娘惹首饰的特点。制作一件娘惹首饰，师傅从用毛笔画草图到完成，须花上几个星期甚至几个月。做好的首饰，线条前细后粗，凹凸有致。

"土生华人的首饰之所以这么讲究，有可能是因为早期他们喜欢把工匠请到家里制作首饰，以免匠人镶钻时偷梁换柱。他们会为匠人提供三餐和茶点，匠人为了能多吃几天饭，就慢慢做，拖一天就少为一天的温饱烦恼。于是他们慢慢錾刻，做出来的首饰款式繁复而细腻，可说是无心插柳柳成荫。"新加坡发珠宝行董事说。

饶宝凤的弟弟饶新顺创办了一家珠宝行，主攻娘惹首饰。他从小观察父亲熔金，压制金条，打磨金丝和加工。"土生华人不喜欢朴素的首饰，讲求细节，如首饰的花丝（filigree）和凿刻等。"他说。

受马来与华族文化影响

无论是异想天开的、奢华的还是精致的设计，这些细节里融入了华族、马来族、印族和西欧等多种文化，反映土生华人复杂的血统，以及他们身处的社会环境，也是它们与其他首饰的不同之处。

19世纪末的土生华人多使用马来银匠和金匠。马来回教徒严禁偶像崇拜，日常用品的设计里不可出现肖像。当时的马来人首饰由简单几何线条相交构图，设计灵感源自自然花草，最常见的是香榄（Spanish cherry）及卷曲的叶子，这对土生华人的首饰有很大的影响，他们也借鉴马来人首饰里常用的花丝技巧。

20世纪初，大批首饰匠人从中国下南洋，在槟城、马六甲和新加坡打工，也带来他们的好手艺。土生华人的首饰里开始融入华人的吉利符号，如凤、石榴、蝴蝶等。在中国文化里，凤是瑞鸟，象征美好、优雅与和平。饶新顺说，相较于华人喜欢的龙，土生华人更钟情于凤，因为凤象征了他们的母系家庭传统。

虽然峇峇们是经济支柱，但土生华人家族的一家之主一般是女性，因此他们生活中的各种物品设计都会以凤入图，包括餐具、婚礼礼服，当然也少不了首饰。石榴则象征多子多孙。另一个土生华人特别喜爱的图案是牡丹花，象征富贵、美丽与吉祥。

印度匠人改变首饰样貌

随着马来西亚地区对珠宝需求的增加，斯里兰卡的僧伽罗（Sinhalese）珠宝商和匠人，也被吸引过来。这些印度匠人在首饰上镂刻凹洞，再把玫瑰式切割钻石（intan）镶嵌进去，完全满足了土生华人想要首饰镀金又要有钻石的需求，也改变了娘惹首饰的样貌。

这种做法赢得东南亚土生华人的青睐，就连马来人、华人和印度人都喜欢，华族金匠也跟随制作同款首饰。此外，印度匠人也制造出模仿欧洲款式的首饰，迎合土生华人的审美观。

虽然娘惹首饰借鉴中西，但不会照单全收，而是在继承了各种文化元素后，重新诠释与创作。这种“重新诠释”，有时候是文化误读。

原来，土生华人有时会请僧伽罗匠人制作含中华元素的首饰，或请华族匠人制作含马来元素的首饰。匠人不懂得那些元素的含义，因此在制作时，有时会漏了这点或改了那点，结果造成“美丽的错误”。不过，也许正因他们不使用特定族群的文化符号，海纳百川地制造“文化中立”的首饰，才受到各界的喜爱。

大部分富裕的土生华人偏好黄金和钻石，较少使用翡翠和玉石。或许是因为土生华人女性肤色比较黝黑，凸显不出深绿色的翡翠和玉石。至于珍珠和银饰，则只有在丧事和守丧三年时才穿戴，因为看起来更庄严肃穆。

创新中留住传统技巧

土生华人首饰在1930到1950年到达高峰，但黄金和钻石组合在1960年开始被许多人视为“老土”，后代在日常生活中也不再佩戴那么多首饰。年轻一代喜欢来自中国香港的白金首饰，有些甚至拆掉祖先传下的首饰，用旧钻石制作成新款首饰。许多手工精湛的娘惹珠宝就是在这个时候被破坏而消失的，娘惹首饰匠人为了生存，也纷纷转制新潮首饰。

关添发接手父亲的珠宝店后，一股脑地想引进国外首饰，后来逐渐发现，如果没有自己的特色，走到哪里都只能抄袭他人。机缘巧合下，他接触到土生华人首饰，认为这是应该保留和发扬的本地文化，因此大力支持自己的师傅们仿造复兴，

创作新的土生华人首饰。

在传承的同时，珠宝店的掌舵者也时刻思考如何在传统基础上创新，让传统首饰跟上时代。饶新顺和曾繁廷聘请了一名曾为知名品牌做设计的内部设计顾问。三人切磋研究后，在首饰里加入色彩艳丽的宝石，并把黄金改成玫瑰金。这使得他们的首饰乍看之下与传统娘惹首饰款式不太一样。

关添发也接纳外国顾客的建议，在首饰里加入多颜色的宝石，但他始终坚持手工制作，他说："我们的设计灵感来自从前，可是制作技巧比以前更好。还是有花丝，但比以前更生动。一些传统技巧如镳珠边，我们都保留下来。"

（中国侨网2019－12－09/陈莹紘）

悉尼华人社团举办"纪念澳门回归20周年"研讨会

近日，全澳中国和平统一促进同盟、悉尼中国和平统一促进会组织悉尼华人华侨社团代表等30余人举办了"纪念澳门回归20周年"研讨会。

全澳中国和平统一促进同盟会长钱启国说，澳门回归祖国20年来，各领域发展取得的成绩有目共睹，澳门的成功离不开对"一国两制"、"澳人治澳"、高度自治的坚持，离不开对澳门基本法的正确实施。

全澳统促同盟执行会长、悉尼统促会会长王然高度评价了澳门"一国两制"带来的成就。他说，澳门是"一国两制"实践的成功典范，20年来澳门的发展有目共睹，这是祖国支持和全体澳门人民一起努力奋斗的结果。

悉尼北京会会长徐永群说，澳门回归以来，《内地与澳门关于建立更紧密经贸关系的安排》、内地居民赴澳个人游、《粤港澳大湾区发展规划纲要》等国家重大举措出台和实施，使"背靠祖国、面向世界"的澳门迎来一次次发展机遇。而港珠澳大桥、粤澳新通道、澳门机场填海工程等跨境及本地重大基础设施项目相继完工并投入使用，为澳门内引外联架设了更加牢固可靠的软硬件平台。

澳大利亚中国新疆青年会会长崔奕龙先生说，澳门取得的进步和成就，离不开"一国两制"方针和澳门特别行政区基本法的全面正确贯彻落实，离不开特别行政区政府和广大澳门同胞齐心协力、奋勇拼搏，离不开中央政府和全国各族人民这一坚强后盾的大力支持。

（中国侨网2019－12－09/全澳中国和平统一促进同盟供稿）

西班牙加泰罗尼亚自治区举行首届侨界运动会

据中国驻巴塞罗那总领事馆网站消息，近日，西班牙加泰罗尼亚自治区（简称"加区"）首届侨界运动会在哈梅林国际学校操场举行。本届运动会由驻巴塞罗那总领馆主办，巴塞罗那华助中心承办，全侨参与。总领事林楠和加区主要侨团侨领出席开幕式，共28支队伍、371名来自侨界和总领馆的运动员参赛。

总领事林楠在致辞中表示，本次运动会旨在丰富侨胞业余生活，树立健康生活理念，促进加区侨界团结和谐，希望大家享受运动乐趣，赛出精神，展示风采。林楠特别提醒广大侨胞，健康是人生最大的财富，要掌握好工作和生活的平衡，过更有品质的生活，更好地实现自身价值，为祖（籍）国建设和中西关系深入发展贡献力量。

巴塞罗那华助中心主任金浩代表运动会承办方表示，本次活动开创了加区侨界的先例，得到侨胞广泛参与，展现了侨界积极进取、团结向上的精神风貌。运动会设拔河、跳绳、乒乓球、篮球、接力跑、棋类、龙舟等7个大项，10个小项，集趣味性与竞技性于一体，既能展现个人实力，也能体现团队配合。

开幕式后，林楠总领事到男子拔河场地，为运动会吹响第一哨。参赛双方势均力敌，麻绳紧绷，比赛陷入拉锯，现场人声鼎沸，输赢双方都展示了良好的精神风貌。

在其他场地，各项比赛有序进行。跳绳摇动的呼啸声、乒乓球的弹跳声、篮球场上的哨声、棋子的磕碰声、船桨的划水声与观众的掌声、喝彩声相互交融。在4×50米接力中，运动员们全力奔跑，默契配合，奋勇争先。

运动会像冬天里的一把火，点燃了赛场，更点燃了加区侨胞的热情。大家以此为契机，进一步增强凝聚力，以更加健康、自信的精神面貌，融入当地社会，迎接新年的到来。

（中国侨网2019－12－09）

南非华侨华人大型捐赠仪式在西北省马里科镇举办

据中国驻南非大使馆网站消息，当地时间12月13日，应拉马福萨基金会号召，南非－中国深圳总商会、南非－中国健康关爱基金会、南非客家联谊会和南非紫荆会联合在西北省马里科镇举办南非华侨华人大型捐赠仪式，在圣诞节前夕向当地200名贫困老人和400名小学生捐赠了价值20万元人民币的生活用品、学习用品和圣诞礼物，受到当地政府和社会各界热烈欢迎和高度评价。

中国驻南非大使林松添、南非西北省省长穆格罗应邀出席并发表讲话。西北省负责社会发展事务的副省长莫伊洛，当地多个市政府的地方官员、学校师生和老人儿童，以及在南非的华侨华人、侨社团负责人等近千人参加捐赠仪式。南非国家广播公司电视台SABC、非洲通讯社等多家中南媒体对活动进行了广泛报道。

可容纳近千人的小镇礼堂座无虚席，礼堂里整齐摆放着书包、文具、校服、毛毯、大米、鸡蛋、食用油、糖果等捐赠物品，来自中国人民的礼物使得礼堂充满节

日的欢乐和温馨。礼堂外人潮涌动，数百名孩子高举中南国旗载歌载舞，处处洋溢着友好喜悦的气氛。

捐赠仪式在庄严的中南两国国歌声中拉开序幕。林松添大使首先向现场老人和儿童提前送上圣诞和新年祝福，表示中南始终是好兄弟，在中国传统文化中，兄弟情谊意味着守望相助、同舟共济。

林松添大使说，本次南非华人企业家和商会组织在此举办捐赠活动，不仅是扶危济困的慈善义举，也是中国企业积极融入和回馈当地社会的责任担当，更充分体现了中南特殊友好的兄弟情谊，彰显了中南关系来源于民、植根于民、惠及人民的根本属性。本次的捐赠活动仅仅是个良好的开端，相信今后会有更多中国企业和侨胞参与，以实际行动助力南非发展经济、摆脱贫困。

林松添大使说，这次到访西北省既是深化人民友谊之旅，也是加强合作伙伴关系之旅，不仅带来了中国人民对南非人民的友好和情谊，而且在同穆格罗省长的友好交流中探讨了未来加强农业、矿业、旅游业等领域的互利合作。中国是世界第二大经济体，有14亿人口和4亿多中等收入群体的巨大消费市场，将为来自西北省的特色产品提供广阔市场空间和机遇。中国驻南非大使馆将积极推动更多中国企业赴西北省投资兴业，创造就业，帮助当地人民摆脱贫困，实现互利共赢、共同发展。

穆格罗省长热烈欢迎林大使一行到来，盛赞南非－中国深圳总商会等中国侨团的慷慨捐助，并强调，正如林大使所说，中南友谊源远流长。中国为南非人民推翻种族隔离制度做出了特殊贡献，始终是南非人民值得信赖和依靠的兄弟和伙伴。如今，不论是在传统双边领域还是在金砖、联合国等多边领域，南中两国合作伙伴关系日趋紧密。更重要的是，中国兄弟愿意同南非分享经济发展的成功经验，并积极开展互利共赢合作。西北省旅游、矿业、农业资源丰富，中国市场巨大，双方互利合作前景广阔。

莫伊洛副省长等当地官员盛赞和感谢中国使馆和商会为当地百姓送来了节日温暖。莫伊洛表示，有了这些中国的节日礼物，马里科的老人们不再会因为没有毛毯和食物而忍受寒冷饥饿，孩子们不再会因为没有书包、文具而被迫辍学，400名老人和200名儿童因此而受益，令当地政府和百姓都万分激动和感动。希望以今天的捐赠为契机，中国兄弟和伙伴今后将继续支持当地社区发展，让中南合作成果更好惠及南非人民。

南非－中国深圳总商会会长陈云生表示，深圳商会已多次向豪登省、夸纳省、西北省等地农村贫困地区积极提供慈善捐助，积极履行社会责任，增进中南人民友谊。本次捐赠活动旨在支持马里科镇老人和儿童等弱势群体，促进中南两国民心交流和人民友好。深圳商会等在南中国企业和商会将继续参与南慈善事业，创造就业机会，积极回馈南当地社会。

随后，林大使和穆格罗省长向数十名老人和儿童代表共同分发了节日礼物，全场观众欢呼雀跃，用当地语言高呼“中国、中国”，呼声不绝于耳。当地儿童还现场表演了马林巴和部族传统舞蹈，以表达感激之情。

（中国侨网2019－12－17）

新加坡总统：延续华人文化　会馆应吸引年轻人接棒

当地时间12月19日，新加坡总统哈莉玛首次以总统身份走访宗乡会馆联合总会，并指出，新加坡宗乡会馆联合总会在推广华族文化与加强社区凝聚力方面扮演着重要角色，不过面对现今社会的变化，本地会馆最大的挑战是如何吸引年轻人接棒，以延续华人传统与文化。

哈莉玛在受访时说：“除了通过社交媒体与年轻人互动、举办适合他们的活动以外，总会也必须随着时代的改变而改变，符合新一代的志向与需求。”

哈莉玛在宗乡会馆联合总会会长陈奕福和其他会馆领导的陪同下，参观总会的历史画廊，回顾本地华人的历程与文化，一览宗乡会馆在社区里所扮演的角色。她也与会员互动交谈，了解会馆的社区计划。

她说，本地会馆早期为中国南来的“过番客”提供生活援助，如今会馆仍能发挥作用，帮助新加坡人适应新的竞争与环境。总会也提供奖学金和助学金，并向贫困者伸出援手，加强社会凝聚力。

除此之外，总会也与其他族群团体保持密切联系，这对于新加坡多元种族与多元文化的社会至关重要。

陈奕福透露，宗乡总会明年6月将推出一项复原计划，为父母在监狱服刑、年龄介于6岁至12岁的孩子送上关怀，定期关注他们的发展。总会将会派出青年团团员去接触那些需要援助的孩子。

总会也鼓励会馆走入社区，多与其他团体合作，一同举办活动，关怀社会上有需要者。

谈到本地会馆的挑战，陈奕福说，不少过去曾经辉煌的会馆，如今已步入会员老龄化、会员减少的阶段，还有一些会馆没有会所，或资金不足。面对这些问题，总会打算与各会馆合作，例如在宗乡会馆联合总会位于大巴窑的会所进行扩建，让不同会馆共享资源，如共用秘书处、会议室等设施。

不过，这项计划需要一笔庞大的资金，所以总会还需要更多的时间筹备与策划。会长透露，他们接触过的一些会馆都对此计划表示赞同。

为配合明年35周年纪念，宗乡总会也鼓励拥有悠久历久的会馆整理他们的文献，以将本地会馆的历史和文化传承下去。总会准备邀请已退休的资深记者给予会馆协助。

（［新加坡］《联合早报》2019－12－21）

侨务信息

本栏目汇集了2019年度国内各级侨办、侨联等侨务机构的重要工作动态，内容涉及侨务政策、招商投资、人才引进、华侨农场、公益慈善、海外联谊等方面，按媒体报道的时间顺序进行排列。

江苏省侨商新春联谊会在南京举行　新老侨商同堂话未来

由江苏省侨商投资企业协会、江苏省侨商总会联合举办的“2019江苏省侨商新春联谊会”1月2日晚在南京举行，新老侨商欢聚一堂共话未来。

江苏省委常委、统战部部长杨岳，江苏省委统战部常务副部长李国华，江苏省委统战部副部长、省侨办主任王华，江苏省侨联主席周建农以及相关部门领导、各界侨商等580人出席活动。

刚刚过去的2018年值改革开放40周年，也是侨商沐浴着改革开放春风成长起来的第40个年头。在联谊会上，新老侨商话改革，谈传承，聊合作。偌大的宴会厅俨然变成江苏侨商的2019首次“家族相聚”，欢声笑语其乐融融。

“四十载风云激荡，海内外中华儿女与祖（籍）国一路同行、砥砺奋进，创造了一个又一个‘中国奇迹’，书写了民族发展进步的壮丽篇章。”李国华的一席话引起了全场热烈的掌声。

李国华说，江苏广大侨商心怀使命担当，勇立时代潮头，发挥优势作用，是江苏改革开放事业的重要参与者、积极践行者、优秀贡献者，赢得了广泛赞誉。

“今日之江苏，比以往任何时候都需要用好国际国内两种资源、两个市场，比以往任何时候都需要广纳贤才、汇聚众力。”李国华称，希望广大侨商牢牢把握全国和江苏经济长期向好的基本态势，坚定事业发展信心，以更加昂扬的姿态投身新一轮改革开放大潮。

江苏省侨商投资企业协会会长、明发集团董事局主席黄焕明称，2018年是稳健发展的一年，社会各项事业稳步向前推进，广大海内外侨胞共同见证了祖（籍）国在实现中国梦征程上的坚实步伐。

黄焕明作为代表回顾了去年江苏省侨商会的工作，并表示在新的一年，江苏省侨商投资企业协会、省侨商总会将继续团结广大在苏侨商，齐心协力、奋进前行。

在新春联谊会的晚宴期间，还穿插进行了丰富的文艺节目表演和抽奖活动，现场掌声不断，气氛热烈，一派新年新气象。

（中国新闻网2019－01－03/杨颜慈）

港澳台侨人士助力新福州建设

“对于新福州建设，我觉得我们有更多责任。”欧洲新侨协会理事长张晓东1月4日在福州接受中新社记者采访时表示，海外福州籍华侨华人有义务做好桥梁纽带，更多地引进海外资源落地福州，为家乡发展助力。

福州市政协十三届三次会议当天在福州开幕。新时代新征程上的新福州建设，受到与会港澳台侨人士关注。

“福州过去40年的改革开放，我们榕籍华侨华人实际上是亲历者。”在福州新区、福建自贸试验区福州片区加快建设的机遇下，张晓东在福州投资发展国际航空物流业，他表示，希望搭建起福州和欧洲城市之间政府、经贸、教育、文化等多方位交流交往的桥梁。

在与出席福州市政协十三届三次会议的港澳委员及港澳台侨列席人士座谈时，福建省委副书记、福州市委书记王宁表示，2019年，福州将全力加快建设有福之州、打造幸福之城的步伐，争当新时代改革开放排头兵。他希望港澳台侨人士继续发挥好桥梁纽带作用，把更多的大企业、好项目介绍到福州，将更多的资金、人才、技术引到福州，一起把福州建设好、发展好。

福州市政协主席何静彦也在报告中提出，福州市政协将继续加强与港澳地区和侨界人士的联系，推动榕港澳地区间的交流与合作；继续扩大同台湾各界人士和民间社团的交往，助推榕台经济社会融合发展。

美国福建华人联合会主席李华认为，在福州新一轮的改革开放中，华侨华人有很大的作用，尤其是在“一带一路”沿线国家和地区的乡亲，应该在福州新区、滨海新城等的建设中有所作为。李华计划投身到福州“智慧城市”的建设之中。

在福州市台胞投资企业协会会长陈奕廷看来，福州一直在发展进步，在榕台胞都可以亲身感受到。“大家也都在各自的工作岗位上，为福州的经济建设、两岸经济文化交流贡献心力。”陈奕廷表示，在福州市政协会议上，将积极建言献策，助力福州完成高质量跨越式的发展。

（中国新闻网2019－01－04/闫旭）

中国侨联主席万立骏：民企发展政策落地　侨商投资创业迎新机遇

中国侨联主席万立骏1月7日在南宁表示，当前，中国支持民营企业发展各项政策举措逐步落地，推动经济高质量发展体制机制不断完善，这为侨商施展才能、展现作为提供新的机遇和广阔舞台。

2019年世界桂商暨商会经贸文化交流合作大会当天在广西南宁举行，来自海内

外1000多位企业家齐聚邕城，围绕弘扬桂商精神、加强高度合作、携手共同发展展开深入交流。

万立骏在大会致辞中表示，2018年11月召开的民营企业座谈会肯定了民营经济的重要地位和作用，给广大民营企业和民营企业家吃下“定心丸”。作为民营企业家的一员，侨资企业家在中国加快经济结构优化升级，提升科技创新能力，深化改革开放进程中，可发挥自身视野开阔、联系广泛、融通中外的优势，勇作追梦人，更好地参与“一带一路”建设。

万立骏还表示，作为联系广大归侨侨眷和海外侨胞的桥梁纽带，中国侨联将坚持国内、海外工作并重，老侨、新侨工作并重原则，广泛凝聚侨心、侨力、侨智，为侨商发展提供服务。

“中国近期连续出台支持民营企业发展政策，营商环境不断优化，这大大坚定了我们的投资信心。”中国侨商联合会会长、世茂集团董事局主席许荣茂接受记者采访时说。他建议相关部门进一步简化企业开办手续环节，落实各项归侨补贴政策，深入归侨侨眷和海外侨胞群体及时了解并解决他们的困难，吸引、鼓励海外优秀人才归巢。

和许荣茂一样，中国侨商投资企业协会副会长、香港怡海集团董事长王琳达也表达了在内地增加投资的意愿。她说，集团今后将依托在地产、教育、养老等产业领域的资源整合、运营服务创新优势，重点在教育、康养等产业领域发力。

（中国新闻网2019－01－07/林浩，杨陈）

湖北期待港澳台侨人士当好宣传推介代言人

中共湖北省委常委、统战部部长，湖北省海外联谊会会长尔肯江·吐拉洪1月7日表示，港澳台侨人士历来是湖北走向世界的重要桥梁，希望继续发挥自身引领带动作用，当好宣传推介湖北的代言人。

1月7日，湖北省海外联谊会五届四次会长会暨港澳台海外代表人士恳谈会和湖北省海外联谊会五届五次常务理事（扩大）会在广东东莞召开，尔肯江·吐拉洪向与会的近200名港澳台侨人士提出上述期许。

自2002年开始，湖北连续17年在香港举办鄂港经贸合作洽谈活动；同时，湖北也是中西部地区重要的台商投资聚集区。公开数据显示，截至2017年底，湖北累计注册台资企业2671家；在武汉连续举办十八届的“华创会”，主会场签约引进项目2200多个，累计吸引海外华侨华人、侨商代表等2万人次参会。

尔肯江·吐拉洪表示，希望大家积极参加“华创会”“楚商大会”“鄂港经贸洽谈会”等重大经贸活动，推动更多资金、技术、人才投向湖北；在海外主动发挥人脉、信息、服务等优势，讲好中国故事、传播湖北声音。

2018年，湖北省海外联谊会先后组织13批次900余名香港师生开展“同行万里”主题交流活动；第十八届“华创会”期间，该会与港澳台海外代表人士积极联系沟通，邀请来自60多个国家和地区的代表参会，促成多个项目在湖北投资；先后组团赴俄罗斯、哈萨克斯坦、瑞典、阿联酋、希腊、日本、韩国等国开展友好访问，宣传推介湖北，探寻合作商机。

该会副会长谢俊明透露，2019年将密切与港澳台精英人士、专业人士和中青年一代的联系，鼓励港澳台人士来鄂参访；将密切与海外湖北同乡会、联谊会等社团和华裔新生代人士的联系，邀请海外知名侨领组团来鄂交流访问。

（中国新闻网2019－01－07/马芙蓉，杨卫东）

粤港澳大湾区“一带一路”合作促进论坛在广州举行

1月11日，由广东国际华商会和香港“一带一路”发展联会联合主办的粤港澳大湾区“一带一路”合作促进论坛在广州举行。

论坛以“新时代，新使命，新担当——汇聚‘一带一路’华商力量，聚焦粤港澳大湾区发展新机遇”为主题。香港特区政府驻粤办、埃塞俄比亚驻广州领事馆、广东省工商联、广东省社科院及全国各省市侨联、侨商会等有关部门负责人，来自海内外知名华商、华商组织代表以及华商会会员代表、香港“一带一路”发展联会理事会成员等400余人参加了会议。

“一带一路”发展联会主席戴景峰致辞表示，本次论坛主题结合“一带一路”倡议和粤港澳大湾区战略，尤具重要意义，希望通过本次论坛更广泛地团结和凝聚广大华商力量，推动“一带一路”与粤港澳大湾区合作向更高水平、更深层次融合发展。

中国侨商联合会常务副会长、广东国际华商会会长郭泽伟代表中国侨商联合会和广东国际华商会致辞表示，本次论坛旨在为“一带一路”和粤港澳大湾区建设凝聚华商力量，加强战略对接，实现更高水平的资源共享与合作共赢。

他表示，粤港澳大湾区是对接“一带一路”的重要平台和门户枢纽，在粤港澳大湾区建设的合作与融合进程中，广大侨商既是积极的参与者和推动者，也是巨大的受益者。中国侨商联合会、广东国际华商会等华商组织充分发挥联系广泛的优势，加强与海外商协会组织特别是“一带一路”沿线国家政府和商会组织的沟通交流，参与主办、协办多场以“一带一路”和粤港澳大湾区为主题的经贸文化交流活动，推动信息、资金、人才、商贸在粤港澳三地间更加自由畅通地交流和合作，赋能侨商侨资企业以更强的行业、产业优势，全面参与到“一带一路”背景下的国际竞争中，为粤港澳大湾区创新合作机制做出努力和贡献。

中国侨联副主席、广东省侨联主席黎静在论坛上讲话指出，粤港澳大湾区发展战略和“一带一路”倡议将在未来相当长的一段时期指导和引领粤港澳深度融合发展，并参与全球竞争，开创广东改革开放新局面。本次论坛有利于推动粤港澳三地合作不断深化实化，有利于“一带一路”华商和华商组织助力粤港澳大湾区建设。

黎静希望广大华商和华商组织积极把握粤港澳大湾区建设发展的重大机遇，成就自身事业发展，并为粤港澳大湾区建设成为富有活力和国际竞争力的一流湾区和世界级城市群，构建与国际接轨的开放型经济新体制，建设高水平参与国际经济合作新平台，构筑“一带一路”对接融汇的重要支撑区，充分发挥桥梁和纽带作用，积极贡献新时代华商智慧和力量。

在论坛的主旨演讲环节上，欧洲复兴开发银行顾问赵克锋、广东省社科院副院长袁俊、联合国教科文组织香港协会协理副会长杨慕贞，分别解析“一带一路”背景下，粤、港、澳三地如何根据自身优势和特点，推进粤港澳大湾区的融合发展。大中华非洲商会常务会长许楚武等介绍了“一带一路”非洲沿线国家的投资环境及发展机会。

（中国新闻网2019－01－11/郭军）

广西留学人员事业发展壮大　呈现生机活力局面

广西壮族自治区党委统战部部务委员冯华清1月12日介绍，改革开放以来，广西留学人员从少到多、留学人员工作机构从无到有，留学人员事业不断发展壮大，呈现出充满无限生机活力的良好局面，为促进广西经济社会发展做出了积极贡献。

广西归国留学人员商业界人士联合会迎新年会当天在南宁召开，冯华清出席会议并发言，他说，作为广西壮族自治区党委统战部和广西欧美同学会（广西留学人员联谊会）开展留学人员联谊工作的重要平台，广西归国留学人员商业界人士联合会自成立以来，发挥内联外引作用，帮助会员在经济、贸易、科技等方面建立交流合作渠道，协助广西开展招商引资引智工作，取得了良好的成效。

“2019年，机遇与挑战并存，希望联合会整合资源、搭建平台，为广大会员提供信息、资金、项目、技术、人才等全方位服务；发挥留学人员的独特优势，促进会员企业与‘一带一路’沿线国家企业交流合作的深入，在更高水平上参与国际竞争。”冯华清说，作为主管部门，广西壮族自治区党委统战部将全力支持联合会发展，为广大留学人员企业家发展创造更加优良的营商环境。

广西归国留学人员商业界人士联合会当天召开二届四次理事大会，联合会常务副会长江浩平在工作报告中介绍，2018年以来，联合会弘扬留学报国使命，加强党建工作，推动全国首个海归妇联在广西成立，引领带动海归女性创业；在广西北部湾股权交易所推动设立全国规模最大的“海创板”，首批111家会员企业集体登陆，有力促进海归企业提高创新能力。

与此同时，联合会积极营造“海归人士之家”良好氛围，增强海归人士归属感、认同感、获得感。先后与香港贸发局、投资推广署、职业训练局等机构交流，在招商引资、教育培训等方面开展务实合作；通过“请进来”“走出去”等方式，畅通信息渠道，为海归企业搭建投资平台；加强与互联网平台、律师事务所、会计师事务所、银行等服务机构联手，为会员企业在法律保障、融资渠道、企业规范管理等方面提供帮助支持。

为帮助会员企业参与“一带一路”建设，联合会还与越南驻南宁总领事馆等单位共同举办“东盟商机——越南主题日活动”，组团参加“清华大学第二届‘一带一路’合作论坛”“2018中国企业跨国投资研讨会”等系列活动，以诚信团组名义成为中国-东盟博览会办证“绿色通道”窗口，在促进中国-东盟友好合作中发挥了作用。

此外，联合会还积极投身脱贫攻坚事业，配合有关部门在解决山区群众饮水困难、关爱留守儿童、预防山区女童性侵教育等方面作爱心善举。

广西妇联、工商联、贸促会官员及东盟有关国家驻南宁领事馆、广西欧美同学会（广西留学人员联谊会）秘书处代表等出席此次活动，香港驻广西联络处主任卢咏斯在会上做香港投资政策解读说明，南宁中关村创新示范基地与联合会签署战略合作协议。活动有力促进了政企交流、项目对接，成为各方友好往来的平台。

（中国侨网2019－01－13/林浩，莫聪灵）

爱国侨企公益之路：创新理念模式助力精准扶贫

2018年正值改革开放四十周年，中国经济在四十年高增长后进入中高速发展的新常态。四十年来，广大海外侨胞是乘着改革开放的春风来华投资的先行者和主力军，是中国面向全球、扩大开放的见证者和参与者。作为国内领先的粮油企业，多年来，益海嘉里集团为国家的粮食安全、食品安全和粮油产业现代化做出了突出贡献。在推动行业发展的同时，还探索创立了一系列有特色、见实效的公益扶贫、产业扶贫、教育扶贫新模式、新理念。

响应号召　积极参与脱贫攻坚

在郭孔丰的带领和亲自参与下，益海嘉里自进入中国之初就在全国开展了广泛而持续的扶贫济困行动，“金龙鱼慈善基金会”和集团所属企业积极帮助贫困群体创造平等发展机会，仅2007年以来就在助学、敬老、扶困、助残等方面累计投入数亿元，取得了良好的社会效益。当祖国遇到地震、泥石流等突发性灾难时，作为血浓于水的侨资企业，益海嘉里集团率先积极投身于赈灾捐赠等工作。

2015年，在全面脱贫攻坚的号角吹响后，郭孔丰积极响应。他认为：“中国的贫困地区虽然落后，但一般都具有良好的生态环境和特色的农副产品，只是由于信息不通、交通不畅、种植分散，这些好产品很难卖上好价钱。我们益海嘉里这样的规模化粮油企业集团，理应响应号召，发挥自身的优势为国家的脱贫目标多做些有益的事情。”

按照他的要求，益海嘉里现在每年从80多个国家级贫困县收购水稻、小麦、油籽、花椒等农产品近100万吨，并通过订单农业等“三产融合”机制让农民享受到加工增值的收益，带动贫困人口脱贫。例如在黑龙江省桦川县和桦南县，益海嘉里的水稻订单种植户相较于非订单农户能够稳定实现亩均增收200多元，让脱贫增收更有保障、更具稳定性和可持续性。

为了更好地帮助国家级贫困县实现脱贫目标，郭孔丰不断加大产业扶贫投资力度。2018年，郭孔丰决定在黑龙江省富裕县投资80多亿元，建设一个包括粮油食品工业在内的综合性现代农业产业园，把企业发展与地方经济发展、脱贫攻坚工作相结合，大力开展产业扶贫、就业扶贫和公益扶贫。首先以订单农业等形式实现以“特”增收，稳定脱贫。其次，富裕产业园项目将吸纳5000余人就业，这些就业岗位将优先录用本地建档立卡贫困人口，带动贫困户就业，增加贫困户的务工收益。同时企业还将在当地开展“教育脱贫”战略和公益扶贫行动，如白内障复明工程、假肢助行等活动。

创新模式　探索市场化精准脱贫

自2012年起，益海嘉里员工就在国家扶贫开发工作重点县——河北省蔚县开展义务植树等公益活动。在这个过程中，集团员工从捐款捐物开始，帮扶贫困家庭及困难学生，并从2015年起尝试通过溢价收购当地贫困学生家庭的谷子，尝试变输血为造血，立足当地资源解决贫困问题。

2017年3月，郭孔丰亲自到蔚县考察调研后提出：“完成全面脱贫任务，单纯依靠政府，不仅会让财政背上沉重的包袱，而且见效也比较慢，需要全社会的积极参与。我们必须尽快做两方面的工作：一是要马上倾集团之力，把集团品牌、营销资源与蔚县的小米等农产品资源全面对接，同时也必须动员我们上下游的合作伙伴共同参与；二是尽快摸索方法、总结经验，形成一种可推广、可复制的产业脱贫模式，吸引各行各业更多有社会责任的企业各自发挥所长，集社会之力带动蔚县相关产业同步发展，蔚县才能全面实现真脱贫、脱真贫。”

在他的带领下，益海嘉里集团成立脱贫攻坚工作领导小组及其办事机构，从2017年开始全面深度参与蔚县的精准脱贫工作，立足蔚县绿色优质的谷子产业，发起蔚县小米产业精准脱贫项目，利用集团品牌、营销、管理等优势探索建立了一个可复制、可持续的市场化精准脱贫模式。

该项目的基本模式是订单种植、溢价收购、品牌营销、利润返还。从2017年试验效果来看，小米产业扶贫项目种植户增收效果显著。在此基础上，郭孔丰亲自指导益海嘉里扶贫团队，从2018年起逐年扩大小米订单种植规模，让更多的蔚县小米种植户种粮有奔头，增收有保障，共同分享小米产业发展成果。为了把蔚县小米产业脱贫做实做强，益海嘉里在蔚县投资2000多万元建设的万吨级小米加工厂将于2018年底投产，自动化生产线会显著降低生产成本，创造更大的惠农空间。除了小米，益海嘉里还会把自身产业与蔚县荞麦、杂粮等特色农产品对接，多渠道、多产线惠及蔚县农业产业。

斩断穷根　扎实开展教育扶贫

从扶贫实践中，郭孔丰还深切体会到：扶贫必须与扶智、扶志相结合，提供良好的教育机会是斩断贫困代际传播最有效、最可行、最根本的途径。为此，他30多年来持续性地投入大量的人力、物力、财力支持教育扶贫，致力于帮助贫困家庭的孩子们享有和城市学生一样的教育条件。益海嘉里在全国范围内建立了31所现代化学校，累积帮助了超过9万名贫困学生。

仍以蔚县为例，当地开展了三方面教育扶贫工作：第一，爱心小米定向帮扶——每销售一袋金龙鱼爱心桃花小米即提取一元钱捐赠给中国儿童少年基金会，定向用于帮扶蔚县发展儿童少年教育成长项目。第二，改善当地教育条件——建设一所1600人规模的高标准的公益小学，缓解当地教育资源匮乏的问题，持续资助支持当地贫困村镇中小学改善办学条件、提高教学质量。第三，建设助学中心——在蔚县与公益小学同步建设一座助学中心，让孤儿得到家庭般的全方位关心照顾，帮助孤儿健康成长，以完整人格融入社会。

作为海外华侨，郭孔丰心系边远山区贫困群众，主动参与祖国脱贫攻坚事业，并结合自身企业的优势和经验，与贫困地区的资源相结合，按照市场机制探索出了可持续、可复制、精准性较强、有效性较稳定、在理论和实践上都有较大创新突破的新型产业精准脱贫模式，为脱贫攻坚事业做出了突出贡献。同时，郭孔丰及益海嘉里也是华侨企业中有规划、成系统地深度参与贫困县产业脱贫攻坚工作的先行者，为广大外资、华侨企业群体参与精准脱贫树立了榜样，示范带动作用显著。

在2018年10月召开的全国脱贫攻坚奖表彰大会暨首场脱贫攻坚先进事迹报告会上，郭孔丰被国务院扶贫开发领导小组授予全国脱贫攻坚奉献奖，他表示：“扶贫要用心去做，不要只用钱去做，有钱出钱，有力出力，出钱容易出力难，需要全社会共同参与。”共同的目标需要汇聚共同的力量，共同的使命需要进行共同的奋斗。郭氏家族作为海外华人华侨的优秀代表，以实际行动为中国的改革开放、经济发展和民生改善做出了重要贡献。

（中国新闻网2019－01－14）

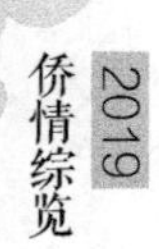

万钢：发挥侨海优势　助力祖国统一大业

统一战线学习贯彻习近平总书记在《告台湾同胞书》发表40周年纪念会上的重要讲话精神座谈会1月15日在北京召开。全国政协副主席、致公党中央主席万钢在会上做题为《发挥侨海优势　助力祖国统一大业》的发言。

万钢表示，习近平总书记在《告台湾同胞书》发表40周年纪念会上的重要讲话，是指引新时代对台工作的纲领性讲话，是做好新时代对台工作的根本遵循和行动指南。讲话全面回顾了新中国成立70年来特别是和平统一方针实施以来两岸关系取得的突破性进展，科学回答了在民族复兴新征程中如何推进祖国和平统一的时代命题，全面阐述了我们立足新时代、在民族复兴伟大征程中推进祖国和平统一的重大政策主张。致公党中央在第一时间组织全体机关干部对习近平总书记重要讲话进行了深入学习。大家认为，习近平总书记的重要讲话对我们进一步坚定信心，继续团结包括广大台湾同胞在内的全体中华儿女，致力于完成祖国和平统一大业、实现中华民族伟大复兴，具有重大指导意义。

他提到，中共十八大以来，习近平总书记根据两岸关系新形势新特点提出了系列对台工作新理念、新思路、新战略，形成了以“两岸一家亲，共圆中国梦”等理念为鲜明底色的对台工作重要论述。此次在全国人大常委会《告台湾同胞书》发表40周年之际，也是新中国即将迎来成立70周年的重要时间节点上，习近平总书记发表的题为《为实现民族伟大复兴推进祖国和平统一而共同奋斗》的重要讲话，具有里程碑意义。

万钢指出，习近平总书记的重要讲话展现出对广大台湾同胞最大的善意和关爱，“中国人要帮中国人”，“中国人不打中国人”。但在涉及国家主权与领土完整的问题上则立场坚定，毫不动摇，两个“无法改变”、两个“无法阻挡”彰显了反对“台独”分裂势力的坚定意志，清晰划出了不容逾越的红线。指出“和平统一、一国两制”是实现国家统一的最佳方式，并郑重倡议，在坚持“九二共识”、反对“台独”的共同政治基础上，就两岸关系和民族未来开展广泛深入的民主协商。“台湾问题因民族弱乱而产生，必将随着民族复兴而终结！”中国梦是两岸同胞共同的梦，实现祖国完全统一，是新时代中华民族伟大复兴的必然要求，两岸同胞要携手同心，共圆中国梦，共担民族复兴的责任，共享民族复兴的荣耀。

万钢表示，一直以来，致公党认真学习贯彻中共中央对台工作大政方针，特别是习近平总书记关于对台工作的重要论述，围绕国家对台工作大局，积极开展对台工作。我们联合地方政府共同主办“海峡科技论坛”，促进两岸相关产业相互交融，让台湾同胞共享大陆发展机遇；以“海峡论坛·致公恳谈会”为平台，十年间不断加大对台湾基层社区民众的工作力度，努力践行“两岸一家亲”理念；举办“海峡两岸中华武术论坛”，推动两岸同胞共同传承中华优秀传统文化；通过组织两岸专业人士互访，密切两岸业界人士情感；举办青少年武术夏令营、动漫音乐周活动，促进两岸青少年之间的相互交流和理解。通过这些活动和往来，我们也深刻地感受到，两岸民众加强交流、共同发展的愿望从未改变，两岸同胞血浓于水的骨肉亲情从未改变，我们为两岸同胞谋福祉、谋利益的初心从未改变。

他进一步指出，接下来，致公党将认真学习领会、深入贯彻落实习近平总书记在《告台湾同胞书》发表40周年纪念会上的重要讲话精神，着力开展以下几方面的工作。一是探索参与两岸民主协商。习近平总书记的重要讲话中提出了郑重倡议：在坚持“九二共识”、反对“台独”的共同政治基础上，两岸各政党、各界别推举代表性人士，就两岸关系和民族未来开展广泛深入的民主协商，就推动两岸关系和平发展达成制度性安排。作为具有侨海特色的参政党，我们将坚决按照中共中央对台工作总体部署，联系台湾岛内与我关系紧密的党派、团体，稳妥有序做好有关工作。

二是努力促进两岸民心相融。我们将进一步深化海峡两岸科技论坛、武术论坛、致公恳谈会等交流机制，探索建立两岸青少年、专业人士长效交流平台，形成多层次、多领域的交流格局，推进两岸经济、科技、文化、教育等多方面的交流合作，进一步促进两岸民心相融，增进两岸同胞的文化认同和民族认同，深化两岸融合发展。

三是营造反“独”促统的外部环境。我们将继续发挥与海外华侨华人联系紧密的优势，积极推动和参与全球华侨华人反“独”促统活动，并做好台籍侨胞、留学人员的联谊和亲台侨社的争取转化工作。同时，在坚持一个中国原则下开展公共外交，更深入地向各国主流人士、社会大众介绍我国“和平统一、一国两制”方针政策，以及港澳地区在“一国两制”下繁荣稳定的现状和大陆相关惠台政策，争取国际社会对一个中国的广泛理解认同和对中国人民反对“台独”分裂活动的支持和理解。

万钢表示，实现祖国完全统一、实现中华民族伟大复兴，是全体中华儿女的共同愿望，是中华民族的根本利益所在。致公党将进一步认真学习、贯彻落实习近平总书记的重要讲话精神，深刻领会讲话的精髓要义，充分发挥侨海优势，为推进祖国完全统一、实现中华民族伟大复兴贡献力量。

（中国新闻网2019－01－15）

海外侨胞代表与河北有关方面初步达成 20 余项合作意向

1月16日，列席政协河北省第十二届委员会第二次会议的海外侨胞代表与河北省有关方面对口座谈交流活动在石家庄举行，交流活动初步达成合作意向共20余项。

据了解，这次活动是河北省政协港澳台侨和外事委员会应海外侨胞代表的要求，根据部分海外侨胞代表拟与河北有关方面合作的意愿举办的。河北省政协港澳

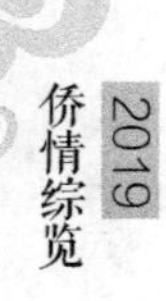

台侨和外事委员会副主任王裔睿表示，希望通过座谈交流，让海外侨胞代表和该省有关方面直接对接，了解该省相关政策和规划等，为海外侨胞投资置业、开展合作提供更优质便捷的服务。

“河北拥有京津冀协同发展、雄安新区规划建设、北京冬奥会筹办等重大发展机遇，我看好河北巨大的发展潜力。”澳大利亚冀商联合会会长张胜敏表示，希望通过此次座谈交流，推进在河北的投资合作。

俄罗斯俄中商务园总裁陈志刚很高兴，此次他与河北省相关部门就文化旅游、冰雪运动等项目成功达成了合作意向。“俄罗斯在文化艺术、冰雪运动等领域有着优势，我们希望能将俄罗斯的优势资源带到河北，拓宽与河北的合作空间。”

据悉，此次共有21位海外侨胞代表与河北省34个省直厅局和有关方面进行了对接交流，初步达成的合作项目涵盖教育、医疗、环保、新能源、文化产业等多个领域。

（中国新闻网2019－01－16/李晓伟）

温州好“声音”海外也畅听　侨乡文化坚挺走出去

“真没想到，西班牙的媒体应用上也能看到温州的信息！”近日，在西班牙工作的温州籍华侨陈果峰下载了一款手机应用，惊喜地看到了名为“温州文化”的专版内容。掏出手机，就能看到来自家乡最新的信息，让不少身处海外的温州人倍感方便和亲切。

浙江温州是著名的侨乡，在全球各地分布着上百万的温州籍华侨、华商。近年来，温州市以新闻“走出去”为桥梁，以文化“走出去”为载体，以民间友好交流为辅助，走出了一条具有本地特色的海外传播路径。

谈及海外交流，有两部电视剧不得不提——《温州一家人》《温州两家人》，这两部以温州地名构成剧名的电视剧讲述的是改革开放40年来温州人拼搏发展的故事。它们不仅在国内大火，近几年在韩国、法国、哈萨克斯坦、巴拿马等国播出后，也引发了强烈反响。近年来，温州着力推动本土优秀电视剧走向海外，提高了自身知名度。

不仅电视剧走出国门，温州侨联近年来组织的“亲情中华、传奇温州”艺术团也经常“走出去”，开展慰问演出。仅2018年，艺术团就来到荷兰、俄罗斯的4座城市。每到一地，温州民歌、瓯剧、鼓词、木偶剧等具有温州地方特色的节目一登台，便受到当地群众的欢迎。

学说温州话、学做温州美食、和温州阿姨一起跳广场舞……只要打开法国华人卫视，人们就有机会看到这样一幕幕有趣的画面。2016年7月，温州广播电视传媒集团门户网站东海网的自制真人秀节目《阿达么么哒》正式登陆法国。节目中，这个在温州留学的外国学生带着摄像机走遍温州的大街小巷，在了解这里风土人情的同时，也向海外展现温州的历史文化。

做好海外传播，不仅要“走出去”，还要努力“走得好”。多年来，温州籍侨胞已在世界各地创办了40多家华文媒体。为降低媒体新闻采编成本，温州于2016年创建了市新闻文化信息共享平台。目前，平台已经入驻包括海外媒体在内的60多家媒体和机构，累计发稿1.3万条，在不同平台上传播1.5万篇次。通过“借船”出海，共享平台的触角已经延伸到法国、英国、美国等13个国家和地区。

如果说温州与国际电台的合作是“借船”出海，那么建立温州市海外传播基地就是“造船”出海。近年来，温州市建立海外传播中心、国际文化交流中心、侨务服务与跨境连线中心等传播平台，同时利用侨领、外籍人士、侨界知名人士的资源，组建了200人的海外传播官队伍，在40多个侨团成立联络站，上万名侨团会员都成为讲好温州故事的“代言人”。

（《人民日报》2019－01－17/方敏）

常州市 19 家侨资企业一年捐资 700 多万元

常州市侨商投资企业协会日前举行二届六次会员大会。同时，市海外交流协会举行三届六次理事大会。副市长陈正春出席活动并致辞。

过去一年，市侨商投资企业协会19家会员企业向各级各类慈善总会、光彩基金、希望小学、老穷边区等捐款捐物达706.37万元。协会还举办关爱自闭症儿童公益活动，并在天爱儿童康复中心挂上“侨商爱心基地”牌子，开启了“侨商公益行”，受到中残联领导及出席全国孤独症服务机构负责人联席会议的100多名代表点赞。

会员中，各级人大代表、政协委员积极参政议政，提交了一批高质量的提案议案，包括《建议优化环保改造，打好污染防治攻坚战》《关于在政策上支持市民购买地下停车位的建议》《为企业营造更好的发展环境》等。

目前，市侨商投资企业协会共有会员企业110家。今年，协会将继续积极助推侨企转型升级，促进侨企营商环境不断改善，努力把协会建成“侨商之家”，为建设新常州作出新贡献。

（《常州日报》2019－01－18/黄钰，秦嫣）

中国侨联十届二次全委会议召开　部署 2019 年工作

据中国侨联网站消息，1月16日至17日，中国侨联十届二次全委会议在北京召开。会议深入学习贯彻习近平总书记关于侨务工作的重要论述，总结十代会以来的工作，分析侨联当前面临的形势和任务，研究部署2019年侨联工作。

会议现场

中国侨联党组书记、主席万立骏传达了中央书记处重要指示精神，并代表中国侨联十届常委会和主席会做了工作报告。中国侨联副主席李卓彬作会议总结，中国侨联党组成员、副主席隋军、李波分别主持第一次、第二次全体会议，中国侨联副主席齐全胜通报全国侨联信息工作先进单位名单。

与会代表认真学习中央书记处重要指示精神，审议了万立骏同志所做的工作报告，通过了《关于中国侨联十届二次全委会议工作报告的决议》。

会议充分肯定了十代会以来的侨联工作。与会成员一致认为，中国侨联与各级侨联组织一道，牢固树立“四个意识”，坚定“四个自信”，坚决做到“两个维护”，全面贯彻党的十九大和十九届二中、三中全会精神，以习近平新时代中国特色社会主义思想为指导，贯彻习近平总书记关于侨务工作的重要论述，落实中央书记处重要指示要求，坚持稳中求进工作总基调，坚持“五个不忘”，坚持“两个并重”、“两个拓展”、推动“两个建设”，加强思想政治引领，进一步深化改革，深入开展调查研究，认真总结改革开放40年来的侨联工作，团结动员广大归侨侨眷和海外侨胞奋进新时代，着力加强自身建设，各项工作取得新进展新成效。

会议分析了当前侨联工作面临的形势与任务。会议强调，侨联事业是党和国家事业的重要组成部分，侨联工作与世情、国情、侨情变化紧密相连。新时代党和国家事业发展对侨联工作提出了新要求，必须认真对照、把准要求、精准施策，展现新作为。海内外侨情变化对侨联工作提出了新课题，既要着眼全局、把握大势，加强宏观思考和顶层设计，更要立足本地区、本系统的实际，把侨情搞清楚、把底数搞明白，因地制宜，有的放矢。侨联自身建设面临新情况，如何看待，如何解决，需要侨联上下积极思考、深入研究，集中智慧、拿出办法，让侨联工作紧跟时代、充满活力，让党放心，让侨胞满意。

会议提出，2019年侨联工作的总体思路是：全面贯彻党的十九大和十九届二中、三中全会精神，以习近平新时代中国特色社会主义思想为指导，深入学习贯彻习近平总书记关于侨务工作的重要论述，增强“四个意识”、坚定“四个自信”、做到“两个维护”，落实十代会部署，坚持稳中求进工作总基调，坚持“五个不忘”，坚持“两个并重”、“两个拓展”、推动“两个建设”，聚焦保持和增强政治性、先进性、群众性，着力加强思想政治引领，着力加强海外联谊，着力服务大局、服务侨胞，着力加强自身建设，团结凝聚广大归侨侨眷和海外侨胞为决胜全面建成小康社会收官打下决定性基础、实现中华民族伟大复兴的中国梦贡献力量，以优异成绩庆祝新中国成立70周年。

会议部署了2019年侨联工作的主要任务。一是要加强思想政治引领，二是要履行好海外华人华侨联谊等职责，三是要统筹推进侨联为大局服务、为侨服务各项工作，四是要深化侨联改革，五是要加强侨联党的建设。

会议强调，春节就要到了，各级侨联组织要精心组织好“送温暖、献爱心”活动，认真帮助困难归侨侨眷解决实际问题，积极为他们摆脱贫困创造条件。

1月16日，中国侨联十届二次主席会议、常委会议分别召开，传达学习中央指示精神，讨论全委会议有关文件。

（中国侨网2019－01－18）

浙江青田发挥侨乡优势　助四川平昌花椒远销意大利

这几天，家住四川省巴中市平昌县岳家镇的贫困户李梅乐喜上眉梢。在浙江派驻平昌前方工作组的牵线下，他家里自产的一批青花椒通过青田县侨乡农品城卖到了意大利。

“除了青花椒，目前已有近80个平昌农产品入驻青田侨乡农品城。”青田援川干部，平昌县委常委、副县长潘娅红介绍，今年以来青田发挥侨乡优势，通过青田侨乡农品城为四川平昌农户拓展销路。目前，当地已达成了订单销售额200多万元。

侨商众多，为青田援川增添不少助力。自东西部扶贫协作开展后，青田对平昌帮扶资金达3000万，侨商也踊跃参与，捐赠社会帮扶资金、物资达850万元。

青田侨商邱浩群表示，侨商们参与东西部扶贫协作的热情都很高，目前他们已经为下一年度的扶贫工作筹集了社会帮扶资金近200万元。

搭建多个平台，青田借平台资源向广大华侨、青商招商引资。

2018年以来，青田瞄准平昌的茶叶、花椒、旅游“三大产业”，搭建青田－平昌扶贫双创园区、青田－平昌进出口商品城等平台。9月，平昌县10多个项目顺利入驻青田交易中心平台。

青田侨乡农品城（青田县宣传部提供）

除了广泛动员侨商参与，青田县专门在平昌县成立了东西部扶贫协作工作领导小组，更深层次达到交流协作目的。目前，当地已抽调了2名干部

及18名技术专家先后在当地挂职，从提供农业技术、拓展农产品销路、乡村振兴等多方面入手，有效助推当地经济社会发展。

（中国新闻网2019－01－18/周禹龙）

侨界“大咖”共谋发展机遇　欲抢滩内陆省份

由中共中央统战部，湖南省政府主办的“侨聚三湘共谋发展”座谈会1月18日在湖南长沙举行。多名与会侨商向湖南有关部门表达了强烈的合作意向，凸显出内陆省份日益增长的吸引力。

当天，来自19个国家和地区的逾40位知名侨商、侨领齐聚一堂，畅谈侨胞如何参与祖（籍）国发展、助力“一带一路”建设、共享中国发展机遇。

爱尔兰皇家科学院院士孙大文提出，中国企业“走出去”切忌“扎堆”，应优化资源配置，理性选择结合国家战略和民生需求的产业。政府可设立境外经贸合作区，提供考察、咨询、培训、注册等“一条龙”服务；同时，不仅要培养了解国际市场的人才，也要在“一带一路”沿线国培养一批“湖南通”“中国通”。

当前，中国内陆省份纷纷试图打破传统的地域禁锢。湖南水运通江达海，铁路货通亚欧，航线实现五大洲全覆盖，一跃成为“沿海的内地，内地的前沿”。2018年，该省进出口总额预计突破3000亿元（人民币，下同），同比增长26%以上。

中国全国政协常委、世茂集团董事局主席许荣茂认为，湖南发展得好，企业机会也多。他表示，世茂集团已累计在湖南投资100亿元，今年计划再投资40亿元。“但这还远远不够，我们还要引进旅游、文化、商业运营、医疗养生等资源。”

美东华人社团联合总会主席梁冠军提出，湖南人力资源富集，拥有126所高校。他希望运用自身经验，在湖南投资建立一所高校，专门培养软件人才。

印度尼西亚金峰集团董事长林文光邀请湖南轨道交通、新能源汽车等优势产业走进印尼。他说，企业“走出去”时应注意尊重当地风俗文化，华侨华人长期深耕海外，在这方面将起到帮助。

巴拿马国家中华民族委员会顾问邱志军表示，巴拿马是拉丁美洲的航运、金融和物流中心。该国于2017年同中国正式建交，迎来了巨大商机。巴方与湖南在杂交水稻技术上已建立合作。委员会正在推动巴政府参加今年在湘举办的国际农贸博览会和国际矿博会，一批巴拿马企业亦有望在湘落地。

湖南省人民政府副省长何报翔表示，今后湖南将继续加强同海外侨社、侨胞的联系，把相关意见建议化作对接“一带一路”建设、助推湖南对外开放的具体行动。

（中国新闻网2019－01－18/刘着之）

中国侨联"亲情中华"新年首演走进航天

1月19日晚，"亲情中华·走进航天"慰问演出在北京航天一院礼堂举行。

中国侨联党组书记、主席万立骏，航天科技集团党组书记、董事长吴燕生，中国侨联副主席李卓彬、齐全胜，航天科技集团党组副书记方向明观看演出，并看望航天战线侨界科技工作者代表。

演出前，万立骏一行来到航天博物馆，看望慰问了航天战线归侨侨眷代表，与他们亲切交流，表示诚挚问候，并参观了航天科技成就展览。

万立骏在演出前致辞说，新年伊始，中国又在人类历史上首次实现航天器在月球背面软着陆和巡视勘察，今年的航天发射也实现了开门红。对此，广大归侨侨眷和海外侨胞深受鼓舞，为航天人、为伟大祖国倍感骄傲和自豪。航天战线归侨侨眷相对集中、英才云集，他们为航天事业发展做出了突出贡献，这是侨界共同的光荣。

吴燕生代表航天科技集团对万立骏主席一行和"亲情中华"艺术团表示衷心感谢。他说，中国航天事业的创立和发展离不开归侨侨眷的付出，航天事业的发展历程饱含着一代代归国侨胞和学子报效祖国、艰苦创业的赤子情怀。

演出在舞蹈《同堂盛世》欢快的旋律中拉开帷幕。《我爱祖国的蓝天》《红旗飘飘》等歌舞、杂技、民族器乐表演抒发了航天科技工作者情系桑梓、赤诚报国的爱国热忱。航天科技集团京区各研究院、专业公司、直属单位归侨侨眷代表，一线干部员工和离退休干部员工代表等1000余人观看了演出。

（中国新闻网2019－01－20/周乾宪）

华侨华人与改革开放40年：桑梓情深　携手同行

近日，北京国家博物馆内人头攒动，来自全国各地的观众赶来观看"伟大的变革——庆祝改革开放40周年大型展览"。

"0001号"中外合资企业营业执照、港澳台同胞和海外侨胞捐资建设"水立方"、侨胞反"独"促统的条幅……一批展示侨胞与改革开放的图片和实物引人驻足。

在改革开放波澜壮阔进程中，华侨华人发挥了不可或缺的重要作用，功不可没。

"华侨华人没有缺席"

据统计，改革开放以来，侨商投资占中国引进外资的60%以上。

距离天安门广场4公里的建国门外大街上，坐落着一座园林风格的酒店，这是利用侨资建设的内地第一家合资饭店——建国饭店。

1978年，对外开放的大门洞开，外国游客人数猛增，酒店等旅游设施远远跟不上。为此，中央专门成立“利用侨资外资建设旅游饭店领导小组”。美籍华人陈宣远数十次飞越重洋到北京商谈，最终建国饭店在1982年建成开业。当历史的时钟指向2018年末，国际化大酒店在北京已经遍地开花。

回望40多年前，华侨华人是回乡投资的先驱，创造了许多“全国第一”。“内地第一家合资企业，第一条合资高速公路，第一家外资银行分行，第一家五星级合资饭店……”中国侨联副主席、香港侨界社团联会会长余国春细数。“在庆祝改革开放40年之际，我们可以骄傲地说，华侨华人没有缺席。”

改革开放的春风吹遍大江南北，也吹到了浙江南部山区的一个小城里。“当时，文成县很多人通过剪刀、菜刀、剃头刀这‘三把刀’闯天下，走到国外去。”温州市文成县侨联主席胡立帅说，“改革开放初期，华侨只有1300多人，集中在意大利、法国、荷兰等6个国家。”

如今，文成作为涉侨人口占全县人口60%的侨乡县，16.8万华侨华人分布在70多个国家和地区，每年回流的侨资达100亿元，是文成全县财政收入的10倍，有力助推了文成经济社会发展。胡立帅感叹：“文成县可以算作是华侨华人助力改革开放的一个缩影，他们勇为人先，敢闯敢干，同时心系家乡，造福家乡。”

40年来，侨资和侨属企业已经成为中国经济发展不可或缺的重要力量。“从‘引进来’到‘走出去’，从‘打开国门搞建设’到共建‘一带一路’，我国改革开放取得伟大成就，归侨侨眷和海外侨胞发挥了不可替代的独特作用。”中国侨联主席万立骏说。

“改革开放成就了我”

“改革开放成就了我。”这是众多侨胞共同的心声。40年来，华侨华人是见证者、参与者、受益者，更是贡献者。

“改革开放就像一声春雷，唤醒了我。”在法国打拼近30年的王荣弟说起改革开放，感慨万千。

“正是因为改革开放，我才有机会‘下海’经商，才能到国外去。后来中国加入世贸组织给我和很多侨胞带来了第一桶金，现在‘一带一路’建设再一次给华侨华人的事业带来巨大机遇。”王荣弟和妻子1987年到法国，从夫妻店开始经营，现在已经在欧洲各国开设了服装连锁店，下属员工几千人。“没有祖国的发展和壮大，也不可能有我今天的这番事业。”王荣弟说。

40年来，一批又一批中国人走出国门，每一位侨胞都有一段自己与改革开放的故事。

金恒丰集团董事长施乾平说：“改革开放的40年，是我从事的环保喷绘行业从无到有、从弱到强的40年。我刚进入打印行业时，国内生产的大都是非环保打印机，技术水平有限。售价100万元以上的高端打印机，90%来自进口。而现在，中国第一台5米打印机、全球首台磁悬浮恒温打印机等最新技术，都诞生在我们企业。正是乘着改革开放的东风，我们从学徒成为行业的领导者、标准制定者。”

“没有改革开放，我可能会在大别山深处的小村庄里度过一生，没有机会考上大学，没有7天7夜坐火车到德国留学的经历，更不会知道我现在从事的肿瘤早检技术。”1990年，程东只身前往德国深造，“当时机票都买不起，只能坐火车。”

毕业后在德国成家立业的程东，2000年回到上海发展。“现在国内的创新创业氛围非常好，很多硬件设备、研究水平都是世界一流的。”程东现在是安派科生物医学科技（上海）有限公司总经理，他们团队自主创新研发的肿瘤早期风险筛查技术已获得了106项国际专利。

“在扩大开放中大有可为”

40年来，华侨华人参与和贡献改革开放的历史值得铭记、经验需要总结、未来更值得期待。

40年芳华如歌，40载春潮涌动。为了庆祝改革开放40周年、展示华侨华人在改革开放中的重要贡献，一场场关于庆祝改革开放的活动在海内外举办——一个多月前，“华侨华人与改革开放”主题展在中国华侨历史博物馆开幕；随后，讲述华侨华人与改革开放故事的系列节目《四海共潮生》播出；中国侨联“亲情中华”庆祝改革开放40周年系列展演在福建开启；杜塞尔多夫、杭州、米兰，“四海同心　盛世梦圆——华侨华人与改革开放40周年”图片展陆续在全球多个城市展出……

“侨联为侨，侨联爱侨。”王荣弟现在是浙江温州丽岙街道侨联主席，他说，“我会发挥余热，把侨胞关注的每件事情办好，让侨胞在异国他乡奋力发展时拥有坚强后盾，才能让华侨精神不断传承下去。”

中国40年日新月异的发展变化，也让海外侨胞看到了新的发展机遇和空间，越来越多的人选择回国创业、就业。

“我以自身的经历告诉大家，尤其是在海外留学的同学们，现在国内环境非常适合创新创业，有机会回来就不要迟疑，机会不等人。”从2007年开始，程东组织的上海市浦东新区归国留学人员联合会每年都举办面向华侨华人的创业活动，为浦东乃至全国引进了大量的海外留学生。“同时我们公司也在全球布局，我们相信，中国能够为人类的科学发展做出更大的贡献。”

随着改革不断深入，开放进一步扩大，华侨华人也将更好地发挥联系中国与世界各国经贸关系的纽带作用。“我们正在由一个单独的科技企业向综合性集团迈进。”施乾平说，“新时代，作为侨商的我们将继续发挥优势，为科技创新做好中外合资的桥梁。”施乾平同时还担任美国华人企业家联合会会长，他说，“很多华人企业家持续把更多的项目放在中国，说明了大家对改革开放40年的信心，也是对进一步扩大开放的信心。”

“海内外侨胞可以在扩大开放中大有作为。”中国华侨华人研究所所长张春旺说，“华侨华人分布广泛，尤其是‘一带一路’沿线居住着4000余万华侨华人，他们不仅有很大热情，也具有经济实力雄厚、智力资源丰富、人脉关系广博和营商网络多元等独特优势，对我国发展与各国的经济、社会、文化、外交等各方面的交往必将发挥更大的作用。”

（《人民日报》2019－01－20/程龙）

全国政协港澳台侨委员会第三次全体会议在深圳召开

1月19日，全国政协港澳台侨委员会第三次全体会议在深圳召开。会议传达学习习近平总书记近期关于人民政协工作的重要讲话精神，审议通过委员会2018年工作总结，研究讨论2019年工作要点。

港澳台侨委员会主任朱小丹表示，委员会按照汪洋主席提出的“四个好好”的要求，认真开展习近平总书记关于加强和改进人民政协工作的重要思想学习研讨活动，切实加强和改进委员会党的建设和委员队伍建设，积极探索加强思想政治引领、建言资政和凝聚共识双向发力的新路子、新方法，协商议政、调查研究、考察视察、联谊交友等各项工作扎实起步，取得委员会工作的良好开局。今年委员会工作将坚持以习近平新时代中国特色社会主义思想为指导，深入学习贯彻习近平总书记关于加强和改进人民政协工作的重要思想，树牢“四个意识”，坚定“四个自信”，坚决做到“两个维护”，着力深化理论武装，着力推进党的建设，着力加强思想政治引领，着力凝聚共识、汇聚力量，着力促进各项工作提质增效，着力提高委员队伍综合素质，以优异成绩迎接新中国成立70周年和人民政协成立70周年。

港澳台侨委员会驻会副主任吕虹代表委员会主任会议向大家报告了委员会2018年工作总结和2019年工作要点。据介绍，港澳台侨委员会深入学习贯彻习近平新时代中国特色社会主义思想和中共十九大精神，认真学习贯彻习近平总书记关于加强和改进人民政协工作的重要思想；专题开展“习近平总书记在会见香港澳门各界庆祝国家改革开放40周年访问团的重要讲话精神”宣讲活动；认真承办“围绕粤港澳大湾区建设，推进内地与港澳互利合作”双周协商座谈会；首次参与主办海峡论坛活动，举办第十届海峡论坛·两岸基层治理论坛。

港澳台侨委员会副主任于迅、闫小培、吴国华、林健锋、贺定一、耿惠昌、黄兰发、康晓萍、裘援平出席。

（《人民政协报》2019－01－21/宋啸峰）

海外华侨华人音乐家汇聚 2019 上海侨界新年音乐会

莫扎特歌剧《唐璜》选段《夫人，请看这名单》、巴赫作曲的《双小提琴协奏曲》、圣桑歌剧《参孙和达莉拉》选段《我心花怒放》、节选自交响组曲《上海》的《秀与动》……

2019上海侨界新年音乐会于1月22日晚间举行，来自海外的华侨华人演奏家、歌唱家奏响或唱响优美、经典的旋律。据悉，这些音乐家中，年纪最小的汤苏珊出生于2004年。他们均在各类世界音乐类大奖中有所斩获。

在当晚的上海侨界新年音乐会上，旅美华人作曲家林凯作了交响组曲《上海》部分乐章的世界首演。随着极富江南韵味的音韵旋律响起，以往只有华侨华人的演唱家、演奏家参与的上海侨界新年音乐会，从表演领域拓展到作曲领域。

是夜，中共上海市委统战部、上海海外联谊会、上海市海外交流协会、上海市归国华侨联合会、上海市人民对外友好协会等部门负责人，与来自世界各地的华侨华人、国际友人、归侨侨眷等，共同聆听经典音乐，共迎新春佳节。

据了解，参演本次新年音乐会的音乐家皆与上海有缘。音乐会的艺术总监、德籍华人指挥家汤沐海，音乐会指挥、美籍华人指挥家朱其元均生于上海。旅美小提琴家于翔、旅法抒情女中音歌唱家伍艾等均曾在上海音乐学院等院校学习音乐。

据了解，受教于美国的朱其元如今在美国一些著名乐团和四川音乐学院担任乐团艺术总监兼首席指挥。这是他首次执棒上海侨界新年音乐会指挥。朱其元对记者说，上海侨界新年音乐会是个非常有意义的平台。如今，华侨华人音乐家才华横溢，其中不乏年轻人，他们在海外取得了很高的艺术成就，为祖（籍）国争光。通过上海侨界音乐会，他们可以向国内的观众展示其艺术修养和成就。

朱其元告诉记者，本届音乐会在曲目搭配上，兼顾学术性和演出效果，演唱和器乐演奏兼有大众耳熟能详的曲目和小众发烧友喜爱的曲目。

2019上海侨界新年音乐会于22日晚间举行，来自海外的华侨华人演奏家、歌唱家奏响或唱响优美、经典的旋律

正在德国学习的17岁大提琴家陈亦柏2018年2月在波兰华沙赢得第十一届维托尔德·卢托斯瓦夫斯基国际大提琴比赛第三名，同年9月又获罗马尼亚埃奈斯库国际大提琴比赛二等奖。此次，陈亦柏特地为参加侨界新年音乐会回国，他独奏普罗科菲耶夫作曲的《e小调大提琴交响协奏曲第三乐章》。他说，这首曲子并不为国内观众熟

知，但是，他希望将此曲奉献给家乡的听众。陈亦柏表示，留学德国，对祖国倍加思念，希望把在德国学到的音乐知识、演奏技巧、学习感悟与国内听众分享。

据悉，上海侨界以“带着艺术回家来”为主题，连续5年举办新年音乐会等系列演出，累计已有近五十位来自海外的华侨华人艺术家来沪参加演出。

（中国新闻网2019－01－22/陈静）

广西完善服务体系　引导港澳台侨胞深度参与“一带一路”建设

中共广西壮族自治区委员会常委、统战部部长徐绍川1月24日表示，广西将完善为侨服务体系，探索构建重要涉侨工作定期交流、重要涉侨活动共同举办等机制，制定出台引导和支持华侨华人深度参与“一带一路”建设措施。

广西统战部部长（扩大）会议当天在南宁召开，徐绍川介绍，2018年，广西不断深化桂港澳交流合作，联合桂籍澳门社团举办澳门特区助力广西参与“一带一路”建设研讨会、“60载桂澳情”艺术展等系列文化交流活动，邀请港澳团组参加国情体验、人文交流、投资考察等系列活动；成立广西中国和平统一促进会，完成广西台籍同胞建档工作，开展桂台婚姻家庭及定居广西桂台婚生子女情况调研，有效助力推进海峡两岸产业区防城港、崇左、钦州三大产业园建设。

2019年是广西统一战线立足新起点、迈上新台阶的重要之年，徐绍川表示，广西将着重发展壮大爱国力量、凝聚侨心侨力，进一步推动同圆共享中国梦。在构建完善港澳台交流合作机制方面，广西支持香港、澳门广西社团参与粤港澳大湾区建设，将开展“助力广西主动融入粤港澳大湾区研讨会暨投资合作”“知名港澳台商广西行”活动。建立完善与港澳政协委员、港澳广西同乡社团和港澳社会各界人士的沟通交流制度，健全交流合作机制。推动落实促进桂台两地经济文化交流合作各项措施，落实台企台胞享有同等待遇的政策措施。

与此同时，广西致力加强与海外有关侨团及代表人士、归侨侨眷代表人士联系，将继续推动桂籍侨团侨社建设，力争在有条件的国家和地区实现桂籍社团组织全覆盖。通过举办广西海外华侨华人社团负责人大会和“八桂侨友”联谊活动，培育一支了解广西、支持广西、对广西深怀感情的侨界友好力量。

为推动侨智侨资项目落户，2019年，广西还将举办第四届中国-东盟商会领袖高峰论坛、世界桂商暨商会经贸文化交流合作大会、侨商广西行等系列活动，建立留学报国人才库，加快归国留学人员创新基地建设。

（中国新闻网2019－01－24/林浩）

许又声：澳门侨界继续发挥优势特色　为澳门社会繁荣稳定作出新贡献

国务院侨务办公室主任许又声1月25日在澳门指出，澳门侨界以自身优势和特色，发挥与葡语系国家交流合作平台功能，起到了穿针引线的作用。

1月25日，国务院侨务办公室主任许又声（左）在澳门指出，澳门侨界以自身优势和特色，发挥与葡语系国家交流合作平台功能，起到了穿针引线的作用。许又声一行当日到访澳门归侨总会，与该会人员亲切交流（中新社记者/谢光磊　摄）

许又声一行当日到访澳门归侨总会，与该会人员亲切交流。他指出，澳门归侨总会成立50年来，所联系的侨界人数众多，一直在澳门社会当中发挥重要作用，支持行政长官和特区政府依法施政，为澳门社会繁荣稳定作出很大贡献。澳门侨界以自身优势和特色，发挥与葡语系国家交流合作平台功能，起到了穿针引线的作用。他对澳门归侨总会50年来取得的成绩表示祝贺和感谢。

对于将在澳门举行的“四海同春”新春文艺晚会，他指出，多年来晚会越来越成熟，越来越受到海外侨胞的欢迎。他建议可以更广泛地邀请澳门同胞参加。

澳门归侨总会会长刘艺良感谢国务院侨办的长期支持和关怀。他表示，澳门回归20年来非常重视“侨”的作用。澳门归侨总会将继续发挥侨界特色，配合特区政府“请进来，走出去”，加强与“一带一路”沿线国家的联系。

（中国新闻网2019－01－25/杨喆）

海南应鼓励和促进新侨回琼参加自贸区（港）建设

政协第七届海南省委员会第二次会议1月28日举行联组讨论会。海南省政协委员欧曼琛在发言中建议，鼓励和促进新侨回海南参加自贸区（港）建设。

海南是全国第三大侨乡，有130多万归侨侨眷和分布在世界60多个国家和地区的390多万琼籍华侨华人。在海南建设和改革开放的各个时期，广大琼籍归侨侨眷和海外侨胞心怀祖国，情系桑梓，发挥了不可或缺的独特作用，为海南发展做出了卓越贡献。

欧曼琛说，当前，海南建设海南自贸区（港），亟需一大批有国际视野、业务精湛、懂得国际运作规则、精通多种语言的国际化人才，但是海南省目前高层次的国际化人才不多，国际员工数量少。

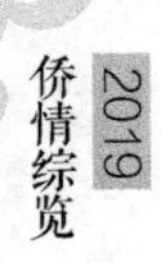

欧曼琛称，很多海外华侨华人专业人士具有较高层次的知识结构和技能水平，部分还拥有雄厚的产业和金融能力、全球化的生产营销网络、丰富的智力资源、广泛的政商人脉。利用“侨资源”，发挥“侨作用”是助力海南省建设自由贸易区（港）不可忽略的新生力量。

为此，欧曼琛建议，加大政策宣传力度，使新侨能够更好地了解就业创业政策和具体的操作流程。为新侨创业提供政策、资金支持，对一批有研发成果的高新技术型产业归侨创业由政府提供担保贷款。

欧曼琛还建议建立健全的新侨回省创新创业引进机制，并成立由海南省侨联主导的新侨引进专项办公室，负责新侨引进工作。另外，由海南省侨联牵头，再由各国华侨商会和侨领相互配合，相继在世界各地设立“引侨工作站”，负责全世界各地的人才引进。

（中国侨网2019－01－28/张茜翼）

中国黄金“公益金”首发　00001号捐赠华侨公益基金会

扶贫帮困，是公益也是责任。为助力脱贫攻坚，践行企业社会责任，由中国黄金集团和华侨控股旗下华侨基金管理有限公司联手打造的“公益金”系列产品，2019年1月28日首发。

编号为00001的“公益金”重1000g，价值30余万元，由中国黄金集团董事长宋鑫和华侨基金管理有限公司总裁杨宇潇一起，在2019“侨爱心·慈善晚宴”上捐赠给中国华侨公益基金会，由基金会理事长乔卫接受捐赠，并作为慈善晚宴首个拍品现场公益拍卖。经多轮激烈竞价，最终由知名公益人、网络慈善家“钢子”出资500万元拍得，溢价10余倍，掀起慈善晚宴的爱心高潮。

据了解，“钢子”是全民慈善的发起人，也是全民慈善实实在在的推动者，他从未公开过自己的真实姓名和身份，“钢子”是网名，也是他用来号召全民行善的符号。“钢子”发起设立网络慈善志愿者组织善行团，近十年坚持用这个名字，带领全国近二十万善行团网络志愿者，坚持用每人每天捐赠一块钱的方式参与公益，帮助别人，已累计捐款两千多万元。“钢子”于2014年和2015年连续两届被中国慈善榜评为十大慈善家，2016年被评为最具变革精神公益领袖，2017年荣获香港第十二届爱心奖。谈及慈善晚宴的爱心义拍，“钢子”表示：“侨联是我们的家，参与侨联公益事业责无旁贷。”

乔卫理事长指出，“公益金”系列产品旨在通过对中华文化的弘扬传播，助力中国公益慈善事业的发展。“公益金”系列产品对华侨华人和社会民众来说，既有收藏价值、投资价值、保值价值，又能为公益慈善献上一份爱心，可谓一举多得。

（中国侨网2019－01－30）

福建“福侨世界总网”项目通过初步验收

福建省侨联近日组织召开“网上侨联（福侨世界总网）”项目初步验收会议。来自福建省经济信息中心、省公安厅的3位专家听取了各类报告，观看了系统演示，审查了相关材料，一致同意该项目通过初步验收。省侨联党组成员、秘书长吴武煌主持会议。

福建省侨联相关负责人介绍，该项目依托福建电子政务云平台，主要功能包括福侨世界网站群（网址：www.fqworld.org），福侨世界微信矩阵（微信公众号：福侨世界总网），可容纳“省市县乡村五级侨联和海外各侨团”的智慧侨联数据库，进行服务管理、渠道管理、信息发布、决策分析、智能查询报表的综合管理系统。

根据省侨联计划和项目可行性研究报告，下一步将采用以下措施加大应用推广力度。一是开放给各涉侨部门、全省各级侨联、闽籍海外侨团等，进行延展、链接、接口以及数据录入、分级密钥管理等；二是在条件成熟的设区市侨联和重点县（市、区）侨联，尝试设立运营中心，提供免费的云服务器空间、后台安全等，进行各级网站、微信、数据库的一体化运作；三是开放“项目中心”“为侨服务”等版块，继续签约一批海外侨团、侨资企业等作为合作伙伴，进行经济、贸易、文化、医疗等各领域的资讯发布；四是组织专题培训，积极采集各级侨联、海外侨团、归侨侨眷、海外侨胞的数据。

（中国侨网2019－01－30/吴厚才）

中国海归投资论坛在北京举行

近日，“第五届中国（北京）海归投资论坛暨2019首都海外留学归国人员创新生态峰会”在北京举行。来自政府部门、中外商协会组织、国际金融投资机构、产业学术科研院所、海归背景企业的500余名代表及专家出席，围绕“大众创业，万众创新”这一主题，共商帮助华侨华人及归国留学生拥抱中国机遇的方法与建议，并签署了共建全国海归创新创业生态圈倡议。

本届论坛由北京海归孵化器科学技术协会和北京市朝阳区侨联共同举办，旨在加强国内外涉侨组织交流合作，共同解决华侨华人、归国留学生在创新创业发展过程中面临的难题，促进首都华侨华人、归国留学生的创新创业事业健康有序地发展。

（《人民日报海外版》2019－02－01/赵雪彤）

上海精准对接侨情变化　华侨权益保护步伐不止

近年来，海外华侨尤其是新侨回国创业、投资者日益增多，他们对自身权益诉求更加多元。作为新侨集中地，上海积极回应新侨呼声诉求，用专门性法律支撑华侨权益保护，为他们在沪生活、投资、创新创业提供便利和有力支持。

据推算，常住上海的新侨以及分布在世界各地的上海籍新侨合计约92万人。

“针对侨情深刻变化，侨务部门分类施策，坚持完善依法护侨机制，提升为侨服务水平。”上海市政协常委、上海市政协港澳台侨委员会常务副主任徐力受访时说，自2016年12月1日施行以来，《上海市华侨权益保护条例》（以下称《条例》）已成为在沪华侨权益保护的坚实后盾，有力激发了华侨回国服务的热情。

上海侨务、教育、人事、卫生、公安等部门，亦先后制定了30多项操作性很强的涉侨规范性文件，涉及困难补助、出境探亲、照顾生育、华文教育等多个方面。

身份证明难曾是基层调研中华侨反映最集中、最迫切的问题。根据《条例》相关规定，如今在上海，华侨用中国护照办理教育、医疗、交通、投资等事项，基本没有障碍。

“目前，关于华侨投资权益保护的反映总体呈减少趋势。”针对近年来涉侨经济纠纷案件多发频发问题，徐力表示，上海采取积极措施帮助华侨依法维护自己的投资权益，成立了上海市侨商会法律维权委员会，聘请法律顾问为侨企服务，组织“为侨商服务法律专家巡讲”，并创造条件帮助引导侨企转型升级。

在上海建设具有国际影响力的科创中心大背景下，华侨华人被视为其中的重要力量。上海也全力支持侨胞侨企的创业发展权益，从简单的“引进来为我所用”向“共享改革发展成果”转变。

上海打造的“侨梦苑”华侨华人创新创业基地，已形成科技服务交易、综合服务、公共技术服务、高层次人才引进等七大平台，提供全过程、一站式创新创业服务。

在徐力看来，《条例》中有若干关于鼓励华侨投资、创新创业、就业的条款，但总体上这些内容以“鼓励”为主，若要使法律真正落地，还需要制定配套政策对这些条款加以细化，增强操作性。

他同时注意到，近年来，沪上各有关部门从自身工作职能出发，分别出台了与华侨或境外人士相关的政策予以支持。但这些政策分散在各个部门，没有系统整合起来，不利于执行，也不利于华侨和海外人才知晓，更不利于政策之间的衔接。

上海市政协港澳台侨委员会主任沈敏持同样看法。她认为，更好地保护华侨权益，需要打通涉侨部门信息共享渠道，依法完善护侨机制。

沈敏提出，新侨所学专业以高科技专业为主，符合上海创新创业新高地建设的导向；新侨专业人才在境外学习和工作期间，累积了一定的社会资源和关系网络，有助于带动更多的海外华侨华人回国创业和服务。

沈敏说，要解决新侨在沪投资创业面临的环境建设相关问题，还可以通过网络连接新侨资源，延伸海外新侨工作的服务半径。

徐力建议加强顶层设计，出台鼓励侨胞创新创业的规范性文件，重点解决政策覆盖面、创业融资、科技成果转化、知识产权保护等方面，形成一整套严谨有序的政策体系，创造良好的华侨投资和创新创业环境。

（中国新闻网2019－02－02/许婧）

致公党中央主席万钢发表2019年新春贺词：发挥侨海特色密切联系侨界

2019年新春佳节到来之际，全国政协副主席、致公党中央主席万钢在京发表新春贺词，祝愿大家在新一年奋发有为、再建新功，为实现“两个一百年”奋斗目标和中华民族伟大复兴的中国梦做出新的更大贡献。

回顾过去的一年，万钢表示，2018年是全面贯彻中共十九大精神的开局之年，是决胜全面建成小康社会、实施“十三五”规划承上启下的关键一年。2018年还是改革开放40周年。40年栉风沐雨的艰苦奋斗，成就了让世人为之惊叹的发展奇迹；40年改革创新的伟大征程，彰显了中华民族势不可挡的磅礴力量。

万钢还提到，过去的一年，致公党中央和致公党各级组织积极践行新型政党制度，落实致公党十五大提出的各项部署，思想建设不断强化，参政履职创新发展，对外联络亮点纷呈，社会服务精准高效，自身建设扎实提高，以新气象、新提高、新作为、新面貌开启了第十五届致公党中央工作的良好局面。

“2019年是新中国成立70周年，是决胜全面建成小康社会第一个百年奋斗目标的关键之年。”万钢强调，新的一年，致公党将继续发挥侨海特色，加强与广大归侨、侨眷、海外侨胞和留学人员的联系，努力搭建为侨服务的新平台，不断拓展对外联络的新领域，与全世界的炎黄子孙同圆共享中国梦。

最后，万钢祝同胞们、朋友们新春吉祥、阖家幸福。

（中国新闻网2019－02－02/周乾宪）

福建泉州将“深挖”侨台优势

福建省泉州市官方2月11日表示，围绕打造“两岸合作先行区”和泉州城市副中心定位，推动进一步发挥泉州台商投资区对台优势。

2018年5月7日至7月11日，福建省委巡视二组对泉州市开展了巡视，并于2018年

11月7日反馈了巡视意见。巡视意见称，泉州台商投资区“两岸合作先行区”示范和带动效应未有效发挥，侨务资源优势未充分发挥。

泉州是全国著名侨乡和台湾汉族同胞主要祖籍地之一，分布在世界130个国家和地区的泉籍华侨华人有950万。

如何推动泉州台商投资区建设？泉州官方称，将指导台商投资区出台相关行动计划，在重点项目服务、引进台湾人才等方面给予多项支持；加快建设完善基础设施，力争2019年年底前启动金屿大桥建设，2020年建成“三纵三横”，2022年前建成“五纵五横”路网及配套基础设施；支持台商投资区设立珠三角、长三角、台北招商联络处，充分利用各类载体开展招商活动。

同时，泉州已在扩大泉台经贸合作、支持台胞在泉实习就业创业、深化泉台文化交流、方便台胞在泉安居乐业等方面，共提出了73条政策措施。

除了加快建设泉州台商投资区，泉州还将有效发挥侨乡区位优势，深挖侨商、侨领资源潜力，注重在“一带一路”沿线国家和地区寻找着力点、开创新局面。

泉州官方称，将全方位、多层次联系海外华侨华人，建立“三十家重点海外泉籍社团名录”“百名重点泉籍侨商名录”，持续加强联络联谊；充分发挥侨资侨智侨力优势，开展“海外侨商泉州行”活动，积极宣传推介泉州。

（中国新闻网2019－02－11/龙敏）

上海首个海外人才“一站式”服务中心全面升级

“上海虹桥海外人才‘一站式’服务中心将全面升级，进一步提升海外高层次人才专窗的服务能级，在虹桥街道增设外国人来华工作许可受理专窗，服务范围从区级延伸到社区。”上海长宁区人力资源和社会保障局局长陈新华2月13日在新闻通气会上表示。

上海虹桥海外人才“一站式”服务中心于2016年3月21日挂牌成立，通过该中心，外国人、台港澳人员就业证，华侨华人事务，出入境证件，外国专家证，海外人才居住证（即俗称的“B证”）等多项业务可通过同一个办理大厅得以解决，这在上海尚属首次。目前，该中心正在争取将上海市人力资源和社会保障局留学生回国落户业务也纳入其中。

上海虹桥海外人才“一站式”服务中心自成立以来，便力争为海外人才提供优质、高效、便捷的专业化服务，实现了从“多处奔波”到“一站受理”，从“不超时限”到“尽快办结”，从“多次往返”到“最多跑一次”的转变。

健士星生物技术研发（上海）有限公司人事专员至今仍记得，在办理外籍专家蔡亚的外国人来华工作许可延长的过程中，“从进门取号、排队、办理到拿到延期许可证，仅用时47分钟。”

为了进一步“让企业少跑腿，让数据多跑路”，“一站式”服务中心在虹桥街道增设外国人来华工作许可受理专窗，陈新华说：“将服务范围延伸至社区，可以让辖区内的企业和外国人就近申请办理，节省他们的时间和成本，我们还计划未来让更多的业务服务‘走进’社区。”

截至2018年底，上海虹桥海外人才“一站式”服务中心共发放外国人来华工作许可证11719张，出入境证件办理28000余人次，发放台港澳就业证件1657张，华侨华人业务、台胞业务、海外人才居住证业务咨询共计1135人次。

据陈新华介绍，“一站式”服务中心未来将大力推进人才服务“一网通办”力度，在数据融合提速、线上线下融会贯通方面“出实招”，并将积极做好跨区域、跨地区办理业务的准备，进一步扩大服务大虹桥、辐射长三角、面向全世界的服务效果。

（中国新闻网2019－02－13/缪璐，李佳佳）

邢善萍：致公党福建省委在侨海方面大有可为

2月13日上午，刚刚履新的中共福建省委常委、统战部部长邢善萍走访致公党福建省委会机关，与机关干部亲切交谈，致以新春的问候。

福建省政协副主席、致公党福建省委主委薛卫民，中共福建省委统战部常务副部长臧杰斌、副巡视员吴景生，致公党福建省委专职副主委吴棉国、秘书长王惠忠陪同走访。

薛卫民简要介绍了致公党福建省委过去一年在参政议政、对外联络、社会服务、自身建设等方面取得的成效，以及纪念改革开放40周年系列活动的开展情况。

邢善萍表示，致公党是具有侨海特色的参政党，福建是侨务大省，致公党福建省委在侨海方面大有可为，希望在新的一年里，深入学习贯彻习近平新时代中国特色社会主义思想和中共十九大精神，发挥特色优势，凝心聚力、开拓创新，共同谱写新时代统一战线新篇章，为推动新福建高质量落实赶超做出新的贡献。

（中国侨网2019－02－14/冯浩）

广西最大归侨聚居地的新春招聘：工厂开到家门口

“今年春节后真的不想再‘飞’了，在家门口找份工作安定下来，只要和老婆孩子在一起，相信生活会越来越好。”2月14日，李勇抱着女儿来到一招聘会现场，仔细观看宣传板上的岗位信息，寻找自己心仪的工作。

当天，广西最大归侨聚居地——广西-东盟经济技术开发区举办2019年春季人

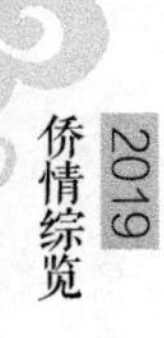

力招聘大会，150家本地企业携近5000个就业岗位前来招贤纳士，吸引众多求职者关注。

三年前，李勇在四川打工时与妻子相识并结婚生女，其妻产后回到家乡——广西-东盟经开区休养。今年春节，李勇专程回来团聚。招聘会上，看到开发区企业提供的薪水和福利，他打算节后留下来工作。

“在这里，我从事行业的薪资水平虽较大城市低1000元人民币左右，但衣食住行的开销可以节省很多，而且每天都能和妻女见面，照顾家庭更方便。”李勇说。

和李勇相似，今年35岁的越南侨眷黄华也选择留在家乡工作。熟悉家具打样、油漆等技能的他，此前在成都、广州等地寻找工作机会。今年，一家知名家居制造企业落户开发区并投产，开出的月薪达5000～10000元，远超他的预期，黄华看到后当即决定报名。

2018年12月落户开发区的广西李宁体育用品有限公司将于今年投产，此次招聘会计划招收800名普通工人。该公司人事主管邓淑冰告诉记者，开发区本地人就业后工作稳定，不易流失，公司更倾向录用。为吸引他们到来，公司不仅给出了优厚的薪资待遇，更制定了符合本地居民作息规律的上班时间表，当天应聘的人数超出预期。

广西-东盟经开区人社局局长唐志林介绍，为帮助归侨侨眷和贫困群众在家门口实现高品质就业，今年，开发区专门提供了政策咨询和技能培训服务，还出台小额贷款贴息补助等创业帮扶政策，80%本地人更愿意留在家乡工作。

据悉，广西-东盟经开区前身是武鸣华侨农场，特殊历史时期安置东南亚9个国家的归国华侨12000多人，2013年，广西-东盟经开区升级为中国国家级经济技术开发区，目前已吸引包括印尼金光、中粮集团、百威英博等世界500强巨头在内的340多家工业企业落户，逐渐形成食品加工、生物医药、机械制造三大优势产业发展格局。

（中国新闻网2019－02－15/林浩，莫聪灵）

年味浓侨味足“四海同春”倾心为侨

连日来，由中国国务院侨办和中国侨联联合组派的6支“四海同春”演出团在全球多城献艺，频频收获侨胞赞誉。今年，“四海同春”慰侨访演进入第十一个年头，演出地点在变，节目在变，而为侨服务的宗旨始终未变。

“艺术团跨越大半个地球，带来一场精美绝伦的视听盛宴，让华侨华人欢欣鼓舞、备受感动。”欣赏完中国艺术家的演出，多米尼加华侨总会会长冯赐权感慨道。

今年春节是中多两国建交后的第一个农历新年。“四海同春”演出团不辞辛劳来到多米尼加首都圣多明各，充满浓郁民族风情的节目让当地侨胞品味浓浓的乡音乡情。

哪怕跨越万水千山，也要把祖（籍）国的祝福送到侨胞身边。大年初三，“四海同春”非洲团踏上征途。从北京到约翰内斯堡再转机开普敦，演出团一行辗转30多个小时，跨越1.3万多公里行程，只为给侨胞们带来丰盛的文化“年夜饭”。

此次非洲之行是演员蔡国庆第29年参加慰侨演出。“这么多年，我几乎都是吃过年夜饭就奔赴海外，走过了50多个国家和地区。”蔡国庆表示，这是自己“整个艺术生涯最光荣的记录之一”。

“四海同春”作为春节文化“走出去”的国家级文化品牌之一，秉承精益求精的原则，网罗国内众多表演艺术家与顶尖院团，高规格、高水平的演出让侨胞大呼过瘾。

“真没想到演员们的专业水平如此高，太让人惊喜了！真希望这样的演出能多一些！”观看完“四海同春”在伦敦的演出，侨胞李芒感叹。

这台晚会汇聚了传统国粹京剧、喜庆的歌舞、经典怀旧的歌曲、酣畅淋漓的器乐表演，不断带给观众惊喜。

多年来，“四海同春”精湛的演出也培养了一批忠实粉丝。

距离“四海同春”演出还有两小时，日本名古屋的华侨高先生就抵达现场。如此心急是因为——“‘四海同春’票只赠不售，没有固定座位，想要最佳视角，只能先到先得。”高先生说，“四海同春”艺术团到名古屋演出三年，他场场未落。

得知“四海同春”在南非开普敦演出的消息，家在博茨瓦纳的侨胞张延清专程赶到现场。“从博茨瓦纳首都哈博罗内赶到开普敦，需要在约翰内斯堡转机，我过来花了五六个小时。”他说，“能看到这么精彩的演出，很幸福。”

“四海同春”深受侨胞喜爱，也得到了侨社的广泛支持。每一场成功的演出，都离不开当地侨胞的心血。

演出筹备工作事无巨细，从演出场地到团组接待，从餐饮保障到医护安保，从设备租赁到专业技术对接，当地侨社都全情参与，只为和演出团共同呈现一台高水平的演出。

“（本次演出）开普敦的侨胞做了细致专业的筹备工作，为演出成功打好了基础。”采访中，“四海同春”非洲团团长张建民对侨社的付出表示感谢。

除此之外，侨社文化组织也积极参与到春节活动中来，让更多人领略到中华文化的独特魅力。据了解，今年春节期间，包括海外25个国家42家“华星艺术团”在内的侨界文化团体将开展“华星闪耀”等系列文化活动，营造欢乐祥和的节目气氛。

厚植侨社，以侨为桥。“四海同春”把侨胞的心凝聚得更紧，把中华文化传播得更广。

（中国新闻网2019－02－17/冉文娟）

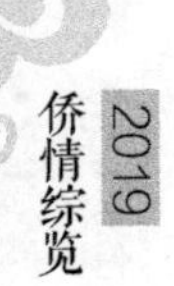

福建疏通侨企融资堵点　搭建服务“侨”梁

2月27日上午，在福建省侨联十届三次全委会议期间，省侨商联合会、省中小企业服务中心签署了《侨企产融合作对接服务战略协议书》，就“福建省产融对接服务云平台”开展战略合作，以拓宽侨商企业融资渠道，加强产融对接，面向侨商企业、中小微企业提供一站式金融综合服务。

福建省侨商联合会与省中小企业服务中心合作协议的签署，顺应了福建省侨商事业发展的需求，标志着侨商产融服务道路迈上新高度。双方将携手打造侨企产融服务对接子系统，引导侨商信息至产融云平台，与入驻平台的金融机构联合为有融资需求的侨商量身定制金融产品，开展“专业化、常态化和便捷化”的资本对接。

据介绍，福建省侨商联合会于2012年9月3日成立，是由在闽创业的归侨侨眷、华侨华人、港澳人士、留学归国人员及其创办的企事业单位、侨商组织、侨属企业等自愿组成的非营利性社会团体。

福建省中小企业服务中心是省工信厅直属单位，为全省广大中小微企业提供政策、融资、创业、人才、技术、质量、信息化、法律、市场开拓等特色服务，帮扶广大中小企业发展。

福建产融对接服务云平台是由省工信厅、省地方金融监督管理局、人民银行福州中心支行、银保监会福建监督局指导，省中小企业服务中心建设运营的产业与金融对接服务平台，立足于满足全省中小企业金融需求，汇聚优质金融服务资源，实现企业与金融机构双向选择、自主对接。

（中国侨网2019－02－28/陈晓，林颖辉）

山西积极拓展民间外交渠道　不断扩大朋友圈

2月28日，记者从山西省侨联十届五次全委会议上获悉，2019年山西将继续积极拓展民间外交渠道，不断扩大朋友圈，在打好“新侨牌”、唱响“凤还巢”的基础上，着力实现让侨智侨力更加有为。

山西省委常委、统战部部长徐广国对侨联工作作出批示。他指出，2018年全省各级侨联充分发挥侨联组织独特优势和作用，积极打好“新侨牌”、唱响“凤还巢”，持续组织实施“晋商晋才回乡创业创新”“晋侨・金桥”“联侨・聚侨”“暖侨・惠侨”和“能力提升”五大工程，为积极拓展新时代山西侨联事业新局面，助力山西构建内陆地区对外开放新高地作出了积极贡献。

他希望，全省各级侨联组织要继续着眼发挥独特优势，牢固树立“大侨务”理念，聚焦主业、打造品牌。要强化对新侨的联系服务，丰富联系侨界群众的方法和渠道，争做侨胞之友，打造侨胞之家。

山西省侨联党组书记、主席王维卿代表省侨联常委会作工作报告。王维卿表示，2018年是山西省侨联第十届委员会产生后全面履行职责的第一年。一年来，山西省侨联着力推进改革、着力为侨服务，各项工作取得新成就、实现新发展。

2018年，山西省持续开展“侨胞之家”创建活动，新建各种形式“侨胞之家”100余个，全省“侨胞之家”总数达到286个，为侨服务的工作抓手不断增加。新增山西省18家科研机构、园区及企业成为山西省侨联新侨创新创业联盟成员单位，发起成立山西省华侨公益基金会，山西省侨联青年委员会完成换届，有效拓展了侨联的工作平台。

山西省侨联坚持助力全省经济社会发展大局，充分发挥侨界的独特优势和作用。持续深化“晋侨·金桥”行动。举办“新时代海外侨胞山西（晋城）经贸文化交流合作活动”，邀请39个国家和地区、130余个侨社团的近300名侨商侨领来晋开展交流洽谈、项目推介、实地考察等活动，促成38个项目成功签约。同时，在服务创新创业、拓宽海外联谊方面均取得新成就。

“我们去年实施‘亲情中华·筑梦丝路’——关公文化‘走出去’项目，支持举办‘马来西亚国际关公文化节暨亲情中华·关公文化走进马来西亚’‘山西运城第29届关公文化旅游节’‘第二届香港关公文化节’等活动。”王维卿表示，去年，山西省侨联广泛弘扬“关公文化”，拉近海外侨胞和山西的感情距离，为凝聚和弘扬海内外中华民族传统文化起到了积极的推动作用。

2019年，山西省侨联将持续深化“晋侨·金桥”行动，助力侨胞创业创新。加强侨界青年工作，注重培养侨界青年，深化“亲情中华”海外华裔青少年夏令营活动，扩大活动规模、提升活动效果。

同时，积极拓展民间外交渠道，不断扩大朋友圈。推进“联侨聚侨”行动，深交老朋友、广交新朋友，多层次开展对外友好交流，用小侨务带动大外联，用大外联促进大发展。广泛联系海外华侨华人社团，拓展“一带一路”和周边国家海外联谊工作，加大省侨联组团出访力度，赴港澳拜会侨社侨团、侨领侨商和科技文化界知名人士，赴境外与海外侨团开展联谊活动，深化沟通交流，推动海外山西籍侨团建设。继续建立海外工作联系点，巩固与已建立的海外联系点的联系，积极开展交流互动。加强侨联海外顾问等平台建设。

此外，山西省侨联将做强侨联文化品牌，传播山西好声音。做好“亲情中华”“魅力山西”文化品牌建设，以三晋优秀文化为纽带，进一步加强与海外的广泛联系，用文化符号加深世界对中国和山西的认知了解。积极发挥山西省侨联国际文化交流联盟和中国华侨国际文化交流基地作用，挖掘山西特色文化资源，开展中法文化艺术交流等活动。

（中国新闻网2019－02－28/杨杰英）

江西侨联：运用好大数据平台　开创“互联网＋侨联”新局面

记者2月28日从江西省侨联获悉，今年江西省侨联将构建基层侨联网络体系，运用好大数据平台，努力开创“互联网+侨联”的工作新局面。

当天，江西省侨联八届二次全委会议在南昌举行。江西省侨联党组书记、主席张知明在作江西省侨联工作报告时表示，2018年，江西全省各级侨联组织充分发挥独特优势，围绕中心、服务大局，开拓创新、奋进作为，积极主动联系服务侨界群众，各项工作取得了新的成绩。

张知明说，一年来，江西省侨联牢记侨联工作宗旨，凝聚侨心，履行职责，为侨服务，坚持维护侨益，把侨联打造成广大侨胞最温馨的“娘家”；以文化为纽带，同心筑梦加强联络，深交老朋友，广交新朋友，不断开创文化联谊工作新局面。

其中，江西侨联积极推行“地方侨联+大学侨联+校友会”模式，赴南昌大学、江西省中医药大学等高校开展调研，促进工作联动。

对于2019年工作，张知明表示，将大力发展社区侨胞侨属联谊会等基层组织，形成全省侨联系统上下联动的格局；构建基层侨联网络体系，运用好大数据平台，努力开创“互联网+侨联”的工作新局面，探索创新“地方侨联+高校侨联+校友会”的基层组织形式，推动高校侨联和新侨人才工作迈上新台阶。

此外，张知明还表示，要聚焦做好侨界人才工作。加强特聘专家队伍建设，注重海外新生代特别是海外侨界杰出人士的发掘和联系工作，持续开展海外人才信息库建设，应用大数据分析归纳指导，认真做好“请乡友回家、请校友回母校、请战友回驻地”工作，引导他们积极参与社会建设，服务江西全省开放型经济建设。

（中国新闻网2019－02－28/刘占昆）

云南省侨联印度归侨侨眷联谊会正式成立

3月1日，云南省侨联印度归侨侨眷联谊会成立大会在昆明举行，首批70余名印度归侨侨眷入会，将致力于促进中印民间交流，成为“一带一路”建设的桥梁。

云南省侨联印度归侨侨眷联谊会会长马爱慈介绍，二十世纪四五十年代，为了让在异国他乡出生的后代不忘祖国，传承中华文化，印度华侨华人创办了噶伦堡中华学校，在海外传扬中华文化，滋养了华侨子弟。西藏和平解放初期，进藏公路尚未修通，解放军进驻西藏后亟需大量军需后勤物资，印度华侨华人排除万难，满足了国家的需要。

“历史告诉我们，做好归侨、侨眷和海外华侨华人的工作十分重要，中华民族的复兴发展需要华侨华人的参与。”马爱慈称，非常可喜的是，年轻一代的云南印度归侨、侨眷是许多行业的佼佼者。适逢国家推进“一带一路”建设，云南又处于中国面向南亚的前沿，借助联谊会平台，青年人可以施展才干，有所作为。

“联谊会成立后，我们的重点工作是培养年轻一代的归侨侨眷，希望在‘一带一路’建设的带动下，我们的工作能够对中印民间交往起到推动作用。”马爱慈认为，民间交流是两国沟通的良好基础，可自下而上地为国家间的交往起到促进作用。

云南省侨联巡视员段林表示，希望印度归侨侨眷联谊会在云南省侨联的领导下，充分发挥会员优势，加强同海外及港澳台地区社会团体和各界人士的联系，特别是南亚国家，要广交朋友，沟通信息，发挥好桥梁纽带作用，为云南的经济社会发展和企业走出去多作贡献。

（中国新闻网2019－03－01/陈静）

福建宁德推动统战侨务工作：画好侨界团结同心圆

3月1日，福建宁德市召开全市统战系统侨务工作会议，研究部署机构改革后2019年全市统战侨务工作，推进港澳乡情普查工作。

宁德市委常委、统战部部长林鸿表示，根据这次机构改革精神，外侨办的侨务职能并入统战部，“进了一家门，就是一家人”，今后统战部与侨办就是一家人，家人变多了，事务变多了，成效也要更大，要产生1+1大于2的效果。

统一思想，坚持党的统一领导。侨务工作并入统战部，有利于加强党对侨务工作的统一管理和对海外统战工作的集中统一领导，有利于加强侨务工作的统筹协调，有利于更好发挥有关部门和社会团体的作用共同做好侨务工作。

积极作为，形成干事创业合力。统战、侨务部门要围绕宁德市经济社会发展大局，找准工作着力点，牢固树立“一盘棋”思想，形成侨务工作大合唱，将侨务工作落深落细落实，画好侨界团结同心圆；要在支持“一带一路”建设、服务国家创新发展、推动对外人文交流、服务海外侨胞和归侨侨眷，特别是做好海外统战工作等方面有新举措、新作为。

加强学习，尽快适应新角色。侨务工作职能并入统战部，转任新职务的同志、刚接手侨务工作的同志以及仍然从事侨务工作的老同志，都要从加强学习入手，对新时代加强统战侨务工作的重要性要有全新的认识，对新形势下如何发挥侨务工作优势，构建大统战格局要有深入思考，要提升运用政策理论的水平和业务能力，切实增强做好统战侨务工作的政治使命感和责任感。

会上，宁德市委统战部副部长、市政府侨办主任刘金香和宁德市侨联主席章伯专对全市侨务系统工作和港澳乡情普查工作进行了部署安排。

林鸿表示，新的时代呼唤新的使命，大家要在工作中做到敢作为、有作为、善

作为，盯紧工作任务，补短板、添措施，奋力推动全市统战事业再上新台阶，为全面实施“一二三”发展战略提供坚强的保障。

（中国侨网2019－03－04/林榕生）

万立骏会见列席全国政协十三届二次会议的海外侨胞

3月7日，中国侨联党组书记、主席万立骏在北京会见了应邀列席全国政协十三届二次会议的40位海外侨胞。

万立骏代表中国侨联对侨胞们的到来表示欢迎，对他们在支持中国改革开放和现代化建设、支持中国和平统一大业、推动中外友好交往等方面所作出的积极贡献给予肯定，对他们长期以来给予侨联工作的支持表示感谢。他说，2018年是中国侨联迎接新时代、开创工作新局面的重要一年。第十次全国归侨侨眷代表大会在北京召开，习近平总书记等党和国家领导人出席开幕会，赵乐际同志代表党中央致辞。大会通过了工作报告，修改了侨联章程，明确把习近平新时代中国特色社会主义思想作为侨联工作的指导思想并写进中国侨联章程，明确了侨联下一个五年的任务，选举产生了新一届委员会，表彰了侨界先进集体和个人。

万立骏表示，2018年中国侨联着重做了五方面的工作。一是深入学习贯彻习近平新时代中国特色社会主义思想特别是习近平总书记关于侨务工作的重要论述，努力掌握贯穿其中的观点、立场和方法，提高做好新时代侨联工作的能力水平。二是按照中央群团改革和深化党和国家机构改革的部署推进侨联改革，增加了机构、编制和力量，扎实推动地方侨联改革。三是做好“创业中华”“亲情中华”“侨爱心工程”等品牌活动和各项工作，团结动员归侨侨眷和海外侨胞为新时代党和国家事业发展作贡献。四是加强侨联基层组织建设，不断扩大侨联组织的覆盖面。五是加强侨联机关能力建设、制度建设，推进侨联干部队伍建设，不断提高为侨服务的水平。

万立骏指出，在新的一年里，中国侨联将以习近平新时代中国特色社会主义思想为指导，深入学习贯彻习近平总书记关于侨务工作的重要论述，全面落实十代会部署，加强思想政治引领，抓好为大局服务、为侨服务各项活动品牌，以服务“一带一路”建设为突破口加强海外联谊，以强“三性”、去“四化”为目标继续深化侨联改革，大力推动基层建设和基础建设，将侨联建成广大归侨侨眷和海外侨胞可信赖的温暖之家、团结之家、奋斗之家。

万立骏表示，各位侨胞列席全国政协大会，既是崇高的荣誉，也是一份厚重的责任。希望各位侨胞以高度的使命感和责任感参加大会，多听、多看、多讨论，结合自身海外生活经验、侨胞所需所盼，切实把海外侨胞的心声表达出来，把自己的智慧贡献出来，也希望大家把参加“两会”的收获带回当地侨社，向广大海外侨胞积极宣传介绍新时代中国取得的新成就、展现的新气象，讲好中国故事，做中外友好的参与者、建设者、推动者，为实现中华民族伟大复兴，推动构建人类命运共同体做出更大的贡献！

会见活动由中国侨联副主席李卓彬主持，中国侨联副主席隋军、齐全胜，中国侨联秘书长陈迈、副秘书长兼经济科技部部长赵红英、信息传播部部长左志强、文化交流部部长刘奇、基层建设部部长张毅、组织人事部部长姚林楠、公益事业管理服务中心主任何继宁，联谊联络部副部长桑宝山、朱柳等参加会见。

（中国侨联网站2019－03－08）

情真意切　海外列席侨胞添两会热词

2019年全国两会期间，受邀列席全国政协会议的40位海外侨胞积极建言资政，“侨声”频传。华文教育发展、和谐侨社建设、中华文化海外传播等话题是他们关注的重点。

说华文教育：培养华裔新生代的民族认同

“海外华裔新生代代表着海外华社的未来，也承载着在海外传承中华文化的使命。”斯洛伐克中华文化传播促进会会长倪海青表示，华裔新生代在海外出生长大，对祖（籍）国感情疏远，培养其对中华民族和中华文化的认同感十分迫切。

倪海青提到，华裔新生代在住在国接触中华文化的机会较少，希望中国政府能为其提供更多回祖（籍）国学习交流的机会，通过了解中国的历史文化、地理风物等唤起他们作为华人的自豪感。

针对海外华文学校数量较少、教学质量良莠不齐等问题，墨西哥中华青年联合会会长耶天慧认为可借助“互联网+”助力华文教育发展。他建议，建立健全网络授课平台，并针对区域特色开发个性化的教材和培训课程。

3月11日，全国政协十三届二次会议在北京人民大会堂举行第四次全体会议（盛佳鹏　摄）

葡萄牙中华总商会第一常务副会长朱长龙表示，海外华文学校希望得到来自祖（籍）国政策、资金以及特色文化教学用品、师资等支持。

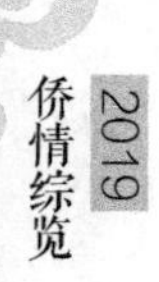

话侨社：侨团建设应规范、和谐、团结

海外侨社是华侨华人共同的家园，构建和谐侨社是侨胞长期生存发展的共同需要。两会期间，多位列席侨胞就此展开讨论。

肯尼亚中国和平统一促进会会长郭文昌表示，侨团的发展关乎华人在海外的形象，侨团设立、运作应当规范化，侨团之间应当团结互助，凝聚共识，共同打造侨社和谐团结的形象。

倪海青对此表示赞同，并认为海外侨领应当率先垂范，不忘初心。“侨领要本着为侨服务的精神，不断提高自身素质修养，努力提升侨团的凝聚力，为侨团发展贡献智慧和力量。”

谈文化：推动文艺精品走出国门

在海外，华侨华人是中华文化的“代言人”。多位列席侨胞认为，推动中华文化走出去应当创新思路方法，并要以外国人听得懂的方式讲好中国故事。

德国德中文化发展促进会会长陈平建议在海外中餐馆设立“中华文化之窗”。“海外中餐馆数量庞大，可选取其中的优秀代表，在餐厅布置中引入中华文化元素，还可以美食为媒介，举办各类中华文化展示活动。”

耶天慧则建议推动中国精品舞台剧走出国门。他认为，这类制作精良、水准高超的文艺作品体现了中华文化特色、展示了中华文化自信。“这些作品通过绘声绘色的舞台语言讲述中国故事，更容易让海外观众入脑入心。”

意大利米兰华侨华人工商会常务副会长卢锡华也希望有更多优秀的文化节目和展览走出去，让外国年轻人在体验中增加对中华文化的感知和认识。

美国华人企业家联合会会长施乾平表示，传播中华文化、讲好中国故事一定要讲究方式方法。“我们要用对方听得懂的语言，用喜闻乐见的方式，要引起共鸣而非自说自话。”

论融入：积极参政议政回馈当地社会

荷兰全荷华人社团联合会主席季增斌认为，华人在海外生活发展，不应孤立自己，要广交朋友，积极融入。“作为少数族裔，华人在居住国应当积极参政议政，为自身权益发声，寻求主流社会的理解和支持。”

倪海青也表示，侨胞们要遵守当地法律法规，维护华人的形象，用实际行动赢得尊重。“我们既要回报祖（籍）国，也要回报当地社会。”

耶天慧则建议设立海外华人基金会，由专人负责，积极与当地社会互动，踊跃参加公益活动，增进华人与主流社会的交流互动，提升华人的形象和影响力。

（中国新闻网2019－03－11/冉文娟）

侨界代表委员热议国家发展　愿携手注入“侨力量”

全国两会期间，政府工作报告中关于经济社会建设成就以及2019年侨务工作的表述，持续引发多位侨界人大代表、政协委员的关注。

“中国建设‘一带一路’合作平台很多，海外华侨华人参与进来很方便。”全国政协委员、四川省侨联主席刘以勤在接受中新网记者采访时如是说。

政府工作报告中提到的“对外开放全方位扩大，共建‘一带一路’取得重要进展”，令刘以勤印象深刻。她说，四川省侨联去年提出关于“借助试点政策，推动国家层面扩大跨境电商的市场”的提案获得回响，这让侨界为开放型经济发展建言获得了信心。

全国人大代表、全国人大华侨委员会委员、台盟厦门市委会主委陈紫萱特别关注“中欧班列”的溢出效应。从厦门开出的中欧班列，现已将“海丝”“陆丝”连接起来，并向台湾及东南亚地区延伸拓展，形成海铁联运的国际物流新通道。

“中欧班列还需要做强做大，促进‘一带一路’沿线国家和地区经贸合作；同时，发力文化交流，令华侨华人企业得到实惠，感受到红利。”陈紫萱说。

如何为“高质量发展”注入侨智侨力？归国华侨、全国人大华侨委员会委员、全国人大代表郑奎城建言，充分发挥侨务资源和智力优势，增强侨务引智引资效能，打造以侨商为代表的产业聚集区、海归创新创业基地等引智平台；同时，引导企业“走出去”，并购海外具有自主知识产权的高科技企业，提升侨资企业国际竞争力。

“今年政府工作报告对侨胞为我们国家经济社会发展做出的贡献，给予了充分的肯定和褒扬。”全国人大代表、全国人大华侨委员会委员叶双瑜认为，“侨”的优势不但在过去改革开放40年中发挥了很大作用，在新时代，用好“侨”的优势同样十分重要。

叶双瑜说，广大侨胞在海内外创业、回家乡兴办事业，“我们都应该提供好服务”，要为归国华侨排忧解难，营造好的营商环境、生活学习和工作环境。

当前，各项涉及华侨权益保护的政策规定在身份认定、回国定居、医疗教育、社会保险等诸多领域，对护侨工作产生着实质作用。广东、上海、福建、湖北、浙江等省市出台华侨权益保护条例，对华侨权益保护起到了积极作用。对此，叶双瑜表示，政府要落实好各项侨务政策，让侨胞有更多的获得感。

郑奎城提出，发挥侨力优势，还需进一步保护侨胞侨眷权益，要进一步完善涉侨法律法规，提高华侨华人参政议政能力，强化华侨权益保护功能。比如，依法落实华侨的政治权益，参加社会保险及依法应当享受的保障权利，规定保护华侨投资权益和捐赠权益等，尽快解决华侨的身份证明等需求。

（中国新闻网2019－03－12/林春茵，贺劭清）

中国侨联：积极引导侨界关注2019世园会

3月12日正值中国植树节，中国侨联副主席齐全胜一行到北京市延庆区2019世界园艺博览会（下称“2019世园会”）园区参观调研，希望借此机会积极引导侨界关注相关活动，发挥侨胞联通中外优势，推介2019世园会。

据悉，2019世园会将于4月29日至10月7日在北京举行，北京是继云南昆明后中国第二个获得国际园艺生产者协会批准及国际展览局认证授权举办A1级国际园艺博览会的城市。届时中国将通过花卉、水果、蔬菜等大园艺概念，向世界讲述人与自然和谐交融的概念。

截至2019年1月，已有110个国家和组织确认参展。目前，大部分展园已基本完成主体施工。

在实地探访完永宁阁、中国馆、国际馆等建筑后，齐全胜一行与世园局宣传策划部部长崔勇进行了座谈交流。

崔勇表示，2019世园会秉持生态优先的理念，最大程度减少对自然肌理的损害。

崔勇介绍，2019世园会预计共接待游客1600万人次，目前门票已开始在网上预售。为保障游客参观体验，世园会规划团队在交通食宿、人性化票务、园区树荫分布等方面都做了细致设计。

“信息口口相传很重要。”崔勇说，希望加大对国外游客、广大侨胞的吸引力度，开园之后也希望能够得到海外媒体的采访报道。

北京市侨联副主席苏泳表示，北京市侨联将积极引导侨界参与世园会筹办工作，通过海外华文媒体北京行、海外华侨华人故乡行等活动，让侨胞们亲身体验园区风采，进而向其住在国推介。

齐全胜指出，2019世界园艺博览会的举办意义重大，体现了中国与国际社会共同建设美丽世界的意愿。

“2019世园会的举办，恰逢新中国成立70周年。”齐全胜表示，中国侨联文化和宣传工作部门将主动服务大局大事，会同北京市侨联和世园局，全程关注，积极回应侨胞关切，引导海外华侨华人和归侨侨眷踊跃参与2019世园会，向世界生动讲述中国绿色发展的故事。

（中国新闻网2019－03－13/马秀秀）

华侨华人赞《外商投资法》：投资中国风景更好

3月15日，十三届全国人大二次会议表决通过了《中华人民共和国外商投资法》（以下简称《外商投资法》）。这部法律自2020年1月1日起施行。

一部法律可以折射一个时代。政府工作报告指出："中国投资环境一定会越来越好，各国企业在华发展机遇一定会越来越多。"《外商投资法》进一步向世界表明，中国，是一片机遇无限的投资热土。

作为2019年两会的焦点议程，《外商投资法》一直备受瞩目，同时也牵动着海外华侨华人的目光。在接受本报采访时，他们纷纷点赞中国扩大开放的决心，表达投资中国的信心。

扩大开放步履不停

《外商投资法》是2019年全国两会期间审议并通过的唯一一部法律。"这印证了李克强总理在政府工作报告中所阐述的'进一步拓展开放领域、优化开放布局，继续推动商品和要素流动型开放，更加注重规则等制度型开放，以高水平开放带动改革全面深化'"。美国波特兰州立大学教授李斧对此高度评价："这无疑是中国全面深化改革开放新征程中的坚实一步。"

中共十八大以来，中国对外开放的大门越开越大，努力营造国际一流营商环境。这给美国法律政治学者、律师张军留下了深刻印象："审批程序一年比一年简化，政府服务水平不断提高，吸引越来越多的外资企业来华投资。"

"济南简政放权的力度非常大，政府要求秉承'应办尽办'的原则，拿出'说办就办'的效率，实现'一次办成'的目标，达到'办就办好'的效果。"祖籍山东的美国华人企业家联合会会长施乾平同样感触颇深，"政府还特地组织各部门到企业实地调研，为我们排忧解难，真正体现了'真抓实干、马上就办'的服务态度。"

"法与时转则治，治与世宜则有功。"《外商投资法》脱胎于中共十八大以来中国优化营商环境、全面深化改革开放的生动实践。它将替代改革开放初期制定的"外资三法"，为中国高水平对外开放保驾护航。

悉尼上海商会会长、澳中商业峰会执行主席卞军对此深有感触。他说："2013年成立的上海自贸区，在引进外资政策上不断探索，在企业管理上实现从审核制到备案制的转变，这其实就是《外商投资法》的一个试验田。现在政府以法律形式进一步完善这些政策，将大大促进外商对中国投资的自由化、便利化，增强中国市场对外资的吸引力，必将推动中国引进外资水平的提高。"

增加华商投资信心

保护外国投资者和外商投资企业的知识产权、对外商投资实行准入前国民待遇加负面清单管理制度、不得干预外商投资企业的正常生产经营活动……《外商投资法》中一条条清晰的法律条文，增加了海外华商的投资信心。"《外商投资法》让外商看到了更为完善的法律保障。"施乾平说。

中国的法律法规正变得越来越完善、越来越透明，美国纽约中国和平统一促进

会会长马粤也为此点赞："地方政府有法可依、依法办事，这对企业投资来讲是一个重大利好。"

"《外商投资法》坚持对内外资企业一视同仁，积极回应了外国投资者的关切。"张军说，"同时，该法还强化了对知识产权的保护，在美国企业界获得了非常好的反响。"李斧也认为，"这部法律提供了实际可行的优惠便利，对海外华商乃至所有外商都是福音。"

《外商投资法》明确规定了多项促进内外资企业规范统一、促进公平竞争方面的内容，令卞军等海外华商备受鼓舞。"许多华商企业本身的体量并不是很大。《外商投资法》多次提到'同等''公平''平等'等内容，海外华侨华人都很欢迎这部法律的出台。"

"李克强总理在政府工作报告中提到的'深入推进简政减税减费''取消一批行政许可事项''确保减税降费落实到位''支持企业减负'等内容令我印象深刻。"作为海外侨胞代表列席全国政协会议的马粤说，"对外资企业、民营企业等各类企业的发展来说，中国政府对改善营商环境做出的种种努力意义重大。"

中国市场魅力无限

规模巨大的中国市场魅力无限。"多家经济机构和媒体预测，中国有望在2019年成为全球最大的消费市场。对世界各国企业来说，想把生意做大做好，中国市场不能错过。"施乾平认为。

在卞军看来，澳大利亚的企业非常需要中国市场。"澳大利亚有许多高新技术企业，但澳大利亚国内市场有限，必须拓展国际市场，才有更大的发展前途。而中国近年来技术人员素质有了很大提高，也能更好地与澳大利亚企业接轨。"

《外商投资法》等一系列切实扩大开放的举措让华商感觉投资中国风景更好。施乾平说："很多的华商朋友也和我一样，更愿意回到中国投资。国家出台这么多惠及民生、惠及企业的政策，而且每项政策都有切实可行的数据和时间表。我愿意加大在中国的投资，共享新时代中国的发展红利。"

接受采访的华侨华人普遍认为，尽管中国的投资环境越来越好，但一些国家的投资者对中国的法律法规、营商环境等仍缺乏全面、深入的了解，这将影响中外经贸合作的顺利开展。

如何让世界认识并把握"中国机遇"？海外华侨华人在支招。

在李斧看来，商务交流与考察必不可少。"中国驻外使领馆可以举办多种活动，向海外华商、广大外商介绍中国的投资政策和营商环境。各地方侨办、侨联也可以积极组织华商、外商进行实地考察。"

除此之外，在促进中外经贸交流与合作方面，海外华侨华人具有天然的优势，能够发挥连接中外的"侨"梁作用。

卞军所在的悉尼上海商会和澳中商业峰会正致力于此。现在，他正在计划举办一些论坛和宣讲会，在当地介绍和宣传中国的《外商投资法》。同时，他还在筹划组织包括华商企业在内的外商考察团，到中国参加各省区市的外贸投资洽谈会。

（《人民日报海外版》2019－03－18/李嘉宝，周伯洲）

厦门侨联推广“地方侨联＋高校”智库经验

据厦门侨联3月18日消息，由福建省侨联、厦门市侨联指导，厦门市推广“地方侨联+高校”智库经验座谈交流会日前在厦门大学颂恩楼举办。

厦门市侨联党组书记、主席潘少銮，省侨联党组成员、秘书长吴武煌，厦门大学党委常委、组织部部长、统战部部长孙理，统战部副部长龙坚毅，厦大侨联主席、材料学院教授程璇等领导出席。座谈会由闽侨智库厦大研究中心办公室主任、厦大侨联委员郭玉聪主持。

“闽侨智库厦门大学研究中心”由福建省侨联、厦门市侨联、厦门大学侨联联合共同组建，于2018年12月13日在厦门大学颂恩楼成立，是率先在全国侨联系统开展“地方侨联+高校+智库”合作的创新之举。

会上，福建省侨联慰问了为《侨情专报》工作做出突出贡献的专家学者，颁发了在厦门大学的2018年度全省侨联系统信息宣传工作先进集体、个人的证书和闽侨智库增聘专家成员的证书，闽侨智库厦门大学研究中心亦颁发首批专家证书。其中，闽侨智库厦门大学研究中心获得先进集体二等奖，吴崇伯、程璇获得先进个人一等奖。

“厦门市侨联将以闽侨智库厦门大学研究中心为基础和范本，总结提炼‘地方侨联+高校’智库中心经验，在厦门高校中继续推广深化，进一步发挥高校人才的积聚优势，加强侨情信息工作，服务大局，服务地方。”潘少銮说。

吴武煌代表福建省侨联主席陈式海感谢专家学者们付出的大量心血，让仅成立三个月的研究中心取得显著成效。他希望智库成员，包括研究中心的专家、学者们再接再厉，共同推动闽侨智库工作再上层楼。

孙理表示，“闽侨智库厦门大学研究中心”具有效率高、形式新、成果多三个特点，厦大党委和统战部门会一如既往地支持智库中心建设，也希望省、市侨联继续支持和指导智库中心工作，希望省、市侨联能有更多工作与厦大合作；希望智库中心发挥桥梁纽带作用，联系各级侨联，建成汇聚高层次人才的新平台、学校社科成果转化的新桥梁；希望专家老师们积极参与智库中心的工作。

（中国侨网2019－03－18/林珍珍）

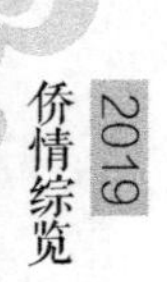

江苏扬州完善为侨服务体系　助推“三个名城”建设

中共扬州市委统战部常务副部长宗金林3月20日表示，2019年扬州将扎实做好侨务基础性工作，进一步完善为侨服务体系，同时，引导侨胞积极参与“一带一路”建设，助推扬州企业走出去。

20日，扬州召开全市统战部长会议，扬州市委常委、组织部部长江桦在会上说，2018年，扬州全市统一战线紧紧围绕推进“六个高质量发展”，建设美丽宜居的公园城市、国际文化旅游名城、新兴科创名城“三个名城”开展建诤言献良策活动，为建设“强富美高”新扬州进一步凝聚力量、增进共识。正如中共扬州市委书记谢正义在3月18日召开的市委统一战线工作领导小组全体会议上所言：“2018年，扬州全市统一战线做了大量卓有成效的工作，特别一些重点工作亮点纷呈、可圈可点。”

2019年是新中国成立70周年，是决胜高水平全面建成小康社会的关键之年，也是新组建的统战部履行职责的开局之年。宗金林说，要在推动扬州“三个名城”建设中实现新作为、展现新担当。尤其在凝聚侨心侨力方面，宗金林表示，2019年要扎实做好侨务基础性工作。加强与涉侨部门的沟通协调，建立健全工作联系制度。全面推行依法行政，加强侨法宣传。按照“放管服”改革的要求，做好“不见面审批”的各项工作。继续推进侨务进“三区”工作，不断完善为侨公共服务体系。同时，扬州还将创新开展华裔青少年文化体验活动，配合开展“中华文化大乐园”“华文创想曲华裔青少年作文大赛”“海外华文教育家培养工程”“海外华裔青少年大运河文化之旅”等活动。

（中国新闻网2019－03－20/崔佳明）

地方侨联护侨出实招　推动华侨华人为中国发展献智出力

近期，为推进涉侨领域矛盾纠纷多元化解工作，海南侨乡文昌打造了一个全新的工作平台，更好地为当地归侨的工作生活提供便利。近年来，地方侨联纷纷出台护侨惠侨举措，推动广大华侨华人为中国发展献智出力。

护侨助侨　成绩显著

“如果没有连云港市侨联，我们要多损失1300万元。”提起这起已经了结的商业积案，江苏连云港籍华商徐玉海十分感激。十多年前，徐玉海的在华企业因项目入股问题陷入了财务纠纷，涉案双方僵持不下，案件悬而未决。

2015年，实现连云港市法院与侨联联动的诉调对接机制建立，连云港侨联旋即接受法院委托，先后组织数十次调解，成功促成纠纷双方达成协议。一起困扰侨资企业十年的积案就此化解。

“近几年我们接待侨界群众来信来访360余件，帮助40多位侨眷和数家侨资企业协调化解矛盾纠纷。”回望近年来的侨务工作，连云港市侨联主席商筱东底气十足。“广大归侨侨眷和侨资企业对我们的认可绝对是发自内心的！”

“截至2018年9月底，我们引导华侨社团或个人向青田之家公益基金会捐赠10万元，筹捐医疗救助款项28万元人民币，筹措助学款项121万元。”浙江青田县侨联主席叶毅清如数家珍。“我们已经开始为困难归侨侨眷免费提供意外伤害保险，将有1万多侨民受益。”

近年来，地方侨联下大气力保障华侨华人权益。山东济南“侨梦苑”实施“人才安居工程”，对引进海外人才给予最高100万元的购房补贴；浙江杭州各级侨联组织建立侨之家等活动阵地，切实为侨服务；隆冬时节，重庆市各级侨联向全市数百名老归侨、困难归侨侨眷送去慰问金和生活物资……

一路走来，全国各级侨联交出了一份令人惊艳的成绩单。据统计，从2013年到2018年，全国侨联系统累计办理来信2万多件，接待侨界群众来访5.8万人次，答复侨界群众电话咨询7.4万件次；各级侨联法顾委协调处理涉侨案件4500多件，出具法律意见函1800多件次，召开案例研讨会400多次。凝侨心，聚侨力，护侨益，各级侨联正在变成华侨华人名副其实的“娘家人”。

健全机制　多管齐下

地方侨务工作取得巨大成就，离不开日益健全的护侨惠侨机制。

“青田最大的县情就是侨。”叶毅清介绍，“目前青田回国投资的华侨华人有10万多人，必须因地制宜出台护侨举措。”

青田县侨联经过探索，在青田县委县政府的支持下推出了“三横三纵三服务”的护侨工作平台：由县法院、县侨联、司法局三家单位牵头成立涉侨诉前司法调解中心，开展乡镇侨联、海外侨团、县侨联三级涉侨司法调解工作，做到合法权益坚决维护，合理要求基本满足，合情意愿适当照顾。在健全有效的机制下，2018年青田信访事件办结率达98%，当地华侨华人权益得到有力维护。

“侨联给我们提供的便利太多了！”青田籍华商，意大利威尼斯地区华侨总会名誉会长周勇由衷赞叹，“近几年青田侨联推出的护侨惠侨举措是全方位的，包括摸排华商投资创业的难点，宣传推介国内创业投资环境，就归侨落户事宜与政府展开沟通，聘请海外华侨联络员维护境外青田籍华侨权益等。在这里，我们投资安心，生活放心。”

“我们已经创立了‘连心桥’多元融合化解涉侨矛盾纠纷工作新机制。”商筱东介绍道。近年来，连云港市侨联逐步建立涉侨案件诉调对接工作机制，健全维权服务组织，开展多项维权活动，提高参政议政水平，加大重大事项协调力度。

据统计，近年来连云港全市两级侨联共帮助侨资企业和侨眷避免经济损失1.22亿元。“10多位侨商企家业和归侨侨眷送来锦旗，远在瑞典的华侨谢女士还专门给省市侨联写来感谢信。”商筱东表示，“我们的目的就是让侨界群众切身体会到‘娘家’的亲情和温暖。侨界群众安全、满意，才能证明我们的工作细致、到位。”

弥补短板　注重实效

“地方侨务工作成绩突出，但放眼全国，华侨华人权益保护还有很多不足。”商筱东表示，当下推动地方侨务工作向前迈进，仍然要弥补短板，要注重实效。

“首先，制订专门的归侨侨眷权益保护办法的地区还不够多，已出台的办法，有的实质性内容不够多、可操作性还不强。”商筱东认为，地方侨联应着重将归侨侨眷权益保护制度化，做到有规可依，令行禁止。

商筱东同时指出，地方侨联多方联动的调查机制尚未建立，长期存在基础侨情调查难、统计难的情况，且侨务资源共享共用程度不高。“地方侨联一方面要由政府牵头，尽快开展全面的侨情调查，另一方面要建设统一的侨情综合信息管理系统并共享共用。”商筱东还表示，“如果能从国家层面加强顶层设计，将侨情调查列为人口普查内容，再辅以动态信息收集，或能从根本上解决问题。”

叶毅清表示，地方侨联是服务型组织，开展华侨华人权益保护，离不开上级侨联和地方党委政府的支持。地方侨联应加强与上级单位的合作，在借力的同时形成护侨惠侨的合力。

“地方侨联也不应把目光局限在国内，也要在海外维权上下功夫。”徐玉海认为，各地侨联应加强聘请海外法律顾问工作，不断扩大覆盖面，为维护华侨华人海外合法权益提供帮助和服务。

“华侨不仅能够为中国带来国外的资金和经验，更是中国走向世界不可或缺的桥梁和纽带。”周勇深有感悟，“保障华侨华人权益，从而推动华侨华人为中国发展贡献力量，各级侨联重任在肩。”

“今年的政府工作报告中指出，要画好海内外中华儿女的最大同心圆，这是对所有侨务工作者的鞭策和鼓励。我们今后将会进一步加强和改善服务，发掘侨界蕴藏的能量，为中华民族伟大复兴做出更大贡献！”叶毅清说。

（《人民日报海外版》2019－03－22/孙少锋，魏弘毅）

四川省第八次归侨侨眷代表大会在蓉开幕

四川省第八次归侨侨眷代表大会3月26日在四川成都开幕，大会会期4天。中国侨联主席万立骏和四川省委书记彭清华出席开幕会并讲话，近400名归侨侨眷代表和部分海外侨胞特邀嘉宾参会。

彭清华表示，四川省各级侨联组织要认真做好团结、引导、服务归侨侨眷和海外侨胞各项工作，画好侨界团结最大同心圆。各级党委要切实加强和改进党对侨联工作的领导，认真落实党的侨务政策，依法维护归侨侨眷合法权益和海外侨胞的正当权益，为他们创造更多发展机遇与合作机会。

会议现场

万立骏表示，希望四川省各级侨联旗帜鲜明讲政治，团结引领广大侨界群众听党话、跟党走；服务大局谋发展，为推动治蜀兴川再上新台阶贡献力量；为侨服务聚合力，增强广大侨界群众的获得感、幸福感；深化改革再出发，开创侨联工作新局面，更加广泛地团结凝聚海外侨胞和归侨侨眷勇做追梦人、奋进新时代。

“长期以来，四川省侨联在连接海内外华侨华人方面做了非常多的工作，作为海外华侨华人，我们也希望为祖（籍）国贡献更多力量。”专程前来参会的新加坡天府会会长杜志强表示，未来新加坡天府会将加强与侨联组织的联系，在推动中国文化“走出去”等方面发挥作用。

四川省侨联秘书长杨凡表示，近年来，四川对侨联工作愈发重视，四川省侨联也在不断充实新生力量。未来四川省侨联将继续发挥“民间使者”的作用，坚持创新精神，汇集海内外侨界资源，为四川经济、文化“走出去”做出切实贡献。

（中国新闻网2019－03－26/岳依桐）

云南省侨联不断扩大朋友圈　服务“一带一路”建设

经过拓展，云南省侨联的朋友圈不断扩大，海外荣誉职务已由191人增加到223人，国家（地区）由83个增加到92个；与此同时，云南省侨联通过民间外交渠道积极服务“一带一路”建设，在缅甸、马来西亚等国，实施了“侨心书屋”“昆明书屋”等一系列项目。

这是记者3月27日从云南省侨联十届四次全委会议上获悉的消息。在当日的会议上，云南省侨联副主席高峰作工作报告，全面回顾2018年工作，安排部署2019年工作。

高峰称，2018年，云南省侨联紧紧围绕云南经济社会发展的主线，以推动侨联工作创新发展为契机，以有效履行六项职能为着眼点，以加强侨联组织自身建设为

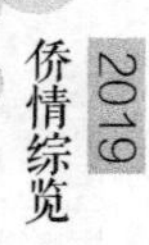

落脚点，充分调动广大归侨侨眷和海外侨胞的积极性和创造性，为推动云南经济社会又好又快发展贡献了力量。

这一年，云南省侨联积极开展第16届东盟华商会、云南企业“走出去”和侨商侨企“走进来”项目考察活动、海外青年侨乡行、“亲情中华”夏令营、青年创业座谈交流会等一系列交流活动，成立了新侨海归创新创业联盟及新侨海归协会、国际青年交流服务中心等机构，并加强了同泛亚铁路沿线国家和云南周边国家的联系与合作，有效团结和凝聚了侨界力量，助力云南经济社会发展。

云南省侨联还不断拓展民间外交渠道，服务“一带一路”建设。2018年，云南省侨联先后组团出访了美国、印度等国家和地区，拜访了30多个侨团侨社，开展了巍山籍海外回族侨胞侨情调研，拓展了海外资源；在缅甸实施了“侨心书屋”海外援助项目，为缅甸10所寺庙学校各捐建了1个中文图书室；昆明市侨联也在马来西亚、印度尼西亚、老挝捐建了3所“昆明书屋”。

高峰表示，2019年，云南省侨联还将突出引资引智和联络联谊作用，全力办好“侨连五洲·七彩云南”活动；深化“亲情中华”“海外杰青故乡行”“侨心书屋”等品牌工作，持续提升海外工作的凝聚力影响力；加强云南省侨联青年委员会、新侨海归创新创业联盟、新侨海归协会三个平台建设，进一步做宽做广新侨工作；并抓好中国侨联与云南省政府签署的战略合作协议的落实工作，形成服务经济社会发展的合力。

其中，备受关注的“侨连五洲·七彩云南”：第17届东盟华商会暨第1届“一带一路”侨社论坛活动，将于6月在昆明举行。届时，将重点邀请“一带一路”沿线国家海外侨胞约600人，开展论坛、招商、联谊、考察等活动。

（中国新闻网2019－03－27/胡远航）

福建职业教育的“侨中现象”

职业教育，是我国教育事业的重要组成部分。2019年的政府工作报告中提到，要加快发展现代职业教育，把职业教育提升到更加突出的位置。在社会经济转型的当下，如何发展职业教育，成为各职业学校奋力突破的关键。

“立足区域，推进校企共建共教，让学生学有所成、学有所用。”龙岩华侨职业中专学校副校长（主持工作）吴彤说。这所1954年由爱国华侨捐资创办的学校，通过文化育人、强化办学基础和人才培养能力等一系列举措，不断改革探索，逐渐形成了职业教育发展的“侨中现象”。

文化养成　增强德育纵深度

3月初，龙岩新罗区西安社区的陈金仁老伯家迎来了一群年轻的学生，他们一到家里，就跟陈老伯拉起家常，帮忙打扫卫生、整理房间。对于陈老伯而言，他们中的很多人都是熟客。

这群学生是龙岩华侨职业中专学校（以下简称“龙岩侨中”）17幼教4班、18计算机1班的学生。带队老师告诉陈老伯，这两个班是正在进行交接的“雷锋班”，新一届“雷锋班”为18计算机1班，他们将继续扛起照顾陈老伯的责任。

“雷锋班”是龙岩侨中的一大特色，前身是学校1993年成立的“继锋”“承锋”两个学雷锋小组以及2001年11月成立的“先锋”学雷锋小组。26年来，“雷锋班”风雨不辍，一届又一届的学生先后照顾包括陈金仁在内的六位孤寡老人和残疾人。

这是侨中“文化育人”的一个缩影。吴彤介绍，学校立足丰富的红色、华侨和企业文化，打造“三位一体”的特色校园文化，让德育往纵深发展。红色文化熏陶上，学校充分利用龙岩原中央苏区核心区和革命老区的资源优势，组织学生参观古田会议会址、后田暴动纪念馆等，从中汲取不忘初心、继续前进的力量。此外，依托对外优势，每年邀请成功创业的华侨华人举办讲座，同时开展侨史、侨情知识竞赛，组织学生参观华侨企业，并编印华侨创业史校本教材，将华侨文化融入课堂。

为了让学生更好适应走出校园后的职场生活，龙岩侨中实行“7S”精细化管理模式，把优秀企业文化引入校园，培养学生团队协作、客户至上、质量效益、守时诚信等方面的理念，加快学校人向职业人的转变。

“奋勇争先、甘于奉献，是红土精神；敢闯敢拼，是华侨精神。我们再把团队协作、爱岗敬业等企业所需品质加入，全面塑造学生的良好品格和工匠精神，让他们在学校不仅学习到技能，还学到做人的根本。”吴彤说。

产教融合　增加校企契合度

走进龙岩侨中新校区的大门，教学楼和实训楼分别矗立两侧。教学楼内，学生们正在听老师讲课，不时低头做笔记，与此同时，对面实训楼里的学生正在动手操作。

“职业教育，要让学生在学中做、在做中学。”龙岩侨中教务处主任刘北龙说。为了让学生在理论学习外有更好的实践指导，龙岩侨中加大校企合作力度，聘请了39名来自各企业的“能工巧匠”任实训指导老师。这些行业导师和校内老师一道，共同编制符合企业需求的人才培养方案、课程标准、专业教材，提高了学校培养与企业用人的契合度。同时，以赛促训、以赛促练、以赛促学，督促学生积极参加各类职业技能竞赛。2015年到2017年，学校职业技能竞赛总分连续三年获福建省第一名，2018年获福建省第二名。

好成绩的背后，离不开实训基地的建设。在学校的数控、数铣车间内，一台台机器整齐排放，学生们在老师的指导下，一一上机实践。“现在学校有9个校内实训

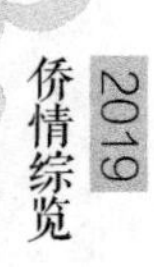

基地，覆盖了所有专业，可模拟真实的生产环境，还有92个校外实训基地，满足学生实习需要。”吴彤介绍。

对于职业教育而言，密切与企业、行业联系，探索校企共建是重要的环节。在深化产教融合上，龙岩侨中有自己的经验。“我们开展校企联合招生、联合培养的现代学徒制，让学生一毕业就能上岗，企业也能更有针对性地培育所需人才，大大提高学校与企业、行业间的契合度。”刘北龙说。

在龙岩侨中外，有一家龙岩闽盛丰田4S店，从2014年起，每年有2个班的龙岩侨中学生在这里学习实训，毕业后到各个分店工作。如今，包括与龙岩闽盛丰田共建汽车运用与维修专业“现代学徒制班”在内，龙岩侨中与厦门钜格信息科技有限公司、厦门佰翔酒店集团、福建省普华永道教育投资有限公司共同开办6个“现代学徒制班”。刘北龙表示，通过现代学徒制，实现校企双主体育人，告别单向的学校输送人才制度，让企业和学生之间更精准地对接。

及时调整　提升定位精准度

目前，龙岩侨中开设有机械电气、汽车、财经与旅游、艺术设计与信息工程、学前教育5个系17个专业方向，97个教学班，其中国家重点建设示范专业3个。

但这些专业方向并非一成不变。“现在产业转型升级很快，市场变化也很快，学校坚持市场化办学方向，强化就业市场对人才供给的有效调节。”吴彤说。为了更好地掌握产业前沿动态，龙岩侨中密切和企业联系，及时了解新产业新信息，并据此调整专业设置，以搭上升级快车。“在家居领域，智能家居是一个发展势头比较快的行业，我们和国内知名家电企业合作，计划开设相关专业，力争为行业输送紧缺人才。”刘北龙举例说。此外，在课程内容上，也根据实际情况，建立随产业发展、技术进步而更新的动态调整机制。

除了紧跟产业发展变化，填补紧缺人才空白，龙岩侨中还精准办学定位，培养人才服务地方经济。“我们根植龙岩辐射全省，为本地支柱产业如机械制造、文旅康养等输送专业技术人才，精准对接龙岩产业集群发展需要。”吴彤表示。

近4000名在校学生、毕业生一次性就业率达95%以上、首批国家级重点中专、第一批国家中等职业教育改革与发展示范学校、全国职业教育先进单位……龙岩侨中用先进、务实的办学理念给社会提供了现代职业教育的“侨中经验”。

（《福建日报》2019－03－27/张杰，黄筱菁）

福建省侨联·中新社福建分社共同推进全媒体融合发展

3月28日，由福建省侨联主办的2019年侨联信息宣传工作培训班暨福侨世界总网宁德站开通仪式在宁德市举行。

“三全”推动信息化建设

为打造全媒体融合发展新平台，福建省侨联创建整体化设计、一体化建设、系统化运作的“福侨世界总网”，并以“福侨世界总网”网站群、微信矩阵、智慧侨联数据库、《八闽侨声》杂志、《侨联简报》为龙头，探索建设市县两级侨联全媒体中心。

福建省侨联副主席林俊德表示，全省侨联信息传播工作要探索建设资源集约、结构合理、差异发展、协同高效的侨联系统传播体系，更广泛地团结和凝聚全省归侨侨眷和闽籍海外侨胞，更全面地展示侨界同圆共享中国梦的精神风采，更高层次地增强侨界舆论引导和对外宣传。

坚持全媒体融合。提高对做大做强侨联主流舆论的重要性认识，推动侨联传统媒体和新兴媒体的融合发展；提升侨联对外宣传的传播力、引导力、影响力和公信力，推动侨界思想政治引领往实里走、往深里走、往心里走。

坚持全领域整合。统筹运用网站、微信（公众号）、侨联简报、侨情专报、报纸杂志等载体，传播新福建和中国梦的实践成就；尝试建设“网上侨联”，加快“福侨世界总网”的系统建设、功能开发，更好地服务侨界群众诉求，服务侨联事业发展。

坚持全系统联合。重点打造“福侨世界总网”“闽侨智库”的品牌，带动更多的市县两级侨联设立站点或全媒体中心，不断扩大侨界主流价值的影响力和竞争力。

打造“全媒体＋侨”外宣体系

“福侨世界总网”项目依托福建电子政务云平台，主要功能包括福侨世界网站群，福侨世界微信矩阵，可容纳“省市县乡村五级侨联和海外各侨团”的智慧侨联数据库，进行服务管理、渠道管理、信息发布、决策分析、智能查询报表的综合管理系统。

截至目前，“网站群”新建省级子网站3个，入驻市县级的5个；“微信矩阵”新建省级公众号1个，入驻市县级的3个、海外侨团50多个；“智慧侨联数据库”创建了基层组织、招商引资、招才引智、社会公益、维护侨益等子系统，录入华侨华人、归侨侨眷等7万多人的信息。

当天开通的福侨世界总网宁德站，即是“宁德市侨联全媒体中心”的主要平台之一，作为全省侨联系统试点开展。

“宁德市侨联全媒体中心”由宁德市侨联与中新社福建分社网络中心共建，旨在创新宣传方式，通过中新社对外报道优势，促进海内外互联互通，打造“全媒体+侨”的大侨务宣传格局，推动传统媒介与新兴媒体融合发展。

该中心将坚持“融合”“贯通”“共享”“服务”原则，实现媒体内部的资源有效整合，做到一次采集、多次生成、多元发布、多渠道融合、多平台互动，形成视频、图文、数据交叉叠加，实现报纸、网络、手机“三位一体”的媒体发布格局。

宁德市委常委、统战部部长林鸿表示，希望宁德市侨联借助福侨世界总网宁德站（全媒体中心）开通的契机，讲好宁德故事，传播闽东声音，实现网上网下共画同心圆，使互联网这个最大的变量成为侨联事业发展的最大增量，在弘扬“闽东之光”上做出新的贡献。

深化“侨联＋高校＋智库”的信息服务

当天上午，福建省侨联还为2018年度全省侨联系统信息宣传工作先进集体和先进个人颁发证书，并增聘第三批闽侨智库成员。截至目前，闽侨智库成员达到215名，来自28个国家和地区。

在过去一年，福建省侨联授牌闽侨智库福州、厦门、泉州3个市级委员会，与厦门市侨联、厦门大学侨联共同组建厦门大学研究中心；与厦门大学联合赴上海、浙江开展工作调研，与华侨大学联合举办培训班、海外华人发展研修班，探索了“地方侨联+高校侨联+智库”的合作共建、资源共享模式。

闽侨智库平台于2017年搭建，旨在组织侨界专家学者、海外侨团负责人、热心侨联人士、侨联干部等，通过《侨情专报》，提升建言献策水平，向党中央、国务院和省委、省政府提供决策参考。

此次侨联信息宣传工作培训班，由福建省侨联主办，闽侨智库、宁德市侨联、宁德市侨商会承办，福侨世界总网、中新社福建分社网络中心提供媒体支持。来自德国、西班牙等国家的海外侨胞代表，以及闽籍侨界专家学者、侨商、侨青、新侨、留学人员、侨联工作者，共130多人共同参加了活动。

（中国新闻网2019－03－28/吕巧琴，叶茂）

华商领袖和华人智库相聚博鳌　献策人类命运共同体建设

华商领袖与华人智库圆桌会议3月29日在海南博鳌举办。29位华商领袖与华人智库专家齐聚，探讨华侨华人对于共建人类命运共同体的独特作用和广阔前景。

会议以“共建人类命运共同体：华侨华人的参与和机遇”为主题，设置“华侨华人与开放创新的中国”“发挥华侨华人优势，推动优秀中华文化‘走出去’”“新一轮科技革命与跨国人才流动”“海南自贸区建设：华商参与中国发展的新机遇”四项议题。

中共中央统战部副部长、国务院侨务办公室主任许又声出席会议并发言。他指出，广大华侨华人身处构建人类命运共同体的大潮前沿，兼有融通中外的独特优势。

他呼吁侨胞在三方面积极行动起来：一是更加主动地宣介人类命运共同体理念，不断巩固扩大人类命运共同体的民意基础；二是更加深入地参与“一带一路”建设，促进相关国家加强政治互信、经济互融、人文互通；三是更加自觉地传承和践行中华文化，在推动构建人类命运共同体过程中，成为增进各国人民友谊的桥梁、推动人类社会进步的动力、维护世界和平的纽带。

泰国正大集团资深董事长谢国民表示，“共商共建共享”是构建人类命运共同体的最好的途径和方略，以“一带一路”倡议带动共同体建设，前途是光明的，是惠及沿线国家人民和国际社会的。

侨鑫集团有限公司董事长周泽荣认为，经济全球化势不可挡，任何国家在谋求本国发展的同时，应注重促进各国共同发展。华侨华人比较了解双边国家的经济情况，可充分发挥桥梁作用，推动双边贸易合作。

北京大学教授王逸舟称，华侨华人与开放创新的中国之间，具有无限的合作空间。他建议华商关注中国开放新领域释放出的新线索、新机遇，研究参与其中的可能性，“这对于双方均潜力巨大，受益无穷”。

全球化智库（CCG）理事长王辉耀表示，随着全球科技发展和经济结构转型升级，国家间的竞争日益变为人才储备的角力，中国亟须建立吸引全球科技人才的制度体系和环境。这其中，吸引海外华侨华人人才的政策值得被优化。

与会嘉宾认为，华侨华人是推动开放创新、文化互鉴、人才流动、自贸区建设等多个领域的重要力量，是构建人类命运共同体的重要资源。

（中国新闻网2019－03－29/周欣媛）

300余琼籍侨胞聚首文昌南洋文化节

2019年第八届海南文昌南洋文化节4月1日在文昌开幕，来自10多个国家和地区的文昌籍海外华侨华人、港澳台同胞、国内知名企业代表等300余人齐聚一堂，话桑梓、叙乡情、谋发展。

此次活动以“新机遇·新征程·新发展”为主题。活动包括开幕式、“心系乡梓情·追梦新时代”主题交流会、招商经贸推介会、文昌海内外青年创业沙龙、“识乡音·叙乡情”香港新生代联谊活动、世界海南乡团联谊会理事会会议、专题文艺演出、参观考察活动、文昌侨乡嘉年华等内容。

文昌是中国知名侨乡。文昌市委书记钟鸣明说，截至目前，该市登记注册的华侨投资市场主体有128户，注册资本约29亿元（人民币，下同），累计投资超过90亿元，缴纳税费约3.3亿元。

钟鸣明期待，广大乡亲把拳拳之心、殷殷乡情转化为实际行动，发挥眼界宽广、人脉丰富的优势，以地缘、亲缘、业缘为纽带，宣传和推介家乡，吸引和带动更多企业关注文昌、投资文昌。

文昌籍华人代表、美国南加州海南会馆会长史振顺在开幕式上说，当前海南加快推进自贸区（港）建设，文昌全面启动海南文昌国际航天城建设，发展后劲十足，文昌籍华侨华人对家乡的发展充满信心和期待，他们将发挥独特优势，为家乡发展贡献应有力量。

泰国海南会馆永远名誉理事长齐必光祖籍文昌铺前镇，在他看来，海南基础设施建设日渐完善，交通越来越便利。他特意体验了新开通的连接文昌铺前镇和海口的海文大桥，倍感欣喜。

海南省委统战部副部长、省侨务办公室主任陈健娇表示，旅居海外的海南乡亲，素有闯海创业的改革精神。海南建设自贸区（港），正需要这种勇于创新、大胆探索、敢为人先的闯海精神，希望大家把前辈的精神带回来，一代一代传承下去。

2019年第八届海南文昌南洋文化节由中共文昌市委、文昌市人民政府主办。

（中国新闻网2019—04—01/张茜翼）

“五洲筑梦”海外华侨华人联谊大会在广西东兴举办

4月3日，“五洲筑梦”海外华侨华人联谊大会在广西防城港市下辖的东兴市举办，400多名侨居在30多个国家和地区的华侨华人及港澳台同胞共聚一堂叙情谊。

本次联谊大会的主题是“边境侨乡连通世界，五洲侨胞同心筑梦”。广西政协副主席、工商联主席磨长英，中国侨联副主席齐全胜以及世界华人协会会长程万琦，泰国广西总会永远名誉主席李铭如等众多侨领及侨界人士出席大会。

齐全胜在会上表示，本次联谊大会是立足侨情，提升城市影响力的大举措；是传承创新，打造提升地方海外联谊工作品牌的大举措；是推动发展，汇聚海内外侨界资源、智慧、力量建设边海城市的大举措；是凝聚亲情，与清明传统节日结合，弘扬中华感恩追思文化的大举措；是多方协同，党委政府支持，侨联切实为侨服务、为大局服务的大举措。

联谊大会举办地东兴地处中国大陆海岸线最西南端，与越南海陆相连，是广西著名的侨乡，户籍人口约15万人，有归侨和侨眷7.2万人，海外华侨12.8万人，定居在30多个国家和地区。

防城港市委书记李延强在会上介绍，东兴是华侨华人活跃的地方，有160多家侨资企业，当地有一半的边贸生意均由归侨侨眷完成，此外还有2000多名归侨侨眷在当地做翻译，服务地方经济发展。

李延强表示，防城港的发展需要海外侨胞与社会各界一道积极参与。此次联谊大会是加强防城港与海外侨胞沟通交流合作的重要载体和平台，对于防城港更好地维护侨益、凝聚侨心、发挥侨力、建设侨乡，进一步扩大影响力和提升知名度，具有重要意义。

世界华人协会会长程万琦的祖籍正是东兴，他出生在越南，见证了新中国的发展。他说，中国的强盛让海外游子备受鼓舞。华侨华人虽身在海外，但根在华夏，情系中国，要一如既往全力支持祖（籍）国发展和家乡建设。

广西政协副主席、工商联主席磨长英说，作为中国传统第三大侨乡，广西高度重视侨界工作，真心实意为侨胞解决实际困难，切实为广大侨胞保驾护航。希望海外侨胞一如既往地亲近祖国、热爱家乡，积极融入住在国主流社会，与住在国人民和睦相处，诚信守法经营，承担社会责任，为当地经济社会发展贡献智慧和力量，赢得住在国人民的充分尊重，担当中国与住在国关系的光明使者，架起友谊和合作的桥梁。

磨长英表示，当前广西正加快构建“南向北联，东融西合”全方位开放新格局，着力推动西部陆海新通道建设，打造中国面向东盟开放开发的经济合作新高地，广西投资机遇不断涌现，发展前景非常广阔。希望海外侨胞发挥各方面的优势，更广泛、更深入地参与广西经济建设，在助推广西经济提质增效升级的同时，实现自身事业的更大发展。

（中国新闻网2019－04－03/翟李强，谭海东）

己亥年清明公祭轩辕黄帝典礼在陕西黄陵举行

己亥（2019）年清明公祭轩辕黄帝典礼4月5日在陕西黄陵县举行。万余名海内外华夏儿女齐聚桥山黄帝陵，共同祭奠中华民族的人文初祖轩辕黄帝。

位于陕西黄陵县的黄帝陵，是中华民族人文初祖轩辕黄帝的陵寝所在地，被誉为“中华第一陵”，为中国历代帝王和著名人士祭祀黄帝的场所。清明时节，在黄帝陵公祭人文初祖轩辕黄帝是中华民族传承千载、追本溯源、历久弥新的传统盛事，是海内外华夏儿女尊崇民族历史，坚定文化自信，传承文化基因，展示文化魅力，增强民族归属感、认同感的盛典。

己亥年的公祭活动以溯源、寻根、凝心、铸魂为主旨，通过阐释、挖掘中华优秀传统文化，坚定文化自信，强化文化担当，赓续中华文明之“脉”，筑牢文化自信之“基”，构筑中华民族共同精神家园。

公祭典礼9时50分正式开始，寓意轩辕黄帝九五至尊，表达中华儿女对人文初祖轩辕黄帝的崇敬和感恩。现场参与者集体肃立，击鼓鸣钟。112名少年儿童共同演唱《黄帝颂》：“赫赫始祖，吾华肇造。胄衍祀绵，岳峨河浩。聪明睿智，光披遐荒。建此伟业，雄立东方。”

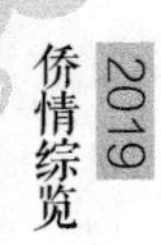

在肃穆的乐曲声中，全国人大常委会副委员长郝明金，全国政协副主席苏辉，台湾中华文化永续发展基金会董事长刘兆玄，中共陕西省委书记、省人大常委会主任胡和平，海峡两岸关系协会会长张志军，中共中央统战部副部长、国务院侨务办公室主任许又声，中华全国归国华侨联合会主席万立骏，新党主席郁慕明等先后敬献花篮。

内地省区市代表、港澳同胞代表、海外侨胞代表、台湾青少年代表等也分别敬献花篮，向人文初祖轩辕黄帝致敬。

陕西省省长刘国中恭读祭文："赫赫吾祖，肇启八荒。绥服九牧，铸鼎安邦。创历定法，勋名焕彰。仁心弘恕，德耀天罡……"随后，在场参祭人员向轩辕黄帝像行三鞠躬礼。

据了解，典礼有击鼓鸣钟、唱黄帝颂、敬献花篮、恭读祭文、乐舞告祭、龙飞华夏等环节。乐舞告祭突出了中华传统祭祀乐舞"庄穆、恢宏、壮丽、典雅"的风范，同时还融入了现代礼仪文明的新特点，突出"以文化人、引领风尚"，表达慎终追远、不忘祖德的国风民心。

最后，一条"中华龙"在鼓乐声中缓缓升空，演绎"龙驭在天"，寄托着炎黄子孙对人文初祖无限崇敬与感恩之心。

己亥（2019）年清明公祭轩辕黄帝典礼，由陕西省人民政府、国务院台湾事务办公室、国务院侨务办公室、中华全国归国华侨联合会联合主办。

据悉，今年除举行公祭轩辕黄帝典礼外，还举行了"缅怀初祖·四海同钦——寻根祭祖游延安""清明公祭轩辕黄帝（第十二届）海峡两岸名家书画展""国风·秦韵——华夏同根主题音乐会"等系列活动，围绕"中华根脉　文化陕西"主题，阐述黄帝文化的深厚内涵，增强海内外中华儿女对黄帝陵崇高地位的认同。

今年的清明公祭轩辕黄帝活动中，新增了"海外华文媒体寻根祭祖陕西行""新中国成立70周年黄帝陵保护发展图片展""陕北民俗文化艺术展演"和"中华始祖堂揭牌仪式"等多项内容，进一步扩大了清明公祭轩辕黄帝活动的影响力。

（中国新闻网2019－04－05/阿琳娜，田进）

海外华侨华人高端人才助力创新发展峰会在河南举行

凝聚侨心侨智侨力，助力中原更加出彩。4月7日，2019"创业中华·出彩中原"海外华侨华人高端人才助力创新发展峰会在郑州举行。中国侨联党组书记、主席万立骏，河南省委副书记、政法委书记喻红秋出席并致辞。

万立骏在致辞时说，创新之道，唯在得人。近年来，中国侨联紧紧围绕党和国家工作大局，引导侨资侨智积极投身创新型国家建设。随着改革开放进一步深入，广大侨胞迎来发挥优势、展现作为的更好机会、更大舞台。希望侨界人才珍惜难得机遇，将爱国之情、报国之志、创新活力和创业热情融入中华民族伟大复兴中国梦的伟大事业之中，创造更多无愧于新时代的新业绩；发挥视野开阔、融通中外的优势，客观、真实介绍中国的发展理念、发展成就，让世界更好地了解中国。中国侨联将一如既往支持河南发展，为中原更加出彩作出侨界贡献。

喻红秋代表河南省委、省政府向嘉宾的到来表示欢迎。她说，当前，全省上下正在深入学习贯彻习近平总书记参加十三届全国人大二次会议河南代表团审议时的重要讲话精神，奋力谱写河南工作更加绚丽新篇章。

创造河南美好明天需要广大海内外侨胞大力支持。希望各位嘉宾进一步了解河南、关注河南、支持河南、创业河南。河南将为各类人才提供优质服务、创造良好环境，与各界朋友共享发展机遇、同创美好未来。

峰会上，中国留学人才发展基金会理事长曹卫洲，中国工程院院士、河南省政协副主席刘炯天等做主旨演讲。中国侨商联合会、河南省归国华侨联合会、郑州市政府签订战略合作框架协议，中国留学人才发展基金会分别与郑州市政府、郑州大学签订战略合作框架协议。

峰会前，喻红秋、刘炯天等会见了万立骏一行。

（《河南日报》2019－04－08/冯芸）

广西南宁跨境电商政策显磁力　吸引侨商投资

“广西南宁跨境电子商务综合试验区有独特的区位优势，又有相应的产业配套，我们计划在此开设韩国馆，把韩国特色服装和化妆品销往中国乃至东盟市场。”韩国广西总商会会长金英淑4月9日接受记者采访时说。

金英淑表示，韩国企业非常看好跨境电商的发展前景，这跟广西南宁跨境电子商务综合试验区的发展方向具有一致性，前来考察的侨商对园区开出的优惠条件非常感兴趣，希望以此次考察交流为契机，到南宁投资兴业。

4月8日至9日，“三月三海外侨领南宁行”活动举行，参访中，“共享跨境电商发展机遇”成为关注的焦点。

据南宁市侨联主席杨隽介绍，当前，南宁市正紧抓创建“中国首批国家电子商务示范城市”，2018年，南宁重点企业电子商务交易额达2900亿元人民币，同比增长16%；南宁市还获批国家跨境电子商务综合试验区，构建立足东盟、面向全球的跨境电子商务总部基地。

“南宁跨境电商经营主体正持续增多、交易规模不断扩大、产业链持续完善、多元化经营逐步形成、地区集聚日趋显现。侨商可发挥海外联系广泛的优势，借助这股‘东风’，实现事业更上一层楼。”杨隽说。

参加考察的菲中文化教育促进会会长、菲律宾友好国际旅游服务公司董事长王

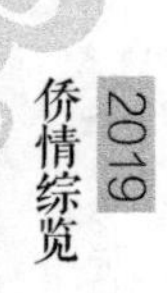

书侯对此表示认同，他说，当前，菲律宾正大力发展数字经济，网络基础设施不断完善，随着阿里巴巴等中国电商巨头的进驻，开展电商业务已成为热点。菲律宾华商企业非常希望借助“南宁渠道”，进军中国市场。

泰国广西总会主席李铭如表示看好电商发展潜力，2018年，协会会员企业泰国钰国际有限公司已到南宁创办“泰国皇家城”项目，从海外仓直接将泰国原产地商品卖到中国终端消费者手中，销售额正快速增长。“回国后，我们将积极推介南宁跨境电商发展政策，动员更多企业前来投资。”

南宁市商务局提供的资料显示，2019年，南宁将完善跨境电子商务信息共享、金融服务、智能物流、信用管理、统计监测、风险防控六大支持体系，逐步形成集跨境电商、保税仓储、智能物流、跨境金融支付等在内的跨境贸易电子商务产业集聚区，力争跨境电商综合试验区实现进出口交易3000万单，入驻企业30家。

（中国新闻网2019－04－09/林浩）

湖南省侨联：2018 年引进公益资金 6500 余万元

近年来，湖南省各级侨联组织积极打造“慈善中华·爱心湖南”公益事业工作品牌，取得可喜成效，据统计，仅2018年一年，引进的各类公益资金就有6500多万元。

其中，湖南省华侨公益基金会作为一个承载无数海外侨胞和归侨侨眷爱国心、桑梓情的爱心平台，已成为将海外赤子和祖（籍）国紧紧相连，将归侨侨眷和社会爱心人士的社会责任感与社会困难群体紧密结合的情感纽带。

湖南省华侨公益基金会成立于2014年11月25日，由湖南省侨联和湖南侨界爱心人士共同发起成立，由湖南省侨联主管，是我国中西部地区省级侨联首家公益基金会。

湖南省侨联党组书记朱建山介绍，省华侨公益基金会自成立以来，紧紧围绕省侨联中心工作，始终坚持办会宗旨，广辟筹资渠道，深化工作内涵，拓展服务领域，丰富活动载体，创新管理机制，凝聚侨心、汇聚侨爱、发挥侨力，带动全省各级侨联组织开展公益慈善事业，每年金额达2000万～3000万元。

省华侨公益基金会开设了侨爱心工程、千侨帮千户工程、精英学子扶助工程、特困群众应急救助工程等多项公益活动。2018年，省华侨公益基金会直接接受各类捐赠近400万元。“海外侨胞故乡行”活动中海外侨胞认捐金额达470万元。全省各级侨联在“两节”组织开展的“察侨情，送温暖”大走访慰问活动中，慰问归侨侨眷2000余人、走访侨界人士600余人，发放慰问金和物资100余万元。“千侨帮千户”工程继续推进，全年牵线搭桥引进社会公益资金6000余万元。省侨联驻安仁县赤滩村扶贫点工作成效显著，目前该村已实现如期摘帽。

此外，基金会还争取了浙江新华爱心教育基金会捐赠近224万元，用于资助邵阳、怀化、益阳、衡阳、岳阳等地的21个“珍珠班”学子。澳门君天集团董事长叶惊涛捐赠200万元，助力永州市旅游升温、百姓旅游扶贫。中国华侨公益基金会携手珠海司迈科技有限公司捐赠价值192万元的2套等离子双极电切电凝微创医疗设备，解决了湖南省部分贫困地区医疗设备不足的问题。美国仁德慈善基金会捐赠102万元用于凤凰县文昌阁小学纪念图书馆项目建设。澳门汇才慈善总会在江永县开展“爱心助学之旅”活动，为贫困高中生捐款52.8万元。各市州侨联通过不同形式推进“千侨帮千户”工程，帮助困难归侨侨眷脱贫致富，等等。

2019年，省侨联将着力于拓展提升“慈善中华·爱心湖南”公益事业品牌。做好“侨爱心工程”。争取中国侨联、中国华侨公益基金会、香港吴星可慈善基金会等支持，抓好“侨爱心”学校、“珍珠班”建设等在建、续建项目，争取更多公益项目落地。拓展公益事业资金来源。采取主动对接、走出去对接的方式，争取海内外各类慈善基金会对湖南省华侨公益事业的支持，不断拓展资金来源渠道，扩大基金规模，增强为侨服务能力。继续大力推进“千侨帮千户”精准扶贫工程并召开推进会。配合地方政府做好困难侨界群众的帮扶工作，特别是加大向贫困地区、武陵山区定向扶贫力度，帮助困难侨界群众提升发展能力，关注侨界空巢老人、儿童的生活与发展。

（红网2019－04－09/彭双林）

以侨为“桥”　助力“出彩河南”12个项目签约

4月7日，由河南省政府侨务办公室、河南省海外交流协会主办的侨务资源服务“一带一路”建设及出彩河南项目对接会上，12个合作项目签约，涵盖文旅、教育、经贸、科技、医疗、航空、媒体融合等领域。

助力“中原文化”走向世界，河南博物院、河南博雅文化产业集团有限公司、开封汴绣厂、河南华侨书画院等与“一带一路”沿线的英国、俄罗斯、阿联酋等国侨团展开合作。

助力“河南制造”走向世界，洛阳建龙微纳新材料股份有限公司、中宸国际安保科技集团等与泰国河南商会、东非河南商会等展开合作，双方将积极推动高新技术和产品对接、拟共建相关海外生产基地。

助力“河南模式”走出国门，河南保税集团“买全球，卖全球”跨境电子商务“1210模式”境外实验区项目现场签约；助力“老家河南”乡村振兴，美东河南同乡会促成河南农业大学与康奈尔大学进行植物科研合作；助力“河南故事”向世界传播，《华人头条》河南运营中心与国际新媒体传播协会合作，讲好中国故事、河南故事。以侨为“桥”，连通世界，侨界精英正在为出彩河南贡献智慧和力量。

（《河南日报》2019－04－10/周晓荷，周玉琴）

中国致公党广东省委十二届三次全会在穗召开

中国致公党广东省委十二届三次全会在广州召开（郭军　摄）

4月9日，中国致公党广东省第十二届委员会第三次全体会议在广州举行。全国政协常委、港澳台侨委员会副主任，致公党中央副主席闫小培应邀出席开幕会。

闫小培代表致公党中央在开幕会上致辞。她充分肯定致公党广东省委会一年来在自身建设、参政议政、对外联络、社会服务等方面所取得的突出成绩，对2019年工作提出四点意见：一是把学习贯彻习近平新时代中国特色社会主义思想作为首要任务；二是围绕中心履行参政党职能，发挥更大作用；三是充分发挥侨海特色，团结最广泛力量共圆中国梦；四是扎实做好各项工作，以优异成绩迎接中华人民共和国成立70周年和人民政协成立70周年。

致公党中央常委、广东省政协副主席、致公党广东省委会主委黄武作工作报告。报告认为，2018年，致公党广东省委会在致公党中央和中共广东省委的领导下，在省委统战部的指导帮助下，坚持“致力为公、侨海报国”两大主题，不忘初心，积极履职，各项工作取得新成绩，实现了自身建设和服务大局的新发展。

报告还对2019年的工作做出了要求和部署，强调要做到五个“新”：不忘合作初心，思想共识要有新提高；创新工作机制，履职尽责要有新作为；拓展平台功能，对外联络工作要有新举措；深耕品牌项目，社会服务工作要有新突破；夯实履职基础，自身建设要有新面貌。

会议学习了中共十九大和十九届二中、三中全会精神，习近平总书记重要讲话精神和全国两会精神，致公党十五届二中全会精神，中共广东省委十二届六次全会精神，以及《粤港澳大湾区发展规划纲要》。

（中国侨网2019－04－11/郭军）

世界云南同乡聚焦“一带一路”建设　愿做沟通中外桥梁

4月12日，“一带一路”开放发展交流合作暨德宏招商引资推介会在云南德宏举行，参加第十届世界云南同乡联谊大会的33个国家和地区的400余名云南同乡代表和特邀嘉宾聚焦“一带一路”建设。

目前，云南正在建设中国面向南亚、东南亚辐射中心。美国纽约云南同乡会会长李溶说，华侨华人要在充分了解“一带一路”建设的基础上，充分发挥华侨华人在海外的独特资源优势，推动“一带一路”建设。“希望全世界云南同乡能够聚集起来，为云南的经济文化发展献策献力，助推云南更好地融入‘一带一路’建设。”

香港雅仕维集团董事长林德兴说，在“一带一路”建设中，云南大有作为，地处沿边反而成为云南发展的最大优势，“香港依靠转口贸易创造了经济奇迹，云南的开放发展可以借鉴香港的成功经验。”

泰国工商业联合会荣誉主席、泰国清迈中华商会副主席马剑波说，“一带一路”建设将让中国的经济发展成果与世界各国共享，华侨华人迎来千载难逢的发展机遇，华侨华人应该主动发挥起沟通中外的桥梁纽带作用。

据了解，第十届世界云南同乡联谊大会共有旅居巴西、美国、荷兰、缅甸、比利时、澳大利亚、泰国、新加坡、日本等33个国家和地区的400多位云南同乡及特邀嘉宾参会，其中不乏有一定知名度的云南同乡及海外著名侨领、知名华侨华人企业家。

推介会上，云南省投资促进局副局长程永流表示，“欢迎世界各地的云南同乡回到云南投资兴业，我们会提供广阔舞台、优质服务。”

（中国新闻网2019－04－12/缪超，李晓琳）

全国300余名侨界青年齐聚“晋商故里”　共话发展

全国300余名侨界青年4月13日齐聚“晋商故里”山西省晋中市灵石县，参访中国华侨国际文化交流基地，了解晋商文化，共话侨界青年发展。

山西省海归双创协会会长武强表示，此次来自全国各地的侨界青年齐聚山西，共同探讨侨界青年发展，将为山西的创新发展提供新的思考。

“香港与内地有差异，内地的省份与省份之间也有诸多差异。这种海归侨界青年组织之间的互动活动非常好，可以加强交流合作，为当地的发展贡献侨界青年力量。”香港四川青年会会长荣非说，香港四川青年会经常组织川港两地的交流活动，包括走访参观、两地实习等形式。

荣非告诉记者，互相参访交流，了解对方的优势，才能找到合作的契合点。此前，大家对山西最直观的印象就是煤炭。事实上，山西还有像王家大院一样非常好的文化旅游资源。大家可以互通有无，进行资源整合、优势互补，实现共赢发展。

成都海归之星联合创始人、执行会长刘水清说，此次前来山西，听了相关介绍，参观了晋商故里，真是“相见恨晚”。

刘水清告诉记者，此前在成都和深圳分别举办过全国海归组织交流活动，这次山西的活动加深了海归群体之间的了解，为未来的交流合作奠定了良好的基础。她认为，海归群体也必将为中国经济社会发展发挥更为重要的作用。

贵州海外青年创新创业协会执行秘书长黄金宝告诉记者，此次参访既喜悦又担忧。“喜的是山西有如此悠久的历史文化，忧的是现在的年轻人对中华传统文化认识的缺失。希望未来可以多组织此类活动，让更多年轻人，尤其是年轻的海归更加了解中华文化。”

王家大院由静升王氏家族经明清两朝、历300余年修建而成，包括五巷六堡一条街，总面积达25万平方米，是清代民居建筑的集大成者。王家大院被海内外众多专家学者誉为“中国民间故宫”“华夏民居第一宅”和“山西的紫禁城”，并赢得了流传很广的口碑——“王家归来不看院”。2015年，王家大院被中国侨联认证为“中国华侨国际文化交流基地”。

（中国新闻网2019－04－14/杨杰英）

2019“一带一路”华商峰会在川举办　300余名华商共谋发展

以“高质量共建‘一带一路’全方位发挥华商优势”为主题的2019“一带一路”华商峰会4月16日在四川成都举行，来自46个国家和地区的300余名侨商代表、侨界商（协）会负责人等展开对话、共谋发展。

中国侨联副主席李卓彬致辞时表示，共建“一带一路”契合各国发展的共同愿望，而华侨华人是“一带一路”建设的重要力量。希望广大华商能够以此次峰会为契机，整合侨商资源、建立行业联盟、制订服务标准，主动参与“一带一路”建设，充分把握新一轮科技和产业变革带来的机遇，加快从传统贸易模式到现代贸易模式的转型和升级。

美国国际产业投资总商会会长姜柳均表示，“一带一路”倡议的提出，加大了中国对外开放的力度，为海内外华商带来了新的发展契机。近年来，中国企业不断向外探索，但在大力推动中国企业“走出去”的同时，也要关注如何把海外的高新技术等“引进来”。

姜柳均说，华侨华人了解和熟悉所在国的语言、文化、法律以及市场信息，通晓国际规则，是连接中国与“一带一路”沿线国家和地区的桥梁及纽带。“希望未来能与更多中国企业和商（协）会加强联系，共同助力中国文化、中国品牌走向海外。”

当天的主题论坛上，5位海内外代表以经济大数据为重点，围绕设施联通、政策沟通、贸易畅通、资金融通和民心相通，结合各自从事的经贸、文化、科技等领域，探讨了如何发挥华侨华人的力量，助推中国企业“走出去”等问题。

（中国新闻网2019－04－16/岳依桐）

广西侨联打造“三月三·乡音播全球”文化交流品牌

4月15日至16日，“广西三月三·乡音播全球”民族文化交流品牌在日本冲绳首次亮相，并于第十九届世界广西同乡联谊大会召开期间连演两场，用独具壮乡特色的歌舞、民乐、魔术等节目为侨胞送上丰富的精神文化盛宴。

演出期间，广西政协主席蓝天立，中国驻福冈总领事馆总领事何振良，日本冲绳县文化观光运动部官员山城贵子、宜野湾市政府及相关部门负责人等嘉宾到场观看节目，来自广西的艺术工作者与冲绳当地相关演出团体共同编排节目，现场500多名观众掌声、喝彩声不断。

精彩的演出在经典民歌《壮族敬酒歌》节目中开场，身着靓丽传统壮族服饰的歌手韦晴晴、黄晓琼展现了“歌仙”刘三姐歌如涌泉的魅力；随后，壮族男高音歌唱家翁葵献唱的《山歌唱出好兆头》等脍炙人口的歌曲，赢得观众阵阵掌声；李寒冰、苏卫等乐手展示了芦笙、葫芦丝等壮族乐器的“天籁之声”；来自广西东方杂技团的演员把芭蕾、溜冰和杂技技巧融为一体，创作的颇具现代气息的节目《青春圆舞曲·圆桌溜冰》让观众感受到力度和柔美。

跨界多栖明星、世界武术锦标赛冠军李菲登台表演，展现高超的舞剑技艺和动听的歌喉，现场响起热烈的欢呼声，将整个晚会气氛推向高潮；广西变脸大师叶小莲则走到台下与观众互动，近距离地展示绝活儿，更让观众直呼过瘾，她还通过滑稽魔术表演在愉悦的氛围中恭祝观众万事如意、身体健康。

演出现场，观众们大呼过瘾，不断用发微信朋友圈等方式与亲朋好友分享快乐。

“非常感谢艺术团艺术家们带来的高水平演出，让我们欣赏到精彩的中华文化节目，不仅让本届世界广西同乡联谊大会更加出彩，也让与会桂籍乡亲感受到浓浓的乡情。”日本广西同乡会会长赵云茜说。

广西侨联主席谭斌介绍，“广西三月三·乡音播全球”文化交流品牌活动，旨在以文艺演出的形式弘扬和传播广西特色民族文化，提高壮乡文化在海内外的美誉度和影响力。

此次演出，艺术团通过广西的民族舞蹈、魔术表演、杂技表演等精彩节目，为第十九届世桂联大会的召开增添了绚烂色彩，为桂籍乡亲带来了家乡的祝福。今后，广西侨联将举办更多形式多样的活动，邀请海内外侨胞共同参与，体验广西文化的魅力。

（中国侨网2019－04－17/林浩）

中国留学回国人数增8% 更多海外学子愿意回来干

教育部数据显示，2018年度中国出国留学人员总数为66.21万人。2018年度与2017年度的统计数据相比较，出国留学人数增加5.37万人，增长8.83%；留学回国人数增加3.85万人，增长了8%。

可见，海外学子归国热潮依旧。相关专家表示，国家实力的增强和国内经济快速发展让更多中国留学生选择回国工作。对选择回国发展这件事，学子们究竟怎么看?

回国还是留下?

回国工作还是留在国外，是海外学子毕业时需要做的一道必选题。但如何选择，因人而异。

曲铭硕上个月从日本九州产业大学毕业，她期望工作岗位能充分运用所学的语言和知识。“是否回国工作主要基于学子个人竞争力的考量，我选择了留在日本工作，因为我会汉语、日语、英语，在日本有比较好的工作机会。”曲铭硕说。

此外，随着学成归国的学子人数越来越多，海归就业竞争加剧，也成为海外学子是否回国工作的重要考量。

王子君目前在英国南安普顿大学就读，感受到了海归回国就业的压力。但在她看来，如何减缓就业压力，要看学子具体如何选择。“如果选择北上广等一线城市或者知名公司，就业竞争肯定激烈。但如果选择二三线城市或中小型公司，工作机会多一些，就业压力相对会小一些。”王子君说。

许晓雨在澳大利亚悉尼大学就读，“我读的是数学专业，到大学做研究或者当老师比较合适，但要想进入知名高校并不容易。很多高校虽然愿意招聘海归，但要求应聘者有工作经验。总之，学子所学专业不同，做出的选择也会不同。”许晓雨说。

做好职业规划

在曾留学英国的王静看来，越来越多的学子选择回国工作是必然趋势。“随着国家的发展，越来越多的学子会选择回国工作，而且回国工作有很多锻炼的机会，比如一起工作的年轻同事，大家的干劲很足，可以互相影响。但随着海归增多，就业竞争日趋激烈也是必然的，只有提前做好职业规划，扬长避短，才能让自己在竞争中脱颖而出。”王静说。

启德教育日前在京发布的《启德2019中国学生留学意向调查报告》显示，一半以上的有意向留学者认为，留学前的职业规划非常必要，大多数学生在出国前就已形成职业规划意识。在希望获得的职业发展信息中，选择“专业就业方向”者所占比例排在第一位，达到76.5%，接下来依次是“就业前景”“专业就业率”和“薪酬”。

许晓雨认为，现在拥有留学经历的学生很多，只凭一个海归头衔并不能占绝对优势。“而且，比起在国内学习的同龄人，毕业回国发展的海外学子相对缺乏国内校友资源，在人脉方面并不具有优势。不过我还是愿意回国工作，因为国内经济社会发展迅速。但要提前做好职业规划。”

挑战机遇并存

在就业压力增大的背景下，如何看待回国工作的挑战和机遇？

“回国工作，既有挑战——在众多人才中脱颖而出，找到自己心仪的工作并不容易；也有机遇——国内的工作机会多，有施展才华、大显身手的平台。”王静说。

王子君的目标很明确，她希望毕业后能进入北京的文娱行业。“我很想感受一下到一线城市工作的紧张感，只有体会过不同的生活节奏之后才能确定自己究竟想要什么样的生活。”

“我观察到，文娱行业虽然发展很快，但也需要创新，这正为年轻人提供了机会。我也一直在思考，如果自己能进入这个行业，如何为行业创新添砖加瓦。”王子君说。

相比王子君，曲铭硕考虑到个人情况，认为就目前来看，回国工作挑战大于机遇。“我已经在日本生活6年，很担心回国之后，短时期内适应不了国内的生活习惯、人际关系等，回国相当于一切需要从零开始，所以，我选择先在日本积累工作经验。”曲铭硕说。

（《人民日报海外版》2019－04－22/高佳，黄蓓蕾）

山西侨联探索多元化解涉侨纠纷新机制　侨胞维权有了“新渠道”

山西省侨联法律顾问委员会工作会暨山西省涉侨纠纷人民调解委员会成立大会，4月25日在山西太原召开。山西探索建立多元调解涉侨矛盾纠纷机制，依法维护归侨侨眷和海外侨胞合法权益。

山西省侨联法律顾问委员会（以下简称“法顾委”）自2010年成立以来，为山西省侨联普法教育宣传、提供法律咨询和维护侨胞合法权益等方面做了大量工作，有力维护了归侨侨眷合法权益，赢得侨界群众充分信任和肯定。

为进一步预防和化解涉侨领域矛盾，协助侨联维护侨胞权益，更好地服务侨联事业改革与发展，山西侨联加强了法顾委队伍，并加挂了涉侨纠纷人民调解委员会的牌子。

山西省侨联党组书记、主席王维卿表示，法顾委委员和调委会调解员都是活跃在山西省司法工作前沿的专家、学者和律师。既精通法律条文，又具有丰富的实践经验，希望他们能充分利用自身丰富的司法实践经验，为侨界群众提供高效便捷的法律服务，协助省侨联处理疑难涉侨案件，做好依法维护侨胞权益工作。

王维卿说，山西省侨联法顾委和调委会要进一步了解和把握新侨、老侨不同的法律服务要求，分类施策。在维护好老侨合法权益的同时，为新侨提供符合他们发展创新需求的服务，不断增强服务侨胞的针对性和实效性。助力省侨联打好“新侨牌”、唱响“凤还巢”，实施好“晋商晋才回乡创业创新”“晋侨·金桥”“联侨·聚侨”“暖侨·惠侨”和“能力提升”五大工程。

当天，中国侨联法顾委主任、最高人民检察院原常务副检察长张耕，中国侨联权益保障部部长、中国侨联法顾委秘书长张岩等围绕民营企业法律需求及涉侨纠纷多元化解课题进行调研，并就中国侨联法顾委推动涉侨纠纷多元化解试点工作进行座谈。

会上，山西省各市侨联分管权益保障工作的负责人、知名法律专家、学者及侨企代表，就如何开展涉侨纠纷多元化解工作，提出问题和意见。其间，侨企代表就企业员工流动性较大、容易产生劳动合同纠纷、国外人才如何维护、企业融资困难等方面提出问题。

对于侨企代表所述问题，张耕表示，法顾委委员和调委会调解员要认真学习研究涉侨法律法规，为归侨侨眷和海外侨胞提供多样化、全方位的法律服务；通过制订有关涉侨纠纷案例的册子、增设法律培训班等，不断提高归侨侨眷和海外侨胞的法律意识以及维护自身合法权益的能力；各机构做好协调工作，为归侨侨眷和海外侨胞提供最具权威性的法律意见书；不断完善化解涉侨纠纷多元机制，全面、合理做好调解，共同维护侨胞权益。

（中国侨网2019－04－26/杨佩佩）

第 10 届世界缅华同侨联谊大会在澳门举行

由澳门缅华互助会主办的“第10届世界缅华同侨联谊大会”4月27日在澳门举行，来自美国、缅甸、泰国等国家以及港澳台地区的600多位嘉宾与会。

澳门缅华互助会会长叶孝光表示，本届大会以“联谊交流，创新发展”为题，邀请各地缅华同侨共聚澳门，见证澳门发展及“一国两制”事业的成功。希望缅华同侨多关注粤港澳大湾区发展，并推动缅甸融入“一带一路”建设。

中国侨联副主席李卓彬期望以此次大会为契机，广大缅华同侨各尽所能、各展所长，充分发挥联系广泛、融通中外独特优势，维护民族大义、弘扬中华文化、讲好中国故事，积极投身中国改革开放，积极投身“一带一路”建设，实现自身事业与祖（籍）国的共同发展，促进中国与世界各国的合作交流。

澳门特区政府社会文化司司长谭俊荣指出，生活居住在澳门的归侨较多，通过缅华归侨的渠道，有助于推动中国与缅甸的友好交往。

谭俊荣称，《粤港澳大湾区规划纲要》提出澳门要成为“以中华文化为主流，多元文化共存的交流合作基地”。澳门将为国家做更多的交流平台工作，推动中国与缅甸的文化、教育、旅游与经贸合作，促进中缅之间人民交往、友谊的加深以及缅甸的经济发展。

据介绍，缅华同侨泛指现居住在缅甸和曾居住在缅甸、之后移居世界各地的原缅甸华侨华人及其后裔，以及现居住在中国内地（大陆）和港澳台地区的缅甸归侨。

（中国新闻网2019－04－27/龙土有）

侨乡青田借力华侨优势　外贸行业发展迅猛

2019年一季度，青田县外贸进出口总值为11.8亿元人民币（下同），同比增长28.5%，其中，第一季度出口额10.4亿元，同比增长80.6%，第一季度进口额1.4亿元。

近年来，青田外贸行业发展迅猛，背后有三大支撑。

一般贸易占主导地位，占比超9成，保税仓库进口稳步增长。一季度，青田以一般贸易方式进出口11.6亿元，增长27.6%，占进出口总值的98.3%。保税仓库进口货物1707.7万元，增长119.8%。

贸易市场逐步扩大，“一带一路”沿线国家整体进出口小幅回温。一季度，青田进出口国家（地区）共151个，较去年同期增加22个国家（地区）。这22个新兴市场共进出口2170.6万元，其中利比亚排位第一，贸易值为572.4万元。对“一带一路”沿线国家进出口4.7亿元，增长4.0%。

三大出口商品稳步增长。一季度，青田县三大出口商品机电产品、传统劳动密集型产品和钢材出口值分别为3.3亿元（增长88.4%）、3.0亿元（增长48.6%）、2.2亿元（增长56.2%），三大产品出口值分别占青田出口总值的32.3%、29.4%、20.9%。

相关负责人表示，青田拥有良好的生态环境与得天独厚的资源优势、华侨优势，在出口食品农产品产业上有巨大潜力。

经过前期积极争取，杭州海关已正式复函原则同意青田县创新建设出口食品农产品监管模式，促进地方食品农产品出口。

接下来，丽水海关将加大对相关出口企业基地建设扶持力度，明确出口食品农产品质量管理、风险防控机制，优化出口渠道，搭建产品溯源互联平台，助推优质农产品走出国门，助力侨乡青田对外贸易。

（中国新闻网2019－05－01/周禹龙）

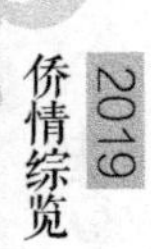

厦门市招商大会举办　海外侨商共襄盛举

厦门市招商大会近日在厦门国际会展中心召开。包括海外侨商侨领在内的境内外800多家企业、机构、商协会代表在鹭岛如约相聚，为企业自身发展拓商机，为厦门招商引资工作谋共赢。

“厦门是投资兴业的热土，是企业发展的福地。”福建省委常委、厦门市委书记胡昌升向与会的嘉宾和客商大力推介厦门。本次大会厦门市侨联共向9个国家和地区近20个重要社团、重要侨领、重要侨商发出邀请函，邀请侨界商业精英共赴招商大会，在侨乡这片发展的热土上，一起携手并肩，共享机遇，商创未来。

旅匈华人总商会荣誉会长、中国三迪控股有限公司董事局主席郭加迪，马来西亚中华总商会总会长、马来西亚征阳集团执行主席戴良业，日本华人华侨创新协会会长、天津（日本）共同高技术有限公司董事长潘庆林等十位海外侨商侨领受邀参加会议。

“本次招商大会强调了厦门对外开放政策，我们相信厦门凭借良好基础、优势和活力，以及政府倾力打造的更高水平营商环境，必将加速腾飞，生生不息。”戴良业说，中国第一所海外大学分校——厦门大学马来西亚分校，就设立在征阳集团的征阳城内，是马中两国高等教育合作新的里程碑；下一步将持续关注马来西亚校区，参与周边的配套设施建设，共同推进教育相关产业的合作。

潘庆林说，在厦门市侨联的邀请下，以日本侨商身份参加招商大会，感受到了大会的真诚。厦门招商大会是一次诚心谈心交心的招商大会，厦门实实在在招商，展现了厦门的开放和包容，体现了务实、诚意和诚信，给人以信任和信心；将以真情回馈厦门的诚心，今后要在北京和日本宣传推介厦门。

招商大会上，部分与会嘉宾和客商代表分享了在厦门发展的经验和体会。他们表示，厦门城市基础设施日臻完善、创新创业氛围日益浓厚、营商环境不断提升，厦门政府在企业服务方面高效务实，非常适合企业投资发展。

当前，厦门正在建设高素质、高颜值、现代化、国际化城市，是企业投资兴业的千载难逢之机。参会侨商表示，十分乐意为厦门招商引资工作牵线搭桥、贡献力量，并对厦门招商引资、营商环境、重点产业发展等提出建议。

（中国侨网2019－05－05/林珍珍）

首届华文教育互联网教学研讨会在京开幕

5月8日下午，以“智慧教育推动全球华文学校改革与创新”为主题的华文教育互联网教学研讨会在北京开幕。会议由中国华文教育基金会主办，来自20个国家的53位海外华文学校校长、教学负责人以及国内华文教育领域的专家学者参会。中央统战部副部长谭天星，中国华文教育基金会理事长赵阳、副理事长兼秘书长于晓出席会议。

中央统战部副部长谭天星致辞

谭天星在致辞中高度肯定中国华文教育基金会十多年来在开展华文教育互联网教学中做出的成绩。他强调，基金会在中国互联网教学起步未久就抓住机遇，主动作为，尝试利用现代信息技术将优质的教育资源分享给海外华文学校，经过10多年的实践探索逐渐形成具有鲜明特色的华文教育互联网教学体系，教学效果得到海外华文教育界的普遍认可，成就喜人。他表示，中国政府高度关注华侨华人在海外弘扬中华文化、学习中国语言、促进中外文化交流的情况，相关部门将继续支持和推进华文教育互联网教学，希望中国华文教育基金会与各方面加强合作，创新思路，乘势而上，继续引领华文教育互联网教学的新时代，不断谱写华文教育互联网教学的新篇章。

于晓向与会人员简要介绍了中国华文教育基金会互联网教学的体系架构，对教师远程培训、华裔学生中华文化体验等重点板块的课程内容和特点做了说明。于晓感谢业务主管部门、合作机构以及海外华文学校给予的支持，他表示，基金会未来将继续把开展互联网教学作为工作重点，增量提质，整合资源，构建华文教育网络学院。

日本同源中国语学校理事长杨林、爱尔兰卡斯诺克中文学校校长郭凌、希腊雅典中文学校校长李芳等作为海外代表发言。校长们表示，参与中国华文教育基金会互联网教学项目，学校老师的教学水平、学生的学习兴趣都有了明显提升，同时学校管理也需要适应互联网带来的变化，转换思路，创新发展。

会议期间，与会人员将围绕“智慧教育”这一主题，对华文教育互联网教学的理论与实践以及海外华文教育的未来发展趋势进行深入探讨。

华文教育互联网教学研讨会由广西华侨学校协办，北京四中网校、西安恒坐标教育科技集团、北京赛酷雅科技有限公司共同承办。

（中国华文教育基金会网站2019－05－09）

海内外华商企业家上海聚焦“一带一路”建设中的创新合作

以“雄才大略·商聚浦江”为主题的第二届上海华商论坛5月10日举行。海内外华商企业家等聚焦如何通过“一带一路”建设创新合作。

中国侨商联合会常务副会长、上海市政协委员、上海市华商联合会副会长陈丽曾留学美国，如今为软件技术企业董事长。她对记者表示，华商群体多在海外开设企业，对所在国法律税务、风土人情、文化制度等有深入了解，在“一带一路”建设中，可对到沿线国家投资的国内企业提供切实的帮助，让其准确判断相关形势及投资等策略的可行性，从而少走弯路。

上海市政协港澳委员、上海市华商会副会长段治白是中国沙钢集团欧洲有限公司董事总经理。他分享了该企业在土耳其成功开拓市场的经验。他认为，“一带一路”建设让世界各国享受到了中国快速发展的“红利”。如今，中国企业无论在产品质量、数量，还是在市场占有率上均极具竞争力。

段治白指出，在“一带一路”建设中，华商企业开创了多种合作模式，不仅与沿线国家企业开展合作，也与有实力的中国国有企业合作，共同提供材料、技术和资金。他还介绍了华商企业进军非洲埃及市场的例子，在当地石油天然气管道项目中，华商企业积极参与项目招投标，与当地企业合作成果丰硕，“一带一路”建设对华商企业而言机遇多多。

据介绍，第二届上海华商论坛旨在引导广大华商投身服务“一带一路”建设、对接国家和地方重大战略，同时为海内外华商提供与世界各国开展经贸合作与人文交流的平台。上海市华商会会长陈坤校希望论坛实现政策引领、思想启迪、开阔思路的初衷，为广大华商积极投入“一带一路”建设、实现中华民族伟大复兴贡献力量!

上海市委统战部副部长、市侨联党组书记、市政府侨办主任王珏当日表示，侨商企业家如何在“构建人类命运共同体”这一重大使命中发挥自身的作用，是上海市侨联、上海市华商会今年乃至今后一段时期的工作重点。王珏指出，在最大限度把海外侨胞和归侨侨眷中蕴藏的巨大能量聚集起来、发挥出来的过程中，侨联组织要为华侨企业家搭建好沟通合作的桥梁，畅通渠道，寻找共赢契机。华侨企业家遇到困难，也可以到侨联这个“娘家”寻求帮助。

论坛上，中国国际关系学会副会长金灿荣围绕“中美关系的新特点与中国外交”主题发表主旨演讲。中国国际贸易学会中美欧战略与经济研究中心主任，原中国驻美国旧金山、纽约总领馆经济商务参赞何伟文以“百年未有大变局下中国的战略选择”为题做主旨演讲。他从各大板块贸易规模和世贸格局重组、中国的战略选择等四个方面阐述了时代形势。

据悉，中共上海市委统战部、市人大侨民宗委、市政协港澳台侨委员会、致公党上海市委、上海市侨联等相关单位领导，各区区委统战部、区侨联负责人，市华商会及各区华商会代表，以及海内外华商企业家260多人出席论坛。

（中国新闻网2019－05－10/陈静）

海内外600余人山西共商经贸合作　签约金额超百亿元

第四届海峡两岸神农炎帝经贸文化旅游招商系列活动在山西晋城举办。活动期间共有30个项目成功签约，总投资123.39亿元（人民币），涉及新能源、新材料、装备制造、生物医药、节能环保、文化旅游、现代服务、现代农业、煤层气等产业。其中，6个项目与台资企业签约，为山西构建内陆地区对外开放新高地提供了项目支撑。

5月13日下午，“海外侨胞晋城经贸文化合作推介座谈会”在山西晋城举行。此次座谈会与12日举行的“新时代海外侨胞、台湾同胞山西（晋城）经贸文化交流合作恳谈会”，同时作为第四届海峡两岸神农炎帝经贸文化旅游招商系列活动中的重要活动，吸引了来自26个国家和地区的近百名侨领侨商及台商、经贸界人士等600余人共商经贸合作。

“这两天的经贸交流活动，让我们对山西的经济发展环境有了新的认识，包括自然环境、投资环境等都变了。我们想从今年的参访交流者，变成明年的投资方，来山西投资兴业。”英中经济文化促进会副会长李宁告诉中新网记者，许多华侨华人对山西的印象还停留在“煤”上，而近年的几次山西之行让他对此改观很大。

山西省副省长王成在恳谈会上向与会嘉宾介绍山西省情和经济社会发展情况时表示，当前山西正在“两转”基础上全面拓展新局面，推进传统产业高端化、智能化、绿色化改造，正朝着煤炭和制造业结构反转方向扎实推进。

“我感觉现在是时候来山西投资了，我们对大健康产业和高新技术产业比较感兴趣。英国在新能源、高新技术、大医疗方面的相关产业比较先进，我们愿意将相关产业引进到山西来。”李宁说。

中国侨联委员、广东省侨界海归协会会长、香港连城兴业发展有限公司董事长梁日辉表示，通过与山西的亲密接触，他被山西厚重的历史文化、独特的投资环境和发展机遇深深吸引，今后将努力发挥桥梁纽带作用，积极拓展海外与山西的经贸往来和文化交流。

中国侨联副主席齐全胜表示：“以文化和联谊促进经贸合作交流是一个有益经验和成功做法，山西晋城在这方面都有非常成熟的经验。希望广大侨胞通过实地考察交流，在经贸方面取得实质性成果，也为后续深化合作打下坚实基础。”

山西历来非常重视吸引侨资和外资，出台了一系列鼓励外资落地发展的政策和措施。尤其是晋城，近年来通过打造“问祖炎帝　寻根高平”海峡两岸神农炎帝品牌活动，吸引了一大批海外侨胞侨商侨领助力晋城发展。

山西省侨联党组书记、主席王维卿介绍，山西省侨联于2017年启动实施“晋侨·金桥”行动，广泛邀请海内外侨商和高层次人才关注山西、投资山西。先后成立山西省侨联新侨创新创业联盟和山西海归双创协会，举办了“海外晋商晋才促进山西发展大会”“海外赤子服务山西综改活动”“支持晋商晋才回乡创业创新助力山西发展大会”等主题活动，搭建起了广大海外侨胞服务山西经济发展的“金桥”。

（中国新闻网2019－05－13/杨杰英）

近200名侨商参加首届“一带一路”侨商组织年会

首届“一带一路”侨商组织年会5月16日在重庆开幕，来自美国、俄罗斯、英国、新西兰等30个国家和地区的近200名侨商齐聚重庆。会议旨在整合“一带一路”沿线国家侨务资源，凝聚“一带一路”沿线国家侨界力量，搭建“一带一路”沿线国家涉侨交流平台，实现“一带一路”倡议涉侨资源互享、信息互通、经济互惠。

中共重庆市委常委、统战部部长李静在年会致辞时表示，希望广大侨商朋友发挥自身独特优势，争做“一带一路”倡议宣传者，以侨界声音讲好重庆故事、中国故事、“一带一路”倡议故事；争做“一带一路”倡议参与者，以侨商组织年会为契机，帮助重庆、帮助中国扩大朋友圈，提升影响力；争做“一带一路”倡议推动者，聚力助推“一带一路”建设成为构建人类命运共同体的伟大实践。

中国侨联副主席李卓彬说，“一带一路”倡议为广大侨商带来了谋求发展、借力转型、提质增效的难得机遇。广大侨商要更加紧密参与合作，推动各方互利共赢；更加注重创新引领，实现自身转型升级；更加厚植友好民意，当好民间外交大使，助力“一带一路”建设高质量发展。

此次会议还吸引了来自云南、广西、四川、湖南等省的经贸代表团参与。重庆22个区县和单位与参会侨商举行了经贸洽谈，一批经贸项目进行了集中签约。部分侨商表示，重庆具有优质的营商环境和有力的创新创业政策扶持，将在会后进一步深入了解重庆投资环境，将优质产业项目在重庆落地落实。

出席首届“一带一路”侨商组织年会的侨商代表涵盖金融、科技、文化、环保、能源、贸易、建设、物流、食品等多个行业领域。在渝期间，他们将分为两组，分赴重庆合川区、武隆区开展实地考察，全方位、多角度、深层次了解重庆产业优势及投资机遇。

“一带一路”侨商组织年会由中华全国归国华侨联合会与重庆市政府主办，此后每年举办一次。

（中国新闻网2019－05－16/刘相琳）

海南省侨联创新维权工作机制　助力自由贸易区建设

为切实履行保护外商投资合法权益的工作职责，海南省侨联与海南省高级人民法院联合出台了《关于开展涉侨纠纷多元化解试点工作的实施方案》，确定了海口、文昌、琼海、万宁、儋州为涉侨纠纷多元化解试点市县。

2019年，海南省侨联积极争取省市司法部门的支持，挂牌成立了涉侨纠纷人民调解委员会，吸纳了海南省侨联律师团的骨干律师作为调解工作专业力量，强化法律专业服务。同时，指导海口、文昌、琼海、万宁、儋州5市县侨联加强与同级法院的联系，推动同级法院设立涉侨纠纷案件调解室，进一步健全了诉讼调解的对接机制。文昌市涉侨纠纷调解室设立后，已成功调解2宗涉侨纠纷案件，有效地促进了侨界矛盾的化解，维护社会稳定。

此外，海南省侨联还支持海南法立信律师事务所引进澳大利亚邱氏律师事务所海口代表处，这是首家在海南设立办事处的外国律师事务所。它的成立将为海南的法律服务业注入新的力量，更好地助力海南自由贸易区（港）建设。

（中国侨网2019－05－16/陈苏琤）

第二届世界赣商大会开幕　海内外千余名赣商赣才参会

第二届世界赣商大会5月19日在江西南昌开幕，来自30多个国家和地区的1000余名赣商赣才齐聚一堂，共叙老乡情谊，共鉴家乡巨变，共绘美好愿景。

历史悠久、实力雄厚、独具特色的赣商，曾称雄中华工商业900多年，史称“江右商帮”，是中国历史悠久的著名商帮。在鼎盛时期，其活动地域广布全国。如今，当代赣商遍布世界各地。

开幕式上，面对会场的千余名赣商赣才，中共江西省委书记、省人大常委会主任刘奇说，对于每一个在外打拼的游子来说，不管飞得多高、走得多远，最魂牵梦萦的还是祖国、还是家乡。大家出门在外，最剪不断的是对亲人的牵挂和思念。“大家回到家乡，我想最欣喜的也应该是看到家乡的发展与变化。”

刘奇在致辞时称，新时代的江西，发展机遇更多，发展空间更大，发展前景更好。同时，这也为广大赣商赣才创新创业、回家乡发展提供了更加广阔的舞台。希望广大赣商赣才充分发挥自身优势，在勇立潮头、勇闯天下的同时，始终情系家乡、不忘家乡，助推江西高质量跨越式发展，在新时代不断演绎新的商业奇迹、谱写新的时代佳话。

“想当年，无数赣鄱儿女从家乡赴远方，铸就了江右商帮的历史辉煌。”江西省省长易炼红在做主旨演讲时表示，广大赣商富而思进、富而思源、富而思报，积极承担社会责任，踊跃投身公益事业，支持参与家乡建设，用实际行动诠释着家国情怀。“家乡人民对赣商的发展感到自豪，对赣商的贡献表示感谢！”

易炼红说，江西正处在经济发展的加速期、战略机遇的叠加期、产业升级的转型期、生态红利的释放期。希望广大赣商朋友能够搭乘家乡发展的“快车”，积极参与项目建设的火热实践，与家乡一起实现共同发展，一起续写红土圣地的无上荣光。

出席大会的全国工商联副主席、江西赣商联合总会会长郑跃文表示，近年来，家乡的发展令人鼓舞，喜事连连。越来越多的大型项目在江西落户，营商环境更加友好，各种类型的企业都能在这里找到适合自己发展的空间，江西已经形成吸引各类投资的良好氛围和无限商机。

“让我们把赣商事业做大，把赣商企业办强，把赣商品牌擦亮，把赣商故事唱响。赣商联合总会将团结全球赣商，为赣商发展服务，为家乡建设出力，共绘江西新画卷、共绘新精彩！”郑跃文说。

据介绍，本届大会以“三请三回”为主线，动员广大乡友回家乡、校友回母校、战友回驻地，推动“资智回赣”，充分展示江西开放提升新形象，助推江西高质量跨越式发展，共绘新时代江西物华天宝人杰地灵新画卷。

大会期间，将举办主题活动及系列专题活动，表彰一批回乡投资优秀赣商，以畅叙桑梓情、校友情、战友情为纽带，深入开展产业对接、项目洽谈、投资考察，并设置赣商展览展示区，展示新时代赣商风采。

目前全球赣商超过300万人，创办企业超过20万家，拥有商会超过170家，遍布全国30个省市自治区、100多个国家和地区，已经成为世界华商的重要组成部分。近年来，广大海内外赣商响应号召，纷纷回乡投资兴业，助力扶贫济困，为家乡发展作出了重要贡献，成为推动江西高质量、跨越式发展的重要力量。

（中国新闻网2019－05－19/刘占昆，王剑）

“重庆机遇”吸引侨资侨商“留下来”

5月18日，记者从首届“一带一路”侨商组织年会专题新闻发布会获悉，参加“一带一路”侨商组织年会的嘉宾在分赴合川、武隆开展实地考察后，不少侨商都选择“留下来”继续了解情况，探讨合作事宜。

据了解，参加此次年会的近200名嘉宾分别来自美国、俄罗斯、英国、法国、德国、西班牙、加拿大、意大利等30个国家和地区，涵盖金融、科技、文化、环保、能源、贸易、建设、物流、食品等多个行业领域，其中10位嘉宾是第二次来渝参加商务活动。

参加本次年会的部分侨商还具有中国侨联常委、委员、海外委员等身份，均是经济上有实力、社会上有影响的人物。多数海外侨商还担任了住在国各类联会、商会、同乡会等社团组织的领导职务，联系广泛、资源丰富。

“本届年会上，中新项目管理局介绍了中新（重庆）战略性互联互通示范项目相关情况，重庆市商务委（自贸办）介绍了自由贸易区相关情况，中科院重庆绿色智能研究院发布了最新科研成果。”据重庆市侨联副主席、秘书长陈瑛介绍，除了相关部门和科研院所推荐展示相关成果，22个区县和单位也通过宣传短视频、图文资料等方式向嘉宾全方位展示了重庆市经济社会发展新貌、各区县经济社会发展规划和产业布局情况、部分区县重点企业情况，为侨商嘉宾来渝投资兴业提供了“新鲜信息”和有益参考。

其中，不少嘉宾在分赴合川、武隆开展实地考察过程中，通过参加当地举办的项目推介会，再次全方位、多角度、深层次地了解到重庆智能、信息安全、乡村振兴、生态旅游等方面情况，进一步坚定了在重庆投资兴业的信心，选择“留下来”继续了解情况，探讨合作事宜。

“往后每一年我们将持续举办‘一带一路’侨商组织年会，希望社会各界向我们提供宝贵意见，汇聚大家的智慧和力量，把‘一带一路’侨商组织年会办好办实，为侨商在渝投资提供更多机会和资源，用侨商资源助力重庆实现高质量发展。”陈瑛说。

（中国新闻网2019－05－19/陈茂霖）

首届华智论坛在南京开幕　搭建全球治理创新“侨”梁

5月22日，由南京大学华智全球治理研究院主办的首届华智论坛在南京开幕。来自海内外的专家学者和政经界人士逾百人与会，围绕“东亚合作和全球治理创新”交流研讨，搭建全球治理和区域治理的新“侨”梁。

“在全球化时代，是遵从动物世界弱肉强食、零和博弈的丛林法则，还是追求人类社会基于共同利益的合作共赢，是国际关系和全球治理的核心问题。”全国政协常委、港澳台侨委员会副主任，国务院原侨务办公室主任裘援平在论坛上发表题为“全球治理与中国视野”的主旨演讲。

裘援平系统回顾了全球治理理念与实践的发展历史，阐述了全球治理面临的机遇和挑战，全面梳理了中国的全球治理理念与实践历程。

裘援平认为，在世界处于是迈向未来还是回到过去的重大历史关头，中国和世界各国的理性声音和积极探索，对于改革建设转型变化中的国际秩序和全球治理体系意义非常，需要各国各界为争取世界的和平发展前景勉力而为，不懈努力。

全国政协常委、港澳台侨委员会副主任，国务院原侨务办公室主任裘援平在论坛上发表题为“全球治理与中国视野”的主旨演讲（决波　摄）

裘援平称，在这样的背景下，南京大学华智全球治理研究院应运而生，旨在汇聚海内外华人专家学者智慧，从全球治理、区域治理和国家治

理三个维度，研究借鉴各国治理思想和经验，对服务中国外交和促进国家治理体系与治理能力现代化具有现实意义。

江苏省委常委、统战部部长杨岳表示，作为以海外侨胞为骨干力量的新型智库，华智全球治理研究院围绕世界政治、地区研究、环境治理等重大理论和政策问题，举办高层次国际研讨会，设立高水平课题，发表高质量意见建议，提供专业咨询服务，取得了一批重要成果。

杨岳认为，本次论坛将进一步汇聚侨心侨智，有利于进一步加强智库建设，服务江苏发展，融入全球合作。

“能用众力，则无敌于天下；能用众智，则无畏于圣人。”南京大学党委书记胡金波认为，全球治理创新已成为全人类共同面临、亟待解决的重要课题，作为汇聚人才、汇聚思想、汇聚成果的重要平台，华智论坛将成为海内外华人学者学术思想交流的新“侨”梁，以及沟通中国与世界的新窗口。

论坛期间，来自东亚地区的政企人士、嘉宾学者也围绕论坛议题积极建言献策。

日本国驻上海领事馆总领事矶俣秋男提出，当前国际形势错综复杂，包括日本在内的众多国家进入人口老龄化社会，如何在面对收入差距与地球环境污染的同时保持经济增长成为全球面临的重大课题。

“在全球化进程中，不确定性也在扩大。面对复杂而困难的形势，国际社会进一步加强合作才是解决之道。”矶俣秋男认为，特别是东亚地区的务实合作，将为全球治理变革提供有益借鉴。

日本国际协力银行总裁前田匡史则提出了中日联手开拓第三方市场的新思路。

前田匡史认为，在东亚合作领域，中日是东亚合作的重要主题。中日合作不应该以人的意志为转移，而是应该从市场的角度考虑东亚合作的必要性。因此，日中两国企业应发挥各自优势，携手在第三国开展合作，有效降低项目成本，分散投资风险，同时使第三国获得更高性价比的项目。

据了解，南京大学华智全球治理研究院是首家为海外华侨华人专家学者提供交流平台的新型高端智库，由南京大学与江苏省人民政府侨务办公室共同组建。华智论坛是该研究院主办的常设性年度学术盛会，邀请来自海内外的各界杰出人士与会，致力于打造跨国界跨领域交流与对话的高端平台。

（中国新闻网2019－05－22/程励，杨颜慈）

20余家海外媒体走进“中医惠侨基地”感受中医药文化

5月22日，来自美国、加拿大、俄罗斯、日本、马来西亚等20多个国家和地区的海外华文媒体代表来到江苏省中医院，参访落户在这里的全国首家“中医惠侨基地”，体验中医药文化魅力。

当天，江苏省侨办、江苏省中医院联合举办江苏发展大会“海外江苏之友中医惠侨”三年行动计划新闻发布会，会上发布了“海外江苏之友中医惠侨”三年行动计划、中医惠侨服务新举措。

江苏省委统战部副部长、省侨办主任王华指出，推出三年行动计划，旨在进一步调动各方积极性，利用好海外侨务资源和江苏省优质中医药资源，统筹协调好各组织、各部门的力量，共同推动中医惠侨工作迈上一个新的台阶。

江苏省中医院党委副书记、院长翟玉祥表示，江苏省中医院将依托中医惠侨基地，借助现代互联网技术，与海内外各界人士共同致力于中医药创新发展，让中医药真正惠及全世界人民。

媒体代表们现场观摩了医院5G新技术展示，通过5G网络，国内医院专家“面对面”与远在澳洲科廷大学的专家共同读片，所有信息、数据以毫秒速度传递，一目了然，中外专家共同为一澳洲脑癌患者诊断并提出指导性建议，引得点赞连连。

2017年12月12日，“中医惠侨基地”正式落户江苏省中医院。云门诊、国际远程医疗、远程教育……通过“互联网+中医药”，海外友人、华侨华人即使身在国外也可体验国内名医的“望闻问切”。

马来西亚《亚洲时报》社长张丹华感慨，中医药文化博大精深，令人震撼。插上5G的“翅膀”，将中医药文化更好地推广到全世界，这是一件非常有意义的事情。

据统计，2018年以来，“中医惠侨基地”共接待56个国家1000余名海外友人、华侨华人的来访，完成他们的中医药体验；远程诊疗60余名海外患者；为100余名海外友人提供线下绿色通道就诊、住院服务；组织中医药专家团出访美国、加拿大、英国、匈牙利等10余个国家，开展40余场海外中医药健康咨询，义诊近2000人。

（中国新闻网2019－05－22/徐珊珊）

广西最大归侨聚居地打造西南地区食品加工中心

“缅甸农业原材料资源丰富，广西-东盟经济技术开发区食品加工企业众多，技术先进，双方产业互补性强，合作空间巨大。”缅甸驻南宁总领事馆商务参赞水清歌5月23日接受记者采访时说。

当天，广西食品加工产业联盟研讨会在南宁举行。广西-东盟经开区管委会副主任韦耿介绍，近年来，开发区以扶持食品加工企业发展壮大为抓手，吸引百威英博啤酒、中粮集团、双汇食品等世界500强食品加工企业和行业龙头公司落户，聚集60多家食品企业。

“2018年，开发区食品加工产业完成产值67.21亿元人民币，成为广西规模最大、品牌企业最集中的食品加工产业园。”韦耿表示，通过推动成立广西食品加工产业联盟，助力食品加工产业品牌化、集群化发展，打造中国西南片区食品加工中心。

南宁市人民政府副秘书长罗景文出席研讨会时表示，希望开发区借助良好的产业基础，依托南宁教育园区建设，加大“产学研”的整体规划和投入，实现食品加工技术与食品加工企业的有效对接，促进食品产业转型升级。同时，引导食品产业与休闲、旅游、科普、教育、养生养老等产业深度融合，为食品产业发展带来新需求、新市场、新业态。

广西食品加工产业联盟首届会长董凌志表示，联盟将依托广西-东盟经开区平台，联合国内外领域内食品加工生产企业、销售贸易商、物流企业、科研院所、检测机构等，促进资源共享，在原材料供应、技术研发、先进智能设备制造、市场开拓等方面谋求合作，培育和扩大广西食品加工企业与以东盟为主的“一带一路”沿线国家企业交流合作。

据悉，广西-东盟经济技术开发区是广西最大华侨农场，特殊历史时期安置了来自印尼、越南、马来西亚等9个国家的归侨12000多人。经转体改制，开发区现已成为国家级经济技术开发区。

（中国新闻网2019－05－23/林浩）

北京侨梦苑·侨商跨境产品交易交流中心落户石景山

北京侨梦苑·侨商跨境产品交易交流中心（下称“中心”）启动仪式5月26日在石景山郎园park举行。

北京市委统战部副部长、市政府侨办主任刘春锋表示，侨梦苑是国务院侨办重点打造的创新创业平台，北京侨梦苑的建设受到了市委市政府领导的高度重视，既要将北京侨梦苑打造成为华侨华人来京投资创业协调联络、政策宣传、创业孵化、项目落地“一站式”服务平台，又要打造成为北京企业了解“一带一路”沿线国家国情、民情、商情、侨情和服务北京企业“走出去”的窗口。

石景山区委常委、统战部部长、副区长陈婷婷介绍，北京侨梦苑落户石景山近3年来，已累计接待来自32个国家和地区、21个省市自治区、500余家机构的10000余人次莅临交流，先后与36家专业商协会签订战略合作协议，吸引100余家侨资企业落户。

据悉，中心由“北京侨梦苑优选店”和“北京侨梦苑文化汇”两部分组成。

5月26日至10月30日，“北京侨梦苑优选店”分设四个区域，包含国际名酒茗茶、高端护肤、艺术与奢侈品、丝路名品。目前已有全球26个国家和地区的300多种跨境产品进驻，包括12个“一带一路”沿线国家的跨境产品，如斯洛伐克的葡萄酒、斯里兰卡的红茶等。

“北京侨梦苑文化汇”包含商贸文化活动和品牌文化项目。首期入驻的侨商除了提供优质跨境产品外，每周还将承办不同主题和形式的商贸文化活动，以增进与市民和国内外企业的文化交流；品牌文化项目则定位于世界知名艺术品牌、文化艺术大家，引入体系化的文创项目，注重文化市场的培育，打造北京侨梦苑文创IP。

活动现场，15家侨商获得授牌，入驻“北京侨梦苑优选店”；5个文创项目获得授牌，成为首批入驻品牌文创项目；马来西亚华裔钢琴家克劳迪娅·杨和歌剧表演艺术家金曼获颁“北京侨梦苑文化交流大使”聘书。

此次活动由北京侨梦苑建设领导小组办公室、北京侨商会主办，首创郎园协办。中心的成立，旨在进一步服务海外华侨华人创新创业，积极构筑侨商企业对外展示和侨商跨境商品“走进来”窗口。

（中国新闻网2019－05－26/马秀秀）

习近平会见第九届世界华侨华人社团联谊大会和中华海外联谊会五届一次理事大会代表

中共中央总书记、国家主席习近平5月28日上午在北京人民大会堂亲切会见出席第九届世界华侨华人社团联谊大会和中华海外联谊会五届一次理事大会的全体代表，代表党中央、国务院向大家表示热烈欢迎和衷心祝贺，向世界各地华侨华人致以诚挚问候。

中共中央政治局常委、全国政协主席汪洋参加会见。

上午11时，习近平等来到人民大会堂北大厅，全场响起长时间的热烈掌声。习近平等同代表们亲切握手，不时交谈，并同大家合影留念。

中共中央书记处书记、中央统战部部长尤权参加会见并在当天上午举行的中华海外联谊会五届一次理事大会上讲话。会议充分肯定了中华海外联谊会四届理事会取得的成绩，深刻分析了港澳台及海外联谊工作面临的机遇和挑战，号召广大海联会理事以习近平新时代中国特色社会主义思想为指导，团结一心、共同奋斗，为实现中华民族伟大复兴、深化新一轮对外开放、促进祖国和平统一、推进人类文明互鉴做出更大贡献。

会议审议并通过了中华海外联谊会四届理事会工作报告、《关于中华海外联谊会与中国海外交流协会合并的决议》、《中华海外联谊会章程》等文件。会议选举尤权为中华海外联谊会会长，选举产生26位副会长和230位常务理事。

第九届世界华侨华人社团联谊大会将于5月29日召开，来自90多个国家和地区的450多位华侨华人社团负责人出席大会。

丁薛祥、万钢、巴特尔参加有关活动。

（新华社2019－05－28/张晓松，罗争光）

第九届世界华侨华人社团联谊大会在京举行

5月29日，由国务院侨务办公室、中华全国归国华侨联合会联合主办的第九届世界华侨华人社团联谊大会在北京举行（中新社记者/贾天勇　摄）

由国务院侨务办公室、中华全国归国华侨联合会联合主办的第九届世界华侨华人社团联谊大会5月29日在北京举行。大会主题是“拥抱新时代　共圆中国梦”，共有来自世界90多个国家和地区的450余位华侨华人社团负责人参加。

会议全面总结了2016年以来国务院侨办、中国侨联开展为侨服务工作情况，深刻分析了华侨华人社会面临的新形势新变化，就树立新时代大国侨民形象提出倡议，强调侨胞要成为树立新时代大国侨民形象的亮丽名片，侨团要成为树立新时代大国侨民形象的坚强基石，侨领要成为树立新时代大国侨民形象的示范表率。

会上，10家侨团被大会授予“华社之光”荣誉；6位侨团负责人围绕大会主题做了精彩发言，分享了侨社建设的做法和经验。会议还将安排与会代表分赴上海、广东、福建、贵州等地进行参访交流。

世界华侨华人社团联谊大会是全球华侨华人主要社团联谊交流的重要平台，自2001年以来，已连续举办九届。

（中国新闻网2019－05－29/冉文娟，周欣媛）

第四届海外华侨华人中医药大会：助力“科技中医”融入“智慧生活”

2019中国国际服务贸易交易会“中医药服务主题日启动仪式暨第四届海外华侨华人中医药大会”5月29日在北京市国家会议中心举行。

大会以“智慧生活，科技中医”为主题，旨在发挥中医药传统优势，深入挖掘新技术、新业态、新模式，促进中医药传承与全球化发展，助力“科技中医”加速融入“智慧生活”。

来自美国、德国、俄罗斯等16个国家和地区的华侨华人及海内外相关领域代表共200余人参会。

北京市政府副秘书长陈蓓表示，中医药作为中国原创学科，将在服务贸易中发挥越来越大的作用。她认为，中医药服务贸易可全力配合“一带一路”建设，与沿线国加强合作，实现优势互补，在更深层次、更广领域分享国际服务贸易成果。

北京市中医管理局局长屠志涛强调，应坚持以中医药规范化、标准化、现代化建设为重点，进一步扩大海内外中医药高质量交流，让中医药成为“人类健康命运共同体”和“一带一路”建设的健康使者、文明使者。

中医药主题日启动仪式上，北京中医药大学、世界中医药学会联合会等单位分别与美国、秘鲁、比利时、日本、印度尼西亚等国家的中医机构签署合作协议；北京市中医管理局和北京市人民政府侨务办公室为海内外合作十大示范项目授牌。

海外华侨华人中医药大会上，海内外中医药专家学者分别围绕现代科技、人工智能、大数据、知识产权保护、中医药标准化与可溯源技术等议题作深入研讨。

大会由北京市中医管理局、北京市人民政府侨务办公室主办，由北京朝阳中西医结合急诊抢救中心、北京海外华侨华人中医药培训基地和北京圣马克医院承办。

（中国新闻网2019－05－29/周欣媛）

打造“以侨为桥”升级版　树新时代大国侨民形象

5月29日于北京举行的第九届世界华侨华人社团联谊大会就树立新时代大国侨民形象发出倡议，强调侨胞要成为树立新时代大国侨民形象的亮丽名片，侨团要成为树立新时代大国侨民形象的坚强基石，侨领要成为树立新时代大国侨民形象的示范表率。

连日来，随团在粤参访的第九届世界华侨华人社团联谊大会侨领代表纷纷就此表心声、献良言。

新西兰商学院院长黄伟雄说，树立大国侨民形象的倡议让人振奋，海外华侨华人不仅要做中外沟通交流的“桥梁”，更应化被动为主动，做中外文明对话的积极参与者、推动者和实践者。他表示，今后将继续努力将新西兰的优质资源引进中国，将西方好的理念跟中国分享，同时也积极向海外推广中国经验、中国智慧。

“未来我们将不忘初心，再接再厉，进一步融入当地主流社会，讲好中国故事，传播好中国声音，共同为实现中华民族伟大复兴、推动构建人类命运共同体的历史进程谱写新篇章。”英国伦敦华埠商会主席邓柱廷说。

邓柱廷所在的商会是英国历史最悠久、规模最大的华人社团之一，致力于维护侨胞合法权益、传递侨社声音和诉求、推动中英交流。每年春节，该商会都会组织盛大庆祝活动，吸引当地几十万观众，进一步加深了他们对中华文化的认识。

法国中国和平统一促进会常务会长张常豹说，要在发展的同时回馈当地社会，发挥融通中外的独特优势，助推中国与世界各国共同和谐发展，做好友好民间使者。他认为，侨领要率先垂范，同心同德，提升与展现大国侨民良好素质与形象，更好传播中华民族优良文化传统，努力讲好中国故事。

第九届世界华侨华人社团联谊大会赴粤参访团参观“大潮起珠江——广东改革开放40周年展览”（姬东　摄）

美国明尼苏达州华人工商协会会长马元卓认为“大国侨民”倡议非常有必要。“作为侨领，必须以身作则，素质要高，才能带动侨社其他成员，才能有说服力并促进和谐侨社建设。”他指出，不只是为侨民服务，侨团更要走出去，向其他优秀族群社团组织学习，加强团结，提升素质，积极融入主流社会。

“树立好大国侨民形象，我们有这个责任和担当。侨团要团结和无私奉献，才能融入当地，让当地人理解和谐世界的理念。”墨西哥中国和平统一促进会会长焦美俊表示，侨团只有很好地融入当地，才能发挥作用，更好地与当地社会互相促进发展，这和建设和谐侨社、和谐世界是相通的。

马来西亚华人姓氏总会联合会总会长洪来喜说，“大国侨民”是一个非常新的理念，中国的崛起是大势所趋、民心所向，作为海外华人，我们应充分利用我们庞大的社会资源、侨力资源和人脉资源，充当在所在国和中国的民间桥梁纽带，促进“一带一路”建设发展。

“‘一带一路’民心相通，最重要的是文化相通，文化只有在理解、了解的前提下，才能交朋友。”来自德国的侨领陈平，2017年作为广东省引进人才，创办了暨南大学文化遗产创意产业研究院。她建议，“走出去”应先交朋友，后做生意。

（中国新闻网2019－06－03/郭军）

聚焦江西“侨梦苑”发展：打造人才资源聚合地

中央统战部副部长谭天星6月4日在江西出席第十三届黄埔论坛活动之际，专程到南昌市红谷滩新区侨梦苑进行考察调研。

当天临近中午，谭天星一行来到慧谷创意产业园，在一站式服务大厅的“为侨服务”窗口听取了相关情况介绍；随后，走访了美翻网、江西金黄光智慧照明、添异文创等多家高新技术侨资企业和归国留学生创意基地。

在听取园区、企业的情况介绍后，谭天星鼓励园区、企业负责人和海归科技创新带头人，要勇于创新，大胆探索，挖掘本土资源，整合先进前沿技术，做强企业，成就产业，助力城市新发展。

谭天星在调研时表示，要继续支持“侨梦苑”的建设，加大力度吸引海外高层次人才，通过当地政府各部门和园区等各方面的努力，创造一流的创新营商环境，加快科技成果转换，让回国的人才事有所成、业有所兴。

谭天星还表示，“侨梦苑”的牌子不光是一个形象，更重要的是要把“侨梦苑”作为一个人才和资源聚合的地方，充分发挥“侨梦苑”的作用，而当下正是吸引海外人才的时机。

据了解，2015年11月，经国务院侨办批准，江西“侨梦苑”正式落户南昌红谷滩，这是继天津、河北、福建之后，第四家挂牌设立“侨梦苑”的侨商产业聚集区。

江西“侨梦苑”侨商产业聚集区涵盖南昌红谷滩新区全域，总面积约176平方千米。近年来，通过“走出去、引进来”，红谷滩“侨梦苑”共引进汉昀孵化器、南昌华南城等100余家侨资企业，侨资项目区内投资总额累计超过500亿元人民币。

（中国新闻网2019－06－04/华山，姜涛）

引资促贸初见成效　“华洽会”助力三亚新发展

初夏的海南三亚，天高云淡，椰影婆娑。5月31日至6月2日，2019三亚华人华侨投资暨创新创业洽谈会（以下简称“华洽会”）在三亚湾红树林国际会议中心举行，来自澳大利亚、马来西亚、新加坡、美国、加拿大等28个国家的近千名华侨华人、商会代表、企事业单位代表齐聚一堂，聚焦三亚城市发展，共谋合作，为海南自贸区（港）建设建言献策，添砖加瓦。

作为三亚市首次举办的大型华侨华人招商引资和引才活动，华洽会以“聚集侨力、共享机遇，助推海南自贸区（港）建设”为主题，旨在加快推进三亚发展。

献计献策：参会嘉宾句句如“金”

华洽会除主论坛“三亚论坛”外，还相继举办了“世界海商（三亚）青年论坛”“华侨华人财富管理暨金融科技论坛”“全球医疗器械产业创新发展论坛”“数字贸易战略论坛”“琼台农业合作论坛”等八场分论坛。多名世界华侨华人领袖及企业界领军人物和著名院士专家发表演讲，为当地经济发展献计献策。

中国侨商投资企业协会会长、泰国正大集团董事长谢国民表示，海南具有独特优势，建设自贸区（港）为华侨华人来琼投资兴业提供机遇。海南是中国对外开放的重要窗口，期待海南可以出台更为开放、完备的现代化法律法规，吸引更多的世界一流人才来琼创新创业，正大集团是最早进入海南的外资企业之一，下一步将在生物科技研发等领域与三亚开展更为广泛的合作。

中国科学院空天信息研究院海南研究院执行院长杨天梁说，如今海南已具有

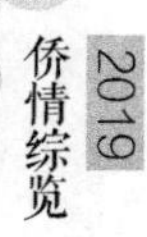

"卫星上天、数据落地"的能力，而"数据落地"正是通过三亚卫星地面接收站实现，这是三亚发展空天信息产业难得的优势。

香港海南社团总会会长张泰超认为，三亚有丰富的资源，有一定的经济基础，具有招商引资、招才引智的良好条件，是海南的一张亮丽名片。希望三亚加强政府执行力建设，提高政府人员办事能力和效率，构建法治化的营商环境，更好地服务投资者。

对于三亚旅游业的发展，新西兰中国旅游交流协会会长陈运召也有他独到的见解，他说，关键要找准自身发展定位，要形成特色，做成品牌，通过独一无二的魅力吸引更多的人来三亚旅游。他表示，十分乐意在新西兰搭建三亚旅游推介平台，推动两地交流发展。

作为已在三亚投资10年的侨商，富华国际集团总裁赵勇感受到三亚市对于投资者的用心与支持，他建议三亚打造一个"创新创业生态圈"，为投资者提供"拎包入户"服务，让企业带着项目、技术落地，促进当地产业结构调优升级。

盛况空前：引资促贸初见成效

华洽会规模之大、人数之多，可谓盛况空前，从侧面反映出华侨华人对海南自贸区自贸港建设的高度关注，寻商机、促合作，共享海南自贸区自贸港建设的发展机遇成为此次华洽会的一大亮点。

开幕当天，与会企业代表和三亚当地政府便签订了育才生态区龙密花卉观光示范园区、人工智能在医疗方面的应用战略合作互联网医院、国际邮轮母港主题公园、海南星座一号卫星搭乘捷龙一号火箭、琼台热带特色高效农业交流示范基地、《南洋船王》等10个投资合作项目。这些项目聚焦现代服务业、旅游业和高新技术产业，具有投资方向集中、项目层次较高等鲜明特点。

在空天产业论坛上，三亚中科遥感信息产业园投资有限公司与北京坤飞航天科技有限公司等4家企业（研究院）达成合作意向。

在琼台农业合作论坛上，心想事成文创科技股份有限公司（台湾）副董事长树佩蓉介绍了三亚龙密花卉观光示范园区的整体规划情况。据透露，该园区占地约400亩，已经开始建设。

在人工智能暨科技创新论坛上，新加坡Jarvis+人工智能中心首席技术主任兼CEO吴骞在华洽会上透露，今年10月，他们将在三亚举办国际短文本科技大赛。比赛除了奖励外，还将对优秀的源代码进行公开、开源和落地，帮助三亚在国际上提高科技知名度。

（《人民日报海外版》2019－06－10/邢增海，贺小逵）

“侨连五洲·七彩云南”启幕 “云品”集中亮相引海外华商关注

6月11日，“侨连五洲·七彩云南”第17届东盟华商会暨第1届“一带一路”侨社论坛在昆明开幕。在当日举行的昆明市高新区、各州市项目推介洽谈活动中，三七、茶叶、红糖、青花椒油等云南特色产品悉数亮相，吸引全球华商前往了解洽谈，谋求合作。

据悉，此次“侨连五洲·七彩云南”第17届东盟华商会暨第1届“一带一路”侨社论坛由中国侨联、国家开发银行、云南省政府联合主办。11日—15日，侨界专家企业家峰会，云南省招商引资推介，昆明市高新区、各州市项目推介洽谈等十余项活动陆续开展。部分嘉宾还将前往丽江市进行商务考察、参加招商引资活动，促进云南与海外的合作交流。

“云南有三个特点，这里是美丽的地方、快速发展的地方、充满合作与机遇的地方。”云南省投资促进局副局长王青梅在云南省招商引资推介会上说道，随着“一带一路”建设的推进，云南正加快建设中国面向南亚、东南亚辐射中心，是一片投资的热土。目前，云南实际利用外资突破200亿元（人民币，下同），引进省外到位资金超过4万亿元，在滇世界500强企业达到114家。

在当天举行的昆明市高新区、各州市项目推介洽谈活动现场，楚雄刺绣工艺品、昭通青花椒油、怒江火腿、大理鹤庆古法红糖等产品一齐亮相，各州市企业希望海外华商前往投资助推产业发展，同时也将云南的优质产品带向世界。

“云南的蔬菜、水果等农产品天然无公害，在阿联酋十分受欢迎。”阿联酋云南商会常务副会长马国方在项目推介洽谈活动现场看花了眼，三七、天麻、玛卡等中药材是他重点关注的对象，“这些中药材在阿联酋的市场前景广阔，希望借此机会和云南的企业达成合作意向，将好的产品带给更多消费者，也帮助云南农产品、云南企业走向世界。”

迪拜金龙集团执行董事张克波在茶叶展位前挪不开脚，他笑着说道：“我喝了很多年茶，还是喜欢云南的普洱。”张克波认为，中国茶文化源远流长，但在海外的推广还需加强，中国侨联此次举办的系列活动，不仅让全球华商更加了解云南，也能通过他们把中华文化更好地向世界推广。张克波称：“如果明年还举办这样的活动，我一定会来参加！”

（中国侨网2019－06－12/陈静，李晓琳，胡远航）

第十九届海外侨界高层次人才为国服务活动在津启动

“创业中华·牵手京津冀”第十九届海外侨界高层次人才为国服务活动6月14日

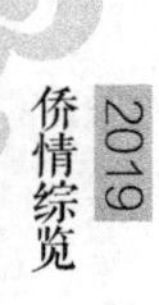

在天津启动。来自12个国家和地区的74位海外侨领、专家学者及知名企业家，共带来70余个经济科技合作项目。

中国侨联副主席李卓彬，天津市委常委、统战部部长冀国强等人出席了启动仪式。

本届活动以“创业中华·牵手京津冀”为主题，于6月13日至18日在津京两地举行，由天津市侨联轮值承办。在津期间，服务团参加2019中国·天津华侨华人创业发展洽谈会举行的“科技创新项目对接洽谈会”，并赴宝坻区参观考察，实地感受天津经济社会发展成果，深度了解天津对高层次人才、“高精尖”科技项目的需求及政策支持情况。

据悉，海外侨界高层次人才为国服务活动于2001年由中国侨联与北京市侨联共同发起。2015年，为充分发挥海外人才智力资源优势，助力京津冀协同发展重大国家战略，活动由京津冀三地侨联共同主办。目前，活动已连续举办十八届，累计吸引了来自50余个国家和地区的700余名海外侨界高层次人才参与，实现了70余位高层次人才回国创业发展、80余个高科技项目在京津冀落户，投资额近百亿元，已成为拓展海外新侨工作的重要品牌。

（中国新闻网2019－06－15/张道正，雷婷）

“基层侨联＋海外华侨华人社团”工作机制在沪启动

匈牙利中欧“一带一路”总商会、科威特华侨华人协会、上海科技京城侨界联合会三家侨团6月15日在上海本着以侨为桥，联谊、自愿、互利的原则，经过充分商讨，在“中国人自己出资并建造的第一幢摩天大楼”（曾是远东第一高楼）国际饭店举行缔结联谊合作伙伴正式签约仪式。

据介绍，建立联谊合作伙伴关系目的是探索构建“基层侨联（涉侨社团组织）+海外华侨华人社团”工作机制，团结广大海外侨胞和归侨侨眷，促进侨团组织高质量发展，更加精准地服务侨界人士和经济社会发展。

“基层侨联（涉侨社团组织）+海外华侨华人社团”工作机制建立后，三方将定期会面进行专题交流，一般一年两次，各方各推荐一名人员担任联络员；三方将立足所在国和当地，积极为伙伴关系成员提供服务，包括政策咨询、商务组织、文化交流等；建立联谊合作轮值制，三年为一个轮值周期。

鉴于2019年是中匈建交70周年，故由匈牙利中欧“一带一路”总商会担任本年度轮值会长；三方合作的未尽事宜由轮值会长召集三方另行协商决定；三方联谊合作将严格遵守所在国和当地法律法规，尊重当地文化习俗，自觉当好中华民族和中华文明移动的亮丽名片，树立新时代大国侨民形象。

匈牙利中欧“一带一路”总商会2016年5月17日由十家单位发起，在匈牙利法院注册成立，2017年1月23日刘厚祥在匈牙利法院注册登记为中欧“一带一路”总商会会长。总商会下设中匈企业家联谊会、总工程师协会、托卡伊贵腐酒俱乐部等侨社组织，旨在搭建中匈两国文化商贸等交流的友谊桥梁。

科威特华侨华人协会1997年初在科威特成立，现有会员500多人。2018年11月初，华协理事会换届，第四届新理事会正式成立。2018年12月28日，协会成立科威特中国和平统一促进会。

上海科技京城侨界联合会成立于2007年1月，是上海市首家成立的楼宇侨联基层组织。12年来，科技京城侨联在基层楼宇园区新侨工作上进行了探索和实践，建立了“1+2+4+2”基层侨联组织工作模式，曾荣获上海市侨联企业特色“侨之家”，上海市侨联系统先进集体。

当天，上海市黄浦区侨联副主席兼秘书长张凌莅临祝贺；黄浦区侨联副秘书长、办公室主任彭慧君，匈牙利中欧“一带一路”总商会会长刘厚祥，科威特华侨华人协会会长董泰康，上海科技京城侨界联合会主席张国年，上海科技京城侨界联合会副主席陆一民，上海科技京城侨界联合会副主席郭开华，上海科技京城侨界联合会副主席何粲等及三家侨团代表共同见证。

（中国侨网2019－06－16/许婧）

甘肃“侨青会”成立　聚合智囊资源携手同行

甘肃省侨联青年委员会（下称“侨青会”）成立大会暨第一届委员大会6月15日在兰州举行。当日，会上审议通过了《甘肃省侨联青年委员会章程（草案）》以及第一届委员、常委人员名单，选举谢榜辉为主席，还选举产生了副主席、秘书长、副秘书长，并聘任了荣誉顾问。

“侨界青年精英云集，不仅有事业有成的企业家，还有大批高新技术人才，囊括了社会各个领域的新生力量及海内外人才资源。”新当选的侨青会主席谢榜辉表示，地处中国西部的甘肃，文化资源丰富，侨界青年肩负弘扬中华传统文化的历史使命。

据了解，侨青会第一届委员会有130名委员，具有学历层次较高、行业分布广泛的特点。

谢榜辉说，侨青会将积极广泛开展有利于在甘侨界青年发展、挖掘甘肃本土资源、带动经济发展、谋求创新合作的社会活动。志愿者服务队将定期组织开展义工活动，开展形式多样的帮扶助困活动，同时加强与社会各界公益组织的互动交流，不断提升服务社会的能力和水平。

“侨青会是侨界青年一代的优秀代表，是侨联事业承前启后、继往开来的主力军，是我们做好海外第二、三代华侨华人工作的重要工作平台。”甘肃省侨联党组成员徐妍丽表示，希望侨青会“以侨架桥，以侨引外”，充分发挥与海外、省外联系广泛的独特优势，同时加强与中国侨联青委以及其他省市侨青委的交流，为甘肃省拓展海外交流合作当好牵线人，服务、引导海外、省外侨胞和国际友人因“侨”结缘甘肃，在这里收获共赢发展的巨大机遇。

“甘肃省在脱贫攻坚、国家生态安全、‘一带一路’建设中地位重要。新时代背景下，侨界青年和海归青年遇到了创新创业的绝佳历史机遇。”徐妍丽寄语侨界青年，希望他们审时度势，抓住机遇，主动作为，为推动甘肃经济社会高质量发展、实现绿色崛起贡献力量。

谢榜辉表示，侨青会将发挥优势，积极开展海外人才引进、招商引资、对外文化交流等活动，为甘肃省经济建设做出积极贡献；坚持“以侨为本、为侨服务”的宗旨，积极帮助会员及广大侨界青年解决困难问题，扎实开展各项活动，真正把侨青会建设成为“侨界青年之家”。

（中国侨网2019－06－17/高展）

“侨智”自主知识产权成果项目落地福建

中国侨联特聘专家委员会与福建省侨联共同主办的“创业中华·侨智助力八闽”项目对接会6月19日在福州举行。

对接会上，13位侨界专家携具有自主知识产权的近20个成果项目来闽对接，如大数据可视计算基地、手持式云端拉曼光谱仪项目、工业化生产高质量石墨烯项目等，涉及电子信息、智能制造、人工智能、新能源、环保科技等新兴产业领域。

此外，对接会还邀请了150余位侨商和福建省企业代表参会，与侨界专家自由对接，达成了一批初步合作意向。

对接会上，共有5个项目签约落地福建，签约总额达到2.25亿元人民币。

Centerm Enterprises Pty. Ltd. 董事长刘旭携“增程式电动车核心动力系统”参加此次对接会，并与福建企业签约。该项目的技术核心是用于往复运动和旋转运动之间转换的连接组件，油耗低、体积小、重量轻，噪音振动平滑性指标领先行业。

“我们计划在福建设立研发、生产、销售中心。”刘旭表示，他一直很关注中国新能源汽车市场，希望寻找更多的合作机会。

除此之外，还有新材料技术在生物保健领域的应用、基于AI技术的食用农产品和耕作行为识别系统研究开发与成果转化、3D Systems公司的3DXpert分析软件和厦门五星珑科技有限公司金属SLM一体化成型系统合作项目、高吸收高性能OCA材料4个项目签约。

中国侨联副秘书长赵红英表示，“创业中华”活动始创于2010年，未来将围绕创新驱动发展、京津冀协同发展、长江经济带建设、粤港澳大湾区建设等战略，注重发挥侨的作用，更好地服务地方经济和社会发展。

福建省侨联主席陈式海说，希望广大新侨专家能通过“创业中华”平台，开展经常性、常态化的洽谈合作，促进海内外侨界智力成果同侨商、资本的有效融合。

（中国新闻网2019－06－19/闫旭）

70余侨商台商走进青海觅商机

记者6月20日在青海西宁举行的2019知名侨商台商走进青海高峰论坛上获悉，该项活动吸引70多名侨商和台商至此寻觅商机，当场签约3个项目，共5.65亿元人民币。

全国台联党组书记、会长黄志贤在论坛致辞中表示，青海是一个十分可爱的地方，资源富集、物华天宝，既是生态旅游胜地，也是投资发展的宝地。

他希望台商代表深度了解青海、宣传青海，吸引和介绍更多有识之士投资建设青海，在扩大交流合作中增进友谊、共同发展。

中国侨联副主席隋军致辞时指出，中国从站起来、富起来到强起来，广大归侨侨眷和海外侨胞始终是祖国在各个发展时期的坚定支持者和参与者。中国侨联将进一步密切与青海的联系，加强为青海侨资企业的服务。

中共青海省委常委、统战部部长公保扎西表示，青海真诚地邀请各位侨商、台商在青海多走一走、看一看，以亲身的感受了解青海、宣传青海，与青海结缘，在青海兴业，共同谱写加强经贸往来、扩大交流合作的新篇章。

中国侨商联合会副会长、秘鲁万新集团董事局主席万志新回顾其在南美的创业历史后表示，青海与秘鲁同属高原地区，他愿意发挥在海外联系广泛的优势，与侨商一起，向世界介绍推广青海，为青海企业“走出去”牵线搭桥。

艾肯国际行销创始人、到大陆创业26年的台商许蓓龄表示，“登陆”之初即希望将先进的行业理念带到祖国大陆，提升人民生活质量。她认为，青海是“一带一路”沿线的重要节点，投资前景广阔，广大台商应借此机会紧跟潮流，投资发展优质产业。

（中国新闻网2019－06－20/罗云鹏，王捷先）

海内外华人华侨“情牵”甘肃：文化为媒“桥接”资源

由中华全国归国华侨联合会主办、甘肃省归国华侨联合会承办的侨说伏羲文化研讨会6月21日在羲皇故里天水举办，来自美国、澳大利亚、马来西亚、巴基斯坦、泰国、意大利及中国香港、澳门等地区的70余名海内外华侨华人共话伏羲文化，探讨中国西部走向海外。

已在泰国生活26年的华人虎炎从小生活在甘肃兰州，23岁前往泰国打拼，致力于中医药文化的传播和推介，如今她是泰中西北商会会长，在她的推动下，岐黄泰国中医药中心于2018年在泰国曼谷成立，今年还将和兰州佛慈制药股份有限公司在泰国合作建中医馆。

伏羲是中华民族的人文始祖，伏羲文化是中华民族的本源文化和中华文明的重要源头。此次是虎炎第四次来天水寻根问祖，她说，今后还将组织在海外生活的年轻华侨华人回祖（籍）国，了解中国文化的源头，并鼓励他们继续成为“桥接”两地的使者。

在马来西亚生活7年的华侨马玉田是甘肃驻马来西亚商务代表处首席代表，谈及中国文化经贸在海外的推介，他说，我们要整合自身资源和优势，找到切入点和突破口，甘肃的清真食品、中药材、特色农产品是打开东南亚市场的“敲门砖”。

“办教育”则是巴基斯坦甘肃同乡会（陇商会）秘书长马斌推介中国文化的主要方式，2013年在巴基斯坦成立的中巴教育文化中心，是目前巴基斯坦最大的汉语言教育文化机构，成为两地年轻人交流的纽带。

中国侨联副主席齐全胜说，公祭伏羲大典对于增强海内外中华儿女的根祖认同、民族凝聚和文化自信具有重要意义。侨界人士遍布世界，我们要以侨为桥，立足当今时代的精神需求，挖掘伏羲文化所蕴含的精神富矿，以现代的形式进行展现和传播，争做中华优秀文化的传播使者。

（中国新闻网2019－06－21/丁思）

澳门侨界海归协会成立　首届理监事宣誓就职

澳门侨界海归协会成立暨第一届理监事就职典礼，6月21日下午在澳门青年创业孵化中心举行。全国人大代表、澳门归侨总会会长刘艺良，广东省侨界海外留学归国人员协会会长梁日辉等出席了就职典礼。

澳门侨界海归协会会长蔡明威表示，《粤港澳大湾区发展规划纲要》的公布，标志着大湾区建设迈上新台阶。澳门和大湾区其他城市在“基础设施建设”和“共建优质生活圈”等多个领域有着许多的共同利益和广阔的合作前景。

蔡明威称，未来澳门侨界海归协会将加强与粤港澳大湾区海归协会的交往，促进粤港澳三地的民间往来和技术交流，为未来新一轮产业调整变化作出应有贡献。

梁日辉表示，在《粤港澳大湾区发展规划纲要》下，作为新一代的海归人员，迎来了难得的创新创业机遇。环顾粤港澳三地，优势互补的特征明显。海归人员作为信息时代的先驱，可携手合作，共建粤港澳大湾区大数据中心和国际化创新平台。

仪式上，澳门侨界海归协会分别与广东省及肇庆、江门、惠州、深圳的侨界海归团体签署战略合作协议，未来就人才培养、经贸合作以及人才交流等展开深入合作。

（中国新闻网2019－06－21/龙土有）

5年来"创业中华·海外侨商走进河北"签约286个项目

6月22日，河北省归国华侨联合会主席包东透露，5年来"创业中华·海外侨商走进河北"系列活动共举办50余场，邀请70多个国家和地区3000多名海内外侨商参加，共签约286个项目，项目金额共计1002.53亿元（人民币，下同）。

河北省第十次归侨侨眷代表大会开幕式于6月22日在河北石家庄举行。河北省侨胞代表、海外侨胞特邀代表等各界人士共500余人参加。

当天，包东作河北省侨联第九届委员会工作报告。据包东介绍，过去5年，河北省侨联主动围绕中心大局，服务经济发展。如建立京津冀侨联主席联席会议制度，围绕疏解北京非首都功能，形成工作协同联动机制，共同建立基地，共同开展活动；积极服务侨企侨商，发挥侨商会服务会员、奉献社会的作用，5年来会员企业投资新项目155个，投资额625.81亿元。

据悉，过去5年，河北省侨联积极进行海外联谊，多措并举拓展侨务资源。在"请进来"方面，5年来邀请50个国家和地区共2000多人（次）来河北参加河北省对外开放重点活动，有针对性地加强与河北省主要开放方向的联系，开展经贸、文化、科技等方面的合作交流，汇聚侨心、侨智、侨力。在"走出去"方面，河北省侨联先后组织17个团组出访38个国家和地区，走访侨团近300个，走进侨胞企业、侨校、孔子学院，拜访使领馆等，深耕关注关心河北的"朋友圈"。

中华全国归国华侨联合会主席万立骏当天出席开幕式并表示，当前河北正处于重要历史窗口期和战略机遇期，京津冀协同发展、雄安新区规划建设、筹办北京冬奥会，这三件大事为广大归侨侨眷和海外侨胞发挥优势、展现作为提供了广阔舞台。河北省侨联要进一步拓宽工作覆盖面，做深做广海外联谊工作，做细做实侨胞联络工作，用好用活侨务资源，助力河北对外开放。

（中国新闻网2019－06－22/李茜，赵宝云）

100多位侨商考察中国最北国家级新区

6月23日，哈尔滨市归国华侨联合会发布消息，"2019海内外侨商龙江行"活动正在哈尔滨举行，来自全球20多个国家和地区的100多位海内外侨商22日实地考察了中国最北部的国家级新区——哈尔滨新区，共商经贸交流与合作。

哈尔滨新区位于哈尔滨市松花江北岸，是中国唯一的以对俄合作为主题的国家级新区和最北部的国家级新区，新区规划面积493平方千米，是中国实施新一轮东北地区等老工业基地振兴战略，推进"一带一路"建设的重大举措和战略支点。

此次考察期间，海内外侨领侨商参观了哈尔滨新区规划展览馆，观看规划宣传片、听取了新区介绍和项目推介，全面了解了哈尔滨新区"三区一极"的功能定位和规划布局。之后，考察团又参观考察了以哈尔滨工业大学为核心的具有高技术研究平台和孵化器功能的黑龙江工业技术研究院，从事智能电气设备制造的哈尔滨九洲电气股份有限公司、从事专网通信设备研究销售和技术服务的哈尔滨海能达科技有限公司等高科技企业。

参观考察后侨领侨商们纷纷表示，哈尔滨新区展现的勃勃生机令人惊叹，中俄新时代全面战略协作伙伴关系的建立，更为新区带来新的发展机遇，要充分发挥海内外侨领侨商联络广泛、人才荟萃、智力密集和经济实力雄厚的优势，以侨为"桥"，广泛联系海内外侨胞，更加广泛地宣传哈尔滨新区，带动更多的海内外侨商积极融入新区经济建设，为东北地区等老工业基地建设作贡献。

（中国新闻网2019－06－23/王妮娜）

致公党福建省委会挖掘"侨海"特色　助力脱贫攻坚

"如何更好地履行参政党职能，挖掘'侨海'特色，找准切入点、结合点、着力点开展脱贫攻坚民主监督，一直是致公党近年来社会服务工作的重点。"福建省政协副主席、致公党福建省委会主委薛卫民在四川省黑水县调研时如是说。

6月26日，致公党福建省委会结束为期4天的阿坝藏族羌族自治州黑水县脱贫攻坚民主监督工作调研。全国政协委员、致公党福建省委会副主委刘珂，福建省自然资源厅厅长、致公党福建省委会副主委叶敏，致公党福建省委会秘书长王惠忠等调研组一行12人参加此次调研活动。

脱贫攻坚民主监督是中共中央赋予各民主党派的新任务，也是民主党派履行民主监督职能的新领域。根据致公党中央统一部署，自2017年起，致公党福建省委会对口四川省阿坝州开展脱贫攻坚民主监督工作，薛卫民先后两次带队赴阿坝州的理县、小金县开展脱贫攻坚民主监督工作调研。

黑水是贫困山区，1994年至2011年间3次被认定为国家扶贫开发工作重点县，2017年再次被列为国家"三区三州"深度贫困县。如今，黑水着力识真贫、扶真贫、真脱贫，全力确保290户971名贫困人口脱贫、4个贫困村退出，实现贫困县摘帽目标。

通过此次走访和调研，调研组体会到，脱贫攻坚进程中爬坡过坎的地方很多，比如进一步提升产业扶贫的"造血功能"、探索稳定脱贫长效机制、进一步开发利用乡村旅游资源、增强对易地扶贫搬迁的后续帮扶等。

"脱贫攻坚民主监督，既是监督，更要帮助呼吁、帮助解决困难。"薛卫民指出，致公党福建省委会在下一阶段开展脱贫攻坚民主监督工作中，要多用心用情，对民主监督机制再完善、创新一些，对民主监督流程理得再顺一些，对民主监督实效再强化提升一些。

在座谈会上，薛卫民还提到被称作“中国扶贫第一村”——福建宁德赤溪村的脱贫故事。20世纪90年代初，实打实的政策与心贴心的诚意打动村民，赤溪村整村实行了搬迁。后来，八闽大地全面展开了一场跨世纪的“挪穷窝”“拔穷根”的脱贫行动。如今的赤溪村，更加注重造血功能，因地制宜培育旅游特色优势产业。

“现在，脱贫攻坚已经进入决胜的关键阶段，到了攻坚拔寨、啃硬骨头的时候。”薛卫民强调，在这个关键节点上，各民主党派要做好脱贫攻坚民主监督工作。

致公党是中国唯一的涉侨参政党，有显著的“侨”“海”特色。福建的致公党员有80%是归侨侨眷或有其他海外关系。开展脱贫攻坚民主监督，是中国共产党领导的多党合作制度优势的重要体现。

“我们按照精准扶贫的思路，这次特别带了几位致公党员企业家来这里调研。”薛卫民表示，希望企业家们能帮忙引项目、引技术、引资源，也希望企业家们能在阿坝州的热土上寻商机、谈合作、促发展。

薛卫民还表示，要做好“侨”“海”文章，利用好侨务资源，向所联系的广大海内外华侨华人讲好中国共产党领导的多党合作故事，讲好中国人民具体而生动的摆脱贫困故事；同时，积极动员更多的致公党员参与到阿坝州的脱贫攻坚事业中来，让阿坝州和福建的联系更加紧密、合作更加深入，为打好脱贫攻坚战做出积极贡献。

（中国新闻网2019－06－26/张金川）

青海首家“中国华侨国际文化交流基地”落户黄南

经中国侨联批准，青海省黄南藏族自治州民族博物馆被确认为第六批“中国华侨国际文化交流基地”之一。这也是青海省首家“中国华侨国际文化交流基地”。

中国国际文化交流基地是中国侨联打造的中华优秀文化交流的重要平台，是侨联组织弘扬中华优秀文化、促进中外文化交流的重要窗口。

“黄南州民族博物馆作为青海省首家入选的‘中国国际文化交流基地’，是对热贡艺术作为世界非物质文化遗产的充分肯定，也是发挥广大归侨侨眷推动热贡艺术在世界传播的重要平台，必将对扩大藏传佛教文化艺术——热贡艺术在海内外的影响力和知名度产生积极影响。”青海省委统战部部务委员高永英说。

据悉，青海省将进一步扩大热贡艺术的传播空间和传播渠道，使热贡艺术在国内外的传播渠道更加顺畅。充分发挥国际文化交流基地的品牌作用和资源优势，把民族博物馆打造成展示民族文化、传播热贡艺术的名片和舞台，大力促进藏族文化和藏传佛教艺术走向世界。

“充分发挥基地的窗口作用，大力弘扬热贡艺术文化，吸引更多的海外侨胞走

进黄南、走进博物馆，了解青海、了解黄南。同时利用基地的文化资源，组织归侨侨眷学习艺术技艺，为黄南州的脱贫攻坚贡献力量。”高永英说。

高永英表示，青海省将加快侨联组织建设，密切与海外侨胞的联系，积极开展“走出去”“请进来”活动，借助海外侨胞传播黄南声音、讲好黄南故事，将侨联组织和黄南州民族博物馆打造成侨界文化之窗，为建设更加富裕文明和谐美丽的新青海做出新贡献。

（中国新闻网2019－06－26/李隽）

240余位华商走进济南“侨梦苑”共谋新发展

“2019中国·济南华侨华人创新创业大会”6月26日在济南开幕。来自美国、加拿大、英国、俄罗斯、日本、韩国等30个国家和地区的240余位华商与会，走进济南“侨梦苑”，共谋新发展。

本次会议以“新泉城、新动能、新跨越”为主题，设置了开幕式、济南双招双引政策推介等活动，并邀请与会华侨华人高层次人才、华商走进济南“侨梦苑”，赴区县和园区考察。

记者采访了解到，此次与会华侨华人共携带高新技术项目180多项，涉及生物医药、新能源、新材料、电子信息、物联网、智能制造等行业。

“侨梦苑”是国务院侨务办公室与地方人民政府在重大战略布局中精心打造的侨商产业聚集区和华侨华人创新创业基地，旨在为侨胞创新创业创造良好的政策、发展和生活环境，提供全链条、综合性服务。中央统战部侨务事务局局长许玉明表示，济南“侨梦苑”地理位置优越、综合条件优良。济南作为中国历史文化名城、人文荟萃、资源富集、体系完备，为产业合作发展提供了良好的环境和有力的支撑。走进济南“侨梦苑”活动是海外华侨华人高层次人才、华商与“侨梦苑”洽谈项目、对接产业的桥梁和纽带。

山东省委统战部常务副部长赵强表示，济南“侨梦苑”于2017年揭牌成立，是山东省政府会同国务院侨办共同建设的示范性侨商产业聚集区和华侨华人创业创新基地，是广大侨胞创业圆梦的地方。现已出台了《关于推进济南侨梦苑建设发展的若干扶持政策》，并首先设立市级专项产业资金，进一步完善和拓展了“侨梦苑”总部设施及为侨服务中心的多项功能。

两年多来，济南“侨梦苑”共吸引全球5000多人次考察洽谈，170多家企业落户，总投资400多亿元人民币。赵强说，济南“侨梦苑”呈现出凝聚高端人才、聚焦高端产业、突出创新发展的鲜明特征，成为新型工业化发展的引领区、优质营商环境的示范区、开放型经济和体制创新的先行区。

济南市委副书记、市长孙述涛介绍说，济南“侨梦苑”、生命科学城、创新谷、科创大走廊等各种创新创业的平台正吸引大批专家入驻。“平台已铸就，机会已创造，就等着大家到济南来。”济南将继续不断完善和造就更好的营商环境，保证海外华侨华人安心地创新创业。济南所有的公务员队伍将为来济南创新创业的海外华侨华人当“店小二”，为大家提供好的创新创业条件，给大家创造更好创新创业机会。

济南“侨梦苑”是为海外华侨华人回国创业创新打造的专属平台。中国侨商投资企业协会副会长、美国华尔街投资集团董事长王国金表示，济南是山东省会，是经济、政治、文化、教育之中心，海外华侨华人看好济南的发展和投资前景。济南是创业的好地方、是投资的热土，济南正以时不我待的决心和勇气，为致力于在济南创新创业的海外侨胞、港澳同胞提供最优良的平台和政策。

“2019中国·济南华侨华人创新创业大会”会期三天。济南“侨梦苑”国际人才港26日揭牌成立。

（中国新闻网2019－06－26/李欣）

300余南侨机工眷属昆明纪念机工回国抗战80周年

7月7日，来自云南、厦门、海南、马来西亚等地的300余名南侨机工眷属、相关机构工作人员齐聚昆明，瞻仰南洋华侨机工抗日纪念碑、举行纪念大会，纪念南侨机工回国抗战80周年。

本次活动由云南省归国华侨联合会主办，云南省侨联南侨机工暨眷属联谊会承办。云南省侨联副主席徐盛兴介绍，1939年滇缅公路通车之时，日寇已占领中国半壁江山，沿海港口被日本侵略者全面封锁，虽然打通了滇缅公路，但驾驶修理人员匮乏。

为此，“南洋筹赈祖国难民总会”主席、著名爱国华侨领袖陈嘉庚于1939年2月发表《南侨总会第六号通告》，号召南洋爱国华侨青年报名，回国支援抗战。侨居马来西亚、新加坡、印尼、泰国等国家和地区的万余名爱国华侨青年热情高涨，踊跃报名。

在1939年2月至1942年5月间的1000多个日夜里，3000余名南侨机工共抢运各种军需物资约50万吨，其中有1000多名机工血洒滇缅公路，为国捐躯。

当天，在昆明南洋华侨机工抗日纪念碑前举行的纪念活动上，厦门华侨博物院院长曾莹感慨万分：“2019年是新中国成立70周年，也是南侨机工回国（抗战）80周年，同时又是滇缅公路通车80周年。南侨机工在国家危难之际挺身而出的精神，是当今社会最需要推崇、弘扬的。因此，举行此次纪念活动意义非凡。”

马来西亚海南总商会会长、云南省南侨机工暨眷属联谊会名誉会长林秋雅说道：“南侨机工这段历史跟马来西亚以及世界其他国家都有历史的渊源，我们应该借此搭起侨与侨的平台，宣传、重现南侨机工这段历史，提醒现在的人们珍惜和平、展望未来。”

（中国新闻网2019－07－08/陈静）

海外侨胞聚焦长三角一体化发展　助力安徽创新创业

“2019巢湖侨创峰会”7月11日在安徽合肥开幕。来自美国、加拿大、德国、澳大利亚、新加坡等30多个国家和地区百余所高校的近200位海外嘉宾，携带145个高新技术项目参会。

中国侨联副主席李卓彬介绍，广大侨胞与全国人民一道，用辛勤和汗水共同书写了国家和民族发展的壮丽史诗。

李卓彬说，长三角是中国经济发展最活跃、开放程度最高、创新能力最强的区域之一，在国家现代化建设大局和全方位开放格局中具有举足轻重的战略地位。希望来皖与会的侨胞积极对接、深入洽谈、深度合作，力促有关项目落地生根。

当日，上海、江苏、浙江和安徽等省（市）侨联共同发出《助力长三角更高质量一体化发展巢湖行动宣言》，提出共建共享区域内侨界招商引资、招才引智、联络联谊、文化交流、社会建设等活动平台、品牌；利用区域丰富红色资源，共同开展红色教育，讲好红色故事活动；推动成立长三角高校侨联联盟等。

“2019巢湖侨创峰会”由中国侨联、中国科大指导，安徽省侨联、合肥市政府主办，主题为“创业中华·创新安徽”，旨在助力长三角区域更高质量一体化发展。

参加此次峰会的部分嘉宾还将赴安徽合肥、淮南、芜湖和铜陵等地考察对接。

（中国新闻网2019－07－11/张强）

海外侨胞助力闽东首家致公学校建设

在致公党福建省委会的牵线搭桥下，阿根廷铂烽一心慈善基金会积极支持致公学校建设，近日捐资30万元人民币，用于闽东第一所致公学校——福安市第八中学的数字中心教室建设。

“铂烽一心数字中心”揭牌仪式7月13日在福安八中（上白石镇致公中学）举行。致公党福建省委会专职副主委吴棉国出席捐赠并致辞，福安市人民政府副市长林海、阿根廷铂烽一心慈善基金会嘉宾及学校师生代表约80人参加了捐赠活动。

近年来，致公党福建省委会积极发挥侨、海资源优势，拓展海外联谊新渠道，以亲情、乡情、友情为纽带，不断践行“致力为公，善行大闽”的社会服务理念，打造出“致公学校”“社区致公学校”“致公田间课堂”等一系列的社会服务品牌，特别是引进海外侨捐建设的“致公学校”已成为致公党福建省委会新时代对外联络与社会服务工作相结合的重要平台、创新成果与实践基地。

吴棉国在致辞中指出，为了更好地守护好海外侨胞的爱心与善举，进一步提升致公学校建设的质量与水平，致公党福建省委会去年依托福州外语外贸学院建立起了福建致公教育帮扶实训基地，推出了“六项帮扶行动计划”。上白石镇致公中学的“铂锋一心数字中心”项目，是“六项帮扶行动计划”在今年的第一个成果。

吴棉国表示，相信铂烽一心慈善基金捐建的“铂烽一心数字中心”项目，将大大改善学校信息化教学的基础设施并提升教学质量和教学水平，为落实教育帮扶助力脱贫攻坚提供样本和借鉴。

同时，他希望通过今天的活动能带动更多海外华人组织和社团能多关注致公学校，关注福建的经济和社会发展，关心家乡的教育事业，为建设新福建发展做出新贡献。

铂烽一心慈善基金成立于2017年，是海外华侨华人为祖（籍）国困难学生完成学业提供帮助的慈善组织。通过致公党福建省委会的牵线搭桥，铂烽一心慈善基金参与了多所致公学校的项目。

基金会荣誉主席陈世金表示，希望今后能与致公党福建省委会有更多的合作，不断拓展教育帮扶的渠道，为贫困地区的教育事业做出更大贡献。

福安市第八中学2001届高中校友捐赠的“青春”雕塑揭牌仪式同时举行。仪式结束后，与会嘉宾参观了福安市第八中学（上白石镇致公中学）校园文化建设。

（中国侨网2019—07—15）

浙江青田侨商搭台助力　四川平昌青花椒“辣”向世界

浙川东西部扶贫协作又出新彩：在浙江青田侨商的助力下，四川平昌的青花椒走出国门，成功打开国际销路。

近日，在青田前方工作组的牵线搭桥下，青田中智物产贸易有限公司负责人夏小庆来到平昌，与平昌天府商品交易所青花椒交易中心签订青花椒采购协议，双方就2019年青花椒出口进行交流探讨。

据了解，青田中智物产贸易有限公司与国内食品企业一直保持业务合作关系，与海外十多家大型批发商建立了战略伙伴关系。

“合作协议签订后，我们将通过‘海内外联销’的方式拓宽平昌农特产品市场。”夏小庆表示，今年公司计划扩大青花椒出口规模，从宁波港出口青花椒超过15吨。

夏小庆说，今年出口的青花椒在销往意大利、西班牙等欧洲国家的基础上，还新开辟了东南亚市场，运往新加坡销售。

据了解，为了打开国际市场，青田前方工作组一方面加强与侨商的对接；另一方面，推动准入产品及生产基地规模实现成倍增长，搭建青田-平昌扶贫双创园区平台，积极发挥品牌引领作用，为四川平昌农户拓宽销路。

“接下来我们将继续推动更多品类，更大规模，更优质量的特色四川农产品进入国际市场，让其成为与国际接轨的标准化、品牌化商品，为东西部扶贫工作增添新动能。”青田前方工作组负责人说。

截至目前，在青田的牵线搭桥下，平昌青花椒销售效果明显。

其中，“百草味”公司与平昌签约，将通过双创园采购20吨干花椒；成都丽水商会青田籍供货商叶康虎初步计划全年从农产品双创园采购平昌青花椒50吨。

（中国新闻网2019－07－19/周禹龙，周悦磊等）

广西防城港侨界发挥资源优势　积极参与国际医学开发试验区建设

“国际医学试验区，中央大力来支持；今日广西多壮美，港城经济更腾飞！”在广西重点大侨乡——防城港市，归侨老人钟秀胜作诗盛赞国际医学开发试验区建设。

广西防城港市侨联近日召开座谈会，号召当地侨界发挥资源优势，积极参与国际医学开发试验区建设。防城港市侨联工作者、侨商侨资企业代表、海外华侨华人代表、归侨侨眷代表等80多人参加会议。钟秀胜即兴作上述诗句。

防城港市侨商企业代表、广西安得投资集团董事长赵世福先生在发言中也表示，作为侨商，听到国际医学开放试验区在防城港市设立的消息，心情振奋，非常激动。这是期盼已久的大事。大家要加倍努力，结合试验区的“一区两城多园”建设，在持续推动“东兴华侨小镇”、中越跨境医学中心建设的同时，在健康疗养业中下足功夫，发挥“长寿之乡”的优势作用，为加快国际医学开发试验区建设添砖加瓦。

防城港市侨联主席林威爵希望，广大归侨侨眷、华侨华人在建设国际医学开放试验区中要增强使命感，在参与投资开发、招商引资和大力宣传推介等方面要有新作为，在与海内外的交流与合作中体现侨界独特作用，在发动海内外侨商侨资企业投资试验区建设中要有所贡献。

据悉，今年5月26日至29日，“国际医学创新合作论坛”（中国－上海合作组织）在防城港市成功举办。6月，上海合作组织成员国元首理事会明确，支持在防城港市建立国际医学开发试验区，继续推动上海合作组织医学创新合作。本月中旬，国际医学开放试验区（中国）防城港市筹备委员会举行揭牌仪式，并召开了第一次全体会议，讨论了《医学开放试验区（中国）总体方案（征求意见稿）》，研究部署下一步工作。目前，试验区建设正紧锣密鼓推进中。

（中国侨网2019－07－29/林浩）

从“开拓者”到“受益者”　侨胞回国投资领域渐变

8月1日至3日，来自英国、德国、美国、日本、加拿大、澳大利亚等十多个国家和地区的140余名海外博士及侨领侨商，在湖南参加第五届侨商侨智聚三湘（长沙）活动。

记者了解到，随着中国经济新业态蓬勃发展、新产业层出不穷，从中看到机遇的海外侨胞回国投资渐从传统行业转向新兴行业。

“华侨华人回国投资开始侧重高科技、大数据、人工智能等领域。”英国湖南同乡会会长吴莉莉说。

中国留德学者计算机学会执行主席李立是第一代华裔，他投资了机械行业。“我这一辈的侨胞，大多投资的是实业和传统领域，现在很多年轻华裔在国内投资电商。”李立说。

从“华侨旗帜”陈嘉庚到侨界爱国领袖庄世平，从“两弹一星”元勋钱学森到“侨界楷模”黄大年，一代又一代侨胞成为中国改革开放事业的开拓者、见证者、参与者和贡献者。

在海外生活了30多年的加中经济文化交流中心总监周锡强就是其中之一。他早些年从事国际贸易，近年开始为中国引进海外人才和帮助侨胞回国投资牵线搭桥。“我接触的许多海外投资者和专家，他们现在非常关心中国在大健康医疗、环保技术、大数据、新材料技术和电子技术等行业的动态和投资信息。”他说，侨胞投资还从一二线城市转向政策好、潜力大的三四线城市。

周锡强此行还冀寻找合作伙伴，把加拿大丰富的泥炭资源销售到中国。“有利蔬菜、花卉、果树的育苗，还能改良土壤，帮助中国发展农业现代化。”周锡强建议，为让海外高端人才和侨胞回国投资安心，各地政府要完善法律法规，进一步保护投资者的合法权益，同时做好子女入学等配套服务及知识产权保护。

荷兰华人青年企业家协会的会员有包括化学、医药、智能、IT及绿色能源等领域的专业人才。会长谢啸楚说，他这次的任务是把在湖南获悉的招才引智政策、投资环境等信息带回去，传递给会员。

“新材料、新能源等领域是协会很多成员都感兴趣的。”谢啸楚表示，中国强大了，海外华侨华人也是受益者，希望能回国共享发展机遇。“协会计划介绍在荷兰的部分世界500强企业和专业人士到中国考察访问。”

从改革开放初期大规模地回国投资兴业，带来国内紧缺的资金、技术、人才和先进的管理经验，再到如今投身创新创业热潮、积极参与“一带一路”建设、助力中国与世界各国经贸往来和合作交流，海外侨胞撒播的成果遍布中国大地。

据统计，改革开放至今，中国引进外资60%以上是侨资，外资企业中70%以上是侨资企业，引进的海外高层次人才90%以上是华侨华人，海外侨胞捐助国内公益事业占中国民间慈善捐款半数以上。

当前，世界正处在大发展、大变革、大调整时期，新一轮产业和科技革命正在加快重塑全球经济和产业格局。

中国侨联副主席李卓彬说，希望广大华人华侨充分把握新一轮科技革命和产业变革带来的机遇，依托侨界智力、资金、技术等创新资源优势，拓宽创业视野、保持创新嗅觉，积极服务“一带一路”等国家重大发展战略，共同推动中国经济行稳致远。

（中国新闻网2019－08－03/唐小晴）

2019年“水立方杯”海外华侨华人大联欢在北京举行

2019年“水立方杯”海外华侨华人大联欢活动8月8日晚在国家游泳中心“水立方”举行。活动现场，“文化中国·水立方杯”海外华人中文歌曲大赛优胜选手获颁相应奖项。

中央统战部副部长、国务院侨办主任许又声，中央统战部副部长谭天星，北京市委常委、统战部部长齐静，北京市人大常委会副主任、致公党北京市委主委闫傲霜，北京市政协副主席杨艺文等出席活动并为获奖者颁奖。

齐静在致辞中指出，不同国家、不同年龄的选手，在歌声中跨越了文化差异和语言障碍，拉近了心灵的距离，也在歌声中领略到中华文化的博大精深，激发了学习中文的热情。

齐静表示：“我们要把这项‘以侨为桥、以歌传情’的活动持续办下去，而且要越办越精彩。也希望各位选手、广大侨胞能够延续水立方所凝聚的爱国精神，弘扬中华文化，传播中国声音。”

联欢活动在主题曲《欢聚水立方》中拉开帷幕，来自31个国家50个分赛区的100余名选手纷纷登台，与中国知名演员、奥运冠军共同献艺，演唱了《千年之约》《故乡的云》《龙的传人》等歌曲。最后，全场合唱《我爱你中国》，活动气氛被推向高潮。

活动现场还颁发了“最高人气奖”“最具潜力奖”和“优秀组织机构奖”。

澳大利亚珀斯赛区的倪一鸣获得“最具潜力奖”，他告诉记者：“这是对我能力的肯定，也说明我还有进步的空间，回去之后我会好好练中文歌，明年还来参赛！”

荣获“优秀组织机构奖”的法属圭亚那华侨公所代表冼慧贤说：“今年是法属圭亚那第一次承办‘水立方杯’赛事，克服了很多困难。回去后我们会多举办文艺活动，培养和发掘更多爱唱中文歌的华人，为明年的比赛做好准备。”

2019年“文化中国·水立方杯”海外华人中文歌曲大赛是由北京市政府侨

办、北京市政府新闻办、北京市国资公司共同主办的一项大型公益性侨务文化交流活动。

本届大赛以“侨心筑梦水立方　共谱华诞新乐章”为主题，共1300多家海外侨社、华文媒体、中文学校等参与承办，规模为历届之最。

（中国新闻网2019－08－08/吴侃）

云南海归人员在“一带一路”建设中作用日益凸显

致公党云南省委第二届海归服务“一带一路”研讨会8月9日在昆明召开，随着“一带一路”建设的顺利推进，云南海归人员在当中的作用日益凸显。

“中国的发展仍处于并将长期处于重要战略机遇期，长期稳中向好的总体势头没有改变，中国仍是投资兴业、创新创业的首选之地。”中国侨联新侨创新创业联盟副理事长孟庆毅说，他曾留学澳大利亚，归国后在云南创办企业。

孟庆毅认为，海归人员在“一带一路”建设中的作用日益凸显，“新侨海归具有融通中外、文化跨界的独特优势，凭借这种优势找准自身事业发展与中国经济发展、社会进步的结合点，投身创新创业热潮，可以助力‘一带一路’建设。”

昆明市海归协会创始荣誉会长陶爽也曾留学澳大利亚，2013年筹划创立了昆明市海归协会。陶爽介绍，近年来协会打造了围绕东南亚、南亚的跨境电商体系，“下一步，将在金融科技领域结合老挝跨境金融结算中心，用区块链技术构架跨境电商结算平台，实现产品全程可追溯的高效透明的交易机制。”

曾留学泰国的云南省物流学会会长董弋萱近年来为云南物流融入“一带一路”建设，提供了诸多专业指导和建议。她说，云南区位优势独特，物流需求增长巨大，推动云南物流产业化发展，使其更好融入“一带一路”建设，已成为她和云南省物流学会的重点工作。

致公党中央联络部副部长、海外联络委员会秘书长赵晓萍说，致公党作为中国具有“侨”“海”特色的参政党，一直把联系服务海外侨胞和留学人员作为工作重点。她希望，海外侨胞和留学人员充分发挥桥梁纽带作用，通过民间交流，有针对性地进行释疑解惑，深入阐释中国坚持和平发展的诚意，正面宣传“一带一路”建设开放包容、合作共赢的理念，消除误解，传播正能量，夯实友好的民意基础。

（中国新闻网2019－08－09/缪超）

减税助力创业吸引侨商回乡发展

在著名侨乡浙江省青田县，回乡创业已经成为很多在外青田华侨的共同选择。新一轮减税降费给侨商回国创业注入了发展的新动力。

记者在青田县采访了解到，不少侨企感受到研发费用加计扣除、高新技术企业税收优惠等一系列政策带来的红利，逐渐转变战略，更加注重产品研发和技术创新，加快转型升级步伐。

起步股份有限公司是一家以研发、生产和销售童鞋、童装等儿童服饰配饰为主的侨资企业。该公司自2018年推出3D打印鞋以来，利用大数据等创新技术，将研发高科技材料等作为转型的重点方向。

“目前公司已拥有几百项有效专利及自己的设计研究院，在生产环节还引进了德国生产线和机器人投产。”公司财务人员周琴介绍，税收优惠政策助推了一系列研发创新实践的开展。

据统计，公司这两年获得高新技术企业所得税优惠减免2500多万元，研发费用加计扣除3200多万元。“这有效缓解了公司在科研投入上的资金压力。”周琴说。

拥有55万人口的青田县有33万华侨华人分布于全球120多个国家和地区。据统计，近5年青田县累计发展侨资企业270余家，实际利用侨资130多亿元。

当地侨商表示，“互联网+税务”实现办税“零距离”等一系列便民办税举措，助力在外侨商归乡反哺，促进了企业健康发展。

（新华网2019－08－10/魏董华）

侨务工作发展完善：依法护侨上台阶　引智引资谋共赢

2019年是新中国成立70周年，70年来，根据海内外侨界群体呈现出的新变化、新特点，中国的侨务工作不断发展完善，尤其是改革开放后，邓小平关于“海外关系是个好东西”的论断，使侨务工作回到正轨，焕发生机，多方面惠及广大华侨华人与归侨侨眷。

涉侨法律法规陆续出台　依法护侨迈上新台阶

中华人民共和国成立后，中国的涉侨法律法规曾长期处于空白状态。1991年，《中华人民共和国归侨侨眷权益保护法》施行；1993年，《中华人民共和国归侨侨眷权益保护法实施办法》颁布，这两部法律、法规成为保护归侨侨眷合法权益的主要依据。

2015年10月，中国第一部保护华侨权益的省级地方性法规——《广东省华侨权益保护条例》实施，此后福建、湖北、上海、浙江、海南等地相继颁布条例，在国家层面尚未就华侨权益保护进行立法的情况下，弥补了华侨权益保障方面的缺失。

在国家层面制定华侨权益保护法的呼声也未停止过，资料显示，1983年以来的历届全国人大、政协会议上，针对华侨权益保护立法的议案、建议屡见不鲜。2018年6月4日，全国人大常委会公布《对华侨权益保护工作情况报告的意见和建议》，标志着依法护侨工作迈上新台阶。

侨务引智引资体系完善　助力侨商获宝贵机遇

20世纪80年代中期至90年代末期，中国侨务工作重心转移到推动华侨华人与中国的经济、科技合作上。1993年，国务院侨务工作会议明确了侨务工作为加快改革开放和现代化建设服务的思想；1999年的全国侨务工作会议，将侨务工作的重点从引资转向引智。

国家有关部门还先后制定了一系列吸引境外投资的法律法规。借助政策优势，一批批侨商来华投资兴业。许多小型初创企业因此从无到有、由小到大，取得了丰厚的回报。

近年来，侨务引智引资工作体系不断完善。2014年起，国务院侨办与地方政府合作，陆续在重要侨乡设立了17个侨商产业聚集区和华侨华人创新创业基地——“侨梦苑”，针对侨胞投资创业的特殊需求，提供量身定制的综合服务。侨务部门还搭建了“华创会”“华博会”“东盟华商会”等诸多机制性会议，构筑了侨商企业之间对接洽谈、合作共赢的平台。

中华文化走出去步伐加快　文化“留根”增强民族认同

早年间，侨胞们在海外接触中华文化的内容和途径非常有限。近年来，随着中华文化走出去步伐的不断加快，华侨华人的精神文化生活日渐丰富。

侨务部门打造的“文化中国”系列品牌活动在海外影响力正不断扩大。“文化中国·四海同春”大型慰侨巡演自2009年以来已走过11个年头，在海外积聚了极高人气，被侨胞们誉为“海外春晚”；“文化中国·水立方杯”海外华人中文歌曲大赛已举办9届，共吸引了海外30多个国家和地区的2万余名选手报名参赛。

为接续新生代文化传承，20年来，110多个国家和地区的30多万华裔青少年参加“中国寻根之旅”系列活动，增强了民族认同感；海外华文教育工作体系亦逐渐形成，2万所华文学校朝标准化、正规化、专业化方向发展。

回望70年，在中国发展的道路上，华侨华人从未缺席。侨务工作开创的新局面，使他们共享中国发展成果，感受民族强大带来的幸福与荣光。如今，随着侨务机构改革的不断深化，侨务工作将在更高的层次、更广的领域为广大侨胞服务，开创新时代侨务工作的新局面。

（中国新闻网2019—08—14/吴侃）

第五届侨交会在深圳开幕　近千名侨团华商汇集

8月13日，第五届华人华侨产业交易会（以下简称“侨交会”）在深圳会展中心开幕，以“聚焦湾区建设机遇，聚集产业合作发展”为主题，吸引了来自20个国家和地区的518家参展商参展，海内外67个城市展团前来交流，近千名来自世界各地的侨团华商汇集深圳。

侨交会长期服务于国家“一带一路”经济建设，是海外华人华侨开展经贸合作的重要载体平台。展会品类丰富，国际化明显，是本届侨交会的一大特色。本届展会占地面积37500平方米，设标准展位1500个，有来自全球20个国家和地区的518家参展商参展，海外展商207家，占比39.96%，国内展商311家，占比60.04%。展品涵盖城市推介、产业园区、电子商务、人工智能解决方案、供应链服务等。

手拉壶、潮绣、木雕、工夫茶等在潮州馆展出，潮州大锣鼓、潮剧、名人讲座、文化论坛等“潮文化”演艺节目也在潮州馆内轮番上演，观众不仅可以看到传统工艺融合现代科技的创意成果，还可以感受潮汕“三城三都三乡”的独特魅力。潮州馆负责人表示，本次参展以潮文化为切入点，突出展示潮州特色工业体系。“希望借助侨交会的影响力，把潮州‘三城三都三乡’的城市名片推向国际，促进经贸合作，并吸引潮籍人才回乡投资建设。”

人工智能是新时代极具特色的应用领域，深圳正着力打造人工智能技术创新策源地和全球领先的人工智能产业高地。本届侨交会继续聚焦新技术新应用，专设深圳海外侨青创新创业馆，聚集华侨、海归企业参展，展品涵盖VR安全消防、宙斯机器人、新材料、智能家居、钻石镶嵌产品、高纤材料等诸多领域，展现人工智能发展趋势。

作为服务于“一带一路”的展会，侨交会搭建“以侨为桥”的平台，曾先后在印尼雅加达和马来西亚马六甲举行境外展。在马来西亚潮州工商总会总会长吴源盛看来，深圳作为中国创新之都，拥有很多领先国际的前沿科技，马来西亚企业借参加侨交会之机，与深企建立合作关系，促进自身发展。同时，马来西亚可借侨交会境外展举办之机，向深圳企业家及世界各国华侨华人展示发展成果，有助于吸引他们到马来西亚投资，实现共赢。

据了解，今年8月30日至9月1日，侨交会2019（马六甲）中国－马来西亚商品展将在马来西亚马六甲MITC展馆举办，届时100多家中国企业将跟随侨交会到马来西亚展出。

（金羊网2019－08－15/沈婷婷）

四川省首个“侨务扶智基地”在西昌揭牌

西昌民族幼儿师范高等专科学校培训中心首期培训开班暨四川省“侨务扶智基地”挂牌仪式8月16日在四川省凉山彝族自治州西昌市举行。四川省委统战部副部长、省侨办主任文甦出席活动并致辞。

据悉，该基地为四川省首个“侨务扶智基地”，是四川省委统战部深入开展“不忘初心、牢记使命”主题教育，通过教育扶贫扶智助力脱贫攻坚工作的又一创新举措。

文甦致辞表示，“侨务扶智基地”挂牌后，四川统战部门将充分利用侨务资源，精心打造这一特色侨务工作基地，通过涉侨捐赠、引入涉侨优质教育培训资源、开展国际文化教育交流、支持设施设备建设等方式，持续帮助“一村一幼”项目、“9+3”职教计划实施，以教育扶贫扶智的实效更好助力凉山跨越发展。

今年年初，四川省委统战部了解到西昌民族幼儿师范高等专科学校培训中心主体建设完工后缺乏必要的教学和后勤设施，迅即引导四川省侨商投资企业协会开展专项行动，短期内即募集爱心善款84万元人民币，帮助培训中心购置教学及后勤设施设备，推动开展“一村一幼”项目培训。

四川省侨商投资企业协会执行会长郝士权表示，弘扬慈善文化、助推慈善事业是每一家企业应当承担的社会责任。此次在凉山州集中开展的教育扶智活动，是一项非常有意义的社会公益事业，活动也得到了社会各界有责任感的企业、团体及个人的大力支持。协会将继续积极致力于社会公益事业发展，在发展企业的同时，更好地回馈社会。

当日，西昌民族幼儿师范高等专科学校培训中心首期“一村一幼”辅导员培训正式开班，来自凉山州盐源县和木里藏族自治县的468名“一村一幼”辅导员参与此次培训。

记者在现场看到，培训中心窗明几净、环境良好，教室内有投影仪、教学一体机，宿舍内空调、卫浴等设施一应俱全，中心还专门设立了教学实习、实训场所。未来，该培训中心将主要承担凉山州乃至中国西部民族地区农村幼儿教师培训、“一村一幼”辅导员全覆盖轮训等任务。

据了解，近年来，四川省委统战部通过组织中国光彩事业凉山行、教育扶贫凉山行动等，凝聚各方智慧和力量，促进凉山发展新跨越；充分发挥统战侨务资源优势，通过开展“侨爱工程-送温暖远程医疗站”建设、农牧民致富技能培训、侨务冬赈“暖冬关爱”活动等，积极引导侨资、侨企在教育、医疗、民生方面给予凉山大力支持和帮扶。

（中国侨网2019－08－16/岳依桐）

华侨农场成国家级开发区　归侨叹幸福嬗变

站在福建宁德市东侨经济技术开发区（下称“东侨”）的东湖边上，现年76岁的印尼归侨陈金雄感叹不已：怎么也没想到，当年的一片滩涂地，已变成一个“面朝大海、春暖花开”的宜居新城。

二十世纪五十年代末开始，东湖塘华侨农场在宁德三都澳畔创建，由归侨与当地民工数万人填海筑堤围垦而成，先后安置了印尼、马来西亚、越南等地归侨4000多人。

陈金雄是1964年回国后被安置到这里的。现已退休的他时常和老伴逛逛公园，和老友们聊聊天、打打扑克牌，乐享晚年生活。“没想到发展得这么好、这么快。”

如今，“东侨”大路通衢襟连四方，高楼大厦拔地而起；“东侨”坐拥3800亩东湖、2000多亩西陂塘以及国家级湿地公园，四面环绕着保持生态原貌的南岸公园、北岸公园、塔山公园，以及环东湖栈道、大门山公园等城市园林休闲景观，绿树成荫，碧波荡漾，鹭鸟栖息。

1997年，东湖塘华侨农场获批成立闽东华侨经济开发区，1999年5月升级为省级经济开发区。2006年4月，闽东华侨经济开发区与闽东工业园区整合，更名为福建东侨经济开发区。2012年12月，经国务院批准，东侨经济开发区再度升级为国家级经济技术开发区。

“刚回来那会，生活条件差，几个人挤在30多平方米的平房里，吃的是地瓜干，吃都吃不饱。”65岁的印尼归侨陈世伟向中新社记者追述道。

1978年从越南回国的周锡兰说，当时在农场务农，住的是低矮的石砌安置房，台风一来，屋顶的瓦片满天飞，一整夜都无法入睡。

改善居住条件成为归侨们的梦想。为解决归侨侨眷的住房需求，当地政府先后投资建设三期“侨居造福工程”，在“东侨”建起了一个有786套公寓、总面积达67892平方米的华侨新村。

周锡兰一家人住进了华侨新村106平方米的新房。周锡兰感慨道，从回国到现在，她亲眼见证了“东侨”的发展，如今生活有保障、工作稳定，比以前好多了。

在“东侨”，周锡兰和社区里的姐妹们成立了一支舞蹈队，自编自排越南舞蹈。她们不仅经常在宁德市、“东侨”登台表演，还受邀到香港和东南亚各地演出，跳出归侨们的幸福新生活。

“东侨”地处中国大陆东部黄金海岸线中段和长江三角洲、珠江三角洲以及台湾三大经济区的中间位置，东临深水良港三都澳，至台湾基隆港145海里，距太平洋航线30海里，区位优势突出。

随着沿海高速公路、温（州）福（州）铁路的开通，四海通衢使“东侨”成为开放开发的热土。目前，“东侨”已引进落户工业企业120余家，形成锂电新能源、生物科技、电机电器、食品加工等产业集群发展的格局。

宁德时代新能源科技股份有限公司就是“东侨”抱回的一个“金娃娃”，已在深交所创业板上市，并上榜《财富》中国500强，成为全球领先的动力电池系统供应商。这个全球最大的锂电子动力电池基地，每天给1500辆新能源汽车安装新型

"心脏"。

"东侨"的快速发展，吸引了许多外出的归侨子女纷纷回归。越南归侨二代黄永明2016年回到"东侨"，和朋友合伙开办建筑公司，吸纳了10余名归侨侨眷到公司就业。黄永明说，"东侨"的开发建设如火如荼，建筑行业前景广阔，他也想带动归侨侨眷们一起致富奔小康。

随着三都澳湾区建设全面提速，"东侨"再次迎来加快发展的新机遇。东侨经济技术开发区党工委书记周祥祺表示，依托锂电新能源产业集群，"东侨"正全力打造锂电新能源小镇，力争通过三年努力，打造"世界一流锂电新能源产业创新先导区""国家锂电新能源产业集聚示范区""福建省双创孵化基地"。

（中国新闻网2019－08－19/吕巧琴，叶茂）

福建泉州借侨智打造"双创"示范基地

2019年"创响中国"泉州丰泽站暨双创人才峰会，8月23日在福建省泉州市举行。其间，与会专家带来了知识产权、数字经济、创新创业等主题演讲，助推泉州丰泽区"双创"示范基地发展。

"近年来，丰泽区启动推进11批、87个旧厂房改造项目，盘活用地上千亩，已建、在建和规划建设的各类园区达一百个。"丰泽区区长杨国昕介绍说，国内众多高校在丰泽设立科研院所，落地产学研合作成果转化项目超百项。

2017年，丰泽区获评国家第二批大众创业万众创新示范基地。2019年5月，丰泽区"双创"工作受国务院办公厅通报表扬。

作为全国著名侨乡，丰泽区立足"侨"的深厚资源，兼顾台湾、香港、澳门和留学人群，实施人才、引资、凝心聚力三大举措。据悉，丰泽区2017年引进落地侨、台、港、澳项目17个，新增20多位留学归国人员在丰泽创办企业。

福建省发展和改革委员会副主任詹晨辉表示，丰泽区"双创"示范基地在推动"双创"政策落地、扶持"双创"支撑平台、构建"双创"发展生态、打造"双创"升级版等方面大胆探索、勇于尝试，成效明显。

会上，来自中国社会科学院法学研究所的研究员李顺德分享主题为《充分运用知识产权利器，大力助推创新创业》的演讲，讲解了如何充分运用知识产权利器大力助推创新创业。李顺德认为，经济全球化背景下的知识产权重要意义日益彰显，更是创新创业的重要法律保障。

此外，中国联通大数据有限公司解决方案专家董其梦和华为福建代表处无线网络解决方案销售部部长黄兆磊，先后带来了主旨演讲，为丰泽企业家和"双创"工作带来智慧风暴。

泉州市副市长吕刚表示，希望丰泽区借此契机，打造创意展示和成果转化平台，有效对接创新资源，扩大经验交流和政策宣传渠道，切实推动创新创业高质量发展、打造“双创”升级版。

峰会期间，主办方还举行了“政策包”发布、人才发展论坛、政校企合作签约和“丰泽区数字经济特色楼宇”LOGO设计大赛结果发布及颁奖活动等。

（中国新闻网2019－08－23/陈龙山）

河南海外侨团“一带一路”创新发展大会在三门峡举办

首届河南海外侨团“一带一路”创新合作发展大会8月24日在三门峡举办。60余个海外侨团的代表汇聚一堂谋求新合作、新发展，助力老家河南走向世界。

此届大会由阿联酋河南商会暨同乡会、美国河南总商会、英国全英河南同乡联谊会等侨团主办，三门峡市政府侨务办公室承办，聚焦“一带一路”建设和促进河南与海外互联互通创新融合发展。

侨居海外20多年的阿联酋河南商会会长李松涛在会上称，希望“集侨智、借侨力”，结合当地资源，使河南省的农副产品能与世界接轨，创造更高的经济效益。

近年来，深处内陆的河南省西部、黄河之滨的三门峡市不断加快对外开放的步伐。仅2018年全市合同利用外资金额4.01亿美元，实际利用外资达11.14亿美元。

英国中华总商会副会长刘凯祥表示，将通过侨团商会这座桥梁，把三门峡的农业、医疗、教育、旅游等方面与英国相应项目做好对接，做到“走出去、引进来”。

当日大会吸引了英国、法国、美国、加拿大、澳大利亚等全球30余个国家和地区60多个侨团的代表参会。会间举行了“海外侨团与三门峡洽谈对接会”，还发布了《海外侨团助推老家河南创新驱动发展》主题倡议书。

（中国新闻网2019－08－24/董飞）

搭起才智“侨”　中国纺织抱团“走出”时尚智能路

面对当前经济全球化的复杂局面，中国纺织业“走出去”虽历经波折，却也品尝着因“破”而“立”的可喜果实。8月25日，2019海宁中国·国际家用纺织品（秋季）博览会（下称“家博会”）于浙江海宁开幕。其间举行的“侨连海宁·侨商论剑”浙江省首届纺织品国际贸易合作发展圆桌会，吸引了来自政府、纺织业协会、纺织企业以及13个国家和地区的侨界代表参与，共话全球化新形势下中国纺织服装产业“走出去”的时尚智能路。

“当今纺织服装产业所处的环境正在发生着结构性变化，建设世界级先进产业集群是大势所趋。”当日圆桌会议上，中国纺织工业联合会会长孙瑞哲用“调整”

和“平衡”形容当今的全球化趋势。

伴随着改革开放，中国纺织业一路高歌猛进，成为全球纺织生产规模和行业产业链的佼佼者。据统计，2018年中国纺织品服装累计出口额为2767.31亿美元，其中纺织品累计出口额1190.98亿美元，服装累计出口额1576.33亿美元。

如何在不确定的外部条件下，保持中国纺织业的固有优势，并寻求确定的发展方向？在嘉兴市委常委、统战部部长张仁贵眼中，“侨商”群体成了“解药”之一。

“侨商是连接中国和海外资源互通和贸易来往的一座桥梁。我们需要发挥侨商人才荟萃、智力密集、联系广泛的最大优势，通过以侨引侨、引智、引才，实现纺织业的突破性发展。”张仁贵说。

44岁的瑞典籍侨商王维佳于16年前回到中国，将企业落地在嘉兴平湖。从几十人的小企业发展成如今拥有700余名员工，生产稳步发展，效益逐年提高的中型企业，她亲历着企业的漫漫求索路，也体会着中国和国际贸易的场场博弈。

“唯有好品质、创新力以及知识产权体系的保护，才能让企业在‘走出去’时，拥有举足轻重的话语权。”王维佳为众多同行业者提供建议。

从“一块布”到“一个家”是此届家博会的理念，而海宁市振鑫布艺有限公司正将这一理念悄然运用于企业发展规划中。“当初我们仅生产窗帘布，现在我们针对欧美客户的需求，设计出‘出售一个家’的概念，从小家纺、地垫到家居服、拖鞋，我们将打造出客户黏度较高的家居集合店，不断拓展海外市场。”该公司创始人黄培祥表示。

“近年来，我们积极探索‘企业家+民资+海智’模式，充分发挥重要侨团、知名侨领、领军侨企、高端人才的作用。”浙江省归国华侨联合会党组书记、主席连小敏说，浙江省侨联通过选派知名侨领担任兼职副主席，强化领导服务体系构建等，在侨务资源稀缺地区导入了全球侨务资源，为中国纺织发展带来了新的机遇。

以布为媒，以侨为桥。记者在家博会现场看到，众多中国传统纺织行业企业正在科技研发、时尚发展、“互联网+”、智能制造、创新设计、绿色环保等方向多点发力，向世界展示着中国纺织蓬勃如初的生命力。

（中国新闻网2019－08－26/刘方齐，李典）

教育部谈留学：2018 年有 80% 多的留学人员学成后选择回国发展

谈及留学话题，教育部留学服务中心副主任徐培祥今日介绍，据统计，2018年一年有80%多的留学人员学成以后选择回国发展，年度回国人数是52万。

教育部8月29日召开新闻发布会，介绍“互联网+留学服务”平台整合建设及上线试运行情况。

谈到当前我国出国留学的主要特征，徐培祥介绍称，第一，出国留学人数逐渐增加，规模巨大，去年一年大概有66万人出国留学。

第二，在外留学人员越来越多，去年在学人数有150多万人。

第三，因为人数增多，国际环境变化，也出现留学人员的安全问题，所以教育部一直在推动“平安留学”工作。

第四，回国的人数增多。据教育部统计，去年一年有80%多的留学人员学成以后选择回国发展，年度回国人数是52万。

第五，留学人员回来发挥的作用越来越大。无论是在教育、科研、卫生、创业各个方面，留学回国人员发挥的作用巨大，“包括我们的院士，还有我们的校长，有留学背景的人员越来越多。在党的十九大报告中提到的‘墨子’‘悟空’‘大飞机’制造等大项目背后，都有一大批国际化人才，这些国际化人才绝大部分是有留学背景的科学家。”

（中国新闻网2019－08－29）

平湖青田联合跨国求才　在奥地利建“人才飞地”

奥地利时间8月28日16时（北京时间8月28日22时），平湖·青田“人才飞地”暨联合孵化器奥地利站正式揭牌。此次两地联合打造的“人才飞地”海外版，将致力于进一步加强中欧间的科技创新交流，面向中国市场孵化、转移、培训、引进和推广奥地利及欧洲其他国家的先进科研成果、技术、项目、专利。这也标志着平湖与青田之间的山海协作有了海外新突破。

平湖市委组织部相关负责人表示，两地联合在海外建立孵化器可以有效盘活三方优势，即平湖的地理位置优势和产业优势，青田的侨乡优势及海外华侨的人脉资源优势。

据了解，平湖与青田两地早在2003年就已牵手。10多年来，两地在产业飞地、消薄消困等方面多有合作。2017年，两地更是在全省创新推出了山海协作模式，在青田县共建青田-平湖山海协作生态旅游文化产业园，在平湖共建平湖-青田山海协作“飞地”产业园。2019年7月，依托成熟的合作模式，两地继续探索更高质量的合作，正式签订“人才飞地”合作协议，明确高端人才协作共享、人才培养培训共育、人才招引合作共赢、人才平台合作共建、人才交流互动共通五大合作内容。此次联合跨国求才，正是协议之下的创新之举。

（《浙江日报》2019－08－30/肖未，邹树文，范平）

“互联网＋留学服务”平台每年将惠及超40万留学生

由教育部留学服务中心推出的“互联网+留学服务”平台已于近期上线试运行。在教育部8月29日召开的新闻发布会上，教育部留学服务中心党委书记、主任程家财介绍，国家公派留学派出、国（境）外学历学位认证、留学存档和留学回国人员就业落户等公共服务事项可在平台全程在线办理，彻底告别传统窗口服务模式。每年预计将有40万以上留学人员因此受益。

据悉，在传统服务模式下，留学人员回国办理就业落户服务需要先进行国（境）外学历学位认证和调档等服务，存在申请人重复注册，材料重复提交，需要多次、反复到现场，留学人员办事周期长、满意度低等问题。通过整合留学服务平台和内外部信息资源，该平台实现了“一网通办”，实现了面向全体留学人员的“一次注册，一口受理，在线核验、后台分办”的统一服务模式。

程家财谈到，实现“互联网+”以后，对留学生办事来说，一是实现了“不跑路”，大大节约了时间和成本投入；二是简化了很多材料，留学人员“坐在家里就可以把事情给办了”；三是全天候、全流程、全地域，平台面向在世界各地的中国留学生开放，不仅国内可以办理，在国外也可以，打破了时间、地域、空间的限制。

程家财指出，在总结工作经验的基础上，教育部还将不断优化升级服务系统。例如在认证服务上实现机器人替代部分人工的职能化深度开发应用等；此外，还将在出国留学人员咨询服务、平安留学和留学回国人员择业“双向选择”“创新创业”等更加宽广的留学服务领域进行“互联网+留学服务”转型，让更多留学人员在更加开放包容的环境中享受更加便捷的线上服务。

（人民网2019－08－30/李依环）

洛阳市成立侨商联合会　已吸纳76家侨资侨属企业

8月31日，洛阳市侨商联合会成立，将着力打造成为我市侨资侨属企业发展的优秀平台。

洛阳市侨商联合会已吸纳76家侨资侨属企业。市侨商会将在中国侨商联合会与河南省侨商联合会的指导下，在市委、市政府的领导下，不断凝聚力量、整合资源、推陈出新，创立一支洛阳市侨商创业基金，成立多家新侨创新创业基地，捐建若干个“侨·爱心书屋”。同时，市侨商会将积极引导侨资侨属企业积极参与经济社会建设，积极融入洛阳发展大局，努力发挥好平台作用，成为海内外有影响的侨商组织，为助推洛阳转型发展、高质量发展贡献力量。

省侨联党组书记、主席董锦燕代表省侨联向洛阳市侨商联合会的成立表示祝贺，希望洛阳市侨商联合会围绕中心、主动融入、积极作为，以更饱满的热情融入“一带一路”建设，以更强的责任感回馈社会，奋力在中原更加出彩中作出更大的贡献。

成立大会审议通过了《洛阳市侨商联合会章程》，选举产生了洛阳市侨商联合会第一届理事会，邝远平任会长。海内外友好侨团及在洛侨商代表近200人参加会议。

（《洛阳日报》2019－09－02/李梦龙，翟丽明）

安徽确定首批 20 个“侨胞之家”

安徽省近日确定庐阳区雁栖社区、安徽师范大学、歙县郑村镇棠樾村、安徽省侨商联合会等20个单位为安徽首批“侨胞之家”，旨在为侨界民众打造温馨家园。

据不完全统计，安徽现有归侨侨眷约100万人，皖籍海外侨胞约50万人，其中新侨约20万人。未来，“侨胞之家”将定期组织归侨侨眷、留学归国人员等举行联络联谊、座谈交流、文化讲座、侨法宣传、走访慰问等活动。

安徽省侨联相关负责人介绍说，推进安徽省“侨胞之家”的建设是加强为侨服务阵地建设，创新为侨服务手段，不断丰富为侨服务内容，提升为侨服务能力，努力将侨联组织打造成广大归侨侨眷和海外侨胞团结之家、奋斗之家、温暖之家的重要途径；是适应新时代侨界民众美好生活向往，丰富侨界民众物质文化生活需要，打造侨界民众健康向上“温馨家园”的重要探索。

（中国新闻网2019－09－06/张强）

福建宁德成立涉侨纠纷人民调解委员会　维护侨胞权益

福建宁德市侨联9月6日披露，宁德市侨联、市司法局在东侨华侨新村社区成立该市首家涉侨纠纷人民调解委员会，并为7名人民调解员颁发聘书。

宁德市侨联主席章伯专表示，涉侨纠纷人民调解委员会的成立，是宁德市侨联加强涉侨纠纷多元化解的一项新举措，是依法维护侨胞权益的一个新平台，也是对“全面维权，合力维权”机制建设的探索创新。

近年来，宁德市侨联先后与市法院、市公安局建立涉侨维权及涉侨案（事）件衔接互动机制，2019年又与市司法局建立涉侨纠纷人民调解机制，联合出台了《关于加强涉侨纠纷人民调解工作的实施意见》。

相关司法界人士指出，华侨新村涉侨纠纷人民调解委员会的成立，将有利于发挥侨联组织和司法行政机关在预防和化解矛盾纠纷中的积极作用，更好地推动涉侨领域矛盾纠纷多元化解，共同维护侨界和谐稳定。

章伯专表示，希望调解委员会不断提高化解矛盾纠纷的能力，积极创新方式方法，有针对性地开展涉侨法律法规宣传，妥善解决各类涉侨纠纷，有效地把矛盾纠纷化解在基层、化解在萌芽状态。

（中国新闻网2019－09－06/林榕生，冯晓航）

聚焦 2019“侨智精英科博行”　百余名专家学者“把脉问诊”科技创新

作为第七届中国（绵阳）科技城国际科技博览会系列活动之一，9月4日，2019侨智精英助力中国（绵阳）科技城创新发展圆桌会议在绵阳举行，邀请了中国侨联经济科技部副部长夏付东、中国侨联特聘专家、四川省侨联特聘专家、中国旅美科协专家、绵阳市相关领域专家学者等100余人参加。

据了解，大会以“汇集侨智、科技创新、交流合作”为主题，采用圆桌会议的形式，就生物医药、电子信息、汽车、新材料、节能环保、高端装备制造、现代物流和数字经济等方面展开讨论，希望通过侨界精英对创新创业的分享和对高新技术产业的思考和建议，为四川科技强省和创新创业建言献策，为加快中国科技城建设提供新的思路和方法。

四川省委副秘书长杨天宗在大会上充分肯定了“两弹元勋”为我国经济发展做出的贡献，他指出，“侨智精英科博行”已成为弘扬“两弹一星”精神、凝聚侨界高层次人才、发挥侨智优势、服务创新发展的重要平台，倡导大力弘扬老一辈科学家“两弹一星”精神，瞄准世界科技发展前沿，改革创新、锐意进取，积极参与四川产业转型升级、参与四川高水平创新平台建设和科技金融创新，促进科研成果向现实生产力转化，全方位推进科技创新、产业创新、企业创新、产品创新、品牌创新，真正实现创新驱动发展、科技引领未来。

绵阳市副市长廖雪梅表示，此次会议是绵阳与侨界朋友加强交流、深化合作的一次重大契机，希望广大侨界人士通过此次科博会，进一步增进对绵阳的了解、认知和认同，共享中国科技城加快发展的历史机遇，共同在开放合作的时代潮流中，汇聚更多共识、寻求更多商机，携手开创互利共赢的美好未来。

会上，美国西北大学博士后、西南财经大学教授段江，《中国药物经济学》杂志社社长、中国中医药研究促进会副会长罗景虹，中国侨联特聘专家委员会资源与信息分委会副主任方彤等围绕主题进行演讲，施少毅、张久兴、赵峰等新侨代表围绕如何为创新发展增添活力谈了他们的看法。

会上，绵阳市侨联与中国旅美科协总会签订合作协议，另外签约儿童发展示范基地、国际经济科技总部港、人工智能项目3个项目，投资额达60亿元人民币。

据悉，此次大会由中国侨联支持，四川省侨联、绵阳市人民政府主办，中国侨

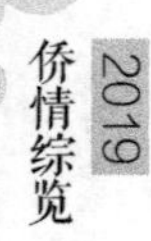

联特聘专家委员会、四川省侨联特聘专家委员会、中国旅美科协、绵阳市侨联等共同承办。

（中国新闻网2019－09－06/杨勇，吕婕）

海内外客商齐聚贵阳谋求跨境合作新机遇

作为2019贵州内陆开放型经济试验区投资贸易洽谈会系列活动，贵州“1+8”开放创新平台推介暨跨境合作项目洽谈会9月8日在贵阳举办。

来自天津、江苏、浙江等省市工商联负责人，海内外民营企业代表、海外贵州商会代表，以及贵阳市、遵义市、安顺市、贵安新区等贵州“1+8”国家级开放创新平台相关负责人齐聚贵阳，共商跨境合作、共谋发展机遇。

贵州是中国西南内陆省份，作为国家生态文明试验区、国家大数据综合试验区、内陆开放型经济试验区，近年来，贵州坚持以开放倒逼改革、促进创新、推动发展，按照三区联动、创新驱动的发展思路，加快推动全领域、全方位、全要素对外开放，全力打造内陆开放新高地。

为持续推动贵州对外开放，贵州构建了以贵安新区为核心，以贵阳高新区、贵阳经开区、安顺高新区、遵义经开区、双龙航空港经济区、贵阳综保区、贵安综保区、遵义综保区为重点的“1+8”国家级开放创新平台，逐渐吸引了惠普、戴尔、IBM、华为、联想、富士康、阿里巴巴等国内外500强企业落户贵州。

贵州省政府副省长卢雍政会上致辞表示，近年来，贵州牢牢守住发展和生态两条底线，深入实施大扶贫、大数据、大生态三大战略行动，全力打好重大风险防范化解、精准脱贫、污染防治三大攻坚战，加快推进国家生态文明试验区、国家大数据综合试验区、国家内陆开放型经济试验区建设，努力走出一条有别于中国东部、不同于西部其他省份的发展新路，实现百姓富、生态美的有机统一。

卢雍政会上向嘉宾发出邀请，贵州将以最大的开放姿态拥抱发展机遇，以最好的合作谋求互利共赢，真诚欢迎国内国外各界朋友到贵州各地深入考察、投资兴业，共同分享贵州发展机遇，共同创造幸福美好未来。

“大开放”不断助推贵州经济的快速发展。数据显示，贵州经济增速连续八年半居全国前3位，其中2017年和2018年居全国第1位。2019年上半年，贵州经济同比增长9.0%，居全国第2位。同时，贵州森林覆盖率从2010年的40.5%增长到2018年的57%，县城以上城市空气质量优良天数比率稳定保持在97%以上。经济快速增长，生态持续向好，是贵州践行新发展理念的生动体现，也是贵州发展独特而重要的价值所在。

法国贵州商会会长、法国欧亚集团董事长李贵生在会上介绍，法国欧亚集团1992年创建于巴黎，在法国、意大利等国家和北京、武汉等多个城市地设有公司和办事处。李贵生表示，这次来到贵州就是带着产业回来，包括在高科技的智能装备等方面，希望以贵州“1+8”开放创新平台推介暨跨境合作项目洽谈会的举办为契机，促成项目落地贵阳、落地贵州。

会上，贵阳市、遵义市、安顺市、贵安新区等贵州“1+8”国家级开放创新平台相关负责人分别作开放创新平台推介。

（中国新闻网2019－09－09/冷桂玉）

陕西省第八次归侨侨眷代表大会在西安开幕

陕西省第八次归侨侨眷代表大会9月9日在西安开幕。323名代表、来自40个国家和地区的70多位海外嘉宾参加了会议。

陕西省委书记、省人大常委会主任胡和平，陕西省省长刘国中，陕西省政协主席韩勇等领导出席了开幕式。

陕西省第八次归侨侨眷代表大会开幕（田进　摄）

中国侨联党组成员、副主席隋军代表中国侨联向大会的召开表示祝贺。她表示，陕西省委、省政府高度重视侨联工作，始终关心和支持侨联发展，配强侨联力量，完善侨联工作体系，为做好陕西侨联工作创造了良好条件。全省广大归侨侨眷和海外侨胞，弘扬爱国爱乡优良传统，倾力家乡建设，为推动陕西经济社会发展做出了积极贡献。希望陕西各级侨联组织和广大侨联干部，牢记初心使命，提高政治站位，围绕工作大局，汇聚侨力侨智，树牢宗旨意识，践行群众路线，坚持强基固本，着力深化改革。不断提高新时代侨联工作能力和水平，团结凝聚广大归侨侨眷和海外侨胞，共同开创陕西省侨联工作新局面，为陕西经济社会高质量发展贡献力量。

陕西省委副书记贺荣表示，全省各级侨联组织坚持“国内海外并重、老侨新侨并重”和“积极拓展海外工作、积极拓展新侨工作”，锐意进取，真抓实干，进一步促进侨智侨力向陕西聚集，在促进经济发展、推动社会进步、传播中华文化、拓展海外联谊和深化改革等方面都取得了显著成绩。

当日，会议还宣读了《关于表彰陕西省侨联系统先进组织和先进工作者的决定》，并向受表彰的先进集体和个人颁奖。

（中国新闻网2019－09－09/田进）

湖南凝聚新生代华侨华人智慧促开放

由海外侨胞、归侨侨眷、留学生和归国留学人员等群体组成的湖南省侨联青年委员会9月11日在长沙成立。

湖南省政协副主席胡旭晟说，侨青工作是新时期侨联工作的重要组成部分，希望广大侨界青年积极宣介湖湘文化，讲好“中国故事”，为中国与世界各国互利合作搭桥铺路。

随着华侨华人社会的内部演变和代际交替，新华侨华人、华裔新生代正在成为华侨华人社会新兴的中坚力量，能更好地融入所在国主流社会。

祖籍湖南怀化的刘洋现为新西兰湖南总商会副会长兼秘书长。“新一代华侨华人具有良好的教育背景和知识层次，观念新颖，活力十足，执行力强，可以在引进智力资源、服务创新发展、促进文化交流与弘扬中华文化等方面作出积极贡献，成为拓展新侨工作的重要臂膀。”41岁的刘洋计划推动湖南优质产品和文化输出海外，让更多新西兰人了解家乡。

29岁的左菲利用在美国留学期间掌握的资源优势，将国外先进教育理念引入家乡湖南常德，创办了常德中山外语职业学院。现任常德留学生联谊会会长的她表示，新侨有海内外联络优势，对世界各国文化和经济理解深刻，还十分“接地气”。“新侨要带动和影响更多湘籍新侨回乡创业，利用先进理念和优质资源服务家乡发展。”

侨资企业湖南金龙集团总裁毛冰花被选举为湖南省侨联青年委员会第一届委员会会长，她表示，要力争在三年任期内引进10至20名海外高层次人才和3至5个大的招商项目落户湖南。“侨界青年可以积极创新创业，同时利用自身在海外的商业网络和广泛人脉，帮助湖南侨资企业更加顺利地走出去投资经营、创业发展。”她说。

老挝中国总商会副会长宋杰锋利用自身优势推动了长沙至老挝万象直飞航班的开通。他认为，新生代华侨华人可以更积极地参与“一带一路”建设，打造华商在世界上的新形象。“中国企业已进入国际化进程当中，除了打造硬实力，更重要的是要有软实力。代表软实力的形象和文化要宣传出去，靠的也是侨界新生代。”

中国中部地区侨务资源大省湖南现有6万余名新侨与海归人士。湖南省侨联党组书记黄芳表示，湖南省侨联青年委员会要进一步团结凝聚广大侨界青年，培养侨界接班人、壮大侨界新生力量，主动带头创新创业。

（中国新闻网2019－09－11/唐小晴）

首届“一带一路”侨商侨领交流合作大会在南宁举行

9月16日，首届“一带一路”侨商侨领交流合作大会在南宁举行，来自全球66个国家和地区的近千名海内外嘉宾汇聚一堂，以“弘扬丝路精神共同合作发展”为主题，叙友谊、谋发展，探寻中国（广西）自由贸易试验区商机。

此次活动由广西壮族自治区人民政府、致公党中央、中国侨联共同主办，旨在通过搭建交流平台，引导广大侨商到广西创新创业。

广西壮族自治区主席陈武在大会开幕式上表示，作为全国重点侨乡，广西有700多万桂籍侨胞分布在世界各地，侨资企业数和投资额占全区外资企业总数和外资总额均达到60%以上，侨胞成为广西引进外资重要渠道和开放发展的重要力量。

陈武表示，当前，广西积极参与“一带一路”建设，不断深化以东盟为重点的对外开放合作。随着中国（广西）自由贸易试验区获批建设，广西将更加主动对标先进地区，打造一流营商环境，降低企业要素成本。

“广西发展正焕发出前所未有的勃勃生机，投资潜力巨大，可为侨商创业提供广阔舞台。”陈武鼓励参会企业家到广西投资发展，在互联互通、国际产能、投资贸易、人文交流等合作领域中施展才华。

全国政协常委、副秘书长，致公党中央常务副主席蒋作君表示，中国（广西）自由贸易试验区的设立，使广西站在新的历史起点上，为实现跨越式发展蓄势待发。此次会议，为华侨华人了解广西、参与“一带一路”建设、回国创新创业提供了很好的平台。

蒋作君希望与会侨商发挥资金、人脉、经验等优势，参与基础设施建设，投身创新创业热潮，谋求个人事业转型发展，实现与祖（籍）国同步发展，将“朋友圈”逐步转化为惠及各方的“合作圈”。

中国侨联副主席朱奕龙表示，作为活动主办方，中国侨联将通过搭建平台、牵线搭桥，广泛汇聚侨商资源、凝聚侨智侨力，推动民间商贸和对话交流，引导广大侨商积极参与中国（广西）自由贸易试验区建设。

此次会议采取“走出去、请进来”和“线上线下”相结合的方式，广泛深入推介广西发展优势和政策措施，推动开展了一系列投资项目考察和洽谈活动。中国侨商联合会会长，世贸集团董事局主席许荣茂等一大批侨商侨领签约了23个投资项目，投资金额达242.73亿元人民币。

许荣茂表示，国务院同意在广西设立自由贸易试验区，并提出打造对东盟合作先行先试示范区和西部陆海联通门户港等具体举措，使广西日益成为侨商投资兴业的新热土。他建议，广大侨商应更深层次地挖掘广西在先进制造业、新能源汽车、新材料、生物医药、旅游、康养等领域的潜力，打造特色产业和项目。同时，发挥自身优势，推动广西与周边国家共建合作项目“落地生根”。

（中国新闻网2019－09－16/林浩）

第五届“海科杯”全球华侨华人创新创业大赛决赛举行

第五届“海科杯”全球华侨华人创新创业大赛9月18日在成都举行决赛。来自美国的“乳腺癌和胃癌等实体瘤治疗用靶向创新双特异抗体药物开发”项目获一等奖。

本届大赛分别在日本大阪、德国法兰克福、美国纽约举办了三场海外分场比赛。自2019年5月启动以来，大赛吸引了全球714个华侨华人创业项目报名，涵盖电子信息、互联网与现代服务、生物医药、先进制造、新材料与节能环保五个行业领域。

当日的决赛现场，经过选手路演、答辩、评委点评等阶段，来自美国的“乳腺癌和胃癌等实体瘤治疗用靶向创新双特异抗体药物开发”项目最终获得一等奖。

“海外创业团队想在中国国内落地，在资源、人脉方面都不如当地的创业团队。”一等奖项目团队成员朱晓东在美国旧金山工作多年，他告诉记者，如今许多海外华侨华人创业团队有意回中国发展，希望通过政府、投资机构的支持，实现这一目标。

“我们希望把公司落户成都，这里的生物医药产业环境与北京基本没区别。”朱晓东告诉记者，未来几天自己要和成都当地的药企洽谈，还将跟随大赛组委会赴四川各地巡回推介，促进项目有效落地。

与朱晓东相比，美国华侨冯胜有更多理由将项目落地成都。作为土生土长的成都人，冯胜已在美国工作生活22年。他告诉记者，虽然自己带来的“大数据、人工智能辅助骨关节炎的精准治疗”项目获得二等奖，但此次团队的目的并非获得名次。

“我们希望借此机会向更多人展示项目，并将优秀的技术带回故土，让更多人受益。”冯胜说，自己离乡多年，家乡变化翻天覆地，“成都已成为中国西部重要城市，创新创业环境很好，我想会有新的合作机遇。”

据了解，“海科杯”全球华侨华人创新创业大赛是中国西部海外高新科技人才洽谈会的重要专项活动之一。几年来，大赛助力国际高精尖科技项目落地西部、落户四川，激发了中国西部的创业创新活力。

对此，连续多届担任决赛评委的成都市文旅集团副总经理黄光耀感受很深。“海外华侨华人创业者带着先进的技术回到国内，寻求技术交流，寻求市场合作，寻求资本对接，我们也希望帮他们实现梦想。”黄光耀说，如今中国国内的创新创业环境越来越好，各地扶持政策优厚，希望海外顶尖人才带着技术和项目回到祖国、做出贡献。

（中国新闻网2019－09－18/王鹏）

安徽省“中国华侨国际文化交流基地”联盟成立

中国侨联副主席齐全胜9月19日在合肥包公园为安徽省“中国华侨国际文化交流基地”联盟（以下简称“华侨基地联盟”）揭牌，标志着安徽省已挂牌的18家华侨基地联盟正式成立。

包公园、歙县古城、隋唐大运河博物馆……安徽18家华侨基地分布在该省各地，各具文化特色。记者从安徽省侨联了解到，华侨基地联盟成立后，安徽省侨联将对开展侨界文化活动积极、侨界满意度较高的华侨基地采取“以奖代补”的办法，予以支持，并将依托华侨基地平台开展夏令营考察、文化沙龙等活动。

同时，建立联席机制，安徽省侨联将于每年年底前指定一家华侨基地为下一年度联盟理事单位，每年召开一次交流经验座谈会、组织一次外出考察交流活动；联合海外华文媒体等对华侨基地加强宣传，提升其在海外的知名度和影响力。

当日，齐全胜一行来皖开展侨联文化工作调研，并召开调研座谈会。齐全胜说，成立华侨基地联盟是安徽侨联工作的创新举措。希望安徽省各级侨联加强文化交流基地建设，进一步发掘地方文化资源优势，发挥侨界作用，服务区域发展，为新时代侨联文化宣传工作探索新机制、创造新经验。

齐全胜表示，华侨基地的建设要融入其所在地文化旅游的发展，要与侨联组织、海外侨团等加强联系、合作，建立品牌活动；挖掘华侨基地与侨相关的好故事，用“根”“魂”“梦”凝聚海内外同胞。

齐全胜介绍，每个华侨基地都需要提炼自身精华、总结特点来对外宣传。例如，包公园代表“刚正”“廉洁”，六尺巷代表的是“礼让”文化。所有华侨基地的精华组合起来就是中华优秀传统文化。

（中国新闻网2019—09—19/张强）

“广东华侨华人与新中国70年专题展”在广州开展

由广东省人民政府侨务办公室主办，广东省政协外侨委、致公党广东省委、广东省侨联协办，广东华侨博物馆承办的“粤侨情中国梦——广东华侨华人与新中国70年专题展”9月20日在广东华侨博物馆开展。

此次展览旨在庆祝新中国成立70周年，集中展示新中国成立70年来海外侨胞、港澳同胞、归侨侨眷支持参与广东以至中国社会主义革命、现代化建设和改革开放事业的光辉历程和巨大贡献，弘扬粤侨精神，凝聚侨心侨力。

展览分“侨情侨务”“赤子情怀”“改革先锋”“新时代新作为”四个部分。第一部分“侨情侨务”概括介绍广东作为中国第一侨乡和侨务大省的主要省情和侨务工作的简要历程；第二部分“赤子情怀”简要展示新中国成立初期至改革开放

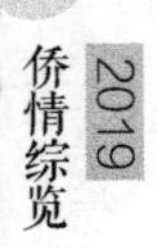

前，海外侨胞、归侨侨眷为广东革命和建设事业所作的贡献；第三部分“改革先锋”集中介绍海外侨胞、港澳同胞、归侨侨眷为广东改革开放事业所作的卓越贡献；第四部分“新时代新作为”特别展示中共十八大以来广东侨务工作的新成绩，海外侨胞、港澳同胞、归侨侨眷的新贡献。

此次展览专设了“党和国家主要领导人谈侨务”特别展板。展览共展出300多张照片和200多件实物，其中包括1957年何香凝给归侨李伯炎的题词“爱国”等珍贵文物。展览还辅以视频，另设电子触摸屏专门介绍新中国成立70年来海外侨胞、港澳同胞、归侨侨眷捐办广东公益慈善事业的代表性项目。

（中国新闻网2019－09－20/郭军）

39 个侨资高新技术项目落户安徽　投资总额逾 120 亿元

2019世界制造业大会子活动之一——“百家侨企”对接活动9月20日在安徽省合肥市举行，吸引来自美国、德国、澳大利亚、肯尼亚、日本等20多个国家和地区的侨领侨商等近350人参加。

此次“百家侨企”对接活动共签约39个项目，投资总额120.8亿元人民币，合同引资总额99.48亿元人民币。项目主要集中在集成电路、节能环保、生物医药、通用航空、新能源、新材料、新型显示和智能终端等领域，其中战略性新兴产业项目34个。

中国侨联副主席齐全胜说，本次活动既是安徽吸引侨智侨力发展制造业的一个重大举措，也是向侨界和海内外展示安徽有力推进制造业发展的一个有效平台。希望侨资企业家和侨界人才充分发挥视野开阔、联系广泛、融通中外的优势，深入了解长三角一体化战略深入实施对安徽发展和侨胞事业带来的机遇，促进深入洽商与合作，为安徽发展作出积极贡献。

安徽省委常委、组织部部长丁向群介绍，近年来，安徽省委、省政府高度重视广大海外侨胞和归侨侨眷在现代化五大发展美好安徽建设上作出的独特贡献，特别是注重发挥侨界人士智力优势、海内外联系广泛的人脉优势。希望与会嘉宾把报国之志、家国情怀、智慧力量融入安徽建设之中，共享安徽发展机遇，共谋合作发展，书写新时代侨界创业创新创造的华章。

会上，安徽省发改委介绍了长三角一体化及安徽产业发展政策，中国科大EMBA中心主任刘志迎教授作《长三角一体化背景下产业创新与企业发展》主旨演讲。

据悉，与会嘉宾还将于会后分赴安徽各地开展项目考察和对接。

（中国新闻网2019－09－21/张强）

第五届四川华侨华人社团大会在成都启幕

以“同心圆梦新时代·汇侨兴川新征程”为主题的第五届四川华侨华人社团大会9月23日在四川成都开幕，来自65个国家和地区的近400位海外华侨华人齐聚一堂。

开幕式前，四川省委书记彭清华会见出席大会的部分嘉宾。

本次大会将持续至26日，期间将举行包括海内外侨界代表人士庆祝中华人民共和国成立70周年座谈会、“新时代新侨商·新征程新作为”主题论坛等活动，还将组织安排中华人民共和国成立70周年海外侨胞看四川分线路考察活动。

四川省委副书记、省长尹力在大会开幕式上致辞表示，希望海外华侨华人社团继续坚持为侨服务理念，充分发挥桥梁纽带作用，大力推动住在国与祖（籍）国全方位交流合作；期望广大侨胞继续关心支持四川各地建设发展，搭建各类交流合作平台，充分发挥资金、技术、人才等方面优势，促进住在国与四川在经济贸易、科学技术、文化教育和旅游观光等领域深化交流合作。

印度尼西亚中华总商会常务副总主席兼执行主席张锦雄在开幕式上表示，中国已经连续8年成为印尼第一大国际贸易伙伴，印尼高度重视与中国的合作。四川是中国西南的人口大省、经济大省、文化大省，印度尼西亚中华总商会将积极发挥海外华侨华人社团“平台”与“桥梁”的作用，积极推动四川与印尼之间的经贸合作、文化交流。

中国和平统一促进会香港总会会长姚志胜表示，当前中国正在全面推进粤港澳大湾区发展，四川与该区域有很大的合作潜力和空间。广大华侨华人应当充分发挥自身联络川港的人脉网络优势，借力粤港澳大湾区建设，助推川港合作，尤其是在金融、创新科技和文创等产业领域。

开幕式上，正大集团等25家单位获颁首届“汇侨兴川”贡献奖，包括经济合作奖、公益慈善奖、人文交流奖、科技创新奖四类。据悉，该奖项将每两年评选一次，旨在表彰激励为四川经济社会发展做出贡献的涉侨团体组织。

（中国新闻网2019－09－23/岳依桐）

天津发挥侨务资源优势　助力高质量发展

据天津市委统战部网站消息，天津市现有6万华侨华人工作、生活，华侨华人投资企业近4000家。

2019年9月，天津市十七届人大常委会第十三次会议审议了《关于贯彻落实国家侨务工作发展纲要情况的报告》。从报告中可以看出，天津市坚持“以人为本、为侨服务”宗旨，围绕中心、服务大局，推动纲要深入贯彻实施，取得了较好成效。主要成绩如下：

连续举办三届“华博会”，吸引80多个国家和地区的3800余名海内外嘉宾参会，700余家海外侨资企业参展，达成合作意向500余个，协议投资总额近500亿元，累计近40万市民参观采购。成功举办“津洽会”等活动，围绕共赢发展主题，邀请海外侨商来我市投资兴业，促成“宝坻津侨国际小镇”项目落地。

深入落实“天津八条”，定期召开全市侨资企业座谈会、政策宣讲会、企业家恳谈会等活动，现场解读政策、解决问题。加强“侨梦苑”建设，设立7大服务平台，建立海外工作站，与32家华侨华人专业协会签订合作协议，落户侨企近600家。

开展“万侨创新行动”，促成一批科技型侨资企业在天津成长为行业龙头。共有540多名华侨华人高层次人才入选国家和天津市海外高层次人才引进计划，7家企业的创业团队被评为国务院侨办华侨华人重点创业团队，成为驱动天津创新发展的重要力量。

天津是沿海开放城市，也是侨务大市，做好侨务工作意义重大。

（中国侨网2019－10－12）

校地合作　福建宁德推动侨企人才对接

10月15日，福建宁德师范学院经济管理学院与宁德市归国华侨联合会、宁德市侨商联合会企业家代表以及宁德市留学生同学会代表召开校地合作对接会，就促进教育链、人才链与产业链、创新链有机衔接，进行对接交流。

宁德市侨联主席章伯专表示，希望以这个良好的开端，进一步把经管学院与市侨联的对接机制建立健全起来，把这个平台进一步巩固下来，更好地实现“院校-侨联-侨企”的互动交流，更好地为侨企侨商服务；也希望侨企把经管学院当成“娘家人”，与经管学院多交流多合作，形成共赢的局面。

宁德共有华侨华人47万人，主要分布在马来西亚、新加坡、美国、泰国、印尼等47个国家和地区。该市侨资侨属企业有150多家，主要涉及新能源、医药生物、房地产、电机、酒店、食用菌、水电、食品等产业。

对接会上，与会侨企代表提出，当前中小企业普遍存在人才紧缺现象，特别是管理、营销方面的高级人才，宁德师范学院作为本土院校，培养的人才在当地社会及生活环境等方面具有很好的适应性，可通过信息交流、专题讲座等形式开展横向对接，更好地助力侨企挖掘人才。

宁德师范学院是经教育部批准成立的全日制本科普通大学，经济管理学院现设有市场营销、国际商务、财务会计教育、酒店管理、旅游管理与服务教育5个本科专业，在服务社会、科学研究、学生培养等方面，取得了良好成效。

就校企合作办学模式，宁德师范学院经济管理学院提出企业引入、设备共享、技术推广、岗位承包、校企共训、培训移植和实训承包7种模式。

宁德师范学院经济管理学院党委书记郑立文表示，希望更好地汇聚侨智、发挥侨力，促进教育链、人才链与产业链、创新链有机衔接，加强高校与侨联在校企产教融合工作中的作用，促进教育服务闽东产业高质量发展。

章伯专表示，也希望借助这个平台，从更高的层面推动海内外人才培养交流，让更多的海内外朋友了解宁德、喜欢宁德、支持宁德、建设宁德，聚合资金、技术、信息等要素，投身宁德市产业发展、乡村振兴等经济社会发展主战场，为建设新宁德贡献力量。

（中国侨网2019－10－16/叶茂）

第三届河北侨梦苑侨商发展大会在河北秦皇岛开幕

10月16日上午，由秦皇岛市人民政府主办的第三届河北侨梦苑侨商发展大会在北戴河新区开幕，河北省委统战部副部长、省侨办主任栗慧英，秦皇岛市副市长冯志永，联合国开发计划署驻华代表处能源与环境处项目主任张卫东等，同来自多个国家和地区的140多名侨商与40多名海外华文传媒高层人士出席了开幕式。

冯志永称，北戴河新区作为承接北京医疗、健康、旅游、科技、文化等产业的重要支撑区，既是国务院侨办力推的全国侨梦苑率先发展示范区，也是中国首个国家级的生命健康产业创新示范区的核心区。目前，秦皇岛依托北戴河新区，大力发展康养和旅游产业，积极吸纳国际国内先进的医疗健康资源，着力构建“医、药、养、健、游”五位一体的生命健康产业格局，努力打造国际知名的康养旅游度假目的地。

据栗慧英介绍，目前在河北投资的侨资企业有4000多家，华侨华人和港澳台同胞投资占河北外资总投入的60%以上，在河北创业、服务的华侨华人新生代、留学归国创业人员超过6000人，已经成为推动河北经济社会发展的一支重要力量。

栗慧英说，海外华文媒体在推动河北对外交流和对外合作方面发挥了不可替代的作用。多年来，海外华侨华人和海外华文媒体人始终心系祖（籍）国、情系河北。

张卫东在会上表示，联合国开发计划署愿意与北戴河新区合作，引入国际先进的节能环保技术、理念及康养医疗资源，打造具有国际示范推广意义的康养模式，为实现联合国可持续发展目标凝聚侨心侨力，开展广泛合作。

（中国新闻网2019－10－16/王天译）

世界江西同乡联谊会发倡议　塑造大国赣侨新形象

第四届世界江西同乡联谊大会10月16日在南昌召开，来自31个国家和地区的55个江西社团共150余名海外代表齐聚一堂，共叙乡情、共商发展。会上，与会代表还面向所有江西籍海外侨胞发出倡议：发挥独特优势，大力促进中外合作交流；弘扬中华文化，塑造大国赣侨新形象。

本次大会选举产生了第四届世界江西同乡联谊会轮值会长、执行会长，并审议通过了来自美国、法国、加拿大、菲律宾、马来西亚等十余个国家和地区的15个江西籍社团加入联谊会。

会上，海内外参会代表共同发布《树立赣侨好形象共促赣鄱大发展——致江西籍海外侨胞倡议书》。

——助力家乡发展，积极参与美丽江西建设。把爱乡之情、报国之志转化为投身江西发展的实际行动，围绕江西发展战略和人民美好生活需要，抢抓机遇，各尽其能，各展所长，把自身事业与国家、与江西发展紧密联系在一起，携手描绘好新时代江西改革发展新画卷。

——发挥独特优势，大力促进中外合作交流。充分发挥同时熟悉住在国（地区）和江西的优势，讲好中国故事、江西故事，展示好中国形象、江西形象，为住在国（地区）与中国、与江西的合作交流牵线搭桥。

——弘扬中华文化，塑造大国赣侨新形象。注重遵守住在国（地区）法律，规范发展。坚定对中华文化的自信，身体力行地展示中华文化的时代内涵，加强横向联系，共同构建"和睦相融、合作共赢、团结友爱"的和谐侨社。

（中国新闻网2019－10－17/刘占昆）

教育部留学服务中心留学英才招聘会已提供岗位逾 1.2 万个

为推动实现留学回国人员更高质量和更充分就业，教育部留学服务中心10月20日在北京组织举办"2019年秋季留学英才招聘会暨高端人才洽谈会"，提供岗位超过1500个。

据了解，此次招聘会共设置展位161个，吸引国内152家知名机构参展，参展人数2500人。参展机构包括大型央企和国企、高校和科研机构、外资企业和民营企业等，涵盖工业制造、金融保险、教育科研等多个行业。招聘会现场还专门设置留学服务咨询展台，为参会的留学回国人员提供国（境）外学历学位认证、档案存放、就业落户等业务咨询服务。

自2012年以来，由教育部留学服务中心主办的留学英才招聘会已在京成功举办14届，共吸引近2200家企事业单位参展，提供岗位1.2万余个，有超过4万名留学回国人员参会应聘。

（新华网2019－10－21/胡浩）

40多位海外侨商赴2019年东博会旅游展寻商机

2019中国-东盟博览会旅游展于10月18日至20日在桂林市举行，海外侨商踊跃赴展寻商机。19日上午，桂林市委统战部副部长、市侨办主任程海超来到国际会展中心国际旅游商品展区，看望海外参展侨商。

马来西亚侨资企业长青集团旗下锦美假日大酒店展位装饰非常讲究，设有咖啡品尝区、洽谈区、产品展示区，吸引了不少客商前来洽谈。程海超向酒店负责人黄约翰先生了解参展情况，鼓励企业充分利用平台，把自己的优势产品宣传出去，提升企业形象。

据黄约翰介绍，酒店本次展示的产品主要有客房、旅游线路、著名旅游景点等。他表示，身为马来西亚侨商，我希望发挥桥梁和纽带作用，促进马来西亚各地与桂林的交流合作，以此提升马中务实合作水平。

随后，程海超还看望了来自越南、缅甸以及中国香港地区的参展侨商。

据悉，此次旅游展共有来自马来西亚、印度尼西亚、缅甸、中国香港等18个国家和地区的40多名侨商参加。

（中国侨网2019－10－21/陆汉宝）

成都市侨联首个“成都华人华侨交流基地”诞生

近日，成都市侨联在第七届中国成都国际非物质文化遗产节武侯浓园大洋洲主题分会场开幕仪式上向天艺浓园授牌“成都华人华侨交流基地”。据悉，这是成都市侨联系统首个“成都华人华侨交流基地”。

据了解，“成都华人华侨交流基地”的诞生将更好地促进天府文化的传承和发展，也将有助于推动成都文创产业的国际化发展。

同时，天艺浓园艺术博览园还将发挥在中外文化交流资源上的优势，为华人华侨在成都开展文化艺术交流和文创产业创新提供服务平台。

据悉，第七届中国成都国际非物质文化遗产节（简称“非遗节”）于10月17日在成都开幕，非遗节以“传承多彩文化创享美好生活”为主题，设立一个主会场和28个主题分会场，来自全球86个国家和地区的1100余个非遗项目、5600余名代表共襄盛会。

（中国侨网2019－10－21）

天津市“津侨慈善基金”成立　侨胞献爱心捐助

据天津市侨联网站消息，10月15日上午，天津市慈善协会举行“津侨慈善基金”成立仪式。天津慈善协会会长散襄军，天津市侨联常务副主席陈钟林，中国侨联常委、香港侨界社团联会主席、华集发展集团主席沈家燊，中国侨联特聘专家、香港侨界社团联会永远名誉会长常务副会长、鑫桥联合金融服务控股集团有限公司董事局主席李然女士等出席捐赠仪式。

会上，两位天津出生的著名侨领沈家燊先生和李然女士，宣布捐款50万元人民币成立“津侨慈善基金”，由沈家燊先生任基金会主席，李然女士任联席主席。天津慈善协会“津侨慈善基金”将连续六年以每年捐赠50万元人民币（共计300万元人民币）为基础，为海内外华人华侨搭建一个新的涉侨慈善基金平台，为新时代美丽天津的慈善事业做出侨界独特贡献。同时决定从中拿出30万元，作为天津市侨联对口扶贫捐款，用于支援甘肃和承德贫困地区群众脱贫项目。

天津慈善协会会长散襄军高度赞扬两位香港侨领的爱心善举和对天津慈善事业的贡献，希望能以此带动更多的社会力量投入到慈善事业之中，为天津高质量发展和脱贫攻坚多做贡献。

天津市侨联常务副主席陈钟林代表天津市侨联感谢两位企业家的侨心大爱，希望“津侨慈善基金”能引导和汇聚海内外更多的侨界力量，书写天津市侨界公益慈善事业的新篇章。

（中国侨网2019－10－22）

中国首个高校侨界法律服务直通站在温州大学成立

据浙江省侨联网站消息，日前，中国首个高校牵头的侨界法律服务直通站在温州大学成立，为温州市侨界群众增加了一条法律服务通道。

这是温州大学侨留联依托学校丰富的法学人才资源优势，践行中国侨联提出的“地方侨联+高校侨联+校友会”工作模式，部署“大侨务”工作格局的又一有力举措。温州大学副校长蔡曙光、浙江省侨联调研员钱夏根、温州市侨联副主席林春雷、温州大学统战部部长周伟国、温州大学侨留联主席杨小平出席了直通站挂牌仪式。

温州大学副校长蔡曙光在仪式上发表讲话，他强调温州是著名侨乡，温州大学因侨而生，学校筹建温州大学意大利分校、举办“寻根之旅华裔青少年夏令营”、开展华文教师培训、关爱侨界留守儿童行动等都受到华侨华人的鼎力支持。温州大学侨留联汇聚海归教授、博士等新生力量，吸收学校各科研平台高层次海归精英，成立温州大学侨界法律服务直通站，真诚为地方侨界服务。

温州市侨联副主席林春雷指出，温州大学侨界法律服务直通站正式成立是温州市侨界的一大喜事，也是“地方侨联+高校侨联+校友会”的又一创新举措。相信温州大学侨界法律服务直通站一定能够在现有的机制、资源基础上不断完善和拓展，扩充人才资源库，扎实增强业务能力，开展形式多样、贴合不同层次侨界群众需求的活动，真正发挥法律服务直通站的作用。

会上，浙江省侨联调研员钱夏根、温州市侨联副主席林春雷为法律服务直通站授牌，温州大学侨留联副主席（会长）、直通站负责人宾雪花做题为“以案释法，增强维权意识”的讲座。

会后，温州大学侨界法律服务直通站团队成员现场举办交流会。对各县市、街道侨联干部提出的华侨子女加分认定，历史遗留所产生的落户、居民身份证、查封银行账户等疑难问题一一做了解答，正式开启法律服务第一站。

（中国侨网2019－10－22）

第五届国际华人（海归）歌唱家音乐会成功举办

据江苏省侨联网站消息，10月21日晚，由中国致公党无锡市委员会、无锡市归国华侨联合会、无锡市文学艺术界联合会、中共锡山区委统战部联合主办，无锡金田文化艺术传媒有限公司承办的世界级音乐盛会——“亲情中华相约无锡”献礼新中国成立70周年第五届国际华人（海归）歌唱家音乐会在无锡大剧院歌剧厅成功举办。这场音乐会也是2019太湖文化艺术季暨第二十一届中国上海国际艺术节无锡分会场社会文化活动之一。来自世界各地的10多位顶尖歌唱家们齐聚太湖明珠无锡，为锡城市民带来一场国际性的音乐饕餮盛宴。全市近1000名侨界群众、音乐爱好者一起观看了演出。

音乐会嘉宾阵容强大，有男中音歌唱家、中国音乐学院声歌系教授马金泉，扬州大学音乐学院院长张美林教授，旅法中国十大男中音歌唱家施恒，无锡旅法女高音金湉，江南大学人文学院音乐系主任马克，保罗·科尼歌剧艺术中心副主任晁然，旅法男中低音、星海音乐学院青年教师翟晓寒，留法女高音马骄，独立音乐人、全能型唱作歌手肖斯塔等10多位歌唱艺术家。还邀请了世界知名指挥家林志强，法国、卢森堡的5位乐器演奏家林羽、奥莱丽亚·布鲁、尼古拉斯·德鲁、弗洛伦西亚·卓瑞娜、比阿特丽斯·希门尼斯与侨海爱乐交响乐团同台演出。

在当晚的音乐会上，歌唱家们激情演绎，用歌声和激情表达对音乐孜孜不倦的追求，用歌喉和情感抒发爱国情怀，弘扬和传承中华民族文化，展示华人（海归）歌唱家的风采，体现了中西文化的共融之美，使中华文化与世界各国文化和谐相融，共同创造更加美好的生活，与国际友人一道同圆共享中国梦。歌唱家们演唱了《祖国，慈祥的母亲》、《不忘初心》、歌剧《地狱中的奥菲欧》、《茶花女》等

18首中外经典曲目。音乐会在歌唱家们一曲《歌唱祖国》的合唱中精彩落幕，现场观众的掌声经久不息，给予歌唱家们最高的褒奖。

（中国侨网2019－10－23）

海内外逾800名韶商齐聚首届韶商大会　签约总额超250亿

首届韶商大会10月28日在广东韶关举行，以“善美韶关　共建共享”为主题，来自海内外的800多位韶商代表参加，签约投资总额达251.31亿元。

广东省委统战部副部长雷彪表示，召开韶商大会，对进一步团结韶商力量、改善韶关营商环境、促进韶关经济社会发展、实现韶关振兴目标，具有重要意义。

韶关市委书记李红军介绍，韶关按照广东省委“1+1+9”工作部署，以生态为特色优势融入大湾区建设，将韶关打造成广东省的生态高地，推进“广韶同城”发展战略，坚持绿色发展，实施百家优质重点企业“倍增”计划和工业技改三年行动，打造产值超500亿元的先进装备制造产业集群，构建绿色低碳循环产业体系。

李红军表示广大韶商应更加关注家乡发展，把个人发展和企业发展与韶关发展结合起来，积极引领产业、资本、技术回归，深度参与家乡建设。

会上，李红军向受表彰的丽珠集团、利民制药厂等10家韶关市创新成长民营企业及张红伟等8位韶关市优秀民营企业家颁奖。此外，还举行了重大项目签约仪式，集中签约32个项目，涵盖先进装备制造、文化旅游、现代特色农业、商贸物流、新材料等产业。

（中国新闻网2019－10－28/王坚，蔡仁银）

“纪念南洋华侨机工回国服务80周年”展览在北京开幕

“祖国在召唤——纪念南洋华侨机工回国服务80周年”展览10月29日在中国华侨历史博物馆开幕。

1939年2月至8月间，3200余名南侨机工毅然回国，担负起滇缅公路抗日军运任务。南侨机工用生命和血汗在滇缅公路上打通了一条“抗战输血线”，为中国人民抗日战争和世界反法西斯战争的胜利写下了可歌可泣的一章。

2019年是南侨机工回国服务80周年。展览用100余件（套）珍贵的历史资料、照片、实物等藏品，以“响应召唤共赴国难”“赤子丹心热血滇缅”“赤子功勋民族光辉”三个部分展示南侨机工回国参加抗战的壮举。

中国侨联副主席齐全胜出席开幕式，并为多位南侨机工后人颁发捐赠证书。

中国华侨历史博物馆副馆长祁德贵在致辞中说，展览用文物、资料和影像再现历史，旨在铭记南侨机工们所经历的光荣与磨难、曲折与艰辛；铭记他们在祖国最危难的时刻，不惜抛家舍业、远渡重洋，用青春热血铸就的历史丰碑，并激励我们不忘初心，凝聚侨心，筑梦前行。

南侨机工眷属代表徐宏基说，南侨机工的英雄壮举彰显了海外侨胞时刻与祖国人民同仇敌忾、同舟共济的爱国情怀，展现了中华民族勇于为国牺牲、视死如归的优良品质和传统。“我们要大力弘扬南侨机工精神，教育子孙后代为国为民勤奋工作。”

展览由中国华侨历史博物馆、云南省侨联、云南省档案局（馆）、陈嘉庚纪念馆主办。

（中国新闻网2019－10－29/冉文娟）

第十届“华交会”在济南开幕　促华商与中国企业合作共赢

以“侨聚齐鲁、凝侨汇智、合作共赢”为主题的“第十届华商企业科技创新合作交流会暨海外华商产业发展高端论坛”（以下简称“华交会”）10月29日在济南开幕。来自美国、法国、德国、加拿大等40余个国家和地区的500余位知名华商、专业人士参会。

“华交会”是为华侨华人参与中国产业结构调整和科技创新，促进华商与中国工商界的合作共赢发起的涉外引资引智引技活动，每两年举办一次，自2002年首次举办至今已有9届。

“海外华侨华人是中国引资引智的重要渠道、开展国际交往的重要桥梁纽带。”山东省副省长孙继业在开幕式上表示，目前，华侨华人、港澳同胞在山东省投资企业数、合同外资额均占全省三资企业数和外商投资额的半数以上。山东与国外建立友好城市关系、友好合作关系437对，与世界上180多个国家和地区建立了贸易关系，累计吸引212家世界500强企业投资项目713个。

孙继业介绍说，山东正着力推进新一轮高水平对外开放，充分利用两个市场、两种资源，全力推动招商引资、招才引智。“山东新一轮高水平对外开放仍离不开海外华侨华人的支持。希望广大华侨华人一如既往地关注、推介山东，积极参与山东新旧动能转换重大工程，实现互利共赢、共同发展。”

中国侨商投资企业协会常务副会长、三庆实业集团董事长吴立春表示，“华交会”是侨务部门为广大华侨华人回中国投资创业搭建的有力平台，为广大华商加强交流合作提供了契机。多年来，广大华侨华人以弘扬侨界深厚家国情怀，实现中华民族伟大复兴梦为目标，充分利用自身独特优势，在支持山东高质量发展、促进山东对外友好交往等方面做出了重要贡献。

吴立春介绍说，山东省先后设立了“侨创基地”“侨梦苑”两大侨商产业聚集区，成立了侨商会、侨商联合会、特聘专家委员会、法律工作委员会等工作平台，打造“侨汇泉城”等工作品牌，把为侨服务工作做细做实。“相信广大侨商定能勇立时代潮头、凝聚侨心侨力，为山东经济社会发展做出新的贡献。”

根据前期的衔接、洽谈，与会嘉宾与山东省有关机构达成45个合作协议，总投资额385.3亿元人民币，其中，符合该省十强产业的项目37个，占签约项目数的82.2%，占总投资额的74.6%，28个项目在开幕式上签约。

据悉，本届“华交会”由山东省人民政府侨务办公室、济南市人民政府和烟台市人民政府联合主办。开幕式外，还将举行海外华商产业发展高端论坛、济南市专场推介会、项目对接洽谈会等，参会代表还将实地考察济南重点产业园区和烟台投资环境。

（中国新闻网2019－10－29/孙宏瑗）

“2019 侨界精英创新创业峰会”在杭州精彩演绎

10月30日—11月2日，“创业中华——2019侨界精英创新创业（中国·杭州）峰会”在浙江杭州举办。这是连续第十年，有着创新创业热情与能力的海外精英相聚在杭州。栽下梧桐树，引得凤凰来。在杭州，精彩的侨界“双创”故事在上演。

搭建交流平台

“侨界精英创新创业峰会为服务侨界海外精英来杭州创新创业、投资发展搭建了非常好的平台。”贝达药业董事长丁列明是峰会的常客，曾几次受邀在峰会上进行经验分享。作为扎根杭州的医药创新企业负责人，丁列明2010年就参加了第一次峰会。2013年，“创业中华——2013侨界精英创新创业峰会专家分场”还专门安排考察了贝达药业海创园区。

丁列明在杭州的“双创”故事在峰会上被人津津乐道。2002年，丁列明回国创业，在杭州创办了贝达药业。历时近10年，成功自主研发中国第一个小分子靶向抗癌药“埃克替尼”。该药两次获得中国专利金奖，斩获中国工业大奖，更是荣获了2015年度国家科技进步一等奖。丁列明说：“这些成绩的取得，除了我们自身的努力以外，很大程度上得益于浙江和杭州优越的创新创业环境和政策支持。”

峰会正是这种良好环境的例证。“与会的专家与人才均感觉项目对接精准、落地角度好，而且，杭州市侨联推出‘人才资源共享’的包容开放合作模式，也为项目落地创造了更多机会。”北美浙江华侨联盟董事会主席朱婕已经是第四次参会，“峰会充分发挥侨界在海外的人脉、资本和视野方面的优势，积极联动地方政府、社团以及侨界各方力量，为投资创业者搭建了一个互动交流、资源整合、合作发展的平台。”

美国华人医药科学家协会会长陈邦华也多次参加峰会。“即便有时候我来不了，我的团队中也会有人参加。”他说，“通过峰会，我们加深了对杭州创新创业环境的了解，与相关部门、企业建立了联系。峰会现场可以签约项目，而且，峰会之后，我们会同相关部门和企业进一步交流，加强合作。”

探索服务模式

“这次和我一起回来参会的有20多位专家，带来40多个项目。”朱婕说。峰会的影响力越来越大。“我们后台报名的人越来越多。如今，我们需要进行严格的筛选评估，才能确定与会人员名单。”杭州市侨联副巡视员丁佐的话语透着喜悦。

“2010年以来，连续10年承办峰会，杭州市侨联走过了探索、实践、创新、完善的10年。”丁佐参与了整个过程，“目前，峰会更加高端，参会人员都是海内外高层次人才；更加国际化，参会人员来自各个国家；更加专业化，之前峰会主题比较分散，项目对接有一定困难，现在每届峰会侧重一个主题，比如，这两年就集中在生物医药领域；更加务实有效，项目对接落地成果显著。”

以这两年的峰会为例。2019年峰会吸引了国内外生物医药领域的102个项目参与洽谈对接，现场签约10个生物医药产业项目、10个生物医药高层次人才项目，总投资80亿元人民币。去年，峰会吸引了来自24个国家和地区的600余人参加，与101个生物医药项目进行对接，现场签约10个项目，总投资56.7亿元人民币。

借力峰会，杭州市侨联推动侨界“双创”的路越走越宽。“我们创建并不断完善‘基地+基金+人才’的新侨工作样式，推动形成了基地联盟化、基金专业化、协会体系化和引才国际化的局面。”丁佐介绍，目前杭州市侨联已经牵头组建了“新侨创新创业基地（杭州）联盟”的新型“双创”基地，创建“海邦基金”“海投基金”“海晏基金”等对人才进行扶持，通过海外企业家投资联合会、海创会、留学生和家属联谊会等协会服务不同梯次的人才。此外，还在海外建立了招引人才的站点。

不负大好时代

作为新侨乡，杭州对海外人才的吸引力越来越足。2011年，中国侨联授予杭州市“新侨回国创业（杭州）示范基地”。2019年峰会，“中国侨联新侨创新创业基地——杭州医药港”挂牌。

“在杭州创新创业的17年，我见证了杭州的快速发展。杭州连续9年入选‘外籍人才眼中最具吸引力的十大城市’，吸引越来越多的高端人才落户于此，人才净流入率持续位居全国第一。”丁列明说。

“我身边的朋友都说，能感受到杭州友好的创新创业环境。”朱婕说，“我有个朋友在医药领域有个项目，却苦于在海外找不到资金。与杭州市侨联对接后，侨联多方沟通，终于实现了远程对接服务，让我的朋友得以进行项目的视频路演。”

"我所在的生物医药领域，对研究环境、仪器设备、人才招聘等综合实力要求较高，杭州拥有足够的吸引力。"陈邦华笑言，"而且，杭州在招才引资等方面积极主动。这样的'人间天堂'谁不爱呢？"

丁列明说："中国的改革开放和快速发展为我们海归人才提供了很大的舞台和很好的发展机会。我们在中国做成了在美国做不到的事。同时，中国的发展也需要更多的海归高端人才做出更多的贡献。回到中国创新创业，要深入了解国情，融入团队和社会，调整好心态，耐得住寂寞，经得起挫折。机会只给有准备且坚持不懈的人。"

作为海外高层次人才创新创业的代表，丁列明向海外精英发出热情洋溢的邀请："今天，我们赶上了创新创业的大好时代，侨界精英大有可为。热忱欢迎侨界精英多了解杭州，来杭州安家立业，来杭州创新圆梦。"

（《人民日报海外版》2019－11－04/张红）

福建首个涉侨"互联网巡回审判点"启用

据福建省三明市侨联6日消息，日前，福建首个涉侨互联网巡回审判点启用仪式在三明市明溪县沙溪乡举行。这是继2017年成立首个侨益司法保护示范中心以来，福建打造的又一涉侨维权司法品牌，构建了"互联网+"的侨益司法保护新模式。

福建省高级人民法院副院长欧岩峰、福建省侨联副主席翁小杰、三明市中级人民法院院长姚丽青、明溪县委书记李腾等出席活动。

欧岩峰一行实地调研参观了沙溪乡涉侨在线法官工作室、涉侨互联网巡回审判点、梓口坊村侨益司法保护示范中心及雪峰镇城南社区侨益司法保护服务基地，详细了解明溪涉侨司法工作开展情况，就明溪下阶段如何立足侨乡特色，不断提高涉侨司法工作整体水平做了部署。

涉侨互联网巡回审判点是集立案、送达、举证质证、调解、开庭等功能于一体的"全在线"诉讼平台，涉侨案件当事人注册账号、进行实名认证，通过平台人脸识别技术确认后，即可在线办理立案、参与庭审等事项。

相关人士称，涉侨互联网巡回审判点的启用，打破了时间和空间障碍，满足民众多元司法需求，为身处海外的当事人提供优质便捷的全方位司法服务，降低当事人诉讼成本和法院司法成本，提升涉侨纠纷解决效率。同时，顺应了"互联网+"时代"智慧法院"建设的发展方向。

（中国侨网2019－11－06/邓丽珍）

留学人才齐聚济南　聚焦大数据智能化引领创新驱动

5G通信、大数据、激光、区块链……在11月6日举行的欧美同学会第八届年会暨海归创新创业济南峰会主题论坛上，与会留学人员、专家学者聚焦这些创新创业创造领域最前沿的热词，交流思路、碰撞灵感。

“5G通信、人工智能是社会发展的大势所趋。人工智能凭借其强大的计算能力、弥补贫信息的大数据和更优的算法，将会给人类生活带来翻天覆地的变化。”东北大学教授胡景德在演讲中如是说。

剑桥三一学院教授级高工、世界工程组织联合会中委会委员张义表示，随着以大数据、云计算、人工智能、区块链等为代表的现代信息技术快速发展，企业能否积极利用这些技术，加强新一代信息技术与传统生产制造技术深度融合发展，是其提升竞争力、高质量发展的重要选择。智能化开启了新一轮的工业转型竞赛，是利用新一代信息技术升级改造传统产业的一种创新手段，是实现新旧动能转换的有力抓手。

“激光+是实现制造强国的支点和核心，高端装备是制造业创新的支撑。”苏州大学激光与智能制造研究院院长赵青青在论坛上分享了激光对高端制造业的重要性。激光全面覆盖制造业，被誉为“万能工具”，其社会和经济效益显著。激光技术将带来先进制造、通信、安全、医疗等领域的产业变革，新的制造流程将满足未来的各种个性化需求和定制需求。

济南市工业和信息化局副局长杨福涛在论坛上展示了济南在大数据与新一代信息技术产业发展方面取得的突出成就和发展规划。济南新一代信息技术产业集群是山东省认定的唯一支柱产业集群。济南作为中国软件名城、国家软件产业基地、国家智慧城市等，信息产业发展基础好，发展优势明显。

据了解，济南是中国首批开启5G商用的城市之一，具有中国首条5G全覆盖地铁线路，年底前将开通5G基站5030个。杨福涛表示，济南将大力推进大数据产业发展，加快高端软件产业发展，提高信息安全产业发展水平。

（中国新闻网2019－11－06/张钰）

浙江汇聚侨界力量助推乡村振兴

为引导和支持海外侨胞参与乡村振兴事业，浙江省侨联于11月7日启动“千个侨团（企）扶千村”活动。

当天，“海外侨胞衢州行”举行，全球45个国家和地区的180余名浙江省侨青联理事和侨商代表出席。作为浙江省侨青联乡村振兴结对联系点，活动于举办地衢江正式启动。

中国侨联顾问、中国侨联原副主席王永乐表示，广大侨界青年要以此次活动为契机，深入了解家乡浙江特别是衢江的主要政策和相关信息，带动更多的海外华裔青年助力祖国和家乡经济社会发展。

“千个侨团（企）扶千村活动”结对仪式上，第一批结对帮扶双方代表——10位侨胞侨商（社团代表）和衢江区10个村的村代表上台。今后，双方将围绕“产业兴旺、生态宜居、乡风文明、治理有效、生活富裕”的总要求，开展深入务实的合作。

浙江是中国侨务资源大省，现有归侨侨眷112万人，华侨华人202万人，分布于世界五大洲180多个国家（地区），年龄在20～59岁的人口占总人口的81.23%。

与中国其他发达省份一样，浙江经历了从“出国热”到“海归潮”的转变，如今越来越多海归选择回浙创新创业。

新时代新机遇下如何更好地推动乡村振兴？海外侨胞应发挥什么作用？

面对新课题，浙江省侨联倡议各浙籍侨团、侨企、侨胞把最美乡愁转化为最强动力，通过公益奉献、智资回归、嘉言懿行、宣传推介等措施，主动融入乡村振兴。

“从浙江大地走出去的华侨华人，是家乡人民的骄傲，更是推动乡村振兴的不可或缺力量。希望大家智者尽其谋、勇者出其力、仁者播其惠，积极投身乡村振兴大潮。”浙江省侨联党组书记、主席连小敏说。

（中国新闻网2019－11－07/周禹龙）

中国侨联青年委员会第四次委员大会在京召开

2019年11月7日至9日，中国侨联青年委员会第四次委员大会在北京隆重召开，来自93个国家和地区的近500名青年委员出席大会。

中共中央书记处书记、中央统战部部长尤权8日在京会见中国侨联青年委员会第四次委员大会代表。尤权希望中国侨联青年委员会始终高举爱国主义旗帜，把牢正确方向，扎实做好服务团结引领工作，引导广大侨界青年发挥独特作用，积极投身强国复兴伟大实践，为推进祖国和平统一大业、促进中外文明交流互鉴做出新贡献。

全国人大常委会副委员长白玛赤林、全国政协副主席郑建邦以及有关部门负责同志参加会见。

开幕会上，中国侨联党组书记、主席万立骏发表了题为《建功新时代　勇做追梦人》的讲话，他充分肯定了第三届青委会的工作，并向广大侨界青年、新一届青委会和青年委员提出三点希望：一是希望广大侨界青年深入学习贯彻党中央重大决策和部署，进一步深刻认识新中国成立70年来、改革开放40多年来、党的十八大以来我国发展取得的巨大成就，坚定走中国特色社会主义道路的信念，准确把握我国发展的历史方位，树立坚定的奋斗精神，树立为侨服务的理念，把握中国发展的宝贵机遇。二是希望青年委员深入学习贯彻习近平总书记对青年成长的重要要求和党中央对侨胞的殷切希望，促进侨界青年在新时代展现新风采，努力做到五个结合——坚持志存高远与脚踏实地相结合、坚持学好理论与深入实践相结合、坚持追求个人成就与服务国家发展相结合、坚持尊重物质财富创造与保持精神追求相结合、坚持落叶归根和落地生根相结合。三是希望青委会深入学习贯彻中国侨联工作的总体部署，承担好职责使命，把青委会建设得更加坚强有力、更加充满活力，用习近平新时代中国特色社会主义思想统领青委会工作，加强侨界青年思想政治引领，为青年委员成长发展、建功立业提供服务，推动青委会工作高质量发展，建设好侨界青年之家。

中国侨联青年委员会第三届会长乔卫在开幕会上作第三届青委会工作报告，回顾了青委会五年来的工作情况，总结了五年来的工作体会，对未来五年的任务提出了建议。

9日上午的闭幕会上，中国侨联党组成员、副主席，中国侨联青委会第四届会长隋军做题为《立足新起点　开创新局面》的讲话，她说，本次大会是一次牢记使命、团结奋进、规划蓝图、明确任务、承前启后、持续奋斗的侨青盛会。隋军表示，新一届青委会将在坚定信仰、信念、信心上下功夫，在做好联络、联谊、联合上下功夫，在夯实基层、基础、机制上下功夫，在聚焦做精、做专、做实上下功夫，希望青年委员在树立家国情怀、勤学善思明辨、组织动员侨界青年、奉献回馈社会、建设和谐侨社等方面当表率。

中央统战部、中联部、全国人大华侨委、外交部、全国政协港澳台侨委、致公党中央、全国总工会、共青团中央、全国妇联、中国科协等有关单位领导及中国侨联各部门单位负责人出席开幕会。会议期间，全体青年委员到北京展览馆参观了新中国成立70周年成就展，听取了外交部领事司司长崔爱民作的专题报告。闭幕会后，海外及港澳青年委员分三条线路分别赴北京、天津，重庆、四川，江苏、上海等地参观考察。

（中国侨联网站2019－11－09）

广州：打造平台优化环境　与海外侨胞分享大湾区建设重大机遇

粤港澳大湾区建设离不开广大海外侨胞的积极参与和大力支持，也必将为海外侨胞报效桑梓、分享祖（籍）国发展机遇、实现自身更好发展提供重大契机。由广东省人民政府、中国国务院侨务办公室联合主办的首届华侨华人粤港澳大湾区大会于11月11日至15日在广州举行，广州市市长温国辉表示，作为大湾区发展核心引擎之一，广州将最大限度发挥积极性、主动性、创造性，落实好《粤港澳大湾区发展规划纲要》各项工作部署，与广大海外侨胞分享发展机遇。

据了解，2019年以来，广州大力推进粤港澳大湾区建设，多项工作取得明显成效：深度参与广深港澳科技创新走廊建设，着力建设南沙科学城、中新广州知识城、广州科学城等重大创新平台，联合港澳共建科技创新合作平台33个；广州白云机场外国人144小时过境免签政策落地实施，南沙、黄埔等口岸实现进出口货物全年24小时通关；南沙大桥建成使用，广汕铁路全线开工，广州白云机场第四第五跑道、T3航站楼有序推进，大湾区1小时交通圈、南沙与周边城市的半小时交通圈加快建设，要素流动更加便利。

同时，广州对标最高最好最优，实施营商环境2.0改革，在科技创新、金融发展、社会保障等领域谋划提出两批与港澳规则衔接事项清单共74项任务。产业合作持续深化，广州全力打造南沙粤港澳全面合作示范区，高标准建设中新广州知识城，共建穗港智造特别合作区、穗港科技合作园，建成香港马会从化马场。上海证券交易所南方中心和深圳证券交易所广州服务基地揭牌，广州创新型期货交易所、粤港澳大湾区国际商业银行的筹建工作也在推进中。

有识之士指出，广州拥有高度集聚的创新资源、发达的枢纽网络、完备的产业体系、广阔的市场空间、广泛的国际交往，以及优越的营商环境，这成为新时期广州吸引海外侨胞参与大湾区建设的优势所在。

广州是著名侨乡，海外侨胞多，归侨侨眷多，侨资企业多，回国新侨多。与其他中国大城市相比，广州“侨味”最浓，这既是广州的独特优势，也是广州的宝贵财富。据不完全统计，广州市有华侨华人、港澳同胞和归侨、侨港澳眷属400多万人，侨港澳资企业15400多家，占外资企业总数的70%以上。侨务资源作为广州重要的战略资源，在广州市引进海外高层次人才、促进对外交流、建设文化名城、维护社会和谐稳定、维护港澳地区繁荣稳定等方面发挥了积极作用。

为了引导华侨华人有序参与大湾区建设，广州市发挥增城侨梦苑的核心载体功能，吸引华人华侨产业项目集聚发展。办好世界华商500强广东（广州）圆桌会、世界华人华侨聚焦广州创新创业活动等重大活动，打造以中国海外人才交流大会暨中国留学人员广州科技交流会为主体的高端招才引智品牌。加大华侨权益保护力度，始终聚焦便民利企，破解包括侨资企业在内的企业办事痛点、难点和堵点。大力推进岭南文化中心建设，扩大岭南文化的吸引力、影响力、辐射力，以文化认同凝聚侨心。

为了吸引包括海外侨胞在内的各类专才，近几年，广州加快完善人才政策和创新机制，在全国首创“人才绿卡”制度。广州开展鼓励海外人才来穗创业的“红棉计划”，每年评选出多个创新创业项目，给予创业项目资助、融资渠道支持、知识产权保护等10个方面的创新创业全链条政策支持。2019年6月，广州又推出“广聚英才计划”，在人才培育引进、使用评价、分配激励、服务保障等方面提出了19项创新举措。

为了促进科技交流，广州将继续完善科技成果转化处置和收益分配政策，建设华南（广州）技术转移中心、中国科协（广州）技术交易中心，进一步办好中国创新创业成果交易会、《财富》全球科技论坛、官洲国际生物论坛、粤港澳大湾区知识产权交易博览会等重大活动。

《粤港澳大湾区发展规划纲要》明确指出，要“积极引导华侨华人参与大湾区建设，更好发挥华侨华人、归侨侨眷以及港澳居民的纽带作用，增进与相关国家和地区的人文交流”。广州市市长温国辉表示，广州有责任更有能力，与广大海外侨胞分享在科技创新、战略性新兴产业、高端服务业、基础设施建设、城市更新等方面的大量发展机遇。

（中国新闻网2019－11－11/郭军）

东莞市市长：东莞迎来高质量发展最佳机遇期　华侨华人投资兴业正当其时

“当前，东莞正面临‘三区’叠加的重大历史机遇，全市发展正迎来最佳机遇期，广大海外华侨华人到东莞投资兴业正当其时，我们将为他们创造最好的环境。”首届华侨华人粤港澳大湾区大会召开在即，作为大湾区重要节点城市，东莞面临哪些发展机遇？如何引导广大华侨华人参与大湾区建设？近日，东莞市市长肖亚非就此接受了中新网记者的采访。

据介绍，随着粤港澳大湾区战略深入推进，预计未来8到10年，整个大湾区将聚集上亿人口，GDP将达到20万亿元以上，成为全球人流、物流、资金流最密集的湾区之一。

肖亚非表示，东莞位于大湾区地理几何中心，是连接大湾区东西两岸融合发展的主轴，是中国唯一一座被三座一线城市（香港、深圳、广州）包围的城市，从东莞出发，30多分钟可到达广州、深圳、香港，这个优势在全国范围内独一无二。

同时，中央全力支持深圳建设社会主义先行示范区，肖亚非认为，这对东莞也是大利好。东莞有1个园区7个镇与深圳直接接壤，很多企业都横跨深莞两地，未来将有6条轨道交通线和更多跨市道路与深圳对接，东莞有着与深圳深度融合、一体联动的独特优势。

此外，2019年7月，东莞成功获广东省批准建设制造业供给侧结构性改革创新实验区，成为广东唯一全域建设实验区的地级市。为此，东莞将围绕城市空间拓展、产业转型升级进行一系列改革创新探索。

面临“三区”叠加重大发展机遇的东莞，将成为大湾区建设最具发展潜力、获益最大的城市之一。据初步预计，东莞将在未来2到3年内进入GDP“万亿元俱乐部”。

肖亚非表示，东莞有良好的区位条件、扎实的产业基础，创新驱动趋势明显，还有广阔的发展空间和相对于周边城市而言突出的成本优势。围绕打造大湾区先进制造业中心发展定位，东莞一方面将继续发挥产业基础优势，推动产业进一步转型升级，进一步提升科技创新能级，大量引进各类优秀人才；另一方面，着力打造对接湾区建设的战略平台，包括面积达2.14平方千米的东莞国际商务区、91平方千米的松山湖科学城、84.1平方千米的滨海湾新区、266平方千米的水乡功能区。

在此背景下，广大海外侨胞在东莞将有更好的发展机遇、更大的发展平台。据介绍，当前，东莞正构建以先进制造为核心的现代产业体系，壮大战略性新兴产业，规划了新一代信息技术、高端装备制造、新材料、新能源、生命科学和生物技术等五大领域十大行业，将它们作为努力方向，这为海外侨胞参与湾区建设提供了广阔的投资空间。

同时，随着大湾区建设深入推进，东莞必将成为创新创业热土。比如，东莞松山湖国际机器人产业研究院是由香港科技大学李泽湘教授、高秉强教授等联合发起成立的孵化载体，引进了50多家创业企业和30多个创业团队。未来，东莞还将大力打造松山湖港澳青年创新创业基地、滨海湾粤港澳台青年创新创业城载体。

肖亚非说，东莞是著名的侨乡，有约25万名侨胞，分布在世界50多个国家和地区。长期以来，莞籍侨胞心系家乡发展，为建设东莞、繁荣东莞做出了重要贡献。东莞历届市委、市政府非常重视华侨华人资源，围绕投资创业、人才引进、公共服务等方面制定了一系列政策，致力于支持和引导华侨华人深度参与大湾区建设。

在投资创业政策方面，针对在某一领域或行业具有突出学术造诣、社会影响力和创新创业能力的华侨华人，东莞在创业扶持资助、科研配套、住房、社保等方面给予政策倾斜。其中，对创业贷款，按其贷款期内实际支付利息最高不超过70%的比例给予贴息，贴息时间最长不超过两年，每家企业每年最高贴息100万元。针对到东莞投资的企业，在用地、贴息、固定资产投资、总部经济、技术改造、高管退税等方面也出台了一系列非常优惠的扶持政策。

针对科技创新人才尤其是高端人才引进，东莞制定了系列吸引和奖励政策，比如，对博士等创新人才引进给予最高达每人30万元的补贴。对在东莞就业的华侨华人高端人才和紧缺人才，实施大湾区个人所得税优惠政策，其在东莞市缴纳的个人所得税已缴税额超过其按应纳税所得额的15%计算的税额部分，由东莞市给予财政补贴。

公共服务政策方面，为华侨华人子女提供与本市户籍适龄子女同等的升学、入学待遇；将在东莞就业的华侨华人纳入社会保险参与范畴，享受与内地人员同等的社保待遇，等等。

肖亚非表示，接下来，东莞还将根据华侨华人诉求，在政务服务、公共服务等方面提供进一步的便利，为华侨华人在东莞投资兴业和工作生活提供更好的保障。

（中国新闻网2019－11－11/郭军）

福建省侨联成立60周年　侨界人士谈新时代新作为

1959年8月7日至11日，福建省首届归国华侨代表大会在福州召开，选举产生了福建省侨联第一届委员会。

11月12日，福建省侨联十届二次常委会暨成立60周年座谈会在福州举行，福建省侨联退休老干部、基层侨联工作者、港澳同胞、海外侨胞代表等交流发言，畅谈侨界人士在新时代的新作为。

“改革开放以来，福建省侨联为广大侨胞、港澳乡亲回乡投资兴业穿针引线、搭建桥梁，在凝聚侨心、运用侨力、引进侨资为国家和福建经济发展建设作出了突出贡献。”全国政协常委、澳门福建同乡总会会长许健康说，广大侨胞和港澳乡亲应为家乡的经济发展、为中华民族的伟大复兴贡献自己的力量。

中国侨联常委、旅斐华侨艺术家陈玉树多年来秉持工匠精神，将红木文化、妈祖文化推向世界，以此讲好中国故事，展示民族自信。

“对文明的互鉴，人文的民心相通方面，通过妈祖文化做一些我们力所能及的事情，这是我作为一个来自妈祖故乡莆田的华侨代表的心声。”陈玉树表示，希望能呼吁海内外广大的华侨华人，对中华优秀传统文化的传播作出力所能及的贡献。

福建是著名的侨乡，侨是福建的一大特色和优势，在不少与会的海外侨领看来，1580万闽籍乡亲分布在188个国家和地区，应进一步发挥他们了解各国人文环境、融通中外的优势，吸引更多的侨胞回乡投资兴业。

美国华人社团联合总会主席陈清泉表示，当前中国处于非常好的发展时期，应团结海外的华侨华人回到家乡来投资建设，尤其是多鼓励新生代的回来投资，为家乡的建设尽一份绵薄之力，继续作出华侨华人应有的贡献。

“华侨华人除了为‘一带一路’护航，拓展中国跟世界各国的贸易之外，我们还要与住在国更好地沟通、交流。”菲华商联总会名誉理事长庄前进说，华侨华人应努力地为中华民族的伟大复兴，创造一个美好的环境和氛围。

中国侨联主席万立骏，福建省委常委、统战部部长邢善萍，福建省人大常委会原副主任方忠炳，福建省侨联名誉主席、主席、副主席、秘书长、常委和海外侨领代表、港澳同胞代表、基层归侨侨眷代表等参加了当天的座谈会。会上还举行了福建省“侨胞之家”授牌和福建侨商联合会授牌颁证仪式。

11月12日，福建省侨联十届二次常委会暨成立六十周年座谈会在福州举行（张斌　摄）

万立骏在致辞中表示，长期

以来，福建省广大归侨侨眷和海外侨胞始终同祖（籍）国同呼吸、同命运，书写了爱国爱乡、侨心报国的动人篇章，希望福建省侨联为实现中华民族伟大复兴中国梦、推动构建人类命运共同体作出新的更大贡献。

邢善萍表示，希望广大闽籍海外侨胞和归侨侨眷继续弘扬“爱国爱乡、海纳百川、乐善好施、敢拼会赢”的福建精神，更加积极地投身“一带一路”和新福建建设，为深化中外经济文化交流合作牵线搭桥、献计出力。

（中国新闻网2019－11－12/闫旭）

首届华侨华人粤港澳大湾区大会在广州开幕

11月12日，首届华侨华人粤港澳大湾区大会在广州开幕。广东省委书记李希，中央统战部副部长、国务院侨办主任许又声，广东省人大常委会主任李玉妹，广东省政协主席王荣出席大会。

首届华侨华人粤港澳大湾区大会在广州开幕（陈骥旻　摄）

李希在致辞中指出，广东是华侨大省，侨胞众多、人才辈出，一代又一代海外侨胞始终同祖国同呼吸、共命运，为广东经济社会发展作出积极贡献。大家以这次大会为平台，共同探讨粤港澳大湾区的美好前景和发展机遇，推动合作、增进友谊，具有十分重要的意义。

李希强调，建设粤港澳大湾区、支持深圳建设中国特色社会主义先行示范区，是习近平总书记亲自谋划、亲自部署、亲自推动的重大国家战略，是新时代粤港澳三地发展的重大平台、重大机遇，也为全球华侨华人共谋合作发展提供了广阔空间。广东深入学习贯彻习近平总书记对广东重要讲话和重要指示批示精神，扎实推进党中央决策部署落地落实，以粤港澳大湾区建设为“纲”，支持深圳建设中国特色社会主义先行示范区，推动广州实现老城市新活力和“四个出新出彩”，纲举目张推动形成新时代广东改革开放新格局。目前，粤港澳大湾区和先行示范区建设实现良好开局，资本、技术、人才的“虹吸效应”初步显现，广东改革发展站在全新起点、进入全新阶段。希望广大侨胞一如既往关心支持广东发展，发挥好中外交流的桥梁纽带作用，积极参与粤港澳大湾区建设、先行示范区建设和广州实现老城市新活力，共享大机遇、共建大湾区、共圆中国梦。广东将全面贯彻落实习近平总书记关于侨务工作的重要论述，广泛团结联系海外侨胞，为大家来粤创新创业、合作交流、寻根问祖创造更好条件，提供更好服务。

许又声在致辞中代表中央统战部、国务院侨办对大会的举行表示热烈祝贺。他说，在广东举办此次大会对于在新的起点上进一步凝聚和发挥侨务资源优势，助力和推进粤港澳大湾区建设意义重大。

许又声表示，广大海外侨胞经济实力雄厚、智力资源丰富、商业人脉广泛，可以成为粤港澳大湾区的建设者、贡献者、获益者。希望广大海外侨胞积极参与大湾区建设，不断深化互利合作；积极促进大湾区融合，保持港澳长期繁荣稳定；积极推动大湾区开放，为提升大湾区国际竞争力、建设具有重要影响力的国际交通物流枢纽和国际文化交往中心作出积极贡献。

（中国新闻网2019－11－13/郭军）

天府新区“一带一路”商会联盟大会暨首届兴隆湖国际论坛在蓉举行

11月12日，由天府新区商会、四川省归国华侨联合会主办的天府新区“一带一路”商会联盟大会暨首届兴隆湖国际论坛在成都举行。

全国工商联副主席、四川省政协副主席、四川省工商联主席陈放，中国侨联副主席、四川省侨联主席刘以勤，成都市委常委、市委统战部部长、市总工会主席吴凯，以及相关政府部门领导、国外相关机构、国内外优秀商协会、知名企业代表等500余位嘉宾出席大会。

当天，天府新区“一带一路”商会联盟正式成立，大会现场发布了《兴隆湖宣言》。

据介绍，天府新区“一带一路”商会联盟旨在打造促进“一带一路”沿线工商界增强互信、拓展合作、整合资源、优势互补的联合体，并将成为增进沿线国家和城市友谊，促进民心相通的桥梁。该联盟为开放体系，未来将吸收更多沿线城市商会加入。

“世界各地的商会组织既是推动各国经济发展的重要力量，也是推动所在国与中国经贸合作的桥梁和纽带，是‘一带一路’建设的推动者和践行者。”陈放在致辞中表示，由天府新区商会发起成立的“一带一路”商会联盟，对于增强“一带一路”国家和地区的商会组织间的经济合作，促进相互了解，具有非常重要的意义。

中国侨联联谊联络部副部长朱柳提出，在波澜壮阔的中华民族奋斗史中，海外华侨华人从未缺席，广大华侨华人都是书写中华民族壮丽历史篇章的参与者、贡献者。因此，在“一带一路”建设中，华侨华人更应当发挥好沟通世界的桥梁、纽带作用，推进中国和“一带一路”沿线国家的交流、合作。

与会嘉宾代表纷纷表示，“一带一路”建设促进了中国与沿线国家的政策沟通、设施联通、贸易畅通、资金融通和民心相通，遵循共商共建共享原则，为中国和世界人民打造了一条繁荣发展之路。

（中国侨网2019－11－13/廖雪芝）

华创会构建整套服务体系　搭建华侨华人圆梦舞台

华侨华人创业发展洽谈会（以下简称“华创会”）创办18年来，主会场签约引进项目2300多个，协议资金达3900多亿元人民币，吸引海外华侨华人专业人士、侨商等代表约2万人次参会。

中共湖北省委宣传部11月13日召开2019年华创会新闻发布会，邀请湖北省委统战部、武汉市委统战部领导介绍相关情况。

据介绍，华创会立足湖北、面向中西部、服务全国，与地方经济社会发展同频共振，已经成为凝聚侨心、汇集侨智、发挥侨力的重要平台，成为广大侨胞分享祖（籍）国发展机遇、实现合作共赢的重要舞台。

历经18年发展，华创会构建起包括华创会会议、华创杯大赛、华创学院、华创基地等在内的一整套服务体系。

每年一度的华创会，基本形成“开幕式+武汉论坛+项目签约+专场活动+项目路演+实地考察”等为主要内容的活动模式，有效促进资金与项目、人才与用人单位、技术与需求企业精准对接，最大限度为华侨华人回国（来华）创业搭建平台。

为提升华创会在招才引智方面的针对性和成效性，华创会组委会在2014年推出“华创杯”创业大赛，对获奖选手予以奖励，并优先向天使投资、风险投资机构推荐。前5届大赛共吸引了海外多个国家和地区1800多个项目报名参赛，2019年第六届“华创杯”创业大赛共收到海内外报名项目550多个。

华侨华人创新创业学院成立于2014年，主要是为历届“华创杯”大赛进入复赛的选手、侨资初创企业负责人等开展经济形势分析及投融资、经营管理等方面的政策知识培训。目前，华创学院已成功举办8期研修班，辅导学员近600人。

2016年6月揭牌的湖北“侨梦苑”是为华创会项目落地建设的华创基地。依托湖北自贸试验区政策优势和高新技术开发区发展优势，“侨梦苑”武汉园区已聚集华侨华人4万余人，侨资企业3000余家，同时还设立了湖北“侨梦苑”襄阳、宜昌园区。

（中国新闻网2019－11－13/马芙蓉）

浙江开通为侨服务全球通平台　推“最多跑一次”改革

11月13日，在第五届浙商大会现场，浙江为侨服务全球通平台正式开通。该平台将推动浙江“最多跑一次”改革向海外延伸，华侨不用回国即可“最多跑一次”“进一个门”“上一张网”办理涉侨事务。

浙江省侨办有关工作人员介绍，浙江侨务资源比较丰富，针对海外侨胞办事需频繁回国、耗时多、成本高等问题，此次创新推出“最多跑一次”改革海外版，打造为侨服务全球通平台，并依托侨团组织设立海外服务点的举措，可让华侨在海外享受到浙江改革红利。

目前，浙江已在6个国家8个城市设立11个为侨服务全球通海外服务点。其中，温州已在法国、意大利、南非、阿联酋4个国家6个城市设立8个全球通海外服务点，覆盖华侨人口率已达52.5%，已办理事项和答复咨询5000多件。

浙江籍海外侨胞和港澳同胞现已达202.04万人，分布在世界180多个国家和地区。

（中国新闻网2019－11－13/张斌）

河北侨界“扶贫记”：牵手同走“富裕路”

扶贫攻坚进入“决战”阶段，河北省归国华侨联合会（以下简称“河北省侨联”）发动侨界力量，深化“侨爱心工程”，实施“光明行”、医疗设备捐赠、“树人班”等重点项目，带动海内外侨胞发挥独特的“桥”的优势扶贫济困，书写桑梓深情。

参与产业扶贫为贫困地区引来侨界资金技术

据悉，近年来，河北省侨联通过举办“创业中华”系列活动，走进贫困县、民族县，邀请70多个国家和地区的海内外侨商参加活动，签约项目上百个，项目金额300多亿元（人民币，下同），推动项目和人才在贫困地区落地，助力精准扶贫的同时促进河北经济高质量发展。

在该活动走进河北省秦皇岛市青龙满族自治县后，侨资企业张家口艾伦房地产开发有限责任公司与该县签订投资意向书，计划总投资49.5亿元，规划面积118.27平方千米，项目涉及3个乡镇20个村21605名贫困人口的脱贫，预计全部项目建成投产后，年游客总量将达1000万人次，旅游总收入达到80亿元。

河北省侨联与张家口市侨联引荐美国哈佛大学归国学者罗丽到张家口市，运用“631合众乡筹”模式，筹措资金近3000万元，围绕张家口武家庄村域规划设计、资源整合、实施建设、运营策划，蹚出了一条助力冬奥举办与助力美丽乡村建设相结合、相促进、相辉映的新路径。

武家庄村的环境艺术与民宿改造初具规模，影响越来越大，昔日破败的小山村已变成颇具“国际范儿”的“冬奥砖艺小镇”，赢得了多方关注、赞誉，被张家口市政府列为350个美丽乡村建设第一批重点示范村。目前，连接北京至张家口的“冬奥专线”延崇高速沿线23个村庄的改造任务又被交到了罗丽手上。

参与教育扶贫筹措专项助学基金向贫困地区倾斜

知识改变命运，教育是精准脱贫的重要途径之一。河北省侨联争取浙江省新华爱心教育基金会、中国华侨公益基金会的支持，在河北省贫困地区10所重点高中开设“珍珠班”“树人班”，资助学习成绩特别优秀、家庭特别贫困的初中毕业生，高中期间资助每人每学年2500元，学校同时给予住宿费、学杂费减免或补助。“珍珠班”“树人班”项目的开展，帮助“双特”学生圆了高中梦、大学梦。“珍珠班”“树人班”设立以来，河北共有“珍珠班”84个，学生3987名，捐资额2990.25万元；“树人班”3个，学生150名，捐资额112.5万元，合计3102.75万元，为河北省4000多个贫困家庭减轻生活负担，贫困家庭燃起了脱贫解困希望，增强了战胜贫困的信心。

参与健康扶贫开展助残助医行动为贫困地区服务

为推动河北省贫困地区的医疗卫生保健事业，缩小城乡居民的健康差距，改善贫困民众的生活质量，河北省侨联引进慈善项目——澳大利亚魏基成“天籁列车”“慈善列车”在河北省开展。几年来，共向河北省11个市及定州、辛集、雄安新区捐赠蓝牙数码助听器1.6万余台、语音教学机100余台，价值约3.4亿元，帮助河北省1.6万多名听障学生及成人改善了听力状况。“慈善列车”项目先后走进张家口、承德、邢台、石家庄、保定、衡水等市，累计捐赠御寒冬衣1.16万件、棉被577床。

参与就业扶贫举办业务技能培训

为了坚持用好、用实、用准贫困侨界民众技能培训专项资金，河北省侨联认真分析部分民众致贫原因，从提高侨界贫困民众技能入手，拓宽就业渠道和岗位。张家口市有蒙古国归侨1054人，贫困人口500余人，是河北省贫困归侨侨眷相对集中地区，河北省侨联把业务技能培训向张家口市贫困侨界民众开放，不限名额、不限批次，结合本地就业岗位设置培训专业。2019年争取中华全国归国华侨联合会“侨爱心——归侨侨眷技能培训”专项资金10万元，该项目是“侨爱心”重点项目之一，也是河北省侨联参与精准扶贫工作的一项重要举措。

（中国新闻网2019－11－13/李茜，孟凡扬）

海内外侨界 112 名特聘专家山西贡献“侨智”

11月14日，海内外侨界112名专家被聘为山西省侨联特聘专家委员会委员，为山西贡献“侨智”。

当日，山西省侨联特聘专家委员会第二届委员大会暨促进山西创新发展交流会在太原召开。会上聘请112名专家为山西省侨联特聘专家委员会第二届委员。山西省委常委、统战部部长徐广国对开好此次会议专门做出批示，山西省政协副主席李思进、中国侨联经济科技部副部长夏付东出席会议并讲话。山西省侨联党组书记、主席王维卿主持会议。

山西省政协副主席李思进表示，山西省侨联充分发挥侨界智力密集的独特优势，组织开展了一系列富有影响、卓有成效的活动，充分展示了广大侨界专家学者的智力优势和社会影响，为山西经济社会高质量发展提供了强有力的智力支持。要充分发挥特聘专家委员会等侨界社团的作用，建立健全侨界专家学者服务山西发展的长效机制，打造若干引进侨界高端人才的“特区”“高峰”，促进山西与“一带一路”大商圈的深度融合，着力把侨界专家的智力优势转化为推动山西实现“三大目标”的驱动力。

会上宣读了《关于聘任山西省侨联第二届特聘专家委员会委员的决定》，审议通过了《山西省侨联特聘专家委员会章程》，李思进等与会领导为省侨联聘请特聘专家委员会主任委员、顾问、副主任委员颁发聘书。谭慷被聘为山西省侨联第二届特聘专家委员会主任委员。

王维卿在主持讲话中指出，希望省侨联特聘专家委员会委员在助力山西转型发展中体现自身价值，充分发挥专业性、综合性的优势，提出带有战略性、全局性、建设性和前瞻性的真知灼见，要在加强自身建设中展现更大作为，使其真正成为凝聚侨界代表人士的载体、输送侨界代表人士的渠道、发挥侨界代表人士作用的平台。

长期从事煤化工专业研究的特聘专家委员会顾问代表闫长明表示，当前山西正在进行一场“能源革命”，将发挥特聘专家的科技优势，将煤炭转化成高价值的工业原料和物质，实现绿色能源利用。同时，发挥特聘专家的国际化优势，与世界资源、技术、资金与市场对接，在能源、环保和文化等方面助力山西转型发展。

“寻根问祖，我是从洪洞大槐树走出去的。我想为山西多贡献侨智，将海外好的资源对接给山西。”在德国生活二十余年的特聘专家海外代表陈歌，此次专程赴山西参会。因长期从事工业方面的研究，她希望在煤矿机器人重点研发领域，与山西方面进行交流合作。

山西省侨联特聘专家委员会成立于2012年，是由山西省侨联直接领导的、由国内及海外侨界或热心为侨服务的各领域专家学者组成的非营利性智库组织。山西省侨联特聘专家委员会成立以来，充分发挥侨界高层次专家学者融通中外的独特优势，在服务山西经济转型发展、扩大三晋文化传播、引进人才技术资金、服务新侨创新创业等方面做了大量卓有成效的工作。

近年来，海内外侨情发生了深刻变化，其中侨界高层次人才数量迅速增加。为了最大限度汇集侨智，适应新形势、新任务、新侨情的需求，进一步贯彻落实党的侨务和人才工作精神，加强侨界高层次人才之间的联系和交流合作，更好发挥特聘专家委员会的作用，山西省侨联在第一届委员会的基础上，增补了一批在各自领域中有重要影响力的学科带头人和领军人才。

山西省侨联特聘专家委员会第二届委员均由海内外侨界高层次人才组成，研究领域涵盖工业、新材料、新能源、新技术、高端制造、电子信息、环境、生态、生物医学等诸多专业领域，都具有海外生活、学习、工作经历和侨的身份。

山西省委统战部副部长滕德刚、省人大常委会民宗侨外工委副主任陈腊平、省政协港澳台侨和外事委员会副主任高绍柱、省工信厅副厅长乔丽刚、省人社厅二级巡视员鲍贵财及省委组织部、省发改委、省科协等省直相关单位负责人，省属各高校、省侨联所属社团相关负责人，以及来自海内外专家学者100余人参加会议。

（中国新闻网2019－11－14/杨杰英）

华侨华人文化交流合作大会江门开幕　现场签约金额600亿

华侨华人文化交流合作暨粤港澳青年文化创意发展大会11月14日在广东江门珠西国际会展中心开幕。大会吸引来自海内外1100多位嘉宾参加，其中海外嘉宾逾830人。现场签约12个投资项目，总金额逾600亿元。

本次活动由江门市人民政府、广东省侨办、广东省文化和旅游厅、广东省港澳办、广东省归国华侨联合会联合主办。

在大会开幕式上，江门正式启动华侨华人文化交流合作重要平台建设。据悉，《粤港澳大湾区发展规划纲要》提出“支持江门建设华侨华人文化交流合作重要平台”，作为江门市参与粤港澳大湾区建设的重要依托，江门市2019年全力推进交流合作平台建设，目前已经完成《华侨华人文化交流合作重要平台建设方案》编制工作。

活动现场首播了五集华侨历史文献纪录片《金山客》。该影片梳理了五邑先侨在大洋彼岸、异国他乡的奋斗历史，凸显了金山客拼搏创业、爱国爱乡的家国情怀。

同时，粤港澳大湾区青年文创基地也正式揭牌。据了解，该基地旨在团结大湾区各青年协会团体、文创青年群体，围绕青年文创成果孵化、项目加速、创业创新等主题开展形式多样的培训交流和分享，将打造大湾区青年人才文化创意品牌高地。

此外，现场签约的江澳文创基地、“侨乡记忆”文旅项目、山河出海文旅项目等12个投资项目，包括了文化旅游、华侨华人和港澳青年投资项目，这些项目将进一步推动江门市文旅产业的发展。

据悉，本次活动为期3天，内容包括研讨会、论坛、分享会等活动，旨在搭建粤港澳大湾区和全球华侨华人文化交流合作平台，促进海内外中华儿女大团结，推进粤港澳大湾区侨务、文化、旅游工作融合发展。除此之外，大会期间，还将举行一系列活动，如江门文化、旅游创意产业项目及投资环境分组考察活动，“赤子之心”主题晚会，2019中国侨都（江门）华侨华人嘉年华，“少年中国说”粤港澳暨海外华裔青少年文化交流系列活动等。

（中国新闻网2019－11－14/郭军，姬东）

14家单位获第二批中国留学人员创业园区孵化基地授牌

在11月15日举行的中国留学人员创业园建设25周年座谈会暨第二十届全国留学人员创业园网络年会上，14家单位获得第二批中国留学人员创业园区孵化基地授牌。

它们分别是：北大留学人员创业园、北航留学人员创业园、北京经济技术开发区留学人员（汇龙森）创业园、中关村国际孵化园、中关村京仪海归人才创业园、南京市江北新区留学人员创业园、常熟留学人员创业园、宁波经济技术开发区留学人员创业园、合肥留学人员创业园、武汉留学生创业园、留学人员广州创业园、贵阳留学人员创业园、兰州留学人员创业园、乌鲁木齐留学人员创业园。

据悉，为引导、规范和促进全国留学人员创业园建设，进一步营造海外人才回国或来华创新创业的良好平台和环境，中国技术创业协会留学人员创业园联盟（下称“联盟”）经业务指导单位同意、中国技术创业协会批准，于2018年制定了《中国留学人员创业园区孵化基地评价办法》，并启动孵化基地评价工作。

评价重点考察申报单位开展海外人才创新创业服务工作的合理性和先进性，包括环境与条件、服务团队与运营管理、服务模式、创业创新服务、海外人才聚集、服务成效与产出等7部分20项指标。

联盟秘书处于2018年和2019年分别组织实施了首批和第二批孵化基地的评价工作。其中，北京市留学人员海淀创业园等27家单位成为首批中国留学人员创业园区孵化基地。

（中国新闻网2019－11－15/马秀秀）

感受中医魅力　陕西省首个留学生中医体验基地成立

日前，西安交通大学国际教育学院中医文化体验基地在长安区聂河中医医院揭牌成立，这也成为陕西首个针对高校国际学院留学生的中医体验基地。

活动现场，留学生们观摩并体验了小针刀技术、中医脉诊、中医正骨康复、理疗、神经康复、针灸、艾灸、拔火罐、推拿等中医适宜技术。留学生们对这些治疗方法感到十分惊奇，不但认真观摩、近距离了解了中医文化，还争先恐后地参与体验。体验后，留学生们纷纷点赞中医的神奇效果，希望通过今后的不断学习和实践，能够将这些珍贵的中医文化传播给他们国家的人民。

“中医适宜技术具有简便易学、取材方便、安全可靠、疗效确切和价格低廉等优势，深受患者欢迎。”长安区聂河中医医院院长聂伯泉介绍称，该院是一所集医疗、科研、教学、康复、疗养为一体的综合医院，不但肩负着基层社区公共医疗卫生服务的重任，也是中华针刀医师学会西北地区小针刀临床与教学实习基地，为中医特色小针刀技术推广培养了近万名优秀临床医生。医院将为留学生提供全方位的体验服务，更好地弘扬和推广中医药文化。

据了解，基地成立后，双方将着力构建中医药文化国际化长效机制，拓宽中医药文化走出国门的渠道和方式，同时，为外国留学生感知古都西安、体验中国、传播中医药文化搭建一个零距离的学习和体验平台。

（《西安日报》2019－11－16/王燕）

第八届粤东侨博会汕尾开幕　签约项目投资近 364 亿元

广东省第八届粤东侨博会11月16日在汕尾市开幕。大会举办的招商引智对接会，促成5个重大人才合作项目和11个重大投资项目现场签约，其中投资项目总投资额为363.7亿元，涵盖珠宝、机械装备、电子信息、电力能源、商贸物流等领域。

广东省第八届粤东侨博会在汕尾市开幕（施辰亮　摄）

参与签约的项目不乏港资、台资项目。如港企怡安（集团）有限公司计划投资100亿元，在汕尾市海丰县建设“中国·海丰珠宝科技综合产业园”，打造具有全国影响力的珠宝时尚产业集群；台湾嘉信游艇股份有限公司拟投资20亿元在汕尾市品清湖周边建设游艇港口，预计配套420个游艇泊位，开展游艇观光、帆船航海等水上休闲运动，并在此基础上投资8亿元建设游艇工厂；港企盈天实业有限公司拟投资1.5亿元，在汕头投资建设传统触摸屏和柔性触摸屏生产基地。

本届粤东侨博会招商引智对接会现场，参与对接和洽谈重点投资项目共45个、重点人才合作项目共19个，重点投资项目投资总额为1437.1亿元。汕头、潮州、揭阳、汕尾四市政府有关负责人进行了投资环境推介。

广东省副省长陈良贤在大会开幕式上称，希望广大侨胞汇聚资源和力量，共建侨乡，推动粤东地区改革开放和创新发展实现新突破。

中共汕尾市委书记石奇珠表示，汕尾地处粤港澳大湾区外溢效应第一圈层，是粤东“融湾”桥头堡，正致力于对标最高最好最优，打造更稳定、更透明、更公平、更高效、更优质的营商环境。

本届粤东侨博会还举办了以“潮菜”为重点的“粤菜师傅”技能交流会、文化创意产品展等活动。汕头、潮州、揭阳、汕尾四市邀请了海内外潮人社团负责人、知名潮商及潮籍人士，部分海外非潮籍及非华裔客商、专业人士等近500人参会。

（中国新闻网2019－11－16/程景伟）

2013 年以来全国各级侨商联合会组织捐款超 58 亿元人民币

中国侨商联合会第五次会员代表大会11月17日在北京召开。中国侨联副主席、中国侨商联合会常务副会长李卓彬在《中国侨商联合会第四届理事会工作报告》中表示，2013年以来全国各级侨商联合会组织捐款累计超过58亿元人民币。

李卓彬表示，中国侨商联合会自2013年1月换届以来，始终引导会员踊跃承担社会责任，积极组织会员开展社会公益活动。近7年来，会员在重大灾情、脱贫攻坚、疾病防治、环境保护、文化教育、新农村建设等方面积极捐款。据不完全统计，2013年以来，全国各级侨商联合会组织捐款累计超过58亿元人民币。

他介绍，换届以来，中国侨商联合会秘书处组织会员共捐款2200万元人民币，支持四川雅安地震灾区修建芦山佛图山隧道以及中国侨联定点扶贫县上饶县儿童福利院建设。

工作报告指出，2013年换届以来，中国侨商联合会组织2万多名侨商分别与京津冀地区、重庆等长江经济带省份、苏浙沪等长三角地区、豫皖等中部地区、川滇桂甘青等西部地区、东北三省等20多个省区市政府共同举办了大型经贸、文化活动180余场次。据不完全统计，会员在中国各地投资总额超过5万亿元人民币。

（中国新闻网2019－11－17/冉文娟，吴侃）

暨南大学：牢记侨教初心　将中华文化传播至五湖四海

扩大港澳台侨招生规模，不断优化港澳台侨学生课程体系，提升涉侨学科建设水平，筹划成立中华文化传承与传播中心……近日，暨南大学党委书记林如鹏在做工作汇报时，介绍了该校在科学研究、文化传承、人才培养、队伍建设等方面所取得的阶段性成果。

扩大港澳台侨招生规模，提升培养水平

据介绍，截至2019年9月，暨南大学华侨、港澳台和外国留学生达13728人，其中香港学生5554人、澳门学生2212人，在校香港、澳门学生总数继续稳居内地高校首位；其中，学校2019级香港新生报到1206人，比去年增加206人。

林如鹏表示，学校正有步骤、有计划地扩大港澳台侨招生规模，力争两年后港

暨南大学第四届全球校友会会长（秘书长）会议暨第二届校友工作会议11月16日在暨南大学召开（郭军　摄）

澳台侨和留学生招生数量占在校学生数量的比重，由目前的34%提升至40%左右。

为适应国家发展和港澳社会需要，暨大优化了专业和课程体系，对现有港澳台侨学生的650门本科课程进行升级改造，每年资助100本针对港澳台侨学生专用教材的编写。

暨南大学还加大对港澳台侨学生创新创业的支持，将全国首个WE创港澳台侨青年众创空间打造为国家级众创空间，每年举办粤港澳大湾区高校创新创业教育论坛等活动，为港澳台侨学生在内地创新创业创造条件。

林如鹏说，暨南大学坚持“分类培养、分流教学、同向融合”，努力将港澳台侨学生培养成自觉拥护祖国统一、拥护“一国两制”、为港澳长期繁荣稳定和实现祖国和平统一作贡献的坚定爱国者；将华人学生、留学生培养成了解和热爱中华文化、对中国友好、主动担当中外交流的文化使者。

以侨为桥，将中华文化传播到五湖四海

大力弘扬中华优秀文化是暨南大学作为侨校的鲜明特色。近年来，该校积极建设中华才艺（武术、龙狮、书画、民俗）培训基地，开展“中华文化大讲堂”“百年暨南文化素质教育讲堂”“中华文化之旅”等学术文化活动，承办世界华文文学研讨会，协助组建世界华文文学联盟，促进中外人文交流。

2019年9月底，暨南大学中华文化体验与展示馆在该校华文学院正式揭牌。中华汉服馆也闪亮登场。据悉，这是中国高校中率先推出的中华文化专业性小型博物馆。

暨南大学华文学院长期致力于华文教育和对外汉语教学，是该校留学生最多、华侨华人最多的学院，也是传播中华传统文化的重要窗口和阵地。由该院承办的暨大“中华文化大讲堂”，四年来，共举办八期，包含2000多学时的“君子六艺”“传统雅事”“中华技艺”三大板块14类中华文化课程，以及300多场各类中华文化活动和比赛。据初步统计，暨大全校有超过24个学院50余个国家和地区共28000多人次的在校学生参加过体验研习或研究实践。

文化传播，师资培养非常重要。为此，暨南大学推出“中华优秀传统文化传播者培养计划”，通过研修营、探索营、大赛营、追踪营、管理营的打造，让暨南学子得到学习者、研究者、教育者、报导者、管理者的五重历练，全方位掌握中华文化海外传播的方式方法，做优秀的中华文化传播使者。

林如鹏介绍说，学校目前正筹划成立中华文化传承与传播中心，逐步推进在五个校区建立中华文化体验与展示馆，打造中华优秀传统文化的示范窗口。

涉侨学科建设水平不断提高

暨南大学不断提高涉侨学科建设水平，着力打造“海外华裔青少年华文水平测试”和“海外华文教师证书考试”两项华文教育国家标准。

其中“华文教师证书”等级标准研制项目全球已有24个国家和地区170个考点，共9127人参加培训，5804人参加考试并获得证书；“海外华裔青少年华文水平测试”项目通过结项鉴定，全球已有13个国家和地区的3000多人参加该考试。

暨南大学还大力推进本土化和国别化华文教材编写项目，在编好小学、初中版华文教材的基础上，推出高中版及国别化华文教材，已完成中国首套以华裔为教学对象的《华语》系列核心教材，以及《华文写作》（柬埔寨小学、初中版）、《中文》（澳大利亚高中版）、《中文》（高中版）等教材的编撰工作。

科研实力快速跃升

林如鹏说，近年来，暨南大学科研实力快速跃升。2019年，获批国家自然科学基金项目267项、国家社科基金项目获批38项，排名均居全国高校前列。其中，国家社科基金重点项目数量位居全国高校第5位、广东省首位。国家社科基金后期资助项目获批16项，排名全国第3。

当前，暨南大学正加快“双一流”建设，综合办学实力继续提高。学校目前已有8个学科进入ESI世界排名前1%，2个学科有望近期进入ESI世界排名前1%。在2019年泰晤士高等教育亚太地区大学排名中，该校位列亚洲高校第161～170位，较2017年提升30位，并列大陆高校第45位。

（中国新闻网2019－11－17/郭军，苏运生）

第十届中国侨商论坛在北京举行

第十届中国侨商论坛11月17日在北京举行。中国侨联副主席李卓彬，中国侨商联合会会长谢国民、许荣茂，出席中国侨商联合会第五次会员代表大会的全体代表以及来自海内外的侨商社团领袖等800余人出席论坛。中国侨联副秘书长、经济科技部部长赵红英在论坛上致辞。

本届论坛以“中国发展　侨商机遇”为主题，邀请了国家发展改革委宏观经济研究院副院长、研究员吴晓华，中国社科院学部委员、中国人民大学财政金融学院一级教授王国刚，中国侨商联合会会长、泰国正大集团资深董事长谢国民作为演讲嘉宾，分别就当前的热点话题发表了《当前宏观经济形势与“十四五”发展趋势》

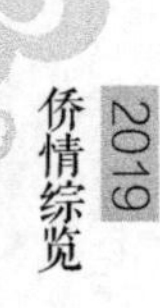

《“补短板”：中国经济发展之重心》《泰国东部经济走廊建设与“一带一路”建设对接的实践》等主旨演讲，重点探讨了中国经济发展对世界格局变化带来的深刻影响，帮助海内外侨商朋友进一步了解中国经济发展走向及世界经济发展趋势，引导广大侨商抓住新机遇，铸造新格局，创造新辉煌。论坛引起与会侨商的共鸣与好评。

中国侨商论坛由中国侨商联合会主办，自2008年举办首届论坛以来，已先后在北京、香港、江苏、台湾等地连续举办了九届。本届论坛在中国侨商联合会第五次会员代表大会召开之际举办，是大会的重要议程之一。

（中国新闻网2019－11－18/冉文娟，吴侃）

近600位侨胞齐聚第四届世界青田人大会

11月10日至11日，以“我为家乡发展出力”为主题的第四届世界青田人大会（下称“世青会”）在浙江省青田县举行，近600名海内外侨胞齐聚一堂。本次世青会由中共青田县委、青田县人民政府共同主办。

青田正在发挥作为华侨之乡的资源优势，积极吸引青田籍侨胞，助力自身发展。

聚侨智　集思广益

蜿蜒山脚下高楼林立，夜幕初临街道霓虹点点，青田的夜晚美丽迷人。

欧式风格的步行桥，欧陆风情一条街，古堡样式的工会大厦，道旁矗立的西班牙斗牛雕塑，都透出青田深厚的开放底蕴。

青田是浙江第一侨乡县，现有华侨33万人，分布在世界120多个国家和地区。江南山水情调与国际化都市特征共同构成了青田的独有风貌。

本届世青会旨在动员和引导海外华侨、国内青商回乡创业、反哺家乡，共同投身浙江青田华侨经济文化试验区建设，推动“青田人经济”与“青田经济”互动发展，共同开创“美丽青田、幸福侨乡”新局面。

浙江省政协副主席陈铁雄在开幕式上强调，世青会是全世界青田人展示个人才华、促进社会发展、实现理想抱负的重要载体；是青田招商引资、招才引智，实现经济转型，推动产业提升的重要平台；是海外华侨华人回乡交流合作、创业创新发展的重要渠道。

自本届大会筹备以来，招商引资平台共签约实体招商项目62个，投资额达236.5亿元。

“华侨是青田最大的资源，”青田县县长周和平在致辞中指出，“要坚定不移打好‘侨牌’，为青田发展注入源源不断的动能。”

世青会期间举行的青田发展论坛，正是打好“侨牌”的重要举措之一。

本次论坛以“问海借力，共谋发展”为主题，邀请6位海内外嘉宾，为青田创新发展出谋划策，贡献“金点子”。江苏伟天化工集团董事长林伟平是美籍华人，百得利董事长周小波是德籍华人。他们分别从自己海外创业的经验出发，结合青田当地实际，提出中肯又具有前瞻性的意见。

守侨心　不忘来路

“几十年的创业生活，心中有两个抹不去的关键词：‘家乡’‘祖国’。”林伟平在论坛发言中感叹。1987年，19岁的林伟平背井离乡，奔赴美国纽约。林伟平将餐厅经营与中国传统文化相结合，赚得盆满钵满。2004年，林伟平回到中国，开发煤炭资源。2019年，为支持加快家乡城市化进程，林伟平回到青田开办公司。他说：“我热爱家乡的情怀不会变、为家乡争光的信心不会变、愿意为家乡做出更大贡献的信念不会变。”

保加利亚中国旅行社董事长王普剑在经商的同时，热心推动中外交流。2000年王普剑跨出国门到保加利亚创业，那一年他25岁。随着“一带一路”建设推进，王普剑将目光转到“一带一路”沿线国家和地区，看好保加利亚丰富的旅游资源，于2017年在当地注册成立了“保加利亚-中国旅行社”。

作为一名保加利亚华侨，王普剑积极推动中保文化交流。“在保加利亚中国商会牵引下，今年保加利亚索菲亚市纳德日达区政府代表团访问了青田，促成当地政府对祖国和家乡深入认识，转变当地相关部门对华商的态度。”王普剑认为，“我们海外青田人能过上好日子，政府的惠侨政策功不可没。现在应该是我们为家乡做点事情的时候了。”

阿托雷进出口贸易有限公司董事长毛燕伟则有效地利用了华侨间的交流往来，促进青田贸易发展。毛燕伟是一名西班牙华侨，也是西中经贸文化促进会会长。毛燕伟抓住“一带一路”的机遇，响应青田县委、县政府号召毅然回乡创业。

2015年，华侨人脉好的毛燕伟正式入驻青田进口商品城，并很快成功地将青田打造成西班牙红酒的“集散地”——先把西班牙的红酒“搬”回青田，再销往全国各地。

搭“侨”梁　凝聚侨力

青田的经济发展离不开侨胞助力，青田县委、县政府致力于凝聚侨心侨力，进一步推动发展。

青田县委统战部常务副部长章隆在接受本报采访时表示，青田致力于加强海外侨团建设，推动海外侨团规模化、规范化、示范化发展，让侨团组织成为开展侨务工作的桥头堡。

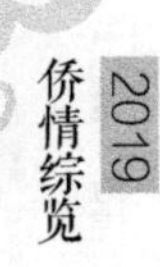

2018年，青田统筹推进华侨兴业回归、资本回归、总部回归、智力回归、安居回归，相关政策的出台也使华侨更加安心回乡创业。

与此同时，政府推动建设投资项目交易中心、侨乡进口商品城、侨乡农品城、世界红酒中心等十大平台，促进华侨要素回流。

近5年来，青田华侨累计回乡创办企业300余家，投资项目100多个，投资额达400多亿元，捐资捐物超亿元。

青田还致力增强海内外华侨的交往与联系。章隆介绍，青田注重新侨“培根”教育。每年定期举办新生代华侨“情系家乡”“中国寻根之旅”等夏令营，开展华文教育、传承家乡文化，多方位涵养侨务资源。2018年开始，连续两年举办“侨乡中国年”活动，以青田侨乡的独特视角向世界讲述“中国故事”。

青田民间也自发组织了多支侨胞联络队伍。温州市青田籍归侨侨眷联谊会是其中一个。联谊会秘书长夏灵敏介绍，联谊会在1985年成立，“抱团取暖，点线面连接，连接中外侨胞，向美好生活努力”。

随着中国发展得越来越好，越来越多的海外华侨华人选择回乡创业，反哺家乡。

王普剑表示：“如今的青田新蓝图已绘制，梦想将在这方热土变成现实！我想，所有海外青田游子都跟我一样，更加有信心为家乡打响‘世界青田’品牌贡献力量。”

（《人民日报海外版》2019－11－18/栾若曦）

侨商多方发力　深耕“一带一路”建设

中国侨商联合会第五次会员代表大会日前在北京举行，多位与会侨商向中新社记者分享了他们多方发力、深耕“一带一路”建设的有效做法与丰硕成效。

近年来，侨商们抢抓“一带一路”发展新机遇，发挥自身独特优势，为中国企业“走出去”牵线搭桥，在参与推动沿线国家的基础设施、商贸物流、产业园区等的建设上大展身手。

泰国正大集团资深董事长谢国民介绍，“一带一路”倡议提出以来，正大集团积极参与建设。比如与中国建筑工程总公司、中建正大科技有限公司等签署协议，在东欧、东盟等地区展开合作；出资投建泰国高铁，助推“一带一路”建设与泰国“东部经济走廊”计划高效对接等。

世茂集团董事局主席许荣茂说，“一带一路”建设带来了无限商机和机遇，目前，世茂集团在“一带一路”沿线已签订了十几个投资合作项目。“过去‘走出去’大多是对外投资，现在希望在投资过程中把品牌也带到海外。”

侨商施乾平的企业拥有世界一流的工业环保打印机，其客户遍布新加坡、韩国、日本、俄罗斯、瑞士等多个国家。他告诉记者，公司目前正规划把科技园推广到“一带一路”沿线国家去。

美国威特集团投建的大型名品折扣购物中心“佛罗伦萨小镇”在中国取得成功，董事长李学海介绍，目前正计划在泰国、越南、菲律宾、马来西亚等“一带一路”沿线国家建立“佛罗伦萨小镇”。

侨商们还主动向当地政府、国际社会宣传共建“一带一路”的理念，以增进理解与共识，消除误解与隔阂。

完美（中国）有限公司董事长、马来西亚侨商古润金表示，“一带一路”倡议刚提出时，很多马来西亚人不理解、不了解。而现在，马来西亚的官员、企业愿意更多地了解“一带一路”。“侨商起到了重要作用，他们让当地民众知道‘一带一路’不是只对中国好，而是对双方都好，对沿线国家的人民都好，对政府也好。”

谢国民多年来也致力于宣传和推进“一带一路”建设，“中国企业家要和泰国企业家携手，加大宣传力度，让泰国民众和业界了解到他们将从‘一带一路’建设中获益。”

侨商们还积极推动中国与“一带一路”沿线国家的人文交流，促进民心相通。

旅斐华侨艺术家、四君子文化艺术中心主席陈玉树从事古典家具制造业，产品远销海外，广受欢迎。

“我曾在非洲向外国友人介绍中国古典家具装饰的含义，比如牡丹代表‘花开富贵’，柿子喻义‘事事如意’。”陈玉树说，希望以古典家具为载体，向全世界传播中国传统文化。

北京花家怡园餐饮有限公司董事长花雷则致力于助推中餐“走出去”。“近年来，海外中餐业迎来新机遇，我希望将北京菜在世界各地发扬光大，让中餐文化成为世界了解中国的窗口。”

（中国新闻网2019－11－19/吴侃）

华侨华人新生代参与跨境电商：“双文化”链接国际贸易

“如何助推中国制造中国品牌出海，华侨华人新生代的潜力是无穷的。如能够发挥好融通中外的作用，充分利用熟悉跨地域双重文化、了解住在国法律和仓储物流规则等资源优势来参与跨境电商，或可实现中国、住在国、自身发展的三方共赢。”11月19日，杭州市侨联党组书记裘建平说。

当日，由杭州市侨联和中国（杭州）跨境电子商务综合试验区建设领导小组办公室（下称“杭州市综试办”）联合举办的华侨华人新生代跨境电商培训活动在杭州举行，来自17个国家和地区的近50名华侨华人近距离了解“一带一路”倡议下跨境电商面临的机遇与挑战。

“目前中国跨境电商连续多年快速稳定增长，新外贸业态初步形成，呈现跨境电商巨头贸易链扁平化、大数据精准化、供应链全球化等特征。深化国际分工和合作是未来的趋势，当前不少国内企业都在加快全球布局。”杭州综试办副主任施黄凯提到，跨境电商不仅仅是买卖关系，中间产生许多新的技术与服务，也需要更具有全球性视野的人才加入其中。

“发展跨境电商，需要集聚一批具有国际化视野和资源整合能力、能够适应全球化市场的有志者，在‘数字丝路’上筑起‘人才蓄水池’，强化知识密集型企业建设，打造以数字技术、高附加值品牌、数字内容为驱动的跨境电商。”施黄凯说，“符合上述条件的新生代华侨华人，无疑是其中最有力的参与者之一。他们懂当地经济文化，尤其是法律，这是十分强大的优势所在。”

法国华二代创业协会会长詹胜洁从小生长在海外，目睹这股席卷全球的跨境电商浪潮，“现在很多国内企业家出国谈生意带着翻译，但是语言和文化间始终有差异和隔阂。而我们在海外留学生活，融入了当地社会，在贸易中可以起到重要的桥梁作用。过去我身边很多华侨都是从海外代购做起，慢慢接触到跨境电商，并且一步步做大。”

“随着跨境电商发展的代代升级，我们也到了模式转变的重要时期。”詹胜洁说，“像我如今就在杭州跨贸小镇开了一家跨境电商的小众平台，在各部门帮助下整个落地过程十分顺利，这让我感受到华侨参与全球贸易的机遇很大，只要我们发挥好海内外的双文化的背景，就会在这个舞台上有更好的表现。”

悉尼青年华人商会副会长尹其琦便是从海外代购起步接触起跨境电商。“过去海外商品在国内的需求特别旺盛，但如今好用的国货也在海外十分畅销，不仅仅是来自义乌享誉全球的小商品，还有大型家电、手机等科技型产品，这需要我们华侨华人更好发挥熟悉海外市场的优势，将更多中国好产品推销出去，这也是讲好中国故事的一种绝佳途径。”

（中国新闻网2019－11－19/张煜欢）

“全球通”平台便利侨胞　专家称为侨服务趋向网络化精准化

“本来要专程赶回国，带着护照原件到公安局出入境管理处办理，现在通过视频就能办结。”西班牙华侨陈品亮通过“全球通”平台办理了出入境记录证明后这样感慨。

近日，浙江为侨服务全球通平台正式开通。据浙江省侨办有关工作人员介绍，目前浙江已在6个国家8个城市设立11个为侨服务全球通海外服务点，华侨不用回国即可办理涉侨事务。

“全球通”平台如何运作？在浙江丽水，丽水市人民法院、公安机关等推进

"互联网+"办事流程，利用远程视频、人脸识别、电子签名等技术，为华侨办理社保、医保、不动产登记、婚姻登记等180多个事项。

巴塞罗那青田同乡会会长周建虹告诉记者，巴塞罗那的青田籍侨胞有4万人，据统计，目前通过"全球通"平台办理的事项已有200余项。"年龄大的侨胞的社保需要每年登记，原来要飞回中国，现在视频连线就能办理。再比如驾驶证的调换，也可在微信上办理。"

意大利青田同乡会会长徐小林也有同感："这一平台确实为侨胞带来了实实在在的便利，原来我们回国办事，往返至少需要10天，现在网上或者在就近海外服务点办理，既省时又省钱。"

在暨南大学国际关系学院副院长陈奕平看来，浙江为侨服务全球通平台的开通紧贴侨胞需求，为侨胞办了实事，体现了侨务部门为侨服务水平和能力的提升。

"另外，这一平台打破了部门壁垒和业务分割，侨务、法院、公安等部门都在为侨服务中有作为、显身手，体现的是一种'大侨务'的理念。"陈奕平说。

全球通平台也是"互联网+侨务"的一项举措。近年来，随着互联网信息技术的发展，全国各级侨务部门纷纷借助网络平台，通过打造微信、微博账号、移动客户端等多种方式，延伸为侨服务触角。

比如，侨胞可以通过"侨宝"客户端"活动"板块完成各项侨务活动的在线报名；侨胞还可以通过北京市推出的"掌上全球通办"平台，便捷办理事项。

陈奕平表示，侨务部门借助新的平台搭建沟通桥梁，提供了更为便捷的解决问题方式，有助于实现为侨服务网络化、精准化、规范化。

谈到如何进一步完善"互联网+侨务"模式，陈奕平认为首先应深入调研侨情信息和侨胞需求，做到侨务工作以侨胞的需求为导向，另外要加强各职能部门的协调，形成共同推进为侨服务的合力。

"还要进一步完善和优化网络服务平台建设，增强平台的可靠性、可信性和便利性，为侨胞们提供更为个性化、更高效的服务。"陈奕平说。

（中国新闻网2019－11－20/吴侃）

第六届"华创杯"决赛武汉落幕　10个项目获奖

自启动以来，第六届"华创杯"创业大赛共收到报名项目558个。该大赛决赛11月20日在武汉上演，10个项目脱颖而出，分别斩获一二三等奖。

主办方透露，558个报名项目中，具有海外背景的达234个，占比约42%；从项目类型看，数字经济、智能制造、芯片三大领域项目占比逾60%。

经过角逐，用于治疗心衰的"房间隔分流器D-Shunt"项目获一等奖，奖金60万元（人民币，下同）；"光子芯片——开启人工智能时代的感知钥匙"等3个项目获

二等奖，奖金各10万元；“智能通航发动机总成系统”等6个项目获三等奖，奖金各5万元。

除优先获推荐到相关创业孵化机构、创业投资引导基金、天使投资、创业担保贷款外，上述十个获奖项目负责人只要符合相关资质条件，还可直接进入湖北“百人计划”考察阶段；若项目在湖北落户，还能按落户地政策入选当地人才计划。

一等奖项目获得者尚小珂曾在新加坡中央医院国家心脏中心流体力学实验室工作，于2018年在武汉创立公司。他表示，借助“华创杯”大赛，不仅可以展示项目，寻求与医疗器械厂商合作的机会，还能向优秀同行学习。

“华创杯”创业大赛是依托华侨华人创业发展洽谈会（以下简称“华创会”）举办的大型创业赛事，至今六届共吸引海内外2300余个项目报名、300多家创投机构参与，其中思高科技、凯瑞康宁等一批获奖项目企业已在各领域崭露头角。

由湖北省政府、国务院侨务办公室、武汉市政府共同主办的第十九届“华创会”将于11月21日在武汉开幕，届时将在开幕式上举办“华创杯”创业大赛颁奖仪式。

（中国新闻网2019－11－20/马芙蓉，肖瑞红）

欧美同学会举办中德科技论坛　中外嘉宾共论创新发展

第二届中德科技论坛11月19日在北京开幕。本届论坛以“新时代中德科技创新与发展”为主题，中外嘉宾共300多人出席了开幕式。论坛上，中德两国的专家、企业家汇集众智、增进共识，深化科技创新交流合作，推动两国经济社会发展，以期为全球经济增长注入新动力。

全国人大常委会副委员长、欧美同学会（中国留学人员联谊会）会长陈竺在致辞中指出，中德之间已经形成了较为完整的政府间科技创新合作框架，两国科技人员往来密切，科研合作平台广、机制活，产业关联日趋紧密，区域合作热情高涨。中德科技创新合作已成为中国开展国际合作的典范，是推动两国关系持续向前发展的重要力量。他希望，通过本届论坛深化中德两国在科技领域的了解和交流，形成命运共同体。

德国联邦议院副议长汉斯-彼得·弗里德里希表示，德中双方都积极推动合作发展，对合作取得的成功表示祝贺。从与中国的合作中，德国也学到很多。今后将不断深化在环境保护、人工智能、智能制造等多领域的合作，通过“一带一路”倡议进一步发挥全球化的优势和长处，增进全人类的福祉。

北京市委常委、统战部部长齐静强调，德国基础研究领先，科技实力雄厚，是公认的创新强国。中国市场规模巨大，产业体系齐全，互联网经济快速发展，在创新方面拥有得天独厚的优势。要大力推进以科技创新为核心的全面创新，努力将北京打造成为世界级的原始创新策源地、新时代深化改革的试验田、引领高质量发展的新高地、全球创新网络的关键枢纽。

开幕式后，本次论坛还设置主旨演讲、平行分论坛等环节。分论坛上，30余位中德政、商、学、企业界精英和专家共同围绕生物医药健康、未来科技、智能制造等话题进行对话交流、经验分享和项目对接。

本届论坛由欧美同学会（中国留学人员联谊会）主办，北京市欧美同学会（北京市留学人员联谊会）承办。据北京市人大常委会副主任、北京市欧美同学会会长闫傲霜介绍，通过本届中德科技论坛，北京市欧美同学会努力为中德两国政府、创新创业人才、专家学者之间的科技交流和经验分享搭建平台，发挥留学人员智力密集优势，促进中德两国科技交流、企业合作。

据悉，为搭建可持续的中德两国科技与文化交流合作新平台，欧美同学会2018年10月在德国柏林举办了首届中德科技论坛，该论坛旨在构建政府、科技界、企业界研讨平台，促进中德在科技、经贸、文化领域广泛合作与交流。

（新华网2019－11－21）

2019 年“华创会”在武汉开幕

第十九届华侨华人创业发展洽谈会（以下简称“华创会”）11月21日在武汉开幕，来自全球61个国家和地区的1000余名海外华侨华人及部分国内代表参会。全国人大常委会副委员长陈竺出席会议，并宣布本届“华创会”开幕。

本届“华创会”由中央海外高层次人才引进工作小组指导，湖北省人民政府、国务院侨务办公室、武汉市人民政府共同主办。

中共湖北省委书记蒋超良，中央统战部副部长、国务院侨务办公室主任许又声，湖北省委副书记、武汉市委书记马国强出席开幕式并致辞。中华海外联谊会副会长、长江国际商会名誉会长、香港霍英东集团行政总裁霍震寰发表演讲。会议由湖北省委常委、省委统战部部长尔肯江·吐拉洪主持。

开幕式上，举办了第六届“华创杯”创业大赛颁奖仪式，湖北省省长王晓东为获奖选手颁奖。

本届“华创会”以“万侨同心、共创未来”为主题。除开幕式、武汉论坛、重点项目签约、第六届“华创杯”创业大赛颁奖外，还将举办智能制造暨第十届田长霖论坛、中国侨商发展论坛暨“侨商之夜”、湖北科技“走出去”等专场活动。

自2001年创办以来，华创会在武汉已连续举办十八届。18年来，华创会主会场共签约引进项目2300多个，协议资金达3900多亿元（人民币，下同），邀请海外华侨华人专业人士、侨商等代表约2万人次参会，成为全国侨务系统引智引资的知名品牌和服务海外华侨华人回国创业发展的有效平台。

据统计，本届“华创会”共有166个项目达成合同协议，其中，投资过亿元项目65个，投资过十亿元项目18个。30个重点项目在开幕式上集中签约，这些项目涵盖生物医药、装备制造、材料能源等新兴产业；也有涉及芯片研发制造、生态农业、原料药和高科技产品生产基地建设的投资项目，将落户到湖北各市州。

（中国新闻网2019－11－21/梁婷，马芙蓉，武一力）

第八届中国海归创业大会举行　搭建海归创业圆梦舞台

近日，由深圳市侨办、市侨联主办的第八届中国（深圳）海归创业大会在深圳五洲宾馆华夏厅举行。600多名海归小伙伴齐聚一堂，交流创业经验，进行项目对接，齐抓共享粤港澳大湾区建设和深圳建设中国特色社会主义先行示范区“双区叠加”的重大历史机遇。中国侨联兼职副主席、广东省侨联主席黎静，市委统战部副部长、市侨办副主任刘昕出席大会并致辞，中国侨联经济科技服务处处长李莹出席。

黎静指出，新时代改革开放、建设创新型国家、建设世界科技强国的伟大事业，为海归人才施展才华提供了更广阔的舞台。深圳市侨办、侨联举办海归创业大会，推动海归创新创业成果交流对接和转化落地，为服务海归创新创业搭建了信息共享、资源互通、深度融合的更高平台。希望广大海归人才在新时代大显身手，在国家创新驱动发展战略中勇立潮头，在对外交往中积极发挥桥梁纽带作用。

刘昕表示，希望广大海归朋友认真学习党的十九届四中全会精神，紧紧抓住“双区叠加”机遇，积极投身创新创业大潮，实现留学报国梦想，为深圳建设中国特色社会主义先行示范区贡献智慧和力量。同时发挥民间外交优势，推动深圳扩大国际交流合作，努力成为海内外城际友好合作的“金丝带”。

当天的活动主要分为两场。在上午举行的“第八届海归创业经验交流会”上，深圳云天励飞技术有限公司董事长兼CEO陈宁，深圳市达晨财智创业投资管理有限公司高级合伙人邵红霞，深圳旭宏医疗科技有限公司CEO王博洋，AUTOX创始人、MIT博士肖健雄分别以《不忘初“芯”》《大洗牌时期的生存法则》《海归创业与创新》《2020：无人驾驶的新时代》为主题做演讲，为正在创业或准备创业的海归们答疑解惑。在下午举行的“第七届海归创业项目路演报告会”上，主办方从入围的100个项目团队中挑选最优秀的10个项目进行现场路演，促成项目和市场的无缝对接。

深圳市侨联兼职副主席杨鹏，广东省、深圳市侨联相关同志，各区（新区）统侨部门相关负责人和代表，各涉侨社团代表等参加了活动。

据悉，过去7年，海归创业大会共吸引超过8000人次参与，为海归创新创业项目对接融资超过2.6亿元。活动不仅取得了良好的经济效益和社会效益，更成为深圳侨务工作的一张靓丽名片。

（《深圳侨报》2019－11－25/柯东波，周捷）

32 个创新创业项目集中落户安徽（合肥）侨梦苑

“海外华侨华人高层次人才走进安徽（合肥）侨梦苑开幕式暨2019安徽（合肥）侨梦苑集中签约仪式”11月26日在安徽省合肥市举行，110名中国国务院侨办科技创新委员会委员、海外华侨华人高层次专业人士、侨领和侨商代表参加。

集中签约仪式上，总投资约35亿元（人民币，下同）的32个创新创业项目集中落户安徽（合肥）侨梦苑。

据介绍，这些项目来自美国、德国、匈牙利等多个国家，主要涉及生物医药、智能制造和人工智能等产业，包括投资15亿元的匈牙利欧侨科技产业园、投资3亿元的蓝藻资源化及生物针膜水质提升项目、投资1亿元的半导体及液晶面板真空零部件生产项目等。

安徽（合肥）侨梦苑作为2016年获批的中国第13个侨梦苑，坐落于国家级高新区——合肥高新区。截至目前，安徽（合肥）侨梦苑已累计吸引海外高层次人才和留学人员3000余人，国内国外院士12人，培育科技新侨类上市公司8家，汇集侨资企业400余家，产值近420亿元。

近年来，合肥高新区规划建设侨梦苑集聚区，建立侨资项目孵化平台；通过以侨引侨，引进了中加健康管理国际科技创新（合肥）研究院等一批国际化平台机构；通过以侨引外，在匈牙利建设境外科技园区，协助中国企业“走出去”。

同时，完善政策支撑体系，设立“侨融贷”和“侨创贷”等专项贷款产品。此外，健全华侨华人服务体系，打造合肥国际人才城和国际人才网等专业服务载体，提供“服务专窗”“绿色通道”等一站式服务，营造优质的国际营商环境。

安徽省侨商投资企业协会常务副会长、欧普康视科技股份有限公司董事长、美国归侨陶悦群在分享创业经历时说，合肥是技术类人才创业的沃土，在创业的生存成本、技术人才选择、政府对研发的持续支持方面优势突出。“安徽（合肥）侨梦苑除了给予政策及资金支持外，还有一批已经比较成功的企业，可以辅导‘新侨’创业者，避免他们走弯路。”

据悉，本次活动由中华海外联谊会主办，安徽海外联谊会承办。

（中国新闻网2019－11－26/赵强，夏莹）

广东惠州侨镇打造侨房改造示范区　为归侨解“乡愁”

20世纪中期，大批海外华侨被迫回国，华侨农场应运而生。曾经，广东是全国华侨农场数量最多的省份，全省23个华侨农场犹如母亲的臂弯，将归难侨（即归侨和难侨）揽入怀中。

作为客家侨都，惠州曾有两个华侨农场安置归难侨，分别是曾以绿茶闻名的潼湖华侨农场，和“20世纪亚洲最大柑橘生产基地”杨村华侨农场。经过改制，这两个华侨农场已变成当地的侨镇——潼侨镇和杨侨镇。

据不完全统计，惠州现有归侨8457人，大多仍聚居在侨镇。近年来，潼侨镇和杨侨镇积极谋发展，镇域经济整体发展加快，公共基础设施日渐完善，侨民们的日子越过越红火。可以说，惠州归侨侨眷的安居乐业，是当地坚持“以人为本、为侨服务”宗旨，全力做好侨务工作的生动写照。

民生保障　归侨安居工程提上议事日程

在仲恺高新区潼侨镇侨安花园小区，80岁高龄的越南归侨陆超允正在客厅悠闲地喝着工夫茶。2009年，他花了6.9万元后，从原有的砖瓦房搬进了一栋六栋联排式的楼房。这样一来，他们一家6口人再也不用挤在不到40平方米的房子里了。

同样是10年前，当时67岁的归侨李发兴也住进了博罗县杨侨镇坪塘分场新村的“侨心居”。除了政府每栋补贴2万元，他又花了10万元建起现在这两栋两层联排的楼房，和老伴一起过上了闲适的退休生活。

归侨侨眷们搬进新家的好消息接踵而至，这得益于华侨农场危房改造工作的启动。“归侨原有住房大多建于20世纪60年代，由于当时经济条件限制，大多房屋又矮又旧又小。”潼侨镇党委委员黄志珊介绍，许多侨民旧有住房年久失修，危房面积大，必须进行改造或重建。

为解决归侨“住房难”问题，近年来，惠州市将归侨的安居工程提上民生工作的议事日程。在杨侨镇，8个华侨新村相继建成，一座座二层楼房整齐排列；在潼侨镇，三期归侨安居房全部已经交付使用，归侨侨眷住上了现代花园小区。据初步统计，迄今为止，杨侨有930套，潼侨有1126套，全市共建成归侨安居房2056套。

值得一提的是，潼侨镇侨房建设的做法走在全国前列。一方面，该镇高起点、高标准、多层次实施“惠侨安居工程”，分三期建设，既有5层楼梯房，也有6栋3层联排楼房、高层公寓，满足归侨不同的居住需求。另一方面，安居工程采用以房换房和自愿的原则，归侨只需支付一定款项，就能用小房换大房，用平房换楼房。

“目前，潼侨归侨危房改造工程已累计投入4亿多元。除了国家补贴外，建房资金大部分由区、镇两级政府自筹，归侨自付部分不多。一期需自付8000元左右，二期需自付6.9万元，三期根据面积差额个人最多自付2万元。”黄志珊说。

他还透露，去年该镇已经理顺了归侨安居房的产权问题，未来很快可以为每家每户办理房产证。“我们的短期目标是让归侨侨眷宜居安居，长远目标是将安居工程打造成全国侨房改造样板示范区。”

楼高了，房间大了，公共基础设施和社会保障也越来越完善。近年来，惠州归侨子女已全部被纳入免费义务教育范围，两个侨镇成功创建省教育强镇；60周岁以上归侨每月生活补贴提高到150元，原华侨农场职工的养老保险问题基本解决；交通、水利、供电等基础设施也越来越齐备，归侨侨眷们过得越来越有滋味。

产业带动　边缘小镇重新焕发活力

安居，继而乐业。如何在不断丰富“安居”内涵的同时，加大归侨侨眷“乐业”力度？这离不开当地经济的发展。

在2003年之前，潼侨、杨侨两个侨镇还是国营华侨农场，安置了来自越南、印尼、缅甸等14个国家和地区的归难侨。两个华侨农场曾以种植茶叶和柑橘闻名，在20世纪80年代风光无限。陆超允曾是潼湖华侨农场茶一队的队长，那时种茶每月工资29元。提起茶园，老爷子仍一脸骄傲：“潼侨的绿茶最有名。”

然而，随着工业化和城市化进程加快，曾经令人羡慕的华侨农场却掉队了。以杨村华侨农场为例，这个昔日亚洲最大的柑橘生产基地，在20世纪末面临着债务沉重、发展滞后、归难侨生活贫困等诸多问题。

从2003年开始，惠州两个华侨农场相继撤场设镇，立足工业强镇，大力推进镇域经济发展。据统计，2018年，杨侨镇实现地区生产总值11.74亿元，是2003年的10倍；潼侨镇实现地区生产总值26.8亿元，是2003年的17.9倍。两个边缘小镇正逐步向城市中心蝶变。

近年来，在县区工业化、产业化的带动下，两个侨镇开始脱胎换骨，重新焕发活力。在潼侨镇，“惠侨安居”工程的落实为当地拓宽了产业发展空间，一批新兴产业在这里落地。如今，陆超允和老归侨们过去居住的地方，已经建起了TCL华星光电模组工厂，这为该镇的转型发展注入了强劲动力。

在杨侨镇，博罗产业转移工业园建设也初显雏形。工业园规划总面积53平方千米，覆盖杨侨、杨村、麻陂3个镇，其中，首期开发的园区全部在杨侨镇内。工业园着力集聚发展高端电子信息、智能装配制造、新能源新材料等三大产业，现有工业项目29宗，全部投产后预计年产值41亿元。

“转移工业园的建设不仅盘活了镇里闲置土地，增加了税收，还将带动一、二、三产业发展，进一步扩大归侨侨眷及当地居民的就业。”杨侨镇镇委委员郑斯东介绍，目前该镇已有1000余名劳动力在工业园就业，约四成是归侨侨眷。

文化传承　侨文化博物馆将对外开放

在潼侨镇的潼侨公园，一组白色的人物雕像格外瞩目——5名男女人像依次排列，排头的男子颔首微笑，戴着越南特色的帽子，拖着行李箱；后面跟着的几个人物有的戴着斗笠，有的头顶包裹，充满东南亚风情……雕像下面的文字记载显示：1966年筹建潼湖华侨农场，归侨漂洋过海来到潼侨镇安居。

“这是归侨侨眷的生活印迹，我们要将归侨历史固化下来，留给后人。”潼侨镇侨联主席刘官洪介绍，潼侨公园是与侨文化结合设计而建，随处可见侨文化符号，以便让大家了解潼侨镇和华侨农场的历史。

其实，刘官洪也是一名归侨。1969年底，由于政治原因，他们一家人被马来西亚遣送回国。“第一批马来西亚归侨是在20世纪50年代回国，他们都去了海南岛，在那里种橡胶。”说起归侨的故事，刘官洪侃侃而谈，他格外希望这段历史能被后代铭记。

据刘官洪介绍，一个占地1200多平方米的惠州侨文化博物馆已在潼侨公园“安家”，目前已进入展陈阶段，预计今年底或明年初对外开放。为了筹建博物馆，该镇从2013年开始收集具有侨文化特色的物件，包括归侨从东南亚带回来的物品，以及华侨农场时期的物品、图片等，像印度尼西亚的安格隆，缅甸的铜砂锅，越南的钛煲、纸币等都在其列。

据悉，惠州侨文化博物馆共投入2000多万元，旨在建设成省内乃至全国一流归难侨史展示和侨文化交流基地。博物馆由少年文化宫、展览厅和多功能厅三部分组成，将通过实物还原、图片文字记载和多媒体影像展示等方式，再现华侨回国的辛酸史、奋斗史和成就史。

除此之外，潼侨镇向来重视挖掘、展示和传承侨文化，近年来，当地还广泛开展东南亚特色舞蹈和歌谣培训，举办侨文化活动周、东南亚美食节等活动。文化惠民事业获得蓬勃发展的同时，“侨文化”品牌也不断被擦亮。

目前，该镇正在积极谋划潼侨公园创建侨文化生态旅游景区。一方面，加大投入和创建力度，进一步提升潼侨公园整体配套；另一方面，整合公园、侨文化博物馆及周边资源，做好近期3A级景区创建和远期4A级景区筹划工作，让旅游成为带动当地发展的新引擎。

（《南方日报》2019－11－26/于蕾）

北京市第十五次归侨侨眷代表大会开幕

2019年11月26日上午，北京市第十五次归侨侨眷代表大会开幕。北京市委书记蔡奇，中国侨联党组书记、主席万立骏讲话，北京市委副书记、市长陈吉宁，市政协主席吉林出席。

在全场高声唱响的国歌声中，代表大会开幕。市科协负责人代表人民团体致贺词。

万立骏充分肯定首都侨务工作，他指出，以习近平同志为核心的党中央高度重视发挥归侨侨眷和海外侨胞的作用，高度重视做好归侨侨眷和海外侨胞的工作。希望北京市各级侨联组织加强政治引领、凝聚思想共识，夯实归侨侨眷和海外侨胞团结奋斗的共同思想基础。发挥侨联优势、融入中心工作，紧紧围绕北京工作大局，调动整合侨务资源，广泛团结归侨侨眷和海外侨胞服务北京“四个中心”建设。以加强基层组织建设为重点，努力建设归侨侨眷和海外侨胞可信赖的温暖之家，增强服务的主动性、针对性、有效性。深入推进改革，切实增强侨联组织的影响力和凝聚力。

蔡奇向首都广大归侨侨眷和海外侨胞以及侨联工作者致以问候。他指出，海外侨胞和归侨侨眷是中国联系世界的纽带，是促进国家发展的重要依靠力量。进入新时代，全党全国各族人民正在以习近平同志为核心的党中央坚强领导下，向着“两个一百年”奋斗目标阔步前进。北京作为首都，要坚持以习近平新时代中国特色社会主义思想为指导，深入学习贯彻习近平总书记对北京重要讲话精神，率先全面建成小康社会，努力建设好伟大社会主义祖国的首都、迈向中华民族伟大复兴的大国首都、国际一流的和谐宜居之都。希望广大归侨侨眷和海外侨胞用亲身的感受、丰富的事例、生动的语言，讲好中国故事、首都故事，向世界展示全面真实立体的中国、展现社会主义大国的首都风采。发挥侨界人才荟萃的优势，积极参与首都建设，做新时代首都发展的支持者、受益者。秉持民族大义，为促进祖国统一、民族团结贡献力量。坚定文化自信，弘扬中华优秀文化，推动中外文明交流互鉴，多形式宣传北京的历史和文化。全市各级侨联组织要深入学习贯彻习近平总书记关于侨务工作的重要论述，坚持“两个并重”、深化“两个拓展”、推动“两个建设”，不断提升侨联整体工作水平。全市各级党委政府要认真落实党的侨务政策，为推动侨联事业发展创造良好条件。

市领导崔述强、齐静、刘伟，市政府秘书长靳伟出席。

（《北京日报》2019－11－27/祁梦竹，刘菲菲）

凝聚大湾区　海内外粤商积极投身粤港澳大湾区建设

2019粤商大会11月28日在广州举行，大会以“弘扬新时代粤商精神　共享大湾区发展荣光”为主题，海内外1400多名粤商代表出席大会，凝聚力量推进粤港澳大湾区建设。

本次粤商大会由广东省人民政府、政协广东省委员会、全国工商联联合主办，大会现场签约21个粤商投资项目，总金额约585亿元。大会还举行了粤港澳大湾区工商合作高峰论坛、“一带一路”经贸交流会之东南亚商机对接会、园区与参会企业专场对接会等活动。

会上，广东省工商联主席苏志刚宣读《2019粤商宣言》，呼吁广大粤商全力参与大湾区建设，做推进广东新一轮改革开放的典范。

比亚迪股份有限公司董事长王传福说，粤商勇立潮头、敢打敢拼，不仅积极参与广东省区域协同发展，而且立足广东、辐射全国、发力全球，涌现出一批具有国

际竞争力的中国品牌。

中国女企业家协会副会长翟美卿表示，将以更高站位、更大格局，搭建更多交流合作平台，抱团粤港澳企业，“拼船出海”，拓展“一带一路”沿线多元化国际市场。

“多年来，香港工商界积极参与广东建设，我本人也是改革开放初期，第一批北上广东投资的港商。”香港中华总商会会长蔡冠深说，“香港中华总商会将继续发挥商会的联系功能，为港商、粤商和海外华商参与大湾区建设搭建平台。”

澳门中华总商会副理事长刘艺良说，澳门回归祖国20年来，经济快速发展、民生显著改善，经济社会各项事业取得长足进步，“澳门地域狭小，经济结构较单一，必须透过融入国家发展大局、参与区域合作以促进澳门经济适度多元发展，粤港澳大湾区建设为澳门提供了难得的发展机遇。”

“《粤港澳大湾区发展规划纲要》的公布，让我们海外侨胞感到非常兴奋，我自己作为广东人、广州人，非常想为大湾区建设出一份力。”全美华裔总商会主席梁冠军说，“粤港澳大湾区的未来发展空间和潜力将非常大，前景美好！”

（新华网2019－11－29/徐弘毅，吕光一）

世界海南乡团联谊大会：以“侨”架桥　连起乡音乡情

大海之南，乡情浓浓。11月28日上午，以“乡音乡情、共享未来”为主题的第十六届世界海南乡团联谊大会在三亚开幕。来自28个国家和地区的3200多名琼籍乡亲代表欢聚一堂，共话乡情、共谋发展。

不经意间，由新加坡海南会馆于1989年发起创立的世界海南乡团联谊大会，迄今已在新加坡、泰国、马来西亚、美国、文莱、印尼、澳大利亚等国和海南、香港、澳门等地举办了15届。

历经30年的发展，联谊大会的规模和影响力不断扩大，如今，已经发展为我省拓展国外侨务工作的重要平台和我省联系海外乡亲的主要桥梁和纽带。

纽带　连接故土维系乡情

“有海水的地方，就有海南人”。海南是中国著名侨乡，有390多万海外乡亲（含港澳台同胞）分布在50多个国家和地区。长期以来，这些人散居在世界各地，天各一方，相互之间往来并不多。正是在这样的背景下，世界海南乡团联谊会应运而生。

1989年10月11日，新加坡海南会馆成立135周年纪念庆典举行，来自世界各地的57个海南宗亲社团的400多位海南乡亲齐聚新加坡，正式发出筹建“世界乡团联谊大会”的倡议。

倡议一出，立马得到世界各地海南乡团的热烈响应。3天后的1989年10月14日，第一届世界海南乡团联谊大会在新加坡怡东酒店五楼胡姬厅举行，联谊大会的宗旨就是促进和加强世界各地海南乡团的联系与友好合作。

水有源，树有根，人有本。海南的乡亲无论身居世界何地，心永远都是连在一起的，1993年，联谊大会在大家的共同期待下，第一次来到了海南故土。这一年的11月28日至30日，联谊大会在海南大学联谊馆举行。原海南省侨办主任黎良端在其《情缘：我的侨务工作随笔》中对这次盛会进行了描述：1766名乡亲怀着极其兴奋的心情，回到故乡的怀抱，这是世界各地的海南乡亲在故土的首次盛会，其规模是空前的，是“母亲”对“女儿”最深情的呼唤，是一件大喜事、大盛事。

2004年，第八届世界海南乡团联谊大会再次在海南举办。2019年，本届联谊大会在三亚举办，也是时隔15年大会再次回到海南家乡举办。在这次大会上，来自28个国家和地区的3200多名琼籍乡亲们，怀着祖辈父辈们延续下来的乡愁，呼吸着故土的芳香空气，听着故乡亲人的温暖话语，乡亲们的心贴得更近，手握得更紧。

窗口　让海南走向世界

由世界海南乡团联谊大会秘书处组织整理的《世界海南乡团简介汇编》清楚记录着历届大会的盛况和成果：

第五届世界海南乡团联谊大会于1997年10月23日至24日在澳门举行，来自20多个国家和地区的1000余名海南乡亲代表针对世界海南乡团的远景及发展多边合作问题进行磋商；

第十一届世界海南乡团联谊大会于2009年10月28日至10月30日在新加坡国际博览中心举行，来自世界18个国家和地区的2500多名海南乡亲代表出席本届大会；

第十二届世界海南乡团联谊大会于2011年12月4日至8日在香港举行，来自25个国家和地区的琼属华侨华人以及中央有关部委、驻港机构、香港特区政府、各大媒体高层、部分商界知名企业家等约5000人与会；

第十三届世界海南乡团联谊大会由印尼海南总会主办，于2013年10月26日至28日在印尼北苏门答腊省棉兰市举行，来自25个国家和地区的近2000名琼籍华侨华人与会；

第十四届世界海南乡团联谊大会于2015年10月30日至11月3日在澳大利亚悉尼市及墨尔本市举行，来自世界19个国家和地区的近2000名代表出席会议；

第十五届世界海南乡团联谊大会于2017年11月30日至12月2日在香港会议展览中心举行，来自26个国家和地区近6000名海南乡团代表出席会议。

世界海南乡团联谊大会意义十分重大，这是让海南走向世界非常重要的一步，它对进一步增进乡谊、加强海内外交流合作、推动社会慈善福利事业和经济的发展、扩大海南在世界的影响，都起着十分重要的作用。大家有一个明显感受——随

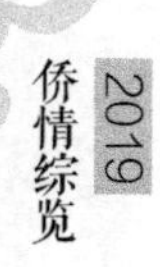

着历届联谊大会的召开，琼侨回海南探亲寻根的多了，投资建设的多了，来海南大学读书的学生也多了。

平台　推动开展务实合作

两年一度的世界海南乡团联谊大会是全世界海南人联络乡情的盛会，也是广大乡亲共谋发展的重要平台。

长期以来，一代又一代海外乡亲，心系家乡、情系桑梓，大力支持、积极参与祖（籍）国和海南家乡的改革开放与现代化建设，为家乡经济社会发展做出了巨大贡献。据了解，当前海南全省有侨企1500多家，实际利用侨资200多亿元，乡亲们为海南的教育文化、医疗卫生、农村交通建设等捐款，累计超过10亿元。这其中，离不开世界海南乡团联谊大会的推动。

当前，海南正深入贯彻落实习近平总书记“4·13”重要讲话和中央12号文件精神，加快推进海南自由贸易试验区和中国特色自由贸易港建设。广大琼籍海外乡亲，是海南连接世界的重要纽带，也是海南自贸港建设的重要力量。在这样的新形势下，召开本届联谊大会是团结全世界海南人携手合作、共享机遇、共谋发展的一次难得机遇。

据悉，本届大会将充分借助联谊大会这个国际性的平台，开展综合招商活动，重点对海口江东新区、三亚崖州湾科技城、博鳌乐城国际医疗旅游先行区、洋浦经济开发区、海南生态软件园等园区进行推介。相信，本届大会将会吸引更多的琼籍海外乡亲回家乡投资兴业，共享自贸港发展的新机遇。

（《海南日报》2019－11－29/金昌波）

第十届世界惠州同乡恳亲大会开幕　侨胞助力城市建设

11月29日，第十届世界惠州（府署）同乡恳亲大会（以下简称“世惠会”）在惠州开幕。惠州是广东侨务大市之一，该市常住人口为483万人，而海外惠州（府署）侨胞超过300万人，可谓“海内一个惠州，海外一个惠州”，惠州在侨务资源上具有得天独厚的优势。

一直以来，惠州市委、市政府高度重视侨务工作，不仅让归侨在这里落地生根、安居乐业，还注重发挥海外侨胞和归侨侨眷中蕴藏的巨大力量，让海外惠籍华人华侨和港澳同胞成为惠州市参与国家“一带一路”建设、粤港澳大湾区建设和助力惠州建设国内一流城市的重要力量。

凝聚侨胞力量　大批台港澳侨企业扎根惠州

惠州人移居海外已有1000多年历史，据不完全统计，惠州市现有归侨8457人，侨眷超过100万人，海外惠州籍侨胞和港澳同胞达300万人，遍布马来西亚、新加坡、泰国、印尼、美国等60多个国家和地区。惠州还拥有邻近港澳的地缘和亲缘优势，香港惠州籍乡亲达100多万人，据统计，每7个香港人中，便有1个是惠州籍。

惠籍华侨华人数量众多，社会地位和政治经济影响力也不断提高，许多华侨及其后代已经成为侨居国的政要、精英和商业巨贾，是惠州市发展外向型经济的“天然桥梁和纽带”。近年来，一大批知名的台港澳侨企业扎根惠州发展，如港资企业伯恩光学、光弘科技、旭日集团、南旋集团等，台资企业华通电脑、南亚塑胶、基准精密、超声音响、中潜股份等。

香港惠州同乡总会理事长、朱祥兴（博罗）房产有限公司董事长朱建清自1993年从加拿大回到惠州博罗创业，至今已有26年。他感慨道：“作为粤港澳大湾区的重要城市之一，惠州有山有水，不仅生态优势明显，还具有交通上的便利性，香港高铁两年内将直通惠城和博罗。”

截至2019年7月，在惠港资企业4902家，投资总额达232亿美元；在惠台资企业1770家，投资总额达47.5亿美元，港资、台资成为惠州最大外资来源，台港澳侨企业已成为推动惠州经济社会发展的重要力量。

“一带一路”相关区域分布着4000多万的华侨华人，蕴藏着雄厚的经济实力、优越的跨国营商环境、广博的人脉关系和丰富的智力资源。近年来，惠州市委、市政府推动了萨摩亚援外项目建设，拓展了与东盟国家经贸、旅游交流合作任务，推动了本土企业TCL、雷士照明等与菲律宾等东盟国家的合作。

让归侨住上安居房　潼侨镇打造全国侨房改造样板示范区

作为“客家侨都”，惠州曾有两个华侨农场安置归难侨，分别是曾以绿茶闻名的潼湖华侨农场，和“20世纪亚洲最大柑橘生产基地”杨村华侨农场。经过改制，这两个华侨农场已变成当地的侨镇——潼侨镇和杨侨镇，大多数归侨在这里落地生根。

近年来，潼侨镇和杨侨镇积极谋发展，镇域经济整体发展加快，公共基础设施日渐完善，归侨的日子越过越红火。可以说，惠州归侨侨眷的安居乐业，是当地坚持“以人为本、为侨服务”宗旨，全力做好侨务工作的生动写照。

在仲恺区潼侨镇侨安花园小区，80岁高龄的越南归侨陆超允正在客厅悠闲地喝着工夫茶。2009年，他花了6.9万元后，从原有的砖瓦房搬进了一栋六栋联排式的楼房。这样一来，他们一家6口人再也不用挤在不到40平方米的房子里了。

归侨侨眷们搬进新家的好消息接踵而至，得益于惠州市原华侨农场危房改造工作的启动。潼侨镇高标准、多层次实施“惠侨安居工程”，分三期建设，既有楼梯房，也有联排独门独户、高层公寓，满足归侨不同的居住需求。

“潼侨镇归侨危房改造工程已累计投入4亿多元，大部分资金由区、镇两级政府

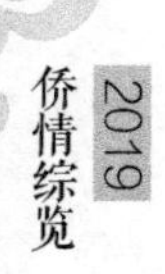

自筹，归侨自付部分不多，从8000元到6.9万元不等。”潼侨镇党委委员黄志珊说，“我们的短期目标是让归侨侨眷宜居安居，长远目标是打造全国侨房改造样板示范区。”

除了让归侨安居，潼侨镇还重视挖掘、展示和传承侨文化。惠州市首个侨文化博物馆已在潼侨镇潼侨公园“安家”，现已进入展陈阶段，预计今年底明年初对外开放。这个博物馆占地1200多平方米，投入2000多万元，包括少年文化宫、展览厅和多功能厅三部分，将被打造成省内乃至全国一流归难侨史展示和侨文化交流基地。

第十届“世惠会”今日在惠州开幕

12月28日下午，第十届“世惠会”代表团团长会议举行，会议审议确定第十届“世惠会”议程等。本届“世惠会”将于29日上午举行开幕活动，当天还将举行寻根之旅参观考察、青年创新创业交流会等活动。

本届世惠会由惠州市委、市政府主办，惠州市委统战部和惠州市侨联承办，以“一带一路谋发展、四海一心惠州情”为主题。本届大会是惠州市机构改革以来首次以市委、市政府名义举办的全球性高端涉侨活动，也是“世惠会”继第二届后时隔23年再次回到惠州举办。

这次参会的嘉宾不仅有知名的侨领代表，还有商界领袖代表、专业人士代表、文化教育科技艺术界代表、为推动住在国与中国友好往来做出重要贡献的侨胞代表、知名爱国人士后代、华裔新生代代表。

大会将整理惠州市和惠州（府署）兄弟市对外招商引资引智以及鼓励支持港澳青年来粤创新创业发展的政策文件；在会场设置“岭东雄郡、千年惠州”图片展，展示惠州市情、华侨华人参与支持惠州建设情况，举办富含惠州人文特色的专题文艺晚会，组织与会海外嘉宾赴各县（区）参观考察，举行“激发新动力、助力大湾区”青年创新创业交流会。

“无论行政区域如何变化，惠州这个地名，已成为海外惠州府署乡亲们挥之不去的乡愁。”惠州市侨联主席刘云表示，希望通过举办这些丰富的活动，让侨胞全方位、多角度、深层次了解惠州参与粤港澳大湾区建设的真招实招，向海外乡亲展示欣欣向荣的真实惠州。

（《南方日报》2019－11－29/糜朝霞，于蕾）

上海市 18 家“特色新侨驿站”获得授牌和表彰

11月28日下午，上海市侨联组织召开2019年上海侨联基层建设工作会议，结合学习贯彻党的十九届四中全会、习近平总书记在上海考察时的重要讲话精神，总结全年基层建设工作情况并交流经验，向获得上海市“特色新侨驿站”的18家单位授牌，向获得上海市“特色新侨驿站”（提名）的4家单位颁发证书，并予以表彰。

据介绍，“新侨驿站”是上海市侨联打造的“园区+联盟+基地+驿站”新侨工作4大平台之一，它聚焦新侨群体本身，植根园区、校区、社区、楼宇，是发现和培育新侨人才的平台，是团结、凝聚新侨人才的重要载体。这一新侨工作的探索，得到了中央领导、中国侨联和上海市有关部门的充分肯定，受到了新侨人士的欢迎，成为近年来上海市侨联拓展新侨工作的亮点。2010年在徐汇区成立了上海市首家“新侨驿站”。目前，全市16个区侨联建有“新侨驿站”30余家。

（《新民晚报》2019－11－29/江跃中）

南京市发挥“省门第一街”优势　加强与港澳侨交流

近年来，南京市禄口街道充分发挥“省门第一街”地理优势，加强与港澳侨的交流交往，多次组织开展联谊交友、经贸交流、人文交融活动，把爱国、爱乡人士集聚起来，增进双方文化认同、凝聚共同意志、增强繁荣稳定合力。

实习参观　畅通民间文化交融渠道

一方面，邀请港籍大学生来禄口实习。连续三年举办大学生实习计划。2016年邀请香港海上丝绸之路协会“张謇计划——大学生暑期实习项目”的4名学生在小镇开展为期1个月的实习；2017年，来自香港的4名大学生在第五届皮草嘉年华活动中，凭借在英语方面的优势，担任国际行业嘉宾的翻译。去年，16名来自我国港澳地区和蒙古国的大学生参加了“一带一路”大学生暑期实习活动。特色小镇办公室制订详细的实习计划，进行设计实践课程，让学生们更加了解皮草。另一方面，开展各类参观活动。邀请来禄口皮草小镇实习的大学生参观“千人计划”专家（江宁）创业大厦、江宁智能电网博览馆、美丽乡村黄龙岘、中国药科大学等20多个地方，多方面了解江宁发展成就和文化历史。此外，还在“禄口皮草嘉年华”举办期间邀请旅港乡亲开展故乡行活动，走进泉峰集团，看企业变迁；走进牛首山，看生态秀风光美；走进江宁博物馆看古往今来。

异地对接　搭建联谊交友平台

赴港召开皮草座谈会，邀请港籍皮草行业从业人士建言献策。香港皮草业工会创始人端木家福、北冰洋皮草有限公司董事长端木国平等30位在港业界精英代表纷纷表示将继续高度关注南京禄口皮草特色小镇的发展，择机回乡投资发展，支持家乡皮草产业发展。随市、区统战部赴港召开同乡会会员大会。街道皮草企业家王象志被任命为常务副会长，王华斌作为义工队代表接受授旗。赴港期间，还走访了祖籍禄口的在港皮草企业家端木国平的华天奴公司。召开香港南京江宁同乡联谊会第

一届董事局会议，增选了第一届董事局董事人选，并拟举办宁港企业高质量发展同心合作论坛。

为侨服务　凝聚侨心维护侨益

开展各类为侨服务活动。钟村社区、彭福社区开展“学侨法、维侨权、护侨益”为主题的侨法普及活动；茅亭社区利用春节、中秋等传统节日，上门看望了老归侨陶绪元；陶东社区举办健康讲座为归侨、侨眷侨属服务；张桥社区组织侨属侨眷参加月饼制作活动，搭建为侨服务的桥梁。做好留学归国人员参与区级欧美同学会。街道统战办通过多次到侨企走访调研，把政治素质好、业务水平高、代表性强、热心社会活动的优秀归国留学人员推荐到江宁欧美同学会，助推江宁经济社会发展。最终推荐3名代表人士，其中一名是江宁区政协委员。走访调研侨资企业。利用“大走访”的契机，召开侨资企业座谈会，倾听侨企的心声，搜集侨企的诉求，解决侨企的发展难题，为营造良好的营商环境打基础。

（《新华日报》2019－11－29/莫林欣）

山西省侨商联合会成立　汇集近五百家侨资企业

11月30日，山西省侨商联合会成立大会在太原召开，李德志当选为第一届理事会会长。

山西省侨商联合会汇集近五百家侨资企业，行业涉及矿产、文化、旅游、地产、医药、食品、金融等诸多领域。

山西省人大常委会副主任卫小春、中国侨联秘书长陈迈出席会议并讲话，中国侨商联合会副会长兼秘书长安晨到会祝贺，山西省侨联党组书记、主席王维卿主持成立大会。

大会选举王志等31人为第一届理事会常务副会长、马有根等41人为副会长、田兆英为副会长兼秘书长，齐朕为第一届监事会监事长，聘请石巨成、杜清江为名誉会长。

卫小春表示，山西自古就有重商文化传统，改革开放以来，涌现出包括侨商在内的许多新晋商。广大侨商始终心系家乡，积极参与山西经贸合作、科技交流等活动，为推动山西对外开放发挥了积极作用，充分展现了广大侨商自强不息的奋斗精神、开放自信的国际形象。

“山西省侨联成立侨商会，是新时代山西经济社会发展需要的大事，是更好发挥侨联组织作用、更广泛团结联系和服务侨商侨企需要的好事。”陈迈表示，“侨商”有国际化的视野和联通中外、遍布世界的商业网络和人脉资源，这是侨商会不同于其他商会的突出特点。

王维卿指出，侨商会要充分调动广大侨商积极性和创造性，在团结引领广大侨商、侨企成长发展的同时，积极助力山西省企业“走出去”，广泛开展国际合作，助力山西转型发展。

李德志在就职讲话中表示，侨商联合会汇集近五百家侨资企业，行业涉及诸多领域，优势独特。其会员既是晋商的优秀代表，又是新时期侨商的杰出代表。大家要发扬晋商精神，也要发挥广大侨商的独特作用。

山西省侨商联合会是经省民政厅批准成立，省侨联作为业务指导单位，由在山西省内投资创业的归侨侨眷、华侨华人、港澳人士、留学归国人员及其企业、有关社会组织自愿结成的联合性、非营利性社会组织。

该联合会旨在增进山西与海内外侨商的联系，为山西企业走出去牵线搭桥，扩大侨商企业之间的交流与合作，发动侨商参与山西经济社会建设，为山西转型发展发挥作用。

在随后的分组讨论中，与会侨商就“新时代侨商如何携手参与、互利合作、助力山西经济发展”“侨商企业如何进行转型发展、科技创新”等相关问题，以及加强侨商会凝聚力与向心力、增进侨商之间的交流与合作、发挥侨商会作用等议题进行了座谈和交流。

（中国新闻网2019－11－30/杨杰英）

江苏省侨联新侨创新创业联盟在无锡成立

11月29日，“创业中华·智汇江苏”——新侨菁英创享无锡活动举行，江苏省侨联新侨创新创业联盟（以下简称“江苏侨创联盟”）同时揭牌成立。

江苏侨创联盟是江苏省侨联响应国家“大众创业、万众创新”号召，深入贯彻中央对侨联提出的“两个拓展”工作方针，服务新侨人才创新发展而发起的一个非营利性联盟组织。

联盟的宗旨是适应侨情变化，紧跟时代步伐，抢抓新机遇、搭建新载体、拓展新空间，促进江苏省新侨创新创业人才相互交流、互相借力、共享资源、合作共赢，更好凝聚新侨创新创业力量，更好激发广大新侨创新潜能和创业活力，更好服务广大新侨创新创业实践。

据悉，江苏侨创联盟的成员主要包括：中国侨界贡献奖（创新企业）获奖单位；中国侨界贡献奖（创新人才）创办的企业；江苏省已加入中国侨联新侨创新创业联盟的理事单位；与江苏联系密切的新侨创办的企业；新侨聚集的创客空间、创客工场；以创新创业新侨为主组成的侨界社团、各地成立的侨创组织；新侨资源丰富的校友会；热心支持新侨创新创业的创投基金、孵化基地、园区，以及金融机构、法律服务机构、行业协会等创新创业服务机构。

根据章程，江苏侨创联盟的主要任务是服务高质量发展、服务新侨创新创业、服务侨联组织职能。

在服务新侨创新创业方面，联盟将宣扬侨界科学家精神和新侨企业家精神，讲好新侨创新创业的中国故事，在全社会形成崇尚侨界创新创业优秀企业和人才的氛围。引导服务海外新侨和留学人员来江苏创新创业，收集反映新侨创新创业中存在的问题和建议，维护侨益，搭建企业与政府沟通平台。

江苏侨创联盟理事张骥告诉记者，联盟今后还将举办沙龙、讲座、培训、调研、上市辅导、路演、项目对接等活动，推动联盟成员人才合作互动和资源共享，促进资金、技术、市场、知识产权等方面深度合作。

"创业中华·智汇江苏"——新侨菁英创享无锡活动由无锡市侨联、江南大学侨联联合主办，现场还举行了"海归人才与高校产学研合作项目签约""无锡侨创基地联盟合作项目签约""江苏侨创联盟与无锡市侨联战略合作协议签约"等活动。

（中国侨网2019－11－30/孙权）

"互联网＋侨务"搭建新"侨"梁

"对海外侨胞来说，这是大福利！"提起浙江省近日开通的"全球通"平台，祖籍浙江温州的西班牙华侨华人青年联合总会会长叶建伍向记者连连称赞。

在手机上查询办理要求，通过跨境视频连线与侨务部门取得联系，依托海外服务点办理事务……如今，越来越多的海外华侨华人开始享受互联网时代更加高效便捷的服务，见证祖（籍）国改革发展带来的变化。"跑腿少了，与家乡的距离更近了！"这是侨胞们的共同感受。

动动手指一键办理

在不久前举办的第五届浙商大会现场，浙江为侨服务"全球通"平台正式开通。该平台依托侨团组织在海外设立服务点，创新推出海外版"最多跑一次"甚至"一次不用跑"，帮助侨胞跨境远程办理相关事务。目前，浙江已在6个国家8个城市设立11个为侨服务海外服务点。

实际上，针对海外华侨华人回国办事距离远、耗时多、成本高等痛点，浙江多地已经有了不少探索。

温州版的"全球通"服务建设了覆盖所有海外服务点和国内服务体系的网络视频系统，实现"一对一""一对多"的实时在线视频通话、录音录像等功能。

丽水市以华侨回国办理的高频事项为重点，推进法院、公安、司法、侨务等单位的"互联网+"办事流程，实现更多服务事项跨境办理。

青田法院逐渐探索出“海内海外联动调解、线上线下多元共治”的“互联网+”调解模式，推动涉侨纠纷在线多元化解决。“纠纷可以跨境审判，也可以跨国调解。我们在涉侨服务及审批上进行了大胆探索，做到‘能不跑就不跑’。”青田县侨联副主席金双恩告诉记者。

“侨务部门借助互联网平台，如‘全球通’、微信公众号、移动客户端等多种方式开展远程服务，为我们提供了极大的便利。”生活在法国的欧洲杭州联谊总会会长陈翔告诉记者。

除了浙江，不少省市也纷纷拿出实招，为侨务工作插上“互联网+”的翅膀，搭建起一座座联通海外的新“侨”梁。侨胞们动动手指，就能一键办理各类事务。

近日，福建省明溪县人民法院启用三明地区首个涉侨“互联网巡回审判点”，为海外侨胞提供足不出户解决纷争的便捷司法服务。

北京市早在2016年就建立“全球通办”为侨行政服务系统，办事人在全球任何地方、任意时间均可实现在线查询、申请办理行政审批和服务事项等。

在侨务大省江苏，省侨联积极推进“互联网+精准服务”。据江苏省侨联副主席张霓介绍，改版侨联官网、创建侨联公众号、建立“侨之家”微信群网络工作平台及手机应用程序等系列措施，大大延伸了为侨服务的触角。

跟家乡的距离更近了

“我在几年前曾回国办理房产过户、国内驾驶证更换等手续。少则几天，多则半个月，来回路上既耗费时间精力，又花费不菲。”陈翔回忆说。

随着中国对外开放步伐不断加大，海外华侨华人与祖（籍）国的联系更加紧密。越来越多的涉侨事务依托互联网技术得以跨境办理，侨胞们办事不再需要来回打“飞的”，跑腿的次数少了，他们与家乡的距离却更近了。

“过去办一份委托公证，起码要15天，还要国内外往返跑两趟，现在通过视频，半小时就能办好，省时省钱还省力。”意大利米兰华侨华人工商会常务副会长卢锡华讲述了自己的亲身体验。

叶碎永是丽水市为侨服务“全球通”巴西圣保罗海外联络点的负责人。他向记者介绍，目前，丽水市在华侨相对集中的西班牙马德里、意大利罗马、巴西圣保罗3个城市，同步设置了3个海外联络点，目前可为华侨华人提供180多个事项的办理。

当得知温州市为侨服务“全球通”年办理事项和答复咨询5000多件时，叶建伍高兴地说：“家乡侨务部门与时俱进，创新工作方法和手段，改革成果惠及海外华侨华人，我倍感温暖、自豪！”

胡向前祖籍浙江文成，旅居荷兰近30年。他曾担心自己出国时间太久，不容易办理户口复籍手续，因而将回国定居的想法一拖再拖。在听说浙江出台“最多跑一次”惠侨措施后，胡向前决定试试看。文成县公安局积极协同市县侨办，利用“温

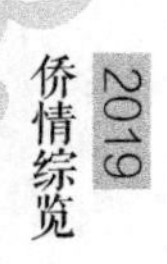

警在线”平台帮助他补齐证明材料，仅用4天时间就办理完成了户口复籍和身份证业务。胡向前从海外寄回一封感谢信，点赞文成公安的高效。他在信中写道：“‘高效率、微笑相迎、服务周到、一条龙服务’深深烙进了我的脑海中。”

“在互联网时代，侨务部门打破常规，大胆创新，利用‘互联网+’为侨胞提供便利，这是真正的民心工程。海外侨胞的心和祖（籍）国紧紧连在一起。”祖籍温州的柬埔寨中华文化交流协会会长李成建称赞道。

“互联网+侨务”强调政府各部门的通力配合、共同参与。在陈翔看来，“这体现了国家‘大侨务’的理念，体现了中国政府对海外侨胞的关爱和重视。祖（籍）国给我们办了大实事！”

更好地适应新侨情

当前，6000万海外华侨华人分布在近200个国家和地区。“互联网+侨务”成为各级侨务部门工作的重中之重。如何进一步促进涉侨服务的精准化与规范化？在接受本报记者采访时，侨务工作者和海外侨胞纷纷建言献策。

江苏省侨联研究与传播中心副主任王海波提出几点建议：一是充分运用互联网共建、共享、共赢的思维，拓展海外联谊思路，让海外华侨华人在联谊中有更多的参与感、获得感和认同感。二是充分运用技术手段，灵活采用海外联谊方式，提升联谊的宽泛性、时效性和针对性，拉近与海外华侨华人的距离。三是充分借助互联网平台和媒介，提升海外联谊效果，实现与海外华侨华人多渠道、高频次、低成本的沟通联系，让感情联络、文化传播、国内政策宣讲、国外信息反馈等侨务工作更加高效快捷。

陈翔表示，希望侨务部门在实际工作中，继续加强侨情调研，及时、全面掌握海外侨胞工作、生活的所需所急，第一时间提供精准服务，做到与时俱进。“目前，浙江温州已经在法国开通‘全球通’海外服务中心。作为旅居法国的杭州人，我期待‘全球通’平台能够推广到更多国家和城市，让更多海外侨胞享受这种网络化、便利化、个性化、高效化的服务。”

“随着互联网技术的不断发展，人证对比、身份识别、指纹提取等越来越多的技术被应用于跨境涉侨事务办理中，办理事项的范围可以随着技术的进步不断扩大，最大程度为侨解忧。”叶碎永建议说。

在叶建伍看来，互联网技术的专业性对侨务工作者提出了更高要求。“侨务部门要注重专业人才队伍建设，培养一支素质过硬、具有互联网思维和服务意识的队伍，更好地适应新侨情提出的新需求。”

（《人民日报海外版》2019－12－04/李嘉宝）

香港举办侨青论坛　冀传递新时代青年正能量

2019侨青论坛暨香港侨社志愿者启动礼12月6日在港举行。活动以“筑梦新时代·服务馈社会”为主题，冀展现侨界青年在新时代的风采，发挥青年力量，为社会和谐稳定传递正能量。

香港侨界社团联会会长黄楚基致辞时指出，香港背靠祖国、面向世界，有着许多有利发展条件和独特竞争优势。特别是近年来国家的持续快速发展，为香港发展提供了难得机遇和广阔空间。希望各界青年把握共建“一带一路”、粤港澳大湾区建设等重大机遇，着眼“国家所需”，发挥“香港所长”，在发展个人事业、成就梦想的同时，服务香港社会，在新时代为香港、为国家做出新贡献。

中央政府驻港联络办协调部副部长张强表示，国家和特区政府都对香港青年参与大湾区建设寄予厚望。希望香港青年把大湾区作为自己的共同家园，积极抢占先机、建言献策、发挥优势，成为大湾区建设的引领者、促成者、共进者和分享者。只要大家以开放的姿态融入大湾区，一定会收获满满。

论坛期间，港区全国人大代表胡晓明、中银香港经济及政策研究主管谢国樑、香港海外学人联合会秘书长李浩然等主讲嘉宾分别从社会责任、“一带一路”及大湾区发展等角度分享对青年问题的看法。论坛当日还举办香港侨社志愿者启动礼，凝聚各界青年，服务社会，展现侨界青年新时代风采。

（中国新闻网2019－12－06/杨喆）

广州成立首个涉侨纠纷调解室

广州市首个涉侨纠纷调解室12月6日揭牌成立。据广州市荔湾区人民法院相关负责人介绍，将以华侨侨眷熟悉的语言、方式和习惯交流沟通，实现“法律顾问+纠纷化解”效果。

近年来，海外侨胞回乡投资创业等活动日益活跃，涉侨纠纷也日益增多。立足“都市侨乡”的区域特点，广州市荔湾区人民法院、荔湾区司法局、荔湾区归国华侨联合会近日联合印发《关于开展涉侨纠纷多元化解工作的方案》。根据该工作方案，分别在该区侨联侨胞之家、区法院诉讼服务中心、逢源司法所设立涉侨纠纷调解室。

据广州市荔湾区人民法院相关负责人介绍，成立涉侨纠纷多元化解工作领导小组，吸纳人民陪审员、人民调解员、律师等充实特邀调解员队伍，把纠纷化解在萌芽、化解在当地。

荔湾区侨联侨胞之家、区法院诉讼服务中心、逢源司法所的涉侨纠纷调解室三个中心实现信息共享、各尽其能。其中，“侨胞之家”工作站作为纠纷化解“第一道防线”，发挥侨联熟悉、联系华侨侨眷的独特优势，以华侨侨眷熟悉的语言、方

式和习惯交流沟通，实现“法律顾问+纠纷化解”效果；逢源司法所工作站，发挥熟悉当地情况优势，就地化解各类涉侨纠纷。

此外，结合法院诉前纠纷分流机制，通过诉讼服务中心导诉平台对涉侨纠纷进行指引、诉讼风险提示和简单调解，再由涉侨纠纷调解室调解，根据实际需要，可再按纠纷类型交由劳动争议诉调对接工作室、道路交通事故纠纷调解室、家事纠纷调解机制、医疗纠纷调解机制等进行联合调解；对于纠纷多发领域及新法律法规政策，联合开展法律咨询等，促进纠纷预防与化解。

（中国新闻网2019－12－07/蔡敏婕）

侨商会：拧成一股绳　成就大事业

中国侨商联合会第五届会员代表大会开幕，标志着中央部署的两家商会整合融入改革任务将顺利完成，也标志着规模最大、实力最强、联系面最广、海内外影响最大的全国性侨商社会组织将正式成立。

深秋的北京，天高云淡、遍地金黄。来自63个国家和地区的侨商代表齐聚京城，参加一场备受海内外关注的盛会——中国侨商联合会第五次会员代表大会日前在北京开幕，标志中国侨商投资企业协会将正式整合融入中国侨商联合会，两大侨商会正式合二为一。

规模最大　实力最强

中国改革开放事业取得伟大成就，广大华侨华人功不可没。数据显示，改革开放以来，我国吸引的外资中，侨商投资占60%；在华投资的企业中，侨资企业占70%。为了更好地团结、联系和服务侨商、侨资企业，中国侨商联合会和中国侨商投资企业协会分别于2003年、2008年应运而生。

两大全国性侨商组织，通过换届形式实现完全融合，这是深化党和国家机构改革方案中涉侨改革的新成果。

融合之路早在一年多前就已正式开启。2018年3月，中共中央印发的《深化党和国家机构改革方案》明确规定，将国务院侨务办公室并入中央统战部，“国务院侨务办公室海外华人华侨社团联谊等职责划归中国侨联行使”。2018年9月进一步明确，原属国务院侨办主管的中国侨商投资企业协会，整合融入中国侨联主管的中国侨商联合会。据此，中国侨联很快制定出中国侨商投资企业协会与中国侨商联合会整合融入三阶段实施方案，列出了两大侨商会整并时间表。

2019年5月29日，由中国侨联主办的中国侨商投资企业协会转隶工作大会在北京举行。会议宣布，在中国侨商联合会召开第五次会员代表大会时，中国侨商联合会与中国侨商投资企业协会将通过换届形式，实现章程融合、理事会合并、秘书处合署，同时，新组建的中国侨商联合会开始正常运转。

形式整合背后是人心融合。中国侨商投资企业协会会长、泰国正大集团资深董事长谢国民表示，完全尊重和坚决拥护中央的决定。两“会”融合后会员规模更大，覆盖面更广，代表性更强，公信力更高。中国侨商联合会会长、世茂集团董事局主席许荣茂也表示，全力推动新组建的侨商会加快运转，使其凝聚力更强、覆盖面更广、影响力更大，真正成为海内外的“侨商之家”。

11月17日，中国侨商联合会五届一次理事会在北京召开。会议选举产生了第五届理事会领导机构成员，谢国民、许荣茂被推选为中国侨商联合会第五届会长。新商会有811名会员，在中国大陆投资的绝大部分知名侨资企业家均在其列。中国侨联主席万立骏致辞时表示，中国侨商联合会第五届会员代表大会开幕，标志着中央部署的两家商会整合融入改革任务将顺利完成，也标志着规模最大、实力最强、联系面最广、海内外影响最大的全国性侨商社会组织将正式成立。

各具特色　服务大局

两家商会不仅服务侨商会员，也以积极服务国家发展大局为目标。成立10多年来，他们开展了大量形式多样、务实有效的工作，为我国经济发展、公益慈善事业的推进、中外交流与合作等方面做出了积极贡献。

2013年，第十二届世界华商大会在四川成都开幕。中国侨商投资企业协会是主办单位之一，这场盛会以人数多、规模大、活动丰富著称。成立10余年，中国侨商投资企业协会组织会员参加了100多场经贸活动；组织考察团组为会员参与地方投资牵线搭桥，组建投资联合体在北京CBD建设“世界华商中心”，成立“华侨华人跨境电商合作联盟”；引导侨商参与“一带一路”建设，推动泰国“东部经济走廊”对接国家“一带一路”建设……融情汇智，服务大局，得到会员与社会各界一致好评。

中国侨商联合会同样不负使命。十几年来，他们组织了2万多名侨商与30个省区市政府联合举办了300余场大型经贸活动，会员投资总额超过5.6万亿元人民币；打造“中国侨商论坛”“中国国际华商节”“加中贸易投资峰会”等一系列侨商品牌活动；积极对接“一带一路”建设，促进侨资企业转变发展方式、主动创新转型。通过对外交流活动，越来越多的侨商拓展了海外投资项目，既促进国家对外贸易增长，也促进了中国与相关国家或地区的友好关系。

华侨华人桑梓情深，一直是我国公益事业的重要功臣。侨商会响应侨商需求，助推好事达成。2008年，中国侨商投资企业协会刚成立不久，正逢中国南方遭遇罕见冰雪灾害，他们立刻伸出援手，捐出200万元人民币会费，并向广大会员发出倡议，最终协会会员为抗雪救灾捐出超过1亿元人民币的善款。

“为四川雅安地震灾区修建芦山佛图山隧道捐款1840万元；为中国侨联定点扶贫县上饶县儿童福利院和婺源侨心小学捐款360万元……”中国侨商联合会常务副会

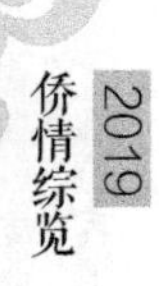

长李卓彬介绍，据不完全统计，2013年以来，全国各级侨商组织累计捐款超过58亿元人民币，充分表现出他们奉献社会的大爱情怀和高尚品德。

凝心聚力　优势集成

此前，新加坡金鹰集团主席陈江和是中国侨商投资企业协会的常务副会长，也是中国侨商联合会荣誉会长。不少侨商与陈江和一样，是两商会的“双料会员”。整合后，新组建的中国侨商联合会成为侨商、侨资企业交流协作的唯一全国性平台，优势集成，可以更高效服务侨企、凝聚侨商，做好党、政府与侨商、侨企的联系桥梁。

2019年10月底，英国伦敦，第十五届世界华商大会隆重开幕。中国侨商联合会代表团与来自世界各地的与会人士，围绕“世界新格局，华商新机遇”这一主题，深入交流，共谋发展。与以往不同的是，这个代表团由中国侨商投资企业协会和中国侨商联合会共同推出的侨商代表组成，令人眼前一亮。

新组建的中国侨商联合会继续精耕品牌活动，引导侨商抓住新机遇，创造新辉煌。11月17日下午，第十届中国侨商论坛在京开幕。论坛邀请众多重磅专家学者围绕“中国发展　侨商机遇”展开研讨，纵论当前宏观经济形势和中国经济发展重心。谢国民也为与会者介绍了泰国东部经济走廊建设相关政策，以及与“一带一路”建设对接的实践经验。

印度尼西亚归侨、香港金轮天地控股有限公司董事局主席王钦贤多次参加侨商会举办的活动。他说，侨商论坛让他有机会了解中国宏观经济发展形势以及“一带一路”建设成就，“通过这个平台，无论在理论学习还是信息沟通方面都获益良多。”

当今世界正经历百年未有之大变局，不确定性、不稳定性、不可预见性增加。与此同时，侨商、侨企也面临转型升级等诸多压力。万立骏指出：“广大侨商应上下一心，群策群力，让侨商会成为侨联乃至中国侨界一张亮丽的名片。”

许荣茂表示，在新时代背景下，侨商会必将切实履职尽责，当好海外侨胞和归侨侨眷的“贴心人”，做好侨务工作的“实干家”。谢国民提出，要联合广大会员办一些对国家有利、对人民有利、对企业有利的事情，促进侨商事业发展。“让我们团结起来，拧成一股绳，成就大事业！”

（《人民日报》2019－12－08/孙立极）

侨法拉起越来越大保护网　侨益保护步履不停

《中华人民共和国归侨侨眷权益保护法》（以下简称“侨法”）自1990年颁布以来，切实维护了广大归侨侨眷的合法权益，随着时间的推移更加深入人心。

12月4日是国家宪法日。为了让更多归侨侨眷知侨法、懂侨法、用侨法，日前，全国各地积极开展多种多样的侨法宣传活动。有的结合当地特色，发挥自身优势；有的借势互联网扩大宣传范围；有的与司法部门配合，提供专业的法律帮助……在各地侨务部门的共同努力下，侨法张开的保护网越来越大。

宣介侨法　各地在行动

“归侨侨眷的政治、经济、劳动就业等各方面权益都有赖于侨法保障。”中国侨联权益保障部政策法规处三级调研员蔺轩对本报记者表示，侨法的重要性不言而喻，加强侨法宣传意义重大。

2015年起，中国侨联每年都会推出“法治中国　你我同行”法治宣传活动，形成了侨联普法工作品牌。“我们在做好普法讲座、法律咨询、知识竞赛等各项普法工作的基础上，还引领各省区市侨联积极组织各类活动，各地都有一些‘自选动作’。”蔺轩表示。

2019年，各地侨联“自选动作”亮点频出，他们纷纷发挥自身优势，创新宣传形式，让侨法走向群众生活，走进群众心里。

四川成都各区侨联、侨办在成都市委统战部的牵头下，开展了各式各样的侨法宣传活动。都江堰市侨法宣传以“依法护侨　为侨服务　助推都江堰国际旅游城市建设”为主题，邛崃市举办了法治文艺演出……这些特色鲜明的活动切合当地情况，有针对性地满足了当地归侨、侨眷的实际需求。

内蒙古赤峰市委统战部、市政府侨务办公室积极探索在网上宣传侨法的新形式。他们制作了《侨法宣传片》，用简明有趣的动画呈现侨法知识，利用新媒体展开传播，拓展了侨法宣传的线上空间。

侨法宣传不仅限于国家宪法日这一天，也融入日常工作生活中。

每年3月，上海市都举行“侨法宣传月”，通过主题活动、政策宣讲、知识竞赛、帮困扶贫等形式宣传侨法，深化为侨服务宗旨。

广西桂林将侨法宣传与传统民俗活动相结合。2019年元宵节，桂林华侨旅游经济区开展了猜灯谜活动，将侨法知识融入其中，集趣味性、参与性、知识性于一体，吸引500余人踊跃参与竞猜。

温暖侨心　落实是关键

2019年12月4日，福建省福州市鼓楼区鼓东街道十分热闹。在井大路与化民路的交叉路口，一排桌子整齐摆开，成为普法宣传咨询台。志愿者穿梭在人群中，为市民发放侨法宣传页。

这是福建省侨联和福州市侨联联合福州市中级人民法院开展的侨法进社区活动。为了保障普法的专业性，侨联与法院建立了衔接互动机制，以“互联网+司法”

模式，为侨胞提供网上受理法律诉求的途径，方便侨胞维权。

福建省侨联副主席翁小杰介绍："福建侨法宣传活动每年都会开展。随着中国经济高速发展，过去归侨侨眷容易产生的投资纠纷已经转变为固定财产纠纷。2019年，参加活动的归侨和侨眷对房屋买卖、拆迁、财产继承方面的法律咨询较多。现场的律师、法官可以为他们提供即时的法律帮助。"

年近六旬的归侨侨眷黄益光在活动现场翻看侨法宣传手册。他想了解侨眷子女上学的政策："我的外孙快要上小学了，想就近就读，我想知道有没有这类向侨眷倾斜的政策。"

同在现场的还有新西兰归侨陈立波。作为福州市鼓楼区侨联副主席，他是普法宣传者。同时，作为企业经营者，他也是侨法的受益者。

侨法明确规定，国家鼓励和引导归侨、侨眷依法投资兴办产业。3年前，陈立波回国开办企业需要办理营业执照，但对国内工商办理的流程不太熟悉。于是，他向侨联咨询了相关法律法规。"有了侨联的帮助，复杂问题变得简单了，让我少走了很多弯路。原本需要一个月才能办好的营业执照，几天就办好了。"

自己受益，也要让更多人受益。2018年6月，在陈立波的推动下，鼓楼区侨联与区法院一同成立了涉侨诉调工作室，为侨胞、侨企以及涉侨机构提供方便快捷的司法服务，为归侨侨眷在法律程序上节省了许多时间。"这样的事情多做一点，就能真正为民办实事。"

维护侨益　未来更可为

明年是侨法颁布30周年。新时代，新变化。如何让侨法更知侨情、护侨益、暖侨心？

蔺轩认为，要继续坚持国内、海外工作并重，老侨、新侨工作并重，织好侨联内部组织网络和外部工作网络，通过广大侨胞喜闻乐见的方式进行侨法宣传，让普法工作平台更多、渠道更宽、方法更多样。同时，加强"侨法宣传角"的建设，因地制宜开展法治宣传教育，让侨法宣传和保护的触角伸向最基层的侨界群众。

侨法的立法完善工作也逐步被提上议程。蔺轩指出，一方面，要进一步完善健全侨法，解决新的涉侨问题和矛盾，满足侨胞新的维权需求，让侨法更具实操性，更加适应世情、国情、侨情的变化。另一方面，也要继续推进华侨国内权益保护立法。目前，华侨权益保护已被列入十三届全国人大常委会立法规划研究项目。

华侨权益保护立法工作正在稳步推进。2015年10月，中国第一部保护华侨权益的省级地方性法规——《广东省华侨权益保护条例》实施。此后，福建、湖北、上海、浙江、海南等地相继颁布条例。2018年6月4日，全国人大常委会公布《对华侨权益保护工作情况报告的意见和建议》，标志着依法护侨工作迈上新台阶。

对于福建省制定的《福建省华侨权益保护条例》，翁小杰表示："这一条例重点在投资和私人财产方面为华侨提供权益保护。侨联在其中发挥搭建桥梁的作用。华侨遇到法律上的疑惑时，先找到侨联，侨联再与有关部门对接，共同推动案件解决。”他还提到，对华人和华裔新生代的权益保护也是未来的研究难点，需要进一步展开调研，推动立法。

（《人民日报海外版》2019－12－11/贾平凡，张晓洁，李治宏）

第一届岳阳侨海双创论坛召开　搭建创新创业平台

12月11日，主题为“广揽侨海双创精英·助力岳阳大城市发展”的第一届岳阳侨海双创论坛召开，论坛为推动侨海人士在岳阳创新创业搭建了平台。

岳阳市委常委、统战部部长熊炜发言时指出，广大留学人员成为岳阳经济社会发展的一支重要力量，在岳阳高质量发展的成绩单上，留下了浓墨重彩的一笔。他还对侨海人士提出厚植情怀、抢抓机遇、发挥优势、相互支持的期望。

湖南省十大杰出青年海归龙星亮等人，现场开展了海归创业访谈，青年海归们表达了在岳创业的决心和贡献岳阳经济发展的信心，交流探讨了回国创业的重要问题。

当天下午，参会人员去到岳阳留学人员创业园参观，考察了党建活动中心、落地项目“田园牧歌”“众创空间”等；30余位领导、嘉宾随后举行了座谈交流会，进一步了解了该创业园在招商引资、企业孵化等方面的举措和成绩。

中共岳阳市委统战部、致公党湖南省委、湖南省侨联等相关单位负责人及侨海代表人士等200余人参加了本次论坛活动。

（中国侨网2019－12－12）

中国华侨历史博物馆成“全国爱国主义教育示范基地”

12月10日，中国华侨历史博物馆爱国主义教育示范基地揭牌仪式在北京举行，中国侨联副主席齐全胜出席活动并为基地揭牌。

以侨搭桥，中国华侨历史博物馆既是展现华侨华人历史文化和精神风貌的重要窗口，也是对广大归侨侨眷开展爱国教育、华侨华人历史文化教育的重要阵地。成为全国爱国主义教育示范基地，这体现了公众对广大归侨侨眷和海外侨胞贡献的认可，也激励着中国侨联和中国华侨历史博物馆继续努力宣传华侨精神，讲好中国故事，传播中国声音。

海外侨胞、归侨侨眷和侨商投资企业对中国革命和建设，以及改革事业的发展作出了不可替代、不可磨灭的历史贡献，这些历史、人物、物品是爱国主义教育的重要组成部分。揭牌仪式后，“侨爱中华”故事会中，中国侨联顾问李祖沛结合多年侨务工作经验，阐述了中国华侨历史博物馆开展爱国主义教育工作的重要性和意义，以及华人华侨与侨博的深刻联系；中国侨联顾问唐闻生通过父亲等老一辈海外工作者的爱国事迹，介绍了馆藏品“在美洲升起的第一面五星红旗”背后的故事；印尼归侨丘益鸣以《我们为什么要回国》为题，生动讲述了其一家人在海外的生活虽辗转流离，却时刻不忘祖国，毅然回国、报效祖国的感人故事。

（中央广电总台国际在线2019－12－12/陈毓娟）

“2019 华侨华人聚濠江联谊大会”在澳门开幕

由澳门归侨总会主办的“2019华侨华人聚濠江联谊大会暨海外侨青高峰论坛”12月14日在澳门开幕，全国政协副主席何厚铧、澳门特区行政长官崔世安、中央政府驻澳门联络办公室主任傅自应等出席了开幕式。

12月14日，由澳门归侨总会主办的“2019华侨华人聚濠江联谊大会暨海外侨青高峰论坛”在澳门开幕（中新社记者/钟欣 摄）

崔世安致辞时表示，长期以来，广大的华侨华人传承中华民族优秀传统，艰苦拼搏、务实进取，积极融入居住国社会，与当地民众和谐共处，创新创业和就业，为各国经济发展和社会进步贡献辛劳和才智。广大华侨华人关心家乡的建设，为祖国繁荣富强尽心尽力。

他指出，澳门既是海上丝绸之路的节点城市，与丝路沿线国家有着悠久的传统联系，也是粤港澳大湾区的中心城市之一，具有独特的区域优势。欢迎华侨华人通过澳门这个平台，参与区域合作，实现优势互补、共赢发展。

中国侨联副主席黎静表示，澳门地区归侨侨眷众多，为维护澳门的繁荣稳定，推动澳门与内地互惠互利、共赢发展，促进中国与世界各国，特别是葡语系国家的交流与合作做出了积极贡献。期望侨界青年发挥敢闯敢干、勇于探索、开放包容的精神，为实现中华民族伟大复兴的中国梦，做出更大的贡献。

澳门归侨总会会长刘艺良称，该会始终坚持团结澳门侨界，坚决拥护“一国两制”和澳门基本法，支持行政长官和特区政府依法施政，同时致力于拓展与海内外侨界联系，为澳门构建世界华商经贸合作平台，促进澳门经济实现适度多元发展，积极融入国家发展大局等贡献了绵薄之力。

是次活动邀请了海内外侨领、侨社和侨团代表聚首澳门，汇聚侨心、侨力，共商侨务大事，共同见证“一国两制”在澳成功实践。

（中国新闻网2019－12－14/龙土有）

深圳市召开“五侨”工作联席会议　发挥侨务工作合力

12月13日，由深圳市侨办、市侨联召集，“五侨”单位共同参与的2019年“五侨”工作联席会议召开，各涉侨单位代表共同探讨粤港澳大湾区建设和深圳建设中国特色社会主义先行示范区“双区驱动”重大历史机遇下侨务工作的新思路。会议由深圳市侨办副主任刘昕主持。深圳市人大常委会外事侨务工委副主任莫剑平、致公党市委会副主委杨浩勃等出席会议。

会上，各涉侨单位相关负责人总结交流今年所取得的成绩，共同畅谈和构想明年的侨务工作。莫剑平表示，在“一带一路”建设和粤港澳大湾区建设不断推进的背景下，各涉侨部门要加强合作、整合资源，打好组合拳，携手办好“侨”事。杨浩勃说，将积极发挥参政党作用，围绕侨界的热点难点问题建言献策。市侨办、市侨联侨务处、侨工部负责人，市政协港澳台侨和外事委相关负责人也分别在会上发言，大家一致认为，深圳作为全省乃至全国的知名侨乡，侨务资源丰富，侨界社团十分活跃，要把握当前粤港澳大湾区建设和深圳建设中国特色社会主义先行示范区“双区驱动”重大历史机遇，奋力开创新时代侨务工作新局面。

“近年来，每年深圳两会都邀请了海外侨领列席，此举增进了海外华侨华人对深圳经济社会发展情况和我国改革开放成果的了解，更增强了他们的荣誉感，希望今后此项工作进一步得到加强。”“海归人才是助力深圳打造具有世界影响力的创新创意之都的重要力量，希望‘五侨’单位共同探讨，为在深圳创新创业的海归创造更好的条件。”“建议有关涉侨部门进一步加强指导，将侨交会办出层次办出高度，使其更好地服务先行示范区建设。”……大家还以“围绕双区驱动战略，发挥侨务工作合力”为主题，对如何更广泛团结联系海外侨胞，更有效地开展华文教育和侨务外宣、加强和改善侨界民生，以及引导侨胞参与“一带一路”和粤港澳大湾区建设等问题进行探讨。

刘昕作总结发言时表示，希望“五侨”单位紧密围绕党的十九届四中全会总体部署，继续保持密切的沟通联系，加强在课题调研、组团出访等方面的合作，形成组合拳，创新为侨服务方式，积极引领海内外侨胞参与粤港澳大湾区和先行示范区建设，为建设治理体系和治理能力现代化的“城市范例”凝聚起侨界蓬勃的力量。

据悉，深圳市“五侨”工作联席会议由五侨单位轮流召集，每年最少召开一次。会议形成决议事项，各与会单位按照职责范围督促检查落实。此项制度协调了各部门力量，在“大统战工作格局”下合力推进全市侨务工作取得创新发展。

（《深圳侨报》2019－12－16/柯东波，郭晓庆）

北京、上海、深圳成为海归最期望就业城市

回国就业和创业，成为越来越多留学归国人员的选择。智联招聘和全球化智库（CCG）昨天发布的《2019中国海归就业创业调查报告》显示，北京、上海、深圳是海归最期望就业的城市，北京成为对受访海归最具吸引力的城市，新一线城市依然有较大潜力。

在对“促进海归发展的政策需求”调查中，数据显示，“完善海归人才就业服务机制”代替“提高人才薪酬福利待遇”成为海归最主要的政策需求。随着国内就业市场竞争加剧，更多海归的关注点正从“能在工作中获得更高的劳动报酬”向“能够在国内就业市场找到合适工作”转移。

“在国内就业”，成为受访海归事业发展的主流方向，占比达到61%，选择“在国内创业”的海归占5%。IT/通信/电子/互联网是海归就业的主要领域。在选择创业的海归中，大多数人集中于贸易/批发/零售/租赁业行业，服务业是海归创业的第二大行业。

随着越来越多的地方开始为海归举办专场招聘活动，海归求职渠道进一步拓宽，11%的海归表示“回国前已经找到工作”，在回国“1个月内”或“1至3个月”找到工作的比例均为36%。33%的创业海归认为“融资困难”成为创业过程中遇到的最大困难，“创业服务不到位”占比达29%。“经济发展快”“国际化程度高”“具有多元文化包容性强”，继续成为城市吸引受访海归的三大因素，选择“家乡”的占比从2018年的9%提升至2019年的30%，更多海归愿意回家乡发展。居住在北京的海归占比达20%，居住在上海和成都的海归其次，占比为11%和7%。

从招聘需求来看，北京对海归需求最高，需求人数占招聘人数总和的18%，上海、深圳、成都占比为11%、9%和5%。但海归在国内就业市场存在部分岗位供需比例失衡的情况，例如教育/培训岗位需求人数占比高达31%，但在此类岗位工作的海归比例仅为7%；就职于财务/审计/税务的海归人数占比为6%，但岗位招聘占比只有1%。

（《北京日报》2019－12－20/潘福达）

近千名代表嘉宾参加广东省第十一次归侨侨眷代表大会

12月30日，广东省第十一次归侨侨眷代表大会在广州开幕。广东省委书记李希，中国侨联党组书记、主席万立骏出席大会开幕式并讲话，广东省省长马兴瑞、省人大常委会主任李玉妹、省政协主席王荣出席开幕式。省直有关单位和各人民团体负责人，侨界知名人士，以及700多名代表和200多位海外嘉宾与会。

李希在会上强调，要认真学习领会习近平总书记关于侨务工作重要论述的丰富内涵、精神实质，深刻体悟总书记对侨务工作的关心厚爱，牢牢把握凝聚侨心侨力同圆共享中国梦的新时代侨务工作主题，秉持光荣传统，发挥独特优势，推动广东省侨联事业开创新局面，在新时代有新作为，为实现中华民族伟大复兴的中国梦做出新贡献。广大归侨侨眷和海外侨胞要勇担伟大复兴使命，做同心共圆中国梦的坚定实践者；坚定文化自信，做中华文化的积极传播者；把握时代机遇，做粤港澳大湾区和深圳先行示范区建设的积极参与者；发挥纽带作用，做对外友好交往的有力推动者。各级侨联组织和广大侨联干部要自觉服务大局，努力成为归侨侨眷和海外侨胞的贴心人，团结凝聚侨界力量为党和人民事业不懈奋斗。各级党委要切实加强对侨联工作的领导，认真落实党的侨务政策，抓好侨联、侨办的机构改革、职能转变、队伍建设，支持侨联组织依法依章程开展工作。

万立骏指出，广东各级侨联组织紧密团结凝聚归侨侨眷、广泛联系联络海外侨胞，切实履行职能，为推动广东经济社会发做出了积极贡献，为全国侨联工作创新发展提供了许多有益经验。我们要坚持以习近平新时代中国特色社会主义思想统领侨联工作，认真学习贯彻习近平总书记关于侨务工作的重要论述，全面落实中央各项工作部署。要主动融入大局，更好为推动广东经济社会发展贡献力量；要坚持为侨服务，不断增强广大侨界群众的获得感和幸福感；要深入推进改革，努力提高做好新时代侨联工作的能力和水平。

（中国新闻网2019－12－30/郭军）

广西三家单位入选第七批“中国华侨国际文化交流基地”

日前，南宁市广西华侨学校、东兴市华侨学校、贺州黄姚古镇被确认为第七批“中国华侨国际文化交流基地”。

广西华侨学校原名“南宁归国华侨学生中等补习学校”，是1960年6月在周恩来总理的亲切关怀下，中侨委（现国务院侨办）为了帮助从印度尼西亚、缅甸、越南、马来西亚等8个国家归国的华侨青年学生克服语言障碍、学习祖国文化、实现平稳过渡而创办的，是全国侨务系统五所侨校之一。2003年，学校转型为普通中专，并更名为“广西华侨学校”。2000年成为国务院侨办首批华文教育基地，2015年被定为国家中等职业教育改革发展示范学校。

东兴市华侨学校由华侨捐资450万元、市政府出资2100万元修建，华侨学校项目占地面积50亩，规划用地面积28433.54平方米，东临公务员小区，南面丽景路，西接沿河路，北揽白鹤园。学校建成后，共设九个年级36个教学班，接收学生1600人左右。学校将局部改善东兴市区教学基础设施，进一步缓解城（镇）区中小学“大班额”压力，解决东兴市区华侨子弟和附近其他适龄儿童就学问题，解除华侨的后顾之忧，有利于社会稳定，更有助于促进东兴市教育事业的发展。

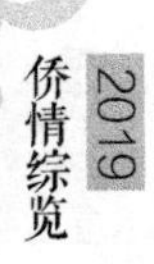

黄姚古镇位于广西贺州市昭平县东北部，地处漓江下游，西距昭平县城58千米，东距贺州市60千米，北距桂林市188千米，南距梧州市116千米，是全国特色景观旅游名镇、中国历史文化名镇、全国重点镇和广西特色文化名镇。黄姚发祥于宋开宝年间，兴建于明万历年间，鼎盛于清乾隆年间，明末清初时黄姚已是广东、广西、湖南交界处的商业重镇。由于镇上黄、姚两姓居多，故名“黄姚”。

（中国侨网2019－12－31）

黑龙江首家地市级“为侨法律服务工作站”揭牌

近日，黑龙江齐齐哈尔市委统战部与市内知名律师事务所签约，成立省内首家地市级为侨法律服务工作站。该工作站以贯彻党的侨务方针和政策、依法保护归侨侨眷的合法利益为目标，适应侨界群体获得基本法律服务需求，开展有关涉侨法律法规和政策宣传，引导和帮助广大归侨侨眷和侨企学法用法和依法维权。该工作站设在黑龙江天扩律师事务所，由律师事务所安排专业律师团队为侨界群众提供法律服务。

根据协议，工作站为齐齐哈尔侨界群众免费提供法律咨询服务。优先、优惠为侨界提供各类法律咨询、代写法律文书、出具相关法律意见和建议、专项法律顾问和专案代理等服务，并定期举办法律法规讲座和维权宣传活动。

中共齐齐哈尔市委统战部常务副部长、市侨办主任邹凤玲，民盟齐齐哈尔市委主委殷元虎出席揭牌仪式。

（中国侨网2019－12－31/齐齐哈尔市委统战部　供稿）

热点时评

本栏目选录2019年度境内外具有一定热度、影响力与代表性的涉侨评论性文章，按媒体发布的时间进行升序排列。

美国华人“老而不退”现象盛行　背后原因有哪些?

目前，美国65岁以后还工作的银发族，有近1000万人，占银发族总人口的五分之一。“老而不退”现象的盛行，既有经济衰退、人力市场转变等背景因素的影响，也是老年人发挥自我价值主动选择长留职场，或因养老金没存够、被动滞留职场的结果。美国“老而不退”的华人移民约分为两类，一类是英语能力不足，只能靠劳力赚钱的打工族；另一类则是学历高的白领。

75岁的庄易，两个女儿都已独立，没有经济负担，仍每天从弗吉尼亚州费郡到马里兰州食品和药物管理局报到；77岁的江月影，把忙碌当营养，在洛杉矶每月负责12栋房子的打扫，能记住50个电话号码。她说，接近自然，快乐地工作和生活，是她的养生之道。

老人工作　既为经济　也为健康

现代医学的进步，让人越来越长寿。有人活得久，怕退休金存不够；有人担心退休后失去动力与规律，老得更快；2015年，好莱坞电影《实习生》里，退休银发族本·惠特克（Ben Whittaker），则为了找到存在价值，重返职场当实习生。无论是什么原因导致“老而不退”，像庄易、江月影这样，已逾古稀却仍在职场拼搏的美国银发族，不在少数。

时代趋势　千万老人　还在上班

据统计，目前，美国65岁以后还工作的银发族，有近1000万人，占银发族总人口的五分之一。而在2000年，这个数字还只有400万。

美国联邦劳工统计局2017年报告，年龄在65岁至69岁之间的年长者中，有32%在工作；70岁至74岁的人中，有19%就业；对2024年的预测是，65岁到69岁的人中，有36%仍是劳动力，远超过1994年，当时仅22%。

在2018年的一场研讨会上，都会研究院退休政策计划主任理查德·约翰逊（Richard Johnson），与多位讲员探讨了劳动力市场老龄化的趋势，分析了此趋势的背景因素，包括：

一、人力市场从过去由劳力“挂帅”，转化为非体力的白领岗位增多，让教育水平较高、靠脑力干活的银发族，得以留在职场继续贡献。

二、雇主提供退休金计划的做法较少，越来越多雇员须为自己的退休生活负责，例如改存401K退休账户等。工资停滞不涨，加上从2000年以来，两次严重股市崩盘和缺乏储蓄习惯，让银发族只好继续工作。

“全美退休研究中心”2018年6月公布的调查报告指出，受访的美国劳工中，多达53%表示，他们计划一直工作到65岁以后，而坦承完全不打算退休的人，也有13%。

不够养老　更多民众无法退休

过去几年的劳动力市场经验，让雇主认知到老员工的价值，包括有经验、自我纪律强、更愿意贡献社会等。因此，他们比过去更愿意留用老员工。而在过去，这一人群往往是企业瘦身或重组时，第一波被裁员的对象。此外，医疗保健的改善延长了人类的寿命，“如果愿意，今天的老人可以有更长的工作寿命。”韦斯利社会科学中心主任考特尼·科勒（Courtney Coile）说。

除了主动长留职场，也有一大批银发族是因养老金没存够，被动滞留职场。有研究显示，2000年以来，美国社会安全福利的购买力损失三分之一。民调显示，比起死亡，多数银发族更担心的事，是钱会用光。

布鲁金斯研究院经济研究学者盖里·伯特里斯（Gary Burtless）说，从20世纪90年代起，越来越多美国人延后从职场退休，这与社安金领取年龄的延后和雇主取消或削减退休金福利有关，这群人不是不愿退休，而是无法退休。

寻职业第二春　有人打拼有人奉献

“老而不退”的华人移民约分为两类，一类是英语能力不足，只能靠劳力赚钱的打工族；另一类则是学历高的白领。迈入高龄的华人移民，也有不同境遇。有人中壮年被裁员或被迫退休，转业另寻职业“第二春”；也有人乐于工作、倾情奉献；更有一大群靠劳力打拼，赚一天是一天的银发蓝领。

从硕士毕业后，老袁就在IBM担任软件工程师，做了30年。58岁时，他被迫退休，无法再像年轻人一样拼搏。过去10年，他成了一家超市的员工，从购物车归位做到货仓管理，老袁很享受这种没有压力的工作，“一开始是为了保健，也为消磨时光，现在则为身心健康而工作”。

从白领到蓝领，从全职到半职，老袁乐在工作而不退，以工作来安老，既是一种态度，也是一种潮流。

（［美国］《世界日报》2019－02－21）

“剑桥承认中国高考成绩”，如何被一些国人误读

旧闻热炒的背后，并不是对“抢生源”的担忧，恰恰相反，人们是在渴望剑桥大学加入抢生源的队伍。

我有一位校友，这两天在微信朋友圈感慨一番：如果当初自己高考的时候，剑桥大学能承认中国的高考成绩就好了。因为那一年，他的分数很明显就在“全省前0.1%”内。

他所说的“剑桥大学招生新政”，多家媒体都报道了。知名微信公众号“知识分子”还刊发了一篇文章，讲了对剑桥大学校长斯蒂芬·图普（Stephen Toope，中文名杜思齐）的看法。

3月24日，杜校长在北京大学演讲时，对“是否与中国大学争夺优质生源”这个问题做了回应，称“高考成绩不是剑桥大学入学申请中唯一的参考指标，在剑桥的入学申请系统中，还有很多其他的指标”“我们之所以要接受高考的结果，是因为我们希望用尽可能多的信息来衡量剑桥大学的申请者”。

旧闻热炒：被虚构的“新政”

估计杜校长被问这个问题时也是一头雾水，因为并没有什么“新政”出来——所谓“剑桥大学承认中国高考成绩”，虽是事实，却是几年前的“老政策”；剑桥大学没有因为该政策就扩大在中国的招生规模，也没有改变“招生办法”。所以作为校长，他也只能这么尴尬而空洞地回应一下。

高考成绩虽是剑桥大学前录取中国学生的参考标准之一，但是剑桥大学前的招生要看很多指标（高考成绩并不是重要的），不同的学院有不同的要求，还会组织自己的面试。

这个旧闻被重新热炒，首个推手到底是哪家媒体，需要考究。看一些媒体的报道，并不详细，作为“新政策”却没有可靠的消息源，也没有剑桥大学官网上的截图提供，本就可疑。很有可能，这个“猜测性的报道”，本身就和3月24日杜校长的回应有关。哈佛大学、剑桥大学等名校的校长先后访华参加学术活动，引起家长和媒体的广泛关注，继而产生一种“世界名校正在和中国高校抢生源”的幻觉。

在演讲的提问阶段，“您如何看待抢生源”就成了一个自然的问题，而这一问题本身，似乎又反过来证明抢生源确实存在——剑桥大学要出新政了。但舆论未必了解这些背景。该“旧闻”之所以被热传，甚至上了微博热搜，跟舆论对它的误解不无关系。

舆论最大的误解，就是把“承认中国高考成绩”和“在中国扩大招生”混为一谈了。许多人缺乏对剑桥大学招生系统的理解，把剑桥大学的招生想象成中国的高考招生，以为中国高考成绩可以等同于雅思。

“只要在各省排位在前0.1%就可以报考”的解读，就是这样“落地”的。相信在很多家长那里，这个版本甚至会演化成“只要排在前0.1%，就能考上剑桥大学”。

考生与家长的渴望

这种“虚构”的背后，其实并不是对“抢生源”的担忧，恰恰相反，人们是在渴望剑桥大学加入抢生源的队伍。

前些年，随着自主招生改革进行，香港几所大学加入内地高考的抢生源大战。过去每个省的状元，大多只能在北京大学、清华大学、复旦大学这样的内地名校之间选择。如今又多了香港的几所大学。对那些大城市的父母来说，如何把自己的孩子推向一个更高的竞争平台，成为一个让人焦虑的问题。

电视剧《都挺好》中的苏明哲，本科读的是清华大学，但他拼死要考斯坦福大学的研究生。因为没能拿上全额奖学金，每年十几万的费用，让那个家庭焦头烂额，妹妹也因此放弃了学业——这样的局面，在如今，发生的概率已经很小。

中国大城市的中等收入以上阶层，卖掉一套房子，就能解决“半奖”甚至“自费”的问题，这也让中国最优秀的青年得以在全球范围内展开竞争。不管对中国高等教育的发展，还是对整个国家在未来的发展，这种留学潮都会起到很好的促进作用。

可以理解，在这样广泛的需求中，剑桥大学“承认中国高考成绩”，会成为一条多么有爆炸性的新闻。如果再爆出耶鲁大学、哈佛大学也“承认中国高考成绩”的消息，估计有些家长更激动了。

所以，“新政”是误传的，心情是真切的。在以往很多家长心中，上清华大学、北京大学，是孩子借由高考去高校深造的“天花板”，而如果这道天花板还能再抬高一截——有更多世界顶级学校加入进来，这自然正中下怀。

只不过，现实依旧会有些“骨感”——上剑桥大学除了看高考成绩，还有很多条条框框，而这并不容易达到。

（《新京报》2019－03－26/张丰）

美国一中餐馆被抹黑有“蛆”　对中餐的偏见何时休?

最近，一名美国网友在脸书发文声称“在中餐馆吃饭发现蛆”，引发轩然大波。

这名叫Stewart的网友在帖文中说：“在长城中餐馆吃饭时我们发现餐桌上的餐纸盒里有蛆，令人反胃，我们再也不会到这家餐厅吃饭了，我正在跟卫生局联系。”

卫生局隔天到餐馆检查，结果发现餐纸盒内的“蛆”，只是餐纸棉絮。

据悉，这家位于美国印第安纳州可可摩市的长城自助中餐馆（Great Wall Buffet）已经营超过20年。此番被抹黑后，餐馆生意大受影响。

目前污蔑中餐馆的帖子已经删除，但中餐馆的代表律师说，为保护商誉，决定不再纵容类似恶行，已向法院提告，并请求合理赔偿。

这其实不是中餐馆第一次被“抹黑”了，现在海外中餐馆遍地开花，但真正登上“大雅之堂”的却是凤毛麟角。在很多人眼中，中餐馆依然被贴着低端、不干净、不卫生的标签，由于这些刻板印象，中餐馆可没少背黑锅。

环境差、不干净、虐待动物……中餐馆频频被抹黑

2018年6月，美国芝加哥英格伍尔德区“China City”中餐馆员工在后院荒地挖了一袋土，准备拿回家种花用，没想到被拍成视频上传社交媒体，被网友误传成杀狗。视频被疯转9万多次，阅读量超过425万，引来了大批谩骂……

事情发生后，芝加哥市卫生局、警察局到该店检查，证实店铺并未杀狗，而且除了个别食材保存不当等小问题，并无其他卫生问题，而莫名背上黑锅的“China City”生意大受影响。

2017年9月，加拿大一家游戏公司开发的名为“肮脏中餐馆”的游戏引起了全球华人的抗议和抵制，因为游戏内容包括华裔厨师将垃圾煮成食物供给顾客、偷税漏税、残杀动物等，充满对中餐馆的各种误解、抹黑、侮辱。

舆论压力之下，开发商最终发表声明向华人道歉，并宣布停止发行这款游戏。

2017年7月，墨尔本一家名为“周日问询报”的媒体刊登了一则新闻，新闻中说一家位于墨尔本唐人街的中餐馆因为用老鼠肉做菜被查封了，文中还有配图，看起来是有鼻子有眼儿。

事后，当地警方证实这不过是一则假新闻，报道中不仅没有餐厅具体的名字和地址，而且配的老鼠肉照片，其实是一种宠物食品的照片。

太油腻、味精多、热量高……中餐常常被误解

在海外，不仅人们对中餐馆存在着刻板印象，不少人对中餐也存着各种各样的误解，比如太油腻、盐太重、味精多、易发胖、不健康……

2019年3月，西班牙媒体“机密报”发布了一篇题为“在中餐厅吃饭使人发胖：小心那些高热量菜肴”的报道，一些高热量中餐菜肴被称为“最不推荐的菜”，其中就包括柠檬鸡、糖醋里脊和辣子鸡等。

这不是中餐第一次被黑热量高了，2016年11月，英国第四频道电视台在“餐厅经营诀窍”节目中说，中国菜热量高到令人咂舌，堪比垃圾食品。

在这期节目里，主人公柯林斯一家点了中餐外卖，包括两份素春卷、两份紫菜、一只脆皮鸭、一份港式酸甜鸡肉、两份蛋炒饭、两份炸鸡炒面。节目组称，光

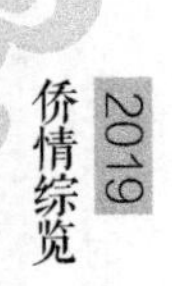

是这一顿餐就包含15000卡路里，超过一整天的健康标准。

除了黑中餐热量高，还有人说中餐含盐量太高。2018年3月，一家英国媒体发文称，英国一个名为“减盐行动”的健康公益组织在分析了150多份中餐菜肴之后发现，其含盐量普遍高，不利于身体健康。

在国外，还有一种说法叫作“中餐综合征”，1968年，一名美国医生发表了一篇短文，描述了吃中餐后突然出现的四肢发麻、悸动等症状，猜测是由于中餐里添加了味精，这一消息被媒体炒作，“中餐综合征”就诞生了。

之后，人们几乎总是把中餐和味精联系在一起，海外不少中餐馆不得不在门口挂上“NO MSG!”的标志。事实上，科学研究表明，味精与“中餐综合征”并无绝对的关联。

为改变刻板印象　它们一直在努力

近年来，虽然中餐在世界各地圈粉无数，但仍存在着一些刻板印象，许多中餐厅一直在努力改变这些印象。它们早已不再满足于“宫保鸡丁”之类的菜品，而是大胆创意，致力于打造新的中餐形象。

加拿大温哥华的中餐馆“食耕记”有一道招牌菜“砂锅原味鸡”，为了追求“原味”，餐馆对鸡的选择非常严苛，专程从中国运来龙岗走地母鸡。餐馆还将鸡和猪蹄融合，加入特制酱料用小火炖煮，这道“创意新中餐”征服了无数当地食客。

在俄罗斯圣彼得堡的一家中餐馆里，有一道“创意锅包肉”，因为俄罗斯人不爱吃猪肉，圣彼得堡中餐厅的厨师用鸡肉代替里脊肉做原料，用蜂蜜、番茄酱、黄油调制出俄罗斯人喜欢的秘制甜酱勾芡，制成了一道中俄“混血”锅包肉，征服了俄罗斯“吃货”们的胃。

还有些中餐馆不仅有高颜值的菜品，还在环境和用餐体验上下足了功夫，当下伦敦非常潮流的中国餐馆Chinese Laundry的创办人任女士说，餐馆食材的挑选、菜色的设置、餐厅的设计和装修，都是自己亲自做，学产品设计专业的她，还将自己的设计理念和美学知识运用到了餐厅建设中。

海外中餐馆或推出创意菜品，或创新经营模式，或融合中西方烹饪技巧，打造高颜值的菜品、有情调的环境、新鲜的用餐体验，各类新派中餐创意十足，形成了一批新兴创意品牌。

中国美食走向海外，往往是“走出去易，走进去难”。

受限于不同的饮食文化和饮食习惯，美食走出去的过程中需要努力寻求共鸣和认可，只有创新传播方式，才能打破刻板印象，使中国美食文化真正“走出去”。

（中国侨网2019－04－08/吴侃）

海外华侨华人强烈批评美国升级中美经贸摩擦

美国挑起并升级的中美经贸摩擦持续发酵，不仅破坏双边正常经贸关系，也严重破坏了全球贸易规则。

身在世界多国的华侨华人亲眼见证了中国发展创造的红利，亲身感受了中国对待合作伙伴的真诚、开放。多位华侨华人在接受本报采访时表示，美国的贸易霸凌行为不得人心，中国的“朋友圈”会越来越大。

单边主义解决不了问题

最近，生活在美国旧金山的蔡文耀听说，他家附近超市销售的部分中国商品即将涨价。“超市经理告诉我，虽然美国加征关税的中国商品还未到货，但是一些进口商已经准备趁机提价。”聊起日渐升级的中美经贸摩擦，蔡文耀无奈地说，负面影响已经波及美国普通民众。

美国波特兰州立大学教授李斧也发现，美国民众成为中美经贸摩擦最大的受害者。以他所在的俄勒冈州为例，“我们最大的贸易伙伴就是中国”。然而，美国政府对部分中国输美商品加征关税的决定让俄勒冈州的消费者十分担忧。

“进口关税提高，负担最终将通过商品价格转移到消费者身上，而不是像特朗普所说的‘直接影响的是出口国’。”李斧说，这不仅是美国学者的普遍看法，就连特朗普身边的几位高级经济顾问也承认这一点。

近来，由于美国政府一意孤行，出尔反尔，中美经贸摩擦始终难见“熄火”之势。美媒报道称，大到上市科技企业，小到农业州农民，中美经贸摩擦在美国国内的波及面之广、负面效应之大让美国民众“很受伤”。

“美国明年总统大选在即，总有一些言论和行为是出于竞选的考虑，但不一定是真正为了解决问题、造福民众。”在李斧看来，作为世界两大经济体，中美关系处理需要双边的诚意与配合。“任何单边主义行为都不利于问题解决，是不负责任的。”

采访中，密切关注中美经贸摩擦进展的其他国家华侨华人也表达了相似观点。澳大利亚南昆士兰国立大学新西兰分校校长陈金明认为，中美经贸摩擦的实质是美国奉行贸易保护主义，妄图遏制中国经济发展，从而实现所谓“让美国再次伟大”的目标。“美国的这种贸易霸权无非是想讨好本国选民，打压中国，并在全球贸易中捞取好处。但结果适得其反。”

美国不是唯一生意伙伴

“美国难不倒中国！”电话那端，爱尔兰福建商会常务副会长赵斌的声音非常坚定。接受本报记者采访时，他正在西班牙，与来自意大利、英国、希腊、波兰、比利时、荷兰等近10个欧洲国家的华商一起商量如何搭建平台，为中国食品企业进入欧洲市场拓宽出路。

谈及中国商品的竞争力和销路，赵斌充满自信："'中国制造'越来越有质量与科技含量，许多工艺无法替代，欧洲国家对此非常认可。现在，中国企业正在沿着'一带一路'走向世界，美国不是唯一的生意伙伴。"

中国海关总署5月发布的数据显示，今年前4个月，中国外贸进出口总值超过9万亿元，同比增长4.3%，表现稳健。从贸易伙伴、贸易结构、进出口商品结构等多重维度来看，中国作为"世界工厂""世界市场"的格局没有改变。

"在'一带一路'建设的框架下，中国积极拓展更多国际合作，可以选择更优质的合作伙伴。"巴西巴中经贸交流中心总裁方激告诉本报记者，中美经贸摩擦之后，中国对巴西大豆、牛肉的采购量明显增加。两国在蔗糖、玉米、棉花、矿产品、绿色能源、基础设施等领域的合作也十分密切。"中巴之间的贸易前景值得期待。"

除了遍布全球的"朋友圈"，稳健、强劲的经济内生动力也让中国面对挑战更有底气。

"过去十几年，中国逐渐从外向型的出口经济转为国内消费拉动的经济，这是非常有前瞻性的。目前，中国不仅有近14亿人口，而且拥有全球数量最多的中产阶层，这是一个巨大的市场。"蔡文耀说。

陈金明同样对中国经济发展前景十分乐观。"中国经济发展潜力巨大，优势明显，新一轮改革开放将释放更大红利。我相信，最好的投资就在中国。"

中国的朋友将越来越多

扩大进出口贸易、放宽市场准入、出台更多金融业对外开放政策、促进贸易和投资自由化及便利化……进入2019年，中国一系列全方位对外开放的政策措施陆续落地，不断释放经济新动能。不同于美国在贸易保护主义的独木桥上越走越远，中国对外开放的步伐不断加快，赢得海外华侨华人的由衷点赞。

"改革开放40年，中国经济取得巨大发展，对世界的贡献显著增加。这反映在很多方面。"李斧举例称，中国大幅增加对联合国及其所属机构费用的分摊额度，增加对发展中国家的援助和在发达国家的投资等。

全球正从中国的经济发展中分享惠利，这是华侨华人共同的真切感受。

"中国经济发展带给新西兰巨大益处"，目前，中国是新西兰乳制品、肉制品、农产品及保健品的最大消费国，也是新西兰第二大旅游来源国和第一大留学生来源国。陈金明说："中新自由贸易协定签订以来，两国双边贸易额已超过300亿新西兰元，中国成为新西兰高度依赖的市场。中美经贸摩擦不会阻碍中新贸易往来，只会促进两国进一步合作共赢。因为，与中国保持健康、良好的贸易伙伴关系，符合新西兰的意愿与国家利益。”

在巴西，与中国合作也已成为一股热潮。“中巴经济互补性强，中国真诚对待合作伙伴，因此巴西政府和民众都特别期待中资企业参与巴西的经济发展。”近两年，方激频繁往来中巴之间，深感中国的待客之诚、开放之广。她表示，“中国是以一种和平、友好的姿态面向全球，推动公平公正、互利互惠的合作。我相信，中国的朋友会越来越多。”

（《人民日报海外版》2019－05－31/严瑜）

拒绝教育领域正常交流，就是拒绝未来发展机遇

中美之间另一条紧密相连的纽带正在滋生缝隙。中国是美国最大的国际学生生源国，但是，在当前中美经贸摩擦背景下，美国国会和联邦政府部门将部分正常中美教育交流合作活动政治化：美国联邦政府对中国部分专业赴美学生进行签证限制，延长签证审查周期、缩短有效期，拒签率上升。

可以说，美方的行为正在使中美教育交流合作遭遇寒流。中国教育部6月3日发布2019年第1号留学预警，提醒广大学生、学者在赴美留学前加强风险评估，增强防范意识，做好相应准备。相信中国学生及家长将会重新评估留学计划，做出理性判断。

教育是面向未来的事业，教育领域的交流合作会让那些将要创造未来的人才之间彼此熟悉，让这些年轻人确定哪里才是他们改变世界的舞台。中美建交40年来，两国都在教育交流中获益，大批赴美留学生归国后成了中国经济社会的中坚力量，同时，中国留学生也为美国创新发展增添了新鲜血液，硅谷实验室里的大量华人工程师就是最好的证明。

拒绝教育领域正常交流，就是拒绝未来发展机遇。现在，美方的做法，从侧面反映出其对自己的未来信心不足，没有勇气和自信吸引最优秀的人才。美方通过签证限制打压中国学生或学者，强制减少中国学生赴美留学的机会，这种将优秀的年轻人拒之门外的做法，反而会使美方自己失去下一个十年、百年的发展机遇。

美国教育界的有识之士已经意识到了这一问题。最近一段时间以来，一些美国著名的高校，包括哈佛大学、耶鲁大学、斯坦福大学、加利福尼亚大学伯克利分校、莱斯大学等学校的校长都纷纷发声，表示欢迎和支持包括中国学生在内的国际学生和学者。他们的声音同样代表了美国的民意，应该得到尊重。

不管政治经济关系如何变化，教育交流合作应该始终保持自信和定力。中国政府始终支持同包括美国在内的世界各国开展留学生交流。2018年共有来自196个国家和地区的逾49万名各类外国留学人员在中国的1004所高等院校学习，比2017年增加了3013人，其中还有几万名美国学生。未来，中国政府将继续秉持“支持留学、鼓励回国、来去自由、发挥作用”的方针，同各国相互借鉴教育理念和管理经验，欢迎世

界各地留学生们来中国学习、了解中国，并参与中国的发展进程，为推动人类的文明和科技发展共同作出贡献。

（《经济日报》2019－06－04/余颖）

在俄侨胞热议中俄友好

对在俄侨胞而言，2019年是一个活动丰富、意义特殊的年份，中俄迎来建交70周年，也是中俄地方合作交流年。6月5日至7日，中国国家主席习近平还将对俄罗斯进行国事访问并出席第二十三届圣彼得堡国际经济论坛。

在俄罗斯，侨胞们切身感受着中俄之间越来越友好的氛围，尽心为中俄友好贡献一份力。

友好氛围　无处不在

“一到莫斯科，你就能感受到俄罗斯的友好。机场广播中有熟悉的中文，这在几年前是不可想象的。”俄罗斯华侨华人联合总会秘书长兼常务会长吴昊对这些年中俄关系的发展感受颇深。

“我明显感觉到，这几年俄罗斯人越来越喜欢中餐了。川菜啊、火锅啊，他们也都乐意尝试。”俄罗斯莫斯科华人华侨联合会会长李娜自己就从事餐饮业，对此有直接感受。

“我们常年在俄的侨胞能切实感觉到两国关系正处于历史上最好时期。”俄罗斯孔子文化促进会会长姜彦彬说。俄罗斯华侨华人青年联合会执行会长朱余克也有相似感受：“走在大街上，会有俄罗斯人主动用中文打招呼。无论是景点还是商场，总能看到俄罗斯人友好的面孔。”

民间外交　以侨为桥

2019年无疑是在俄侨胞十分忙碌的一年。

吴昊和朱余克刚刚忙完主题为“回顾与展望：新时代的中俄关系”的庆祝中俄建交70周年论坛。李娜也刚刚忙完一场名为“传承老兵精神、巩固中俄友谊”的关爱俄罗斯二战老兵活动。“如今，中俄关系正处于历史上最好时期。我们在俄侨胞也迎来了最好时期。”李娜说。

中俄各方面交流都很热络。作为协办方之一，姜彦彬4月到河北定州参加了由中俄友好、和平与发展委员会主办的中俄青少年体育健身大型互动展演。“6月12日，俄罗斯联邦民族事务委员会支持、莫斯科州体育文化部主办的‘俄罗斯世界’将在莫斯科州谢镇举行。俄罗斯孔子文化促进会将作为中国代表出席。”姜彦彬说，“届时我们会有茶艺、书法、中餐品鉴等活动演示。”

大国侨民　积极参与

“今年，我们组织了许多活动。作为在俄侨胞，这是我们所能做到的民间外交。”吴昊说，“说实话，海外侨团组织和参与各种活动，我们需要出钱出力出人。我们这么做，是因为我们对祖（籍）国有深沉的感情，对我们的领导人有爱戴之情，也是因为作为社团负责人的责任感。习近平主席访俄必将推动中俄之间的务实合作再上新台阶，这将给我们在俄侨胞带来看得见摸得着的红利。”

刚刚在北京结束的第九届世界华侨华人社团联谊大会，就树立新时代大国侨民形象发出倡议，强调侨胞要成为树立新时代大国侨民形象的亮丽名片，侨团要成为树立新时代大国侨民形象的坚强基石，侨领要成为树立新时代大国侨民形象的示范表率。

“我认为，大国侨民的风范首先就体现在积极参与上。说得再多不如做一件小事。”刚刚参加会议归来的吴昊说，“在中俄友好关系的发展过程中，我们不做旁观者，要做积极参与者。”

（《人民日报海外版》2019－06－04/张红）

“燕归巢”——华侨华人学生来华读书渐成风尚

根据中国教育部近日信息，来华留学生规模趋于稳定，2018年共有来自196个国家和地区的49.22万名留学生来华留学。在来华留学生中，华裔新生代是一个特殊群体，犹如“燕归巢”，中国正向他们展示出越来越大的吸引力。

文化情结的影响历久弥深

虽然出生或者成长在海外，但华裔新生代对祖（籍）国的感情往往因父母潜移默化的影响而历久弥深，对中华文化的情结始终难以割舍。

“父母常教我们中国民俗。”陈雅聪、蔡佳成是印度尼西亚华裔，他们坦言，来北京华文学院就读华文教育专业，与父母注重传承中华文化密不可分。

虽然在加拿大出生，但林依（化名）的父母一直坚持让她在家里说中文。她告诉中新社记者，来中国读书是很自然的事。“父母一直教育我根在中国，回来读书，就像回到了另一个家，感觉很奇妙。”

关于华裔学生之所以选择来华留学，有学者认为，虽然中国经济的快速发展是华裔学生来华留学的根本原因，但“更深层次的原因应该是中华文明的无限魅力和华裔们的中华文化情结”。

政策环境的改善形成利好

改革开放40年来，中国教育开放政策日趋完善，优化来华留学人员结构、增加中国政府奖学金名额、开展来华留学预备教育等具体措施的实施，进一步促进了海外学子来华读书交流。

针对华侨华人学生来华留学、就读，中国亦专门出台了系列相关政策。

华侨生可通过参加“中华人民共和国普通高等院校联合招收华侨、港澳地区及台湾省学生入学考试”（简称“全国联招”）就读中国内地高校，北京大学、清华大学、中国人民大学等名校均在招生之列；华侨华人学生亦可通过考试入学或申请审核入学方式，报考中国华侨高等学府暨南大学及华侨大学。

与此同时，与各种利好政策相呼应，近年来，中国高等教育质量稳步提升，办学条件显著改善，社会满意度也不断提高。

“除了教育质量提升、硬件设施等方面的完善，感觉中国高校也更加和国际接轨了，培养的是国际型人才。”中法家庭联合会主席罗坚告诉中新社记者，其协会中有不少会员都已经或正在考虑送孩子到中国就读。

中国发展的提速引燕归巢

如今，中国已经成为世界第二大经济体，“一带一路”倡议的实施为华侨华人发展提供了诸多机遇，而回祖（籍）国读书的经历，更有利于他们今后搭乘中国经济发展快车。

巴拿马华商总会会长黄伟文的二儿子曾在北京进修两年中文，小女儿现在北京理工大学读研究生。

“现在，儿子负责经营旅游公司，感受到在中国学到的语言、文化、处事方式等，都很有用。”黄伟文说，在巴拿马和中国建交的利好背景下，中华文化已经成为华侨华人抢抓机遇的“敲门砖”。

“中国的发展是全世界有目共睹的。”罗坚认为，通过来华留学、就读，华侨华人学生不仅学习到中华文化，也接触到快速发展的当代中国，从而有利于把握更多职业发展机遇。

“到中国学习如今是一件时髦的事。”罗坚介绍，很多华裔家长们对此十分关注，她也会注意把中国高校留学信息分享给他们。

巴西中国和平统一促进会永久荣誉会长尹楚平的女儿在巴西出生，目前在上海交通大学学习中文。他表示，“如今中国已经逐渐走入世界舞台的中央，华侨华人要抓住中国发展机遇，学好中文很重要。”

尹楚平认为，在当前中国教育不断开放发展、高校教育质量稳步提升、教学条件不断改善的大背景下，华侨华人学生来华留学、就读渐成风尚。

（中国新闻网2019－06－21/马秀秀）

华人超市凭啥火遍阿根廷?

阿根廷与中国相隔两万多千米，是距离中国最遥远的国度。然而，令人意想不到的是，在地球另一端的阿根廷，华人超市竟遍布大街小巷。阿根廷现有约20万华人移民，大多都以经营超市为生。与其他移民相比，华人移民历史较短，需要克服巨大的语言文化差异，同时又缺少社会关系。尽管如此，华人移民靠着超市创业，不仅在阿根廷站稳了脚跟，甚至不少人的生意还颇具规模，涉足领域越来越广。为何华人超市在阿根廷大受欢迎？华人移民的成功秘诀又在哪里？

靠吃苦耐劳站稳市场

阿根廷导演费德里科·马塞略拍摄的电影《从这里到中国》用幽默的方式讲述了这样一段往事：20世纪80年代，主人公的父亲开了一家杂货店，生意虽不红火但也凑合，90年代的移民潮让阿根廷多了不少华人超市，它们就开在街区最方便的位置，渐渐地当地超市越来越少，华人超市越来越多……

初来阿根廷的华人因为语言不通，难以与当地人交流，而超市被称为“用一台计算器就能快速搞定”的行业，因此成为绝大多数华人移民的首选行业。

百年前的阿根廷是世界最富有的国家之一，虽然经济几度浮沉、如今面临困境，但阿根廷人已经习惯重视劳工权益、工作时间固定的高福利社会体系。20世纪的本地超市通常早上10点营业，晚上6点打烊，中午要午休，周末和节假日不营业。

虽然工作权益得到保障，但居民日常生活很不方便，华人移民正是抓住了这个商机。最初的华人超市通常是“夫妻店”，工作、食宿全在铺子里，两人轮流休息，站柜台、理货、收拾仓库全都自己搞定，营业时间“白加黑”，全年无休。

据初步测算，拥有300多万人口的阿根廷首都布宜诺斯艾利斯现有一万多家华人超市，市中心每个热闹的街区基本都可以找到华人超市的身影。如今首都的超市有所饱和，华人移民便把目光投向外地。

从事超市行业的覃先生来阿根廷已经30多年了，他告诉记者，20世纪90年代的时候超市业在阿根廷很兴盛，只要勤劳肯干就可以挣钱，初期投资几万美元，努力干三年就能回本，现在形势比较严峻了，华人不怕吃苦就去条件更为艰苦的地区开超市。

如今就连在阿根廷最贫困的查科省，记者出差时在一个仅有2000人的村庄里都可以找到一家较有规模的华人超市。

用商业技巧降低成本

华人超市另一个吸引顾客的优势在于价格。卖同样的商品为什么华人超市的价格可以更低？在阿根廷的华人超市店主普遍认为“薄利多销”是他们的经营策略，

另外，巧用一些商业技巧确实能让华人超市获得比其他超市更低的进价。

首先，来阿根廷的中国移民大多来自福建，许多人彼此认识，华人超市虽没有形成统一品牌，但可以在与供应商采购谈判中形成合力。华人超市工会或是移民中语言水平比较好的人会帮助华人超市一起进货，手中几百甚至上千家超市的采购额足以让供应商提供更大的折扣。

其次，对于超市商品的选择，华人超市采取的是实用主义策略——商品种类不会很多，选择进货的都是最畅销的产品。对于一家规模不大的超市来说，更少的商品种类不仅可以降低初始成本，还会使超市商品和资金的流动性更好。

如今，更多华人的生意涉足进出口领域，华人超市也成为这些商品销售的重要渠道，红酒、马黛茶等阿根廷商品也因为华人的进出口生意降低了出口成本。

将一些商品放在超市显眼位置、使用现金支付供应商……这些方法都可以获得更低的进货价格。此外，不需要雇用太多员工、人工成本低，也让华人超市的价格优势变得明显。

“华人超市的价格优势是相比较而言的，肯定无法做到和大卖场一样便宜，但比当地超市价格都能低10%左右，民众也不会因为5比索（约合0.8元人民币）跑去好几千米外的大卖场买一瓶可乐。”覃先生说。

在来阿根廷十余年的郑绵炜看来，华人移民来阿根廷即使文化程度不高，也都有一技之长，这会帮助他们打开生意门路。郑绵炜在中国是学烘焙的，如今就利用自己的技能，与人合伙开了一家兼具超市和咖啡馆功能的店面。店里针对附近上班族较多的特点，研发了午餐盒饭、餐后蛋糕等产品，超市里还卖中式的面包和蛋糕，他的店面生意红火离不开这门手艺。

人情味弥合语言障碍

在布宜诺斯艾利斯西北部，一家名叫埃尔雷曼索的华人超市是阿根廷的“网红店”，开门营业之前的半小时，超市门口就已经陆续排起队。女店主陈剑峰酷爱在社交媒体上发布促销广告，她肢体动作丰富、富有感染力，很快周围的邻居被她的幽默和超市温馨的氛围所吸引。

通过社交网站推销商品的想法也源自陈剑峰的一个客人，相比从前靠纸质传单发放广告，这样的方式更有亲和力，客人也不会反感。陈剑峰热情地与入店的顾客打招呼，还经常与客人玩自拍，前来购物的阿根廷人就好像来到邻居家做客一样。

这样的运营模式吸引了许多品牌来陈剑峰的超市打广告，她又把优惠折扣返给顾客，形成良性循环。

在华人超市购物，顾客一来二往就认识了老板，忘记带钱了可以下次再给，要出去办个事可以在柜台寄存一下东西，结账时抹掉个零头……相比大卖场，华人超市更有“人情味”，事事好商量；而其他杂货店店员并不是老板，许多事情没有办法做主，就缺少了灵活性。

阿根廷人喜欢华人超市也源于提供的优质服务：如果买的东西太重，超市可以提供送货上门的服务；在禁塑的阿根廷，顾客忘记带购物袋，老板会借他一个，下次购物时还上就好……

华人移民虽然语言并不占优势，但几乎所有的华人超市运营者都在努力学习西班牙语。也许他们说得不好，但微笑和热情是无国界的，友好和善意可以感染陌生人。

华人超市在阿根廷的发展史也是一段华人在阿根廷的移民史，大多数的阿根廷人认可华人超市带来的便利和这些华人移民为阿根廷社会创造的价值。从陌生到了解，从隔阂到接纳，从排斥到喜爱，华人超市和移民逐渐融入阿根廷的主流，成为社会中不可缺少的一部分。

（《参考消息》2019－07－02/倪瑞捷）

海外华人养老，难题咋解?

近日，澳华疗养院基金于澳大利亚悉尼北岸兴建华人疗养院的计划终于获得突破性进展，一家有84个床位的华人疗养院即将开建。早在2015年，澳华疗养院基金就已经递交了兴建疗养院的书面申请，但未获市政厅批准。直至2019年5月，在当地华人社区的支持和鼓励下，该计划才获得批准。养老院为老年人安享晚年提供了一个选择。但是，华人养老院目前普遍面临供不应求、配套设施不完备等困境。

养老院很稀缺

早期移民渐渐老去的同时，不少新移民的父母也投奔子女。随着需要在海外养老的华人增多，如何养老成为多方关注的焦点。

由于语言不通、难以融入当地，很多侨居海外的老人难免感到孤独，养老院则给他们的生活带来了不少乐趣。很多海外养老院的地段较好，靠近市中心，方便老年人的日常社交与生活，身体不适时也有人及时照料，因此在养老院颐养天年成为很多老年华人的选择。

但是，在海外寻找适合他们文化背景和生活习惯的养老服务机构并不容易。悉尼北岸多有华人聚居，当地华人社区对华人养老院有迫切需求。由于数量少、床位紧张、轮候名单长以及等候期不确定等因素，提供华人养老服务的养老院已经成了一种稀缺资源。其他国家和地区的养老院同样面临相似困境。早在2014年，由于资金紧张，美国旧金山市湾区华裔社区医院的养老院关闭，导致居住在此的华裔老人们经历“迁徙创伤”。很多老人在搬离养老院时正处于疾病康复阶段，搬迁导致他们多次被送往医院救治。

资金支持不足

资金短缺是海外很多提供华人养老服务的养老院难以为继的原因之一。资金投入少，导致养老院配套设施较简陋、服务质量不高。2012年，由于英国政府全面削减养老金，威斯敏斯特市政府完全取消了对华人社区老年组每年近1.2万英镑的资助，这让当地华人自发组织的养老机构陷入困境。目前，英国仍然没有一家功能齐全、设施良好的公立华人养老院。

暨南大学华侨华人研究院教授张应龙在接受本报采访时表示，目前发展中国家养老机构并不发达。发达国家有较多的养老院，主要分为政府资助和私立两种，地方政府一般根据养老院规模和配套设施，选择性资助面向所有种族的养老院。他们不会单独资助华人养老院的建设和运营。

由于营业执照往往被特定的族群所垄断，这也阻碍了华人养老院的发展。比如在美国纽约，很多人呼吁政府在发放执照时考虑不同社区的需求。在华裔聚集的地方，华人养老院难以获得经营许可，而那些有执照的养老院，其内部管理和语言文化又与华人需求有很大差异，导致华裔老人难以适应。

温暖老人的心

华人养老困境的化解，需要各国政府、社区、华侨华人多方关注和支持。

物质条件上的优裕固然是好的，但温暖老人的心更为重要。养老院只是海外养老的选择之一。张应龙表示："按照中国传统文化，如果家庭和睦、子女孝顺，年长的华人以居家养老为主，选择去养老院的情况较少。"如果能够在家得到悉心照顾与子女的陪伴，也许年迈的华人才能真正体会到"最美不过夕阳红"。

目前，一些华人到海外时年纪太大，难以适应环境，以致不少人愿意落叶归根、回国养老。张应龙认为："如果能提供政策上的便利，简化华侨回国养老手续，方便华人获得中国签证、申请长期居留，也许会有更多华人选择归国养老。"

对于选择留在海外养老的华人来说，当地福利政策的支持有助于华人养老机构扩大规模，保持健康运营。张应龙认为，海外华人选择的养老机构以私人养老院为主，这类养老院以盈利为目的，经营不仅辛苦，而且风险相对较大，因此政府的支持显得尤为重要。

张应龙还建议，社会服务辅助的居家养老也许可以成为一种海外养老新方式。比如，美国纽约州政府在完善居家养老社会服务体系上有着较为成功的经验，当地政府与家政服务公司等签订协议，家政服务员会定期上门为老人提供家政服务。

（《人民日报海外版》2019－08－19/胡瑞宁）

“留学生合唱团”，火得理所应当

乱港分子绝没想到，海外中国留学生让他们四处鼻子碰灰。近日，全球多个国家的海外华人和留学生通过齐唱国歌、齐声讨伐暴力行为等方式，表达爱国爱港情怀。这一现象迅速引爆网络，“留学生合唱团”当仁不让成为新晋热词。

“留学生合唱团”大火背后，是每一位心怀赤诚的中国人朴素的感情。香港事务纯属中国内政，任何人无权干预和插手。乱港分子不顾客观事实，在国外颠倒黑白的把戏让其“卖港卖国”的嘴脸昭然若揭。这样的行径，任何一名中国人都无法接受。中国留学生们的自发行动不仅展示了他们心系祖国的心声，也显示了在香港事务中的中国主流民意。留学生积极为祖国“站台”“发声”，向世界再次表明，一切试图分裂中国的行径都不会得逞。

“留学生合唱团”大火背后，是百余年来留学生不变的报国情怀。

百余年的留学史是“索我理想之中华”的奋斗史，一批又一批仁人志士出国留学、回国服务，在中国革命、建设、改革的历史画卷中写下了极为动人和精彩的篇章。

中国民主革命的伟大先行者孙中山，以当时留日中国学生等为骨干组建中国同盟会，毅然发动和领导辛亥革命，推翻了统治中国几千年的君主专制制度。

陈独秀、李大钊等一批具有留学经历的先进知识分子，同毛泽东等革命青年一道，大力宣传并积极促进马克思列宁主义同中国工人运动相结合，创建了中国共产党。在中国共产党成立前后，周恩来、刘少奇、朱德、邓小平等旅欧勤工俭学和留苏学习的进步青年相继回国，为党和人民事业发展建立了不朽功勋。

面对中华人民共和国百废待兴、百业待举的困难局面，李四光、严济慈、华罗庚、周培源、钱三强、钱学森、邓稼先等一大批留学人员毅然决然回到祖国怀抱，在极其艰难困苦的条件下呕心沥血、顽强拼搏，为中华人民共和国各项事业发展奠定了坚实基础，取得了“两弹一星”等举世瞩目的重大成就。

改革开放以来，广大留学人员积极投身改革开放和社会主义现代化建设，积极推动中国同其他国家各领域交流合作，为推动中国经济社会发展作出了重要贡献。

如今，中国早已摆脱积贫积弱、任人宰割的悲惨命运，国际地位和世界影响力不断提升。中国的发展让更多的留学生有机会出国深造，全球视野的打开让留学生在比较中感受中国发展的独特优势，厚重的历史文化让留学生愈发感受到中国的独特魅力，背靠强大的祖国让中国留学生更加开放和自信。

正因如此，当中国遭遇西方国家的傲慢与偏见、干涉与指责时，留学生总是积极行动，抵制对中国的丑化和污蔑，努力向世界展示真正的中国。从抗议校园歧视到抵制“台独”“藏独”分裂活动，再到如今对乱港分子的自发回击，留学生群体以深深的文化认同、民族认同、国家认同，继续承担着爱国主义坚守者和传播者的

重任。这完全在情理之中。

爱国并不抽象，是再朴素不过的情感。留学生的自发行为可以说是当代中国人爱国主义精神的时代缩影。当“留学生合唱团”的爱国歌声不断汇聚，他们唱出了当代中国青年该有的样子。

（海外网2019－08－19/孟庆川）

从美国取消高考“逆境分”说起

主管有美国高考之称的SAT（学术能力评估测试）的非营利组织大专院校委员会8月27日在网站上发表声明说，根据各方批评意见，决定撤销在SAT考试中为每名考生单独增设“逆境分”的计划，改为使用综合评估学生所在学校、家庭和社区情况的“景观板”代替。

“逆境分”和“景观板”对学生学习处境的评估指标多数相似，主要区别在于后者取消了简单化的打分方式。被纳入评估的指标包括：学校位于城市、郊区还是农村；高中高年级在读学生人数；高中高年级领取免费和降价午餐学生所占的比例；学校SAT平均成绩；选修大学先修课程学生的人数和学业表现；学生升入大学的比例；以及学生家庭结构，所在社区家庭收入中位数、住房稳定性、教育水平和犯罪率等。

大专院校委员会的声明说，“景观板”信息向学生、家长、学校和学生所申请大学公开，这些信息仅作为高校招生参考，不会取代学生申请资料，也不会以任何方式改变学生的SAT分数。该委员会首席执行官戴维·科尔曼说，此举旨在“为招生人员提供更加一致的背景信息，使他们可以公平地考虑每名学生”。

近年来，美国人尤其是中产阶层日益重视大学教育，部分家庭名校情结越来越严重，优质大学录取竞争相当激烈。另外，有研究表明，在美国，种族和收入对学生SAT成绩有显著影响。在2018年SAT考试中，白人学生平均得分比非裔学生高出177分，比西班牙裔学生高出133分，而亚裔学生平均得分又比白人学生高出100分。总体上，出身于富裕和父母受过大学教育家庭的学生，学习成绩更佳。乔治城大学的研究显示，如果只依据SAT考试分数录取学生，美国名校校园分化现象可能更为严重，会朝着“更富、更‘白’、男性更多”的方向发展。

教育机会不平等不断引发社会争议。2019年5月，大专院校委员会宣布了“逆境分”计划，综合评估每个SAT考生所处社会经济处境，设定单独分数，以提高弱势群体学生进入优质高校的机会。但计划一经公布，就激起批评声浪。反对者认为，决定“逆境分”的数据并非个性化数据，未必能确切反映特定学生的实际情况。在美国，优质公立高中会招收一定比例的少数族裔和低收入家庭学生，私立高中也经常为无力负担学费的优秀学生提供一定数量的奖学金，“逆境分”对优质高中里的这些弱势学生不利，而低收入城镇的富裕家庭子弟则可能因“逆境分”受益。不仅如此，对学生来说，“逆境分”依据的是他们自己无法掌控的数据，意味着物质环境将成为他们能否升入心仪大学的重要指标，从而产生不良心理暗示。《华尔街日报》8月28日发表评论说，打“逆境分”的做法是“以反对不平等的名义犯错误”。此前，科尔曼在回应反对声浪时也承认，将所有复杂信息归结为一个数字是有问题的，“单一分数的想法是错误的”。

“逆境分”昙花一现走入历史。不过，促进教育机会平等的探索意识本身仍值得肯定。未曾试错，焉能知对？教育改变命运。对低收入家庭来说，教育改变的不仅是其中一个孩子的未来，也改变其家庭、亲族和村镇；而对国家来说，则是避免阶层固化、减少社会不平等、促进社会稳定的重要调节手段。虽然优质大学招生名额有限，是难以做大的蛋糕，但在透明、公平、公正的前提下，如何让寒门多出贵子，减少社会不平等，值得继续探索。

（新华网2019－08－29/徐剑梅）

打压华人学者，美国损人不利己

美国奥维德治疗公司首席执行官杰里米·莱文8月21日在“自然研究生物工程社区”网站上发表一份声明指出，美国政府机构和高校最近针对中国和华裔科学家采取的种种行动，可能会威胁到美国在生物医学领域的领导地位。大约150名美国科研领军人物在这份声明中署名，反对美国政府和一些高校近来排挤、打压中国和华人科学家的行为。这几年，在美华人科研人员频遭打压，中美战略竞争波及美国华侨华人的科技和人文交流，国际合作和科学事业受到重挫。

华人科研群体频遭排挤

此前，已有数十家机构发表了声明声援华人学者，美国高校也曾密集表态。据统计，2019年以来，美国至少已有7所大学发表声明，表达对包括华人在内的国际学生、学者的支持，强调学术自由、反对族裔标签。其中包括加利福尼亚大学伯克利分校、斯坦福大学、耶鲁大学等知名学府。

针对美国高校华人教师收到的负面评论和报道，加利福尼亚大学伯克利分校校长卡洛·克里斯特及副校长、教务长在给全校师生的联名信中说：“加利福尼亚的黑暗历史告诉我们，基于一个人原籍国而产生的怀疑，可能导致可怕的不公正。”

各方声援的背后是2019年发生的多起美国华人学者被解雇事件。当下，美国华人科研群体的工作现状不容乐观。

5月24日，美国埃默里大学宣布，该校医学院人类遗传系一对已工作了23年的华人教授夫妇被正式解雇，其有着10多名员工的实验室一周前已被毫无征兆地突然关闭。2019年4月，休斯敦的安德森癌症中心解雇了3名华裔美国研究人员，称他们在涉

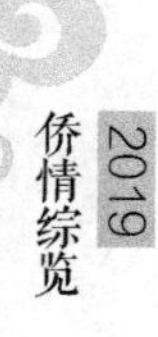

及与中国学术机构合作中违反了学校相关规定。其他多名华裔美国科学家也表示，他们接到了联邦调查局的访问电话，但尚未受到指控。

美国签证政策也随之变得更为严苛。美中学术交流以及全球学术交流都受到影响，不少赴美开会和访问学者的签证被无故延误或拒绝。

据《纽约时报》报道，去年共有30名中国社科领域学者及政策研究专家的访美签证被吊销或进行行政复审。外国高技术工人的签证拒签率也大幅增长，公民及移民服务局的数据显示，2015到2018年，美国最主要的工作签证类型H-1B签证首次申请的拒签率从6%升至24%，且拒签趋势仍继续升高，2019年上半年更是高达33%，这意味着美国企业更难雇到和留住外国人才。

美国在延续冷战思维

"美国和中国正在技术领域进行一场没有宣布的冷战。"美国消费者新闻与商业频道去年4月引述澳大利亚前总理陆克文的话称，"高科技而非贸易或朝鲜核项目，才是美中冲突最大的导火索。"

近年来，美国特朗普政府和国防部出台了《国家安全战略报告》等一系列文件，《国家安全战略报告》称中国是美国最大"战略竞争对手"。在科技和人才方面，美方的意图明显有针对性。

美国波特兰州立大学教授李斧在接受本报采访时指出："特朗普上台以后，在国际经济贸易中采取了针对中国的政策。而这一政策被无理延伸到学术界，给在美华人学者带来了很多负面的影响。"

据《纽约时报》去年5月报道，由于担心中国日益增强的技术实力，特朗普政府正在考虑采取严厉措施，阻止中国公民在美国大学和研究机构进行敏感研究，以免他们获得机密情报。

美国对于华人学者的打压措施不符合全球科技合作的趋势。"经济全球化时代是各国人员、信息、技术交流合作的时代，美国害怕其他国家的进步影响到自身发展，采取这种'逆全球化'的措施是一种不自信的表现。"暨南大学国际关系学院副院长、华侨华人研究院教授陈奕平说。

此前，奥巴马政府也曾基于国家安全的考虑，提议禁止外国学生在美国大学参与公司赞助的研究。陈奕平分析，在中美关系的不同阶段，美国对外国学者都有类似的政策，只是特朗普政府打压的趋势更为明显。美国向来有冷战思维，对所谓意识形态不同的国家，总是抱着怀疑的态度，这些国家在美国长期的移民也成了被怀疑的对象。

排华损害全球科学事业

长期以来，在美华人学者为美国科技、社会、经济发展做出了重要贡献，他们的出走将导致美国人才流失，不利于美国自身的科技发展。李斧认为，美国政府对华人科研人员的打压升级，长远来看有损美国科学技术的健康发展，使其长期存在的领先性大打折扣；也会给以高科技为标志产业的美国经济的活力泼冷水。

美国学术界的排华浪潮不仅会损害美国科研环境，还不利于国际合作的展开，最终将使人类科学事业蒙难。

美国《洛杉矶时报》网站7月22日发表文章称，美国政府为打压中国采取的限制措施将会导致最优秀的华人学者选择离开。文章称，现在最大的担忧就是特朗普政府的打压政策会损害美国高等教育的标志性特点，即促进世界级研究和科研进步的开放式国际合作。《纽约时报》评论称，限制人员和信息的自由流动可能会破坏美国实验室的创新能力，美国的实验室是世界各地有才华研究人员的一个重要目的地。它还可能会影响美国大学从外国学生那里获取丰厚的收入。

美中关系全国委员会会长欧伦斯不赞同加强对中国研究人员的限制，认为限制中国研究人员对美国大学而言是“悲剧性的”。他说：“重要的是，我们不能让安全担忧压倒了曾让美国伟大的东西。”

科学无国界是全世界的共识。7月5日，约翰斯·霍普金斯大学教授伊莱亚斯·瑞尔霍尼表示，美国本土科技领域的研究型人才数量并不足以支持美国的研究，大量先进技术都来自世界各地科学家。他呼吁美国国会重视这个问题，来自不同国家的科学家不应被区别对待。

谢晓亮是改革开放后被哈佛大学聘任的第一位来自中国大陆的终身教授，去年回北京大学全职任教。2019年7月，他在著名学术期刊*CELL*杂志上发表文章《疾病没有国界，科研亦应如是》表示，中美之间开放合作，受益的是全世界，绝不仅仅是中国。他认为，科学应超越政治，成为照亮世界的火炬。为了追求真理，揭秘自然，解决全球性的时代难题，中国和世界各国的科学家必须携手合作。

（《人民日报海外版》2019－09－04/孙少锋，胡瑞宁）

哈佛大学胜诉招生歧视亚裔案　所谓“平权”或演变成种族偏见

据美国有线电视新闻网报道，当地时间10月1日，波士顿联邦地区法院宣判，哈佛大学在招生中未有意歧视亚裔申请者，虽然哈佛大学的招生程序“并不完美”，但符合美国宪法规定。

得知判决结果后，美国亚裔教育联盟（以下简称“亚教联”）发表声明谴责法院判决，并表示将继续支持美国学生公平入学组织上诉，捍卫亚裔平等的教育权益。

亚教联谴责该裁决

2014年，美国学生公平入学组织起诉哈佛大学在招生中系统性歧视亚裔，认为

哈佛大学以“种族政策”为由压低亚裔申请人的个性评分。

历经1年的审判，据路透社报道，联邦法官艾利森·伯勒斯裁定：“尽管哈佛大学的录取程序‘并不完美’，但她不会‘仅仅因为它可以做得更好，就废除一个符合美国宪法规定的、非常优秀的录取程序’。”

对于此次判决结果，各方态度截然不同，常春藤盟校认同裁决，支持多元化的学生构成。据《波士顿环球报》报道，布朗大学发言人克拉克认为，法官的决定重申了多元化的学生构成给学生群体带来的教育益处。

亚教联则发表声明谴责该裁决，“此不公正判决是联邦地区法院洗白哈佛大学录取歧视行为，并攻击亚裔孩子平等教育权益的错误之举”。不仅如此，他们还认为，此次裁决违背了《1964年美国民权法案》第六条以及美国宪法第十四条修正案。

暨南大学华侨华人研究院教授张应龙在接受本报采访时说：“波士顿联邦地区法院的判决尽管指出哈佛大学招生中有不完善的地方，也明白哈佛大学招生政策的不当之处，但坚持哈佛大学的招生政策没错，实际上支持了在多元文化旗号下的种族歧视。”

亚裔遭遇逆向歧视

张应龙认为，本案的争论焦点在于种族因素和平等权利，哪个更优先。

据《纽约时报》报道，该案是多年来“平权运动”面临的最大法律挑战。美国平权法案始于20世纪60年代，意在通过法律形式对少数族裔、妇女等历史上被排斥的群体给予关照。不过有些学校硬性规定招收某族裔学生的比例，因此会引发“逆向歧视”的争议。

美国亚裔普遍成绩较好，如果按照种族比例录取，很有可能出现成绩不如亚裔的少数族裔得到录取机会，而亚裔学生落榜的情况。许多亚裔认为自己在招生录取的过程中遭到“逆向歧视”。

美国波特兰州立大学教授李斧认为，美国社会价值观的主要内容包括支持“多样化”和“平权”，但是这两项并非总是一致。种族平权意义上的多样化，可能带来学术标准上的不平权。这是一项复杂的社会问题，不能被过分简单化。

2018年8月，美国司法部直接介入哈佛大学招生歧视亚裔案。该部门在一份提交法庭的文件中称，哈佛大学在招生中使用“个人评级”，损害了亚裔美国人相较其他种族群体的入学机会，其“模糊”的标准“可能会受到种族偏见的影响”。

美相关机构将上诉

美国国内关于“平权”与反对逆向歧视的政策也在变化之中。据联合新闻网报道，2018年7月3日，美国司法部长塞辛斯宣布，废除24项不必要、过时的指导方针，其中包括一项鼓励大学在招生时将种族纳入考量的指导方针。此举推翻了美国前总统奥巴马的关于“平权措施”的政策。

据美国国家公共电台报道，美国学生公平入学组织主席爱德华·布卢姆对判决结果感到失望，未来将继续提出上诉，“如有必要，将告到美国最高法院”。

根据最高法院判决先例，最高法院允许种族被视为录取过程中的一个因素，但禁止种族配额。

谈及未来上诉结果，李斧认为，“美国司法体系复杂、烦冗，联邦地区法院的决定可能被上诉到联邦巡回法院复议，最后还可能上诉到联邦最高法院终审。而最高法院的九名大法官原来的平衡，已经被特朗普总统上任后提名的两名新大法官打破，上诉结果维持波士顿联邦地区法院原判的可能性较大。”

（《人民日报海外版》2019－10－14/栾若曦）

面对“杂音”，海外中国留学生应如何理性表达爱国声音?

近期，受香港局势发展的影响，国外一些大学校园里不时出现一些针对中国的杂音，甚至一些“反华”势力的公然挑衅。对此，越来越多的中国留学生自发站出来，以各种方式为祖国声援，讲述中国观点，表达爱国情怀，引起国内外热议。但同时，我们也看到一些持不同观点者之间较为激烈的对立甚至引发冲突的情形，令人担忧。中国留学生应如何正确面对海外“杂音”，已经成为一个无法回避的话题。

当地时间8月18日，美国北加利福尼亚州各界华人、中国留学生以及中国游客数百人自发在旧金山联合广场举行集会，声讨香港激进示威者暴力乱港行径，表达一个中国立场

8月18日，有上千名英国华人华侨和中国留学生参加的“反暴力，救香港”大集会在伦敦市中心特拉法加广场举行，图为集会现场

为什么都说“出国之后更爱国”？其实很大程度上是因为每个中国人一旦走出国门，就会更加深刻而直观地感受到，个人的命运和国家命运紧密相连。中国的发展给世界带来什么样的影响？外界怎么看待中国？中国正面临什么样的风险挑战？这一切问题，都会影响每一个海外中国人的日常感知。所以，“只有中国发展好，而且大家都说中国好，我才能更好”。

事实上，在这个全球化、信息化的世界里，在这个中国日益走近世界舞台中央的新时代，中国留学生们不仅很难再“不闻窗外事，只读圣贤书”，而且每当海外遇到一些涉华敏感问题引发争议的时候，校园里往往难以再找到“一张平静的书桌”。

面对外面世界对中国的种种陌生、疑虑甚至曲解和仇视，不沉默，不躲避，以适当方式发出中国声音，澄清事实，增信释疑，既有助于中国留学生们提升跨文化交流和国际化思维的能力，累积应对复杂事务和多元化挑战的经验，也有助于增进中外双方的了解和尊重，赢得外界的认可和尊重，为自身争取一个更加友好、公平的外部环境。

正如外交部发言人所说，“包括留学生在内的海外中国公民对妄图分裂国家、抹黑中国形象的言行表示愤慨和反对，完全理所应当，也在情理之中。”每每看到有中国留学生挺身而出，维护祖国的尊严，笔者无不为之欣慰和感动，因为这是新时代中国年轻人的担当之举，是中国发展的自信所在，更是中国未来的希望所在。

但同时也应看到，当前国际形势错综复杂，各国社会人文环境和法律制度差异多元，一些在中国人看来情理之中的言行举止，在一些国家和地区就可能授人以柄，产生复杂后果。对海外中国留学生表达爱国热情的正义之举，要支持、要点赞，但更要从保护他们的角度出发，给予一些必要提醒。

第一，一定要了解规则，遵规守矩。中国留学生在海外的一言一行，特别是在校内外举办或参与集会、游行等公共活动，都应严格限定在住在国法律法规以及校纪校规的框架之下。举办公共活动需要经过什么样的申请程序，有没有什么注意事项？对别人举办的公共活动，参与者如何表达不同意见？哪些能做，哪些不能做，哪些可以说，哪些不能说？不少国家和学校当局对此都有明确规定和相对清晰的界限，比如不得随意撕毁或覆盖贴在校园特定公共区域的宣传品、阻碍他人业经批准的活动秩序、使用超过一定规格的高音喇叭等。当地的中国留学生社团组织应多方了解相关规定并广而告之。在没厘清这些规矩之前，一定不要随性而为，否则很容易触碰法律法规，造成被动。

第二，冷静行事，避免冲动。“血要热，但头要冷”，面对杂音特别是那些“反华”势力，可以发声和批驳，但不宜正面对抗，更不能发生肢体冲突。既不要去刺激对方，比如谩骂、人身攻击或破坏对方的宣传品等，也不要轻易陷入别人挑衅的圈套，一点就炸。几年前，有一位旅居国外的中国留学生因反感当地“法轮功”分子的宣传，上去一脚就把对方展板给踢碎了，这种正面“刚”的行为虽一时解气，事后却因涉嫌“损毁他人财物”遭到长时间恶意诉讼。事实上，激怒血气方刚的中国留学生，刺激他们采取过激行为，然后搬出法律来死缠烂打，正是敌对势力的一贯招数，一来可以“暴力受害者”姿态博取当地社会同情，二来可以对爱国学生“杀一儆百”，三来还可以诋毁中国政府，可谓“一箭三雕”。希望中国留学生们对此高度警惕，切勿中计。

第三，理性表达，以理服人。发声不是为了宣泄和斗气，而是为了传递和争取。面对“杂音”，比的不是嗓门大，博取眼球，而是赢得观感，获取人心，特别是公共集会中，更需要文明、有序的组织，通俗易懂的表达，简洁、清晰的展示，目的就是要让当地社会民众更多地了解真实的中国，倾听中国人民的看法。此外，在当地通过新闻媒体和社交网络发声、给有影响力的政要和机构写信、在各种公共活动平台上发言，表达观点，都是很好的发声渠道。用当地人能够听得懂、听得进的语言，“摆事实、讲道理”，介绍和宣传中国，增进彼此了解和友谊，始终都是正确的表达方式。

此外，依靠集体，团结一致。爱国，能增强我们的归属感和凝聚力。面对迎面而来的风风雨雨，中国留学生们积极依靠中国学生社团组织，团结包括港澳台地区同学在内的青年学子们，相互帮扶，相互提醒，群策群力，共同维护群体权益，这本身就是中国人在海外长期生存和发展的应取之道。

中国驻外使领馆特别是从事教育和领事保护工作的外交领事人员，则应进一步加强对驻在国的形势跟踪和制度研究，对中国留学生开展理性爱国活动予以关心、支持和引导，提供相应的法律咨询和安全提醒，并在他们的权益受到损害时及时出手，积极作为，坚决维护他们的正当权益，保护好他们的爱国热情，让广大海外中国留学生深刻感受到，“祖国在你身后”。

11月24日，韩国釜山大学校园内出现诋毁中国国家领导人的大字报，中国留学生通过学人学者联谊会紧急联系中国驻釜山总领馆。总领馆当即向校方和警方提出严正交涉，随后校长下令将校园内的所有相关大字报全部清除。这件事不失为一个范例。

“你所站立的地方，就是你的中国，你什么样，中国就什么样！”对每一个身处海外的中国留学生而言，勤奋学习，理性行事，立己达人，讲好中国故事，让世界倾听来自中国的声音，就是爱国、报国的最好方式。

（环球网2019－11－28/赵岭）

英国大选华裔参选　投身主流还是充当“炮灰”？

12月12日的大选成为英国眼下最热门的话题。英国各政党共推出9名华裔国会下院议员参选人，这对于人口占全英常住人口总数约1%的华裔群体而言，意味着他们的声音不会在英国政坛中完全被湮没。然而政治角力残酷，近年来多数华裔参选人在选战道路上折戟沉沙也是不争的事实。近日，英国华裔参与政党造势宣传活动让我有机会与他们当中的一些人进行对话。这次，我们讨论了一个颇为尴尬的问题——华裔参选究竟是融入英国社会主流，还是只能当“政治炮灰”？

下午4时，伦敦西区的汉默史密斯已开始被暮色笼罩，不少沿街的店铺提前打烊。但在格雷豪德4号，也就是英国执政的保守党在当地的党部分支办公室，此时灯光才算正式亮起——竞选造势活动开始了。

出生在中国、第二次竞逐英国国会下院议员的王鑫刚希望，自己是下一个从格雷豪德4号走出去的保守党议员，然而实现这个政治目标并不容易。在2017年的英国大选中，工党以超过3.3万张选票的优势在汉默史密斯选区获胜，保守党只获得1.5万张选票。仅过去两年，当地民意似乎没有明显转变。“我认为民意是有摇摆的。”王鑫刚对我说，工党的影响力的确不容小觑，但他愿意一试。在王鑫刚看来，保守党政府坚定的“脱欧”态度是他争取胜选的重要筹码。据我所知，在明确阐述“脱欧”以及其他民生政策方面，王鑫刚做得与此前该选区的保守党参选人没有区别。

王鑫刚显然不愿接受自己被保守党用来稀释汉默史密斯地区选票的看法。他凭借着在美国的求学经历、伦敦金融城的从业经历、对英国民生话题的熟悉程度，与到访格雷豪德4号的每一名保守党支持者都聊得很好。王鑫刚说，从个人角度来讲，他参选的目的是希望能用一名议员所需要具备的社会责任感来约束自己。竞选结果并不是那么重要——无论结果如何，他都没打算在这条道路上回头。

有关英国华裔参政议政情绪高涨的话题在近年来的当地中文媒体报道中频繁出现。然而，目前英国国会上下两院只有两名华裔分别占据一席之地。2017年，共有7名华裔参选英国国会下院议员，2019年这一数字上升至9人。然而，多数参选人面对的“炮灰”压力与两年前没有区别。除了下院唯一的华裔议员艾伦·麦（Alan Mak）稳坐保守党在英格兰南部港口城镇哈文特的票仓外，保守党推选的其他华裔参选人挑战的选区分别是伯明翰、曼彻斯特以及伦敦北区的汉普斯泰德，这些都是工党传统意义上的票仓。

英国工党、自民党、绿党和脱欧党2019年也分别推出一名华裔参选者。他们当中有人不是第一次参选，但同样面临着“炮灰”压力。“如果他们屡战屡败，会不会对所属政党感到沮丧？”面对我的提问，英国财政大臣、保守党议员贾维德并没有正面回答。出身巴基斯坦移民家庭的他是英国首位亚裔财政大臣，父亲是公交车司机，他显然知道从平民到社会精英代表，这一路需要面对多少困难。

贾维德参与助选活动时有个细节让我印象深刻。与参加活动的华裔儿童合影时，贾维德面带微笑，单膝跪地，友好地搂着孩子。这个举动或许传递着一个信息：同为一个政党，族群背景并不重要。

不少英国首相的回忆录中都记载着他们参选议员受挫的经历。但在伦敦政治圈里，同样也会有人告诉你，一些政商世家的年轻后辈若是被所属政党看中，那么就有可能被安排“空降”到票仓参加选举，保证能轻松出线。一些英国华人对我慨叹，这就是现实中的“天花板”，如果更多华裔拥有这样的“空降”机遇，那么在英国政坛上就能发出更大的声音。但也有华裔，尤其是这些年没有放弃参选的华裔告诉我，与其怨天尤人，不如全力以赴。他们的态度比一些旁观者乐观，因为能有这样的竞逐机会已经是难得的人生收获。

（《环球时报》2019－12－11）

侨史钩沉

本栏目选取2019年度发表或出版的有关华侨华人历史的史料性文章，涉及主题包括早期华人移民、铁路华工、一战华工、唐人街、南侨机工、华侨教育等，注重用历史观照现实，部分配以图片，多维度再现华侨华人的移民史、奋斗史、贡献史与中外交流史。

“华侨”这个词　最早从广州开始使用

广州，史上的那些个第一

中国人的海外移民开始很早，至少从秦汉时期就开始了。但我们今天熟悉的“华侨”“华人”这两个词，出现的时间则要晚得多。说起来，它们的最早使用，和清末洋务派的一众名臣分不开，而其中曾任两广总督的刘坤一和张之洞，便是最主要也是最得力的推动者。

刘坤一

华人群体向世人　展示中华文明的独有魅力

有学者将海外华侨华人的历史大略划分为古代、近代、现当代三个时期。我们可以在每个时期中，又划分出若干不同的时间段。每个时间段，由于国内外形势的变化，各方力量的消长，对于这一群体的认识、理解，各有差异。但无论何时，以何种形式去往海外的华侨华人群体，都是中华文明的载体。在他们迁徙、繁衍、奋斗、创业的过程中，既向海外传播了中华文明，也以海外的优秀文明成果反哺中华文明，促进了她的进步。

不久前，捐助北美第一个汉学系——哥伦比亚大学东亚系的广东华侨丁龙的事迹，经由大众媒体的传播和纪录片的播送，打动了无数人。这位生前身份平凡、身后默默无闻的中国人，在1889年，将一生积攒的1.2万美元（在当时是一个巨大的数字）捐给了这所名校。此举打动了他服务一生的富商卡朋蒂埃，以及当时的清政府高层，令之不断捐出巨款、图书，最终在各方都认为几乎不可能的情况下，促成壮举。

经由媒体的报道，我们可以知道卡朋蒂埃在给哥伦比亚大学校长的信中曾经有这样几句话：“他不是一个神话，而是真人真事。而且我可以这样说，在我有幸所

丁龙

遇出身寒微却生性高贵的具有天生的绅士性格的人中，如果真有那种天性善良，从不伤害别人的人的话，他就是一个。”可以想见，这样的评价，对于早期华人在异乡的际遇，是弥足珍贵的。此外，一部分华商中国特色的衣着，以及中国风的仪态做派，都提升了华人在一部分西方人心目中的地位。

学者乐正多年前在研究广东旅美华侨团体时就指出，近代中西文化传播是双向的文化互动，一些文化水平不高的广东侨民，“以保持完好的独特的岭南生活方式向世人展示了中国文化的魅力，以粤语、粤菜、岭南服饰、岭南建筑为载体的中国岭南文化因此而渐成近代世界文化交流史中的奇葩”。他指出，当西方人挟着征服者的余威和不平等条约所定下的特权，强行在中国推行西方文明的时候，怀着复杂的心境背井离乡的华人群体中，人数最多的便是旅美粤人。这些人“也许地位卑微，少读诗书，不识多少‘文化’，但他们不屈不挠的生活信念和坚持不懈的文化归属感，使中国文化特别是岭南文化成为跨海之风吹向太平洋彼岸，使东方文化渐渐传入美洲之域”。华人群体在饮食（特别是粤菜，据说早在1849年，旧金山就出现了一间“广州酒家”）、建筑、戏剧、教育等方面表现出来的深厚积淀和完备体系，令很多西方人产生浓厚的兴趣。

从“弃民”到“华人”　观念转变在清末发生

在明清很长一段时期里，海外的华人华侨，背负着来自两个方面的巨大压力，一方面是被封建王朝视为“海外弃民”，另一方面是来自西方殖民者以及当地统治者的剥削和压迫。在许多的文学、影视作品中，我们可以看到对于这种情况的反映。

封建王朝对于海外华侨华人群体的观念转变，大约始于19世纪中期。经历了鸦片战争的震撼之后，清王朝的精英阶层对于海外世界有了更多认知与理解，“开眼看世界”成为迫切的现实需要。1866年，清政府派63岁的斌椿等人赴英国、法国等国考察。这是清政府派出的第一个赴欧考察团。这个考察团担负着调查国外情况的使命，目的之一，是为未来中国向各国派出驻外使节做准备。出使途中，斌椿顺访了一批东南亚港口。华人在这些地区的生活与工作，引起了他的注意，他据此写出了第一份清朝外交官有关海外华人的实地考察报告。虽然这个报告对华侨华人的着墨并不深入，但有学者认为，它可能在一定程度上引起了清政府对这一群体的重新思考。

1868年派出的第一个外交使团，是由卸任的原美国驻华公使蒲安臣带领的。同行的两位团员志刚和孙家谷对海外华侨华人进行了更深入的观察。特别是志刚，做出了一份关于旧金山华侨的详细报告。照他的说法，当时那里已经有几万名华人，几乎全部来自广东省。他们有的从事商业，但更多的在当地的金矿干活。1848年，旧金山发现了金矿，世界各地的冒险家、淘金客，立即涌来，其中就包括最早的两名广东人。1849年，这个数字变成了325名；1850年为4000多名；1851年增至2万人；1852年粤籍华工数量在此基础上又翻了一番。据统计，19世纪50年代，平均每年有7000多名广东人到达旧金山，其中以台山、开平、恩平、新会、香山、顺德、南海、番禺等地最多。

此时，中国处于内忧外患之中，故而中国矿工受到明显的歧视。比如，他们要向当地政府缴纳两美元的人头税，而其他国籍的矿工却可以豁免。此外，中国人与欧洲人诉讼，必须有外国人作证，否则法庭概不受理。志刚对这些不平事表达了关注。有学者认为，很可能正是从这个时间开始，清朝的外交官以“同情心”来对待华侨。继而随着李鸿章、丁日昌等人的呼吁，清朝方面开始使用“苦力”一词代指海外的华人群体，特别是从事体力劳动的群体，并逐步消除对华侨的旧偏见，对华侨问题开始有认真而切实的了解。中国第一个赴美留学生容闳，就曾受李鸿章委托，赴秘鲁调查中国“苦力”遭受虐待的情况。限于当时的国内和国际环境，他们的努力没有从根本上改变海外华人的艰苦命运，但华人群体的生存状况，也的确在不断地呼吁中，受到越来越广泛的关注。

态度的变化　引发华侨的报国热情

有研究者指出，1876年，两广总督刘坤一开始用“华民”和“华人”称呼一般华侨，用“华商”称呼旧金山的华侨商人团体。第二年，首任驻英大使郭嵩焘提议在新加坡设立领事馆的奏折中，用“中国人民”和“中国商民”称呼一般华侨，用“绅商”特指东南亚的中国商人。接任刘坤一的张之洞，除了保留了“华民”“华人”“华商”的称呼之外，还以“华工”代替了当时惯用的“苦力”称呼。这些新名词，逐渐为总理衙门和朝廷所接受，从而被记入官方的档案。也是在这一时期前后，我们今天熟悉的“华侨”一词开始出现在驻外使节的记述中。

这种表述上的变化，表明了清政府对华侨态度的重要转变，从过去的“海外弃民”变为不应再受侵犯的合法公民。19世纪末，经过数十年的艰苦奋斗，华侨社会变得更为富有，更有组织性，开始有能力与祖国保持更为密切的文化联系。同时，清政府也增大了对华侨的保护力度，如积极鼓励和帮助海外华人群体成立商会、发展教育等。一部分有号召力的侨领，如张煜言、张鸿南等，更被授予官职，以清政府的代言人身份，在海外承担了部分外交、政治领域的职能。清政府还积极创造条件吸引华侨资本回国投资，如今我们看到的许多知名企业，源头都可溯到早年的侨资公司。中国近代第一家华侨投资的机器企业继昌隆缫丝厂，第二家侨资机器企业广州电灯公司，第一个现代发酵工业企业张裕酿酒公司，就是其中代表。

有学者统计，自1862年华侨在广州设立进出口商行开始，到1911年的50年中，他们在工业、银行业、矿冶业、铁路建设与运输业、轮船运输业、农林业等几乎所有的民用产业领域和众多的行业部门，开设了具有现代性质的企业。按照学者林金枝的统计，晚清时期华侨在广东、福建和上海创立的企业总量达351家。这些具有开创特征的企业，对中国的近代化进程起到了不可磨灭的推动作用。而如果没有对“华侨”观念的转变，这一切，也许并不会发生。

（《广州日报》2019－01－28/卜松竹）

洛杉矶老中国城商业地图曝光 一窥近百年前华人生活

当地时间3月18日，洛杉矶县估值官杰弗里·普朗（Jeffrey Prang）将其发现的一批具有历史意义的日志等文物捐献给了洛杉矶县自然历史博物馆，以供史学家参阅、研究。在这批文物中有许多有关洛杉矶老中国城的记录，可让人窥探到1938年前洛杉矶中国城内的华人生活。

普朗表示，这批包括20部“红皮”日志在内的文物，是其在洛杉矶县估值官办公室的图书馆内发现的。这些日志中有手写的字条，当时的报纸剪报，与估值官相关的文件，以及一些私人纪念品。这些日志、文件等均由已过世的洛杉矶县私人财产估值主任凯斯卡特（D. G. Cathcart）编辑整理，时间跨度从1934年至1951年。

这些日志中包含许多关于当时地方及全美政治，以及财产估值和房地产税议题的文章与漫画，可让人们看到，1978年加利福尼亚州第13号提案过关成法之前，估值官办公室的运作情况。这批日志等文物现收藏于洛杉矶县自然历史博物馆西维尔西方历史研究收藏中心。

阅读过部分日志与文物的华裔收藏管理员贝蒂·刘（Betty Lieu）表示，她已从这些资料中看到了一些有关当年华人在洛杉矶市区中国城内的置业及生活状况。这位西维尔西方历史研究收藏中心的管理员说，在一些有关估值与房地产税的文件里，人们可以找到许多华人公司的名称，以及这些公司商号的缴税情况。

资料显示，当时，华人公司或商号，包括房产租赁公司、超市等，年缴税额从2.5美元至4美元不等。刘姓管理员指出，在1938年之前，洛杉矶市区内的老中国城尚未迁址，那时的社会环境对华人不利，他们受到了排斥与歧视，可让人略感惊讶的是，“当时的华人仍在积极配合政府，缴纳税金”。

据记载，从1852年起即开始有华人在洛杉矶居住生活了，到了1890年至1910年间，洛杉矶市区的老中国城已颇具规模，当时的中国城横跨约15条街，有约200余家店铺，此外还包括戏院、3间寺庙与一家报社。1938年，老中国城被迫拆迁，移到了现址，并以百老汇大街的中央广场为中心向外拓展。

在普朗捐献的这批文物中有一部由旧金山Dakin出版公司在1888年出版的洛杉矶

一份历史资料上显示的老中国城的商业地图

房地产地理图册，上面详细记载了老中国城的地理位置，以及每一家房地产的地理位置及商号的性质。普朗兴致勃勃地观看了这一地理图册上有关老中国城的记载。

西维尔西方历史研究收藏中心的管理员布伦特·瑞格斯（Brent Riggs）向记者展示了这部地理图册，并介绍，这种地理图册可能是为火险公司制作的。在这一图册上，老中国城的范围相对较广，宽从Alameda大街到北洛杉矶大道，长则从3街到Aliso大街，老中国城对面即是现在的洛杉矶联合车站。根据这一图册上的文字注释，中国城内有许多餐馆及一家戏院，但更多的商号则标明是规模不等的赌场与烟馆。瑞格斯指出，沿Alameda大街北侧则是大小不等的妓院所在地，因Alameda是一条主要街道，许多站街女即在街边招揽生意。

目前尚无法考证这一商业地理图册所标注的有关洛杉矶老中国城商号性质的真实性。但加利福尼亚大学尔湾分校专事研究华人历史的教授曾指出，当时社会上对中国城的偏见之一，即是中国城是鸦片馆、妓院集中之地。这种带有辱华性质的记载在早期的美国刊物上常会出现，即使是今天，人们也能在一些图书馆或博物馆中找到相关资料。

（［美国］《侨报》2019－03－20/邱晨）

古厝洋楼：诉说侨胞家国情怀

石鼓山下，梧垵溪旁，一片历经600多年沧桑的闽南古建筑群，正洗尽铅华，悄然新生。距晋江市区15分钟车程、位于新塘街道的梧林传统村落，近年来正吸引着越来越多的游人寻味闽南。

这里曾有大批下南洋的华侨，他们回国建造了大量精美的建筑，在战争年代他们“先国后家”投身抗战，部分民国时期未完工的洋楼，便是当年他们支持抗战的历史见证。

现存的近百幢古厝洋楼里，盛满了闽南华侨的乡愁，诉说着闽南华侨深沉的家国情怀。

先国后家　支持抗战

走近梧林，村口大片的花田首先映入眼帘。当古厝遇上花田，这片古村落更平添了悠远韵味。

据史料记载，梧林村落形成于明洪武年间。清末，梧林开始有人旅居海外，随

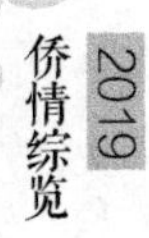

后陆续有旅居海外的华侨回国出资建造了大量精美的洋楼，村庄规模逐渐扩大，建筑风格亦逐步多元化。现在村庄辖区面积约1平方千米，户籍人口1800多人，海外侨胞有1.5万人，是名副其实的侨乡。

古村落中最为壮观的“五层厝”是旅菲华侨蔡德鑵的宅邸，建造于1936年，占地400平方米。大楼主体完工之时，正值日本全面侵略中国，蔡德鑵及其家族深明大义，积极投身全民抗战洪流，慷慨解囊，纾解国难，把准备用于大楼装修的款项悉数捐赠出来支持抗战。“五层厝”在此默默伫立了80多年，将自己变成了另一种形态的抗战纪念馆。

在梧林，这种先国后家、支援抗日的义举蔚然成风，一幢幢未装修甚至未完全建好的古厝洋楼，让人们感受到闽南侨胞深沉的爱国情怀。

这片古村落中最为抢眼的当属又瘦又高的修养楼。被村民称为“枪楼”的修养楼建于1934年，为钢筋混凝土夯实墙结构的碉楼，楼内放置枪支。当年，村里成年男子分组轮流驻楼守更放哨、巡逻，起到了警戒以及抵御外寇袭村的作用。碉楼十分坚固，四面窗户都有铁罩，楼上廊道留有观察墙基的窥视孔、射击眼。各层墙面门窗的窗楣饰顶雕花形态各异，充满艺术韵味。巧搭成“一层一境，四面八境”的建筑景观，把修养楼衬托得分外秀丽。

修旧如旧　留住乡愁

岁月洗涤历史的尘埃，留下一地乡愁。这片让南洋游子们魂牵梦萦的故土，长期以来都是“养在深闺人未识”。

2016年，由于福建省集成电路产业园晋江园区的建设，梧林一度面临征迁。在一次现场办公中，晋江市领导看到这些独特的建筑、了解到其中的历史文化价值后，当即决定“保留下来，好好保护开发”。2017年，晋江市委、市政府成立梧林传统村落保护发展工作领导小组，对梧林传统村落进行整体规划及保护性开发，拟建成侨乡文化博物馆、闽南文化后花园，与周边的集成电路产业园、闽台田园风光农业科技生态园共同组成福建省特色小镇——晋江“芯”小镇。

村落入口，建好的侨史馆已向游人开放。图文并茂的展览，生动地展现了梧林蔡氏起源和华侨下南洋谋生、实业救国、支援抗战、情系家园、热心公益等侨史。走出侨史馆，位于朝东楼另一侧的几间亲子书吧也已修整完毕，书桌、书柜古香古色。2019年春节、元宵节期间，梧林举办了文化节，游人纷至沓来。

站在侨史馆前西望，大片的金盏花在风中摇曳，游人沉醉其中，不停拍照，花美人笑；其间的“聚宝盆”水池景观初具雏形……周边环境整治和古建筑的保护性修缮正在同步进行中。

“按照规划，中国传统村落梧林保护开发项目定位为闽南华侨历史博物馆，业态主要为以文创、休闲、民宿为主的休闲旅游创意传统村落。项目占地面积1827亩，其中核心区占地311亩，大师工作室片区167亩，闽台田园风光片区792亩，梧垵景观片区350亩，原住民区160亩。核心区预计2020年5月完成修缮并对外开放。”晋江市梧林传统村落保护发展项目指挥部副总指挥谢建智说。

届时，古厝、花海交相辉映，田园风光、闽南文化深度交融。梧林，将成为人们寻味慢生活的梦中家园。

（《人民日报海外版》2019—04—05/阮锡桂，王敏霞）

学者讲述美国铁路华工往事：历史照映当下　精神需要传承

华工："沉默的道钉"

2019年5月10日是美国太平洋铁路竣工150周年纪念日。这条全长3000多千米的铁路连接美国东西两岸，为美国近代发展作出巨大贡献。然而，参与铁路修建的上万名华工就如“沉默的道钉”，鲜为大众所知。

“华工参与了中央太平洋铁路最困难时期和最艰巨地段的兴建，也是完成铁路基础性工程的主力军。正因为华工的辛勤劳作，太平洋铁路得以提前7年竣工。”近日，北京师范大学历史学院教授、美国铁路华工研究学者黄安年接受采访，讲述美国铁路华工往事和那段中美交往历史。

黄安年介绍，1862年美国国会通过了旨在加快西部开发的《太平洋铁路法》，并于1863年开工建设太平洋铁路。这条铁路分为东西两段，由中央太平洋铁路公司承建的西段工程地形复杂，气候恶劣，不少工人畏难怠工，工程进展迟缓。无计可施之下，中央太平洋铁路公司决定雇用华工。自1865年起，大批华工从广东五邑地区赴美修路，铁路工程后期华工的比例甚至高达4/5。

“华工面临极其紧迫的工期、开山凿岭的艰难以及极其恶劣的气候环境，他们用最简陋的工具承担着最艰巨的关键性工程。”黄安年举例，在施工难度最大、最危险的加利福尼亚州西拉内华达山西侧合恩角，这些或许此前从未见过雪的中国南方人经受住了暴风雪的考验，在高达3000英尺（1英尺=0.3048米）的悬崖上，腰系绳索，身悬半空，用锤子和钢钎等工具和炸药爆破，一寸一寸凿穿坚硬的花岗岩，铺上铁轨。

华工们用生命铺就了太平洋铁路。据学者研究，数以千计的华工因山石爆破、隧道塌方、暴风雪灾和其他事故而丧生。这些逝去的华工或埋骨他乡，再难归来；或被送回故土，隐于荒山义冢。

然而，华工们的巨大牺牲和卓越贡献却与其境遇极不相称。“华工们是最诚实、最刻苦的劳动者，同时也是最受压抑、最默默无闻的劳动者。”黄安年说，不仅华工们的薪酬待遇低于白人工人，华工们也遭受着排挤和歧视。仅在铁路建成13年后，美

国颁布《排华法案》，禁止华人劳工入境，使得他们生存艰辛、无数家庭分离。

历史：重视华工精神

黄安年介绍，在1869年太平洋铁路建成后，铁路华工除很大部分回中国外，有的继续留在美国西部，或南下、北上、东移，向全美扩散形成若干以唐人街为中心的移民点。“像种子一样，扎下根来，继续为美国发展贡献力量。”

就如铁轨上的无数道钉一样，华工的贡献长期被忽视。近年来，中美两国的学术机构、民间团体及华工后人等着力发掘这段尘封的历史，聚焦铁路华工的学术著作、文艺作品纷纷问世，各类纪念活动接连举办。2014年5月，美国劳工部正式将美国铁路华工载入荣誉榜，华工群体获得迟来的尊重与敬意。

150年过去，美国华人已不复当年铁路华工的卑微境遇，而华人地位提升、扬眉吐气的背后，离不开一代代先辈打拼铺路。黄安年表示：“我们纪念这段历史，了解华人移民美国并逐渐融入的艰辛奋斗历程，是为了不忘来路，传承精神，增强华人的自豪感。”

历史亦照映当下。“华工修建太平洋铁路是一段交流合作的历史，美国近代的崛起包含着中国移民的辛勤奉献。一个半世纪前两国做到的，今天没有理由不能做得更好。”黄安年如是说。

（中国新闻网2019－05－09/冉文娟）

美国长岛铁路曾被称“死亡陷阱”　华工修建帮其正名

美国1万多名华裔铁路工人150年前艰苦卓绝，甚至牺牲性命，帮助完成太平洋铁路的修建的历史渐为人知。但华工还参与建设了东岸纽约州的长岛铁路，他们帮助这条被人们称为“死亡陷阱”的铁路重获旅客信任的历史，却少有人提及。斯坦福大学英文系教授谢莉·费舍尔·费金（Shelley Fisher Fishkin）即将出版的新书，还原了这一鲜为人知的事实。

1875年7月，当时名为长岛南铁路地段，即现今长岛铁路洛克威（Rockaway）部分铁路修建极不顺利，在短短一周多时间就出现两起事故，其中一起还导致9人丧命，当时铁路修建商急需人手在1876年夏季来临前完成修建任务，他们就找到在太平洋铁路工程中贡献良多且经验丰富的华工。这些华工在短短几周内就不负众望完成任务。费金的新书《华人与铁路：修建横贯大陆的铁路》对此有详尽的介绍。

书中说，1869年太平洋铁路竣工后，华工的身影虽然鲜少出现在史料记载中，但他们凭借着在太平洋铁路修建中积攒出的好口碑，继续分散到全美各地，帮助修建和维修了至少71条其他铁路线路，其中包括分布在美国南部、中西部，甚至东北部的铁路。

新泽西是这些华工在东海岸的第一站，1870年秋天，约500人抵达与纽约曼哈顿隔河相望的泽西市，其中150人开始新泽西Midland这一段崎岖险峻且从未有人开拓的铁路的修建。费金援引《纽约时报》当时的一篇文章指出，那时铁路修建工作繁重且艰难，最终华工的好口碑让铁路公司决定与他们签合同。

费金的书中写到，通过她找到的当年纽约本地报章文献可知，1876年华工修建长岛铁路的薪水仅为每天70美分，华工们生活在车厢改装的工棚里，晚上则睡在铁轨旁边，还经常受白人工人欺辱，因为他们认为华工的出现压低了整体工资水准，并导致一些白人丢掉饭碗。费金试图找到这200名左右修缮长岛铁路的华工的资料，但这些华工的名字已完全被历史长河吞没，没有任何记载。“他们是无名英雄，帮助这条在过去人们不敢搭乘的铁路，重获旅客的信任。”她写道。

（［美国］《世界日报》2019－05－13/金春香）

北洋水师水兵墓　孤悬英国百年

异乡百年　“大清故勇”安葬英国

1881年，200多名北洋水师官兵在丁汝昌的带领下到达了英国北部城市纽卡斯尔市，等待接收在这里订造的“超勇”和“扬威”两艘巡洋舰。

在英国期间，山东荣成籍袁培福、安徽庐江籍顾世忠两位水兵因水土不服去世，被安葬在纽卡斯尔的圣约翰公墓。

1887年，来自北洋水师的队伍第二次抵达纽卡斯尔，准备接收“致远”和“靖远”两舰。

连金源、陈成魁和陈受富三位福州籍水兵在这一次接舰行动中去世，也被安葬于此。

纽卡斯尔当地学者在*Armstrong's Ships and People 1884–1918*一书中对此有一些相关的记载。

先去世的是21岁的连金源、30岁的陈受富，是在纽卡斯尔医院里去世的。

1887年6月6日凌晨4点，接舰队伍的将官之一叶祖珪率领40人组成的队伍，在医院中用白布裹好逝者遗体装进棺材，同时将他们生前的衣服叠好，放在遗体旁边，盖上棺盖。

棺木入土后，送葬的水兵们按照中国的传统习俗，跪倒磕头，在墓前烧了一些纸钱。当时医院的护士还献上了一对花圈表示敬意。

六天后，同样在凌晨4点钟，另一位水兵陈成魁的遗体也被安葬于此。

辛亥革命前夕，清末海军将领程璧光率海圻舰环球访问，前往英国参加英国国王乔治五世加冕典礼时，专程前往圣约翰墓地吊唁，并重修了墓碑。

一张早期纽卡斯尔历史学者拍摄的照片显示，其中的三块墓碑上分别写着：大清故勇安徽庐州府庐江县顾世忠之墓、大清故勇山东登州府荣成县袁培福之墓、大清故勇福建福州府闽县连金源之墓。

在墓碑的右侧写着三人去世时立碑的时间，左侧写着重修的时间“宣统三年”（1911年）。

海外修缮　为国献身者应有尊严

自1881年算起，至今已经138年了，从1911年重修算起，也已是108年了。

100多年的风吹雨打，这些墓碑的现状已不容乐观。2016年5月，英国北部华人企业家协会开始筹备修缮工作。这一状况也引起中国政府的高度重视。

2016年，中国国家文物局委托中国文物保护基金会实施圣约翰墓园北洋水师墓的抢救性保护修缮项目。基金会委派北京国文琰文化遗产保护中心有限公司副总工程师张荣作为技术代表，于2016年9月25日前往英国纽卡斯尔对墓碑残损状况进行调查评估。

张荣介绍，五座墓碑中的连金源、袁培福、顾世忠三人的墓并排面对同一墓池，墓碑已经倒塌在地，碑身部分碎裂缺失，另外两座墓碑歪闪，基础沉陷，有倾倒的危险。

五座墓规制一致，由墓碑和墓组成。其中墓碑分为碑身、基座和基础三部分，碑身背面是灰色砂岩，正面镶嵌黑色花岗岩，碑文刻在黑色花岗岩上。

张荣说，陈受富和陈成魁的墓，墓碑保存较完好，只需要进行基础加固和墓池的积土覆盖。另外三墓的墓碑已经完全倒塌，需要在稳固基础后，对碑体进行加固、重装，补配缺失构件，并恢复墓池。

圣约翰墓园属于英国遗产体系登录的2级注册园林和公园。张荣说，这相当于中国的文物保护单位，因此墓园的修缮工作要符合英国相关的遗产保护规定，整个过程遵循“最低限度干预”与“使用恰当的保护技术”原则。

“按照英国的要求有很严格的程序。”张荣说，“我们只能提出修复要求，其他设计、施工等都是由英国的有资质的施工单位来做。”

2016年11月30日，中国文物保护基金会发布了“北洋水师英国墓地修缮公募项目公告”。这是中国文物保护基金会自成立以来，启动的首个海外文物修缮项目。

“项目旨在修复已倒塌的三座水兵墓碑、维修保养另外两座水兵墓碑避免发生类似损坏。”公告中写道：“一百多年前，墓碑有的倒塌，有的断裂，急需维修，以示炎黄子孙血脉相承，以予为国献身者的应有尊严。”

根据公告，预计预算总计47936.26英镑，约合409797.50元人民币。

筹备期间，英国北部华人企业家协会会长戚勇强先后多次与英国当地政府及相关机构探讨修墓事宜并前往北京与中国文物保护基金会讨论工程安排。在商定好所有细节后，英国当地时间2017年6月21日，墓地修缮正式开工。英国北部华人企业家协会全程负责修复过程中的记录与监督工作。

档案发现　属于中国政府的“飞地”

在北洋水师水兵墓修缮期间，英国北部华人企业家协会会长戚勇强也在当地寻找相关的资料。

戚勇强在纽卡斯尔市档案馆查询了墓地档案，1887年去世的三人墓地是在当年6月30日，由一名叫“Fong Yah Jang”的人购买。

海军史学者陈悦推测：“购买墓地的署名者很可能是当时清政府驻英国使馆的工作人员。”

当时购买三方墓地共花费15英镑。按照当时的购买力，15英镑可以买下半栋别墅。

戚勇强说，此次纽卡斯尔方面还专门出具了证明文件，表明墓地属于中国政府所有。

张荣勘察后发现，这五方墓地，墓位于墓碑的前方，在两侧的两方墓地由三条砂岩石与墓碑基座共同围合成长9英尺、宽4英尺的墓池，三方排在一起的墓共用一个长9英尺、宽12英尺的墓池。五方墓合计占地180平方英尺，大约为16.7平方米。

中国文物保护基金会理事长励小捷表示，墓地是当时清政府出资兴建的，属于中国政府的“飞地”，是中国留存海外的珍贵文化遗产，由中国募捐维修，可谓顺理合情。

历时两年　五方水兵墓修缮完毕

经过近两年的施工，五方水兵墓修缮竣工。

英国当地时间2019年6月14日上午10点半，竣工仪式在墓地所在的纽卡斯尔圣约翰墓园举行。

当天下起了小雨，雨花飘落，融入泥土，带去哀思。竣工仪式上，施工验收单位北京建工国际英国公司通报修缮工程验收情况，并向中国驻英国大使馆代表递交了竣工报告。

中国甲午战争博物院，中国近代海军起点所在地福州马尾区人民政府，多年来一直进行近代海军历史报道的封面新闻、华西都市报以及中国近代海军口述历史研究中心等代表相关方面发去函信，向守护这段历史、为该项目付出辛勤努力的组织和华人企业家致以崇高敬意。

当年接舰军官邓世昌的玄外孙叶伟力代表近代海军后裔向墓地敬献了花圈。英国东北区女王代表也来到现场，向墓地献花。在仪式现场，还有一位身着戎装的英国皇家海军的代表，献花后，郑重地向百年前的中国海军人敬礼。中国驻英国大使馆公使马辉在修缮竣工仪式上说，在英中国留学生和侨界积极呼吁对水兵墓进行抢救性修缮，给予为国献身者应有的尊严，帮助中国人民铭记历史。

“这是一次中国政府、企业、民间机构以及海内外炎黄子孙通力合作，中英密切合作保护中国海外文物的成功实践，具有重要意义。”马辉说，“中国人铭记这段悲壮、辛酸的历史，就是为了勿忘国耻，励精图治，实现民族复兴，以便为世界和平、稳定、繁荣做出更大贡献。”

纽卡斯尔市议员特雷莎·卡尔内斯说，希望更多英国人了解这些中国水兵的故事，也希望有更多关于他们的记录被发掘出来。

戚勇强说：“百年前，我们被打断了脊梁忍辱负重，百年后，我们扶起了墓碑扬眉吐气！谨以此告慰英灵，愿国人莫忘历史，世代奋勇前行。”

历史深处　百年前曾设立维护“基金”

前期勘察过程中，戚勇强发现，1887年埋葬的一位水兵墓碑的基座上刻着一段文字，再结合其他史料，可以得到这样一个信息：此墓碑及临近另外两座墓碑由“致远”和“靖远”两舰官兵所立。为了给这些水兵墓提供以后持续的维护，一笔款项以托马斯·哈立德先生的名义投资，他会用这笔钱产生的年息，对墓地进行修缮。

目前戚勇强正在查找纽卡斯尔的相关档案，希望能发现托马斯·哈立德的相关信息。

此外，据参与1881年接舰的文案池中祐在《西行日记》中记载，即将离开英国时，曾委托英国姑娘Annie姐妹照看袁培福、顾世忠两位水兵的墓。

当时，池中祐把Annie翻译成“意腻”，她是池中祐在英国时结识的恋人。池中祐在日记中记载诸多和Annie的交往故事。

根据池中祐当时记载，墓园为“土山一座，皆墓丛也”，“袁、顾两墓相去盈尺”。

在离开英国前，池中祐最后一次来到意腻家中。他请意腻和她的姐姐玛其梨代为照顾两方墓地。

“玛其梨许余他日过袁、顾墓为栽花，盖英俗礼拜日士女多往墓上栽花，善举也。”池中祐在日记中写道。

在2012年拍摄的照片中，还能看到在陈成魁墓前正开着花的黄水仙。有说法称，这种黄色的花，它的含义是“给那些永远不能还乡的人”。

还有一种说法称，这五方水兵墓与墓园中的其他墓碑不同，这五座墓碑都是中式样式，与当地人的墓碑相背而立，朝着中国家乡的方向。

戚勇强向封面新闻记者介绍，经过实地测量并不是这样的，墓碑的方向是按照当地墓地统一规划的。

其实，不管他们墓碑朝向何方，即使在百年后的今天，国人依然会记着他们，记着这些为国献身者。

（《华西都市报》2019－06－20/王国平）

张修隆：最后的琼籍南侨机工

张修隆

几天之前，张修隆度过了自己101岁的生日。在80年前的烽火岁月里，张修隆和一群年轻人放下南洋的生计，告别家人，不顾山高路远，毅然回国，加入抗战。

历时三年，3200多位南侨机工穿越滇缅公路的生死线，在敌人的飞机炮火下，保障抗战物资的输送。1000多名南侨机工牺牲在这条路上，在怒江边迎来生命的谢幕。80年后，生还的2000多名南侨机工，只剩下3人在世。

张修隆是唯一在世的琼籍南侨机工。他的激情，是滇缅公路炸开的炮火，他的青春，是无数国人铭记的峥嵘岁月。他和他们，是不能忘却的丰碑。

长于南洋畔　慷慨赴国难

1939年8月，新加坡马六甲。当离别的汽笛吹响，岸上的亲人依依不舍，船上的年轻人靠着船舷挥手，船身都被压得倾斜。张修隆独自望着远方，他没有亲人送行，瞒着所有人，他要去往生养他的故土。

1918年，张修隆出生于文昌抱罗镇里隆村，家中农田稀少，生活困苦，小学还未毕业，他就跟随舅舅下南洋讨生活。凭着勤劳肯干，到了1937年，张修隆和舅舅已经有了稳定的事业，梦想着开办咖啡种植园，实现淘金梦。

然而，当年7月7日，卢沟桥的一声枪响，宣告日本全面侵华战争的开始。远在南洋的张修隆，只能通过当地报纸了解国内局势，心急如焚，却只能望洋兴叹。1938年，日寇铁蹄西进，军队和重要机构陆续撤往西南大后方，刚刚抢通的滇缅公路成为中国对外联系的重要通道，其中包括弹药物资的输送。

1939年初，中国大半领土和沿海沿江港口尽失，滇缅公路成了唯一的物资通道。随着物资运送量日益增加，司机和机修人员严重紧缺。“没有子弹，如何抗击日寇？没有药品，如何救治伤员？”爱国侨领陈嘉庚发出“南侨总会第六号公告”，号召华侨中的年轻司机和技工回国参加抗战。

提笔不知从何起，唯有泪湿半幅纸。没有留下家书，不会开车、不会修车的张修隆，仍有一腔爱国热血。“没有告诉家人，这是我的决定，要为祖国尽力。”1939年8月17日，张修隆瞒着舅舅和家人，登上归国的轮船，作为3200多名南侨机工的一员，挥别南洋，以满腔报国志，赴生死一线天，故土重归时，不负四万万国人之期待。

鏖战怒江水　山岭护国脉

作为当时中国唯一的对外物资通道，滇缅公路上空布满了敌机，轰炸不断。绵延盘绕的公路下方，是望不到底的悬崖，以及奔腾的怒江。上下皆为险境，却是南侨机工所处的战场。“我没有什么好怕的，就是来和敌人斗争的。”提起当年的侵略者，101岁的张修隆目光如炬，眼里仿佛能看到那位身着制服的年轻人。

抵达昆明后，张修隆和其他南侨机工一起，迅速接受了汽车驾驶和维修培训。一刻不停，随即奔赴仰光，接收运往东方主战场的弹药物资。

南侨机工陈正伟回国时，刚刚新婚三个月，爱人还怀着孩子，为了抢运物资，陈正伟在滇缅公路遭遇日军飞机空袭，连人带车翻进怒江，尸首难寻。第五批南侨机工领队蔡世隆，回国后工作辛劳，不慎染上疟疾，高烧不止，几天后病逝，年仅26岁。

更多年轻的名字，永远留在了这条1146千米长的滇缅公路。1939年到1942年期间，共有1000多位南侨机工牺牲，几乎每公里倒下一人。

张修隆在车队负责运送汽油，稍有火星弹片，就会葬身火海。“不仅要小心驾驶，耳朵还得灵，一听到飞机发动机的声音，就必须马上找地方隐蔽。”无数次，炸弹就在张修隆的不远处爆炸，溅起的泥土数米高，“我什么都不怕，大不了一死，我不怕”。

每次回到昆明，总能听到工友牺牲的消息。看着照片，张修隆只能把悲伤往心里藏，把更多的货物装在车上。

对于那时的中国，滇缅公路就是大动脉，藏身山岭之中，南侨机工们保障的物资运送，就像川流不息的血液，不能被切断。

浴血荡寇志　历史永不忘

根据现存的资料统计，1939年至1942年之间，南侨机工共抢运了50万吨军需物资。由于部分物资资料遗失，实际运送物资的数量会更多。1940年，侵华日军研究中国军力变化的数据后发现，经过几年的战争，中国军力反而比1938年强，其中步枪增加到150万支，轻机枪6万多挺，其他火炮2650门。

这一切，离不开南侨机工们一次次冒着危险，从仰光出发，经过曲折险峻的滇缅公路，穿过怒江之上的惠通桥，将弹药物资送往昆明。

1941年12月7日，日军偷袭珍珠港，太平洋战争爆发，缅甸、泰国、老挝相继在5个月内陷落。仰光成了一座“孤岛”，张修隆和其他南侨机工们在前面运送物资，敌人的部队和飞机在后面紧追不舍。1942年5月，日军逼近怒江西岸，中国军队被迫炸毁惠通桥。南侨机工队伍被遣散。幸存的2000多名南侨机工，各谋出路，张修隆来到昆明机场担任技工，仍然决心尽一份力，与同胞一起，抗击侵略者。1945年8月15日，日本宣布无条件投降。中华人民共和国成立后，喜悦的张修隆回到家乡里隆村。

乡亲只知游子归家，不知游子赴国难，九死一生。张修隆没有提起过南侨机工的经历，连爱人和孩子都不知道。日出而作，日落而息，他成了地地道道的农民。

2010年，一次偶然，张修隆的南侨机工身份才被披露。此时的张修隆，已经92岁，看着“赤子功勋”的牌匾，那段记忆好像上辈子的事。模糊，又依稀记得，他一辈子不会忘记；惨烈，却又峥嵘，那段岁月，国家和人民，也不会忘记。

（《南国都市报》2019－08－15/贺立樊）

峥嵘70载，伦敦中国城的中国故事

“Let’s SELFIE here!”（我们在这儿自拍吧！）伦敦中国城“伦敦华埠”“英伦呈祥”两个牌楼下，这样呼朋唤友自拍的场景每天都在上演。时值中秋节和中国国庆节的双节期间，大红灯笼高高挂起，夜晚和白天的红色景致各有特色，来打卡的游客们就更喜庆了。

但是，这些成群结队的游客们大概不知，就在70年前，这里还不是中国城。伦敦唐人街的建立时间没有明确的年份，但是从20世纪50年代开始，爵禄街（Gerrard Street）上开始出现了华人的身影。

“爵禄街是唐人街的中心街道，虽然现在的中国城已经是一片区域，但是曾经，唐人街特指的就是这条街道。”中国站（China Exchange）中国城口述历史项目The Making of Chinatown负责人之一马萧描述。

中国站，是坐落在伦敦中国城爵禄街32号的一个文化交流中心，原址是伦敦电话总机室（BT Telephone Exchange）。站，有来有往，即平台。2015年2月19日，中国香港著名慈善家邓永锵爵士（Sir David Tang）带领这个曾经的信息交流中心，翻开了新的一页，成了“外国人看看中国，中国人看看世界”的站点。中国驻英国大使刘晓明、英国威尔士亲王查尔斯王子及妻子卡米拉一起在2015年农历新年的这一天，为中国站揭幕。

中国城口述历史项目The Making of Chinatown是中国站今年夏天的展览。主创团队通过采访生活在英国的26位不同年龄段、不同身份背景，甚至不同文化背景的华人，讲述了那些不为人知的中国城的中国故事。

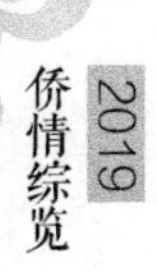

不为人知的信息中心——No. 20 俱乐部

曾经的爵禄街20号是一个华人俱乐部。和当时的其他华人俱乐部一样，这个几乎没有史料记载、在网络上甚至没留下只言片语的俱乐部是曾经的唐人街信息中心。在那个信息闭塞的年代，许多华人移民们到伦敦的第一站就是这家20号俱乐部，它是不少移民们进入（英国）这个国家这个社会的入口。

中国站执行总裁芬雅（Freya Aitken-Turff）告诉我，因为年代久远，所以即使在The Making of Chinatown的采访中，也只有少数几位受访者知道No.20俱乐部。我们对于这个俱乐部的想象，也是来自受访者们只言片语的描述。

“从我们采访到的故事可以想见，No.20俱乐部是以男性为主，少有女性进入。那个时代，整个苏荷区（Soho）都是很乌烟瘴气的，色情业活跃，毒品猖獗，是一个暗夜之地。也正是因为这个原因，区域内的租金便宜，是一个初来乍到的人相对容易可以开始工作和起家的地方。所以那个俱乐部可以说是一个男性社交俱乐部，找工作、找老乡、找能说话的人，抽烟、打麻将、聊天，是一个通过各种方式拉关系的地方。”

就这样，一个俱乐部的信息通达出一条街，就是当年唐人街的一个缩影。

从唐人街到中国城

现在的中国城一共有14条街道，还有爵禄街、新港坊（Newport Place）、新港园（Newport Court）、丽人街（Lisle Street）、华都街（Wardour Street）和麦高田街（Macclesfield Street）六条步行街道，成为伦敦市中心的重要地标。曾经的爵禄街区域里只有零星几家粤餐厅，到现在中华美食俱全，中国城成为伦敦重要地标的转折是1985年伦敦西敏市地区政府对整个区域的规划。

说到西敏市地区政府对于中国城的建设，其实也是向世界看齐的结果。“说到世界范围内的中国城，要看北美，其中属旧金山和纽约的最有名。这些城市的中国城经过一系列的规划和重建，成为城市旅游的必去地。越来越多人想要吃亚洲美食，首选就会是中国城。西敏市政府也是看到了伦敦唐人街的潜力，想要吸引更多的游客。”芬雅这样解释。

同时，芬雅还提到了另外一个重要的原因，就是政府对少数族裔的欢迎态度。“中国城作为少数族裔经营生意的聚集地，政府正式规划命名中国城也是为了表明欢迎的态度，想要告诉更多的中国人，英国欢迎他们。不管是来旅游，还是已经移民了的群体。”

从1985年之后，伦敦华埠的影响力越来越大，这一点从伦敦华埠商会每年春节期间举办的特拉法加广场新春庆典就不难看出。2002年，伦敦华埠第一次在特拉法加广场举办春节庆祝活动，此后每年如此，十几年来从未间断。而如果说一开始春节是华人自己庆祝的节日，到了今天，那就是伦敦甚至整个英国庆祝日历上的常规节日，可以说，已经鲜少英国人不知道中国春节了。

中国城里的故事

“虽然现在我们看到的中国城的历史只能追溯回20世纪50—60年代，但是中国移民的历史是很久远的，只是不为人知。之前也没有人将其形成文字等记录下来，所以我们中国站要做的就是将这些珍贵的记忆保存下来，建成档案，让更多的人知道这些故事。”芬雅说。

芬雅给记者讲了一个项目受访者的一个故事。“我们一位受访者在1965年的时候和家人一起搬到了英国，她讲述了一段有关她一个叔叔的经历。”“这位叔叔从很早的时候只身一人离开香港来英国打拼，后来开了自己的餐厅，算是很成功。当时这位先生来到英国的时候，还留着长辫子。到了英国之后，入乡随俗，他就剪掉了这个辫子，但是被剪掉的头发一直被他保留着。他过世后，遗体没能如他生前所愿回到故土。在知道这样的遗憾后，他的一位同乡找到了他这截头发，然后送回了这位先生家乡的家里。”“这只是很多故事中的一个，都是关于人，关于他们离开故土、为了生活的牺牲、挣扎和爱的故事。”

承载的情感是故乡

马萧说，不同于伦敦其他移民社区，伦敦中国城是特别的，因为它并不是一个华人居住的地方，更像是一个社交的地标，承载的是“家”的情感，也是很多年轻一代华人对自我华人身份背景了解的切口。

潘记餐厅创始人William Poon也是20世纪60年代来英国移民的老华人，他分享了自己儿子的故事。早年间一次和父亲还有子女回香港，他的儿子在到了香港的第二天就问爷爷：“爷爷，香港的唐人街在哪里？”潘老说，这就能看出来，虽然那个时候儿子对自己的华人身份认知不明晰，“唐人街”是他想要了解自己原生身份的一个切口，孩子们知道，在那里，也许能找到他们血液里的故乡。

马萧也表达了类似的观点：“更重要的一点是，中国城承载的是海外华人家的情感，更重要的是让更多不同背景的人来到中国城，让中国背景的人感受到近距离、回家和自豪，也让其他人‘了解’。”而通过The Making of Chinatown项目，很多老华人的子女们更直接地开始了解自己先辈的经历和故事，开始了解自己的身份。

芬雅告诉记者，他们的受访者中有一位老人，他的一生很传奇，却很少向他的子孙讲述自己的故事。展览展出后，老人带着英国出生的子女以及孙子、孙女来看了展览，他的孙女特别感兴趣，开始问他很多问题，有关于她的华人身份的（作为华三代）问题。之后再一次看到这位老人的时候，芬雅得知，他的孙女现在开始不使用她的英文名，而是使用中文名字了。

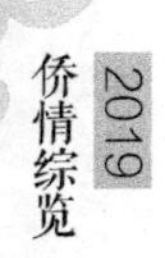

马萧说，我们想记录中国城的故事，然后讲好中国故事。芬雅和马萧也在挖掘更多的故事，研究更多的不为人知的历史。这些，让我们从她们的新书《中国城的故事》中继续寻找。

（［英国］《英中时报》2019－09－27/王冬蕾）

探访印度尼西亚巴厘岛百年“中华老街”：见证华人奋斗史的南洋流风遗韵

“我们到‘中华老街’喝杯咖啡。”一有空闲，在印度尼西亚巴厘岛从事旅游产业的赖洪元就想着到该岛的老街走走逛逛。到巴厘岛打拼6年时间，作为印度尼西亚福建龙岩商会会长的赖洪元看遍了该岛的美丽山水和海景，而逛“中华老街”是最令他心情舒畅的一件事。

老街位于巴厘省会登巴萨市的北部，街名叫加查马达（印尼文Gadjah Mada）。

如同中国许多城市都有“中山路”一般，在印度尼西亚，从首都雅加达到许多省会城市，都有“加查马达街”。其街名源于纪念十三至十四世纪该国历史上最强大王朝满者伯夷的三朝国相“加查马达”。这位国相因为治理国家的功绩被尊为印度尼西亚民族英雄。

说不清是偶然还是必然，因为印度尼西亚所有城市的“加查马达街”都是该城最繁华商业街，因此也就是做生意的华人华侨最集中的街区。

登巴萨市也是如此。这条已有上百年历史的老街，曾经是该市最繁华的商业中心，1000多米的街道两旁，集中了各行各业批发门店，而这些门店的主人绝大部分为华人华侨，“中华老街”之名由此而来。

骑楼式街面、红砖柱子、在中国闽南地区很常见的红色“尺二”地砖……因为MALL式商业兴起，如今的中华老街早已没有了往日的繁华，但其承载的厚重海外华人华侨奋斗史则在每一根红柱、每一片地砖中诉说。

“中华老街”现状

老街入口不远处的一家老咖啡店就是那段历史的缩影。20世纪20年代，福建安溪龙门人周钟锦“下南洋”来到巴厘岛，在“中华老街”开办“绵益”商号做土特产生意，购置了临街的商住门店，1935年开始经营咖啡生意，如今依然香飘“中华老街”的咖啡店便是那时开设的。

“1955年我父亲周鸿儒从祖父手中接过咖啡生意、投资创办咖啡工厂并注册了‘环球蝴蝶’品牌；如今我弟弟周有为成为第三代‘掌门人’”，现已定居中国香港从事中国茶叶国际贸易、恰好回巴厘岛探亲的周钟锦75岁长孙周才元说，因为三代人一直坚持的品质要求，80多年来简陋的老街咖啡店成为品读华人商业文化、追忆华人奋斗历程的寄托，时至今日每天都顾客盈门。常常到此怀古悠思的既有平头百姓，也有达官贵人。

已有80多年历史的老街咖啡老店

老咖啡店里保存了许多老照片、老物件。中国驻登巴萨总领事苟皓东称赞老街咖啡老店蕴含旧南洋的流风遗韵，是华人华侨海外奋斗的缩影，令人百感交集。“逛逛老街、品品咖啡，听老辈华人讲讲创业和守成的故事。每一次来都有感触，都有收获”，赖洪元说。

（中国新闻网2019－10－04/林永传）

海外华人研究开拓者王赓武：身为华人，何处为家？

王赓武，1986—1995年间担任香港大学校长，目前任新加坡国立大学特级教授。曾任教于多个国家，在东南亚史、南洋华人史等研究领域蜚声中外。

1930年，王赓武出生在荷兰殖民统治下的苏腊巴亚（泗水），如今印度尼西亚第二大城市，距离家乡江苏将近两千公里之遥。在接下来的十几年中，王家人数次试图回国未果，最终落脚在了英国治下的怡保，如今马来西亚霹雳州首府。

在耄耋之年，当王赓武撰写回忆录时，他写道：“等待回归中国，但最终回到马来西亚的早年经历，对我人生道路的影响超出我的意料。”但也是这一转折，令他走上了海外华人研究之路，并成为主要的奠基人、开拓者之一。

王赓武

这一切，还需从王赓武父母的移民经历谈起。

王父通常对家谱闭口不谈，对年轻

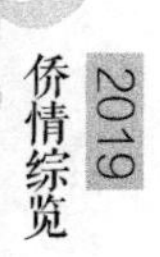

时的往事也绝口不提。关于父亲及其祖辈的故事，王赓武多是从母亲那里，经年累月，如同拼图般，用历史学家的细腻笔触，拼凑而来。

王父名宓文，字艺初，祖籍河北，1903年出生于江苏泰州。1911年，他父亲八周岁，与祖父母在武昌见证了起义。后来，王家人在朋友帮衬下，逃出武昌，回到了泰州。不过，即便按照当今的标准，祖父王允成也算不上什么成功人士。他不善经商，在朋友介绍下进了银行，但事业也未见些许起色。

所幸，子未承父业。自小，王宓文在家族中最钦佩的就是叔祖王宗炎。当年，王宗炎是出了名的儒家学者，而叔祖的儿子王冶山则在武昌办学。王宓文追随叔祖父子的脚步，在武昌系统研习了儒家经典、颜体书法及古代诗歌。12岁之后，王宓文开始涉足西学。他进了泰州一家新式学堂，专攻英语和数学，甚至在大学毕业后还曾回到家乡，于该校短暂任教。

王宓文真正走上教书育人的道路，还得追溯到他在国立中央大学（当时为南京高等师范学校、东南大学）的时光。该校创办于清末，几经易名，成为如今南京大学、东南大学和台湾“中央大学”的前身。当时，校长郭炳文深受美国教育哲学影响，曾师从约翰·杜威（John Dewey，1859—1952）和保罗·孟禄（Paul Monroe，1869—1947）。在郭炳文的竭力推动下，杜威和孟禄在国立中央大学讲学数月，使该校一时声名大噪。郭炳文还诚邀陶行知担任教育学院院长，进一步推动教育改革。

就是在那样的环境中，王赓武的父亲选择了英语文学和教育专业。毕业后，王宓文延承母校开放自由的教育理念，在东南亚华侨教育中身体力行。1929年，王宓文出任印度尼西亚爪哇岛苏腊巴亚市华侨高中校长，那是当地第一所华人高中。

当王宓文在东南亚的事业步入正轨时，他在泰州的父母也开始为他物色结婚人选。当时的王家并不富裕。事实上，一家之长王允成正值失业，家中开始需要依赖王宓文的海外工资接济。谁家的女儿愿意过门之后立即远赴东南亚，开始完全陌生的人生之旅呢？这时候，王家父母看中了附近东台镇上丁家姑娘——丁佩兰。

丁家祖籍镇江，文官世家，祖上在盐务局办事。19世纪中期，太平军逼近镇江，丁家这一支逃到了东台。虽然丁家族长希望后代子承父业，考取功名，但20世纪初科举制度的结束，迫使一些丁家子孙另谋生路。过去务盐的人脉和经验派上了一些用场，丁家的生意为他们在东台立足起了不少作用。但清朝垮台后，他们原来的人脉瞬间崩塌，擅长儒家经典的文笔并不能帮助改善生意，一些家族中的男子相继染上大烟，丁家开始分崩离析。

从小见证家族由盛转衰的丁佩兰，明白知识的重要，但也相当务实。1905年出生的她，上有一个哥哥，下有一个妹妹。丁佩兰出生时，丁家还未衰落，诗书礼仪、琴棋书画都是丁家女儿的必修课。她练得一手漂亮的小楷，喜读流行小说，甚至包括父母不允许接触的《红楼梦》。在丁佩兰看来，如果男孩在很小的时候就对学习充满热情，并且聪明过人，那么求知也无妨。但若是资质平平，父母家人也当

苏腊巴亚（Surabaya）老城

支持其发展更为实际的才能，以便将来在社会上立足。这种性格上的务实性也体现在了她后来对儿子人生选择的支持上。

1929年，距辛亥革命爆发十八年，距五四运动也有整整十年。新文化运动刮起来的风还未过，江苏附近的上海已成了当时亚洲最多元的城市，女性从着装到生活伴侣选择也正发生各种改变。但在东台和泰州，绝大部分婚姻依然遵循父母之命、媒妁之言。多年以后，在丁佩兰用小楷写下的日记中，她如此写道："我与宓文于一九二九年二月完婚，直到婚礼以前，我们素未谋面。令人诧异的是，我们彼此之间均有好感，照顾彼此，互敬互爱，同甘共苦，几十年如一日。"

婚后不久，王宓文便与新婚妻子一道，踏上了远赴苏腊巴亚的旅程。1929年10月29日，美国华尔街股灾全面爆发。大萧条如瘟疫般，开始在全球蔓延，各国经济均不同程度地受到了经济衰退的影响。西方对工业原材料和农产品需求骤降，以出口贸易为主要经济支柱的南洋各国，成了第一批国际贸易重灾区，大量在种植园打工的中国和印度苦力被遣送回国。

王赓武出生时，全球正深陷经济萧条的泥潭。他父亲任职的苏腊巴亚华侨高中勉力维持，但由于建校资金基本来源于当地华商，其运作也日益艰难。王宓文与妻子又苦撑一年有余，最后机缘巧合之下，决定接受怡保中文学校的聘书，担任助理校监。在当时的王宓文看来，英国治下的马来联邦是他们回到中国的中转站。带着这种希望，一家人启程了。

对初来乍到的王家人，20世纪30年代初的怡保确实给他们一丝归乡的亲切感。当地经济以采矿业为主，20世纪10年代一场大火将怡保旧街夷为平地，在殖民政府的号召下，当地华人矿家开始更多参与房屋重建和其他市政建设。1920年代飞速发展的采矿业使当地华人获益颇丰，虽然1930年大萧条对当地经济打击很大，但当时市民生活还是基本依赖华人商铺，还能维持当地华语学校的基本运转。

怡保（Ipoh）

格格不入。”多年后，王赓武在回忆录中提起当时的经历，依旧历历在目。“父母和他们的朋友在家关切之事，与学校里老师、同学忧心所在，对比着实强烈。我们的老师谈论着大英帝国，还有帝国在欧洲面临的危机，但他们从未提起过中国，也未提日本侵华战争对南洋的我们可能造成何种影响。甚至，学校中的华人朋友也不曾公开谈过那场日本侵华战争。”

虽然殖民政府及所属学校、媒体并不那么关心中国局势，但王赓武的父母、同侨及当地华人华商已经开始为远方的亲人筹集战时资金。他的母亲丁佩兰还加入了当地妇女组织，有时会带上王赓武去附近募捐。父母还开始带他去新镇的影院，观看当时在海外华人圈流传甚广的各种华语影片，从《八百壮士》《马路天使》到《木兰从军》，都给他留下了深刻印象。

忧虑、困惑、愤怒——各种强烈的情感，在父母和其他成年人口中自然转换成了“救国”“爱国”“民族兴亡”。但在当时还未满十岁的王赓武心中，那些都还停留在最本真的情感层面，那些情感如一层层迷雾，将那个他只短暂停留过几周的“中国”紧紧裹在其中。

但对年幼的王赓武而言，那种格格不入的感觉，或许才是其日后不断探索反思的原始动力。作为独子，他经常好奇为何他不像其他华人孩子一样，有兄弟姊妹的陪伴。母亲甚至告诉他，由于要准备随时回国，他们需要足够的存款，也就没有经济能力再多要孩子了。除了参与抗战募捐，他的父母极少参与任何当地庙会、祭祀等社会活动。他既留恋怡保的学校、朋友，也向往父母口中的中国、故乡。大部分时候，他都觉得自己和父母更像是旁观者——确切地说，随时准备离开的留居者。

这种随时准备离开但又在当地留居的人，还有另一种称呼——陌生人。齐美尔（Georg Simmel，1858—1918）在1908年的名篇《陌生人》中，以欧洲中世纪城市中犹太人为例，认为陌生人虽近实远，既远又近。他们并非朝至夕发之人，而是从一个地方流动到另一个地方，并且安寨扎营、寻找生计，但又与当地人保持一定距离。陌生人有着本地人没有的自由，但也许面临被猜忌甚至迫害的危险。他们的位置决定了他们旁观者的心态，但也赋予了他们得天独厚的流动性，还有鸟瞰全局的视野。

这也从某种程度上解释了为何王赓武于十岁时，对世界地图产生了强烈兴趣。十岁生日时，父亲送给他一份彩色的世界地图。课后，他不再出去跟朋友玩耍，而是待在房间里，反复寻找各种大洲、海洋、国家、城市、山川、河流、岛屿、海峡的名字，在笔记本上写下那些名字的清单，想象不同名字背后的故事。那份地图让十岁的他意识到，哪怕是号称日不落的大英帝国，其版图在世界上也只占了很小的一部分，而中国虽然距离怡保很远，但在一张世界地图上，也并不遥远。

“从那一刻起，每当我对自己是谁、身处何方感到不安时，我就会想到那张地图和我的清单，内心就会感到一种平静的愉悦。我会想到上海、伦敦，也会想到霍雷肖·纳尔逊（Horatio Nelson，1758—1805，英国海军将领）和岳飞。但不管是谁，从1931年到1941年，王家人住在怡保的绿镇，距离附近的新镇不远。新镇四周河道环绕，交通便利，华人商铺林立，教育和医疗条件发达。除了政府出资的安德森中小学，本地的天主教修道院，以英文授课的中英女子学校，还有以中文授课、男女分校的育才中学和霹雳女中，以马来语为授课语言的学校则在附近的甘榜——也就是马来语中的村庄。相比之下，绿镇宁静得多，居民主要以非欧洲人为主，大多数居民就职于和政府相关部门。

当时，王家人既感到亲切，又很不适应。其中一个原因，在于语言不通。

怡保的华人华商主要来自广东和福建，大多说闽南语、客家话和粤语。王宓文和丁佩兰的祖籍均在北方，北方方言与国语差距不大，但与南方方言则天差地别。所幸，就王宓文工作性质而言，学校上课、课本、教师之间均能用国语交流。丁佩兰则在当地人女佣阿兰的帮助下，稍稍学了一些粤语，方便日常交流。

在区分一代和二代移民体验时，或许语言习得是最重要分水岭之一。对王宓文和丁佩兰而言，他们的母语无可置疑地只有国语和家乡方言，除此之外，王宓文也精通英文。但对年幼的王赓武则不然，当时他所居住的南洋，或许是全世界文化和语言最多样化的地区之一，也是多种语言自然习得的最佳环境之一。

在当时的绿镇和新镇，王赓武的生活环境中充斥着各种语言——女佣阿兰说的粤语，父母讲的国语和江苏方言，来往客人口中的上海话，商铺里的客家话、闽南话，街头的本地马来方言，寺庙中的孟加拉语、旁遮普语、古吉拉特语，邻居的僧伽罗语和泰米尔语，还有殖民政府大力推广的英语。

从五岁开始，王赓武便开始在两种语言世界中穿梭。一开始，母亲希望他能够和当地绝大部分华人孩子一样，进入当地华语学校，担心不久之后若是回到中国，他的中文水平跟不上。但接受过中西教育的父亲说服了母亲，把他送进了家附近的马克斯威尔小学。同时，父亲开始在家教授中文，从三字经开始，辨读文言文，培养阅读经典的能力。这种早年的多语环境和双语教育，无疑为他日后走上海外华人研究的道路打下了坚实的语言基础。

尽管当时的政治和文化环境极其复杂，王赓武的父母并没放弃回到中国的希望。他们一方面省吃俭用，将一部分收入寄回老家，另一方面观望政局，寻找回去的适当机会。1936年，五岁的王赓武已经记事。在他记忆中，那一年，全家人短暂回国探亲，母亲开始一点一滴告诉他祖父母的故事。这是祖父母第一次见到孙子，自然也激动万分。但纵有万般不舍，老人们依然劝儿孙留在南洋工作，继续观望。

这种近乎本能的生存抉择看似残忍，却也是当时许多华人留居海外的无奈之举。1937年，日本侵华战争全面爆发。王家人回国的希望开始变得遥遥无期，不仅如此，战争也开始影响到南洋各殖民地。1939年，欧洲战事爆发，英国不可避免地卷入了战争。1941年底，日军开始入侵英国治下的马来联邦，第一批炸弹在怡保上空爆炸。

“随着日本侵华战争的爆发，我日渐发现自己华人的特性太过明显，在学校中

Home Is Not Here 封面

无论何方，那些地方和人都成了版图上可知的一部分。我开始意识到，没有什么能阻挡我去了解他们。如今回首，我相信当年的无意之举，让那种格格不入不再难以忍受。我开始确确实实地感到，与他人相比，或许我也没有什么本质的不同。”

二战结束后，王赓武在父母的支持下，于1947年考入南京的国立中央大学，进入外语系英文专业就读。一年之后，内战吃紧，一家人返回中国的最后希望破灭。王赓武回到马来亚联合邦，获得硕士学位，于1957年留学英国，在伦敦大学亚非学院获得博士学位，在之后漫长的半个多世纪，先后于马来亚大学、澳大利亚国立大学任教，并于1986—1995年间担任香港大学校长，目前任新加坡国立大学特级教授。

撇开海外华人学者的各种称号，或许，王赓武一生孜孜不倦探寻的问题不过如是——身为华人，何处为家?

（作者注：文中引用的片段均为本文作者翻译，出自2018年出版的王赓武自传*Home Is Not Here*。）

（《东方历史评论》微信公众号2019－10－30/王菁）

马来西亚森美兰州一华人义山发现华裔甲必丹墓　见证华人努力

日前，马来西亚森美兰州芙蓉市李三路华人义山发现一座甲必丹古墓，这座墓不仅证明当地出现过甲必丹级别的华裔领袖，更展现了华人在芙蓉开埠与发展史中做出的努力。

“甲必丹”是当年葡萄牙及荷兰在印度尼西亚和马来西亚的殖民地所推行的侨领制度，即任命前来经商、谋生或定居的华侨领袖为侨民的首领，以协助殖民政府处理侨民事务。

这座矗立于李三路华人义山的古墓，碑上刻了“甲必丹大人”五个字，碑主名为黄英豪，卒于光绪十六年（即农历庚寅或公元1890年），立碑者为其儿子黄李逢、儿媳范氏，孙儿德汶、德贵、德浪和德和，只有孙媳名讳因为刻在碑底，长年来受风化和雨水侵蚀严重，字体开始变得模糊。

据了解，此前在同一个义山，当地华团领袖也发现了数座具有历史价值的古墓。而此次发现的甲必丹古墓，更是证实该义山埋葬了不同籍贯的先贤之后最新的重大发现。罗白区州议员周世扬强调，这个发现证明了华社对森美兰州开埠与发展的贡献，也是华裔参与森美兰州芙蓉发展的最佳见证。

“甲必丹黄英豪的墓碑具有重要价值，说明华人早在1890年或以前就已在芙蓉立足，而且对方还是一位甲必丹级领袖，说明华人很早就参与了芙蓉的开埠和发展工作。”周世扬说。

“李三路华人义山可用‘跨籍贯的义山’来形容。一年里，我们已经发掘出了超过30个不同籍贯、不同特色和设计的古墓，堪称考古界的宝山。”美化李三路华人义山委员会主席张金祥说。

张金祥表示，这一年里发现的古墓中，最早立碑的时间可追溯到1890年，相信接下来的发掘中还会有令人意想不到的发现。目前，为完善华社在芙蓉开埠发展及古墓文化方面的史料，华社将成立研究古墓文化小组，并安排小组成员专注编写和收集。

据悉，“甲必丹大人”黄英豪与儿子黄李逢和儿媳范氏的坟墓，墓地造型和设计也十分相似。此外，与甲必丹古墓一起被发现的，还有一位杨姓抗日义士的坟墓。

随着义山美化工作的进一步展开，越来越多的“大人物”墓碑被发现，还有可追溯到清朝的墓碑。这些古墓或可为研究马来西亚华社文史者带来更多资料，对华人在马来西亚落地生根的历史追根溯源。

（［马来西亚］《中国报》2019－11－01）

马来西亚霹雳州金宝“小椰壳洞”见证华工开矿历史

1887年，马来西亚霹雳州金宝开埠，在1891年被发现大量的锡米后，此处成了华工下南洋前来谋生的热门地点。而有“小椰壳洞”之称的岩洞，早在20世纪80年代就被矿工们发现存有锡矿，是金宝区内少有的原始山壁采矿之地。

小椰壳洞位于石山脚新村深处，在进入该岩洞前，必须循一条通往油棕园的道路进去，经过一个小丛林后才得以抵达。在2016年时，中国电影《湄公河行动》拍摄团队曾在该处取景，平常也有不少探险及爬山爱好者前来探秘。

岩洞内两侧的大小凹洞及地上的碎石，都是当年华工采矿的证明

洞穴小溪多　须熟悉路线

由于岩洞有数个出入口，洞穴内也有着许多小溪，因此在进入该岩洞前，必须由熟悉及到过该处的村民或爬山爱好者带领进入，免得在漆黑一片的洞穴内迷失方向，发生意外。

小椰壳洞内，两旁的岩壁上除了有许多钟乳石之外，岩洞两侧随处可见大大小小的凹洞，地上也有许多因采矿而留下的不自然碎石堆集现象，显见当年有人前来该处，利用手中的凿刻工具开采锡矿。

华人先辈自创采矿技术

金宝近打锡矿博物馆副馆长周承隆表示，根据文献记载，法国探险家曾于1881年受到政府委托，前来霹雳及印度尼西亚进行锡矿科学研究报告，该报告内记载了华工早在金宝开埠前，就在小椰壳洞内进行了山壁采矿活动。

“山壁采矿的方法也被称为矿脉开采（Lode Mining），是除了露天开采（Open Cast）之外，最原始的采矿方式，老一辈的矿工翻山越岭进入多个洞口及山脉进行采矿活动，更自行创造了各种技术在洞内采矿，非常厉害。”周承隆说。

到达山顶再向下开辟

“金宝有个地方被称为七层楼（Ulu Petai），因为矿工们必须翻山越岭，跨过7个瀑布到达山顶，向下开辟300公尺进行采矿工作。”周承隆说。最早前来金宝进行采矿活动的是曼戴令人，原先在万邦刁湾山（现称金宝山）山脚下采矿，在当地形成小村落后，他们再进入山脉里采矿，而华工是后来才到的。

周承隆表示，小椰壳洞内的锡苗本就粘在山壁中，洞内的石灰岩及岩石经过上亿年的地壳变动、地下水的压力冲击，分布在洞穴内各个角落，而石灰岩经过雨水的侵蚀后，粘在其表面层的锡矿就会露出来，矿工们看见后，就会使用凿刻工具将其撬出，因此地面上会有许多碎石。

昔日开辟走道成奇景

周承隆解释，矿工在洞内进行采矿活动前，都会制作一个架子，以便将洞内所采获的锡苗运送出去，他们分别在架子上下处安装两个木制的齿轮，并为齿轮套上藤制的绳索，进而让架子上的空桶随着齿轮上下滚动，让工人们通过这个会滚动的架子，将锡苗运出洞口。

“山壁上除了有着许多锡苗之外，地表上也有不少被雨水冲刷下来的锡苗，因此矿工们也会使用盆在洞穴内淘洗锡米，这比起露天采矿来得轻松，起码无须在烈日下工作。”周承隆说。

用凿刻工具撬出锡苗

一般的矿脉开采，都是使用炸药炸出通道运送锡苗，但小椰壳洞并不像林明锡矿那般全是岩石。若盲目使用炸药，可能会致使该洞穴无法承受炸药的压力，因此矿工们才选择使用凿刻工具将锡苗撬出。

“除了国外的文献及洞内被凿开的大小凹洞证明之外，石山脚新村里的寿仙岩观音庙也是证明小椰壳洞比金宝更早开埠的证据之一，毕竟庙宇是矿工的精神寄托，每个锡矿场地附近都会有华工的庙宇。”周承隆说。

生态教学好去处

周承隆认为，小椰壳洞是锡矿的遗址，应该受到保护，若可以进行适度的开发及导览，这里会是个很棒的生态教学处，让后人可以了解先贤采矿的事迹。

“小椰壳洞内有钟乳石、锡矿开采后所留下的水晶石，洞内有小河，适合学校带领中小学生来这里，接受历史及地理教育。”周承隆说。

（［马来西亚］《星洲日报》2019－11－26/蔡秋怡）

钱穆、王淑陶与广州私立华侨大学

熟悉钱穆生平的读书人，都知道他1949年曾在广州私立华侨大学任教，但这所大学位置何在、样貌如何，可以说没有人知道。得广州文保志愿者彭敏明之助，笔者确认广州华侨大学的旧址，就在广州海珠区沙园“永泰别墅”。

钱穆为何屈就华侨大学

广州私立华侨大学1948年夏才在广州成立，籍籍无名，历史既短，学生素质也参差不齐。钱穆1930年已是北京大学教授，其著作《国史大纲》被教育部认定为“部定大学用书”。以他的声望和资历，跑到广州华侨大学任教，真是屈尊俯就、降格相从。当时，广州有中山大学、岭南大学两所名牌大学，此外，广东国民大学、广州大学也有较长历史，钱穆不向这些有基础的大学求职，偏要跑到新成立的华侨大学，这个奇怪举动，至今没有人能给出令人满意的解释。

钱穆在广州华侨大学任教时期，结识培正中学教师罗慷烈（罗忼烈），随后成为终生挚友，按两人共同学生叶龙的说法，“极可能是唯一的知己”。罗慷烈（1918—2009），广东合浦（今属广西）人，1940年中山大学中文系毕业，留校当助教，抗战胜利后回到广州，任教培正中学，并在华侨大学兼课。1949年，罗慷烈任教香港培正中学，再转任罗富国师范学校、香港大学教师。钱、罗两人都喜爱古典文学，有许多共同话题。更重要的是，钱穆在广州、香港交往的人物，不是官员、同事就是学生，不免拘束，唯有罗慷烈属于纯粹的朋友，可以无所不谈，叶龙的说法有一定道理。在《缅怀钱穆先生》一文中，罗慷烈写道：

“当年公立大专教授拿的薪金，实际不够温饱，而侨大以港币发薪，水涨船高，十分可爱。校址在广州市的河南，有宿舍，环境幽静，但远离市区，交通也不方便，因此钱先生和我都很少留宿。我在市区本来租有一层小洋房，有客房可以下

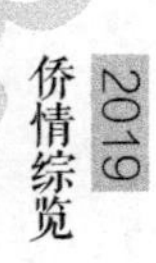

榻，钱先生出市时常常住在这里；我们晚上喝茶、抽烟、谈天、下棋；白天逛书店、游览广州的古迹名胜，看望朋友。”（叶龙：《钱穆老师写给慷烈师六十封信读后》，2014年4月30日《深圳商报》）

至此，钱穆屈就华侨大学的原因已水落石出。1948年国民党政权发行金圆券，随后即急速贬值，拿固定薪水的教师迅速降至赤贫。华侨大学虽然刚刚成立，规模不大、没有名气、设施不全，却有一个谁也比不上的优势，就是用港币发薪。金圆券、广东省纸币的购买力每天缩水，只有港币购买力不仅稳定还在升值，这就是罗慷烈所说的“水涨船高，十分可爱”。罗慷烈任教的培正中学，为教会创办的名校，同样是用港币发薪，用这种办法吸引高水平教师。

培正中学坐落在广州东山，这个地区由教会、华侨开发，有小洋楼800多幢，居住环境优越。罗慷烈说他在市区租了一层小洋房，应该也在东山一带。华侨大学位于河南（今海珠区）乡间，交通不便，钱穆每次在市区停留，都住在罗慷烈租用的小洋房。

王淑陶办教育百折不回

华侨大学校长王淑陶（1907—1991），在今天的大陆寂焉无闻，大概只有一些港澳和海外人士还记得他。论起中国华侨教育，他却是响当当的角色。钱穆居港时期主要住在沙田，跟王淑陶率先在沙田办学有直接关系。

王淑陶，广东中山石岐人，父王诜，字灼三，为清末很有实力的侨商，曾牵头建设“香洲商埠”（今珠海香洲），于1909年8月14日开业。王淑陶毕业于国立广东大学（中山大学前身），一直从事教育工作及哲学研究。受其父影响，王淑陶对兴办华侨教育一直情有独钟。

王淑陶有感我国华侨高等教育尚付阙如，说动他父亲王诜捐出财产二十多万元，在香港设立华侨学院，呈请港英当局、国民政府教育部立案，于1938年秋正式成立，国民政府侨务委员会委员长陈树人担任校董，王淑陶出任院长，设中国文学、商学、新闻学、社会学4个系。这是香港第二所私立大专院校。

1939年秋，华侨学院奉国民政府教育部令，改名为香港华侨工商学院，停招文学系，增设会计系、土木工程系。1940秋，国民党CC系曾养甫出任院长，增设化工、机械两系。1941年底香港沦陷，师生内迁，1943年在广西柳州河北琴园复校，聘司徒美堂等人为校董，院长翟俊千，王淑陶任常务董事。1944年秋迁四川江津（今属重庆市），次年秋再迁重庆，王淑陶复任院长。抗战胜利，教务长袁税伯率部分师生返港复校，留川师生将渝校重组为重华学院。1947年春，王淑陶返港，迁校于新界沙田车站附近一座“八角楼”（何东楼），并添置宿舍等设施，呈欣欣向荣之态。（1950年《香港华侨工商学院毕业同学录》）

广州私立华侨大学

香港华侨工商学院回港复校后不久，王淑陶萌发了创办华侨大学的念头。他把校务交给教务长袁税伯，本人一直在南京、上海一带活动，游说教育部，终于得到批准，于1947年成立改设大学筹备处。

1948年6月9日，《香港华侨工商学院校刊》发布“本院筹备就绪改大”消息，称：“本院以华侨子弟来学者日众，而每年毕业生又尽为各地侨胞争先罗致，供不应求，加之本院素以分担世界学术研究、发扬祖国文化为已任，若只以工商两院作育人才，实感未足以应需求，乃决定增设文学院，扩充为华侨大学。自去年成立筹备处以来，各项计划均以次第完成，校址亦择定深圳罗湖……本年暑假，文、工、商三院将同时招生。”

王淑陶最初的计划是将校址设在深圳罗湖，可能是考虑到沙田、罗湖相距甚近，便于管理，一些教师可在两边上课。筹备处向广东省财政厅申请，要求借拨深圳又生公司原址以筹建校舍，可惜这个如意算盘落了空。财政厅引据《清查各县市公有款产规则》第十六条“县市管有之一切公产，除公用外，应以获得最大收益之方法利用之”，称“现香港华侨工商学院，既非国立、省立，拨借公产为私立学校使用，核与规则不符”。（广东省档案馆藏广东财政厅档案）被财政厅拒绝后，王淑陶决定将校址设在广州。

私立华侨大学设于广州河南沙园，1948年夏秋开始招生，计划招生人数：文学院150名，工学院80名，商学院150名。（1948年7月22日《广东商报》）

刊登于1948年8月19日《广东商报》的招生广告，言明报名时间“自即日起至本月廿五日”，考试时间为8月26日，借用中山大学附中（今广东实验中学校园）进行入学考试。广告注明，校址在“河南凤凰岗沙园（梅园附近），上课时校车直达”。9月16日，招生考试放榜，17日开始一连三天为新生注册日期。9月24日，华侨大学介绍教授阵容，特地指出“并聘定钱穆教授，南来讲学”。（1948年9月24日《广东商报》）由此推测，王淑陶这个时候已通过唐君毅与钱穆联系，并得到某种承诺。

据1949年第一期《华侨大学校刊》记载，校长王淑陶，校务秘书赵冰（香港大律师），教务长岑麟祥（语言学家、原中山大学教授），训导长余文照，教务长戴诗成，文学院院长钱穆，法学院院长曾如柏，工学院院长冼荣熙（代），商学院院长徐佩昆，中文系主任唐君毅，教育系主任谢扶雅，经济系主任吴文晖，商学系主任李权时，共有教授80余人，可谓阵容鼎盛，济济多士。

校刊为吸引学生报名，将校址附会于广州古老传说的“素馨斜”。相传南汉皇帝刘铱有一妃子名“素馨”，身后归葬此处，坟头遍植广州名花素馨花，其地遂名为“素馨斜”。其实据文献记载，“素馨斜”在城西，与河南无涉。撇开附会，此

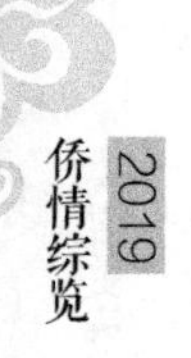

地又确实跟素馨花有关，沙园村隔壁的庄头村，是广州著名的素馨花产地。

华侨大学地处河南腹地，来往市区（河北）较为不便，学校专门为师生开设校车、校船。校车从市区文德路开出直达校门。若搭乘校船，则是先到河南凤安桥上船，沿马涌前往。“春水碧波，一舸容舆，夹岸老树低垂，渔舍错落，比之荔湾，犹擅清静，舟行约二十分钟，抵马涌桥，平畴芳野，一碧无际，校舍分布于数百亩之广大郊原间，大小十余座，楼宇巍峨，庄严伟丽，洵胜地也！”

学校建筑，据校刊介绍，除总办事处外，有礼堂、文学院和法学院办公楼、工学院和商学院办公楼、图书馆，学生宿舍有绮园、端园、白屋等。其中图书馆为一座“二十余井宽三层洋楼”。

尽管第一期校刊有这么多文字描述，并不能从中确定华侨大学的精确位置。近日，笔者在广东省立中山图书馆参观“百年侨刊·集体家书——广东侨刊乡讯创刊110周年文献展”，得以翻拍到华侨大学第二期校刊，上面有两张照片。

广州知名文保志愿者彭敏明看到我翻拍的照片，脱口而出：“哇，永泰别墅旧照！”彭小姐对广州老建筑了如指掌，眼神犀利，令人佩服。永泰别墅在广州文保圈有很高的知名度。2003年，广州市启动第四次文物普查，在市委、市政府直接领导下，市委宣传部拨出专款，成立各级普查领导机构，以街、镇、村的文化站为中心，历时三年，出动2000多人，获得文物新线索3000多条。2008年3月出版的《广州市文物普查汇编·海珠区卷》，首次正式披露了海珠区沙园的民国建筑“永泰别墅”。据该书称，永泰别墅位于沙园大街，建于20世纪40年代，由香港永泰正十字油公司所建，后归军阀李福林所有，其母曾住在该处。“永泰别墅”现存红楼、八角楼两座，产权归广州重型机器厂。红楼位于今沙园大街37号大院内，八角楼则被隔绝于菩提园小学沙园校区围墙之中，据说用作学校的教务处。

从翻拍的照片看，华侨大学图书馆正是现存的永泰别墅红楼，“学艺中心”则是现存的八角楼，也即华侨大学精华所在的两座主要建筑，虽有一些改动，仍大体完好，保存至今。

据港报报道，1950年3月1日，新中国接收了华侨大学，学生被介绍到省立文理学院、法商学院投考插班生，优先录取。（1950年3月2日《香港工商日报》）至此，广州私立华侨大学结束了一年多的历史。

经此挫折，王淑陶依然不灰心，转而在澳门重建华侨大学，1950年秋季开始招生。（1950年9月3日香港《华侨日报》）澳门华侨大学也可以说是中国第二个华侨大学。然而限于当时各方面的条件，这所大学据说在维持几年以后也被迫停歇。

从“侨大”到香港中文大学

钱穆在香港创办亚洲文商学院（1950年3月改称新亚书院），充分利用了华侨大学、华侨工商学院的资源，这一点，他本人从来不说。

1949年5月27日，广州《民大日报》（国民大学所办报纸）报道，“华侨大学下期亦迁香港”。6月7日晚，钱穆、唐君毅由华侨大学主任秘书赵冰夫妇陪同，乘船赴港，在赵家住了几天，然后迁入沙田华侨工商学院。（唐君毅：《赵蔚文先生二三事》）钱、唐、赵迁港，最初是华侨大学撤退计划的一部分，即将教职人员归并到香港华侨工商学院。后来，钱穆只字不提他赴港与侨大的关系。

学者苏克勤称：

“1949年6月7日晚，钱穆、唐君毅与赵冰夫妇等安全抵达香港。……两天过后，钱穆得与好友张其昀相晤。此时，张其昀告诉钱穆说，他正拟与谢幼伟、崔书琴、吴文晖等在香港筹办亚洲文商学院，力邀钱穆等人加盟。此时的钱穆，刚刚结束了在大陆的执教生涯，这不但是他后半生在港台地区漂流之旅的开始，同时也是他人生中的又一个重大的转折点。其实，钱穆此次从广州出走香港，实在是迫不得已。在钱穆心中，自己的政见与当时大陆的主流趋向不太吻合，而其学术风格则又与主持台湾史坛的傅斯年等人相左，大陆、台湾这两个地方虽好，但均不是自己理想的容身之地，所以他也就只能暂时屈居于弹丸之地的香港了。”（《院士世家：钱穆·钱伟长·钱易》第73页）

跟钱穆一起创办亚洲文商学院的唐君毅、赵冰、谢幼伟、吴文晖，都是王淑陶请来的华侨大学教授。王淑陶还一直为钱穆和唐君毅提供宿舍。8月6日，工商学院沙田老校舍被港英政府征用，王淑陶安排他们住到华侨中学，并迅速在沙田白田村重置校舍，安排钱、唐两人于9月14日入住。（《唐君毅日记》上册第21—23页）在港办学初期，钱穆充分地利用了王淑陶各方面的资源。

1950年冬，新亚书院经费捉襟见肘，钱穆专程赴台北求助，次日一早由张其昀陪同晋谒蒋介石，蒋介石垂询新亚书院事甚详。不久，“总统府”秘书长王世杰告知，每月由“总统府”资助新亚书院港币3000元，这个数额足以支撑新亚基本支出。王世杰又告知，万一香港有变，“政府”派船去港，新亚书院人员可获准第一批赴台。（《八十忆双亲师友杂忆》合刊，《钱宾四先生全集》第51册，299—301页）

世人至此应该明白，新亚书院从创办、维持以至制订应变计划，都有蒋介石、张其昀在背后支撑。1954年，新亚书院得到美国方面资助，才不再接受“总统府”拨款。钱穆创办新亚书院，得到多方助力，把功劳归于钱穆一人并不公平。除张其昀、王淑陶、唐君毅外，新亚书院总务长张丕介是徐复观所办《民主评论》总编辑，对新亚的维持与发展贡献良多。正如徐复观所说：“民国卅八年，唐先生来港，与钱宾四、张丕介两先生，合力创办新亚书院……他们三个人，真可谓相依为命，缺一不可。今日如果有人想抹杀这段事实，等于抹杀自己的良心。”（《悼唐君毅先生》）

1956年，华侨工商学院与广侨、文化、光夏、平正等学校组成联合书院，王淑陶任第三院院长。1959年，由于港英政府插手干预，联合书院校长蒋法贤辞职，接着王淑陶与联合书院校歌作词人、中国文学系系主任陈湛铨也一并辞职，两人重新开办了华侨工商学院。1963年，联合书院与崇基学院、新亚书院合并重组为香港中文大学。

广州私立华侨大学存续时间不长，如流星划过夜空，却是我国第一所华侨大学。1910年，清廷学部尚书唐景崇曾提议筹设南洋华侨大学；1931年，国民党第四次全国代表大会海外各党部代表提出议案，拟在广州设立华侨大学。这两次动议均未得到实施。王淑陶以一介寒儒，能在1948年逆势而行，实现近半世纪的梦想，他在华侨教育方面筚路蓝缕的开创性功绩，理应得到后人铭记。广州沙园华侨大学旧址，乃是中国华侨教育的一个里程碑，理应得到更多重视。

（澎湃新闻2019－11－27/陈晓平）

一战时法国战场的中国劳工

有一个名字叫周明山（Chou Ming Shan 译音）的青年，来自中国东北地区，只有二十五岁，在横跨加拿大东西两岸的火车旅途中，在接近安大略省沙普洛（Chapleau）的地段突然昏迷，最后因疟疾不治而死亡。他的遗体被埋葬在加拿大渥太华西北佩塔瓦瓦（Camp Petawawa）的军事基地，那时世界大战仍在进行中。

很多对历史感兴趣的读者，当发现这个国家（加拿大）曾经秘密参与由英国策划的一个庞大运输计划，将数以万计的中国劳工送上法国战场，都会感到异常震撼！

在1917年初至1918年的春天，大约有81000名中国劳工搭乘火车从加拿大西岸被运送到东岸去。与此同时，大约有3500名中国劳工，途经波涛汹涌的太平洋北部，抵达加拿大西岸，再被运送到美国的纽约，然后搭乘油轮“亚洲皇后”号（*Empress of Asia*）。它曾经通过巴拿马运河来到大西洋的这一边，最终的目的地是英国的利物浦。

从英国，中国劳工横渡英伦海峡，被运往法国北部战区。他们在那里挖掘战壕，堆积武器，运送军需，维修军车，清理尸体。他们的参与使战斗能够延续。

虽然停火协议在1918年11月11日已经签署，但中国劳工仍留在战地上负责善后工作，直到1919年，甚至1920年才陆续离开。四万多人重返加拿大，再一次长途跋涉搭乘火车由东岸往西岸去。

周明山的旅程是由中国东北一个招募中心开始的，不幸来到加拿大不久便意外死亡，成为五十个回不了家的难友之一。

温哥华岛的威廉岗（William Head）是中国劳工身死异乡后被埋葬的集中地。这里曾经是中国劳工入境的检疫站，也是他们临时栖身之所，在简陋的帆布帐篷下生活，等待被火车转送到东岸去。

周明山那批劳工搭乘油轮“俄罗斯皇后”号（*Empress of Russia*），横渡太平洋北部，在1917年9月17日下午五时半抵达温哥华。两艘“皇后”号油轮都归加拿大太平洋轮船公司（Canadian Pacific Ocean Service）旗下所拥有。这批乘客都是首次搭乘轮船，而且此前从未踏足北美洲。

加拿大在1914年虽然通过了战时措施法（*War Measures Act of 1914*），并取消了向中国移民征收五百加元人头税之规定，但对于利用火车运送中国劳工横跨加拿大国境之事仍尽量保密，禁止报章报导有关史料，可是百密一疏，消息仍然从不同渠道泄露出来。

1917年之夏季，加拿大政府向加拿大太平洋铁路运输公司（Canadian Pacific Railway，简称CPR）施压，要求由温哥华做起点的火车必须准时开出，避免东岸海运之定期班次受到延误。为了加强运作上之灵活性，铁路公司在佩塔瓦瓦附近设置了中途站，并用铁丝网围起，成为CPR洲际运输系统的一部分。

为防止劳工在运送过程中伺机逃走，每个火车厢都有武装人员监视，卫生间的窗门也被封闭。从硕果仅存的旧照片可看到劳工们搭乘的火车，其类型与殖民地时代常见的CPR火车很相似，曾经被用来运送移民到西部地区去开发。将劳工在规定的时间内运送到东岸去，不容有失，火车月台上都有人巡逻。如果劳工患病需要送院留医，都有保安人员陪同才会放行。

每个火车厢都挤满了人，劳工们必须负责为自己炊煮，而食物都受到严格分配。虽然劳工们不属于作战队伍，他们也必须签署同意书，接受低微的待遇，为协约国军队效力，为行动保密，遵守安全守则，并按时报到。由于行程紧凑，劳工不准在火车中途停站时离开车厢。当周明山搭乘的油轮“俄罗斯皇后”号抵达温哥华时，港口发出的健康状况证明书表示合格，搭客鱼贯登岸后立即转乘火车往加拿大东岸出发。四天后，在中国应聘得到编号39038的周明山突然昏迷。他在1917年9月22日逝世。他可能在离境前在家乡被带有疟原病毒的蚊子咬过而患上疟疾。火车上的医生认为他得病已经有八天之久。

火车到达佩塔瓦瓦之后，劳工队友们将周明山的尸体埋葬在那里，一切进行得无声无息，鲜为人知。劳工们还暂时留下协助维修及加建附近军营的设施，然后继续他们前往东岸及法国的旅程。

一个世纪多过去了，到2019年10月3日，英联邦国殇纪念坟场管理委员会（Commonwealth War Graves Commission）发现了一个年轻劳工的墓碑，引发人们关注周明山的死因及中国劳工被运送到加拿大东岸的火车旅程，并刮起了一股研究历史的热潮。那个长方形的花岗岩墓碑雕上了他的名字，劳工证编号，墓志铭上还刻有“虽死犹生”的四个中文字，出现在一个远离人烟的坟场，与附近军事基地的射击场并排。前往坟场受到严格限制，但在追思奉献仪式举行的那一天，一班政要及嘉宾被护送到那里去，他们献上鲜花并在墓前向周明山祈祷及祝福。

（［加拿大］《星星生活》2019－11－29/布莱克）

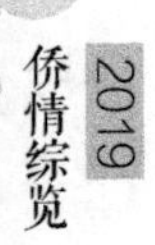

新加坡潮人先辈历史：潮州歌谣中的悲欢离合

新加坡《联合早报》日前刊载文章，简要介绍了新加坡潮州先辈的历史。新加坡开埠后，从中国南来的先辈形成这里的一大民族——华族，而潮州人是华族中的一大群体。当时，潮州人南下靠的是海上交通工具，最早是红头船，后来是蒸汽轮船。

本文以潮州歌谣的形式，介绍了南来的潮州先辈当时是抱着什么目的而来、带着何种心情南下，以期读者了解新加坡潮州人先辈历史。

文章摘编如下：

无奈何，过番去

断柴米，等饿死/无奈何，卖咕哩

柴米是生活中的必需品，家乡没柴没米，如果找不到解决方法，那就是死路一条。在这种无可奈何的情况下，唯一的选择就是下南洋去当苦力。

歌谣反映当时南来过番的先辈，在面对生死存亡时作出抉择，逼于无奈走上这条路。他们深知卖身当苦力干的是日晒雨淋、流血流汗的苦活，甚至可能丢了性命。可是为了家中的老弱妇孺，身为丈夫和儿子，当尽义尽孝，以个人的牺牲换取一家人之温饱；再苦也得撑，再危险也得去尝试。

带一条浴巾过番去

一溪目汁一船人/一条浴巾去过番/钱银知寄人知转/勿忘父母共妻房

决定过番后就得起航，生离死别最令人不忍目睹。码头上，整船都是过番客；上船的是家中男丁，一家的经济支柱，送行的是留在家乡的父母和妻儿。船上岸上都挥洒着离别泪，唯一的行装是一条浴巾。留在家乡的亲人虽然期望南下的男人能为家中解决三餐之忧，但更渴望他早日回乡。

歌谣反映离乡人的窘境。家中一贫如洗，只能含泪带着“过番三样宝”——旧衣服、切好的甜粿和一条浴巾登上红头船。

当时准备过番的人，都会相互打听番的消息。他们都知道南下后天气炎热，一天最少要冲两三次凉，才不会生病。因此，浴巾是行装中必备之物。

歌谣也反映离乡人家中大小的矛盾心情，他们既对离乡人寄以厚望，以求解决生存困境，又生怕离乡人一去不返，在他乡再立家室，忘了家中的父母妻儿。

蒸汽轮船时代过番

火船开过七洲洋/回头不见我家乡/是好是怯全凭命/不知何日回寒窑

过番客上了船，船开航了，不舍的心情使他不断地回头望。当轮船驶过海南岛东北角的七洲列岛之后，就再也见不到潮州了。这时的过番客才开始认命，生死有命，是否还有机会回到自己的家乡，完全是个未知数。

歌谣点出已进入蒸汽轮船的时代，也就是说主人翁是1867年或之后的过番客，因为1867年开始才有汽船从汕头开往新加坡。“寒窑”同样反映出过番客离乡是出于穷困，对于过番的选择，也一样无奈，主人翁都无法掌控自己的命运，一切只能听天由命。

期盼来日荣耀归故里

阿叔今日去出洋/番畔唐山架金桥/来日荣耀归故里/荫妻荫儿荫家乡

过番客要离开家乡了，到时就能换取美好生活。不但过番客在南洋有好日子，家乡的亲人也能共享荣华富贵。

潮州人不称亲生父母为爸妈，而是以亲人关系来称呼。例如称爸爸为阿叔、阿舅，称妈妈为阿婶、阿妗、阿姨，故而歌谣中的阿叔应该是父亲的代称。

这首歌谣的年代应该属于较晚期，这时已有番客带回消息，知道来南洋谋生能够换取美好的生活。因此，家人对即将离开故里的亲人已不是泪眼相对，而是带着乐观的心境憧憬着美好的未来。

从以上四首歌谣，可以看到潮州先辈南来的苦难经历与顽强斗志。他们虽然无从掌控自己的未来，却不向眼前的命运低头，宁可把命运交给未来赌一把。虽然是万般无奈地离乡背井，却带着无畏的精神走出家门，拼搏换取自己与家人的未来；最终终于赶走黑暗，奔向黎明，光宗耀祖归故里。

（中国侨网2019－12－09/蔡美娥）

海外岭南人的“下南洋”故事：心中饱含对家的思念

“下南洋”是人类移民历史上的一段传奇故事。

从北到南，从大城市到小海岛，跨越世界，岭南足迹也因此深深地印刻在了新加坡和马来西亚的土地上。或凭着一本族谱，或借着一种习俗，或靠着一个会馆，历经百年，漂泊在外的乡亲依旧紧密地和家乡连接在一起。

南方日报寻访全球南海会馆调研组走过6座典型的新加坡、马来西亚城市，在这里，记者看到了海外岭南人眼中的南洋，以及他们想要讲述的南洋。

槟城：“世界之城”冒出岭南烟火气

在马来西亚和当地人聊起槟城，第一个反应就是美食。冰凉沁心的煎蕊、酸酸甜甜的叻沙，还有地道的福建面、炒粿条，从岭南带来的味道，在终年炎热的马来半岛上，是最好的消暑神器。但比美食更吸引的，还是这座城市里的故事，以及故

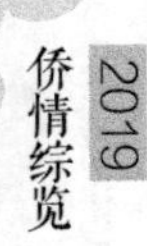

事里的烟火气、岭南味。

在槟城，就适合慢下来，徜徉在大街小巷内，寻找一个远去的家乡。

老三轮车在街道纵横穿行，招牌上是熟悉的汉字，骑楼下是亲切的乡音。中心城区内的牛干冬街上挂着大红灯笼，从中华大会堂到现存海外最古老的南海会馆，长长的一条街矗立着多家华人会馆，岭南的狮子、闽南的红砖，是一部华人下南洋的浓缩史。

200多年前槟城开埠，港口船只来往不停，华人、英国人、印度人等从这里上岸，与当地马来人一起，将这里建设成为远东最早的商业中心，也将槟城打上了“世界之城”的烙印。也正是被这座“世界之城”吸引，南海人最早从这里登陆，走向马来半岛。

槟城内有座依山而建的极乐寺，是马来西亚最大的华人佛寺。寺庙放生池附近的山壁上，刻着许多中国文人和同盟会革命志士的题咏，其中就有康有为所题的“勿忘故国”四个大字。

在马来半岛极具影响力的《光华日报》，是孙中山1910年在槟城创办的，也是世界历史最悠久的民营华文报之一……

从城区到海边再到山上，岭南人的足迹遍布其中。如果向海边走，可以看到一座座标有“王”“林”“周”“李”的姓氏桥，这也是华人在槟城最早的聚集处。19世纪末，从槟城登陆的广东和福建移民在海沿岸建桥，以海维生。至今，搭建在桥上的简单房屋里，还住着桥民的后代。

历史的交织，午后参差的光影，使古朴的槟城像被定格在旧时光里。但因多元文化的交融，这座“世界之城”既是古老的，也是新颖的。2008年，槟城被联合国教科文组织列为世界文化遗产城市；同时，它也是艺术家们喜欢涂鸦创作的新派地方。

2012年，立陶宛籍艺术家尔纳斯在槟城老城区绘出的几幅名为“魔镜”的系列壁画，成了这座城市的新名片。现在来到槟城，不去寻访壁画相当于没有来过。各种小巷内，色彩鲜艳的壁画，结合了周边环境特点，再摆上配件，栩栩如生。

如今的槟城，呈现出多元的景象，白墙的欧式建筑映衬着蓝天，印度等地的特色建筑与岭南建筑不过半条街之隔。作为一座世界之城，槟城也诞生了全球最大的唐人街之一。在这里，被英国《卫报》评选为世界15幅最佳街头壁画之一的《姐弟共骑》，描绘的正是一对华人姐弟天真烂漫的瞬间。百年槟城，亦是一部华人的百年活历史。

马六甲：“海上生命线”诞生首支会馆乐队

马六甲是“海上生命线”，自古便作为中西贸易的中转地而繁荣，多元文化的交汇与融合、历史的沧桑与凝重、城市的静谧与喧闹，看似无序的种种，在这里找到了平衡点，和谐地汇聚在一起。

走在马六甲古城的街道上，不经意地走进一家文创商店，店主祖籍梅州，是华人第二代，从他口中得知，在马六甲虽然岭南人不多，但这里岭南的印记却随处可见。按照他的指点，一路上果然看到惠州会馆、增龙会馆、番禺会馆……

最吸引人的是打金街上的荣茂茶室，内里“实至名归”“功勋彪炳”等牌匾高挂，店员用粤语高声复单，典型的岭南茶点，都似乎让人回到岭南“啖早茶”的时光。事实上，荣茂茶室出名很大程度上是由于它位于马六甲老城，在马六甲其他地方，比它有名的粤式餐厅还有不少，它们留下过中国香港艺人周润发、刘德华等的足迹。

可惜的是荣茂茶室太过热闹，一行人另选了一家粤菜餐厅“啖早茶”。店主热心地与大家谈天说地。在这位来自广东的店主的记忆中，最自豪的是五邑会馆乐队的“威水史”。

殖民时代，娱乐场所在马六甲非常稀少。为此，20世纪，五邑会馆成立了铜乐队服务华人社会。这是马六甲第一支会馆乐队。马来西亚独立时游行出行，马六甲就请了这支会馆乐队，带队出行。

在五邑会馆里可以看到，曾经的乐器都保存得很好。随着时代的发展，娱乐场所的逐渐增加，这支曾经威震马六甲的乐队在1980年解散。据五邑会馆顾问麦启机回忆，那时成员年纪都不小了，没有年轻人加入，只能解散。现在乐队成员都基本去世了，只剩下一位老队员还在世，他已94岁高龄。

更令人想不到的是，康有为曾在马六甲秘密隐居。他曾隐居于马六甲附近一个叫“丹将敦岛”（Tanjung Tuan）的海角，上有山陵和灯塔，可供观海远眺。在海岛上，当他看到八国联军舰队驶过马六甲海峡时，禁不住地再次掀起悲愤之感，写下了“丹将敦岛住半月，弄水听潮忆旧踪。海浪碧蓝分五色，天云楼塔耸高峰。风号万木惊吟狖，涛涌崩崖啸卧龙。隐几愁看征舰过，中原一线隔芙蓉。”

但驱车至丹将敦岛寻访，此处已无康有为来过的痕迹，只能远远眺望。

光阴转瞬即逝，故人远去，留下的满是回忆和旧物。“在哪里，在哪里见过你，你的笑容这样熟悉……”夕阳将落，打金街上突然传来歌声。正如身在马六甲的岭南乡亲与故土的关系：亲近，却有了一点距离，但无论身在何处，乡情都会将亲人们牵在一起。正如诗句里所讲，众里寻他千百度，蓦然回首，那人却在，灯火阑珊处。

怡保：“小广东”闯进全球十佳旅行地

怡保是一座既有广府传统又有南洋风味的城市。漫步在怡保街头，大大小小的中文招牌、古色古香的骑楼建筑、根深蒂固的粤菜文化，可以迅速将人拉回到20世纪80年代的老佛山时光里。

跨越大洋、跨越千里，经历岁月的洗礼，马来西亚怡保市仍保留着浓厚的“佛山味儿”。在佛山祖庙等地，“80年代”的老佛山踪影依旧留存。此刻，相似的文化印记已淡化了地理的距离。

怡保是马来西亚第四大城市，霹雳州的首府。在这里，超七成居民为华裔，其中广东人占大多数，粤语是华裔间最通用的语言。餐馆里、马路边，人们嘴里讲着流利的粤语，让人仿佛有种来到了佛山的错觉。

虽然怡保的名字不及吉隆坡、马六甲、槟城等著名旅游城市出名，但它却曾登上《孤独星球》，被誉为“2017年全球十大最佳旅行地之一”，被称为“小广东”。

在不少东南亚旅游达人的攻略中，怡保美食十分符合国人挑剔的口味，甚至被封为“东南亚最好吃的城市”。在过去一段长久的时光里，华人漂洋过海带来的家乡味道，与当地食材和做法融会贯通，所衍生出来的美食也深深刻上了中华文化的烙印。

喝早茶、吃河粉、奶茶配蛋挞……在怡保街头的食肆里，广府美食更是常年的宠儿。岭南韵味在此扎根，并孕育出芽菜鸡、沙河粉等极富当地特色的美食文化。就连当地著名的旧街场咖啡馆，外观都与港式茶餐厅十分相似。

怡保旧城区被当地人称为“旧街场”。在这里，穿越数百年的中式古旧房屋默默静立，并没有随着社会经济的发展而发生改变。时光仿佛在这里凝固，哪怕被《孤独星球》悉心捕捉后，怡保的生活节奏仍不紧不慢；古老怀旧的建筑、浓厚的年代感，让怡保成为一系列电影的取景地，原汁原味的岭南市井味道打动了导演李安的心。

19世纪末，因采锡业而兴的怡保，在开发初期就吸引来自广东的锡矿工人在此建起村庄。随着华人的定居，怡保逐渐成为华人聚集区。也正是在那个年代，岭南文化随着华人的脚步扎根在怡保这片土地上。

就在2019年11月下旬，怡保首条直飞中国的国际航线成功首航。这架印有马来西亚国旗标志的客机降落在广州白云机场，让马来西亚的“小广东”与中国广东开启了文化、产业交流的新篇章。

数百年前，从中华大地而来，千里之外的南洋孕育了“小广东”；如今，从马来半岛出发，岭南文化正在世界舞台上大放异彩。

山打根：“小香港”见证岭南人打拼史

山打根曾经被称为“小香港”。山打根在全盛时期，是一个以输出橡胶和木材产品而声名远扬的港口，曾是南洋富豪最多的地方。

佛山南海人关雨亭开办的万和隆曾是这里首屈一指的华商。以万和隆为首的华商将山打根打造成了一个富庶之地。1883年，英属北婆罗洲渣打公司把山打根定为首府，让它成了整个婆罗洲地位最显赫的城市。

站在位于山打根山顶的普济寺向远方眺望，山打根市区和海岸线尽收眼底。令人意料不到的是，从普济寺往下看到的大部分区域都是曾经万和隆的“地盘”，那里曾经是万和隆的木材厂、港口等所在地。当地华人说，从普济寺向下望去，可以见到的地方都是万和隆的。

可惜的是，2010年，拥有128年历史的万和隆正式关张，告别了历史舞台。这些区域都被关氏后人卖给了政府及当地人。

虽已告别历史舞台，但关氏的传说及印记仍在山打根流传。在第二次世界大战期间，日本占领山打根，以万和隆为首的侨领奋起反抗，两位关氏后人被杀害。为了纪念被杀害的侨领，山打根中华商会特地为这些侨领竖立纪念碑，让后人瞻仰。在山打根红山顶伯公山，纪念碑恰好位于南邑坟场之前，仿佛还在守护着乡亲。

关氏家族事业的昌盛，吸引了众多岭南人来到山打根务工从商。一座由岭南人筹建的三圣宫见证了他们打拼的历史，它也是山打根历史最悠久的建筑物之一。

三圣宫首先由南海人发起成立。最终是由南海、潮州、客家等的乡亲，一起私人资助建立了这座庙。随后，粤东会馆也在此成立，方便后人来到这里落脚。

三圣宫与粤东会馆成立以来，一直都由南海人管理。直到后来成立山打根三圣宫管理委员会，招纳其他地区，包括韶府、四邑、顺德、番禺、中山等地人员一起合作管理。在庙内可以看到，从光绪十二年（1886年）开始建立，所有有过捐助的都会放牌匾在这里，每一个属会每一色人都有。

“恩波通粤海，地脉接神山”是三圣庙门口的对联。这副对联最能体现岭南人对于家乡的思念。

一座庙宇让往生先辈在他乡有依可归，一本族谱让岭南人在异国有根可寻。在山打根南海公会内，会长朱沼长的一本族谱和家乡姐姐写给他的一封信被他细心保存。族谱是他的依归，信件是他的思念。

“家和亲人都在这里了。”朱沼长紧握着族谱和信件。

吉隆坡：国际化大都市里粤语通行

马来西亚首都吉隆坡市中心，一座用不锈钢和玻璃打造的双子塔高耸入云，它曾是世界最高的摩天大楼，至今仍是世界最高的双塔楼。作为吉隆坡的地标，这座双子塔正代表着这座城市的气质——年轻、现代。

曾经的吉隆坡只是一个矿业小镇，但在短短的一个多世纪内，便由“泥泞的河口”一跃成为马来西亚的首都兼第一大城市，高楼林立，交通四通八达，贸易鼎盛。

因为年轻，有人说它无聊，像其他首都一样现代摩登、车水马龙，西装革履的白领们穿梭在玻璃幕墙的各个摩天大楼间。但也正因为年轻所以包容，它将东方色彩与西方文明巧妙地结合起来，既有现代都市的时尚气派，也不乏古色古香的迷人风韵，市内的中式住宅以及英国殖民时期建筑星罗棋布，马来村、唐人街、印度街并存相依。

即使第一次到吉隆坡，也不用担心语言的问题。唐人街茨厂街内，在这打工的

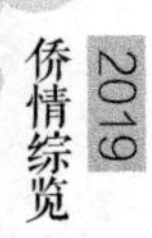

马来人都能说一口流利的汉语，粤语更是通行的语言。华人集聚，也为这座城市的经济增添了无穷的活力。

距离吉隆坡市中心15分钟车程的双威镇，是一个由锡矿湖蜕变而来的现代化休闲城镇，集水上乐园、度假酒店、会议设施、购物广场、医院、学校以及住宅于一体。一手打造起这座双威镇的是马来西亚双威集团，当地著名的上市房地产建筑集团，其创始人谢富年的父辈正来自广东东莞。

如今的双威镇已经从一个废弃的锡矿场，发展成为一个价值超百亿元、占地5000亩的城镇，每年迎接访客超3000万名，同时培育年轻人超2万名。在这里，除了休闲娱乐外，还有一间由双威集团创办的全球化特色高等学校双威大学。对于谢富年来说，以实业推动社会发展的同时，他更希望以教育的力量改变人、改造社区、改变态度，推动一个国家的发展。

谢富年的胸怀也是这座城市岭南企业家乃至华人企业家精神的缩影。

在吉隆坡的各大商场内，经常能看到一家家装潢精美、极具中式风格的餐厅“笼的传人”。这是马来西亚最大的连锁餐饮集团，它的创始人叶仲恒祖籍是佛山南海。

在短短十几年内，“笼的传人”已有40家分店分布全马来西亚，它也是第一家将上海小笼包引进马来西亚的饮食集团，一并为马来西亚带来了川菜、陕西菜、云南菜等中国各地菜肴。“饮食是一种文化符号，我们希望通过饮食让更多人了解中华文化，了解中华传统。”叶仲恒说。

但这一传播并不止于华人圈内，“笼的传人”新分店即将在吉隆坡市中心开业，这是叶仲恒在推广粤菜方面的又一个尝试。

在这个粤语通行的国际化大都市里，中华文化正走向更广阔的舞台。

新加坡：牛车水里蕴藏佛山情缘

在新加坡，华人比例接近75%，约4个新加坡人中就有3个是华人。其中，广府人又占了相当比例。走在街头巷尾，不时能听见熟悉的粤语声。当你主动和商家用粤语对话，对方通常也能毫无障碍地接话与你交流。

在新加坡，华人游客最喜欢去的地方当属牛车水，这里也是在新加坡华人风情和岭南风味最浓郁的地方。

19世纪以前，中国南下的劳工已在这片区域从事槟榔与胡椒的种植。此后，从中国南来的华人越来越多，这里成为从中国漂洋过海来到南洋开垦的华工聚集点。当时新加坡还没有自来水设备，华人所需要的水都得用牛车从安祥山和史必灵街的水井汲水载到此，于是这个以牛车载水供应用水的地区就称为牛车水。牛车水的英文地名就为“Chinatown”。

从牛车水地铁口出来，迎面看到街道上方“之”字形成串的红色和橙色灯笼。这样带有中华传统文化特征的符号在这里比比皆是。牛车水区域内有大量华人开的商店，这些商店出售各种中华元素的物品，如折扇、陶瓷工艺品，甚至有对联、中华年历等。

走在街头，你仿佛走在一个热闹的中国商业街区。放眼望去大多都是黄皮肤、黑眼睛的华人；耳朵聆听，周边大家以华语、粤语或闽南话相互交谈；鼻子去嗅闻，也是熟悉的中国菜式的味道。

在牛车水的食街，中国菜式的种类可谓丰富齐全。不同省份的中国人来此，都能找到家乡正宗的菜式。从广东早茶、云吞面，到东北饺子、湖南剁椒鱼头，甚至有火锅店老板会用四川话来招徕生意。

在牛车水这个体现新加坡与中国众多交集的地方，也蕴藏了一段佛山与新加坡的重要情缘。

20世纪20年代初期，一批来自广东省三水县（现佛山市三水区）的妇女迫于生计，背井离乡南下新加坡。她们主要在各大小建筑工地工作，以吃苦耐劳著称。当时来到新加坡的三水妇女聚居之地，正是在牛车水的豆腐街。

由于这些从事建筑行业的女子干活时都戴着红色头巾，所以被人们称为“红头巾”。新加坡《联合早报》发表了《没有红头巾女工，50年代高楼建不成》的文章，其中提到：“在20世纪50年代，亚洲大厦算是顶高的了。”这座大厦就是由红头巾女工建筑起来的。20世纪80年代期间，新加坡曾上演一部名为《红头巾》的电视剧，该剧的英文译名是*Samsui Women*，意译即三水女人。

在新加坡的国庆游行庆典上，其中一辆花车会以她们为主题，她们的故事已经被写进新加坡小学课本中，博物馆设有她们的纪念塑像，甚至出售以她们为原型的玩偶纪念品。

这段佛山与新加坡的情缘，连同昔日的种种往事，在牛车水熙熙攘攘的街头，再次浮现起来。

（《南方日报》2019－12－19/刘嘉麟，蓝志凌，李欣，吴帆）

学术动态

本栏目汇集2019年度境内外发布的有关华侨华人问题研究的学术著作、学术会议、科研项目、学术机构动态等信息，按媒体报道和整理时间升序排列。

《“一带一路”沿线华侨华人史话丛书》在京首发

1月8日下午，由清华大学华商研究中心、中国华侨华人研究所主办，广东教育出版社、清华大学东南亚中心合办的《“一带一路”沿线华侨华人史话丛书》（下称“丛书”）首发式暨学术研讨会在清华大学举行。

该丛书由清华大学华商研究中心教授龙登高、暨南大学华侨华人研究院教授张应龙、中国华侨华人研究所副所长张秀明担任主编。首批图书共有四册，分别为《泰国华侨华人史话》《新加坡华侨华人史话》《缅甸华侨华人史话》《印尼华侨华人史话》。

“历史是最好的教科书。只有了解历史，才能更好地把握当下，启迪未来。”中国侨联副主席隋军表示，在推进“一带一路”建设中，华侨华人正发挥着独特而不可或缺的作用。丛书紧扣“一带一路”倡议，采用国际视野、凝聚各方心血，对于讲好华侨华人故事、促进中外民心相通等具有重要意义。

南方出版传媒股份公司总编辑肖延兵指出，“梳理华侨华人历史，对于促进改革开放再出发，推动‘一带一路’建设、粤港澳大湾区建设等可以提供很多经验借鉴”。

中国侨联副主席隋军等嘉宾为《“一带一路”沿线华侨华人史话丛书》揭幕

龙登高对丛书的编撰及“一带一路”沿线国家华侨华人情况进行了总体介绍。他指出，丛书以丰富的历史资料和学术研究成果为基础，以雅俗共赏的文风，讲述华侨华人多姿多彩的故事，由此透视中华文化与其他文化的交流、碰撞，启迪当今“一带一路”建设。

“丛书通过鲜活故事，呈现大历史和时代背景，有利于增强华侨华人的历史归属感和对中华文化的自豪感。”广东教育出版社副社长程煜说，丛书权威性、专业性、可读性强。出版社将做好后续发行宣传工作，将丛书打造成为中国出版界、侨史学界有重大影响的精品工程。

首发式后，多位专家学者、丛书主编及作者就华侨华人在“一带一路”建设中的重要作用、海外华商与中国经济发展的关系、侨乡文化、侨务工作及政策等问题发表了主题演讲，并同与会嘉宾开展了深入研讨。

（中国新闻网2019－01－08/马秀秀）

侨研所组织召开“华侨华人与国家形象”学术研讨会

2019年1月14日上午，中国华侨华人研究所在中国华侨历史博物馆组织召开“华侨华人与国家形象”学术研讨会。出席本次学术研讨会并作发言的有中国侨联联谊联络部副部长朱柳，国务院侨办侨务干部学校副校长赵健，环球广域传媒集团/非洲华文传媒集团董事长、中非文化艺术交流协会执行主席、博茨瓦纳中国和平统一促进会会长南庚戌，暨南大学国际关系学院副院长陈奕平，中国社会科学院民族学与人类学研究所研究员曾少聪，北京理工大学法学院副教授刘国福，中央民族大学世界民族学人类学研究中心副教授龚浩群，韩山师范学院历史文化学院研究员兼华侨华人研究所所长黄晓坚，清华大学“一带一路”战略研究院办公室主任、研究员王祎。中国华侨华人研究所所长张春旺作总结发言，侨研所全体同志参加了本次研讨会，学术管理中心主任罗杨主持会议。

（中国侨联网站2019－01－15）

海南省政协委员建议成立海南华侨华人研究院

海南省政协七届二次会议1月26日在海口开幕。海南省政协委员梁谋向大会提交《关于成立海南华侨华人研究院的建议》（下称《建议》）。

《建议》称，海南籍华侨华人中蕴藏着雄厚的经济实力、对跨国营商环境的熟稔、广博的人脉关系和丰富的智力资源，是助力海南建设自贸区（港）的重要资源与力量。《建议》表示，建议海南华侨华人研究院由海南省侨联、侨办与海南大学共建，海南省社科联给予重点扶持建设，挂靠海南大学，打造省级社科研究基地，使其成为海南做好新时代华侨华人工作的示范窗口，使其成为“凝聚侨心，汇聚侨力，维护侨益，发挥侨智”的桥梁纽带。《建议》说，海南华侨华人研究院立足于为国家改革开放和现代化建设服务，立足海南建设自由贸易试验区和中国特色自由贸易港，致力于多学科和国际视野下的前沿研究，引进高水平人才，争创华侨华人研究优势学科创新平台，努力建设成为国内一流的学术研究机构和人才培养基地。

《建议》还提到，海南华侨华人研究院分设华侨华人史研究中心、国际移民研究中心、东南亚研究中心、“一带一路”研究中心、华侨华人经济与社会发展研究中心等。建议面向华侨华人和社会各界设立海南华侨华人发展资金，接收华侨华人和社会各界的捐赠、资助。

（中国侨网2019－01－27/张茜翼）

《亲爱的中国：华人移民书简与侨汇（1820—1980）》出版

《亲爱的中国：华人移民书简与侨汇（1820–1980）》是第一本有关侨批研究的英文专著。该书是由新加坡南洋理工大学刘宏教授所领导的研究小组进行的为期四年的研究项目“侨批与家园记忆的转变：移民书信、家族纽带和华人跨国网络”（Qiaopi and Changing Memories of the Homeland: Emigrants’ Letters, Family Ties, and Transnational Chinese Networks）的成果之一。

《亲爱的中国：华人移民书简与侨汇（1820—1980）》

作者探讨了侨批的特征和演变，展示了侨批业所建构的制度化网络和跨国机制如何帮助维持由于移民而分隔两地、跨越国家边界的家庭联系，并促进了移民移出地的社会经济发展。该书不仅有助于加深对海外华人和中国近代史的理解，并且对全球移民的比较研究作出了重要贡献。

（瀛寰治略微信公众号2019－01－28/班国瑞，刘宏）

安徽面向海内外征集侨史资料

为充分展示皖籍侨团、侨胞和归侨侨眷的奋斗历程，展示皖籍侨胞对住在国与祖（籍）国及安徽社会发展作出的重要贡献，安徽省拟筹建侨史馆，面向海内外长期征集侨史资料。

安徽省侨联有关负责人介绍，华侨历史是中华民族历史的重要组成部分，是一部艰苦奋斗、厥功至伟的创业史和辉煌史。皖籍侨胞现已遍布世界各地，呈现出知识层次高、分布地域广、经济实力强、学术造诣高、社会影响大的新特点，安徽已成为名副其实的新侨乡。

据不完全统计，安徽现有归侨侨眷100万人，皖籍海外侨胞约50万人，其中新侨约20万人；安徽现有侨资侨属企业超7000家，侨资占该省利用外资的60%。同时，安徽已有18家“中国华侨国际文化交流基地”。

此次活动的征集对象为：皖籍海外华侨华人、侨团、商会；支持参与安徽建设和发展的海外华侨华人、侨团、商会；在皖归侨侨眷；安徽各级侨联组织及所属社团和侨联工作者等。征集方式为捐赠、复制、借展、寄存托管等。对捐赠者主办方将以多种方式答谢。

据了解，此次活动征集的资料范围广泛、形式多样。以皖籍海外华侨华人为例，反映皖籍华侨华人在海外学习、工作、生活、人口迁移及家族发展的实物、文献和资料；反映皖籍海外华侨华人在参与和支持中国革命、建设和发展，以及促进改革开放事业等重大历史事件的实物和文献资料；反映皖籍海外华侨华人为住在国经济社会发展做贡献，为促进中国及安徽与住在国之间的政治、经济、文化、科技、教育等方面交流合作的实物和资料均可，如证件、照片、信件、侨批（书信）、银票、汇票、车船票、族谱、服饰、生产用具、生活器物、节庆用品等。

（中国新闻网2019－02－12/张强）

南安市以侨史研究为突破口弘扬华侨文化

近年来，南安市侨联立足侨乡优势，深耕地方华侨文化，以侨史研究为品牌特色，在全国率先成立县级华侨历史学会，深入挖掘历史遗存，弘扬传承华侨精神。特别是编纂《南安华侨史料》一至三辑和新加坡专辑等，在海内外引起强烈反响，形成了立足侨情、突出优势、搭建平台的工作格局。

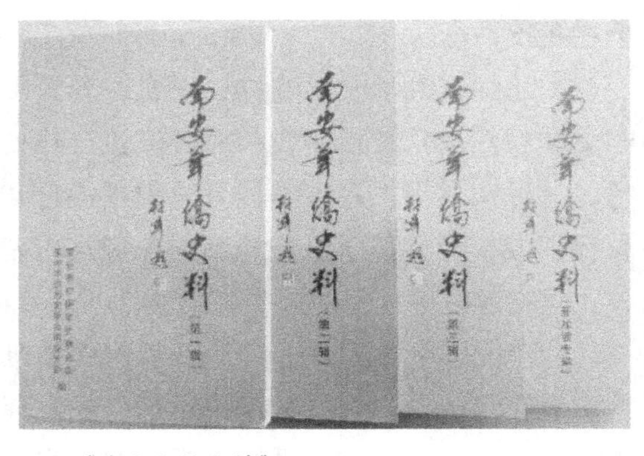

《南安华侨史料》

《南安华侨史料》设置侨史存证、侨声述录等8个栏目。现已刊印四辑，累计收录文章136篇，超50万字，为福建华侨华人历史研究提供大量鲜活和珍贵的素材。深入挖掘镇村侨史，不断推进族谱、志书、文集、侨批等历史记忆载体和文献收集整理工作。指导完成全国第一部镇级华侨志《洪濑华侨志》和第一部村级华侨志《厚阳华侨志》。

（福建省侨联网站2019－02－27）

宋子文档案数据库建成发布

美国斯坦福大学胡佛研究所档案馆收藏的宋子文档案，是宋子文（1894—

1971）本人生前各个时期收集、整理、保存的文件资料，内容包含20世纪20—60年代宋子文的家庭、家族、从政、财务和晚年生涯的方方面面。1971年宋子文去世后，宋子文的长女冯宋琼颐女士与家人商议，决定将档案捐赠给斯坦福大学胡佛研究所档案馆，并逐步向公众开放。

复旦大学近代中国人物与档案文献中心主任吴景平教授及其团队历时十余年，完成了美国斯坦福大学胡佛研究所藏宋子文档案的数字化，对全部档案卷宗进行了逐件逐页的编目，包括65盒档案1300余个文件夹，总计38338个文件、7万余页文档，并进行了翻译、校订和适当说明。据此编目创建的宋子文档案数据库，经过多次数据导入与优化测试，近日正式向学界发布。

（澎湃新闻2019－03－09/彭珊珊）

国家社科基金重大项目“华人学者中国文艺理论及思想的文献整理与研究”开题

3月24日，由我校文学院主办的国家社科基金重大项目“华人学者中国文艺理论及思想的文献整理与研究”开题报告暨“中华文艺思想的海外传播”专题学术研讨会在我校举行。

东北师范大学文学院院长王确、清华大学/上海交通大学教授王宁、江西师范大学中文系赖大仁教授、我校对外交流合作处处长蒲若茜教授、我校中文系刘绍瑾教授、《暨南学报》副主编闫月珍教授等近40余名专家学者参加会议。我校文学院院长程国赋、社会科学研究处副处长杨杰出席开幕式并致辞。重大项目首席专家、我校文学院教授蒋述卓主持开幕式。

“华人学者中国文艺理论及思想的文献整理与研究”课题从总体上对百年来华人学者在海外对中国文艺理论及思想的翻译传播、阐释研究和批评实践的整体情况进行全面的文献整理和系统的学术史研究，力图呈现海外华人学者中国文艺理论及思想研究的整体脉络，在对华人学者的成就与贡献、问题及陷阱进行深入总结和客观评价的基础上，构建面向新时代的、具有鲜明中华性的、跨地域的中国诗学。

（暨南大学新闻网2019－03－25）

《马来西亚惠州（府属）会馆史稿》出版

马来西亚是海外惠州人最为集中的地区之一，目前已拥有近三十间惠州（府属）会馆，其中最早的马六甲惠州会馆成立于1805年，距今已有二百多年历史。文化对于一个族群的影响非常深远。南渡至马来西亚的惠州人，一方面保持了惠州人的原有精神品质；另一方面融入当地社会，亦不断受到本土文化的影响。但是当今的马来西亚，对传统中华文化弱化现象十分明显，更别说是惠州这样的区域文化了。在马来西亚的惠州社群中，已经越来越难听到纯正的“惠州腔”，而且惠州会馆老龄化现象严重，年轻人对于会馆的认识与了解也越来越少，参与活动更不积极。诸如此类的问题，包括惠州会馆在内的华社中颇为普遍。因此，在这种混合交错的背景下，深入发掘历史文化知识，重塑乡贤、会馆的形象就显得非常重要。加之在马来西亚，虽然属邑会馆会在特殊的时间节点出版特刊、编辑相关书籍出版，但是局限于人力、物力等原因，其传播范围、效果大受限制。本书的出版有助于弥补这一缺陷。

（马来西亚研究资讯微信公众号2019－03－26）

2018年12月1日，由惠州市档案局、惠州学院海外惠州人研究中心合编的《马来西亚惠州（府属）会馆史稿》一书由中山大学出版社出版

中国沿边地区侨情研讨会在腾冲举行

以“‘一带一路’建设视野下我国沿边侨情调研”为主题的研讨会近日在云南省腾冲市举行。与会专家学者针对腾冲侨情和中国沿边地区侨务存在的普遍问题进行了交流和研讨。

腾冲位于云南省西南部，是云南保山市代管的县级市，与缅甸毗连，是中国通向南亚、东南亚的重要门户和节点。该研讨会由中国华侨华人研究所主办，由云南省保山市、腾冲市侨联承办。

会上，保山市侨联副主席郑洪光对保山市情、侨情及目前对缅侨务工作的情况，需要上级帮助协调解决的问题进行了介绍，听取了与会专家的意见和建议。

此外，来自暨南大学、厦门大学、华东师范大学、新疆维吾尔自治区侨联、青海省侨联、哈尔滨市侨联、昆明市侨联的21名专家学者及侨联领导就华文教育工作面临的问题和挑战、外国公民非法入境务工现状和存在问题及如何有效管理、跨国婚姻现状问题、侨务外事等涉外机构和周边国家民间及社会组织交往现状等议题进行了交流。

（中国侨网2019－03－26/杜加寿）

“海外华人社区与中华文化传承”国际学术研讨会在暨南大学成功召开

3月23日，“海外华人社区与中华文化传承”国际学术研讨会在广州成功举行，来自美国、马来西亚、新加坡，以及国内多所高等院校和科研机构的50多位专家学者参加了这次会议。此次研讨会由暨南大学国际关系学院/华侨华人研究院、暨南大学社会科学研究处联合举办，中央统战部侨务事务局副巡视员别林业、暨南大学党委书记林如鹏教授出席开幕式并分别致辞。

本次研讨会分主旨发言和分组讨论两个环节。中国华侨华人研究所所长张春旺主持了主旨发言环节，并介绍了中国华侨华人研究所为国家建言献策情况。美国加利福尼亚大学圣塔芭芭拉分校亚美研究系赵小建教授、中国华侨华人研究所副所长兼《华侨华人历史研究》主编张秀明、暨南大学特聘教授李明欢、暨南大学新聘的新加坡籍华裔人类学家柯群英教授、暨南大学国际关系学院/华侨华人研究院副院长陈奕平教授分别作了主旨发言。随后，与会学者围绕“华人社区变迁与中华文化传承：历史与现实”“华文教育与文化传承”“海外华人社团与中华文化传承”“华侨华人与中华文化传播策略”“海外华社与侨乡的跨国文化互动”“宗教信仰、民俗与文化传承”六个主题展开了深入的分组讨论和交流。

（暨南大学国际关系学院/华侨华人研究院网站2019－03－29/高建深，关亦佳，李爱慧）

国家社科基金重大招标项目“海外华人宗教文献的收集、整理与研究”开题报告会召开

3月29日，由华侨大学海外华人宗教与闽台宗教研究中心主任张禹东教授担任首席专家的2018年度国家社科基金重大项目“海外华人宗教文献的收集、整理与研究”开题报告会在厦门校区王源兴国际会议中心召开。华侨大学副校长刘塨出席会议。

报告会邀请了十三届全国人大常委会委员、中国社科院学部委员、世界宗教研究所原所长、中国宗教学会会长卓新平教授，中国社科文献出版社社长、中国社会学会秘书长谢寿光教授，厦门大学南洋研究院原院长、华侨大学讲座教授、中国东南亚学会会长庄国土教授等组成评审专家组。子课题负责人华侨大学范正义教授、冯兵教授、花威教授、刘守政副教授、钟大荣副教授，南昌大学谢飞副教授以及课题组成员参加了开题报告会。

据了解，海外华人宗教与闽台宗教是华侨大学的特色研究领域。该校与中国社会科学院世界宗教研究所共建的海外华人宗教与闽台宗教文化研究中心，曾多次举办全国宗教学年会、东南亚宗教高端论坛、海外华人宗教国际学术研讨会、中日韩宗教学术论坛等大型学术会议。目前已成为福建省内领先、在国内有一定影响的特色宗教学研究机构。2016年，该中心被福建省教育厅列为“福建省高等学校人文社会科学研究基地”。

（华侨大学网站2019－03－30/侯斌斌）

斯坦福大学一项目组公布在中国调研所得　揭华裔移民面纱

据美国《世界日报》报道，美国斯坦福大学北美铁路华工研究工程项目组于三年前远赴中国广东省仓东村，对19世纪漂泊到美国和其他国家的中国移民的家乡进行调研考察。近日，项目组公布了一些考察所得，也揭开了早期华裔移民的神秘面纱。斯坦福大学人文与科学学院人类学副教授芭芭拉·沃斯（Barbara Voss）带领的铁路华工研究项目组，受邀参与了五邑大学建筑系副教授谭金花开展的五邑建筑遗产项目。

19世纪的仓东村大约有400位居民，它是五邑地区的一部分，大多数当时移民美国的中国人来自这里。研究人员在当地建筑遗产中发现了各种古陶瓷碗，一些图案与在美国华工营地发现的碗类型相匹配。此外，还发现了英国制造的陶瓷碟，以及1912年至20世纪60年代美国生产的药瓶和服装。考察结果让沃斯及其团队感到惊讶，因为这表明仓东人进口的商品种类比之前想象的要多。沃斯表示，中国与美英在19世纪进行贸易，但人们此前普遍认为中国主要进口原材料，出口成品。“这项研究帮助我们了解了珠三角地区民众当年的生活细节，他们是精明的顾客，从世界各地获得商品。这打破了中国移民是孤立的稻农，不属于世界经济体系的固有观念。”沃斯说，想要真正了解北美历史，必须考虑到与亚洲的联系，以及这些联系在美国西部发展中起到的重要作用。

据斯坦福大学网站介绍，中国移民离乡背井来到美国，在许多方面帮助了美国西部的开发和建设。他们在矿山劳作，在各地建立了中国城，尤其是修筑铁路，包括美国第一条横贯北美大陆的太平洋铁路。直到1882年“排华法案”颁布和反华暴力，迫使许多人逃离。此前，众多研究人员挖掘了中国移民在美国生活工作的地方，却少有人研究他们的家乡。北美铁路华工研究项目组于三年前开启了这项工作，沃斯说：“能看到移民在家乡的物质文化和实践，是一件令人兴奋的事。在此之前，人类学家还没有这些比较数据。”

（中国侨网2019－04－04/梁雨辰）

教育部人文社科重点研究基地暨南大学华侨华人研究院 2019年度基地学术委员会会议成功召开

2019年4月1日，暨南大学华侨华人研究院举行2019年度基地学术委员会会议。此次出席会议的学术委员及顾问有刘宏教授（主任委员）、陈岳教授（委员）、李明欢教授（委员）、刘国福教授（委员）、钱江教授（委员）、张振江教授（委员）、潮龙起教授（委员）、张应龙教授（顾问）。同时，基地20多位教师和部分研究生参加了会议。此次基地会议由暨南大学社科处处长潘启亮主持，暨南大学党委书记林如鹏致欢迎辞。

会议听取了基地主任张振江教授关于基地2018年的工作总结及发展规划报告。他提到，过去一年基地建设主要集中于学科建设、人才培养、智库研究、服务社会等四个方面，但现阶段的基地建设仍存在部分问题。随后钱江教授、李明欢教授、潮龙起教授分别就基地刊物《海外华人研究》的出版、2019年ISSCO国际会议的筹备、“世界华侨华人研究文库”丛书的出版进展等问题向基地委员及顾问作了详细汇报。此外，“十三五”时期基地重大项目负责人分别汇报2018年项目的详细进展。

（暨南大学国际关系学院/华侨华人研究院网站2019－04－08/关亦佳）

《华侨华人研究报告 2018》发布会在厦举行

4月9日，由华侨大学及社会科学文献出版社共同主办的“华侨华人蓝皮书重大工程启动八周年纪念暨《华侨华人研究报告2018》发布会”在厦门举行。来自中国华侨华人研究所、暨南大学、外交学院等高校和研究机构的专家学者及主流媒体的嘉宾齐聚一堂，共同展望新时代华侨华人研究的新目标和新方向。

发布会上进行《华侨华人研究报告2011—2018年》典藏版发布仪式，是华侨华人蓝皮书重大工程启动八周年成果的集中展示。《华侨华人研究报告（2018）》同时发布，主题是“华侨华人与文明交流”。主要研究华侨华人对中华文化的认同及其在中华文化与其他文化交流中扮演的角色。这与近两年华侨华人蓝皮书一直关注的“一带一路与华侨华人”一脉相承，但更为强调的是“华侨华人的中华文化认同与传播”方面。发布会后还举行了圆桌论坛，厦门大学教授、暨南大学特聘教授李明欢，中国华侨华人研究所副所长张秀明教授，外交学院副校长高飞教授作了主题发言。

（央广网2019－04－10/郭婕妤）

“南通华侨华人研究中心”在华侨图书馆挂牌成立

4月14日上午，南通赤子情华侨图书馆举行“南通华侨华人研究中心”签约成立仪式。华侨图书馆、南通大学教育科学学院、美国华人联合总会三方协商，共同利用资源优势，打造一个研究华侨历史、侨情动态、侨务理论的基地——“南通华侨华人研究中心”。华侨图书馆提供“南通华侨华人研究中心”开展工作所需要的图书、资料、场地以及必要的资金，并推荐部分侨界资深专家研究人员。

（南通事儿微信公众号2019－04－15）

海外华语资源库建设国际研讨会在暨南大学召开

4月13—14日，由暨南大学华文学院、海外华语研究中心主办的“海外华语资源库建设国际研讨会”在暨南大学举办。教育部语言文字应用管理司、语言文字信息管理司司长田立新，暨南大学党委书记林如鹏，国内相关高校、科研院所以及美国、澳大利亚、日本、马来西亚等国家的40余位专家学者出席会议。

田立新指出，华语是以现代汉语为核心的全球华人的共同语言，多年来对华语的研究得到了国内外学术界的高度重视，随着“一带一路”倡议实施和人类命运共同体建设推进，深入研究华语、传承与传播华语的重要性将愈发突显。近年来，作为国家语委科研机构的海外华语研究中心，在海外华语、华文教育研究方面开展了大量工作，取得丰硕成果。资源库建设是保存、展示资源以及开发研究的蓄水池，希望各位专家就海外华语资源调查，资源库建设的标准、内容、方法和利用等问题深入交流，形成思想共识，引领学术潮流，推动相关研究工作更好地开展。

研讨会上，与会代表就海外华语资源库建设，海外华语资源抢救、整理与开发工作，华语教育政策，华语教育环境，华语语法研究，汉语教学功能等问题展开多角度、深层次的学术交流与研讨。一致认为，海外华语资源库建设是推进海外华语相关领域研究的重要基础性工程，学界亟需、意义重大。希望资源库能尽快建成，为科学研究、政策咨询提供学术服务。

（教育部网站2019—04—18）

《华人与铁路：修建横贯大陆的铁路》出版

2019年是横贯美国东西的太平洋铁路竣工150周年，随着近年来的纪念和倡议等活动，华人劳工当年在太平洋铁路修建中的贡献和牺牲已经被许多人知晓。然而仍然鲜为人知的是，这些以吃苦耐劳、技术过硬闻名的华工，在太平洋铁路建成后，还在美国的更多地方参与了各地的建设。

斯坦福大学英文系女教授谢莉·费舍尔·费金（Shelley Fisher Fishkin）即将出版的新书中揭晓了这样一段很少有人听说过的历史。费金在其新书《华人与铁路：修建横贯大陆的铁路》（*The Chinese and the Iron Road: Building the Transcontinental Railroad*）指出，在太平洋铁路1869年竣工后的头20年里，华工们散布四方，参与了至少71条铁路的修建、维护和修复。在此之前人们已经知道华工曾参与西部、西北部和西南部的不少铁路建设，但这次费金教授经过研究发现了大量证据，证明华工也在南部、中西部甚至东北部的

《华人与铁路：修建横贯大陆的铁路》

铁路留下过痕迹，全美最老的铁路之一长岛铁路便是一例。费金教授在书中说，华工的故事“完全从历史中消失了”，但她强调，华人是19世纪下半叶美国铁路基建建设中不可或缺的一部分，而在长岛铁路等更鲜为人知的案例中，他们更是无名英雄。

（［美国］美国中文网2019－04－27）

吴华纪念展研会开幕

为纪念民间学者吴华，马来西亚南方大学学院华人族群与文化研究所与新山海南会馆联合举办“华团会馆史研究的回顾与前瞻——吴华逝世一周年纪念研讨会暨展览”，为期一个星期的展览共展出18面展板，更特邀7名来自中国、新加坡、吉隆坡及新山的学者共同举行研讨会。

吴华手稿

展览将从4月26日（星期五）至5月3日（星期五）的上午10时至下午4时，在南方大学学院文物与艺术馆展出，为期一个星期；此文物与艺术馆也为本次活动的协办单位。本次展览的展出内容涉及吴华的生平、创作、乡土史研究、会馆史研究、海南族群研究、成果与回响及其生前所收集的剪报与生活照。

（［马来西亚］星洲网2019－04－28）

暨南大学与米兰侨团签约合作　助力华商案例库建设

米兰当地时间5月16日，暨南大学企业发展研究所与意大利米兰浙江华侨华人联谊会，签署了“一带一路”华商案例库建设合作备忘录，将依托暨南大学企业发展研究所深厚的知识基础、在商业案例研究上累积的企业资源与实践经验，共同建设“一带一路”华商案例库。中国驻米兰总领馆领事孟蕊、暨南大学管理学院党委书记卫海英、暨南大学管理学院会计系

暨南大学企业发展研究所与米兰浙江华侨华人联谊会签署“一带一路”华商案例库建设合作备忘录

副主任朱滔及代表团成员，米兰浙江华侨华人联谊会理事长赵焕青、名誉会长朱金亮等人，出席了座谈活动和签约仪式。

暨南大学专家学者参观华商企业

座谈期间，暨南大学管理学院和米兰浙江华侨华人联谊会，围绕意大利华人社会文化、华人经济特点等议题进行讨论，共同就“一带一路”华商案例库建设相关问题展开了探讨，并就推动双方机构共享华商案例库数据与资源及学术研究等问题，达成了共识，并签署合作备忘录。

暨南大学管理学院专家学者在米兰访问期间，还分别前往意大利芭芭拉集团公司旗下的米兰芭芭拉（Barbara Milano）箱包品牌企业、米兰中国文化中心，以及华人商业区，进行了实地考察和调研。暨南大学的专家学者与华人社团、华商代表还就未来形成意大利华人文化研究多方合作机制，充分交换了意见。

（［意大利］欧联网2019－05－17/博源）

《性别与移民社会：新马华人妇女研究（1929—1941）》（增订版）出版

2019年3月，由中山大学国际关系学院和东南亚研究所范若兰教授写作的《性别与移民社会：新马华人妇女研究（1929—1941）》一书由暨南大学出版社出版。该著作是“世界华侨华人研究文库（第五批）”最新学术成果之一。

本书选取20世纪30年代前后新马华人社会的历史为研究对象，关注重点是华人妇女的移民、教育、经济参与、社会参与和婚姻家庭生活状况，她们对新马历史发展的贡献以及这一时期华人社会的性别关系变化。本书利用大量第一手资料，并运用口述史、社会史、移民史方法研究新马华人妇女移民规模与模式，华人女子教育发展，华人女性经济参与、抗日救亡与华人妇女解放运动，华人婚姻家庭变化，并在新马华人妇女与闽粤妇女的比较中，探索移民妇女流动与变迁的轨迹。

《性别与移民社会：新马华人妇女研究（1929—1941）》

（马来西亚研究资讯微信公众号2019－05－21）

专访哈佛大学宋怡明：世界历史大框架下的海外华人

宋怡明（Michael A. Szonyi）

宋怡明，美国著名中国历史研究专家，哈佛大学费正清中国研究中心（Fairbank Center for Chinese Studies）主任，哈佛大学东亚语言文明系中国历史学教授。

研究华侨华人问题的缘起

张梅：尊敬的宋怡明教授，非常感谢您在百忙之中接受访谈。在中国学术界，很多人知道您是美国著名的历史学家，但是他们对您还关注华侨华人问题却并不了解，能否请您谈一谈，您是怎么开始对华侨华人问题感兴趣的？

宋怡明：我研究华侨史，是基于两点原因：一是因为我在从事华南研究的时候发现东南亚的华侨华人社会与中国的东南社会有一定的联系。我开始是做华南研究，在中国的沿海地区做了20多年的田野调查，所到之处皆是侨乡，这使我不得不关注华侨因素，所以我对华侨华人问题的研究兴趣是自然而然产生的。我给你举个例子，我调研的地方有两个距离不到一公里的村子，一个村子相当一部分人是在海外，另一个则不是，那个有海外关系的村子，无论是经济状况还是文化发展都好于另一个村子。所以从经济发展的角度、家庭结构和社会结构的角度来看，华侨的重要性在两个村子的对比中是可以轻而易举地被揭示的，这也是非常值得研究和讨论的。二是因为我自小在国际城市多伦多长大，多伦多是一个华侨华人聚居的多元文化城市，华侨很多，有部分是偷渡过来的。但是这在当时并没有引起我太大的兴趣，事实上我的研究兴趣主要是由侨乡调研引起的。我认为，华侨史有一定的研究价值，尽管它并不是我的研究重点。

张梅：近年来，中国的海外华侨华人研究越来越热，学者辈出，您怎么评价当前中国的华侨华人研究状况？

宋怡明：说到中国的华侨华人研究状况，我知道的比较有限。让我感觉受益最多的，主要是来自孔飞力（Philip Alden Kuhn）先生的研究。孔飞力先生不仅是我的同事，同时还是我的老师，他在华侨华人研究问题上做出了非常突出的成就。现在他刚刚过世，谈到这个问题让我感觉心里很悲伤。孔飞力认为，海外华侨有史以来的成就，在很大程度上是因为他们拥有很丰富的文化资源，他们将这些资源带到海外，在与海外文化的交流和碰撞中逐渐协调和适应，他提出了“历史资本”的概念，这是孔飞力的很重要的观点。我认为，在研究海外华人移民问题的时候，必须把中国国内的华侨华人研究与海外华人研究结合起来分析，以寻找二者的共同点和规律。

张梅：据我所知，您在哈佛大学开设有“海外华人”研究课程，请问您是如何界定您的研究对象的？

宋怡明：之所以开设“海外华人”研究课程，是因为哈佛大学的学生需要了解中国历史，也需要了解华侨史，我有义务、有责任将这门课介绍给我的学生。说到如何界定研究对象，我用了海外华人（Chinese Overseas）概念，就是为了避免引起误解，因为我认为，无论是从国民身份（Overseas Chinese的定义）还是从血缘（Ethnic Chinese的定义）上，都不能概括所有的华人。而我用的海外华人概念就是指的从任何意义上在海外能够成为Chinese的人，这样，实际上是尊重海外华人自己定位自己认同的自由。因为如果用Ethnic Chinese，那就表明是血缘最重要，如果是用Overseas Chinese，那就是表明国民身份最重要，而在我看来，无论华侨华人对自己的身份有怎样的理解，只要你在海外，我都可以称你为海外华人。

华侨华人与他国移民的异同

张梅：您如何看待长达数世纪的中国海外移民现象？从世界历史的角度看，华侨华人是国际移民的一部分，能否请您简述一下华侨华人与世界其他国家移民的异同以及他们对当今世界的影响？

宋怡明：中国人移居海外的历史，事实上早于国家概念的产生。在我看来，明清时代中国人流动到海外，不能说是一种移民，因为移民这一概念是源起于国家的概念，而早期中国人向海外流动是国家概念产生之前就有的。

说到华侨华人与世界其他国家移民的异同，在我看来，中国人向海外的流动与其他国家和地区的老百姓的向外流动是一样的，并没有太大的不同。事实上，海外早期华侨史研究存在着误解，我给你举两个例子。第一，20世纪华侨史研究有一个基本的假设，就是华侨的流动是一种循环流动，而欧洲人移民是一种单行道流动。可是，如果我们详细审视历史文献，却发现不是这个样子。欧洲人有相当一部分是单行道移民，但也有相当一部分是循环移民，这与华侨是一样的。此外，很多华侨华人研究学者认为，中国移民的特点是连锁移民，实际上意大利到美国的移民、印度到东南亚的移民，这两个国家的移民也是连锁移民。第二，20世纪华侨史研究有相当一部分学者认为，中国移民与其他国家移民不一样，中国人不懂融合，喜欢聚族而居，住在唐人街，保持原有的生活方式。从这个假设出发，学者就尽力去理解中国人为什么是这样子。实际上我们现在很清楚，华人这样做主要不是他们自身的选择，而是住在国排华的结果，这是他们对住在国排华适应的结果，就像美国的唐人街。

我举这两个例子的目的，是想说明我们必须把华侨史放在世界历史人口流动的大框架下去阐释。我的基本宗旨，是要把中国移民在海外的流动放在整个世界人口

该文节选自张梅著《哈佛学者看中国和世界》

流动的大背景下进一步揭示。事实上，中国不仅有海外移民，近几十年还产生了海外华人的再移民潮流，特别有意思的是东南亚华侨的再移民问题，这个只有从世界历史的角度去研究、去探讨才能理解。19世纪美国、加拿大、澳大利亚等国有歧视性的排华政策挡住了中国人往这些国家移民的脚步。而当时，东南亚大部分地区是欧洲的殖民地，殖民主义统治者最初觉得海外华侨移民对他们是有利的，因此，他们吸纳了大量的中国移民。可是后来，东南亚殖民地国家独立后开始排华，而美国、加拿大、澳大利亚等国放宽了移民政策，于是这部分东南亚国家的华侨开始了向美国、加拿大、澳大利亚等国的再移民。东南亚的排华政策在美国、加拿大、澳大利亚的排华政策之后（晚五六十年的样子）出台，就因为那些明显的排华政策，所以才有再移民的现象。因此，如果想了解全球华人流动的演变，你只有从世界历史的角度来研究才能清楚、透彻。

（澎湃新闻2019－05－26/张梅）

《在海之隅：委内瑞拉与荷属加勒比地区的华侨（上、下卷）》出版

2019年4月，由暨南大学高伟浓教授写作的《在海之隅：委内瑞拉与荷属加勒比地区的华侨（上、下卷）》一书由暨南大学出版社出版。该著作是“世界华侨华人研究文库（第五批）”最新学术成果之一。

《在海之隅：委内瑞拉与荷属加勒比地区的华侨（上、下卷）》

委内瑞拉与荷属加勒比地区的华侨华人生存、发展状况，由于其地理位置与经济发展等原因，游离于华侨华人史研究视野，常常被忽略。委内瑞拉与荷属加勒比地区的华侨历史内涵不薄，但由于文字资料的缺失和传播手段的单一落后，早期华侨史迄今无只字原始文献档案可查，以致这些地方的华侨历史著述近乎空白。有鉴于此，高伟浓教授多次赴委内瑞拉与荷属加勒比地区，对当地华侨华人及其产业、社团、报刊等进行长时间的实地考察与资料搜集，在对大量碎片化资料进行整理和分析后，经数年写作，《在海之隅：委内瑞拉与荷属加勒比地区的华侨（上、下卷）》终于面世。

本书上卷对百年来委内瑞拉的华侨移民在不同历史阶段的生存发展、华侨社团基本情况、华侨与当地民族和家乡的关系、华侨在住在国的文化体育活动、中华文化传承等情况进行了详细的梳理。同时聚焦21世纪委内瑞拉的金融危机，结合当时经济环境下的社会现状和政策法规，对华侨社会如何应对提出建议。下卷概观荷属加勒比地区重要岛屿的侨情，重点从华侨后裔的取名、华侨职业、华人社团及教育文化活动等视角来观照当地华侨的生存状态，助其探寻发展出路，从中亦可管窥荷属加勒比地区华侨在传承中国传统文化、促进住在国与祖（籍）国经济文化交流方面的重要作用。全书呈现作者在委内瑞拉和荷属加勒比地区各岛屿一线调研所得的大量资料，是对华侨史研究材料的有力补充。

（暨南大学出版社微信公众号2019－05－29）

安徽筹建侨史馆　已启动侨史实物资料捐赠工作

在5月29日安徽侨史实物资料捐赠仪式上，安徽省侨联成功受赠一批珍贵的侨史资料。安徽省侨联主席吴向明说，这标志着安徽侨史实物资料捐赠工作正式启动，对于推动安徽侨史馆建设具有重要意义。为铭侨功于馆阁、树侨风于后世、系侨情于来者，安徽省侨联筹建安徽侨史馆，并于2019年初，面向海内外发布长期征集侨史资料的公告，得到大批海外侨胞、侨团和归侨侨眷的热切回应。

据了解，这次侨史实物资料的征集对象为：皖籍海外华侨华人、侨团、商会；支持参与安徽建设和发展的海外华侨华人、侨团、商会；在皖归侨侨眷；安徽各级侨联组织及所属社团和侨联工作者等。征集方式为捐赠、复制、借展、寄存托管等。对捐赠者主办方将以多种方式答谢。同时，征集的资料范围广泛、形式多样。以皖籍海外华侨华人为例，反映皖籍华侨华人在海外学习、工作、生活、人口迁移及家族发展的实物、文献和资料；反映皖籍海外华侨华人在参与和支持中国革命、建设和发展，以及促进改革开放事业等重大历史事件的实物和文献资料；反映皖籍海外华侨华人为住在国经济社会发展做贡献，为促进中国及安徽与住在国之间的政治、经济、文化、科技、教育等方面交流合作的实物和资料均可。

安徽侨史实物资料捐赠仪式

当日的捐赠仪式上，部分归侨侨眷、海外侨胞等积极捐赠了珍藏已久的侨史实物资料，回顾了物件的获得经历和来龙去脉。他们纷纷表示，筹建安徽侨史馆，宣传展示皖籍华侨华人发展历史，是一件功在当代、利在长远的系统性工作，作为广大归侨侨眷和海外侨胞有责任也有义务支持安徽省侨联把侨史馆建设好。吴向明介绍，华侨历史是中华民族历史的重要组成部分，是一部艰苦奋斗、厥功至伟的创业史和辉煌史。皖籍侨胞现已遍布世界各地，呈现出知识层次高、分布地域广、经济实力强、学术造诣高、社会影响大的新特点，安徽已成为名副其实的新侨乡。

据不完全统计，安徽现有归侨侨眷100万人，皖籍海外侨胞约50万人，其中新侨约20万人；安徽现有侨资侨属企业超7000家，侨资占该省利用外资的60%。

（中国新闻网2019－05－29/张强）

第二届巴西华人移民研究国际研讨会举行

日前，第二届巴西华人移民研究国际研讨会在巴西里约热内卢天主教大学举行。研讨会以跨文化关系为主题，吸引了来自中国、巴西、墨西哥、新加坡、美国、德国、意大利等多国学者参与，共同研讨华人移民的历史与现状。

据统计，目前海外华侨华人已超过6000万，华人移民的出现及其生存状况与世界和中国的历史脉络息息相关。回顾500多年来的华人移民史，美国布朗大学历史学教授胡其瑜指出，华人移民高峰出现的时间与全球化背景关系密切。她说："历史上的两次全球化浪潮分别由欧洲人和美国人引领，华人作为劳工和商人在其中发挥了重要的促进作用。而当下正在发生的第三次全球化浪潮正是由中国引领的，中国通过贸易和投资建立起了与全世界的连接。"

"中国地位的不断提升，以及'一带一路'倡议的提出，对海外华人影响深远。"新加坡南洋理工大学社会科学学院院长刘宏对记者表示，"一带一路"倡议的实施带来了大量投资和贸易，一方面为中国企业走出去提供了平台，另一方面给海外华人企业提供了很好的机会，这也是越来越多华人愿意学习中文、了解中国的原因。"同时，在海外成长起来的华人也起到了非常重要的桥梁作用，他们通过在中国与所在国之间的交流往来，帮助中国和世界建立起更紧密的联系。"

华人是较早移民巴西的族群之一，200多年前首批中国茶农抵达巴西。目前在巴华侨华人超过了30万，与早期移民相比，身份和地位发生了很大变化。澳门大学应用语言学和人类学教授罗贝瓦尔·特谢拉是巴西人，近年来一直关注巴西华人相关议题，尤其是华人子女的成长教育及生存状态，并呼吁加强对这一群体的关注，帮助他们更好地融入当地社会。特谢拉告诉记者："随着中巴两国关系的发展，越来越多的中国人来到巴西。早期巴西华人以经商为主，现在生活在巴西的中国人更为多样，包括学生、高级管理人员等。"

同样日渐多样的，还有中国企业对巴西的贡献。伊莎贝尔·卡瓦略是来自巴中工商总会的商业分析师，她以中国国家电网和汉能集团在巴西的经营为例，说明中国企业不仅投资基础设施和能源等领域，也积极参与当地文化、教育事务，如为贫困家庭的孩子提供义务音乐培训，为火灾后的巴西国家博物馆重建提供支持等。“中国企业在巴西发展时间长、投资大，对巴西经济发展起到了重要的促进作用。现在我们高兴地看到，中国企业也开始关注文化等领域，并有越来越多的中国科技公司来到巴西，这些对我们而言都非常重要。”

本次研讨会由里约天主教大学孔子学院主办。孔子学院中方院长乔建珍对记者表示：“华人是连接中国和世界的桥梁，开展华人研究是促进民心相通的重要途径。集中中外研究人员研讨华侨华人走出来，以及融入当地的历史与现状，有助于促进所在国了解华人所做贡献，促进华人融入当地。同时该研究也会促进孔子学院的中文与中国文化教学，培养越来越多对中国感兴趣的外国学者，促进中外不同领域的交流合作。”

（人民网2019—06—12/朱东君）

2019习近平总书记关于侨务工作重要论述研讨会在厦门大学召开

6月15日，由中国侨联主办，中国华侨华人研究所与福建省侨联、厦门大学、五邑大学承办，厦门大学国际关系学院/南洋研究院、厦门市侨联协办的2019习近平总书记关于侨务工作重要论述研讨会在厦门大学科学艺术中心召开。中国侨联党组书记、主席万立骏出席会议并讲话。福建省副省长郭宁宁，厦门大学党委书记张彦，中国侨联副主席、福建省侨联主席陈式海，浙江省侨联主席连小敏，中国华侨华人研究所所长张春旺，来自全国人大华侨委、全国政协港澳台侨委、致公党中央、中央党史和文献研究院的干部，中国华侨历史学会理事和专家学者，以及福建省涉侨部门和各级侨联干部出席会议。中国侨联党组成员、副主席暨中国华侨历史学会会长隋军主持会议。

2019习近平总书记关于侨务工作重要论述研讨会在厦门大学召开

张彦书记首先代表厦门大学热烈欢迎各位与会嘉宾。他说，习近平总书记关于侨务工作的重要论述具有丰富的科学内涵，是对中华人民共和国成立以来党和国家侨务理论政策的继承与发展，是新时代侨务工作的根本遵循。厦门大学由被誉为“华侨旗帜，民族光辉”的陈嘉庚先生创办，始终秉承爱国主义传统，始终怀有华侨华人赤子情怀。2019习近平总书记关于侨务工作重要论述研讨会在厦门大学召开，非常有意义，也非常必要。张彦强调，厦门大学要深入学习贯彻习近平总书记关于侨务工作的重要论述，大力弘扬“嘉庚精神”，立足侨校优势特色，将华侨华人研究工作，特别是习近平总书记关于侨务工作的重要论述的研究工作引向深入、多出成果。

万立骏主席表示，中国侨联党组始终重视做好习近平新时代中国特色社会主义思想特别是习近平总书记关于侨务工作的重要论述的学习宣传贯彻工作。经过几年发展，习近平总书记关于侨务工作重要论述研讨会由最初只有部分专家学者和侨务工作者参加，到现在有各个涉侨单位的领导和干部、全国相关专家学者参加。此次研讨会既是一次总结会、交流会，更是一次再部署、再出发的会。

万立骏指出，要提高站位，把对习近平总书记关于侨务工作重要论述的认识理解引向深入。为此，要多措并举，把对习近平总书记关于侨务工作的重要论述的学习宣传贯彻引向深入。要坚持改革创新，把对习近平总书记关于侨务工作的重要论述的研究阐释引向深入。要确保政治方向，引导和激励华侨华人和侨务工作研究人员自觉肩负起政治责任、社会责任、学术责任，找准研究方向，创新研究方法，凝聚研究力量，打造研究平台，用高水平的研究成果为党的侨务工作提供理论支撑和智力支持，为侨联事业创新发展建言献策，使其成为华侨华人和侨务工作领域学术研究的权威、工作实践的参谋、政策咨询的智库，为我国侨务理论研究和侨联事业发展发挥更大作用，为新时代党的侨务事业发展作出新的更大的贡献。

美东华人社团联合总会主席陈清泉和集美校友总会永远名誉会长任镜波分别回顾习近平总书记在福建侨乡的经历。陈清泉从平易近人结友谊、筑巢引凤谋发展、走出国门求共赢、情深义重圆梦想四个方面回顾了与习近平总书记交往的点点滴滴。任镜波回顾了习近平总书记在福建工作期间，对“嘉庚精神”的重视和弘扬。在担任福建省省长期间，习近平同志兼任集美大学校董会主席，并欣然接受纪录片《民族之光——陈嘉庚先生归来的岁月》的采访。陈嘉庚先生诞辰140周年之际，习近平总书记给集美校友总会回信，再次强调陈嘉庚先生是“华侨旗帜、民族光辉”，该信在福建省内和海外侨胞中引起强烈反响和共鸣，各地掀起学习“嘉庚精神”的热潮。

中国华侨历史学会副会长、福建省社会科学院副院长李鸿阶作了题为“构建人类命运共同体与海外华侨华人作用初探”的主旨演讲。李鸿阶认为，构建人类命运共同体是完善全球治理体系、促进世界繁荣发展的“中国方案”。海外华侨华人作为中国与世界沟通的“纽带桥梁”，是人类命运共同体身体力行的参与者，实实在在的受益者，构建人类命运共同体与海外华侨华人具有密切的联系。

中国华侨历史学会副会长、厦门大学特聘教授庄国土博士作了题为“论习总书记侨务理念形成脉络”的主旨演讲。庄国土提出，习近平总书记关于侨务工作的重要论述是以邓小平、习仲勋等为代表的老一辈政治家侨务思想的升华，福建侨务资源的独特性和对中国侨务全局的影响力，增强了习近平总书记对侨务的重视，高度肯定华侨华人是中国社会发展与变革的重要贡献者，是中华民族伟大复兴的参与者，率先提出“大侨务”的理念。习近平总书记关于侨务工作的重要论述孕育和形成于福建，持续于浙江和上海，成为习近平新时代中国特色社会主义思想的重要组成部分。全体与会代表围绕着习近平总书记关于侨务工作的重要论述展开了热烈的讨论。

在中国侨联指导下，自2014年开始，中国华侨华人研究所与五邑大学等单位共同举办的习近平总书记关于侨务工作重要论述研讨会，已成为华侨华人研究领域和侨联系统学习研究习近平总书记关于侨务工作重要论述的重要平台和品牌，引起良好社会反响。

（厦门大学国际关系学院/南洋研究院网站2019－06－17）

暨南大学举办“第二届智利及拉丁美洲华人移民”国际学术研讨会

6月9日，“第二届智利及拉丁美洲华人移民”国际学术研讨会在暨南大学举办。本次会议由暨南大学国际关系学院/华侨华人研究院、暨南大学—横琴新区拉美中心、智利中央大学联合举办，教育部国别和区域研究备案基地暨南大学拉丁美洲研究中心承办。来自智利中央大学、智利北部天主教大学、中国社会科学院等国内外高校及科研单位的三十多位中拉学者参加了会议。

会议开幕式由暨南大学国际关系学院/华侨华人研究院张振江院长主持，饶敏副校长出席开幕式并致辞。她指出，新形势下，我们要充分发挥拉美地区华侨华人的独特作用，作为华侨华人的最高学府，加强研究拉美华侨华人，暨南大学责无旁贷。

智利共和国驻广州总领事卡洛斯·马林·圣·马丁（Carlos Marin San Martin）表示，智利—中国友好关系源远流长，智利高度赞赏并积极参与“一带一路”倡议。随后智利中央大学教授莫拉加·莱耶斯·豪尔赫·加布里埃尔（Moraga Reyes Jorge Gabriel）代表智利学者发言。本次会议分两单元进行，参会学者分别围绕“智利及拉丁美洲华人移民历史研究”“智利及拉丁美洲华人移民现状研究”两个主题，从政

“第二届智利及拉丁美洲华人移民”国际学术研讨会与会人员合影

治学、历史学、人类学、社会学、经济学等多个人文社科领域进行发言，并就拉美华侨华人的相关问题展开深入探讨。

张振江院长和莫拉加·莱耶斯教授共同主持闭幕式。去年4月，暨南大学和智利中央大学曾联合举办“首届智利及拉丁美洲华人移民”国际学术研讨会，我校代表团远赴圣地亚哥参会。未来，暨南大学和智利中央大学及智利学术界的合作还将深入推进，争取在拉丁美洲华侨华人研究领域做出更加丰硕的成果，为中拉人文交流贡献力量。

（暨南大学新闻网2019－06－18/贺喜）

国家社科基金资助项目《“一带一路”手册》新书发布会暨“一带一路”倡议研讨会在英国剑桥大学举行

北京时间6月17日，由中国社会科学出版社、中国社会科学院全球战略智库、剑桥大学耶稣学院中国中心、泰勒弗朗西斯集团共同主办的《“一带一路”手册》（*Routledge Handbook of the Belt and Road*）新书发布会暨“一带一路”倡议研讨会在英国剑桥大学耶稣学院成功举行。中国社会科学院副院长、学部委员蔡昉，剑桥大学耶稣学院中国中心主任、教授彼得·诺兰（Peter Nolan）出席大会并作主旨发言。中国社会科学出版社社长赵剑英、泰勒弗朗西斯集团全球图书业务总裁贝谨立（Jeremy North）分别代表中外出版方致辞。发布会由中国社会科学院全球战略智库常务副理事长王灵桂主持。

来自中国社会科学院、牛津大学、伦敦大学等多家学术机构的全球近50名专家学者从经济、历史、国际政治、区域合作、科学发展、风险管控、考古学等多个学科以及跨学科的角度展开对“一带一路”倡议的研究与讨论。

（中国社会科学网2019－06－19）

“泰中东南亚华人华侨（潮学）研究所”成立

6月19日，“泰中东南亚华人华侨（潮学）研究所”在泰国玛希隆大学社会科学人文学院揭牌成立。玛希隆大学校长颁崇、中国韩山师范学院党委书记辛小涛、玛希隆大学社会科学人文学院院长勒猜、韩山师范学院潮学学院院长陈海忠，以及泰国潮州协会、泰国吉林商会等团体的领导和相关学者参加了揭牌仪式。

“泰中东南亚华人华侨（潮学）研究所”由泰国玛希隆大学和中国广东韩山师范学院共同组织成立，旨在跨学科、全方位地研究东南亚华人华侨组织的历史、经济、社会活动、政治参与以及跨国贸易等，推动潮汕文化相关学术研究的进展。

勒猜表示，“泰中东南亚华人华侨（潮学）研究所”决定在未来三年内启动四个研究项目：从19世纪末到20世纪初泰国华人社区的领导研究（以二哥丰为例）；东南亚华人跨国网络侨批（中文信函和汇款）研究；中国参与东南亚的社会反应（国家和东盟整体）研究；东南亚潮州佛教传播与影响研究。

“泰中东南亚华人华侨（潮学）研究所”揭牌成立

（人民网2019－06－19/赵益普）

中国东南亚研究会第十届年会暨学术研讨会在中山大学举行

2019年6月27—29日，中国东南亚研究会第十届年会暨学术研讨会在广州中山大学成功举行。本次会议由中国东南亚研究会和中山大学历史学系主办，中山大学国际关系学院、中山大学东南亚研究所协办。6月28日上午9时，大会开幕式于珠江边的中山大学南校区叶葆定堂三楼讲学厅正式拉开帷幕。开幕式主要分为开幕式致辞、研究会理事会报告、第三届“姚楠翻译奖”颁奖仪式、主题演讲等四个环节。

第一个环节由中国东南亚研究会副会长、中山大学袁丁教授主持，中国东南亚研究会会长庄国土教授（厦门大学）、中山大学历史学系副主任江滢河教授分别为本次大会作了开幕式致辞。第二个环节由研究会副会长刘稚教授（云南大学）主持，秘书长李一平教授（厦门大学）就上届理事会的主要活动作了汇报，副会长于向东教授（郑州大学）对中国东南亚研究会的会费使用情况与《中国东南亚研究会通讯》的编辑出版情况作了详细的汇报，李一平教授向与会人员解读了中国东南亚研究会理事会改选的基本情况说明，大会对新一届理事会进行了表决。

之后在李一平教授的主持下，大会举行了第三届“姚楠翻译奖”颁奖仪式。《越南青铜时代的第一批遗迹》《新马华人社会史》《庸那伽纪年》《缅甸政治与奈温将军》《缅甸史》《出国华工与清朝官员》等6本译著获奖。随后，在高伟浓教授（暨南大学）和韩峰教授（中国社科院）的主持下，余定邦教授（中山大学）、于向东教授（郑州大学）、施雪琴教授（厦门大学）、曹云华教授（暨南大学）、李晨阳教授（云南大学）分别围绕“东南亚历史与研究”和“东南亚政治与国际关系”两大主题为大会作了5场主题演讲。

学术研讨会于6月28日下午至29日下午在新珠江大酒店举行。本次学术研讨会共分为24个小组，分5个时段同时在5个会议室展开讨论。170多位学者分别围绕东南亚各国的历史文化、宗教与外交、中国与东南亚各国关系、东南亚华侨华人、东南亚族群研究、近代东南亚国际关系、美日在东南亚的政策活动、“一带一路”与东南亚、澜湄合作、东南亚著作的翻译研究以及东南亚史学史研究等不同领域的主题进行了小组讨论。在小组讨论中，学者们积极分享了自身的研究成果和研究志趣，引发了与会人员的强烈反响和积极讨论。

本次大会的闭幕式于6月29日下午在新珠江大酒店珠江厅举行，由副会长张振江教授（暨南大学）主持。郭继光研究员（中国社科院）、叶少飞副教授（红河学院）、陈奉林教授（北京师范大学）、程爱勤教授（河南师范大学）、郑一省教授（广西民族大学）分别对本次会议的小组讨论情况进行了总结和点评，对学者们的研究热情和积极认真的研究态度给予了高度肯定和赞扬。之后，连任会长的庄国土教授以新任会长的身份发表了致辞演说。秘书长李一平教授对新一届理事会选举结果作出了说明，根据初步选举结果，我系袁丁教授、牛军凯教授分别担任新一届理事会副会长和副秘书长。在本次会议主办方代表袁丁教授和下届主办方代表李一平教授的致辞中，中国东南亚研究会第十届年会暨学术研讨会圆满结束。

（中山大学历史系网站2019－07－08/单超男，张钊）

《法治侨务论》首发　学者谈华侨权益立法

世界华侨华人研究文库系列丛书之《法治侨务论》7月13日在北京举行新书发布会。

《法治侨务论》由暨南大学出版社出版，北京理工大学法学院教授刘国福、全球化智库主任王辉耀编著。全书分为法治侨务建设、涉侨法律法规体系、侨捐法与外籍华人出入境法三编，对中国涉侨法律体系现状进行梳理，探讨法治侨务的组织保障和法治能力建设、涉侨法律法规体系的未来发展等，希望能为法治侨务问题的理论研究与实践提供借鉴。

为了更系统进行研究，本书还以北京市为切入口，针对京籍侨胞在归国工作、投资、创业中面临的现实困难展开了调研，涉及国内的社会、文化、政治、经济等各领域，充分了解其在权益保障方面的诉求。截至目前，国家层面尚无专门的华侨权益保护法律，涉及华侨权益保护的规定散见于国籍法、出入境管理法等法律法规中。制定华侨权益保护法的呼声由来已久。

刘国福认为，华侨华人是连接中国与世界的桥梁纽带，也是推动中国发展的独特资源，其权益有赖于专门性法律支撑。他还表示，华侨属于国际迁徙人口，权益保障有特殊性，各方应凝聚共识，以问题为导向，推动华侨权益立法的进程。王辉耀表示，制定华侨权益保护法，切实保护华侨在中国境内的各项权益，能够增强其凝聚力和向心力，为华侨在国家现代化建设中发挥优势和作用创造更好条件。

《法治侨务论》一书在第三届全球人才流动和国际移民学术研讨会上发布。当天的会议还发布了《流动与治理：全球人才、移民与移民法》《归侨口述史·暨南篇》等著作。

（中国新闻网2019－07－13/冉文娟，李纯）

《归国华侨史料丛书》北京篇第三、四卷首发　一部归侨史就是一部爱国史

归国华侨，作为特定历史时期的爱国群体，自辛亥革命至今，为中华民族奋斗超过百年，写就了一部伟大的归侨史。归侨史既是中华民族爱国主义的嘹亮凯歌，也是中华民族坚韧不拔、勇于奉献的精神缩影。

时光荏苒，老一代归侨正走入历史，抢救其史料尤为迫切。7月26日，《归国华侨史料丛书》北京篇第三、四卷举行首发式。该书通过讲述众多老归侨、老侨眷的亲身经历，生动反映了归侨侨眷献身祖国经济社会发展、与祖国同呼吸共命运的史实，谱写了一曲归国华侨的赤子壮歌。

据悉，2018年8月21日，该系列丛书北京篇第一卷在中国华侨历史博物馆举行首发式，2019年1月10日北京篇第二卷发行。该丛书由中国侨联与国务院侨办支持，北京离退休侨务工作者联谊会和香港华侨华人研究中心共同编撰。

（《人民日报海外版》2019－08－02/杨宁，李笑然）

福建漳州南靖获赠著名爱国华侨张君武珍贵侨史资料

8月9日，在南靖县书洋镇塔下村举行的爱国抗日华侨张君武侨史资料捐赠仪式上，张君武的二儿子张旭明把与父亲有关的侨史资料捐赠给家乡侨史馆，以勉励后人继承先辈的爱国传统。张旭明是四川省自贡市侨联处级退休干部。多年来，他带着对父亲和家乡的深厚感情，致力于侨史文物的征集与收藏。每件珍贵的侨史资料都凝聚了他的心血和汗水，花费了他大量的时间与精力。在捐赠仪式上，张旭明郑重地向家乡捐赠了《荣县志》、《新马华人抗日史料》、张君武归国抗日前夕照片、中华全国归国华侨联合会授予张君武的荣誉证书等20余件珍贵的侨史资料。

“他无偿地将这些珍贵文物捐献给正在建设的南靖县侨史馆，这将极大地丰富南靖县侨史馆的展陈内容，提供生动的历史见证。南靖侨史实物资料捐赠工作自去年底正式启动以来，取得了阶段性的进展，这些侨史资料对于推动南靖侨史馆建设具有重要意义。”南靖县侨联主席庄亮声说，南靖将认真把这些侨史实物资料妥善保护、收藏、展示，铭侨功于馆阁、树侨风于后世、系侨情于来者。

据四川荣县《荣县志》记载，张君武1917年出生于福建省漳州南靖县塔下村，读大学时开始参加抗日救亡运动，是新加坡归侨和抗日英雄，一生充满传奇色彩。

（东南网2019－08－15/张梦帆，游雪慧）

南侨机工后代大马柔佛州办讲座　分享二战滇缅战史

近日，马来西亚柔佛州古来南侨二战抗日机工纪念碑管理委员会举办讲座，讲座主题为“二战中的滇缅战史”。主讲人是云南省保山市龙陵县政府特聘的二战史顾问戈叔亚，以及云南省南洋华侨机工回国抗战历史研究会秘书长张云鹏。

戈叔亚指出，二战的滇缅战史中，史迪威公路（中印公路）扮演了举足轻重的角色。该路通往云南昆明，全长1700千米，抗战时属大后方运输和抗日的要道，被称为中国的“生命线”。他表示，自己曾走过该路线，深入地了解了史迪威公路的路况及种种设施。张云鹏表示，身为南侨机工后代，马来西亚设立南侨机工的墓碑的行为让他很感动。南洋华侨在回国抗战的过程中，作出了巨大的牺牲和奉献，这是抗战史上光辉的一页，应该被世人牢记。“南侨机工是‘南之魂，侨之光’。”张云鹏说。

（［马来西亚］《星洲日报》2019－08－16）

海上丝路文化研究江门基地设立

为构建更丰富、有效的人才交流合作渠道，引入更多的人才资源参与江门市建设粤港澳大湾区，推动尽快形成强大的人才聚集效应，日前，中央民族大学马克思主义学院院长孙英一行到访江门进行考察调研，并与全国博士后创新（江门）示范中心签订了校地合作协议，在江门正式设立海上丝路文化研究江门基地。

据介绍，海上丝路文化研究江门基地将对海丝历史文化、现实问题和发展战略等领域展开深入研究，积极发挥华侨华人的独特作用，推动学术交流，同时为江门市经济文化建设提供决策咨询，推动江门市建设文化强市。

（江门新闻网2019－08－20/傅雅蓉，江仁材）

福建福清《渔溪华侨史》编撰形成初稿

近日，福建省福清市《渔溪华侨史》编撰工作征求意见会分别在渔溪镇政府和市政协召开，广泛征求相关涉侨部门、涉侨工作者、市退休老领导和侨眷等的意见建议。

《渔溪华侨史》编撰工作由渔溪侨联主席郭国强牵头，去年12份启动编撰工作，组织相关人员分别赴渔溪镇及海外收集史料，历时半年多时间，已形成约16万字的初稿，综合世情、国情、侨情的演变，遵循“千年古镇、百年侨史”方针进行编写，旨在让海外的渔溪人了解家乡的山水人文，让家乡的渔溪人知道海外乡贤的事迹，增进渔溪海内外乡亲对于华侨光荣历史的认知，达到资政、教化、存史的社会功效。

（中国侨网2019－08－22/高晶晶）

第四届“东南亚、华侨华人与区域国际关系”夏季研修班成功举办

7月14—19日，暨南大学国际关系学院/华侨华人研究院成功举办第四届“东南亚、华侨华人与区域国际关系”夏季研修班，来自信息工程大学、天津外国语大学、广西民族大学、澳门城市大学、马来亚大学、河内人文社科大学等国内外41所大学的60名学员参加了本届夏季研修班。

本届夏季研修班是我院与德国柏林自由大学的首次合作，是我院在创新人才培养模式上的深入探索。为进一步拓展学员的国际视野与专业知识，我院为学员专门开设四门与德国柏林自由大学合办的“全球政治暑期学校”共享课程，分别为暨南大学张振江教授的“‘一带一路’倡议与中国对世界的新认知”、柏林自由大学Klaus Segbers教授的“国际关系、认同政治与民粹主义”、加利福尼亚大学洛杉矶分校周敏教授的“国际移民理论及其发展”、柏林自由大学Markus Kaim教授的“欧盟如何运转”。

此外，本届夏季研修班通过专题讲座、外事侨务调研等多种教学方式，围绕东南亚研究、国际移民和华侨华人、国际关系研究方法等专题进行授课及分组讨论，课程包括暨南大学鞠海龙教授的“国际战略理论研究”、李明欢教授的“国际化时代的治学探索：基于华侨华人研究的若干思考”、曹云华教授的“‘一带一路’视野下的东南亚”、陈奕平教授的“华侨华人与中国和平发展：软实力视角”以及陈定定教授的“国际关系研究方法论”等。我院还组织学员于7月17日参观了广东华侨博物馆。不少学员表示，本届夏季研修班拓展了他们对国际关系、华侨华人和东南亚的认识，加深了对暨南大学国际关系专业的了解。

（暨南大学国际关系学院/华侨华人研究院网站2019－08－27）

《父辈的1949》之彭泽民：光荣一生　革命一生

为庆祝中华人民共和国成立70周年，北京市委统战部联合北京电视台、北京时间、统战系统各单位，共同策划制作了大型口述史特别节目“同心圆·中国梦——

父辈的1949”系列微视频。该系列微视频是首都统一战线庆祝中华人民共和国成立70周年主题教育活动重要内容之一，共有17集。

据了解，系列微视频选取李济深、张澜、黄炎培、司徒美堂、蒋光鼐、彭泽民、何思源、林汉达、邓稼先等党外代表人士先贤，通过他们后代的讲述，真实、生动、具体地再现他们在1949年同中国共产党一起参与中华人民共和国创建的奋斗经历和心路历程，反映先贤们追求进步、热爱祖国、敢于担当、甘于奉献的高尚品质，揭示中国共产党成为领导中华民族伟大复兴事业核心领导力量的必然性，揭示中国共产党领导的多党合作和政治协商制度的历史必然性。系列节目不仅丰富了中国共产党领导的多党合作史，也为当前“不忘初心、牢记使命”主题教育活动和民主党派加强自身建设提供了良好学习资料。

彭泽民是中国农工民主党主要创始人和领导人之一、孙中山先生革命三大政策的竭诚拥护者、中国共产党的挚友。其儿子彭湛东、女儿彭润平，讲述彭老不惧危险发声反蒋，联合爱国华侨为新四军捐款捐物，为祖国统一奋斗一生的故事。

（中国侨网2019－08－30/中共北京市委统战部供稿）

厦门市华侨历史学会召开第五次会员大会

8月31日，厦门市华侨历史学会召开第五次会员大会。会上，厦门大学国际关系学院/南洋研究院教授聂德宁当选新一届理事会会长。会议审议通过了《厦门市华侨历史学会第四届理事会工作报告》《第四届学会财务收支情况报告》《厦门市华侨历史学会章程（修正案）》。

中国华侨华人研究所副所长、中国华侨历史学会秘书长张秀明，福建省侨联原副主席、省华侨历史学会会长谢小建，厦门市侨联党组书记、主席潘少銮，华侨博物院院长刘晓斌出席大会并致辞，厦门市侨史专家学者、华侨历史学会全体会员和全市侨联系统侨务工作者等70余人参加了会议。

厦门侨史研究突出贡献工作者获颁纪念牌

张秀明在会上表示，厦门作为重点侨乡，在开展侨史工作研究方面具有天时、地利、人和的优势和资源，侨史研究力量雄厚，为侨史研究提供基本保障。谢小建表示，厦门侨联历史悠久，这些年侨史学会做了大量的研究工作。潘少銮充分肯定了厦门市华侨历史学会成立以来所作的努力和贡献，她表示，作为侨史学会主管单位，将一如既往支持侨史学会的建设。

厦门市华侨历史学会自1993年成立以来，积极致力文化传承和华侨历史研究，做了大量的地方侨史挖掘、整理和学术研究以及科普公益、合作交流等工作，为推动厦门华侨历史研究和侨乡文化建设做出了积极的贡献。现场，厦门市华侨历史学会向陈毅明等五位对厦门侨史研究做出突出贡献的老侨史研究工作者颁发了纪念牌。许丕新代表香港华侨华人研究会向国家、省、市三级华侨历史学会赠书。

（东南网2019－08－31/林歆刚）

《闽台文化大辞典》研讨会在厦门举行　促进两岸文化认同

8月30日下午，福建省炎黄文化研究会与厦门大学国学院联合在厦门举行《闽台文化大辞典》研讨会，来自海峡两岸的与会专家、学者聚集一堂，以不同身份，从不同角度和侧重点，就辞典出版的价值、意义见仁见智、畅所欲言。

《闽台文化大辞典》是首部介绍闽台地域文化知识的大型工具书。辞典收词15000多条、600万字，上起远古，下迄2010年。按义类编排，计分地理、历史、民族与宗族、思想与学术、文学、语言、教育、艺术、工艺美术与雕塑、出版与传媒、科学与技术、医药卫生与体育、宗教与民间信仰、民俗、饮食、旅游、建筑、文化设施、海洋文化、华人华侨共20卷。后附有15项附录，主要有闽台关系纪事、福建省非物质文化遗产名录及传承人介绍等。辞书涵盖了闽台文化的各个层面，是“两岸一家亲”的最新文化成果。大辞典被列为“国家出版基金项目”和商务印书馆2018年度优秀出版项目。

该辞典由福建省炎黄文化研究会组织编纂，中共福建省委原副书记、长期主持福建省炎黄文化研究会工作的何少川任主编。从选题论证、撰稿到数次修改，最终定稿交付出版，经历了十年的艰辛，可谓“十年磨一剑”。福建省的高校及社科研究机构、相关文化部门的近百名专家、学者参与了该辞典的编撰。这支队伍包括了福建省老中青三代学者。十年间，有的学者从青丝熬成白发，有六位参加编撰的专家学者以及一位辞典工作委员会的领导先后因病谢世，都没能见到辞典的出版。编撰过程，更有专家睡在办公室，每周才回家一次。

《闽台文化大辞典》

当天，中国社会科学院历史研究所所长卜宪群和研究员王启发与刘中玉，北京大学教授赵世瑜，中国人民大学教授王子今，中国明史学会会长、厦门大学国学院院长陈支平，金门大学校长黄奇，金门大学人文社会科学学院院长陈益源，以及刘

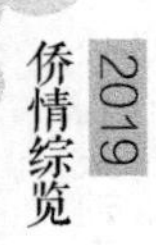

登翰、周长辑、彭一万、李如龙、邓孔昭等教授分别在会上发言。参加会议的还有石奕龙、林玉山、林晓峰、涂志伟、刘云、陈健鹰、黄真真等。研讨会由《闽台文化大辞典》常务副主编吕良弼和厦门大学国学院院长陈支平共同主持，福建省炎黄文化研究会常务副会长马照南在会上致辞。与会专家认为，这部大辞典是“闽台文化研究集大成之作”，《闽台文化大辞典》充满促进两岸同胞心灵契合、推动两岸关系融合发展的正能量，有利于学术研究的深入，有利于促进两岸同胞的文化认同。

（东南网2019－08－31/颜财斌）

第三届华人宗教学术研讨会在马来西亚召开

第三届华人宗教学术研讨会日前在妙华山佛教教育园区举办“释金明法师与马来西亚佛教”的主题研讨，进一步推动华人宗教研究与国际合作交流，深入探讨宗教文化在国家发展、社会进步、文化传承中的价值。

该研讨会在马来西亚拉曼大学双溪龙校区及马六甲妙华山佛教教育园区举办。会议由马来西亚拉曼大学中华研究中心、中国华侨大学海外华人宗教与闽台宗教研究中心、泰国法政大学东亚研究所联合倡办。

该研讨会共邀请到来自中国大陆、中国香港、中国台湾以及泰国、马来西亚等地的学者，包括来自中国汕头大学的陈景熙教授，华侨大学张禹东教授，黄海德教授，厦门大学郑莉副教授，香港中文大学卢龙光教授，台湾南华大学黄国清副教授，泰国国立法政大学吴云龙讲师，马来西亚圣经神学院院长李明安博士，马来西亚佛教弘法总会罗佩玲总会长以及拉曼大学黄文斌副教授、郑文泉副教授、陈中和助理教授，南方大学学院陈秋平副教授，马来亚大学郑庭河高级讲师等共计30名学者提呈发表关于华人宗教、释金明法师及马来西亚佛教相关的论文。

（［马来西亚］《星洲日报》2019－09－01）

广东华侨历史学会七届二次理事会议暨学术研讨会在汕举行

9月7日，“风雨同舟：华侨华人与新中国70年”学术研讨会暨广东华侨历史学会七届二次理事会议在汕头大学召开，汕头市侨联副主席李鸿钊参加会议并致辞。

会议分为两个环节。第一个环节是广东华侨历史学会七届二次理事会议，会议补选了广东省侨联文化部部长杨春华为常务副会长兼法人代表；张应龙会长作工作报告，总结一年来工作情况，部署下阶段工作任务并提出了具体要求。第二个环节是举办“风雨同舟：华侨华人与新中国70年”学术研讨会。中国侨联信息传播部部长左志强到场作了热情洋溢的讲话，他鼓励专家、学者更加努力从事侨史研究，多出成果、出好成果，夯实侨乡文化基础，为侨联事业作出更大的贡献。广东省侨联党组成员、秘书长曹堪宏，汕头大学文学院院长毛思慧，汕头市华侨历史学会会长林伦伦，汕头市侨联副主席李鸿钊也先后在开幕式上致辞。开幕式由省侨联文化部部长杨春华主持。

广东华侨历史学会七届二次理事会议暨学术研讨会与会人员合影

此次盛会由广东省侨联主办，广东华侨历史学会承办，汕头大学文学院、汕头市侨联和汕头市华侨历史学会联合协办。会议收集了全省各地从事侨史研究的专家、学者递交的一批论文，对推动汕头市侨联下一步的侨史研究工作具有非常重要的意义。

（汕头市侨联网站2019－09－08）

加利福尼亚大学洛杉矶分校周敏教授做客天下论坛

9月11日下午，美国加利福尼亚大学洛杉矶分校周敏教授来访暨南大学国际关系学院/华侨华人研究院，并做客第214期天下论坛，为学院师生带来主题为“Hyper-Selectivity and Integration of Chinese and Indian Immigrants in Los Angeles，USA”（国际移民超高端筛选：在美国洛杉矶的中国和印度新移民比较研究）的讲座。讲座由院长张振江教授主持。

周敏教授是加利福尼亚大学洛杉矶分校亚裔美国人研究中心的创始人之一，长期以来活跃在国际移民研究领域。本次讲座中，周敏教授围绕着“超高端筛选”（Hyper-Selectivity）这一核心，分别从在美国的中国和印度新移民、移民政策的改革和国际移民筛选、移民社会融入的多元模式三个方面展示了自己的研究成果。

周敏，博士，美国加利福尼亚大学洛杉矶分校中美关系与传播系主任，亚太中心主任，社会学和亚裔美国人研究教授。周教授的主要研究领域为：移民与发展、华人散居、教育与第二代移民、民族创业、民族/种族关系、亚洲与亚裔美国社会学。她在这些领域发表了大量的文章，包括19本著作、200多篇期刊文章和书籍章节。近年，她出版了获奖著作《亚裔美国人成就悖论》（2015）、《新第二代的崛起》（2016）和《当代华人散居》（2017）。她的著作《亚裔美国人成就悖论》获得了五个主要学术奖项。她是2017年美国社会学协会国际移民分会杰出职业奖获得者。

（暨南大学国际关系学院/华侨华人研究院网站2019－09－18/韩豪）

架一座中拉文明对话的桥："中拉人文交流研究基地"成立

专注于中拉人文交流领域研究的平台"中拉人文交流研究基地"9月21日在江苏徐州完成揭牌仪式。该基地由江苏省人民政府外事办公室、中国社会科学院拉丁美洲研究所、教育部中外人文交流中心和江苏师范大学共建。

"基地将以'人'为中心，拿'人'做文章。"当日，在徐州召开的第三届"中拉文明对话"研讨会上，中国社会科学院拉丁美洲研究所社会文化研究室主任郭存海表示，当前全国有拉美研究机构56家，多集中于政治、经济等方面的研究，该基地成立后将专注于寻找中拉人文交流的相关者，打捞中拉人文交流的记忆，在充分研究的基础上，为中拉人文交流提供政策建议，填补中拉人文交流研究的空白。

该基地所在的江苏师范大学于2012年设立西班牙语专业，并在两年后成立伊比利亚美洲研究中心，有7名国内研究员和22名国外研究员，重点关注西班牙及拉美地区政治、文化、历史、民族等。

基地主任、江苏师范大学校长周汝光介绍，依托已有的教育资源、人才优势与研究积淀，基地将在伊比利亚美洲研究中心的基础上扩大，推动中拉人文交流领域研究、教育、宣传；实施中拉人文交流项目活动；开展中拉学生交流和联合培养、教师互访及联合研究；服务中国企业走出去；促进中外教育人员交流和信息共享。

（新华社2019－09－23/邱冰清，张源培，张拓）

福清侨乡博物馆征集文物625件　海外华社大力支持

福清侨乡博物馆文物征集工作进展顺利，目前已征集到各种文物（含标本）625件。近期，福清侨乡博物馆工作人员冒着酷暑，深入基层，开展文物宣传、动员、摸底、征集等工作。在各镇街侨联的大力支持下，取得较好成绩。截至目前，共征集到各类文物（含标本）625件，其中，古代史文物215件（含民俗、农具等）、华侨史文物355件、革命史文物55件，另有综合图文资料890件。同时，他们还根据需要，洽谈有偿征集文物185件，现已联系福建省文物鉴定组专家，于近期开展鉴定、评估、定价等工作。此外，征集组还主动联系日本、印度尼西亚、马来西亚、南非等多个国家的融籍社团、侨贤，寻求华侨支持，现已有多个国家的融籍社团愿意帮助整理资料，支援家乡博物馆建设。

（《福清侨乡报》2019－09－25/林秋明）

美国国家档案馆解密华人移民史料

位于美国旧金山湾区中半岛圣布鲁诺（San Bruno）的国家档案馆（National Archives and Records Administration，简称NARA），自2009年起开始保管大量20世纪"排华法案"实行期间的华人移民的纸本档案。

这些档案原本都封存在移民局中，并未公之于众。但是经过民间多年的抗争和申请，最终这些移民档案（Alien Files）才转介给了档案馆，如今民众都可以申请查阅。当地时间9月24日（周二）美国国家档案馆特别举行十周年的庆祝仪式，邀请了众多华裔社区的历史文化界代表出席活动。华人移民当时都必须经停湾区天使岛，接受盘问。被问的详细问题与回答、该移民的出生年月等信息，现在都可以查阅到。

档案馆工作人员介绍，目前圣布鲁诺的档案馆中，最知名的一份档案就是黄金德（Wong Kim Ark）的当时入境美国的审查数据，以及传媒一直使用的那张黄金德的肖像照片的原件。黄金德诉讼案在120年前奠定了美国的出生公民权，即最高法院当时的判例决定出生在美国土地上的人都是美国公民。

黄金德的曾外孙女黄珊卓（Sandra Wong，音译）出席当天活动。她说，自己从小长大，并不知道原来自己的曾祖父有过这样一段历史。她后来被一些纪录片摄制团队联络，才知道原来自己的家族有过这样一个历史人物。她在配合拍摄纪录片期间，也来过圣布鲁诺的这个档案馆查阅黄金德的档案，然后感叹"惊艳"（Amazing）。民众如果想要查询相关的信息，可以登录美国国家档案馆官方网站或致电。

（［美国］《世界日报》2019—09—26/李晗）

中国（福建）—印度尼西亚伊斯兰文化研讨会成功举办

2019年9月26日，中国（福建）—印度尼西亚伊斯兰文化研讨会在华侨大学泉州校区陈嘉庚纪念堂成功举行。本次会议由福建省人民对外友好协会和华侨大学主办，华侨大学国际关系学院承办，来自国内中山大学、厦门大学、吉林大学、西北大学、华中师范大学、华侨大学等高校以及印度尼西亚伊斯兰教士联合会东爪哇分会、印度尼西亚科学研究院、日惹穆罕默迪亚大学、泗水苏南·安贝伊斯兰大学等机构的30余名学者出席了研讨会。福建省人民对外友好协会专职副会长陈出新、华侨大学副校长曾路教授以及印度尼西亚伊斯兰教士联合会副主席默查默德·马克苏姆·马克弗德（Mochammad Maksum Makhfud）先后在开幕式上致辞。华侨大学国际关系学院院长林宏宇教授主持了开幕式。福建省人民政府外事办公室国际交流处副处长蔡文质、华侨大学国际交流合作处处长赵新城也参加了研讨会。

本次研讨会围绕“一带一路”视角下的中印尼人文交流和“福建与印度尼西亚伊斯兰文化的历史渊源”两大主题展开，分别由厦门大学南洋研究所副院长施雪琴教授和我校印度尼西亚研究中心主任陈琮渊副教授主持，参会学者围绕伊斯兰教在东南亚的传播、福建在中印尼交流史上的独特地位、中印尼文化合作以及公共外交等议题进行了深入研讨，共同表达了通过文化交流与民间交往推动中印尼关系友好发展的美好愿望。

（华侨大学国际关系学院网站2019－09－27/华侨大学印度尼西亚研究中心）

中国近现代史史料学学会联合华人家谱共建家文化研究中心

近日，贵州华人家谱大数据科技有限公司收悉中国近现代史史料学学会关于共建华人家文化研究中心的批文。这是继中华谱志文化研究会之后又一国家级学术研究机构联手华人家谱共建家文化研究机构。

华人家文化研究中心是董事长李文通在中国近现代史史料学学会第七届理事会上提出的，华人家文化研究中心筹备组主体机构贵州华人家谱大数据科技有限公司连续3年举办活动规模150人以上的西南三省及全国性晒谱会及中华好家风交流会，得到社会各界赞誉，目前家风研究交流活动已经深入展开3年多时间，为进一步系统规范在全国范围展开以上活动，团结全球华人发扬中华传统美德，助力中华优秀传统文化全面复兴。华人家文化研究中心联合中国近代史史料学学会合办运营该中心，旨在建立华人姓氏大数据。将珍藏的老谱通过“互联网+大数据”的形式传承给后代。向青年一代普及家谱文化，向全球华人推广中华传统文化。

经中国近现代史史料学学会研究决定，任命华人家谱董事长李文通先生为华人家文化研究中心主任，执行董事翟瑾女士为研究中心副主任。

（华人家谱2019－09－28）

吴金平等著《全球化下的侨民战略与发展研究》出版

《全球化下的侨民战略与发展研究：以美国、爱尔兰和印度为例》

该书是暨南大学出版社“世界华侨华人研究文库第四批”成果之一。作者以侨民与发展战略明确、具有典型意义的发达国家代表美国、次发达国家代表爱尔兰和发展中国家代表印度为例，对侨民战略与发展经验进行剖析与解读，力求为我国侨务政策提供参考。全书系统阐述美国侨民战略的内容、实施机制和实施效果及其对我国侨民战略的启示，并以2008年经济危机为切入点来分析爱尔兰侨民战略，厘清侨民战略与爱尔兰经济发展的内在逻辑，同时探讨印度侨民战略的提出背景与内容、机制、主要措施及效果，为制定、修订和完善侨务政策提供参考。

（“全球化与国际移民”微信公众号2019－09－30）

“东南亚政党政治与对外关系”研讨会成功举办

2019年9月29日，“东南亚政党政治与对外关系”研讨会在华侨大学厦门校区召开，来自中国社会科学院、外交学院、厦门大学、云南大学、上海师范大学、北京外国语大学、暨南大学、华侨大学等高校二十余名专家学者与会。本次研讨会由华侨大学国际关系学院、暨南大学国际关系学院/华侨华人研究院《东南亚研究》编辑部联合主办。

“东南亚政党政治与对外关系”研讨会与会者合影

华侨大学国际关系学院副院长王秋彬教授、暨南大学国际关系学院院长张振江教授分别代表主办方在开幕式致辞。王秋彬副院长代表学院院长林宏宇教授，对暨南大学、外交学院等兄弟院校对华侨大学国际关系学院长期以来的支持和帮助表示感谢，他指出本次研讨会的召开，架设了学者与学术刊物交流的桥梁，期待青年学者的参会论文能够通过本次研讨以及专家精彩点评得到“二次发育”。张振江院长首先对研讨会的策划者、承办者及参与者表示感谢，指出本次研讨会虽然规模不大，但是议题聚焦，具有重要的现实意义，希望通过本次研讨会的举办，达到培养青年学者，推进《东南亚研究》刊物建设的目标。开幕式由华侨大学国际关系学院郑文标副院长主持。

上海师范大学李路曲教授应邀作题为“东南亚的政党政治与政治发展”的主旨演讲。演讲中李路曲教授深入浅出地讲解了东南亚政治转型、民主化、政党组织、政党领袖以及国家、社会与市场的关系等关键性问题，为与会学者进一步开展研究提供了丰富的理论养料。外交学院《外交评论》执行主编陈志瑞教授担任主旨演讲环节的主持人。

本次研讨会围绕“东南亚各国政党政治与对外关系”，进行了三场深入的专题研讨，李路曲教授、张振江教授、陈志瑞教授、钟飞腾教授等担任点评嘉宾。研讨会气氛轻松、讨论热烈，各种思维相互碰撞，思想火花竞相迸发，达到了推进学术发表、增进学术交流、构建学术共同体的预期目标。

（暨南大学国际关系学院/华侨华人研究院网站2019－10－10）

第四届“海外华人与中国侨乡文化”学术研讨会桂林举行

第四届“海外华人与中国侨乡文化”学术研讨会与会专家学者及嘉宾合影

10月12日，以“加强学术交流，弘扬侨乡文化，推动侨务工作，促进中国改革开放深入发展”为宗旨，第四届“海外华人与中国侨乡文化”学术研讨会在广西桂林市举行。研讨会开幕式由广西侨乡文化研究中心主任、广西民族大学郑一省教授主持。广西壮族自治区侨务办公室、中国华侨华人研究所、广西民族大学、桂林旅游学院等单位代表分别致辞。此次会议特邀请七位专家作主旨发言。

广西壮族自治区党委统战部侨务综合处处长秦伟鹏在致辞中表示，广西是全国重点侨乡，拥有700多万名海外广西籍华侨华人，300多万名归侨侨眷，300多个华侨华人社团。近年来，广大海外侨胞始终心怀祖国、情系广西，积极参加广西举办的各项侨务经济科技、文化交流活动，积极在广西投资创业，传播广西文化。2019年9月，首届“一带一路”侨商侨领交流合作大会在广西南宁隆重举行，世界66个国家和地区960多名海外侨胞欢聚广西，开展考察交流，寻找商机，助力广西发展，激发了他们为家乡引进资金技术、推动经济文化交流的热情。他说，这次海外华人与中国侨乡文化研讨活动，对于推动海外华人助力“一带一路”建设具有十分重要的现实意义。同时，此次研讨活动也是广西侨务部门深入开展侨务理论研究工作的一次难得机会，对于发挥广西侨乡资源优势，促进侨力资源服务广西地方经济建设将起到积极作用。在分组专题讨论环节，与会的专家学者就“海外华侨华人与中国改革开放”“华侨华人社会”“华侨华人与‘一带一路’”“侨乡与归侨”“国际移民”“文化传播”等议题发表各自的研究观点，并与专家、嘉宾互动交流。

据悉，本次与会的专家学者还将前往桂林华侨农场等地进行实地调研，更深入地了解广西侨情，以及广西侨乡文化的发展与变化。本次学术研讨会由广西壮族自治区侨务办公室、中国华侨华人研究所、广西民族大学、桂林旅游学院主办，广西华侨历史学会、桂林市归国华侨联合会、广西民族大学民族学与社会学学院协办，桂林旅游学院旅游管理学院、广西侨乡文化研究中心承办。

（中国侨网2019－10－14/欧惠兰）

"华侨与新中国"论坛在京举办

"华侨与新中国"论坛10月12日在北京举办。中国侨联原副主席唐闻生、中国华人华侨研究所所长张春旺、中国华侨博物馆原馆长黄纪凯等专家学者出席论坛。论坛还为京阅江门宣传平台举行了揭幕仪式。唐闻生在致辞中表示，改革开放40年来，海外侨胞不仅仅为祖国带来资金，还有技术、管理经验以及全球化的视野，对中国参与世界市场的竞争和经济全球化的进程，起到了很大的促进作用。爱国侨领司徒美堂之孙女司徒月桂、梁思礼院士的女儿梁红、著名雕塑家司徒杰之女司徒蒙等也参加了此次论坛。论坛由中国华侨华人研究所、五邑大学广东侨乡文化研究中心主办。

（《人民日报海外版》2019－10－15/陈劲松）

新加坡孙文学术研究会到访福建

10月14日下午，新加坡孙文学术研究会和新加坡同德书报社访问团一行到福州交流访问，福建省侨联主席陈式海、秘书长吴武煌热情接待访问团，并座谈交流。座谈会上，陈式海对访问团来访表示欢迎。他简要介绍了福建省侨联概况以及在开展学术研讨等方面取得的成就，他希望今后双方加强往来，增进情谊。访问团领队林再球、策划沈南方、团长湛承宪等分别介绍了新加坡孙文学术研究会和同德书报社的发展情况，分享了孙中山先生与同德书报社的历史渊源。他们表示，福建作为重点侨乡，华侨文化底蕴深厚，衷心希望能够加强与福建省侨联的交流与合作。

陈式海热情接待新加坡孙文学术研究会一行

据介绍，新加坡同德书报社是新加坡华人团体，于1911年8月8日成立，是新加坡唯一一家留存至今的书报社。同德书报社与孙中山先生渊源颇深，它是在孙中山先生鼓励下创立的，孙中山先生曾亲手题赠"同德书报社"的匾额。同德书报社早期是宣传革命思想、联络革命志士的一个重要组织。

（福建省侨联网站2019－10－15/黄新萍）

传承、认同、前瞻：多国学者共话新加坡开埠200年

为配合新加坡开埠200周年纪念活动，南洋理工大学社会科学学院、南洋公共管理研究生院和华裔馆于2019年10月18日—19日联合举办"新加坡开埠200周年国际研

讨会：传承、认同、前瞻”。本次会议从历史、公共政策及社会发展，以及现代世界体系中新加坡所处的国际环境和跨国联系等角度，对新加坡开埠200周年的发展历程中所涉及的课题展开研究和讨论。会议在过去、现在、未来的整体历程下进行多维度的分析和研究，并关注新加坡与亚洲国家的多元互动关系以及政策意涵。

南洋理工大学社会科学学院院长暨南洋公共管理研究生院院长刘宏教授表示，这次会议希望从变化的空间和流动的时间这一双重视角，以跨学科的方法探讨新加坡过去200年（尤其是1965年建国之后）的发展与成就，进而反思在全球化和第四次工业革命的今天，历史传承、身份认同、区域网络、动态治理的必要性和可能性。

为期两天的会议邀请到自亚洲、北美洲、大洋洲和欧洲的近30位专家学者对他们的研究成果进行报告及讨论，与会学者和政策制定者也在这一平台中进行跨学科的交流与互动。在10月18日上午的主旨演讲中，再努·阿比丁先生以其1980年陪同李光耀先生访华以及之后的亲身经历分享了新加坡与中国在互联互通过程中互惠共赢的实例，尤其是1992年的新中政府间项目苏州工业园，不仅新中两国从中受益，而且也向世界展示新加坡可以与中国这样的大型经济体合作并从中获益。苏州工业园项目也为之后的三个新中政府间项目打下基础，如今的政府间项目合作不仅是硬件上的合作，软件转移等高附加值的合作变得更加重要，在这些方面，新加坡无疑占据优势。滨下武志教授从历史的角度分析了自然资源和人力资源之间循环与反循环的关系。刘太格博士详细介绍了新加坡规划和重建的过程，刘博士是著名国际城市规划大师，被称为“新加坡规划之父”。他也先后参与中国30多个城市的规划设计，为中国城市带来许多先进的设计理念和风格。

（新加坡研究微信公众号2019－10－19）

集美大学陈嘉庚研究院揭牌　12 个重大研究项目立项

为弘扬嘉庚精神，提升集美大学陈嘉庚与华侨系列研究水平，10月21日上午，集美大学举行陈嘉庚研究院揭牌仪式活动，并启动2019年度陈嘉庚与华侨研究重大项目立项工作。仪式上，集美大学校长李清彪表示，嘉庚精神是集美大学的立校之本，也是办学的金字招牌。成立陈嘉庚研究院旨在提升集美大学的嘉庚精神和华侨文化，而传承好嘉庚精神必将有力推动学校各项事业发展，助力学校双一流建设。

集美大学科研处负责人汇报了今年以来关于研究院的建设工作进展情况，并宣布了首批陈嘉庚研究重大项目立项名单。12个重大研究项目立项时间为2019年9月，项目阶段性成果完成时限为2020年12月31日。目前，已聘请华侨大学许金顶教授为集美大学讲座教授，协助负责研究院的建设工作。

据悉，陈嘉庚研究院建设是被列入厦门市“海丝”发展战略的重要项目，是集美大学人文社会科学研究的综合机构。陈嘉庚研究院将主动瞄准省市重点发展领域，通过学科交叉、协同创新，主动对接服务国家“一带一路”倡议的重要研究任务。另外，未来，该研究院将推动陈嘉庚文集出版，联合厦门大学、福建人民出版社申请国家社科基金后期资助项目。

（东南网2019－10－22/林歆刚）

首部潮汕人物辞典工具书首发　填补潮学研究空白

近日，潮汕历史文化研究中心为历时4年打造的《潮汕人物辞典（古代卷）》一书举行了首发仪式，并向潮汕三市的部分文化、教育部门以及有关单位赠书，受到社会的关注和好评。据了解，《潮汕人物辞典（古代卷）》填补了潮汕地区“长期以来缺乏一部比较完整、比较系统全面的潮汕历代人物志书”的历史空白。据汕头市潮汕历史文化研究中心负责人陈荆淮介绍，潮汕人物辞典的近现代卷不日也将被列入潮汕历史文化研究中心的重点计划，待编委会成立后，陈荆淮等人将开启新的征程，投入到新一轮的编撰工作中。

（《南方日报》2019－10－24/张伟炜）

“第四届国际华文教学研讨会”在华侨大学举行

10月26日上午，由华侨大学和暨南大学联合主办的“第四届国际华文教学研讨会”在华侨大学厦门校区王源兴国际会议中心开幕。来自海内外华文教育界的80余位专家学者围绕“新时代华文教学的融合与发展”的主题展开为期两天的研讨。

华侨大学副校长曾路教授、新加坡国立大学周清海教授、华侨大学原校长贾益民教授、福建省语言学会会长李无未教授等出席了开幕式。曾路在开幕式上致辞，系统概述了我校为大力发展华文教育，凝练华文教育特色，全力构建大华文教育格局所作出的努力，重点介绍了我校华文教育工作的历史、发展与品牌项目，并希望学校今后能够与专家学者共同合作，携手发展华文教育事业。

研讨会包括主旨报告、分组讨论等环节，周清海教授、香港中文大学吴伟平教授、马来西亚莫泰熙先生、唐风汉语教育科技有限公司总裁李劲松先生、贾益民教授、华侨大学特聘教授任弘和李无未教授等分别作了“语言和语言教育的融合与发展应该关注的问题”“新时代华语二语教学：与时俱进与万变不离其宗”“新时代马来西亚华文教育发展的新趋势”“新时代华文教育的环境、挑战与机遇”“国际职场汉语教学初探”“华文教育与职业教育的结合——以台湾海青班经验为例”“面向东亚，深度发掘海外华人汉语语言学史文献”的大会学术报告，就新时代背景下，华文教育的语言教育、华语二语教学、华语教育发展等问题进行深入探讨。

据悉，“国际华文教学研讨会”是由华侨大学和暨南大学联合主办，旨在为国内外华文教育及汉语国际教育领域学者搭建沟通和交流的学术平台，推动学科发展，在海内外华文教育界享有较高学术声誉的学术会议。

（华侨大学网站2019－10－27/庄青青）

第十一届世界华文传媒与华夏文明国际学术研讨会在重庆大学开幕

10月26日，第十一届世界华文传媒与华夏文明国际学术研讨会在重庆大学举行。本次大会由中国新闻史学会、华中科技大学新闻与信息传播学院、新加坡南洋理工大学黄金辉传播与信息学院、重庆大学新闻学院联合举办，国际中华传播学会、台湾“中华传播学会”、华夏传播研究会协办，重庆大学新闻学院、重庆大学新闻传播与社会发展研究院承办。研讨会主题为“人类命运共同体与华文传播”。来自台湾世新大学、台湾政治大学、香港城市大学、澳门大学、清华大学、北京大学、华中科技大学、中国人民大学、中国传媒大学、北京师范大学、厦门大学、西南大学、封面传媒等30多所高校与媒体的专家学者出席会议。

上午9点，研讨会在重庆大学虎溪校区新闻学院开幕。开幕式由重庆大学新闻学院党委书记凌晓明副教授主持。重庆大学党委常委、宣传部部长胡学斌教授，中国新闻史学会会长、清华大学新闻与传播学院常务副院长陈昌凤教授，新加坡南洋理工大学黄金辉传播与信息学院郝晓鸣教授，华中科技大学新闻与信息传播学院张昆教授，国际中华传播学大会大陆负责人徐敬宏教授，重庆大学新闻学院院长董天策教授分别致辞。开幕式后，大会进行主题演讲。主题演讲由重庆大学新闻学院院长董天策教授及副院长龙伟研究员主持。

台湾世新大学副校长陈清河教授、清华大学新闻与传播学院常务副院长陈昌凤教授、北京大学新闻与传播学院程曼丽教授、华中科技大学新闻与信息传播学院张昆教授、中国人民大学新闻学院邓绍根教授、澳门大学社会科学学院传播系吴玫教授、香港城市大学媒体与传播系何舟教授、台湾世新大学口语传播学系胡绍嘉教授、台湾政治大学传播学院臧国仁教授、北京师范大学新闻传播学院徐敬宏教授、厦门大学新闻传播学院谢清果教授、天津师范大学新闻传播学院孙瑞祥教授、西南大学新闻传播学院董小玉教授、重庆大学新闻学院刘海明教授作了主题演讲。

本次大会在10月26日下午和27日上午还举行了4个分论坛的学术讨论，论坛主题包括“华文传播与人类命运共同体建设”“海外华文传媒的历史发展与现实状况”“‘一带一路’倡议与中国形象传播”以及其他有关世界华文传播与华夏文明传播的议题。华夏文明在今天世界格局当中的意义、价值越来越得到彰显，在协调世界上众多冲突与矛盾问题中不可或缺，世界华文传媒与华夏文明国际学术研讨会这样的平台在其中扮演着重要的角色。本次会议的召开在传播华夏文明，促进华文媒体沟通交流上是一个全新的起点。

（重庆大学网站2019－10－27）

《中外侨务研究》出版

本书为“深圳市侨商智库研究丛书”之一，收录作者二十年来有关侨务工作的研究文章，主要从国外侨务工作研究、国内侨务工作研究和外国侨务工作研究三方面出发，包括《侨务视角下的侨乡文化》《试论入世后侨商会的作用》《都市侨务工作：内容、地位和特点》《从世界海外希腊人联合会的经验看华侨华人社团组织的整合和发展》《印度侨民政策研究》等十七篇论文。全书研究对象涉及华侨华人与“一带一路”、侨务公共外交、海外领事保护，都市侨务工作、华侨农场工作，以及日本、印度等国侨民政策。

《中外侨务研究》

本书作者张应龙，暨南大学国际关系学院/华侨华人研究院研究员，任广东省人民政府《广东华侨史》编修工作领导小组副组长兼《广东华侨史》主编，中国华侨历史学会副会长，广东华侨历史学会会长等职。

（暨南大学出版社微信公众号/2019－10－28）

《国际关系视野下的难侨救助问题研究》出版

本书以时间为序，着重研究1918—2017年历届中国政府救助海外难侨的具体过程及其所涉及的国际关系。全书分四章，探讨北洋政府救助俄属远东地区难侨、边境战争后中国政府救助印度被拘难侨、印度尼西亚“排华”与中国政府对难侨的救助，以及21世纪中国政府救助海外侨民的重要行动相关的史实及其背后所涉及的国际关系，阐述中国政府如何在当地动荡的局势下保护与救助深陷困境的海外侨民，具有一定的学术参考价值。

《国际关系视野下的难侨救助问题研究》

本书研究中所依据的档案文献主要是中国外交部解密档案、台湾“中央研究院”近代史研究所整理出版的《中俄关系史料》，薛衔天、李嘉谷等编撰的

《中苏国家关系史资料汇编（1917—1924年）》和印度外交部出版的《外交大事记》《白皮书》等。本书作者朱鹏，暨南大学历史系副教授。

（暨南大学出版社微信公众号/2019－10－28）

第三届“华侨华人与中国周边公共外交论坛”在华侨大学举行

2019年11月1—3日，第三届“华侨华人与周边公共外交论坛”在华侨大学厦门校区举行。论坛由华侨大学国际关系学院、国务院侨办侨务理论研究福建基地、华侨大学侨务公共外交研究所共同主办。来自中央统战部、外交部、清华大学、中国人民大学、国防科技大学、厦门大学、吉林大学、暨南大学、中国传媒大学、对外经济贸易大学、华南理工大学、国际关系学院、外交学院、山西大学、广西民族大学、西安交通大学、四川外国语大学、温州大学、华侨大学等全国各地高等院校、科研院所以及政府机构的近百名代表参加会议。会议主要围绕华侨华人研究、“一带一路”、公共外交的理论与实践、侨务公共外交、中国周边外交等议题展开研讨。

开幕式上，华侨大学校长徐西鹏、国际关系学院校长助理达巍、外交部政策规划司处长高仙华、中央统战部九局副巡视员田莉先后致辞。徐西鹏校长指出，在国际关系学科诞生100周年、在中国百年未有之大变局的背景下召开此次会议具有重要意义。华侨大学国际关系研究、华侨华人研究业已形成一定基础，今后学校将继续大力支持学科建设，为学术进步和国家决策作出贡献。开幕式由华侨大学国际关系学院院长林宏宇主持。

开幕式后，中共中央对外联络部原副部长于洪君作了题为“‘一带一路’为世界贡献新理念”的主题报告。于洪君指出，当今世界正处于百年未有之大变局，中国倡导并推动“一带一路”建设为世界贡献新理念：新发展观为解决人类共同发展难题作出重大贡献；新合作观为世界各国休戚与共指明了前进路径；新文明观为不同文明形态互学互鉴开辟广阔前景。“一带一路”必将进一步为世界和平发展、合作共赢贡献中国智慧、中国力量。

在主旨发言环节，中央统战部培训中心副主任赵健、国际关系学院校长助理达巍教授、清华大学国际发展与全球治理研究所所长楚树龙教授、暨南大学国际关系学院副院长陈奕平教授分别作了“以侨为‘桥’联通中国与世界”“当前中国国家安全环境”“美对华战略、中美关系及亚太地区走向”“‘一带一路’建设与海外公民权益维护的‘中国方案’”的发言，对侨务公共外交、国家安全、中美关系、海外利益保护等当前学术热点问题进行了深入解读，对学术研讨会具有重要的引领作用。

接下来在为期一天半的会议中，参会代表围绕“侨务与公共外交”“公共外交的理论与实践”“周边形势与中国周边外交”“华侨华人与一带一路”“周边华侨华人的现状与侨情趋势”“侨务公共外交的理论与实践（研究生专场）”六个议题进行研讨，共有近40位发言人进行了论文发表。

华侨大学国际关系学院副院长王秋彬教授在论坛总结中对各位参会代表的支持与贡献表示感谢，并指出，我校分别于2014年和2016年举办第一届和第二届“华侨华人与中国周边公共外交”研讨会，连续三届会议的召开也表明这一学术平台在走向机制化。王秋彬教授总结此次论坛有三个突出特点：第一，参加人员广泛，既有来自侨务工作部门的实践者，也有来自高校和科研机构的理论研究者，既有资深学者，也有青年才俊，此次论坛还特设了研究生专场，为青年学生搭建成长平台。第二，研讨会的议题广泛，充分体现了华侨华人研究、公共外交的多学科融合特征，参会学者来自国际关系、外交学、传播学、历史学、华文教育、语言学等多个学科领域，所探讨的议题也十分广泛。第三，研究视角与方法多元，既有宏观视角，也有微观视角，学者们在研究中综合运用了文献解读、田野调查与访谈等多种研究方法，充分反映了当前华侨华人研究、公共外交研究的繁荣进步景象。王秋彬教授最后指出，希望在学术界同仁的大力支持下，我们一起把这一学术共同体建设好，使之成为大家共同的精神家园。

（华侨大学国际关系学院网站2019－11－07）

《穿梭太平洋》探讨香港在华人移民史中的地位

近日，《穿梭太平洋：金山梦、华人出洋与香港的形成》由中华书局（香港）有限公司出版发行。作者冼玉仪（Elizabeth Sinn）为香港大学香港人文社会研究所名誉教授，海外华人历史及香港史专家。本书旨在探讨香港在华人移民史中的地位。

1848年初，加利福尼亚州发现金矿，自此华南地区尤其是珠江三角洲的人，前赴后继远渡重洋，到达加利福尼亚州寻找他们的金山梦，此一浪潮也彻底改变了香港的命运。淘金热把太平洋变成了连接北美洲和亚洲的干道，并在此过程中把香港打造成亚洲的主要太平洋门户。香港与后来被称“旧金山”的三藩市的距离，比起从大西洋的港口到旧金山要近得多，令香港迅速崛起成为太平洋商贸的枢纽。香港作为华人移民的“中介之地”，既是资

《穿梭太平洋：金山梦、华人出洋与香港的形成》

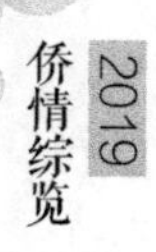

金、货物、资讯、意念、个人通信不断往来流动的枢纽，也为移民提供各种与家乡保持联系的方法。

香港对华人出洋的重要性，以及华人出洋对香港经济、社会和文化发展的深远影响，一直欠缺足够研究，而这正是本书的重点，以华人出洋前往加利福尼亚州为案例，探讨香港在华人移民史中的地位。

（紫荆网2019－11－08/高峰）

第四届中马“一带一路：海上丝绸之路”国际学术研讨会在厦门召开

第四届中马“一带一路：海上丝绸之路”国际学术研讨会11月9日在厦门举行。来自中国、马来西亚、菲律宾等国家的45名专家学者，齐聚华侨大学厦门校区，围绕“一带一路”背景下中马关系、东盟与“21世纪海上丝绸之路”建设、华侨华人与“一带一路”建设等议题深入研讨。

马来西亚对华特使陈国伟在研讨会上说，2019年是马中建交45周年，从数据可以看出，马中贸易总额由刚建交的1.59亿美元发展至2018年的超1000亿美元，两国经贸往来越来越密切。他表示，马来西亚和其他东盟国家都是“21世纪海上丝绸之路”建设的重要节点，以马来西亚为代表的东盟各国积极参与共建“一带一路”，以期加快发展、合作共赢。马来西亚有逾7万个民间社团，仅华人社团就超过1万个。陈国伟认为，共建“一带一路”新形势下，东盟华商是连接中国与所在国的天然桥梁和纽带，将在“一带一路”建设中发挥重要作用；加强两国人文交流，解决民生议题，将有效促进“民心相通”。他表示，希望通过举办学术研讨会的形式，集中讨论共建“一带一路”新形势下的机遇和挑战，达成的会议成果将为参与“一带一路”建设的各方带来更多启发和正能量。

本届研讨会由华侨大学与马来西亚南方大学学院联合主办，马来西亚国民大学、马来西亚中国商务理事会、菲律宾丝绸之路国际商会等多家高校、商协会和智库机构积极参与。

为促进中马两国的交流与合作，推动“21世纪海上丝绸之路”建设，自2016年以来，华侨大学与马来西亚南方大学学院常态化联合举办中马“一带一路：海上丝绸之路”国际学术研讨会。该研讨会每年一届、两校轮流承办，吸引众多政要、专家学者、商界精英与会，成为中马两国智库深入交流、推动务实合作的重要平台。

（中国新闻网2019－11－09/黄咏绸）

“世界海外华人研究学会”第十届国际会议在暨南大学举办

11月8—10日，世界海外华人研究学会第十届国际会议在暨南大学举行。本次会议聚焦“全球视野：华侨华人与中国”，旨在进一步加强学术界之间的交流与合作，扩大华侨华人研究的国际影响力，来自30个国家和地区的近280名学者与会。

会议现场

暨南大学党委书记林如鹏教授在致辞中表示，华侨华人是世界全球化与中国国际化进程中逐渐形成的一个特殊群体，他们既是近代以来中国与外部世界关系演变的独特现象，也具有全球化进程中越来越显著的跨国移民群体的普遍特征。

大会邀请了加利福尼亚大学伯克利分校王灵智教授、丹麦奥胡斯大学朱梅教授、新加坡东南亚研究所廖建裕教授、墨尔本大学纪宝坤教授、北京大学李安山教授聚焦“全球视野：华侨华人与中国”，从美洲、欧洲、亚洲、大洋洲、非洲五大洲不同地域的视角出发，阐述在全球化背景下，他们对华人及华人与中国关系的理解。

本次会议特设专题研讨环节。与会专家学者在二天内，分7个专题论坛共56个中英文小组展开交流和讨论，分享了有关海外华人研究方面的最新成果，共同探索该领域未来发展的机遇、挑战与前景。

11月10日，会议落下帷幕。整场会议汇集了世界各地从事华侨华人研究的各方人士，对新时期下的中国及海外华人与世界的关系变化提出了许多富有建设性的意见和建议，为进一步推动海外华侨华人研究作出了贡献。

（南方网2019－11－12/苏运生）

李明欢教授当选世界海外华人研究学会（ISSCO）会长

暨南大学国际关系学院/华侨华人研究院李明欢教授于2019年11月10日在广州举行的世界海外华人研究学会第十届国际会议上，当选为该会新任会长，任期三年。

世界海外华人研究学会成立于1992年，致力于推广华人移民历史与当代议题研究，其会员来自世界各不同国家和地区。该学会每三年定期举行一次全球性国际会议，先后于旧金山、香港、马尼拉、台北、哥本哈根、北京、新加坡、吉隆坡、温

李明欢教授

哥华等地举行，迄今已成功举办十届，是世界各国华人研究领域的学者进行学术交流、加强学术探讨的重要平台。

李明欢，荷兰阿姆斯特丹大学博士，荷兰莱顿大学博士后，厦门大学公共事务学院社会学系教授，社会学与人类学专业博士生导师，暨南大学华侨华人研究院特聘教授。长期从事国际移民、海外华人社会及中国侨乡研究。曾在国内闽、浙、粤侨乡及亚、欧、美、大洋、非五大洲四十多个国家和地区从事华侨华人历史与现状的实地调查。出版《当代海外华人社团研究》《欧洲华侨华人史》《国际移民政策研究》《福建侨乡调查》及*We need two worlds*、*Seeing transnationally*等中英文专著，在国内外学术刊物发表中、英文论文上百篇。

（中国华侨华人研究所微信公众号/2019－11－12）

第二届“东南亚社会与文化研究”工作坊成功举办

2019年11月16—17日，第二届“东南亚社会与文化研究”工作坊在我院301（3）教室举行。本届工作坊由中国东南亚研究会与厦门大学国际关系学院/南洋研究院主办，厦门大学印度尼西亚研究中心承办，主题是“日常生活视角下的东南亚”，旨在从日常生活的视角出发，探讨融入行动者生命体验的东南亚社会与文化。参会者主要为人类学、社会学、历史学、政治学、文化研究及区域研究背景的青年学者，工作坊评议人多为当代东南亚、国际移民、东南亚华人、世界民族等领域的资深学者。工作坊围绕“网络、边界与流动”“东南亚华人：生存策略与结构变迁”“现代化、社会空间与转型”和“东南亚社会与文化研究：当下与未来”等四个单元展开，现场气氛热烈，掌声不断，获师生一致好评。

（厦门大学国际关系学院/南洋研究院网站2019－11－18）

用汉语书写海外华侨华人真实生活

——第六届国际新移民华文作家笔会在绍兴举办

中国改革开放以来，一大批中国人远赴海外，用自己的双手在海外搭筑起了一段段丰富精彩的人生。这些人生背后不仅是经历的集合，还蕴涵着华侨华人可贵的拼搏精神以及衔木填海的心愿。海外华文文学也在这种环境中应运而生，以文字形式将海外华侨华人独特经历转换为承载着时光记忆的“铅字”。

日前，在浙江越秀外语学院举办的第六届国际新移民华文作家笔会暨新移民文学研究国际学术研讨会，聚焦海外华文文学中的新移民文学，对其发展前景展开了热烈的讨论。来自17个国家的65位华侨华人作家及近百名国内学者，齐聚绍兴，为海外华文文学的发展建言献策。

海外华文文学新空间

近年来，随着华侨华人在海外的影响力不断增强，海外华文文学创作也焕发出了新的生机与活力。作为海外华文文学中的重要一脉，新移民文学在中西方文化交融的环境中开创出了一个崭新的文学空间，为海外华文文学的发展不断蓄力。

回顾海外华文文学发展历史，20世纪70年代末改革开放以后，学界才开始关注中国大陆以外各国、各地区用汉语书写的华文作家及其作品，到现在40多年时间。其中，新移民文学在21世纪初期开始崭露头角。得益于2002年在上海复旦大学举行的世界华文文学国际研讨会，国际新移民华文作家有机会聚集一起，初具规模，并于2004年在美国凤凰城注册成立笔会。

赴美打拼创作的美籍华裔作家、国际新移民华文作家笔会会长卢新华，在接受本报采访时将新移民文学的出现形容为一支“中国当代文学在海外异军突起的新军”。他认为，近年来国内外专家关于新移民文学的研究对推动新移民华文作家的创作也起着潜移默化的作用。

此次，“新”也成了第六届国际新移民华文作家笔会暨新移民文学研究国际学术研讨会的关键词，集中展现了海外华文文学研究中出现的新现象，显示了新移民文学研究队伍的新前景。会上，国际新移民华文作家笔会创会会长和美国华文作家少君就“海外华人文学新生代”发言，匈牙利华文作家协会会长张执任就“匈华文学的新气象”发言，在座的新移民华文作家和国内学者也纷纷发言，开展了多方面、多维度的学术交锋。

浙江越秀外国语学院中国语言文化学院特聘教授钱虹评价这次研讨会：“此次第六届国际新移民华文作家笔会暨新移民文学研究国际学术研讨会，是对至今热度不减的海外华文文学和新移民文学的创作与研究成果的交流与检阅。”

汉语写作中的精神还乡

现今，海外华文文坛中的新移民文学板块出现了一大批颇具影响力的作家，包括严歌苓、虹影、张翎、卢新华、陈河、陈谦、方丽娜等华文作家。他们虽然是在

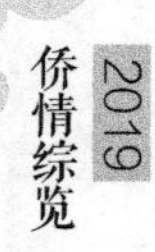

海外进行创作，却将华侨华人经历与汉语写作相结合，以独特的视角为读者带来别具一格的文学体验。

“新移民文学是海外华文文学的重要组成部分，但是两者又有不同。”钱虹表示，新移民文学，主要是以改革开放以后陆续跨出国门或求学、或定居、或入籍于世界各国的“新移民作家”为主体，用母语所创作的文学作品。他们这一代新移民作家所创作的文学内蕴、作品主题、人物形象、艺术风格，显然与上一代华文作家有着极大的不同。

而这个不同在卢新华看来，则是源于新移民作家拥有的一个能够观看中国的新视角。“‘横看成岭侧成峰，远近高低各不同，不识庐山真面目，只缘身在此山中。’我当初选择出国留学便是源于苏轼的这首诗。我觉得我需要换一个角度来认识中国社会和中国文化。”卢新华在接受采访时说，“我选择用汉语写作，既是因为心系中国社会的变化，同时对于我本人来说也是一种精神还乡。”

同样，在海外生活的经历也是新移民作家创作的宝贵财富。卢新华在采访中谈到了旅美经历对他创作的深刻影响。“我先是留学，继之打工，蹬过三轮车，卖过废电缆，做过金融期货，也曾在赌场发过牌。踩三轮车的经历帮助我体悟到了‘放手如来’的重要性，并写下了长篇小说《细节》和《紫禁女》。而赌场发牌的经历让我明白财富如水，一枚枚的筹码便是一滴滴的水，一摞摞的筹码是一汪汪的水，一桌的筹码便是一个荷塘，一个赌场的筹码则是一个湖泊。”

多元文化的融合与传承

20世纪上半叶，巴金、老舍、徐志摩、艾青、钱钟书等中国现代著名作家都曾经留学海外，将从外国文化中借鉴到的精华带回国，形成独特的文字风格。之后，有机会在海外居住、工作、留学的华侨华人，则在华文文学创作路上走得更加坚定，逐渐聚集起一批在异国他乡直接以母语创作、直接在外发表作品的华文作家。

一来一往间，他们不仅将华侨华人在外的经历体现在字里行间中，同样也充当了多元文化的记录使者。

“华侨华人作家的文化意识愈发呈现一个趋势，即从文化疏离到文化趋同。华侨华人作家浸润其中，汲取西方文学养分，以西洋风融中国情，以他乡纳汉魂，为世界呈献出不少堪称一流的华文作品。”钱虹教授以旅法作家吕大明举例，称其散文的与众不同在于拥有一种中西荟萃、精致典雅的文化散文，其中饱蘸着东西方文化融会贯通的深厚底蕴与文学艺术的丰富学养，既有国学的精深根基，又兼西学的丰厚底蕴。

东西方文化的交融一直是海外华文文学的一大特点，而基于此，新移民文学又有着怎样的发展空间呢？卢新华表示，“新移民华文作家们游走于东西方文化之间，视野开阔，新移民文学也有方兴未艾、水涨船高之势。总体上来看，海外新移民文学或华文文学呈现出一派欣欣向荣、繁花似锦的景象。而这种发展趋势势必也会反作用于中国当代文学，让它更上层楼，在文化层面不断地为中国社会注入新鲜的活力，推动国家的进一步改革开放，屹立于世界民族文化之林。”

（《人民日报海外版》2019－11－20/杨宁，陈青冰）

福建省地方侨史研究座谈会在南安召开

11月21日，福建省地方侨史研究座谈会在南安召开。福建省侨联党组成员、秘书长吴武煌，南安市副市长李少敏参加会议，中国华侨历史学会副会长、福建省华侨历史学会会长谢小建主持座谈会。

会议强调，侨史学会应该成为华侨历史文化研究者的思想库，要入脑入心，以十九届四中全会精神为指导，积极引导专家学者理论学习，深刻领会精神实质，推进新思想、新精神进侨乡、进侨村、进侨校、进侨企等。侨史学会应当成为华侨华人和侨务工作领域的智库，要广纳贤言，以闽侨智库建设为平台，将侨智转化为侨力，为福建侨务理论研究和侨联事业发展发挥更大作用，为新时代党的侨务事业发展作出新的更大的贡献。侨史学会应当成为华侨历史材料和档案文献的保存库，要存史留芳，以史料资源为抓手，为未来存记忆。

（《海丝商报》2019－11－22）

珠三角华侨文物资源文化研讨会在江门召开

近日，珠三角华侨文物资源文化研讨会在江门召开。本次研讨会由江门市博物馆主办，江门五邑联合博物馆协办，20多位来自珠三角的文博同仁齐聚一堂，以馆藏华侨文物资源或当地文物资源为主题，开展了博物馆馆际间的精彩对话。

会上，江门市博物馆、江门市档案馆、江门市图书馆、台山市博物馆、鹤山市博物馆等各馆学者代表围绕研讨会主题，结合各自馆藏文物尤其是华侨文物藏品进行阐述，有的介绍了护照、口供纸、抗战文物、银信、新宁铁路文物等特色馆藏，有的则从不可移动华侨文物资源和可移动华侨文物资源两方面进行发言。

侨乡文物收藏家罗达全介绍了其与华侨文物结缘情况以及参与五邑银信申报世界记忆遗产工作情况，希望文物交流不要局限在博物馆内，要更多地走出去，推动文博界的有心人士多交流，让华侨故事广为人知。

（江门新闻网2019－11－22/黎禹君，江博宣）

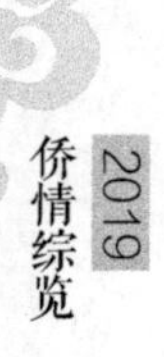

第十三届东南亚华文教学研讨会在清迈举行，共商华文教育转型升级

11月23日，第十三届东南亚华文教学研讨会在泰国北部城市清迈召开，来自东南亚各国（新加坡、马来西亚、菲律宾、印度尼西亚、越南、文莱）和泰国本土的华文教育工作者、各界友华人士，中国侨办、中国驻清迈总领馆及来自中国的华文教育研究者等120余人共襄盛举。在23日上午举行的开幕式上，泰国华文民校协会主席梁冰女士致开幕词，向与会的各方到来表示热烈欢迎。

梁冰女士已近90岁高龄，是一位杰出的华文教育家和慈善家，一生致力于推进华文教育在泰国的发展，她热爱华文和推广华文的精神令海内外华人动容并为之骄傲。在开幕式上，梁冰女士还为泰北中华文化教育基金会捐助100万泰铢。泰国华文民校协会副主席、泰国北部华文民校联谊会主席陈汉展先生在致辞中表示，随着汉语的国际地位不断提升，为东南亚华文教育创造了新的机遇，同时也提出了新的难题。东南亚华文教学研讨会是研究这些新难题的最好平台，可以加强东南亚各国华文教学教育的合作与交流，大家互相学习、取长补短，从而推动整个东南亚地区华文教育的共同繁荣。

本次研讨会主题为“质量提升　转型升级　展望未来”，在开幕式上，来自华侨大学华文教育研究院的贾益民名誉院长做了“世界华文教育的理念探讨”的大会主旨报告，来自暨南大学华文学院的宗世海教授就海外全日制华文学校的华文教学质量提升方案做了专题报告。

据悉，东南亚华文教学研讨会是东南亚最高规格的华文教师盛会，研讨会旨在促进东南亚华文教育质量的提升，推动和改善东南亚华文教育的转型升级，建立起标准化、正规化和专业化的华文教育体系；研讨会同时为东南亚各国华文教育工作者提供交流平台，共同传承中华文化。首届研讨会于1995年在新加坡举行，此后每两年左右在东南亚各国轮流举行。

（《世界华人周刊》2019－11－23/李峰）

2019华智年会暨社会治理创新研讨会在南京举行

11月24日，由南京大学华智全球治理研究院举办的2019华智年会暨社会治理创新研讨会在南京举行。全国政协常委、港澳台侨委员会副主任，国务院侨务办公室原主任裘援平出席开幕式。

本次年会的研讨主题侧重于社会治理创新，在产业转型、环境治理、智慧城市、数字社会治理领域设有4个分论坛。国务院发展研究中心、中国社会科学院、中国人民大学、复旦大学、浙江大学、上海交通大学、同济大学等研究机构和高校的

100多位专家学者与会。

开幕式上还举行了南京大学华智全球治理研究院下设的亚洲研究中心、产业转型研究中心、环境治理研究中心、智慧城市研究中心启动仪式。多位专家在年会期间发表主旨演讲。

年会主办方为南京大学华智全球治理研究院。该院是为海内外华人专家学者提供交流平台的新型高端智库，由南京大学与江苏省人民政府侨务办公室共同组建。本次年会为首次举办，今后将每年举行。

（中国新闻网2019－11－25/朱晓颖）

“秘鲁及拉丁美洲的华侨华人研究”国际学术研讨会

2019年11月22日，“秘鲁及拉丁美洲的华侨华人研究”国际学术研讨会在暨南大学成功举办。本次研讨会由暨南大学、广东华侨博物馆、秘鲁共和国驻广州总领事馆共同主办，由暨南大学—横琴新区拉美中心、（教育部国别和区域研究备案基地）暨南大学拉丁美洲研究中心承办。来自秘鲁圣马科斯大学、秘鲁皮乌拉大学、巴拿马外交部、秘鲁共和国驻华大使馆、秘鲁共和国驻广州总领事馆、中国外交部、中共广东省委统战部、广东华侨博物馆以及国内兄弟单位的专家学者、我校师生四十余人参加会议。

会议开幕式由暨南大学国际关系学院/华侨华人研究院张振江院长主持。秘鲁共和国驻华大使路易斯·克萨达（Sr. Luis Quesada）致辞，他希望中秘双方学者通过研究华侨华人移民的多样性，揭示中秘双方交往互动的过程。中共广东省委统战部林琳巡视员致辞，他指出，粤籍华侨为秘鲁国家发展、社会进步贡献良多，他们不仅在经济上成就斐然，还在侨团建设方面积累了丰富的档案资料，有广阔的研究空间。

暨南大学党委书记林如鹏教授致辞，林书记回顾了暨南大学开展拉丁美洲研究和对拉美工作以来取得的成绩，他表示：拉丁美洲是暨南大学走向国际化的重要方向之一，学校高度重视对拉美工作，作为“华侨最高学府”，加强拉美华侨华人研究，服务于国家战略，暨南大学责无旁贷。早在16世纪，马尼拉大帆船就将广

“秘鲁及拉丁美洲的华侨华人研究”国际学术研讨会与会人员合影

东和拉丁美洲联系在一起。当前，19个拉丁美洲国家和中国签署了“一带一路”倡议合作文件。华侨华人是拉丁美洲连接“一带一路”倡议的参与者、建设者和促进者；我们要鼓励他们在实现自身发展的同时，为促进中国与拉美国家合作发展发挥出自己独特优势，实现双赢、多赢、共赢。林书记希望本次研讨会能进一步促进中国与秘鲁之间的友好交流。

会议的第一单元主题是“秘鲁华侨华人的历史与现实”。嘉宾们的发言题目分别是：秘鲁圣马科斯大学卡洛斯·阿基诺（Carlos Aquino）教授的“秘鲁的中国移民”；原中国驻巴西、阿根廷和秘鲁共和国大使馆文化参赞王世申先生的“遥远但不陌生的土地”；北京大学外国语学院柯裴（Patricia Castro）老师的“谢宝山：客家人在秘鲁的顶峰时代”；秘鲁皮乌拉大学克里斯蒂娜·巴尔加·帕切科（Cristina Varga Pacheco）教授的“华人在秘鲁170年的历史：来自北方的视角”；暨南大学文学院教授、华侨华人研究院兼职研究员黄卓才先生的“秘鲁华侨仁德堂文物选释”；常州大学周有光语言文化学院西班牙语系主任侯健老师的“马里奥·巴尔加斯·略萨作品中的中日面孔”；华南师范大学外国语言文化学院西班牙语雷春仪讲师的“秘鲁华人华侨对当地饮食的影响”；南开大学历史学院拉丁美洲研究中心博士研究生王延鑫的“新中国成立以来的秘鲁华工史研究”；复旦大学中国语言和文学系硕士研究生甘子涵（Rodrigo P. Campos）的“秘鲁20世纪的华人文学”。

会议第二单元的主题是“拉丁美洲华侨华人的历史与现实”。嘉宾们的发言题目分别是：原巴拿马外交部政策司长（大使衔）尼科尔·王（Nicol Wong）的“华人在巴拿马政治社会生活中的作用”；原中国驻巴拿马贸易发展办事处代表王卫华大使的“华侨华人为中巴建交和关系发展作出重要贡献”；广东华侨博物馆副馆长、陈宣中研究馆员的“古巴洪门三十六誓考释”；西班牙巴塞罗那大学拉美研究专业博士生时光的“十九世纪古巴的契约华工”；广东财经大学人文与传播学院莫光木老师的“中山籍委内瑞拉侨胞生存发展及利益保护探析”；安徽大学崔忠洲老师的“回不去的故乡：侨乡台山的拉美因缘”；暨南大学国际关系学院/华侨华人研究院硕士研究生潘映桃的“中国在玻利维亚的民意分析”。

会议第三单元的主题是“‘一带一路’倡议与中国—秘鲁及中拉关系”。嘉宾们的发言题目是：厦门大学国际关系学院教授、原中国驻秘鲁共和国大使馆武官周桂银的“新时期中拉经济关系的特征及挑战”；暨南大学国际关系学院/华侨华人研究院副教授贺喜的“挑战与机遇：拉丁美洲华侨华人研究在中国”。

厦门大学周桂银教授进行学术总结，他认为本次会议代表老中青结合，充分说明拉美华侨华人研究薪火相传、后继有人；一线外交官和高校学者济济一堂，切磋交流。华侨华人是中拉关系的重要组成部分，周教授希望中拉双方关于华侨华人的研究可以持续深入。

我校国际交流合作处蒲若茜处长致闭幕词，她指出，暨南大学对拉美工作已经形成了“四位一体”的新格局：我校和珠海市横琴新区成立了暨南大学—横琴新区拉美中心；依托于国际关系学院/华侨华人研究院成立的拉丁美洲研究中心，成功获得教育部的备案；在阿根廷科尔多瓦大学的孔子学院即将开张；在秘鲁还成立了暨南大学拉美校友会。

我院张振江院长做总结发言。张院长谈到，作为“华侨最高学府”，加强拉美华侨华人研究，暨南大学责无旁贷。和秘鲁共和国驻广州总领事馆联合举办学术会议，是暨大拉美研究中心继智利华侨华人研究后，开辟的第二个从国别角度研究拉美华侨华人的新领域。未来，暨大拉美研究中心的学术联系还将逐渐拓展到拉丁美洲其他国家，最终做出较大的成绩。

会议期间，我校和秘鲁圣马科斯大学、皮乌拉大学达成初步的合作意向，未来将联合开展秘鲁华侨华人研究。

11月21日下午，由《广东华侨史》编修工作领导小组办公室、秘鲁驻广州总领事馆、广东华侨博物馆联合举办，秘鲁中华通惠总局协办的“秘华足迹——纪念华人抵达秘鲁170周年专题展”在广东华侨博物馆开展。本次展览是华人抵达秘鲁170周年的纪念活动之一，我院代帆副院长应邀出席活动。

《羊城晚报》派记者到会采访，并做了专门的新闻报道：《原来，Wact Kay（滑鸡）、min pao（面包）藏在秘鲁的广东话里！》。

（暨南大学国际关系学院/华侨华人研究院网站2019－11－26/贺喜）

《东南亚研究》创刊六十周年期刊工作交流暨“变化中的东南亚”学术研讨会在暨南大学成功举办

2019年11月23日，《东南亚研究》创刊六十周年期刊工作交流暨“变化中的东南亚”学术研讨会在广州成功举行，来自北京、上海、重庆、福建、广西、云南、山东、河南、湖南及广东的多所高校、科研机构和期刊编辑部的61名专家学者参加了此次会议。此次会议由暨南大学国际关系学院/华侨华人研究院和暨南大学《东南亚研究》杂志社联合举办，暨南大学副校长洪岸教授、广西大学校党委常委兼副校长范祚军教授、广西社科院古小松教授、中国社科院许利平教授、郑州大学于向东教授、厦门大学范宏伟教授、云南大学卢光盛教授、暨南大学曹云华教授出席开幕式并致辞。

开幕式由暨南大学国际关系学院/华侨华人研究院院长张振江教授主持。洪岸副校长代表暨南大学向远道而来的各位专家学者表示热烈欢迎，并感谢各位学者对暨南大学东南亚研究的长期支持。她表示，暨南大学是一个多元文化的聚集地，始终秉承“宏教泽而系侨情”的办学使命。《东南亚研究》杂志自1959年创刊至今，经过几代人的努力走过了60个春秋，见证了我们国家东南亚研究和华侨华人研究的发展

与会人员合影

历程。随后，其他嘉宾对《东南亚研究》杂志的60岁“生日”表示了热烈祝贺，并肯定了杂志所取得的成绩，同时希望能加强刊际和校际的交流与合作。

本次会议主要分为《东南亚研究》工作汇报与回顾、期刊工作交流和主题研讨会三个环节。在《东南亚研究》工作汇报与回顾环节，《东南亚研究》社长张振江、副主编吴宏娟和原主编陈森海等就《东南亚研究》办刊以来的工作做了整体回顾。《外交评论》执行主编陈志瑞主持了期刊工作交流环节，《当代亚太》执行主编高程、《南洋问题研究》和《南洋资料译丛》社长范宏伟、厦门大学南洋研究院周桂银教授、《华侨华人历史研究》副主编张焕萍、《南亚东南亚研究》编辑部主任王国平、《东南亚纵横》执行主编颜洁、《亚太经济》编辑陈彤和《云大地区研究》常务副主编罗圣荣等分别介绍了各自刊物编辑出版的不同情况，并呼吁加强期刊之间的互动交流，相互借鉴，共同发展。在主题研讨会环节，与会者围绕“中美关系变化与东南亚地区形势”“中国与东南亚关系”“东南亚区域治理：经验与方法”三个主题分别展开了深入讨论和交流。

此次会议以《东南亚研究》杂志创刊60周年为契机，围绕相关学术期刊编辑工作与来年的《东南亚研究》选题进行了深入的讨论和交流，既肯定了当前相关领域学术期刊编辑出版所取得的成绩，也探讨了其面临的困境，指出今后需要努力的方向，同时还就东南亚研究领域的一些热点和重要问题进行了研讨，这在当前“百年未有之大变局”的背景下，对于东南亚地区研究和国际问题类学术期刊的发展具有非常重要的意义。

本次会议汇集了国内从事东南亚研究的主要期刊，来自各方的学者对新时期下的中国与东南亚地区的关系变化提出了许多富有建设性的意见和建议，为进一步推动东南亚地区研究做出了有益的探索。

（暨南大学国际关系学院/华侨华人研究院网站2019－11－28）

“海丝”文化数字化保护与影像化传播研讨会在泉州召开

福建省社科界2019年学术年会分论坛“海丝”文化数字化保护与影像化传播学术研讨会11月26日在黎明职业大学举行，来自福建省社科界、高校、科研院所的领导、专家学者相聚泉州，展示学术成果，推进学术创新。

“写意即成工笔初显，‘海丝’大有可为。”泉州市社科联主席李培德指出，“采用数字化的采集、储存、传播等技术，能系统记录‘海丝’文化，转换复制成可共享、可再生的数字形态，为当前的宣传推广研究以及后人的传承留下宝贵的资料。”李培德认为，“‘数字’与‘海丝’相遇，将会开创一片崭新的天地，让‘数字丝路’服务‘一带一路’建设，为促进沿线国家数字经济发展发挥重要作用。”

泉州是古代海上丝绸之路的重要起点城市，作为泉州办学历史最长、规模最大、专业设置对接区域产业最为紧密的高职院校，黎明职业大学以梁披云、李尚大、梁灵光、胡平、陈明金等历任董事长为代表，以港澳同胞和东南亚侨亲为主体的董事会，为学校的建设与发展做出了无可替代、不可磨灭的贡献，也为学校打上了深深的“海丝”烙印。

黎明职业大学副校长余大杭表示，学校历来注重挖掘和打造“黎明海丝”品牌，以“黎明文化”为底蕴、为动力，学校在办学治校、产教融合、内涵建设、开放办学等方面也取得优异成绩。同时，学校非常注重培育和加强数字技术、影像艺术、文化学与传播学课程，建设“‘一带一路’贸易文化传承与创新”国家级教学资源库，全力推进“海丝文化”建设，取得了明显成效，提升了学校社会美誉度和国际影响力。余大杭指出，数字化将赋予“海丝”文化新生命，使“海丝”文化的传承与保护更加立体和多元，同时也将促进黎大数字技术、影像艺术、文化学与传播学的发展，提升学校立足“海丝”、研究“海丝”、服务“海丝”的研究水平，成为学校科学发展、创新发展、特色发展的强大助力，为推进“海丝”核心区先行区建设发挥更大作用。会上，华侨大学新闻与传播学院刘文辉教授作“主流媒体跨文化传播——‘中国道路’叙事话语建构之维”的讲座；厦门大学新闻传播学院黄裕峯副教授作“乡音记忆：闽南语歌曲的音像传播流变”的讲座。

在交流环节，中国闽台缘博物馆副馆长沈文锋作“闽台族谱文化交流与新时代智慧谱牒中心建设”交流，厦门演艺职业学院副教授潘芊芊作“海丝文化影像融入高校的通识教育方式初探”交流，黎明职业大学影视专业教师黄明波作“新媒体语境下泉州对海丝沿线东南亚城市跨文化传播策略研究”交流，福建商学院教师金珊作“‘海丝文化’融入高校影视教育的路径探究——以‘纪录片创作’课程为例”交流，泉州职业技术大学副教授、博士林剑作“文化数字化传承人才开发研究——以泉州‘海丝’文化为例”交流。

据悉，作为福建省社会科学界2019年学术年会分论坛，此次论坛由福建省社会科学界联合会主办，泉州市社科联、黎明职业大学承办。论坛征集到了一批有分量、有价值的研究成果，并编印《“海丝”文化数字化保护与影像化传播论文集》。

（中国新闻网2019－11－29/孙虹，魏婷婷）

海内外专家学者福建晋江交流“侨与晋江经验”

“侨与晋江经验”调研成果交流座谈会12月11日在福建晋江市举行，60多名涉侨领域的专家学者、海外侨领、港澳同胞共同研讨交流。

据介绍，“侨与晋江经验”调研是晋江市委统战部、晋江市侨联与厦门大学联手开展的。中国侨联副主席、福建省侨联主席陈式海表示，“侨与晋江经验”课题从设立、论证、执行到获得初步成果，是侨务工作部门与高校专家学者合作、互学、互补的一次成功实践。

晋江是全国著名侨乡，有旅居海外侨胞和港澳台同胞300多万。改革开放以来，晋江发扬“爱拼才会赢、输人不输阵”的精神，民营经济迅速成长。晋江市委常委、统战部部长黄文福表示，在“晋江经验”孕育发展成熟历程中，海外乡亲是重要的亲历者、践行者，更是积极的参与者、推动者。

“侨与晋江经济”课题组组长、厦门大学教授李明欢介绍，2019年5月以来，课题组拜访了陈祖昌、苏千墅等侨亲代表，走访了15个晋江市直有关部门、12个基层侨联、18个重点侨村、10多所中小学，以及盼盼食品、华峰印染、远大服装织造等近20家侨企，了解民营企业家们奋斗拼搏的发展史，探索侨力资源在晋江实体经济发展中的作用与影响，以及华侨华人对侨乡教育事业的倾情奉献。

在世界晋江同乡总会永远荣誉会长施文诞看来，“侨与晋江经验”除了传承优良传统，更多的篇幅和主题思维应是“向前看”，在新的时代里号召广大海外侨亲再立新功，特别是引导年轻一代认识祖国、认识家乡，把自己的专业知识和家乡的发展有机结合，开拓自己的事业版图。

（中国新闻网2019－12－11/孙虹）

香港华侨华人研究中心主任许丕新到访厦门市侨联

12月18日上午，香港华侨华人研究中心主任许丕新到访厦门市侨联。厦门市侨联副主席邓飚热情接待许丕新主任并进行座谈交流。文化联络部部长李永彬、《鹭风报》主编林希等参加座谈。

座谈会上，许丕新主任与邓飚副主席、林希主编等就2019年4—9月，厦门市侨联、《鹭风报》与香港华侨华人研究中心共同开展《侨与新中国共成长》联合征文活动情况进行回顾，并就今后开展侨史编撰、侨史学会讲座、香港侨界社团发展史挖掘以及开通侨史微信公众号等合作事宜进行了初步的探讨。

会后，许丕新主任向厦门市侨联和《鹭风报》社赠送了由香港华侨华人研究中心编撰的《归国华侨史料丛书》“香港篇之六”《共和国之恋》。

（厦门市侨联网站2019－12－20/马小平）

研究旧金山华人迁居史 美国学者获表彰

旧金山的西面，像是列治文区、日落区和英格赛区，如今都是华裔聚居区。华人是如何一步一步从旧金山城东的华埠迁居到城西的？一位白人历史学者罗本地（Woody LaBounty）对此深深着迷。

当地时间12月17日旧金山市议会对罗本地进行表彰，嘉奖他一直以来致力于研究旧金山本地的历史，尤其是研究旧金山的华裔迁居史。罗本地是现任“旧金山文化文物遗产协会”（SF Heritage）副主席。

作为一个白人，为何会对研究市内华人迁居历史感到有兴趣？罗本地解释道，“因为这是一个很重要的话题”，华裔社区移居的故事，就是活生生的旧金山历史故事。他经常会采访一些旧金山的华裔老人，通过口述历史的方式来了解当年的往事。同时他也会和美华历史学会（CHSA）合作完成相关项目，聚焦旧金山华裔的历史。

他举例，20世纪早期，“排华法案”以及种族歧视盛行，所以旧金山的华人几乎都只能聚居在华埠。直到“排华法案”被废除，种族隔离的情况才逐渐被打破。罗本地说，那时候因为旧金山的几条公交线路，所以从华埠到列治文区很方便，这也就是为什么华人开始逐渐迁居列治文区，列治文区也就成了“新华埠”。从地理上而言，列治文区和华埠均是位于旧金山的北部，但是一个在西侧、一个在东侧，所以公交线路可以直接把两边联通。虽然自己不通中文，但是他认为中文能力很关键，也将女儿从小就送往中文沉浸学校（Immersion School）学习。

颁发贺状的是列治文区市议员李丽嫦。李丽嫦和余鼎昂等华裔的市议员均有致辞，高度评价罗本地对于旧金山西面华人历史的研究贡献。

（［美国］《世界日报》2019－12－20/李晗）

海内外专家学者齐聚山西太原 探讨姓氏文化传承发展

12月20日，由太原市侨联主办的海内外张氏文化交流座谈会在太原召开。来自海内外的张氏族人、张氏文化研究者齐聚一堂，共同探讨姓氏文化的精神内涵。

世界华人宗亲研究会总会长张省会长期从事姓氏文化研究。“世界各地都有研究张氏文化的人，每年我们在海外也有张氏族人的聚会。”张省会表示，对海外华侨华人而言，中华民族血脉传承的东西不变。针对目前全国有关“张姓起源地”的各种说法，张省会则更倾向于“天下张姓出太原”。“2006年，全球张氏族人在新加坡聚会时，我整理出一本《张氏源谭》，书中有张氏起源介绍等内容。”近年来，张省会一直在为中国姓氏文化的研究和推广而奔走。对于此次太原举办海内外张氏文化交流座谈会，张省会认为，太原应该将张氏文化的研究作为一项重点工作，凝

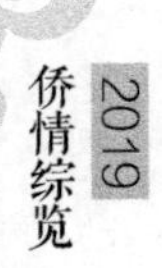

聚更多海内外张氏华侨华人回山西寻根祭祖，弘扬中华优秀文化。

“我对张姓没有什么研究，但对中华姓氏文化感到自豪。姓氏文化是增强中华民族凝聚力的一种纽带。”祖籍山西的加拿大晋商联谊会会长张钟玺长期在海外推广关公文化为代表的中华优秀文化。张钟玺告诉记者，山西的根祖文化和关公文化在海内外有非常重要的影响力。此番希望通过专家的研究探讨，能够吸引更多海外张氏华侨华人回到山西寻根祭祖。

“姓氏文化是凝聚全球华侨华人的一种文化纽带，中国王李张三大姓氏中的王姓和张姓都出自太原。”三晋文化研究会副会长、三晋姓氏文化专委会主任贾云智表示，这次太原侨联发挥桥梁纽带作用，从智库研究的角度和专家论述的方式，以姓氏文化促进更多海外华侨华人来山西寻根问祖，推动当地的文化旅游发展。民间学者张元隆从2009年开始研究张氏文化，并组织张氏族人寻根祭祖。“我认为‘张氏发源地’都不必争，因为都有共同的祖先，应该形成一个共识，大家共同传承和弘扬张氏文化。”张元隆建议，太原可建立姓氏文化园，打好姓氏文化这张牌。

比起姓氏文化起源的研究，山西省政协经济委员会主任孙跃进认为，通过姓氏文化的延伸来联结更多海外华侨华人，比学术研究和理论探讨更有意义。他希望，能够从传承和弘扬姓氏文化、挖掘姓氏文化的精神内涵等方面，探讨如何为山西转型发展贡献力量。

作为此次海内外张氏文化交流座谈会的主办方，太原市侨联主席魏建庭介绍，太原具有非常独特的资源优势，即深厚的历史文化底蕴，这也是太原作为“张王唐郭郝”五大姓氏起源地的重要支撑。“通过研究姓氏文化的精神内涵，来加强和海外华侨华人的联系，这是凝聚海外华侨华人力量一个非常好的载体。”魏建庭表示，这五大姓氏在海外有将近千万人，希望通过打“根祖牌”，吸引更多的华侨华人来太原。至于姓氏起源地的探讨，魏建庭认为，姓氏文化的起源和分化渊源非常复杂，有的也缺乏考证，希望各方可以搁置争议，将姓氏文化精神内涵的挖掘作为重点，形成更强大的民族文化凝聚力。

（中国新闻网2019－12－20/杨杰英，张怡）

海内外学者齐聚丽水　探讨华侨华人的家国情怀

12月21日，第四届国际移民与海外华人丽水论坛在浙江省丽水市开幕，来自海内外的100余位专家学者、华侨代表与会。

本届论坛以“新中国成立70周年与华侨华人的家国情怀”为主题，涉及华侨华人与构建人类命运共同体研究、华侨华人家国情怀与文化认同研究、华侨华人与侨乡文化研究等10个分议题。开幕式上，《国际移民与海外华人研究》《“一带一路”视野下侨商回归与侨乡文化研究》两部新书发布。

中国侨联副主席、浙江省政协副主席吴晶在致辞中说，70年来中国取得了令世界刮目相看的伟大成就，正接近实现中华民族伟大复兴的目标，华侨华人是助力实现这一目标的重要力量。论坛举办对于深入研究华侨华人历史和文化，激励华侨华人参与祖（籍）国建设发展，更加自信地讲好中国故事具有重要意义。

“第四届国际移民与海外华人丽水论坛”论坛现场

“华侨华人是中华民族大家庭的一员，是‘根、魂、梦’把我们连接在一起，我们深切感到，华侨华人具有浓厚的家国情怀。”丽水学院华侨学院特聘教授、院长李其荣表示，在中华人民共和国成立之后，华侨华人冲破重重阻碍，回国投身社会主义建设；改革开放以后，华侨华人为中国经济腾飞、科技文化发展作出了重要贡献；进入新时代，华侨华人积极参与全球治理体系改革和建设，促进“一带一路”沿线国家合作交流。

据了解，论坛举办地丽水是中国著名侨乡，共有40多万华侨华人分布于全球130多个国家和地区。

（中国新闻网2019-12-21/冉文娟）

人物聚焦

本栏目内容为本年度杰出华侨华人的人物事迹选编，人物选取依据为中国新闻社主办的“2019全球华侨华人年度人物”评选活动公布的名单，资料主要来源于中国侨网、中国新闻网、新华网等网络媒体。

2019全球华侨华人年度人物揭晓　彰显杰出华人风采

“2019全球华侨华人年度评选”颁奖典礼2020年1月8日在北京举行。陈永栽、方李邦琴、贝聿铭、谷建芬、丘成桐等获“2019全球华侨华人年度人物”称号，南洋华侨机工获特别致敬。

2019年是南洋华侨机工回国服务80周年。中国人民抗日战争全面爆发后，在爱国侨领陈嘉庚的号召下，3200多名华侨青年自愿放弃了优越、平静的国外生活，从东南亚各国赶赴前线，为中华民族抵抗侵略作出贡献。鉴于此，南洋华侨机工获“2019全球华侨华人年度评选”特别致敬。

“2019全球华侨华人年度人物”入选者来自世界各地、涵盖各个领域，包括：菲华侨领、菲律宾航空公司董事长陈永栽；美国报业大亨、企业家、爱国侨领、北京大学名誉校董方李邦琴；菲尔兹奖得主、哈佛大学教授、清华大学丘成桐数学科学中心主任丘成桐；华裔建筑设计大师贝聿铭；著名归侨作曲家谷建芬；“人民楷模”国家荣誉称号获得者、新中国羽毛球事业的开拓者王文教；世界贸易中心协会终身名誉理事伍淑清；美籍华裔篮球运动员，现效力于CBA北京首钢篮球俱乐部的林书豪；毛里求斯唐人街基金会主席林海岩；扎根当地华社，致力于在海外传播中华文化的华星艺术团。

南侨机工：民族忠魂　赤子功勋

南侨机工

1937年抗战全面爆发后，中国沿海重要港口基本失陷，大批商业和工厂被迫迁至中国西南，原有的水陆运输通道均已断绝。1939年，爱国华侨陈嘉庚发出“南侨总会第六号公告”，号召华侨中的年轻司机和技工回国参加抗战。

公告获得了南洋华侨热烈响应，他们有的放弃优越的生活、高薪的职业，告别父母妻儿，甚至有人女扮男装，义无反顾地回国支援抗战。1939年起，“南洋华侨机工回国服务团”分9批共3200多人回到中国。日机轰炸、车祸、疾病，夺去了许多南侨机工的生命。据统计，有1800余名南侨机工牺牲在滇缅公路上。

岁月悠悠，80年过去了，当年风华正茂的华侨子弟已白发苍苍。2018年，居住海外的最后一位南侨机工李亚留离世，享年100岁。目前，国内可查的健在南侨机工仅剩三位，均已百岁高龄。南侨机工的历史，应当被后人永远铭记。

南侨机工，即南洋华侨司机和技工，指抗日战争期间从东南亚回中国参加运输工作的爱国华侨。1939—1942年间，约有3200名主要为华侨的汽车驾驶员和汽车修理技术工人参加了南侨总会组织的“南洋华侨回国机工服务团”，担负起滇缅公路抗日军运任务，用生命和血汗在滇缅公路打通一条“抗战输血线”，为中国人民抗日战争暨世界反法西斯战争的胜利作出特殊贡献。

陈永栽：寻根铸魂　勠力承当

陈永栽自幼跟随父母下南洋，在异国他乡的土地上白手起家，缔造起商业王国。他曾登上菲律宾富豪榜首位，获“烟草大王”“航空大王”“银行大王”等称号。虽然身在异乡，陈永栽不忘自己的根在中国，他不仅是华商巨擘，也是文化使者。陈永栽提出振兴华社的当务之急是振兴华文教育，他参与捐助本土汉语教师培训“造血计划”，他连续18年资助菲律宾优秀中学生来华参加“学中文夏令营”……

陈永栽

2019年9月，陈永栽向中国华文教育基金会捐款，继在菲律宾支持华文教育多年后，继续以实际行动支持全球海外华文教育、弘扬中华文化，为让中华文化在海外后继有人而倾力奋斗。

陈永栽（1934— ），菲律宾华人实业家，侨领。生于福建晋江，幼时随父母迁往菲律宾，以半工半读方式完成大学课程。1965年创办福川烟厂，将制烟生产流水线和现代化的卷烟机引进菲律宾，使福川烟厂成为菲律宾最大烟厂，跻身国际市场。同时拥有丹怀酒厂、福牧农场、菲律宾新联银行、菲律宾航空公司等多家企业，曾入选《福布斯》全球亿万富豪榜排名。

伍淑清：身体力行 爱国爱港

伍淑清

1980年，伍淑清与父亲创立中国内地首家合资企业——北京航空食品有限公司，她因此被称为“001小姐”。

伍淑清一直致力于香港青少年的国情教育。十几年来，她先后组织了100余个交流团、万余名代表到中国各地参观，增进香港青少年对祖国的归属感。她坚信，参与内地交流活动的香港学生，一生都会记得自己是中国人。

2019年9月，联合国人权理事会第42届会议在日内瓦举行，伍淑清现身会议现场，为香港发声。

伍淑清（1948—），祖籍广东台山，生于中国香港，香港美心集团创始人伍沾德之女。毕业于美国阿姆斯特朗大学。1980年协助其父开办中国内地首家合资企业“北京航空食品有限公司”，后建立富华食品有限公司、北京航空地毯厂等16家合资企业。曾任香港基本法咨询委员会委员、香港临时市政局议员、国务院港澳办香港事务顾问、全国政协委员。现任全国工商联副主席、全国政协常委。

丘成桐：数学巨匠 故土情长

丘成桐

丘成桐26岁成为斯坦福大学终身教授，27岁攻克世界级几何学难题“卡拉比猜想”。他不仅是世界数学界最高荣誉“菲尔兹奖”首位华人得主，也是继陈省身之后第二位获得沃尔夫数学奖的华人，还获得了马塞尔格罗斯曼物理大奖。

丘成桐是中华人民共和国的同龄人，他对中国数学研究发展予以持续推动和付出，自1993年以来，创办了香港中文大学数学研究所、清华大学丘成桐数学科学中心等机构，发起各种人才培养计划，设立了丘成桐科学奖等奖项。丘成桐一直坚信，帮助中国发展数学事业是自己的责任。

丘成桐（1949—），美籍华裔数学家。祖籍广东蕉岭，生于广东汕头，幼年移居香港。1969年毕业于香港中文大学数学系，后入籍美国。1971年获加利福尼亚大学伯克利分校数学博士学位，师从著名数学家陈省身。攻克“沃尔夫猜想”“正质量猜测”等数学领域难题，为微分几何和数学物理发展做出重要贡献，于1982年获“菲尔兹奖”。先后在斯坦福大学、普林斯顿高等研究院、加利福尼亚大学圣地亚哥分校、哈佛大学等校担任教授。现任香港中文大学客座教授、清华大学丘成桐数学科学中心主任。

贝聿铭：建筑宗师　雕镂时光

美国国家美术馆东馆、卢浮宫扩建工程、苏州博物馆新馆……这些世界知名建筑拥有同一个设计师：贝聿铭。2019年5月16日，被誉为建筑界“华人之光”的贝聿铭逝世。走过了102年时光，经历了东方和西方，贝聿铭在作品中形成了完美的平衡。

贝聿铭

贝聿铭和其他知名美籍华人发起成立了美国华人精英组织“百人会”，推动华人全面参与美国社会生活，并促进中美关系发展。中国驻美大使馆高度评价贝聿铭的贡献：“作为美籍华人，贝老终身致力于促进中美两国人民间的相互了解，增进东西方文化交流。”

贝聿铭（1917—2019），美籍华裔建筑师。祖籍江苏苏州，生于广东广州。1935年赴美留学，先后在麻省理工学院和哈佛大学学习建筑学。1955年成立贝聿铭建筑设计事务所，1960年成立建筑公司，设计建筑作品40余座，以公共建筑、文教建筑为主，被归类为现代主义建筑，善用钢材、混凝土、玻璃与石材，作品分布于世界各地，代表作品有巴黎卢浮宫扩建工程、香港中国银行大厦、苏州博物馆新馆等。曾获1979年美国建筑学会金奖、1981年法国建筑学金奖、1989年日本帝赏奖、1983年第五届普利兹克奖及1986年里根总统颁予的自由奖章等，被誉为“现代建筑的最后大师”。

方李邦琴：故乡他乡　我为津梁

在美国的近60年时间里，方李邦琴历经磨难，“赤手空拳”打拼成传媒业大亨，成为美国历史上首个掌有英文主流媒体的华人。

她捐出自己的私人住宅，筹建了首个海外抗日战争纪念馆；捐赠千万元，支持中国国内高校的发展。方李邦琴曾获多项荣誉和奖励，其所在的旧金山市将2000年9月18日定为“方李邦琴纪念日”。

方李邦琴

2019年是中美建交40周年，已经84岁高龄的方李邦

琴说，中国是生母，美国是养母，愿两国人民友谊长存，她要为两国关系健康发展进一步贡献自己的力量。

方李邦琴（1935—），美籍华人企业家、侨领。祖籍湖北汉川，生于北京，1960年随夫移民美国旧金山，初时经营印刷小生意，1979创办英文报刊《亚洲人周刊》，1987年收购社区报纸《独立报》。2000年收购美国主流英文报《旧金山观察家报》，成为这家英文报纸的第一位女性华人董事长。旗下产业还包括房地产、印刷业、贸易公司等。

谷建芬：谱就心曲　数代传唱

谷建芬

“今天是你的生日，我的中国……”2019年是中华人民共和国成立70周年，这首经典歌曲传遍大江南北。10月1日，《今天是你的生日》的美妙歌声再次飘荡在天安门广场上空。

歌曲的曲作者是著名的归侨作曲家谷建芬。出生于日本大阪的谷建芬6岁时随家人回到中国。从小到大，音乐一直在她生命里扮演不可或缺的角色，她创作了《年轻的朋友来相会》《绿叶对根的情意》《滚滚长江东逝水》等一大批经典作品。70岁时，谷建芬开始关注孩子的音乐教育，她将一批古诗词谱成歌，在孩子们中传唱。

谷建芬（1935—），当代著名女作曲家。祖籍山东威海，生于日本大阪，1941年回国，定居大连，毕业于鲁迅艺术学院（今沈阳音乐学院）。1955年起任中央歌舞团（今中国歌舞团）创作员至今，创作作品近千首，为中国改革开放后的音乐艺术发展作出重要贡献。2015年获第十届中国音乐金钟奖“终身成就音乐艺术家”称号，同年成立“谷建芬音乐公益基金”。

王文教：谁言羽轻　负重情烫

王文教

20世纪50年代初，王文教是印度尼西亚家喻户晓的羽毛球明星。1954年，他回到祖国，后入选羽毛球国家队。在他任国家羽毛球队总教练期间，中国羽毛球队获得了1982年、1986年、1988年等多次汤姆斯杯团体赛冠军，涌现出56个世界单项冠军。他培养出杨阳、赵剑华、李永波等羽球人才，让中国羽毛球运动步入“辉煌时期”。

中国今日体坛之盛景，凝聚了包括华侨和归侨在内的几代体育人的努力和奉献，而王文教就是归侨体育人的重要代表。2019年9月，已86岁高龄的王文教被授予了“人民楷模”国家荣誉称号。

王文教（1933—），印度尼西亚归侨，中国羽毛球运动员及教练。祖籍福建南安，生于印度尼西亚。1954年回国，加入中国国家羽毛球队。1972年起任国家羽毛球队教练。在担任国家队主教练期间，曾带领中国羽毛球队创造其体坛史中最高的成就，曾使其多次包揽世界大赛所有单项冠军，极大地推动了羽毛球技术的发展进步。2019年获“人民楷模”国家荣誉称号、“最美奋斗者”称号。

林书豪：篮球逐梦　华人荣光

2019年8月，华裔篮球运动员林书豪与北京首钢篮球俱乐部签约，在新赛季以外援身份出战CBA。

林书豪

2010年，林书豪与金州勇士队签约，成为自1953年后首位进入NBA的美籍华裔球员。此后，林书豪辗转NBA多个球队，努力证明自己的实力。2019年6月，林书豪所在的猛龙队夺得赛季NBA总冠军，他也成为第3位获得NBA总冠军戒指的华裔球员。

加入CBA后的林书豪表示，在中国球迷们面前打球是一份巨大的荣耀，他将继续书写更多的历史。

林书豪（1988—），美籍华裔篮球运动员。生于美国加利福尼亚州，毕业于哈佛大学，2010年与金州勇士队签约，成为自1953年后首位进入NBA的哈佛大学学生和首位进入NBA的美籍华裔球员。先后效力于金州勇士队、纽约尼克斯队、休斯敦火箭队、洛杉矶湖人队、夏洛特黄蜂队、布鲁克林篮网队、亚特兰大老鹰队以及多伦多猛龙队。2019年与北京首钢篮球俱乐部完成签约。

林海岩：承传四代　动人守望

林海岩

1949年10月1日，毛里求斯唐人街挂起了五星红旗，而林海岩的爷爷就是这第一人。林海岩是出生在毛里求斯的第四代华裔，受父辈影响，他对唐人街有着极深厚的感情。然而，一场大火让唐人街走向衰落。林海岩创立了新唐人街基金会，带领团队让唐人街重新焕发生机，还制作一条长达108米的“环保唐

龙”，打造出唐人街“地标”。

林海岩的家族在毛里求斯扎根百余年，但世代不忘故土，他们矢志守护唐人街，守护华人的文化和精神家园。

林海岩（1978—），毛里求斯第四代华裔，毛里求斯新唐人街基金会主席。祖籍广东梅州，生于毛里求斯，成长于法国，曾在上海打拼。2017年回毛里求斯创立新唐人街基金会，重修唐人街，完善基础设施，让唐人街焕然一新。

华星艺术团：星聚银汉　华彩盛放

“聚是一团火，散是满天星”。自2014年以来，海外华星艺术团已达42家，遍布全球25个国家和地区。艺术团扎根当地华社，始终保持着中华文化的底色，在春节、元宵节、中秋节、中国国庆节等节日，组织各种文艺演出和文化交流活动，带动侨社文化生活，并不遗余力地向住在国民众介绍中华文化，形成中华文化海外传承和弘扬的一支重要力量。

2019年，海外华星艺术团积极参与到华侨华人庆祝中华人民共和国成立70周年的活动中，组织了多姿多彩的演出、快闪活动等，让中华文化在海外大放异彩。

华星艺术团
HUAXING ARTS GROUP

华星艺术团是由海外华侨华人组成的民间艺术组织。自2014年国务院侨务办公室提议由海外华侨华人在聚居的较大城市分期分批筹建“文化中国·华星艺术团”以来，海外各地已成立42家华星艺术团。华星艺术团扎根于当地华社，整合海外侨界优质文化资源，节目编排上融合中西文化，正成为传承与弘扬中华文化的一支新兴力量。

2019年华人新社团

本栏目根据2019年相关新闻报道摘录而成，摘录内容包括2019年新成立的华人社团的名称、成立日期、国家或地区、主要负责人等信息，其中亚洲11家、北美洲9家、南美洲4家、欧洲11家、大洋洲1家、非洲2家，合计38家，分洲别按成立日期的升序进行排列，成立日期一栏中的[]表示估测日期。

亚洲

名称	成立日期	国别/地区	负责人
日中青少年文化艺术交流协会	1月14日	日本	会长高桥阳子
日本江苏总商会	2月28日	日本	会长仇福庚
日本福州十邑社团联合总会	3月24日	日本	会长施洪清
老挝宁德商会	6月3日	老挝	会长王阳宝
柬埔寨宁德商会	6月10日	柬埔寨	会长陈言各
尼泊尔华侨华人协会	6月28日	尼泊尔	理事会会长金晓东
日本湖州经济文化促进协会	[11月]	日本	会长唐丽
日本华文女作家协会	12月8日	日本	会长华纯
日本深圳总商会	12月16日	日本	会长黄实
泰北华人青商会	12月19日	泰国	会长徐奕彪
中部日本辽宁同乡会	12月22日	日本	会长徐增文

北美洲

名称	成立日期	国别/地区	负责人
华东师范大学加拿大卑诗省校友会	[2月]	加拿大	会长潘斌
加拿大徐州同乡会	6月2日	加拿大	会长张俭
黄素梅纪念慰安妇协会	7月1日	加拿大	黄素梅
温哥华中华文化促进会	7月12日	加拿大	主席王典奇
纽约警局亚裔高级警官协会	11月1日	美国	会长卢晓士
加拿大永春白鹤文化社	11月23日	加拿大	
MSG剧团（Mandarin Stage Group）	[12月]	美国	
美国中餐联盟纽英伦分会	12月8日	美国	会长谢锋
加拿大东北商会联盟	12月10日	加拿大	

南美洲

名称	成立日期	国别/地区	负责人
阿根廷华侨华人妇女联合总会	8月25日	阿根廷	会长王华
巴西中巴美术交流协会	8月31日	巴西	会长李忠信
暨南大学拉美校友联合会	9月21日	秘鲁	名誉会长梁顺 联席会长梁羡荣、区仲贤、吴青军、杨琳娜
巴西中华书法艺术研究院	12月7日	巴西	院长刘晓帆

欧洲

名称	成立日期	国别/地区	负责人
波兰中国总商会	3月14日	波兰	会长刘红星
卢森堡福建同乡会	3月19日	卢森堡	会长吴景伙、执行会长陈松铿
比利时华商丝路商会	6月13日	比利时	理事会会长吴晓旺
立陶宛中国商会	8月23日	立陶宛	会长王浩男
德国河南大学校友会	8月23日	德国	会长牛璐璐
俄罗斯吉林省华侨华人联合会	9月23日	俄罗斯	会长周振远
俄罗斯侨星志愿者服务团	10月18日	俄罗斯	团长王传宝
全英华人汽车工程师协会	11月2日	英国	主席徐宏明
意大利福建松溪同乡会	11月3日	意大利	会长鲍兴杰
爱尔兰安徽同乡暨商务总会	11月24日	爱尔兰	会长王黎明
西班牙平度同乡会	12月18日	西班牙	会长徐向荣

大洋洲

名称	成立日期	国别/地区	负责人
新西兰桂林总商会	[7月]	新西兰	会长谢维新

非洲

名称	成立日期	国别/地区	负责人
博茨瓦纳卡萨内华人慈善关爱中心	8月6日	博茨瓦纳	
尼日利亚华商产能协进会	11月23日	尼日利亚	会长马素良

统计资料

2019年华侨华人研究期刊论文一览

本栏目内容为2019年华侨华人研究相关学术期刊、会议论文，分大陆中文期刊论文、台港澳及海外中文期刊论文和外文期刊及会议论文三部分。中文期刊论文检索源自“中国学术期刊网”、“维普期刊数据库”、暨南大学图书馆华侨华人文献信息中心“华侨华人文献信息专题数据库”、台湾学术文献数据库、台湾地区“国家图书馆”期刊文献资讯网、港澳期刊网等；外文学术论文检索源自“Web of Science”数据库平台中的“美国社会科学引文索引（Social Sciences Citation Index）、艺术与人文学科引文索引（Arts & Humanities Citation Index）数据库”“人文与艺术学术会议论文索引［Conference Proceedings Citation Index- Social Science & Humanities（CPCI-SSH）］”“新兴学科引文索引（Emerging Sources Citation Index）”；此外，还自境外出版的华人研究相关专业期刊如《华人研究国际学报》《南洋学报》《南方大学学报》《马来西亚人文与社会科学学报》、Journal of Chinese Overseas中补充了相关数据。论文以题名拼音升序排列。

大陆中文期刊论文

1. 王祖远．150年前由华工参与的改变美国交通历史的横贯铁路［J］．档案天地，2019（7）：21–23.
2. 刘文决．17—19世纪华人在越南南部经济发展中的作用［J］．南都学坛，2019，39（1）：21–28.
3. 阮功成．17—19世纪越南平定省的华人共同体［J］．三峡大学学报（人文社会科学版），2019，41（6）：88–93.
4. 宁力，吴宏岐．18世纪末至20世纪初吧城华人社会房屋租赁问题研究——以《公案簿》第1—14辑资料为中心［J］．八桂侨刊，2019（2）：68–77.
5. 王付兵．1910年代至1970年代新马闽籍华人的方言群分布［J］．八桂侨刊，2019（4）：64–79.
6. 谭慧，李安琪．1920年代邵氏电影在东南亚传播中的“文化中国”建构［J］．电影文学，2019（8）：3–5.
7. 石晓宁．1930年美国华人报纸关于梅兰芳在旧金山演出之旧迹［J］．戏曲艺术，2019，40（4）：1–5+81.

8. 黄云静．1959年以来胡志明市华人工作机构变迁——越南共产党华人政策与华人地位变化管窥［J］．华侨华人历史研究，2019（3）：28-37.

9. 张猷．1965年事件后的流亡印度尼西亚共产党和印度尼西亚左翼势力状况研究［J］．东南亚纵横，2019（4）：86-94.

10. 王宇翔．1965年以来洛杉矶华人的郊区化及其跨国性［J］．世界民族，2019（2）：91-101.

11. 王敏．19世纪澳洲华人研究及其社会生活史转向［J］．上海师范大学学报（哲学社会科学版），2019，48（1）：142-152.

12. 贺建涛．19世纪后半期北美西部华人与印第安人关系及相互认知［J］．历史教学（下半月刊），2019（1）：36-43.

13. 刘淑玲．19世纪末华人移民加拿大成因探骊［J］．文化学刊，2019（4）：237-239.

14. 黄文波．19世纪暹罗陶瓷代币的解读——兼论其折射的华工形象［J］．中国钱币，2019（3）：34-39.

15. 潘能梅．2019第三届“全球离散族群”国际学术研讨会综述［J］．八桂侨刊，2019（4）：94-96.

16. 郭平兴．20世纪三四十年代东南亚华校华文教科书编辑出版论略［J］．河南大学学报（社会科学版），2019，59（5）：149-156.

17. 章远．21世纪海上丝绸之路与中国化宗教外交构建——以中国佛教对东南亚地区交流为例［J］．国际展望，2019，11（2）：40-63+151.

18. 陆芸．21世纪海上丝绸之路在东南亚的实践和探索——兼论郑和下西洋对东南亚的影响［J］．闽商文化研究，2019（1）：19-26.

19. 王辉耀．21世纪留学回国人员现状及发挥其作用的政策建议［J］．北京教育学院学报，2019，33（4）：40-47.

20. 张慧婧．21世纪以来日本外国人政策的变化特征及其影响因素探析［J］．华侨华人历史研究，2019（1）：40-49.

21. 赵兵．40年累计365.14万名留学人员回国发展［J］．就业与保障，2019（13）：14.

22. 陈奕平，尹昭伊．70年来中美关系的变迁对美国华侨华人的影响［J］．华侨华人历史研究，2019（3）：8-18.

23. 李善龙，曾少聪．阿根廷移民政策的演变——兼论阿根廷中国移民的历史与特征［J］．华侨华人历史研究，2019（2）：12-21.

24. 林卫国．爱国华侨教育家李善基［J］．党史文汇，2019（7）：59-61.

25. 陈怡娴．《安溪东门外金山吴氏族谱》中的华侨史料浅析［J］．文物鉴定与鉴赏，2019（24）：30-31.

26. 李泽莹. 澳大利亚中国新移民的社会融合问题研究［J］. 八桂侨刊，2019（3）：12–21.
27. 何小陆，梁树升. 巴基斯坦华文教育发展的现状、问题与对策［J］. 江西理工大学学报，2019，40（6）：108–110+121.
28. 高伟浓，张应进. 巴西华人“提包业”探昔［J］. 八桂侨刊，2019（1）：49–58.
29. 沈燕清. 吧国公堂对吧城华侨教育发展的贡献［J］. 南亚东南亚研究，2019（4）：91–105+153–154.
30. 池雷鸣. 北美华人作家水仙花的民族意识及其作品的史料价值［J］. 民族文学研究，2019，37（4）：103–116.
31. 沈森. “本土中国”与“海外中国”的连接与错位——“别处/此在：海外华人艺术抽样展”的问题与意识［J］. 美术观察，2019（1）：36–37.
32. 唐书哲. 必要性与奢侈性：新移民知识分子在美生存经验的文学再现——以哈金的《自由生活》为例［J］. 华侨华人历史研究，2019（1）：58–66.
33. 黄思婷，石沧金. 变迁的族群效应：以马来西亚华人社会运动为例［J］. 南亚东南亚研究，2019（4）：120–135+155.
34. 王琛发. 槟城姓林桥与南侨机工［J］. 闽台文化研究，2019（3）：5–11.
35. 李建宗. 草原文明与绿洲文明的互动：中亚社会发展的内在动力——基于华人“东干”成功的文化适应而引发的思考［J］. 青海民族研究，2019，30（3）：26–31.
36. 李靓. 茶叶通过海路传入东南亚地区的历史梳理［J］. 农业考古，2019（2）：103–107.
37. 张易扬，王术智，王治敏. “产出导向法”课堂实验研究及反思——以圣地亚哥华侨中文学校课堂教学实验为例［J］. 海外华文教育，2019（5）：63–71.
38. 许振政，张静. 陈嘉庚对印尼侨领黄周规思想的影响［J］. 集美大学学报（哲学社会科学版），2019，22（2）：56–63.
39. 赵昌. 城市政体理论视阈下澳洲华人对城市公共事务的参与［J］. 世界民族，2019（6）：73–81.
40. 黄柯劼. “重构时间”中成长——海外华裔青少年读经运动分析［J］. 中国青年研究，2019（10）：34–39.
41. 李亚萍. 重庆的文坛、报纸、剧坛——《美洲华侨日报》所刊荒芜散文［J］. 新文学史料，2019（4）：118–124.
42. 李锦辉，伍广津. 刍议江门侨乡武术文化的保护路径［J］. 中华武术（研究），2019，8（11）：10–12.
43. 李计伟，张翠玲. 传承语的保守性与东南亚华语特征［J］. 华文教学与研究，2019（3）：85–93.

44. 张经武. 传媒多元化视域下中国文学的东南亚传播［J］. 江苏大学学报（社会科学版），2019，21（5）：16–24.
45. 张晶. 传统“孝文化”在华侨群体中的现代价值及重构——以中华世纪坛“家风展”中的华侨藏品为例［J］. 文化创新比较研究，2019，3（13）：54–58.
46. 沈芷妍. 从“三个层次文化理论”看美籍华裔在跨文化家庭中的沟通策略［J］. 传播力研究，2019，3（13）：17–18.
47. 李文彬. 从《华工周报》看一战期间赴法华工的教育［J］. 新西部，2019（9）：91–92.
48. 任梦婕，王琦，王京山. 从《清华园日记》和《留德十年》看季羡林留学德国的因由［J］. 北京印刷学院学报，2019，27（7）：24–26.
49. 蓝宇. 从《喜福会》看华裔视角下的中国形象［J］. 福建茶叶，2019，41（12）：281–282.
50. 李婧. 从《星洲日报》和《南洋商报》看马来西亚天公诞节庆活动的传承与发展［J］. 传播力研究，2019，3（19）：92–93.
51. 吕白玉. 从边境贸易发展看北国侨乡黑河的70年历程［J］. 黑河学刊，2019（5）：48–52.
52. 盛继艳. 从海外华语学习者的低龄化看华语研究［J］. 华文教学与研究，2019（2）：66–70+80.
53. 曹寅. 从加尔各答到卡拉奇：巴基斯坦华人社群的历史起源［J］. 历史教学问题，2019（4）：96–102+39+95.
54. 王鹏. 从苦力劳工到“一带一路”：海外华商与中国外贸70年［J］. 中国对外贸易，2019（10）：38–41.
55. 温明明. 从离散到跨国散居——论“全球化语境中的海外华文文学”［J］. 华侨华人历史研究，2019（4）：66–72.
56. 邓锐. 从落叶归根到落地生根——看梅州华侨华人观念的转变［J］. 客家文博，2019（1）：55–59.
57. 彭贵昌. 从马来西亚独中教材《华文》看中国现当代文学的海外传播［J］. 暨南学报（哲学社会科学版），2019，41（10）：39–50.
58. 高勤. 从闽南侨批看“忠义礼廉”的跨国传承［J］. 汉字文化，2019（7）：62–63.
59. 韦凡州. 从南海海神在越南的流传情况看越南文化的发展取向［J］. 南亚东南亚研究，2019（2）：114–125+157.
60. 林曙朝. 从印尼万隆到中国山西——归侨吴文礼的人生报国路［J］. 文史月刊，2019（4）：56–60.
61. 陈丽梅. 从语言看印度尼西亚华人的身份认同——对印度尼西亚巴淡岛和石叻班让岛华人的调查［J］. 东南亚纵横，2019（5）：80–88.

62. 白婧. 从展览看改革开放四十年来的华侨华人——以“华侨华人与改革开放”主题展为例［J］. 福建文博，2019（1）：88–93.
63. 范强. 从智库视角看马来西亚对“一带一路”的认识变化［J］. 侨务工作研究，2019（5）：35–37.
64. 邓达宏，杨永华. “大侨务”视域下新型智库助推侨批文化弘扬的实践与思考［J］. 福建省社会主义学院学报，2019（3）：107–114.
65. 鞠长猛. 大洋洲岛国的早期华商及其历史影响探析［J］. 八桂侨刊，2019（2）：42–49.
66. 高子平. “大众海归”时代如何调整人才政策［J］. 智慧中国，2019（6）：42–43.
67. 许锬. 代际冲突与华人移民的“无地方”——再议《安乐乡一日》［J］. 五邑大学学报（社会科学版），2019，21（1）：46–49+94.
68. 路宁钰，张璐. 当代美国华裔家庭教育问题研究——从《无声告白》谈起［J］. 名作欣赏，2019（27）：32–33.
69. 章宏，胡颢琛. 当代中国留欧学生新媒体使用与文化适应研究［J］. 华侨华人历史研究，2019（1）：50–57.
70. 林伟. 当前广府籍海外华人统战工作研究［J］. 中央社会主义学院学报，2019（4）：140–146.
71. 王长青. 第二次世界大战后中国华侨的婚姻关系——以民国广东新会司法档案为中心［J］. 河北学刊，2019，39（2）：207–213.
72. 张密密，王绍平. “第三空间”视角下《花鼓歌》中唐人街单身汉身份的建构［J］. 兰州教育学院学报，2019，35（3）：55–57.
73. 郑雨来，陈润旭. 第四届“海外华人与中国侨乡文化”学术研讨会综述［J］. 八桂侨刊，2019（4）：90–93+96.
74. 邢蜜蜜，刘玉屏. 东南亚国家汉语考试体系化建设研究［J］. 民族教育研究，2019，30（1）：145–151.
75. 吴应辉. 东南亚汉语教学研究［J］. 国际汉语教育（中英文），2019，4（2）：3.
76. 鲁芳. 东南亚华侨华人族群特征变化对华文传播的影响［J］. 西部学刊，2019（1）：17–22.
77. 周巍，安东. 东南亚华人的语言能力及语码转换研究——以马来西亚、印度尼西亚和泰国北部华人为例［J］. 宜宾学院学报，2019，19（3）：88–94.
78. 郑莉. 东南亚华人乩童仪式传统——以新加坡兴化人“坛班”为例［J］. 世界宗教研究，2019（5）：122–135.
79. 孟庆梓. 东南亚华人民间信仰文化研究述评［J］. 理论观察，2019（10）：146–149.

80. 赖林冬．东南亚华人文教重构与发展嬗变探析［J］．武汉理工大学学报（社会科学版），2019，32（4）：67–74.

81. 林扬欢．东南亚华文报章中华语和闽南语语码转换功能的实现——以《联合早报》为例［J］．厦门理工学院学报，2019，27（6）：77–83.

82. 李如龙，陈艳艺．东南亚华文教育漫谈［J］．华文教学与研究，2019（3）：29–33.

83. 荀青青，刘玉梅．东南亚华文抗战报刊的国内研究综述［J］．重庆交通大学学报（社会科学版），2019，19（3）：40–45.

84. 张锦玉．东南亚华裔学生阳平、上声的知觉研究［J］．海外华文教育，2019（1）：68–77.

85. 洪桂治．东南亚华裔学生中文用名的价值与特征探究［J］．云南师范大学学报（对外汉语教学与研究版），2019，17（6）：65–73.

86. 林卫国．东南亚抗日劲旅：马来亚人民抗日军［J］．党史文汇，2019（2）：49–52.

87. 周晓平．东南亚客家华侨的精神与物质生产方式——兼论作为媒介交流的客家文化（文学）在海外的传播与影响［J］．嘉应学院学报，2019，37（2）：16–21.

88. 韩晓明．东南亚语言教学三元架构的形成与华文教学发展［J］．辽宁大学学报（哲学社会科学版），2019，47（3）：143–150.

89. 曾解．东兴汇路在中国侨批档案“申遗”中的特殊作用［J］．文史春秋，2019（9）：8–11+2.

90. 陈思慧，郑一省．东兴汇路中的广西籍华侨与侨批馆［J］．文史春秋，2019（9）：12–16.

91. 何包钢，赵元元．多样化领导力多元文化主义：澳大利亚华人移民的安全化挑战［J］．国际社会科学杂志（中文版），2019，36（3）：126–139.

92. 王凤英．俄罗斯远东地区中小学汉语教育发展研究［J］．继续教育研究，2019（6）：109–112.

93. 张小倩．二十世纪初荷属东印度华侨认同嬗变及其影响研究［J］．八桂侨刊，2019（3）：69–76.

94. 韦笑．二十世纪六七十年代国家对印尼归侨的安置研究——以广西武鸣华侨农场为例［J］．西部学刊，2019（9）：86–88.

95. 石沧金，吕峰．二战前马来亚华人政治与印度人政治之比较［J］．八桂侨刊，2019（3）：22–30.

96. 陈奕平，管国兵，何琴．发挥华侨华人优势　推进粤港澳大湾区建设［J］．侨务工作研究，2019（6）：29–32.

97. 谢慧，齐黎丽．法治文化视域下的旅俄华侨权益法律保护对策［J］．齐齐哈尔大学学报（哲学社会科学版），2019（3）：90–92.
98. 李毅．反“独”促统旗帜下华侨华人的民族向心力分析［J］．统一论坛，2019（6）：8–10.
99. 刘继红，孙晓梅．非华裔马来西亚留学生对中国文化的态度调查与思考［J］．国际汉语教育（中英文），2019，4（4）：71–80.
100. 林逢春．非政府论坛的侨务公共外交功能论析——以世界华商大会为例［J］．统一战线学研究，2019，3（1）：106–112.
101. 张梦颖．非洲华侨华人形象的历史演变与提升［J］．陕西师范大学学报（哲学社会科学版），2019，48（6）：63–71.
102. 杨蓓蓓．非洲中国新移民的健康挑战和求医策略研究——以赞比亚为例［J］．西南民族大学学报（人文社科版），2019，40（10）：36–44.
103. 林青霞，陈建兴，陈永良，等．菲律宾华裔青少年学习中文信息处理的研究［J］．电脑知识与技术，2019，15（25）：180–181+186.
104. 安娜．菲律宾中资企业及华人面临的安全风险及防范对策［J］．辽宁警察学院学报，2019，21（6）：87–90.
105. 李岩，华骁．“分享经济”思维与国外华文媒体的转型实践——以意大利“华人头条”为例［J］．东南传播，2019（12）：26–31.
106. 吴隽宇，陈静文．风光览尽当可归——论江门华侨华人文化线路资源特征判读［J］．风景园林，2019，26（11）：20–25.
107. 李慧芬．福建加强华侨权益保护凝聚侨心侨力的对策研究［J］．时代金融，2019（8）：212–214.
108. 蔡淑琳．福建侨批文化探究［J］．福建省社会主义学院学报，2019（1）：54–60.
109. 孙浩峰，苏新春．福建侨乡“洋留守儿童”语言生活现状调查研究——基于福清市江阴镇的田野调查［J］．语言文字应用，2019（2）：61–69.
110. 王辉耀．改革开放40年的海归贡献［J］．世界教育信息，2019，32（6）：24–27.
111. 卢雨婷，林勇．改革开放40年侨资对福建经济增长作用机制的探讨［J］．福建论坛（人文社会科学版），2019（2）：183–191.
112. 李宝贵，孙杰．改革开放四十年来我国华文教育研究的现状分析——基于文献计量学视角［J］．海外华文教育，2019（3）：5–16.
113. 李婵玉，朱智斌．改革开放以来我国留学教育发展历程与演进逻辑［J］．教育文化论坛，2019，11（5）：77–85.
114. 蔡梦婷．高校高学历海归青年教师党员发展问题研究［J］．党史博采（下），2019（12）：42–43.

115. 陈琳，张宇，袁庆宏. 高校海归教师的同事间异质性对知识分享意愿的影响：团队归属氛围感知与信任的作用［J］. 教师教育研究，2019，31（6）：39-46+63.

116. 卢晓梅，喻雯，梁瑾，等. 高校海归教师专业发展对师资管理现代化的反求——以南京工业大学海外人才缓冲基地为例［J］. 教育教学论坛，2019（44）：57-58.

117. 宁晓路，张颖，柳强，等. 高校海归青年教师党员发展对策及建议［J］. 卫生职业教育，2019，37（7）：7-9.

118. 翟云秋. 高校海归人才中发展党员工作的思考——以高校海归青年教师为例［J］. 人才资源开发，2019（11）：22-23.

119. 李岚. 高校舞蹈复合型人才在中华文化传播中的作用——以华侨大学“中华文化大乐园”教学活动为例［J］. 艺术教育，2019（9）：235-236.

120. 严武龙. 个人所得税法中的涉侨问题探究［J］. 侨务工作研究，2019（1）：44-45.

121. 周同燕. “根魂梦”观念下华文教育的鉴古思今［J］. 乌鲁木齐职业大学学报，2019，28（2）：10-12+17.

122. 吴娜，张向前. 共建一带一路背景下华侨华人与中国民营企业走出去主要模式研究［J］. 中外企业家，2019（3）：223-225.

123. 蒋林华. 构建有侨校特色的创新创业教育体系［J］. 科技创业月刊，2019，32（7）：148-150.

124. 邹丹丹. 关于“华侨藏品”概念的思考［J］. 黑河学刊，2019（6）：160-161.

125. 郑文菊. 广东省博物馆藏“辜敦厚”侨批浅析［J］. 艺术与民俗，2019（1）：47-53.

126. 蔡丽锦，石维有，卢伟杰. 广西基本侨情资料数据库建设的实践分析［J］. 八桂侨刊，2019（2）：78-84.

127. 任娜，刘宏. 归国科技企业家的“跨国文化资本”结构、特征与作用［J］. 华侨华人历史研究，2019（4）：18-28.

128. 张庆明，王玲. 归国留学人才现状调查与对策研究——以鲁中地区为例［J］. 山东理工大学学报（社会科学版），2019，35（4）：32-37.

129. 杨眉. 归侨作家南洋叙事中的婚恋书写与华人移民生活［J］. 文学教育（下），2019（10）：26-27.

130. 王保华，张继焦，吴玥. 硅谷的华人高科技专业人才：从学者到企业家［J］. 世界民族，2019（4）：73-84.

131. 卢晨，胡恒昌. 国际移民汇款的动机与宏观影响因素——基于系统广义矩估计的动态面板分析［J］. 华侨华人历史研究，2019（2）：1-11.

132. 朱羿锟. 国家利益视阈下海外侨胞法律地位重构［J］. 现代法学，2019，41（4）：181–195.
133. 水海刚. 国家与网络之间：战前环南中国海地区华侨小微商号的经营策略［J］. 中国经济史研究，2019（2）：53–62.
134. 蒋炳庆，刘迪. 国内学者关于马来西亚华文教育研究现状分析——基于CiteSpace的可视化分析［J］. 昆明学院学报，2019，41（4）：106–114.
135. 李澄锋，沈文钦，陈洪捷. “海归”博导比“本土”博导的博士生指导水平更胜一筹吗？——基于中国博士毕业生调查数据的分析［J］. 清华大学教育研究，2019，40（2）：126–132.
136. 张玲玲，黄培，杜朝辉. “海归”青年教师中发展党员的困境及对策研究——以上海交通大学机械与动力工程学院为例［J］. 山东青年政治学院学报，2019，35（1）：49–53.
137. 黎柯含，郑文懿，蒋沂峻. 海归创业团队知识结构对企业绩效的调节作用研究［J］. 企业改革与管理，2019（21）：58–59+62.
138. 李维光. 海归创业研究综述：回顾与展望［J］. 现代管理科学，2019（12）：67–69.
139. 白银，许戈，蒋琳，等. 海归辅导员对提升大学生出国留学核心竞争力的作用研究［J］. 吉林广播电视大学学报，2019（2）：102–103.
140. 陈雄兵，马苗苗. 海归高管促进了企业创新吗?［J］. 南京财经大学学报，2019（6）：54–64.
141. 钱斯雅. 海归高管特征与企业绩效的相关性研究［J］. 价值工程，2019，38（14）：185–188.
142. 周泽将，宋淑婵. 海归高管与审计师选择：代理成本的角色［J］. 审计与经济研究，2019，34（3）：42–51.
143. 贺亚楠，张信东，郝盼盼. 海归高管专业背景与R&D操纵的检验［J］. 财经问题研究，2019（3）：60–67.
144. 戴天敏，朱乃平，陈婷婷. 海归管理者对企业投资效率影响研究［J］. 中国集体经济，2019（8）：64–65.
145. 叶晓梅，梁文艳. 海归教师真的优于本土教师吗?——来自研究型大学教育学科的证据［J］. 教育与经济，2019（1）：75–86.
146. 朱军文，王林春. 海归青年教师引进政策供给与需求匹配研究［J］. 高等教育研究，2019，40（6）：18–24.
147. 海归与中国制造业企业出口［J］. 南开学报（哲学社会科学版），2019（1）：192.
148. 吴婧华，杨惠芳，陈佳，等. 海归浙商知识产权质押融资现状、问题与对策探讨［J］. 中外企业家，2019（10）：25–26.

149. 邢寒冬. 海南侨乡南洋式饮食的形成及影响——以主食和饮料为考察［J］. 八桂侨刊，2019（3）：77–84.

150. 黄霞. 海上丝绸之路华侨华人的音乐文化认同探析［J］. 文化创新比较研究，2019，3（34）：48–50.

151. 马重奇. 海上丝绸之路与汉语闽南方言在东南亚一带的传播——新加坡和马来西亚闽南方言音系个案研究［J］. 西南民族大学学报（人文社科版），2019，40（1）：177–188.

152. 文飞. 海上戏曲传播路　南洋依依中华情——评康海玲的《海上丝绸之路上的戏曲传播》［J］. 黄河之声，2019（8）：6–7.

153. 郭惠杰，方千华，郭学松. 海外华侨对近代中国体育发展的历史价值与当代启示［J］. 北京体育大学学报，2019，42（8）：89–98.

154. 周大鸣，段颖. 海外华人、侨乡与围龙屋——梅州南口侨乡村的田野考察［J］. 民族艺术，2019（5）：43–51.

155. 潘一宁. 海外华人参政研究的历史视角：“政治冷漠”？［J］. 华侨华人历史研究，2019（4）：39–46.

156. 杨文炯. 海外华人的文化适应与认同研究——以中亚的“东干”（dunggan）为个案［J］. 青海民族研究，2019，30（3）：9–18.

157. 李爱慧. “海外华人社区与中华文化传承”国际学术研讨会综述［J］. 华侨华人历史研究，2019（2）：95–96.

158. 金进. 海外华人社群的分化与维新文人的文学记忆——以晚清驻新总领事黄遵宪的创作生活为讨论对象［J］. 学术月刊，2019，51（12）：133–141.

159. 姚宇，王玮，马宁. 海外华人双重国籍合法化对中国足球的三重功效［J］. 陕西行政学院学报，2019，33（4）：123–126.

160. 刘佩鑫，徐琳，万绍宇，等. 海外华人文化对中国OFDI目的地选择的影响［J］. 财会研究，2019（7）：75–80.

161. 叶珊珊，叶晓慧. 海外华商在广州21世纪海上丝绸之路建设中的参与效果及对策研究［J］. 时代经贸，2019（13）：38–39.

162. 曾毅平. 海外华文教育的生态环境［J］. 云南师范大学学报（对外汉语教学与研究版），2019，17（6）：19–28.

163. 韩宾娜，周博. 海外留学视角下的中国近代旅行者群体特征探析——以《旅行杂志》为中心（1927—1936）［J］. 外国问题研究，2019（4）：33–37+116–117.

164. 任泽雨，徐良. 海外侨胞在“一带一路”建设中传播中华优秀传统文化的对策研究［J］. 中共南宁市委党校学报，2019，21（6）：44–47.

165. 郭永虎，孟娇娇. 海外侨界参与五四运动探析——以留学生、华侨、华工为中心的考察［J］. 上海党史与党建，2019（6）：7–11.

166. 曾少聪，闫萌萌．海外新移民的回流研究——以闽西北新兴侨乡归县为例［J］. 世界民族，2019（2）：52-61.
167. 刘蕾．海外学者视域中的意大利华人移民：以普拉托为例［J］. 国外社会科学前沿，2019（12）：66-74+84.
168. 戴华东，逄锦华．海外浙籍华侨华人的公共外交参与［J］. 丽水学院学报，2019，41（6）：69-74.
169. 夏莉萍．海外中国公民和中资企业的安全风险——基于中国驻外使馆安全提醒之分析［J］. 国际安全研究，2019，37（6）：129-152+156.
170. 李钟周，唐田．韩国华侨的妈祖信仰与韩国海神［J］. 妈祖文化研究，2019（2）：32-42.
171. 熊展钊．韩槐准与古代南洋研究［J］. 海交史研究，2019（4）：143-152.
172. 元青．汉语言与中国文化的海外传道授业——以20世纪上半期中国海外学人为中心［J］. 社会科学战线，2019（10）：146-151.
173. 吕白玉．黑河旅俄华侨纪念馆发展初探［J］. 黑河学刊，2019（2）：51-52.
174. 范若兰．红颜祸水?——二战前新马华人女招待的污名与困境［J］. 华侨华人历史研究，2019（1）：76-83.
175. 张承姣，姜鸿婧，陆巧玲．“互联网+”背景下汉语国际教育发展研究［J］. 长春工程学院学报（社会科学版），2019，20（2）：108-111.
176. 张云．华化、离散与治理：“华人穆斯林”与“一带一路”的前现代关联［J］. 南洋问题研究，2019（4）：77-87.
177. 罗发龙．华侨高等教育“培养什么人”的历史探析——以暨南大学为例［J］. 八桂侨刊，2019（4）：10-17.
178. 黄艳，曾瑞炎．华侨航空救国运动中的女飞行员［J］. 百年潮，2019（11）：95-96.
179. 邢菁华，张洵君．华侨华人、港澳同胞现代慈善事业探究与展望［J］. 八桂侨刊，2019（2）：25-33.
180. 张秀明．华侨华人参与“一带一路”建设的优势与路径［J］. 中央社会主义学院学报，2019（4）：155-164.
181. 文峰．华侨华人对右翼民粹主义的认知与应对：基于欧洲多国的调查［J］. 华侨华人历史研究，2019（2）：22-31.
182. 张赛群．华侨华人捐助新中国公益事业研究［J］. 当代中国史研究，2019，26（6）：122-133+160.
183. 石沧金．华侨华人民间信仰研究现状评析［J］. 宗教学研究，2019（1）：231-240.
184. 朱东芹．华侨华人与近代中菲文化交流［J］. 侨务工作研究，2019（4）：39-43.

185．张秀明．华侨华人与“一带一路”视野下的跨文化交流［J］．西北工业大学学报（社会科学版），2019（2）：59–66.
186．范宏伟．华侨华人与中国改革开放起步研究［J］．中共党史研究，2019（8）：61–64.
187．陈磊．华侨华人在中法关系中的作用［J］．侨务工作研究，2019（2）：48–49.
188．胡保永．华侨回乡参政的“头雁效应”发挥路径研究［J］．国际公关，2019（12）：298.
189．陈忠杰，郑坤全．华侨抗日女英雄李林［J］．福建党史月刊，2019（10）：21–25.
190．舒文远．华侨留守儿童家庭价值观认同研究——以浙江青田为例［J］．现代交际，2019（17）：64+63.
191．字庆邦．华侨社区农业产业化现状及发展对策［J］．农业开发与装备，2019（4）：49.
192．任贵祥．华侨司徒美堂与新中国的故事［J］．湘潮，2019（2）：20–23.
193．路阳．华侨问题与侨民保护：丘汉平华侨研究述论［J］．八桂侨刊，2019（3）：3–11.
194．赵琴琴，吴青．华人华侨回流二次创业研究现状与展望——兼评温州华人华侨之创业［J］．当代经济，2019（3）：158–160.
195．李沁，王雨馨．华人华侨身份认同程度与中华文化传播行为研究［J］．当代传播，2019（2）：55–60+64.
196．毕金泽，林致诚．华人华侨与近代厦门体育的发展［J］．成都体育学院学报，2019，45（4）：60–64.
197．秦善进．华人华侨与牙买加经济发展［J］．唐山学院学报，2019，32（2）：89–94.
198．汪群，张勤，李卉，等．华人华侨与中国“走出去”企业合作模式及其稳定性评价研究［J］．产经评论，2019，10（1）：100–109.
199．郑宏泰，高皓．华人家族企业的发展特质与前进历程［J］．董事会，2019（4）：91–92.
200．周桂发．华人科学家张首晟的复旦情［J］．档案春秋，2019（2）：29–33.
201．谭丹．华人如何向西方介绍中国——华人最早出版的英文中国社会学著作［J］．寻根，2019（2）：19–25.
202．孙越．华人学者田晓菲的中华文化研究［J］．重庆三峡学院学报，2019，35（4）：89–95.
203．刘晓卉，Christof Mauch：华人移民在美国加州的农业生产及其与当地环境的双向形塑（1860—1920）［J］．暨南学报（哲学社会科学版），2019，41（1）：18–30.

204. 张玢．华人作曲家歌剧创作的“文化自信”与多角度释义——以周龙《白蛇传》为例［J］. 乐府新声（沈阳音乐学院学报），2019，37（4）：129–136.
205. 麻芦娟，张一力．华商海外多维度冲突分析：非洲温州新经济移民的案例研究［J］. 八桂侨刊，2019（3）：47–59.
206. 张荣苏．“华商与中国和世界的社会经济政治变动”国际学术会议综述［J］. 八桂侨刊，2019（3）：95–96.
207. 谢雪莲，黎娅．华文报刊与华文教育的发展历程及其关系［J］. 梧州学院学报，2019，29（1）：68–72.
208. 朱宇，蔡武．华文教育研究的热点主题与演进趋势——基于CSSCI（1998—2017）的文献计量与知识图谱分析［J］. 厦门大学学报（哲学社会科学版），2019（2）：163–172.
209. 白娟．华文教育中的家庭语言政策驱动机制和影响分析［J］. 语言战略研究，2019，4（4）：81–89.
210. 崔秀明．华文教育中的文化教学策略摭谈［J］. 文教资料，2019（24）：178–179.
211. 姜向荣．华裔留学生告知性话语的多角度分类［J］. 教育教学论坛，2019（44）：73–74.
212. 刘华，周妮．华裔留学生汉语作文常用框架结构分级使用研究［J］. 云南师范大学学报（对外汉语教学与研究版），2019，17（5）：7–14.
213. 余小梅，陈光明．华裔美国作家哈金作品《落地》建构的中国形象——基于语料库的考察［J］. 乐山师范学院学报，2019，34（11）：33–39.
214. 黎海情．华裔中学汉语课堂的中华传统美德教育［J］. 中学政治教学参考，2019（23）：81.
215. 杨春．华裔作家的文化自信与传承创新——佛教思想与陈美龄小说《雌狐月饼复仇记》［J］. 清华大学学报（哲学社会科学版），2019，34（6）：120–127+202.
216. 黄益群．黄登保——从华侨到将领［J］. 炎黄纵横，2019（11）：16–17+10.
217. 百里清风，李海鸥．基于“辽宁梦”的海外华侨华人双创人才资源开发研究［J］. 文化创新比较研究，2019，3（32）：192–193.
218. 沈崴奕．基于工作嵌入理论的高校人文社科院系归国留学人员统战工作的思考［J］. 文教资料，2019（33）：89–91.
219. 梁诗婷，符瑜玲．基于侨乡文化旅游产业的金融支持研究——以广东省江门市棠下镇为例［J］. 北方经贸，2019（7）：151–153.
220. 胡保永．基于侨乡文化内涵的旅游产业金融支持作用研究［J］. 济南职业学院学报，2019（6）：96–98.

221. 方景荣. 基于五邑侨乡文创设计的专业融合实践教学研究［J］. 江苏高职教育，2019，19（1）：47–51.
222. 唐艳华. 基于中华传统文化的东南亚华文教育的开展［J］. 艺术科技，2019，32（9）：81–82.
223. 陈嘉顺. 记录、记忆与变迁：冷战期间华侨的文化认同研究——以陈哲明《中国纪游》为例［J］. 汕头大学学报（人文社会科学版），2019，35（3）：87–93+96.
224. 丘进. 加拿大华侨华人社会内窥及省思——读黄学昆新作《心归何方——媒体人眼中的加拿大华人社会》［J］. 华侨华人历史研究，2019（3）：93–95.
225. 王照林. 加强“侨胞之家”阵地逐步推动归侨侨眷档案系统建设［J］. 兰台内外，2019（3）：71–72.
226. 董洁. 家庭中的“声音”：海外华人家庭语言规划案例二则［J］. 语言战略研究，2019，4（2）：51–59.
227. 张洪林，朱腾伟. 家族文化构筑的潮汕侨批纠纷调处方式探析［J］. 广东社会科学，2019（2）：228–237.
228. 赵颖，张宇，李曙光. 价值取向、组织归属感与知识创新：高校海归人才的自我价值实现研究［J］. 现代财经（天津财经大学学报），2019，39（10）：20–31.
229. 刘振平，贺丽君. 柬埔寨华校华文教育发展的问题及对策［J］. 北部湾大学学报，2019，34（8）：43–48.
230. 郭敏. 柬埔寨华校小学生个体量词语用习得［J］. 湖北工业大学学报，2019，34（6）：72–75.
231. 葛李勤，肖奚强. 柬埔寨华校中小学生汉语趋向补语句习得研究［J］. 内蒙古师范大学学报（教育科学版），2019，32（10）：90–103.
232. 刘楠楠. 简氏兄弟与南洋兄弟烟草公司［J］. 中国档案，2019（11）：84–85.
233. 陈映婕. 建构西方世界中的“君子”——海外新移民读经教育的兴起及其文化实践［J］. 华侨华人历史研究，2019（2）：59–67.
234. 刘军. 江苏昆山振东侨乡变迁述评［J］. 苏州教育学院学报，2019，36（3）：77–83.
235. 叶继红. 江苏留学归国人员国情认知状况调查与思考［J］. 江苏省社会主义学院学报，2019（3）：18–23.
236. 鞠斐，袁勇志. 将中美贸易摩擦转变为引进海外人才归国创业的战略机遇［J］. 人民论坛·学术前沿，2019（22）：154–157.
237. 庄莉红，张建英. 讲好中国故事语境下侨乡建筑文化的保护与传承——以鼓浪屿老别墅为例［J］. 五邑大学学报（社会科学版），2019，21（1）：7–11+93.

238. 王晓丹. 讲述“想象的母国”之故事——中华传统文化在美国华裔女性文学中的再现与嬗变［J］. 华侨华人历史研究，2019（4）：73-79.
239. 叶舒，徐华炳. 教育与社会的互动：印度尼西亚华文学校经费来源探析（1901—1966）［J］. 八桂侨刊，2019（4）：28-36.
240. 沈索超，包亮. 近60年来华文教育研究现状与热点分析——基于Citespace可视化图谱分析［J］. 海外华文教育，2019（3）：17-27.
241. 夏远鸣. 近代东南亚锡矿业与客家华侨［J］. 客家文博，2019（4）：58-63.
242. 刘永连，刘旭. 近代华侨华人与我国南海资源开发［J］. 南洋问题研究，2019（4）：66-76.
243. 吴臣辉. 近代缅甸保山籍华侨职业的历史考察［J］. 保山学院学报，2019，38（6）：59-65.
244. 黄蕾，兰日旭. 近代闽籍华侨银行家群体及其经营管理活动［J］. 福建论坛（人文社会科学版），2019（12）：135-143.
245. 乔辉辉. 近代豫籍留学人数考究（1890—1927）［J］. 现代交际，2019（20）：240+239.
246. 陈李茂. 近年马来西亚、新加坡汉语方言使用状况［J］. 方言，2019，41（3）：380-384.
247. 王晓明. 近三百年海外华文教育发展历程勾勒与展望［J］. 文教资料，2019（8）：93-94.
248. 徐华炳. 精英化与密集型：民国浙江华侨国内捐赠实态［J］. 长春师范大学学报，2019，38（3）：117-121.
249. 华林，李婧楠，杨励苑. 抗战记忆抢救下南洋华侨机工口述档案征集研究——以云南省档案馆为例［J］. 楚雄师范学院学报，2019，34（4）：144-147+160.
250. 陈国威. 抗战时期国民政府救侨政策再检讨——以张天爵报告为考察起点［J］. 华侨华人历史研究，2019（1）：84-90.
251. 刘旭. 抗战中的华侨飞行员［J］. 百年潮，2019（11）：68-71.
252. 余昕. 跨国主义、华人移民和国家——南海华人网络视野下的跨国主义研究反思［J］. 青海民族大学学报（社会科学版），2019，45（4）：11-18.
253. 张海燕，张巍，王玉男. 扩大高校归国留学人员有序政治参与研究——以山西医科大学为例［J］. 山西高等学校社会科学学报，2019，31（12）：62-66.
254. 张秋生. 拉丁美洲华商：历史、现状与展望［J］. 八桂侨刊，2019（4）：47-56+27.
255. 崔守军. 拉美华侨华人的历史发展与生存现状［J］. 侨务工作研究，2019（1）：46-49.

256. 缪小云. 来榕海外华裔青少年“寻根之旅”夏令营的闽都文化教学——以闽江学院为例［J］. 沧州师范学院学报，2019，35（3）：126-129.
257. 林宝琪. 劳森作品中离散华人的困境研究［J］. 戏剧之家，2019（7）：234-235.
258. 谢福源，王谦. 乐贯中西　蜚声海外——华人作曲家陈怡的艺术人生［J］. 音乐生活，2019（9）：4-13.
259. 郭海霞. 历史·族裔·性别——当代华裔美国文学的生存空间书写［J］. 华侨华人历史研究，2019（1）：24-30.
260. 张丽红. 历史的细节：20世纪五六十年代中国吸引华侨投资探微——以广东省华侨投资公司为例的分析［J］. 华侨华人历史研究，2019（1）：67-75.
261. 林源西. 丽水经验　世界视野——第二届“国际移民与海外华人丽水论坛”国际学术会议综述［J］. 丽水学院学报，2019，41（3）：53-59.
262. 陈绪石. 梁启超的华侨国民性研究与“五四”国民性批判思潮［J］. 学术探索，2019（11）：130-137.
263. 王晓，童莹. 另类的守望者——国内外跨国留守儿童研究进展与前瞻［J］. 华侨华人历史研究，2019（3）：38-48.
264. 李锋. 留学归国人员“双创”公共服务体系研究——以宁波市鄞州区为例［J］. 宁波经济（三江论坛），2019（11）：45-48.
265. 陈碧. 论“海丝申遗”视野下的侨乡文化遗产与符号——基于玉林绿杨妈祖庙门楼的人类学考察［J］. 玉林师范学院学报，2019，40（4）：14-19.
266. 施晔，杨蕾. 论20世纪上半叶英国小说中的唐人街书写［J］. 社会科学，2019（5）：182-191.
267. 朱卫斌，敬敏. 论傅列秘对美国华侨的保护［J］. 学术研究，2019（8）：106-113+178.
268. 原晶晶. 论马来西亚华人公会的派系政治——以梁维泮与陈群川党争为例［J］. 东北师大学报（哲学社会科学版），2019（2）：117-123.
269. 刁晏斌. 论普通话研究的国语/华语视角［J］. 华文教学与研究，2019（2）：33-41.
270. 蔡镭. 论泉州籍华侨对抗日战争之贡献［J］. 西部学刊，2019（24）：138-140.
271. 丁立福. 论鲜有人问津之古巴华侨华人的历史性贡献［J］. 安徽理工大学学报（社会科学版），2019，21（2）：21-23+103.
272. 魏明枢. 论印尼华文教育与华文文学的“黑暗时代”［J］. 嘉应学院学报，2019，37（4）：5-10.
273. 毕金泽，林致诚. 论粤闽华人华侨对近代中国体育的贡献［J］. 体育学刊，2019，26（4）：30-35.

274. 丛喜权，安全义，张巍，等. 旅俄华侨对马克思主义中国化影响的新思考［J］. 黑河学院学报，2019，10（10）：36-37+47.
275. 李春裔，廖冰凌. 马来西亚本土化叙事环境下的华人青年认同——以华语电影《大日子Woohoo!》为例［J］. 嘉应学院学报，2019，37（4）：87-92.
276. 陈志明，马建福. 马来西亚伯拉纳干华人美食及其象征意义［J］. 北方民族大学学报（哲学社会科学版），2019（2）：98-106.
277. 廖文辉. 马来西亚的三江会馆与三江人［J］. 八桂侨刊，2019（1）：21-30.
278. 尚心悦. 马来西亚华人传统音乐浅谈［J］. 戏剧之家，2019（31）：39-40.
279. 辛宛清. 马来西亚华人春节文化研究［J］. 今传媒，2019，27（3）：155-156.
280. 王家强，郭武. 马来西亚华人社会的道教根柢——李丰楙著《从圣教到道教：马华社会的节俗、信仰与文化》述评［J］. 世界宗教研究，2019（5）：170-172.
281. 洪丽芬，黄曼凌. 马来西亚华人语言混用原因——以华语与粤语为例［J］. 八桂侨刊，2019（4）：18-27.
282. 彭伟步. 马来西亚华文报业的功能定位与跨族群角色转型［J］. 东南亚研究，2019（2）：139-153+158.
283. 吴君静. 马来西亚华文报纸涉华新闻探究——以《星洲日报》为例（2018.1.1—2018.12.31）［J］. 海南大学学报（人文社会科学版），2019，37（6）：158-168.
284. 王琛发. 马来西亚华文教育与五福书院历史探源［J］. 地方文化研究，2019（4）：70-83.
285. 代静. 马来西亚华裔文化教学内容探究［J］. 长沙民政职业技术学院学报，2019，26（4）：122-123.
286. 乔幪，吴雨轩. 马来西亚华裔英语作家笔下华人失语现象分析［J］. 北极光，2019（12）：68-69.
287. 高静宜，陈中和. 马来西亚吉隆坡惠州会馆与广肇会馆关帝诞初探［J］. 八桂侨刊，2019（4）：37-46.
288. 叶俊杰，叶婷婷，黄立诗. 马来西亚吉隆坡南区华文小学非华裔学生华语学习情况调查研究［J］. 国际汉语教育（中英文），2019，4（3）：95-101.
289. 邓玉柱，潮龙起. 美国“华人间谍威胁论”的内容、成因和影响分析［J］. 华侨华人历史研究，2019（2）：32-41.
290. 周树涛. 美国电影中的华人形象分析［J］. 艺术评鉴，2019（22）：163-164.
291. 傅莹. 美国独立电影流变中的华裔导演王颖——从《纽约时报》影评出发［J］. 当代电影，2019（11）：159-162.
292. 俞飞. 美国华人双语教学第一案［J］. 方圆，2019（14）：58-61.

293. 李靖华. 美国华裔、非华裔学习者汉语口语表达对比研究［J］. 华文教学与研究，2019（3）：42–50.

294. 陈琦，马玉丹，叶晶龙，等. 美国华裔花样滑冰运动员成功的社会动因及启示［J］. 冰雪运动，2019，41（5）：18–26+32.

295. 刘丽敏. 美国华裔子女汉语继承语教育现状与问题［J］. 比较教育研究，2019，41（12）：51–56.

296. 李曙光，杨玲. 美国排华隐喻话语的认知批评分析［J］. 华侨华人历史研究，2019（1）：15–23.

297. 曙朝. 美籍华人语言学家晋聪［J］. 文史月刊，2019（11）：32–35.

298. 郑璐，张成霞. 缅南华人对当地华文教育发展的影响［J］. 教育文化论坛，2019，11（5）：91–95.

299. 杨金龙，朱彦蓉. 面向"人类命运共同体"的海外华人社区语言景观翻译探析——以波士顿"中国城"为例［J］. 外文研究，2019，7（2）：89–95+109.

300. 王菲. 民国初年华侨联合会探析［J］. 长治学院学报，2019，36（5）：24–26.

301. 刘晓琴. 民国留美社团与留美生的社会网络——以成志会与张伯苓的分析为中心［J］. 华侨华人历史研究，2019（4）：88–95.

302. 刘睿珺，吴宏岐. 民国时期广东台山侨汇网络的变迁——以《新宁杂志》的资料为中心［J］. 五邑大学学报（社会科学版），2019，21（4）：37–44+91.

303. 路阳. 民国时期归国侨生社团之运作与实践——以旅京华侨学会为例［J］. 华侨华人历史研究，2019（2）：85–94.

304. 元青. 民国时期海外中国学人与域外汉籍文献资料建设［J］. 史学史研究，2019（3）：58–64.

305. 邵宝. 民国时期留日学生的留学经费研究［J］. 文化创新比较研究，2019，3（36）：181–182.

306. 刘思瑞. 民国时期南洋贸易文献史料整理与分析［J］. 南海学刊，2019，5（3）：90–98.

307. 谢湜，欧阳琳浩. 民国时期汕头城市商业地理的初步分析——以侨批业为中心［J］. 近代史研究，2019（3）：30–49+160.

308. 薛琪薪，吴瑞君. 民国学界对于海外中国移民的研究——基于《东方杂志》刊载文章的考察，西华师范大学学报（哲学社会科学版），2019（1）：10–19.

309. 李皖南. "民主的盛宴"——评2019年印尼大选与华人参政［J］. 东南亚研究，2019（5）：22–40+153–154.

310. 张加生，林宝琪. 民族主义时期澳大利亚文学中的边缘人——亨利·劳森作品中的华人形象研究［J］. 外国语言与文化，2019，3（3）：79–88.

311. 陈乘风. 闽籍华侨华人对福建企业文化产品出口的影响研究——基于微观企业数据的实证研究［J］. 当代经济，2019（9）：22–24.

312. 毛睿. 明朝公主和亲马六甲：马来西亚华人文学书写、文化记忆及身份认同［J］. 民族文学研究，2019，37（4）：93–102.

313. 蓝峰. 南洋《叻报》：早期流散传媒的话语特征及华族的身份构建［J］. 文学人类学研究，2019（2）：180–193.

314. 吕蒙，陈建华. 南洋烟草公司的广告小说研究——以女性的文学形象为中心［J］. 上海交通大学学报（哲学社会科学版），2019，27（3）：154–160.

315. 姚瑞. 《南洋研究》中的华侨教育思想［J］. 海峡教育研究，2019（2）：31–35.

316. 蒋励，魏时煜. 女性视点、学术经验与海外华侨华人纪录电影——《金门银光梦》《古巴花旦》导演魏时煜访谈［J］. 暨南学报（哲学社会科学版），2019，41（10）：51–61.

317. 李明欢. 欧洲华侨华人研究70年［J］. 华侨华人历史研究，2019（3）：19–27.

318. 文峰. 欧洲排外主义回潮对华侨华人的影响及其应对与反思［J］. 世界民族，2019（3）：47–56.

319. 杨博. 培养“King’s Chinese”：英国海峡殖民地华人英文教育的兴起、理念与影响（1816—1870）［J］. 中国社会科学院研究生院学报，2019（6）：135–144.

320. 李振锋. 评《华人的旧金山：一个跨太平洋的族群的故事，1850–1943》，名作欣赏，2019（17）：62–65.

321. 李智超. 千年侨乡的电力变迁［J］. 中国电力企业管理，2019（25）：109–111.

322. 黎相宜，陈送贤. 浅层融入、深层区隔与多层跨国实践——以牙买加东莞移民为例［J］. 华侨华人历史研究，2019（4）：10–17.

323. 甘振军. 浅论当代非洲华商的现状、特点和机遇［J］. 八桂侨刊，2019（2）：50–58.

324. 玉妮. 浅谈华人文化对泰国社会的影响［J］. 东南亚纵横，2019（2）：90–96.

325. 李晓敏. 浅析华商在构建“周边命运共同体”中的角色价值［J］. 侨务工作研究，2019（6）：26–28.

326. 齐鹏飞，张玲蔚. 浅析1956～1966年中国的侨汇物资供应政策［J］. 当代中国史研究，2019，26（2）：4–16+156.

327. 郭月琼. 浅析博物馆展览内容设计要点——以“华侨旗帜民族光辉——百国百侨百物展”为例［J］. 福建文博，2019（3）：92–96.

328. 王青，赖世贤. 浅析福建近代华侨工业对厦门市政建设的影响［J］. 华中建筑，2019，37（9）：105–109.

329. 王青．浅析闽南近代华侨工业建筑的产生与发展［J］．中外建筑，2019（8）：31-34.
330. 毕记满，董典同．浅析青年“海归”教师政治认同培育［J］．改革与开放，2019（24）：96-98.
331. 曾书林．侨界新生代参与侨乡社会治理的现状及对策研究——以温州仙岩为例［J］．财富时代，2019（12）：157-158.
332. 班国瑞，刘宏，康婉盈，等．侨批贸易及其在近代中国与海外华人社会中的作用——对“跨国资本主义”的另一种阐释［J］．南洋问题研究，2019（1）：58-72.
333. 邓达宏．侨批研究的五点思考［J］．福建史志，2019（6）：7-9+69.
334. 吴羽翀．侨乡“洋留守”儿童的调查与思考［J］．新农村，2019（10）：16-17.
335. 丁立．侨乡江门乡村休闲养老产业协同发展探析［J］．广东经济，2019（6）：53-56.
336. 唐若玲．侨乡民谣折射出的海南侨乡社会［J］．八桂侨刊，2019（3）：85-94.
337. 康君如．侨乡女性史研究的新进展［J］．史学理论研究，2019（3）：152-156.
338. 潘红兰．侨乡容县沙田柚旅游文化价值探析［J］．旅游纵览（下半月），2019（3）：94-95.
339. 李凌雪．侨乡文化融入校园对新时代大学生思想引领研究［J］．智库时代，2019（45）：97+101.
340. 叶永敏．侨乡元素的表现形式及内容探析［J］．轻工科技，2019，35（5）：123-124+149.
341. 王慧珍．侨资流向变迁映照下的人际互动——基于漳州台商投资区“提红篮”习俗的分析［J］．中国矿业大学学报（社会科学版），2019，21（4）：62-70.
342. 梁栋．清末华人基督徒黄品三人生境遇变化探析［J］．宗教学研究，2019（3）：216-221.
343. 黄贤强．清末中国驻马来亚领事官梁碧如家族的跨域研究［J］．八桂侨刊，2019（1）：66-74.
344. 肯·莱顿-布朗，茹东燕．全球化背景下软实力概念及内容的新发展——以北美地区海外华人的文化“软效应”为例［J］．文化软实力，2019，4（1）：80-86.
345. 吉伟伟．“全球视野：华侨华人与中国”——世界海外华人研究学会第十届国际会议综述［J］．华侨华人历史研究，2019（4）：96.
346. 刘国福，翁里．《全球移民契约》的重要理念、主要特点及其对中国的启示［J］．华侨华人历史研究，2019（1）：1-8.

347. 骆曦. 泉州开元慈儿院：一个早期华侨跨国慈善网络的构建及运行［J］. 广州社会主义学院学报，2019（4）：89–97.
348. 闫兴. 人类命运共同体视阈下闽籍华人华侨参与海丝核心区建设研究［J］. 中共福建省委党校学报，2019（4）：163–168.
349. 潘宏立，安田ひろみ，林雅清. 日本关西地区华侨华人社会及其中国传统信仰——以神户华侨华人社会及其妈祖信仰的有关调查为例［J］. 妈祖文化研究，2019（1）：24–30.
350. 陈文寿. 日本华侨华人辞书编纂出版的新力作——评2017年版《华侨华人事典》［J］. 华侨华人历史研究，2019（1）：91–93.
351. 刘文，杨桂霞，夏爽. 日本华侨华人社会发展对中日两国贸易和投资的影响［J］. 山东社会科学，2019（7）：116–121.
352. 三井明子，邵明明. 日本华裔和非华裔的汉语学习观念对比研究［J］. 国际汉语教育（中英文），2019，4（3）：51–61.
353. 林祁，苗田. 日籍华人女作家弥生笔下的中国形象——评弥生诗集《之间的心》［J］. 厦门理工学院学报，2019，27（4）：68–73.
354. 钟莉莉. 如何推动歌剧艺术在五邑侨乡发展的探究［J］. 艺术教育，2019（9）：143–144.
355. 杨洁. 如何在新一代华侨华人中宣扬华侨文化［J］. 新闻研究导刊，2019，10（16）：216–217+238.
356. 李声凤. 儒莲及同时代法国汉学家与旅法华人交往考［J］. 国际汉学，2019（4）：25–32+198.
357. 何日生. “善经济”系列之四　原则治理　印尼排华风潮消失源自华人以爱回应仇恨［J］. 中外管理，2019（4）：86–88.
358. 赵昌. 商会与20世纪初澳洲华商的商业网络——以1917年鸟修威雪梨中华商务总会购茶事件为中心［J］. 八桂侨刊，2019（3）：40–46.
359. 王俊芳，宗力. 社会融合理论视野下的加拿大华裔族群认同［J］. 史学月刊，2019（9）：108–112.
360. 林胜，王东伟. 社会生态系统理论视角下侨乡失依儿童帮扶机制的构建——以福清J镇为例［J］. 华侨华人历史研究，2019（2）：68–74.
361. 李海翔. 社会网络视域下散居归侨社会适应研究——以广西凭祥市为例［J］. 八桂侨刊，2019（2）：85–92.
362. 邢海燕. 社区侨务网格化管理实践的调查与研究——以上海市F区为例［J］. 华侨华人历史研究，2019（4）：29–38.
363. 王芊，马晓飞. 神圣空间的重构与华人国家认同的变迁　以新加坡天福宫为中心的研究［J］. 新美术，2019，40（4）：102–107.

364．王琛发．盛德世祀：南洋开漳圣王信仰文化——落地生根、跨海互动与慎终追远［J］. 闽台文化研究，2019（2）：19–27.

365．金小康．试论西班牙殖民者诱劝菲律宾华人皈依天主教的动机［J］. 西部学刊，2019（9）：107–109.

366．李德华．试析伊犁汉语方言成为中亚东干文字语言的成因［J］. 八桂侨刊，2019（2）：18–24.

367．苏吉利·古斯德伽，黄文波．试析印尼华人社会孔教信仰的形成与发展历程［J］. 八桂侨刊，2019（3）：60–68.

368．谢婷婷，骆立．受众理论视角下的“一带一路”话语传播——基于马来西亚华人社会回应数据库的分析［J］. 东南亚研究，2019（1）：136–152+158.

369．黄淑芬，王佩玲，肖卓霖，等．“双创”背景下清远市海归人才创新创业的现状与促进对策［J］. 清远职业技术学院学报，2019，12（4）：41–48.

370．李章鹏．双重国籍还是单一国籍政策？——清末国籍政策析论及其现实启示［J］. 华侨华人历史研究，2019（4）：47–55.

371．李安山．丝绸之路与华侨华人：以非洲为例［J］. 中央社会主义学院学报，2019（4）：147–154.

372．袁勇麟．“他者凝视”与“自我镜像”——早期海外华文文学中的欧美华人记述［J］. 东南学术，2019（6）：189–197+248.

373．付正超，张超．台山近代学校建筑形态分析［J］. 五邑大学学报（社会科学版），2019，21（4）：45–50+91.

374．陈翠珠，洪波，唐晓龙．泰北华文教育的特殊性考察［J］. 红河学院学报，2019，17（3）：117–120.

375．龙高云．泰国春武里哪吒三太子庙探析［J］. 八桂侨刊，2019（3）：31–39.

376．赵惠霞，鲁芳．泰国的汉语教育政策变迁与汉语教育的发展［J］. 河南理工大学学报（社会科学版），2019，20（1）：67–73.

377．赵惠霞，秦娟．泰国华文教育发展演变及影响［J］. 东南传播，2019（10）：66–69.

378．蔡晶，游国龙．探索涉侨研究的新视野与新路径——记“华侨华人蓝皮书”的九年发展历程［J］. 侨务工作研究，2019（3）：47–49.

379．高东辉．檀香山领事官员梅景周抗战宣传活动研究［J］. 五邑大学学报（社会科学版），2019，21（2）：10–14+92.

380．刘伯孳．探析捷兴信局和源兴信局的侨批经营及互相关系［J］. 八桂侨刊，2019（4）：80–89.

381．黎相宜，古若愚．逃离式加入与分裂式归附——基于泰北华人的研究［J］. 中山大学学报（社会科学版），2019，59（6）：154–164.

382．胡越云，江峡．特朗普政府为何表态“美国欢迎中国留学生赴美留学”？［J］．侨务工作研究，2019（6）：33-36.
383．阮玉诗，阮俊义．天后上天与回家——越南金瓯华人天后信仰的变迁与在地化［J］．妈祖文化研究，2019（1）：31-41.
384．徐文明．通俗文化娱乐与时代救国动员：抗战期间中国古装电影制作及在南洋的传播［J］．电影新作，2019（4）：44-49.
385．朱鹏．同化、分化与异化：美国藏族移民的历史人类学考察［J］．华侨华人历史研究，2019（2）：42-50.
386．王子刚．突破与创新：2008年经济危机后西班牙华人企业的发展策略［J］．华侨华人历史研究，2019（3）：49-59.
387．杨立．图森“唐人街”的变迁：美国亚利桑那州华人史［J］．文史天地，2019（8）：80-84.
388．张子华，张磊屏，王展妮．图书馆参与智库建设与海丝华侨合作研究［J］．现代营销（下旬刊），2019（11）：117-118.
389．于言．推广海外华文教育传播中华汉语文化——菲律宾华文教育课程纪实［J］．理论观察，2019（8）：149-151.
390．闫兴．推进华侨华人参与海丝核心区建设研究［J］．亚太经济，2019（3）：125-128+152.
391．闵韡．外来的和尚会念经？——“海归”与本土学者职业特征之比较［J］．中国高教研究，2019（8）：70-76.
392．李猛．《外商投资法》背景下华侨华人回国投资的法治保障［J］．中国流通经济，2019，33（11）：106-115.
393．胡雪莲，王锐．晚清澳门华人国籍选择问题探析［J］．广东社会科学，2019（6）：82-90+252-253.
394．陈雪晶．晚清华工移民东南亚原因分析［J］．六盘水师范学院学报，2019，31（1）：58-62.
395．胡耿．晚清华侨视学：意外的王朝“掘墓人”［J］．华侨华人历史研究，2019（4）：80-87.
396．肖伊然．晚清南洋华侨生活方式考察［J］．兰台世界，2019（7）：148-151.
397．俞如先．王阳明立志思想对闽西南客家华侨影响问题初探［J］．闽商文化研究，2019（2）：40-46.
398．张跃军．“温和的女性主义”：华裔美国诗人陈美玲的中国传统女性观［J］．外语研究，2019，36（3）：91-95+112.
399．赵惠霞，樊静静．文化传播视域下的菲律宾华侨华人和华文教育发展［J］．西部学刊，2019（1）：5-11.

400．苏芹．文化记忆视角下华裔剧作家黄哲伦的身份建构［J］．戏剧文学，2019（7）：114-120.

401．刘晓丹，张兵．文化距离与跨国公司创新：高管海外背景重要吗?［J］．国际商务研究，2019，40（5）：44-54.

402．张永广．文化社区与海外华裔新生代身份认同——以美国南康州地区为个案的考察［J］．当代青年研究，2019（6）：91-96.

403．张宁，曾玉华，冯建强．文化转型视野下的中国近代体育留学教育与学统现代化［J］．西安体育学院学报，2019，36（5）：597-600.

404．陶辛夷．文化自信是华文媒体生存发展的基石［J］．侨务工作研究，2019（5）：38-40.

405．李小华，覃亚林．文化自信视域下海外客家族群的影像传播价值探析［J］．对外传播，2019（3）：34-36.

406．黄露，刘俊玲．文明互鉴视域下粤剧在东南亚的传播论略［J］．艺术百家，2019，35（6）：40-45.

407．杨晋．我见证了东兴侨批馆的发现、印证、修复历程［J］．文史春秋，2019（9）：53-57.

408．王楚英．我与缅甸华侨抗日志愿队［J］．钟山风雨，2019（4）：25-29.

409．缪小云．五禽戏融入海外华文教育研究——以闽江学院海外华裔青少年“寻根之旅”夏令营为例［J］．信阳师范学院学报（哲学社会科学版），2019，39（4）：105-108.

410．陈捷．五四精神在侨生爱国主义教育中的融汇［J］．高校辅导员学刊，2019，11（4）：16-18.

411．胡泳贝．五邑侨乡文化资源在初中道德与法治教学中的运用［J］．课程教育研究，2019（5）：79-80.

412．蔡立强．舞狮在海外华裔青少年群体中的传播现象探究——以马来西亚舞狮传播为例［J］．体育科学研究，2019，23（3）：13-17.

413．邵凡晶．物与人的互动表达——晚清民国时期的六堡茶与马来亚华人劳工群体［J］．广西职业技术学院学报，2019，12（5）：13-19+3.

414．许晓勤．习近平侨务思想研究述评［J］．决策探索（下），2019（8）：4-5.

415．薛灿．习近平侨务思想指导下汕头“文化侨乡”建设与发展探析［J］．农村经济与科技，2019，30（15）：270-271+306.

416．张春旺．习近平总书记关于侨务工作的重要论述之实践与理论渊源探析［J］．华侨华人历史研究，2019（3）：1-7.

417．刘正伟．夏丏尊清末留学日本事迹考［J］．宁波大学学报（教育科学版），2019，41（5）：55-60.

418．罗锦堂，蒋文燕．夏威夷大学华裔汉学家罗锦堂先生访谈录［J］．国际汉学，2019（3）：10–19．
419．王敦辉，甘满堂．乡村振兴背景下福建侨乡文化的三个维度探赜——基于六地的调查［J］．发展研究，2019（10）：92–100．
420．陈学然，吴家豪．香港华商总会对五四在地化的迎拒［J］．杭州师范大学学报（社会科学版），2019，41（3）：56–64．
421．浦虹．校长视角下的高校海归教师作用发挥状况分析［J］．江苏高教，2019（8）：59–66．
422．常贝贝．心灵的争夺：1950年代美国对海外华人群体的图书宣传行动探析［J］．南洋问题研究，2019（4）：88–98．
423．彭欣．新背景下社区外语教育中侨乡优秀文化的融入路径——以江门社区大学“送教进社区”实践探索为例［J］．科技资讯，2019，17（18）：249+251．
424．沈博，周建波．新华商企业跨文化管理中的“鸡尾酒效应”及其启示——以日本华商严浩及其高技术企业EPS为例［J］．华侨华人历史研究，2019（3）：60–69．
425．严春宝．新加坡的华人华文与儒家文化［J］．玉林师范学院学报，2019，40（3）：2–5．
426．郑来发．新加坡华侨林和坂父子事迹考述［J］．福建史志，2019（1）：53–56+64．
427．郑迎霞．新加坡华文教育和华文写作遇到的挑战和对策［J］．今传媒，2019，27（4）：146–149．
428．朱庆．新加坡中华商务总会的筹设与成立［J］．八桂侨刊，2019（2）：34–41．
429．武文霞．新加坡宗乡总会与华人文化传承发展［J］．八桂侨刊，2019（1）：39–48．
430．吴多情．新经济政策时期马来西亚华人与印度人政治参与比较分析［J］．八桂侨刊，2019（1）：31–38+48．
431．王玥涵．新马华人对传统礼俗的承袭与在地化发展［J］．名作欣赏，2019（11）：142–144．
432．孟祥韵．新时代高校留学归国人员统战工作的问题分析［J］．西部学刊，2019（12）：26–28．
433．刘芳彬．新时代海外统战工作的历史方位与发展空间［J］．侨务工作研究，2019（4）：34–38．
434．申慧云，张向前．新时代华侨华人与中国经济发展动力变革复杂系统研究［J］．科技与经济，2019，32（1）：81–85．
435．臧金亮，张向前．新时代华侨华人与中国经济发展动力变革战略研究［J］．特区经济，2019（9）：21–29．

436. 孙楷文，李桂玲，杜金祥，等. 新时代华侨华人与中国经济高质量发展动力机制研究［J］. 特区经济，2019（6）：120–128.
437. 陈佳鸿，曹新蔓，程珊，等. 新时代华侨华人与中国经济高质量发展激励机制研究［J］. 特区经济，2019（10）：14–21.
438. 廖小健，黄剑洪. 新时代开展华侨华人工作的路径探析［J］. 中央社会主义学院学报，2019（4）：129–139.
439. 卢文刚，周爽. 新时代侨务干部胜任力模型构建研究［J］. 中国领导科学，2019（5）：51–55+68.
440. 彭欣. 新时代侨乡特色外语教育的探索与实践——以江门开放大学与江门中港英文学校的合作交流为例［J］. 文化创新比较研究，2019，3（13）：174–175.
441. 王潇斌. 新时代侨校思想政治工作的价值定位和路径优化［J］. 河北工程大学学报（社会科学版），2019，36（2）：42–44.
442. 陈奕平. 新时代中国发展战略与华侨华人的作用［J］. 八桂侨刊，2019（2）：3–9.
443. 杜沙沙. 新时期归国留学人员的国情认知与社会态度——对南京市鼓楼区归国留学人员的调查研究［J］. 云南社会主义学院学报，2019，21（2）：53–61.
444. 姚永明. 新时期加强青年“海归”党建工作的几点思考［J］. 中国青年社会科学，2019，38（4）：53–58.
445. 徐洁. 新时期如何加强高校海归教师的思想政治教育［J］. 文教资料，2019（23）：162–163.
446. 季燕萍. 新时期下高校留学归国人员思政引领工作探析［J］. 教师教育论坛，2019，32（3）：42–45.
447. 陈家健. 新时期中国赴越留学学生管理探究［J］. 智库时代，2019（46）：68–69.
448. 张可. 新丝绸之路背景下广西与东南亚宗教多元文化融合研究［J］. 济宁学院学报，2019，40（1）：54–58.
449. 王炳钰. 新西兰第一代中国新移民社交困境研究：基于“接触地带”视角［J］. 广东社会科学，2019（3）：191–200.
450. 吴敏超. 新西兰华人与海上丝绸之路——以陈达枝为中心的探讨［J］. 广东社会科学，2019（2）：135–143.
451. 周嘉煜，李建军，熊玲. 新形势下创新高校学生海外留学党建工作的路径研究［J］. 当代教育实践与教学研究，2019（23）：86–87.
452. 邵广，邓春远. 新形势下高校“海归”人才基层党建工作研究——以大连海事大学为例［J］. 黑河学刊，2019（5）：70–72+76.
453. 邓玉柱. 新形势下侨务对台工作的必要性和可行性分析［J］. 八桂侨刊，2019（1）：13–20.

454．唐勤，江丰伟．新中国成立70年来党的海外留学人员统战工作的发展演进［J］．学校党建与思想教育，2019（23）：24–26.
455．刘宝存，彭婵娟．新中国成立70年以来我国出国留学教育的回顾与前瞻［J］．西北工业大学学报（社会科学版），2019（3）：40–49+2.
456．姜帆．新中国成立前后缅甸华侨的政治立场考察［J］．探求，2019（5）：24–30.
457．向大有．新中国前期广西归侨的爱国情怀——纪念中华人民共和国成立70周年［J］．八桂侨刊，2019（4）：3–9.
458．王鹏．信仰与乡愁：历史人类学视域下的东南亚郑和清真寺与华人穆斯林［J］．东南亚研究，2019（4）：124–152+157–158.
459．徐雅宁．形象学视域中美国电影的华人男性形象研究［J］．电影评介，2019（8）：72–75.
460．朱凡娇．延安时期爱国华侨的历史选择［J］．世纪桥，2019（8）：22–24.
461．黄英湖．一部研究少数民族归侨的佳作——评郑一省《瑶族归侨社会研究——以广西十万山华侨林场为个案》一书［J］．八桂侨刊，2019（1）：91–92.
462．潘玥，肖琴．“一带一路”背景下郑和下西洋历史记忆的重构——以郑和下西洋对三宝垄的经济影响为例［J］．八桂侨刊，2019（2）：59–67+77.
463．张木花．“一带一路”倡议下汉语国际教育困境与消解路径［J］．北京印刷学院学报，2019，27（5）：92–94.
464．李猛．“一带一路”倡议下华侨华人海外投资权益的法律保障问题研究［J］．深圳社会科学，2019（2）：19–31+156–157.
465．马文友，黄忠厚．“一带一路”倡议下闽南武术在东南亚的传播策略［J］．泉州师范学院学报，2019，37（4）：53–56.
466．薛灿．“一带一路”视野下海外潮人与汕头“文化侨乡”构建关系研究［J］．产业与科技论坛，2019，18（16）：25–26.
467．王焕芝．“一带一路”视阈下海外华文教育发展的动力机制与策略：以东南亚为中心的探讨［J］．海外华文教育，2019（3）：122–129.
468．刘姗姗．“一带一路”下大学生历史文化意识的唤醒：华裔文学课程可担当——以邝丽莎《上海姑娘》为例［J］．黑河学院学报，2019，10（10）：91–94.
469．刘政，任芳妤，蔡宏波．“一带一路”沿线国家和地区华人移民对中国对外贸易的影响研究［J］．经济纵横，2019（4）：86–94.
470．曹圣洁．一对华人夫妇推动中美基督教重启交往［J］．世纪，2019（2）：68–73.
471．张林．一个华侨的中国梦——以司徒美堂为中心的分析［J］．文物鉴定与鉴赏，2019（10）：68–70.

472. 肖咸江. 以梦为马夫妻共襄根魂梦———一位华文外派教师的文莱支教故事［J］. 侨务工作研究，2019（5）：41–43.

473. 刘姝，陈阳. 一位美籍华人镜头里的当代中国人情感世界——王子逸电影《别告诉她》文本分析［J］. 电影评介，2019（22）：71–74.

474. 石晓宁. 一战中国劳工过境加拿大过程考——以英国、加拿大官方档案为依据［J］. 华侨华人历史研究，2019（3）：70–80.

475. 关昕. 移民、族群与国家：新加坡华人主题博物馆的建构与想象［J］. 民族艺术，2019（2）：157–165.

476. 李牧. 移民社群日常生活的地方性建构：以加拿大纽芬兰华人墓葬艺术为中心［J］. 世界民族，2019（3）：69–79.

477. 程多闻. "移民体制"视角下的在日中国技能实习生权益问题研究［J］. 华侨华人历史研究，2019（2）：51–58.

478. 王炳钰. 移民与家庭生活：新西兰中国新移民实证研究［J］. 中山大学学报（社会科学版），2019，59（3）：137–145.

479. 李慧芬. 以"重要侨务论述"为指导助推"海丝核心区"建设［J］. 政协天地，2019（8）：28–29.

480. 蔡蕾. 以大学文化建设加强海归高层次人才政治引领［J］. 中国成人教育，2019（19）：37–41.

481. 以侨为桥 以文化人——华侨大学华文学院华裔留学生"传承——传播"中华优秀传统文化新模式［J］. 思想教育研究，2019（3）：146.

482. 李忠壹，邢志人. 以问题为导向的地方华侨权益保护立法研究——基于辽宁地区侨务实践［J］. 沈阳师范大学学报（社会科学版），2019，43（3）：85–89.

483. 张贝贝. 以严复与詹天佑的人生际遇看清末留学事业的深远影响［J］. 中国民族博览，2019（8）：91–92.

484. 张一昕. 意大利华商群体的起源、发展与特征［J］. 八桂侨刊，2019（4）：57–63.

485. 任和. 银屏世界的文明碰撞：海外华人形象流变回溯［J］. 电影评介，2019（16）：27–31.

486. 刘庚. 引导海归教师参与学院国际化建设方法的研究［J］. 教育教学论坛，2019（2）：192–193.

487. 杜娟. 隐忍、认同与时间性——在法华人移民劳工的劳务市场与劳动控制［J］. 社会学研究，2019，34（4）：97–121+244.

488. 张颖. 印尼华人布袋戏的嬗变与坚守［J］. 安庆师范大学学报（社会科学版），2019，38（2）：113–116.

489．赵守通．印尼华文教育的发展历程及特点分析［J］．海峡教育研究，2019（2）：56–65.

490．马峰．印尼华文教育的历史发展与华族身份认同调适——基于印尼华文文学作品的视角［J］．民族教育研究，2019，30（6）：143–151.

491．彭明正．印尼苏加诺政府时期对华人华侨的经济政策评析——以《生活报》社论为例［J］．西部学刊，2019（4）：79–82.

492．陈伟明，聂浩然．英属婆罗洲华人经济开发的进程与意义（1840—1941）［J］．云南大学学报（社会科学版），2019，18（1）：84–90.

493．张礼恒．袁世凯对在朝华商的保护与管理［J］．广东社会科学，2019（3）：120–130.

494．胡振宇．袁世凯与晚清留学教育的渊源［J］．内蒙古农业大学学报（社会科学版），2019，21（6）：84–88.

495．彭振声．越南华族学生的民族语言教育政策研究——以胡志明市华文教育为例［J］．东南亚纵横，2019（5）：89–96.

496．许梅．越南侨民战略的调整与实践及其初步成效［J］．八桂侨刊，2019（2）：10–17.

497．黄雪梅．粤港澳大湾区的文化耦合剂：岭南侨乡文化再思考［J］．兰州教育学院学报，2019，35（9）：79–82.

498．陈雅琪．粤港澳大湾区文化建设视野下江门五邑侨乡民歌民俗文化旅游品牌建设的探讨和思考［J］．北方音乐，2019，39（22）：224–225.

499．马益威，李智环．云南华侨林场发展问题研究——以文山州富宁县金坝华侨林场为例［J］．文山学院学报，2019，32（3）：69–73.

500．叶丽萍．再华化与印尼华人的身份重构——以印尼客家人为中心的考察［J］．华侨华人历史研究，2019（4）：56–65.

501．张晶．在京归侨侨眷联谊会社会活动及作用探讨——从涉侨文物征集及社会教育角度分析［J］．中国民族博览，2019（5）：59–63.

502．汪宏飞，郭宁，朱梅，等．在穗留学人员回国创新创业对策研究［J］．管理观察，2019（23）：75–77.

503．宋钧瑭．在移民空间的建构中解构移民形象——评王春光《移民空间的建构——巴黎温州人跟踪研究》［J］．八桂侨刊，2019（1）：93–96.

504．王晓梅．早期赴苏华人生活经历［J］．黑河学院学报，2019，10（11）：187–188.

505．李天宇．战后初期台湾籍华侨遣返研究［J］．新经济，2019（8）：77–81.

506．石坚平．战后四邑侨乡社会权力体系的恢复与重建［J］．八桂侨刊，2019（1）：75–81.

507. 谢侃侃. 战前东南亚共产主义运动中的“中国性”与“华人性”问题——以印马越泰为例［J］. 东南亚研究，2019（6）：130–151+158.
508. 颜小华，王英. 战时新桂系广西侨务及其成效述评［J］. 贺州学院学报，2019，35（3）：29–33.
509. 吴婉惠. 战争、思想与秩序：日本对南洋华侨的宣传政策与活动（1937～1941）［J］. 广东社会科学，2019（5）：127–137.
510. 张祟. 浙江海外华人移民商业行为的文化模式解读［J］. 浙江科技学院学报，2019，31（2）：92–97.
511. 杨洋，李峰. 知识移植与本土转向：以留美生与清华大学政治学的构建为例（1926—1937）［J］. 华侨华人历史研究，2019（3）：81–92.
512. 朱涛. 智利华人华侨的职业与行业研究［J］. 拉丁美洲研究，2019，41（1）：122–139+158.
513. 吴前进. 中澳关系中的中国大陆新移民：国家安全的威胁?［J］. 八桂侨刊，2019（1）：3–12.
514. 高伟浓. 中巴经贸关系与中国新移民华商［J］. 深圳大学学报（人文社会科学版），2019，36（4）：134–144.
515. 张展新. 中国“绿卡”的资格待遇问题：以本国公民社会权利演进为视角的分析［J］. 华侨华人历史研究，2019（1）：9–14.
516. 衣红连. 中国传统文化在华裔留学生教育中的价值提升探析［J］. 文化创新比较研究，2019，3（22）：189–190.
517. 邵政达. 中国大陆学界欧洲华商研究述评［J］. 八桂侨刊，2019（1）：59–65.
518. 蔡明宏. 中国福建民间信仰在东南亚的传播力研究——基于“一带一路”视角［J］. 中央民族大学学报（哲学社会科学版），2019，46（1）：158–167.
519. 张晓毅，刘文. 中国海外移民网络对“一带一路”沿线国家出口贸易的影响［J］. 山东社会科学，2019（6）：100–105.
520. 蔡连玉，Anthony Welch：中国留学研究生在澳大利亚遭遇了什么：学术与文化适应的叙事研究［J］. 外国教育研究，2019，46（6）：89–104.
521. 杨琦. 中国文化在美国华裔文学中的映射［J］. 文教资料，2019（10）：88–89.
522. 王廷信. 中国戏曲剧种在东南亚的传播——兼论戏曲剧种跨国传播的六大法则［J］. 艺术百家，2019，35（6）：35–39+62.
523. 周敏，王君. 中国新移民的教育期望及其面临的挑战、制度限制和社会支持——以美国和新加坡为例［J］. 华侨华人历史研究，2019（4）：1–9.
524. 张恩迅，申玲玲. 中国新移民跨国实践的特征研究——以老挝的湖南人为例［J］. 南洋问题研究，2019（2）：86–98.
525. 徐辉. 中国学界印度华人研究综述［J］. 八桂侨刊，2019（1）：82–90.

526. 陈晨. 中国影视作品的海外传播对汉语国际教育的影响——以东南亚为例［J］. 声屏世界，2019（11）：61-63.
527. 李章鹏. 中荷设领谈判与华侨国籍问题交涉（1907—1911）［J］. 近代史研究，2019（4）：47-63.
528. 冯巧霞. 中华人民共和国成立初期海军学员留学苏联的历史考察［J］. 信阳师范学院学报（哲学社会科学版），2019，39（6）：128-134.
529. 郑长铃. 中华文化海外“泛家族”式传承传播初探——以马来西亚适耕庄福建会馆南音复兴为例［J］. 交响（西安音乐学院学报），2019，38（4）：42-46.
530. 刘卫华，张继生. 中华武术在世界华文教育中开展的实践考察：问题与对策［J］. 四川体育科学，2019，38（3）：5-8+17.
531. 梅新育. 中美贸易战背景下的美国华人科技人才回流［J］. 中国劳动关系学院学报，2019，33（4）：25-30.
532. 于延亮. 中南文化协会及其南洋研究［J］. 东南亚纵横，2019（3）：91-96.
533. 马海龙. 中亚华人、互惠实践与“一带一路”建设——以吉尔吉斯斯坦的东干人为例［J］. 青海民族研究，2019，30（3）：32-38.
534. 李飞云. 周克明：海外华人的创业韧性［J］. 信息化建设，2019（9）：57-58.
535. 童莹. 族群空间再地域化——印尼北马鲁古省社会冲突后的华人社会重建［J］. 华侨华人历史研究，2019（1）：31-39.
536. 李晖. 族裔历史重构：加拿大第一代土生华裔作家的唐人街叙事［J］. 四川大学学报（哲学社会科学版），2019（3）：111-118.
537. 李勇. 作为“过程”的历史：清末民初宪政侨务的立法与实践［J］. 华侨华人历史研究，2019（2）：75-84.

台港澳及海外中文期刊论文

1. 姜子浩. 1918—1923年间日本对华文化政策的形成、传播与落实——以留学政策为切入点［J］. 新北大史学，2019（25）：5-34.
2. 束长生，乔建珍. 2019年第二届巴西华人移民国际研讨会总结报告，华人研究国际学报［J］. 2019，11（2）：97-108.
3. 王国强，潘雅茵. 澳门地区建立华侨华人研究的可行性建议［J］. 澳门图书馆暨信息管理协会学刊，2019（21）：97-150.
4. 罗乐然. 博约与专业——新加坡的华文教育与中国大学教育的关联性［J］. 南洋学报，2019（73）：179-205.
5. 廖崇斐（Liao Chong-fay）：不合时宜的儒教捍卫者——从辜鸿铭在台湾的演讲说起［J］. 当代儒学研究，2019（26）：59-83.

6. 方桂香. 陈瑞献在别处——新加坡艺术大师的文化长旅（上）[J]. 明报月刊，2019，54（8）：6–11.
7. 温明丽. 触摸国际移动力的关键：留学经验的反思[J]. 台湾教育评论月刊，2019，8（6）：1–5.
8. 林立. 创痛记忆：新马两地有关日占时期的旧体诗[J]. 华人研究国际学报，2019，11（2）：27–44.
9. 周子恒. 从边缘出发——《华语电影在后马来西亚：土腔风格、华夷风与作者论》评述[J]. 台湾学志，2019（18）：117–121.
10. 李佳. 从文学走向历史：上世纪三四十年代南洋地区的生存焦虑、身份认同和创伤记忆书写[J]. 华人研究国际学报，2019，11（2）：1–2.
11. 陈建发整理. "第三届马来西亚华人民俗研究"国际学术研讨会简报[J]. 马来西亚人文与社会科学学报，2019，8（2）：71–74.
12. 马思睿. 第三届全球人才流动和国际移民学术研讨会综述[J]. 华人研究国际学报，2019，11（2）：113–118.
13. 邢菁华. 第十届"国际华商·清华论坛"综述[J]. 华人研究国际学报，2019，11（2）：109–112.
14. 冉琰杰. 第五届"国际移民与侨乡研究"暨"性别视野下的国际移民"国际学术会议综述[J]. 华人研究国际学报，2019，11（1）：95–98.
15. 蔡惠名. 东南亚国家政策与华人语言发展之影响——以菲律宾"咱人话"为例[J]. 彰化师大文学院学报，2019（20）：91–120.
16. 黄贤强. 东南亚—台湾—闽粤：两大家族的跨地域婚姻与政商网络[J]. 华人研究国际学报，2019，11（2）：59–80.
17. 孙惠敏. 杜运燮多重经历与离散体验中对生命和家国的思考[J]. 南洋学报，2019（73）：251–271.
18. 洪淑苓. 菲华现代诗中的"华"文化与在地经验——以云鹤、和权、谢馨诗作为例[J]. 中国现代文学，2019（35）：89–112.
19. 林平. 风景在他乡？雅加达台湾人的社交生活[J]. 华人研究国际学报，2019，11（1）：1–20.
20. 锺怡雯. 风起南国：马华文学百年[J]. 文讯，2019（402）：137–139.
21. 张雅粱. 革命与日常——东南亚美学下的华人认同[J]. 艺术认证，2019（85）：14–21.
22. 吴树欉. 海归学生圆学梦：跨国衔转学习服务作法与资源[J]. 教育研究月刊，2019（297）：146–158.
23. 蚁健. 海口地区的侨批业及其侨批邮封[J]. 环球华邮研究，2019（7）：166–186.

24. 江柏炜（Bo-wei Chiang）：海外金门人的迁徙经验：以文莱烈屿家族为主的考察［J］. 国史馆馆刊，2019（61）：117-119+121-174.
25. 朱庆. “海洋与中国研究”国际学术研讨会会议综述［J］. 华人研究国际学报，2019，11（1）：103.
26. 方桂香. 河海不择细流，故能就其深——新加坡艺术大师陈瑞献的文化长旅（下）［J］. 明报月刊，2019，54（10）：86-90.
27. 雷国宏. 红与黑——略析李永平《黑鸦与太阳》［J］. 马来西亚人文与社会科学学报，2019，8（1）：39-52.
28. 黄碧玉. 后方法理论对越南高校汉语教师的启示［J］. 马来西亚人文与社会科学学报，2019，8（1）：21-28.
29. 冯泽华. 华侨华人代表性传承人行政资助机制研究［J］. 文化杂志，2019（104）：180-187.
30. 黄国恩，郭建志，郑志富. 华人教练威权领导对教练效能知觉之影响：心理集体性中介效果的验证［J］. 体育学报，2019，52（1）：109-125.
31. 叶力绮，许功馀. 华人开放性与画作偏好之关系：以认知闭合需求为中介［J］. 本土心理学研究，2019（52）：173-225.
32. 颜崑阳. 华人文化旷野的微光——华人文化主体性如何重建与美感经验如何省思［J］. 政大中文学报，2019（31）：5-52.
33. 郑志富，张琪，王丰家，等. 华人运动团队差序式领导模式之建构［J］. 体育学报，2019，52（2）：223-240.
34. 高凤霞，郑伯埙. 华人组织中的人际压力源：主位与客位构念之比较［J］. 台湾中华心理学刊，2019，61（2）：73-95.
35. 李惟君. 《华文字典》与《国语辞典简编本》一字多音比较研究［J］. 马来西亚人文与社会科学学报，2019，8（1）：53-64.
36. 王珩. 华语教材《当代中文课程》文化词语之编写初探［J］. 华文世界，2019（123）：22-41.
37. 金惠俊. 华语语系文学，世界华文文学，华人华文文学——中国大陆学界对华语语系文学（Sinophone literature）主张的肯定与批判［J］. 东华汉学，2019（29）：301-331.
38. 庄仁杰. 华资轻工业企业的早期发展：以南洋兄弟烟草公司为例（1905~1915）［J］. 思与言，2019，57（3）：111-148.
39. 陈室如. 黄遵宪汉诗中的新加坡形象——兼与晚清游记的双重对照［J］. 彰化师大国文学志，2019（37/38）：1-26.
40. 方木欢，黎熙元. 回归前后澳门华商家族政治策略的转变［J］. 二十一世纪，2019（176）：61-77.

41. 王达坤（Wang Dakun），林耀祥（Lam Yew Cheong）：基于谷歌教室平台的新加坡中学华文教学研究［J］. 华文学刊，2019（34）：50–66.
42. 林泉忠，江柏炜，叶国豪，等. 建国七十年与世界华人［J］. 明报月刊，2019，54（10）：20.
43. 陈木金. 建构华人文化观的校长专业发展［J］. 台湾教育，2019（716）：17–31.
44. 江柏炜. 近代金门的移民网络及侨乡社会的文化景观［J］. 台湾文献，2019，70（1）：97–144.
45. 王兵. 近现代报刊传媒与战前新马汉诗［J］. 人文中国学报，2019（28）：275–308.
46. 庄仁杰. 开埠故事的塑造与传播——以新山华人社会为例［J］. 历史人类学学刊，2019，17（2）：51–81.
47. 彭盛佐，陈奕諠. 看见在地东南亚　培养全球公民视野——双溪高中推动国际多元文化教育实例分享［J］. 新北市教育，2019（33）：49–53.
48. 蚁健，蔡少明. 抗战期间的东兴侨汇业及其邮史（下）［J］. 邮史研究，2019（36）：78–89.
49. 刘龙华，夏泉. 抗战时期澳门《华侨报》"和""战"之争［J］. 澳门研究，2019，2（93）：37–48+161.
50. 杨新新. 冷战结束前柬埔寨华人社会变迁与华文教育发展史述略［J］. 马来西亚人文与社会科学学报，2019，8（1）：1–20.
51. 李知灏. 离散、混杂与在地性：战后《中华诗（艺）苑》中东南亚汉诗的在地情境［J］. 中国现代文学，2019（36）：103–118.
52. 陈家骏. 李汝琳《漩涡》语言研究［J］. 南洋学报，2019（73）：65–82.
53. 林孝胜. 两个小愿望［J］. 南洋学报，2019（73）：143–145.
54. 白伟权，韦烟灶，徐胜一. 陆丰客家下南洋的故事：《渡台悲歌》续篇［J］. 台湾文献，2019，70（3）：1–36.
55. 张斯翔. 论黄锦树"后"马共书写中的抒情意识：从《火，与危险事物》谈起［J］. 中外文学，2019，48（1）：163–197.
56. 范秀羽. 论美国法上公民适格性及国籍授与法理——兼评川普移民政策［J］. 台湾中正大学法学集刊，2019（64）：1–53.
57. 黄义斌. 论霹雳坝罗大伯公古庙信仰的形成与祭祀仪式［J］. 马来西亚人文与社会科学学报，2019，8（1）：65–82.
58. 廖筱纹. 论新柔两地潮侨领袖——陈旭年［J］. 南洋学报，2019（73）：207–235.
59. 纪舜杰. 马来西亚的国家认同多元与单一的取舍［J］. 台湾国际研究季刊，2019，15（1）：97–116.

60. 林敏萍．马来西亚华文独立中学校长与董事关系研究［J］．马来西亚人文与社会科学学报，2019，8（2）：49–62.
61. 廖文辉．马新华人传统行业概论［J］．文学新钥，2019（30）：187–223.
62. 陈晓锦，许婉虹．美加华人社区粤方言的两种词语表达方式［J］．中国语文通讯，2019，98（1）：1–13.
63. 黄契介，周正明．南进建筑师执业生态面面观［J］．建筑师，2019，45（12）：72–79.
64. 庄泽虹．南洋大学校史研究述评［J］．华人研究国际学报，2019，11（1）：77–94.
65. 卢筱雯．南洋华人离散论述的迷思——以陈子谦《4：30》与许纹鸾《新新熊猫》为例［J］．南洋学报，2019（73）：163–177.
66. 杨斌．南洋史地："蒲罗中"学案［J］．华人研究国际学报，2019，11（1）：47–76.
67. 毛帝胜．评介《华人穆斯林在马来西亚》［J］．新世纪宗教研究，2019，17（3）：115–117.
68. 林煜堂．婆罗洲华人与台湾"新南向政策"的契机与挑战［J］．淡江史学，2019（31）：115–136.
69. 李佳．"乾坤含疮痍，忧虞何时毕"：大动荡前夜《南洋商报》副刊中的新诗书写［J］．华人研究国际学报，2019，11（2）：3–26.
70. 蚁健．侨批史上的侨批银信被匪徒抢劫事件之研究［J］．环球华邮研究，2019（6）：146–176.
71. 余懿珊．侨生来台就学之问题与辅导之建议［J］．台湾教育评论月刊，2019，8（11）：37–41.
72. 陈柏霖，余民宁，洪兆祥．侨生与本地生的目标设定、全心学习、意志力及巅峰幸福之模型建构和其差异比较［J］．教育科学研究期刊，2019，64（2）：131–160.
73. 方桂香．生活创作的家园与血脉文化根本的原乡——新加坡艺术大师陈瑞献的文化长旅（中）［J］．明报月刊，2019，54（9）：11–15.
74. 何华．狮城的"黑豹和猫"——陈瑞献先生的修行与艺术［J］．明报月刊，2019，54（10）：4–8.
75. 黄颖思．世俗的神圣性质——全球佛教华人地区的法会及社会参与［J］．人间佛教学报·艺文，2019（23）：112–135+202–221.
76. 邢菁华．试遣侨情笔上端，一片侨心在玉壶《"一带一路"沿线华侨华人史话丛书》首发式暨学术研讨会［J］．华人研究国际学报，2019，11（1）：99–102.

77. 苏庆华. 书评：李丰楙，《从圣教到道教——马华社会的节俗、信仰与文化》（台北：台湾大学出版中心，2018年）［J］. 汉学研究，2019，37（3）：301–307.
78. 黄义斌. 书评：《淙淙巴冬河：巴冬华人社会发展史》［J］. 马来西亚人文与社会科学学报，2019，8（2）：75.
79. 伍燕翎. 书评：《聚族于斯——马来西亚华人研究》［J］. 马来西亚人文与社会科学学报，2019，8（1）：83.
80. 李培德. 书评：《亲爱的中国：移民信件与汇款，1820–1980》（英文，班国瑞、刘宏）［J］. 华人研究国际学报，2019，11（1）：107–112.
81. 吴静玲. 书评：《教育侨民：英属马来亚和新加坡的女性、教育和海外华人，1850s–1960s》（英文，张美娴）［J］. 华人研究国际学报，2019，11（1）：113–118.
82. 廖文辉. 书评：《从圣教到道教：马华社会的节俗、信仰与文化》（李丰楙）［J］. 华人研究国际学报，2019，11（1）：119.
83. 李志贤. 书评：《新加坡华人宗乡文化研究》（曾玲）［J］. 华人研究国际学报，2019，11（2）：127–130.
84. 上官小红. 书评：《移民跨国实践中的社会地位补偿：基于华南侨乡三个华人移民群体的比较研究》（黎相宜）［J］. 华人研究国际学报，2019，11（2）：131–136.
85. 郭美芬. 书评：《驿动中的公民：迁出移民、迁入移民和跨越中国边境的再迁移》（英文，何莲恩）［J］. 华人研究国际学报，2019，11（2）：137.
86. 许巽絜. 数位人文教育融入多媒体教材设计：以全球华文网华语文教学资源专区为例［J］. 台湾戏曲学院通识教育学报，2019（7）：89–99.
87. 蔡明月，徐乔琳. 台湾“华语教学研究”文献之书目计量暨引文分析研究［J］. 华文世界，2019（123）：42–60.
88. 李秀娟. 台湾华美文学研究的“存在”与“共在”——评《华美的飨宴：台湾的华美文学研究》[单德兴编]（台北：书林出版，2018）［J］. 中山人文学报，2019（46）：145–151.
89. 王霜霜. 泰国初级汉语学习者介词短语偏误分析［J］. 马来西亚人文与社会科学学报，2019，8（1）：29–38.
90. 戴万平，黄勇富. 泰国华人企业的关系网络运作［J］. 东亚研究，2019，50（1）：29–76.
91. 林士凯. 唐山过台湾　客家拓垦纪要［J］. 台湾中华行政学报，2019（25）：7–20.
92. 吕世聪. 晚清科举衍生的赌博奇葩——闱姓彩票在新、柔两地的风行［J］. 南洋学报，2019（73）：83–98.

93．游子安．万人缘法会——从香港到越南的华人宗教善业［J］．辅仁宗教研究，2019，19（2）：113-130.

94．朱崇科．为反而反的悖谬：论史书美华语语系研究［J］．华人研究国际学报，2019，11（2）：81-96.

95．吴小保．文化反抗与国家文化：马来西亚华社民办文物馆构想的形成［J］．马来西亚人文与社会科学学报，2019，8（2）：1-16.

96．李御侬，赖念华．文化心理剧："景观人，人观景"用于变迁中的华人家庭关系议题［J］．台湾中华辅导与谘商学报，2019（54）：123-157.

97．颜清湟．我与南洋学会［J］．南洋学报，2019（73）：109-118.

98．谢燕红，李刚．西方大众传媒与中国当代文学的海外传播——以《纽约时报》对莫言的报导为例［J］．汉学研究通讯，2019，38（3）：10-17.

99．赵文洪，赵法生，杨健，等．现代一贯道对于海外中华文化传播的贡献——以马来西亚为中心的考察［J］．一贯道研究，2019（8）：156-185.

100．张容嘉．香港崇正总会与世界客属想象［J］．全球客家研究，2019（12）：1-36.

101．林泉忠．乡关何处？——七十年来华侨的祖国观［J］．明报月刊，2019，54（10）：21-24.

102．吕世聪，林建育．新加坡发现的金门烈屿第一代移民墓葬碑铭文献：兼谈武吉布朗公冢迁葬影响的金侨墓葬［J］．台湾文献，2019，70（1）：145-180.

103．冯传璜．新加坡华人面对国家身份认同与族群文化认同混淆的困扰［J］．语文建设通讯（香港），2019（118）：55-58.

104．许源泰，丁荷生，严滢伟，等．新加坡华族义山研究——以福建义山恒山亭的开山和维持模式为例［J］．南洋学报，2019（73）：41-64.

105．曾亚骏．新加坡开埠200周年国际研讨会综述［J］．华人研究国际学报，2019，11（2）：119-126.

106．吴惠萍．新南向电商社群网红新经济［J］．台湾经济研究月刊，2019，42（2）：89-98.

107．马财专，吴启新．新南向政策下的新住民子女教育与劳动就业之关联性［J］．教育研究月刊，2019（297）：75-91.

108．曾薰瑶、卢添祥．休闲餐厅的怀旧体验与顾客忠诚度之研究——以马来西亚老招牌休闲餐厅为例［J］．醒吾学报，2019（59）：95-123.

109．"在日华人"的日本、大陆及台湾左翼运动连带：徐桂国访谈［J］．人间思想，2019（21）：153-203.

110．黄建成．许云樵主编的《南洋学报》探析［J］．南洋学报，2019（73）：119-142.

111. 黄万华．序幕是这样拉开的——晚清陈季同旅欧创作中的中华文化传播［J］．南国学术，2019，2019（1）：99–112.

112. 卢姗．寻找、转换与互动——试论《大河尽头》多重镜像互动中的历史书写［J］．南洋学报，2019（73）：237–249.

113. 薛健吾．"一带一路"的挑战：国际合作理论与"一带一路"在东南亚和南亚国家的实际运作经验［J］．展望与探索，2019，17（3）：63–87.

114. "一带一路"与东南亚——东亚国家与地区看"一带一路"系列之一［J］．中国评论，2019（261）：58–63.

115. 陈尚懋，刘泰廷，林珮婷．一带一路与新南向政策在泰国的实践［J］．台湾国际研究季刊，2019，15（4）：153–174.

116. 黄宇佳，陈志锐．一画一世界——从漫画探析张汝器对新加坡的贡献及影响［J］．华人文化研究，2019，7（2）：115–122.

117. 蔡亦伦，陈柏霖．以压力因应策略为调节变项：侨生与本地生在生活压力与心盛之关系［J］．教育与心理研究，2019，42（4）：99–138.

118. 郑诗傧．永春人与柔佛东甲之布业［J］．马来西亚人文与社会科学学报，2019，8（2）：63–70.

119. 任弘．永续经营：从几个理论概念再思考华文教育［J］．台湾华语教学研究，2019（19）：47–60.

120. 李玉瑛．有价就有假：探讨华人古董艺术品市场中的赝品文化［J］．人文及社会科学集刊，2019，31（2）：187–224.

121. 徐诚，柏玉美．囿于居间的褶皱：新移民作家的身份想象与跨文化认同［J］．澳门文献信息学刊，2019（24）：114–126.

122. 林佑轩．语言的移民——移民的语言［J］．印刻文学生活志，2019，16（3）：126–133.

123. 释银莲．越南陈朝慧忠上士的"不二"思想［J］．马来西亚人文与社会科学学报，2019，8（2）：17–30.

124. 阮清风．越南南部华人面摊车的明清小说图画初探［J］．国文天地，2019，35（7）：56–61.

125. 黄文车．在地结义：北马槟城孙余池三王信仰文化［J］．华人研究国际学报，2019，11（1）：21–46.

126. 金进．战争文化视野下的中国南下文人与新马华文文学关系（1937－1965）［J］．华人研究国际学报，2019，11（2）：45–58.

127. 林远泽．哲学：为建立台湾做为未来华人世界的新雅典而努力［J］．人文与社会科学简讯，2019，20（3）：131–133.

128. 黄宏梓，邓蔚林，孔宪中，等．"政府"迁台70周年——粤籍菁英专辑——

《侨务》［J］.（台湾）广东文献季刊，2019，47（4）：40–55.

129．（台湾）广东文献季刊编辑室，何长发，蓝蔚台，等．“政府”迁台70周年——粤籍菁英专辑——《体育》［J］.（台湾）广东文献季刊，2019，47（4）：77–82.

130．廖箴．中国大陆孔子学院海外扩展之困境［J］. 展望与探索，2019，17（12）：30–41.

131．黄惠瑄．中华民国政府在越战结束前的撤侨行动与侨民安置（1975年）［J］. 档案，2019，18（1）：36–45.

132．王杨红．中暹传统朝贡关系的恢复（1767–1782）［J］. 马来西亚人文与社会科学学报，2019，8（2）：31–48.

133．古明君．作为中共发挥海外影响力工具的妈祖文化［J］.（台湾）中国大陆研究，2019，62（4）：103–132.

外文期刊及会议论文

1. Sonoda S. Achieving Economic Success and Social Mobility: The Chinese Community in Trinidad, British Caribbean before 1949［J］. Canadian Journal of History–Annales Canadiennes D Histoire, 2019, 54（3）: 315–344.

2. Zhu Y, Zhang W. Active learning for active ageing: Chinese senior immigrants' lifelong learning in canada［J］. Educational Gerontology, 2019, 45（8）: 506–518.

3. Choi S. Analysis of the Population of "Overseas Chinese in Korea" Based on <Law of the People's Republic of China on the Protection of the Rights and Interests of Returned Overseas Chinese and Their Family Members>［J］. Journal of Northeast Asian Studies, 2019, 24（4）: 83–98.

4. Miksic J N. The Bakau or Maranei shipwreck: a Chinese smuggling vessel and its context［J］. Current Science, 2019, 117（10）: 1640–1646.

5. Cheung-Miaw C, Hsu R. Before the "Truckee Method": Race, Space, and Capital in Truckee's Chinese Community, 1870–1880［J］. Amerasia Journal, 2019, 45（1）: 68–85.

6. Choi C-c. Beyond hegemony and sisterhood: Transnational Tianhou-Mazu cult in East Asia［J］. Asian Education and Development Studies, 2019, 9（1）: 26–36.

7. Han E. Bifurcated homeland and diaspora politics in China and Taiwan towards the Overseas Chinese in Southeast Asia［J］. Journal of Ethnic and Migration Studies, 2019, 45（4）: 577–594.

8. Wang H K, Hun L I M S. Body "Hiding" and Image Construction: on Yan Geling's The Flowers of War［J］. 2019.

9. Kuo H-Y. Bourgeois Hong Kong and its South Seas connections: a cultural logic of Overseas Chinese nationalism, 1898-1933 [J]. Nations and Nationalism, 2019, 25 (1): 146-166.

10. Wang Y, Warn J. Break-out strategies of Chinese immigrant entrepreneurs in Australia [J]. International Journal of Entrepreneurial Behaviour & Research, 2019, 25 (2): 217-242.

11. Post P. Bringing China to Java the Oei Tiong Ham Concern and Chen Kung-po during the Nanjing Decade [J]. Journal of Chinese Overseas, 2019, 15 (1): 33-61.

12. Guerassimoff E. Broker, Entrepreneur and Subcontractor: Chinese Labour Intermediation in Malaya, from the Beginning of the Eighteenth to the Beginning of the Twentieth Century [J]. Revue De Synthèse, 2019, 140 (1-2): 85-134.

13. Young E. Caging Immigrants at McNeil Island Federal Prison, 1880-1940 [J]. Pacific Historical Review, 2019, 88 (1): 48-85.

14. Ivings S, Qiu D. China and Japan's Northern Frontier: Chinese Merchants in Nineteenth-Century Hokkaido [J]. Canadian Journal of History-Annales Canadiennes D Histoire, 2019, 54 (3): 286-314.

15. Shuai Z. China's Agricultural Diplomacy Under the "Going Global" Strategy [J]. China Quarterly of International Strategic Studies, 2019, 5 (4): 557-576.

16. Xue G, Zheng J. China's Building of Overseas Military Bases: Rationale and Challenges [J]. China Quarterly of International Strategic Studies, 2019, 5 (4): 493-510.

17. Chang D. Chinatown Opera Theater in North America [J]. World of Music-New Series, 2019, 8 (1): 108-111.

18. Granade A. Chinatown Opera Theater in North America [J]. Journal of the Society for American Music, 2019, 13 (3): 379-381.

19. Liao Y. Chinatown Opera Theater in North America [J]. Cambridge Opera Journal, 2019, 31 (2-3): 280-290.

20. Pang C J. Chinatown Opera Theater in North America [J]. Studies in Theatre and Performance, 2019, 39 (1): 96-97.

21. Stock J. Chinatown Opera Theater in North America (vol 71, pg 521, 2019) [J]. Journal of the American Musicological Society, 2019, 72 (3): 945-945.

22. Veric C S. The Chinatown Trunk Mystery: Murder, Miscegenation, and Other Dangerous Encounters in Turn-of-the-Century New York City [J]. Common Knowledge, 2019, 25 (1-3): 452-453.

23. Tollefson J. Chinese Americans uneasy as tensions disturb research [J]. Nature, 2019, 570 (7759): 13-14.

24. Colic-Peisker V, Deng L. Chinese business migrants in Australia: Middle-class transnationalism and "dual embeddedness" [J]. Journal of Sociology, 2019, 55 (2): 234-251.

25. Gaspar S. Chinese descendants' professional pathways: moving to new businesses? [J]. Portuguese Journal of Social Science, 2019, 18 (1): 91-108.

26. Zheng Y. Chinese Hegemony: Grand Strategy and International Institutions in East Asian History [J]. Journal of Chinese Overseas, 2019, 15 (1): 137-139.

27. Xu J, Lee, Jin H. The Chinese image by the Japanese author post the Sino-Japanese war -Study of Natsume Soseki's travel notes [J]. Journal of Japanese Culture, 2019, 82: 301-320.

28. Yuemei T. Chinese Images in Korean Modern Novels after the Establishment of Diplomacy between China and Korea [J]. Theses on Korean Literature, 2019, 82: 423-452.

29. Louw S. Chinese Immigrants and Underground Lotteries in South Africa: Negotiating Spaces at the Cusp of a Racial-Capitalist Order [J]. Journal of Southern African Studies, 2019, 45 (1): 49-68.

30. Dearinger R. Chinese Immigrants, the Landscape of Progress, and the Work of Building and Celebrating the Transcontinental Railroad [J]. California History, 2019, 96 (2): 66-98.

31. Bose A. The Chinese in Calcutta: A Study on Settlement and Demographical Patterns [J]. Indian Historical Review, 2019, 46 (1): 132-149.

32. Maksum A, Sahide A. The Chinese Migrant workers in Indonesia: The Local and Migrant workers context [J]. Jurnal Ilmiah Peuradeun, 2019, 7 (3): 511-532.

33. Han M G. Chinese Reading Rooms, Print Culture, and Overseas Chinese Nationalism in Colonial Singapore and Malaya [J]. Library & Information History, 2019, 35 (4): 214-228.

34. Astarita C, Patience A, TOK S K. Chinese Students in Australia: Generators of Cosmopolitanism, Evidence of Economic Necessity or Agents of Political Influence? [J]. Journal of Australian Studies, 2019.

35. Cheng B, Yang P. Chinese students studying in American high schools: international sojourning as a pathway to global citizenship [J]. Cambridge Journal of Education, 2019, 49 (5): 553-573.

36. Huang Z. Cloud Synergetic Recommendation Model for Overseas Chinese Education by Modeling Multi-Source User Metaphor Information [J]. International Journal of Emerging Technologies in Learning, 2019, 14 (23): 242-250.

37. Chen P-L, Yu M-N, Hung C-H. Comparative Study on Goal Setting, Mindful Learning, Volition, and Flourishing Among Overseas Chinese Students and Local Students:

Comparison of Structural Models [J]. Journal of Research in Education Sciences, 2019, 64 (2): 131–160.

38. Lee H–Y. A Comparative Study on Multicultural Policies in Sweden and China [J]. Journal of the Scandinavian Society of Korea, 2019, 24: 197–234.

39. Wilson K E. Complicating Chinatowns [J]. Journal of Urban History, 2019, 45 (5): 1089–1092.

40. 김영술. The contribution and role to home economies of the Chinese and Vietnamese Diaspora during the period of reform and opening –Focusing on the policy implications for North Korea [J]. Multicultural & Diaspora Studies, 2019, 14: 1–39.

41. Lee H. Cultural Struggle in Chinese Immigrants' Poems on Angel Island [J]. 2019, 26: 335–357.

42. Moon S–j, Bun W. The Cultural Values and the Interpersonal Communication of the Young Chinese Immigrants Residing in Korea [J]. The Journal of Multicultural Society, 2019, 12 (1): 79–102.

43. Liu G, Zhu Q. Determining Diasporic Chinese Identities from a Legal Perspective in China [J]. Journal of Chinese Overseas, 2019, 15 (2): 258–285.

44. Xiaohong D. The Development of Chinese Overseas' Organization and the Change of Power Structure of Pang in Malaysia [J]. Journal of Diaspora Studies, 2019, 13 (2): 227–252.

45. Yung K K–c. Diaspora of Chinese Intellectuals in the Cold War Era From Hong Kong to the Asia–Pacific Region, 1949–1969 [J]. Journal of Chinese Overseas, 2019, 15 (2): 145–170.

46. Zhao X. Disconnective intimacies through social media: Practices of transnational family among overseas Chinese students in Australia [J]. Media International Australia, 2019, 173 (1): 36–52.

47. Ren N, Liu H. Domesticating "transnational cultural capital": the Chinese state and diasporic technopreneur returnees [J]. Journal of Ethnic and Migration Studies, 2019, 45 (13): 2308–2327.

48. Afonaseva A V. Economic and intellectual resources of overseas Chinese in Japan [J]. Japanese Studies in Russia, 2019, (1): 94–110.

49. Rogozhina N G, Rogozhin A A. Economic presence of China in Southeast Asia as a condition for promoting "soft power" policy [J]. Mirovaya Ekonomika I Mezhdunarodnye Otnosheniya, 2019, 63 (4): 40–49.

50. Valladares–Ruiz P. El trafico de culies a Cuba en El equipaje amarillo, de Marta Rojas [J]. Romance Quarterly, 2019, 66 (4): 196–204.

51. Fossati D. Embedded diasporas: ethnic prejudice, transnational networks and foreign investment［J］. Review of International Political Economy, 2019, 26（1）: 134–157.

52. Wang X–T, Hyung–chull K, Chang–Sup S. Empirical study on visit motivation to Chinatowns : focused on Chinese millennials［J］. Korean Journal of Hospitality and Tourism（KJHT）, 2019, 28（3）: 109–126.

53. Lai D W L, Li J, Lee V W P, et al. Environmental Factors Associated with Chinese Older Immigrants' Social Engagement［J］. Journal of the American Geriatrics Society, 2019, 67: S571–S576.

54. Chang–Sup S, HeeSun J, Jung S–S, et al. Ethnic Towns and Tourism Representation: a Phenomenology of Incheon Chinatown, Korea［J］. Journal of Tourism Sciences, 2019, 43（2）: 11–27.

55. Xiang B. Fabricating Transnational Capitalism: A Collaborative Ethnography of Italian–Chinese Global Fashion［J］. Journal of Chinese Overseas, 2019, 15（2）: 301–303.

56. Yu H C. The Facelift of Singapore Chinatown: Unbalanced Renovation by Radical Western Wave［J］. 2019, 21（3）: 95–114.

57. Gao J. Fighting Side by Side: Cross–Border Military Exchanges and Cooperation Between the Chinese Communist Party and the Viet Minh, 1945–1949［J］. China Review–an Interdisciplinary Journal on Greater China, 2019, 19（3）: 123–148.

58. Wu S, Pan Q. Financial Cooperative Potential Between China and Belt and Road Countries［J］. Emerging Markets Finance and Trade, 2019, 55（14）: 3295–3310.

59. Seid D. Forever Her Chinatown Where Is My Grandmother in Chinese American Feminist Film History?［J］. Feminist Media Histories, 2019, 5（1）: 141–167.

60. Ching L H, Shahminan R N R, Mursib G. The Formation of Kangkar as the frontier Chinese settlement in Johor, Malaysia［J］. International Journal of Built Environment and Sustainability, 2019, 6（1–2）: 47–53.

61. Keown M. From sojourners to citizens: The poetics of space and ontology in diasporic Chinese literature from Aotearoa/New Zealand［J］. Journal of Postcolonial Writing, 2019, 55（6）: 808–823.

62. Lung S. Geopolitics and Identity–Making in US Diasporic Chinese Churches［J］. Religions, 2019, 10（1）.

63. LeeChoongBae. The geopolitics of Chinese Overseas Investment in Ports Under the "One Belt One Road" Initiatives［J］. Korea Trade Review, 2019, 44（1）: 285–299.

64. Yanfeng L, LeeChoongBae. The Geopolitics of Chinese Overseas Investment in Transport Infrastructure and SWOT–PEST Analysis Under the "One Belt One Road" Initiatives［J］. International Commerce and Information Review, 2019, 21（3）: 87–108.

65. Florencia Sartori M. "He is Chinese, I'm Spanish" : language identity in a school in Buenos Aires city [J] . Lengua Y Migracion-Language and Migration, 2019, 11 (1) : 31-50.

66. Kuo C. The Heroine of Free China: A New Image of Diplomatic Envoys and the Female Body of the Liangyou Women's National Basketball Team in the 1950s [J] . International Journal of the History of Sport, 2019, 36 (4-5) : 375-387.

67. Li W, Bedford R, Khadria B. IM Special Section Introduction: Rethinking International Migration in China and India [J] . International Migration, 2019, 57 (3) : 310-316.

68. Ye T. The Image of India in Hong Ying Literature [M] . Proceedings of the 6th International Conference on Education, Language, art And Inter-Cultural Communication 87. 2019: 877-881.

69. Yeh C-L. Images of Equality and Freedom: The Representation of Chinese American Men, America Today Magazine, and the Cultural Cold War in Asia [J] . Journal of American Studies, 2019, 53 (2) : 507-535.

70. Xu K, Drennan J, Mathews S. Immigrant entrepreneurs and their cross-cultural capabilities: a study of Chinese immigrant entrepreneurs in Australia [J] . Journal of International Entrepreneurship, 2019, 17 (4) : 520-557.

71. Lai D W L, Lee V W P, Li J, et al. The Impact of Intergenerational Relationship on Health and Well-Being of Older Chinese Americans [J] . Journal of the American Geriatrics Society, 2019, 67: S557-S563.

72. Lee J. Implications for Immigrant Korean-Chinese People in Northeast China Appearing in "Tumen River" [J] . The Studies of Korean Literature, 2019, 64: 681-704.

73. Chang T, Deng X, Hwang B-G, et al. Improving Quantitative Assessment of Political Risk in International Construction Projects: The Case of Chinese Construction Companies [J] . Journal of Construction Engineering and Management, 2019, 145 (12) .

74. Kung C-W. In the Name of Anticommunism: Chinese practices of ideological accommodation in the early Cold War Philippines [J] . Modern Asian Studies, 2019, 53 (5) : 1543-1573.

75. Kay R C S. In with the old: Community participation in Heritage management in selected Malaysian tourist sites [J] . Jati-Journal of Southeast Asian Studies, 2019, 24 (2) : 131-154.

76. Chu M. Industry and gender in recent representations of Sino-Italian relations [J] . Modern Italy, 2019, 24 (4) : 383-399.

77. Yujoo K I M. Integration Strategy of China Viewed through Mazu [J] . Korean Studies of Modern Chinese History, 2019, 82: 141-165.

78. Lin X, Liu W. Intercultural advising for Chinese international students: a reflective inquiry［J］. Globalisation Societies and Education, 2019, 17（2）: 220–230.

79. Wang L, Zheng Y, Ducruet C, et al. Investment Strategy of Chinese Terminal Operators along the "21st–Century Maritime Silk Road"［J］. Sustainability, 2019, 11（7）.

80. Guo M, Stensland M, Li M, et al. Is Migration at Older Age Associated With Poorer Psychological Well–Being? Evidence from Chinese Older Immigrants in the United States［J］. Gerontologist, 2019, 59（5）: 865–876.

81. Keovisai M, Kim W. "It's Not Officially Gambling": Gambling Perceptions and Behaviors Among Older Chinese Immigrants［J］. Journal of Gambling Studies, 2019, 35（4）: 1317–1330.

82. Kim S–H. Korean–Chinese Intrasentential Code–switching of Overseas Chinese in Korea and Taiwan［J］. Journal of Korean Language Education, 2019, 30（4）: 25–51.

83. Williams C. Labor radicalism and the local politics of Chinese exclusion: Mayor Jacob Weisbach and the Tacoma Chinese expulsion of 1885［J］. Labor History, 2019, 60（6）: 685–703.

84. Ai B, Cui C, Wang L. Language, Identity, and Transnational Communication: Chinese Business Expatriates in africa［J］. Ieee Transactions on Professional Communication, 2019, 62（2）: 178–191.

85. Moufakkir O. The liminal gaze: Chinese restaurant workers gazing upon Chinese tourists dining in London's Chinatown［J］. Tourist Studies, 2019, 19（1）: 89–109.

86. Liang Y, Zhou Z, LIU Y. Location choices of Chinese enterprises in Southeast Asia: The role of overseas Chinese networks［J］. Journal of Geographical Sciences, 2019, 29（8）: 1396–1410.

87. Yu J, Cheah C S L, Hart C H, et al. Longitudinal effects of maternal love withdrawal and guilt induction on Chinese American preschoolers' bullying aggressive behavior［J］. Development and Psychopathology, 2019, 31（4）: 1467–1475.

88. Chen S H, Zhou Q. Longitudinal Relations of Cultural Orientation and Emotional Expressivity in Chinese American Immigrant Parents: Sociocultural Influences on Emotional Development in Adulthood［J］. Developmental Psychology, 2019, 55（5）: 1111–1123.

89. Cheng C. Looking Beyond Ruins from Material Heritage to a Grassroots–based Modernity in Southern China［J］. Journal of Chinese Overseas, 2019, 15（2）: 234–257.

90. Li N. Major Security Challenges to China's Belt and Road Initiative［J］. East Asian Policy, 2019, 11（2）: 95–103.

91. Wang Q, Zhan H J. The making of a home in a foreign land: understanding the process of

home-making among immigrant Chinese elders in the US [J] . Journal of Ethnic and Migration Studies, 2019.

92. Guan Q. Measuring the spatial integration of the China-born population in Australia, 1981-2016 [J] . Journal of Population Research, 2019, 36 (4) : 319-346.

93. Liu L S. Media and Communication in the Chinese Diaspora: Rethinking Transnationalism [J] . Journal of Chinese Overseas, 2019, 15 (2) : 291-294.

94. Vu K T T, Castro K M, CHEAH C S L, et al. Mediating and Moderating Processes in the Associations Between Chinese Immigrant Mothers' Acculturation and Parenting Styles in the United States [J] . Asian American Journal of Psychology, 2019, 10 (4) : 307-315.

95. Man G, Chou E. Migration, Gender Relations, and the Negotiation of Identity among Chinese Professional Immigrant Women in Canada [M] . 2019.

96. Bong-lae C H O. The Modernization Process of China & Formation and Change of Incheon Chinatown -Focusing on the Yang-wu（洋务） Movement & Sino-Japanese War [J] . The Journal of Incheon Studies, 2019, 1 (30) : 231-259.

97. Liang F. The multiple institutional constraints facing new Chinese immigrant entrepreneurs in Australia [J] . Thunderbird International Business Review, 2019, 61 (4) : 623-633.

98. Sebestyen N, Ivaskevics K, Fulop M. Narratives of effort among Chinese, Hungarian and Chinese immigrant students in Hungary [J] . International Journal of Psychology, 2019, 54 (1) : 8-16.

99. Liu X. Narratives of mothers in diaspora: Motherhood reconstruction in Chinese transnational families [J] . Womens Studies International Forum, 2019, 73: 16-23.

100. Lee K C. Negotiating Diplomacy Forging Thai-Sino Relations Through Interactive Business Workshops [J] . Journal of Chinese Overseas, 2019, 15 (1) : 89-105.

101. Bhattacharya R. Negotiating the gendered ethnic self in selected fictions of Amy Tan and Bharati Mukherjee [J] . Neohelicon, 2019, 46 (2) : 435-462.

102. Park J. The Negotiation Culture of Overseas Chinese [J] . Journal of Diaspora Studies, 2019, 13 (2) : 201-225.

103. Richardson C, Ng K H. No place like home? Self-initiated expatriates in their ancestral homeland [J] . Asia Pacific Journal of Human Resources, 2019.

104. Tan J D, Supratikno H, Pramono R, et al. Nurturing transgenerational entrepreneurship in ethnic Chinese family SMEs: exploring Indonesia [J] . Journal of Asia Business Studies, 2019, 13 (2) : 294-325.

105. Morgan P, Zheng Y. Old bottle new wine? The evolution of China's aid in Africa 1956-2014 [J] . Third World Quarterly, 2019, 40 (7) : 1283-1303.

106. Boulette M. On the Inertia of Appetite: Transient Relations from the Chinatown Opium Scene［J］. American Quarterly, 2019, 71（3）: 813–834.

107. Shihong Z. On The teacher–training in the International Education of the Chinese as a Second Language［J］. Journal of Chinese Humanities, 2019, 73: 175–182.

108. Shin E. ‘One Road One Belt Initiative’ and the role of overseas Chinese of Africa［J］. China Knowledge Network, 2019, 14（14）: 83–116.

109. Lee J W, Lou J J. The ordinary semiotic landscape of an unordinary place: Spatiotemporal disjunctures in Incheon's Chinatown［J］. International Journal of Multilingualism, 2019, 16（2）: 187–203.

110. Locher–Lo C C H. Ousted and muted: The evolution and current institutional and social support of Chinese Heritage Language education policies and practices in British Columbia［J］. Educational Research for Policy and Practice, 2019, 18（2）: 99–118.

111. Zheng L, de Haan M, Koops W. Overseas Chinese Educational Strategies and Its Policy Implications［J］. Journal of Chinese Overseas, 2019, 15（2）: 171–201.

112. Liu Y. Overseas translation of modern Chinese fiction via T'ien Hsia Monthly［J］. Neohelicon, 2019, 46（2）: 393–409.

113. 沈美丽. One Mile, One Hundred Years: An Introduction to Chinese Immigrants on the West Coast of the United States in the 19th Century［J］. 人文社会科学研究，2019，13（1）：13–45.

114. Ai B. Pains and gains of working in Chinese universities: an academic returnee's journey［J］. Higher Education Research & Development, 2019, 38（4）: 661–673.

115. Miconi D, Moscardino U, Altoe G, et al. Parental Supervision, Executive Functions, and Emotional–Behavioral Problems in Chinese Immigrant and Italian Nonimmigrant Early Adolescents in Italy［J］. Journal of Early Adolescence, 2019, 39（8）: 1177–1209.

116. Mao W, Chen Y, Wu B, et al. Perceived Stress, Social Support, and Dry Mouth Among US Older Chinese Adults［J］. Journal of the American Geriatrics Society, 2019, 67: S551–S556.

117. Chen S H, Gleason T R, Wang M M, et al. Perceptions of Social Status in Chinese American Children: associations with Social Cognitions and Socioemotional Well–Being［J］. Asian American Journal of Psychology, 2019, 10（4）: 362–372.

118. Lap L. Poetic Record of Local Customs: Bamboo Branch Verses of Singapore（1888–1941）［J］. Journal of Chinese Overseas, 2019, 15（1）: 5–32.

119. Darden J T. Policing young minds: education and security policy in British Southeast Asia［J］. Asian Journal of Comparative Politics, 2019, 4（3）: 273–288.

120. Lu T H–c. Politics and Tactics in Revolutionary Performance: A Sino–Burmese Arts

Troupe in Transnational Circulation [J] . Asian Theatre Journal, 2019, 36 (2) : 370–394.

121. Chen X, Wu H. The projection of Chinese National Image by Chinese Overseas Exhibitions of Ancient Art [M] . Proceedings of the 3rd international Conference on Art Studies: Science, Experience, Education 86. 2019: 286–291.

122. He B, An R, Berry J. Psychological adjustment and social capital: a qualitative investigation of Chinese expatriates [J] . Cross Cultural & Strategic Management, 2019, 26 (1) : 67–92.

123. Zhu J, Jing Y. Push and Pull: a Case Study of the Dynamics of Chinese Diaspora Philanthropy [J] . China Nonprofit Review, 2019, 11 (2) : 282–303.

124. HUANG H Y, Young–Soon K. A Qualitative Study on the Job Experience of Korean–Chinese Marriage Immigrant Women in Korea [J] . The Journal of Learner–Centered Curriculum and Instruction, 2019, 19 (10) : 101–120.

125. Tu M–C, Zhou S, Wong S N, et al. Realities of the American dream: Vocational experiences and intersecting invisibility of low–income Chinese immigrant laborers [J] . Journal of Vocational Behavior, 2019, 113: 88–102.

126. Zhu Z. Re–constructing "China" in a transnational context [J] . Global Media and China, 2019, 4 (2) : 286–303.

127. Guo Y, Feng Y. Reimagining Asian American literary studies in China [J] . Inter–Asia Cultural Studies, 2019, 20 (4) : 511–525.

128. Tan C–B, Lin Q. Remigration and Re–establishing Home: The Turbulent Lives of the Returned Overseas Chinese in Yingde, Guangdong [J] . Asian Studies Review, 2019, 43 (4) : 600–617.

129. Zhantore U N, Hu Z X. Research on Corporate International Social Responsibility reporting of Chinese International Enterprises' in Kazakhstan [J] . Bulletin of the National Academy of Sciences of the Republic of Kazakhstan, 2019, (5) : 36–42.

130. Dai M, Zhou X. Research on the Overseas Chinese Shophouse Culture in Penang, Malaysia in Qing Dynasty: A Case Study of Penang Island [M] . Proceedings of the 3rd International Conference on Art Studies: Science, Experience, Education85. 2019: 190–192.

131. Chen M. Research on the Psychological Mechanism of Trauma Writing in Ha Jin's New Immigrant Novels [J] . Revista De Cercetare Si Interventie Sociala, 2019, 65: 131–148.

132. Zhou Y R, Watt L, Coleman W D, et al. Rethinking "Chinese Community" in the Context of Transnationalism: the Case of Chinese Economic Immigrants in Canada [J] .

Journal of International Migration and Integration, 2019, 20（2）: 537–555.

133. Nyiri P. The "Rise of China" and Chinese in the World［J］. Journal of Chinese Overseas, 2019, 15（1）: 123–127.

134. Mocanu I, Sageata R, Damian N, et al. Romanian Urban Areas: Territorial, Economic and Socio-cultural hallmarks of the Chinese Minority［J］. Journal of Urban and Regional Analysis, 2019, 11（2）: 185–202.

135. Teng S S. Schooling Diaspora: Women, Education and the Overseas chinese in British Malaya and Singapore 1850s–1960s［J］. Journal of Chinese Overseas, 2019, 15（1）: 133–136.

136. Zhang B. Schooling Diaspora: Women, Education and the Overseas Chinese in British Malaya and Singapore, 1850s–1960s［J］. Asian Studies Review, 2019, 43（3）: 573–574.

137. Zhang J. Schooling Diaspora: Women, Education and the Overseas Chinese in British Malaya and Singapore, 1850s–1960s［J］. Womens History Review, 2019, 28（2）: 353–355.

138. Chan S. Schooling Diaspora: Women, Education, and the Overseas Chinese in British Malaya and Singapore, 1850s–1960s［J］. American Historical Review, 2019, 124（1）: 225–226.

139. Guo M, Kim S, Dong X. Sense of Filial Obligation and Caregiving Burdens Among Chinese Immigrants in the United States［J］. Journal of the American Geriatrics Society, 2019, 67: S564–S570.

140. 박영실. Settlement Process of Overseas Chinese in the North Korea after Liberation from Japanese Colonial Rule［J］. Korean Studies Quarterly, 2019, 42（3）: 263–296.

141. Strange A. Seven decades of Chinese state financing in Africa: Tempering current debates［J］. Economic History of Developing Regions, 2019, 34（3）: 259–279.

142. Ma G. Similar or Different? A Comparison of Environmental Behaviors of US-Born Whites and Chinese Immigrants［J］. Journal of International Migration and Integration, 2019, 20（4）: 1203–1223.

143. You T, Zhou M. Simultaneous Embeddedness in Immigrant Entrepreneurship: Global Forces Behind Chinese-Owned Nail Salons in New York City［J］. American Behavioral Scientist, 2019, 63（2）: 166–185.

144. kim j. Singapore Â · Xiamen Urban Development and Shophouse Architectural Culture［J］. 2019, 38（2）: 37–80.

145. Isaacson N. Socialist Cosmopolitanism: The Chinese Literary Universe, 1945–1965［J］. Journal of Chinese Overseas, 2019, 15（2）: 287–290.

146. Lu Y. The Specter of Global China: Politics, Labor, and Foreign Investment in Africa [J]. Journal of Chinese Overseas, 2019, 15 (2): 295–297.

147. Jin J. State–Fueled Energy: Quantitative Comparison of State–Led Overseas Energy Financing in China and Japan [J]. Fudan Journal of the Humanities and Social Sciences, 2019, 12 (4): 609–629.

148. Chen J. "Strangers from a Different Shore" Examining Archival Representations and Descriptions of the Chinese in America [J]. Journal of Chinese Overseas, 2019, 15 (1): 106–122.

149. Min K–S. Strategies for Establishing Chinese Maritime Silk Road and Port Networking [J]. 2019, 43 (1): 133–164.

150. Hu Y. A Study on the Alternative Script of Ancient Chinese Characters in Korean Stone Carvings: A Case Study of the Stone Tablet of Master Chinkam Sonsa [J]. The Journal of Chinese Character Studies, 2019, 25: 267–295.

151. Choi S. A Study on the Change of Overseas Chinese policy in Contemporary China–Focused on the Xi jinping's "Grand Overseas Chinese policy" [J]. Journal of Chinese Humanities, 2019, 72: 611–629.

152. Suk L S. A study on the early bilingual experience for the young children of Chinese immigrant families [J]. Korean Journal of Early Childhood Education, 2019, 39 (2): 153–178.

153. Kim H–J, Hyun–Tae K. Study on the Ethnic Chinese Guild Hall in Ho Chi Minh City, Vietnam [J]. 2019, 50: 5–25.

154. Young Y S. The Study on the Influence of Political and Social Upheaval on the Society of Overseas Chinese in Mokpo during the Latter Period of Japanese Occupation (1925~1945) [J]. Journal of Local History and Culture, 2019, 22 (2): 279–321.

155. Lee S. A Study on the Life of Yi Hwa–rim, a Chinese immigrant women's independence activist [J]. Women and History, 2019, 31: 65–100.

156. KIM JU–A. A study on the Perception of the World Chinese Entrepreneurs Convention of Overseas Chinese Entrepreneurs: Focusing on Malaysian Chinese Entrepreneurs [J]. Journal of International Area Studies, 2019, 23 (4): 31–52.

157. Shuxin Z, Longzhen L. A Study on the Relationship between the Self–Growth Motivation and the Life Satisfaction of Overseas Chinese Students in Korea : Focused on the Mediation Effect of Job Search Efficacy [J]. The Journal of Business Education, 2019, 33 (5): 1–25.

158. KIM JU–A. Survey of Multicultural Acceptance of Malaysian Chinese [J]. Journal of Sinology and China Studies, 2019, 81: 23–39.

159. Liu H, Dervin F, Xu H, et al. "They Have It Better There" : Chinese Immigrant Teachers' Beliefs, Ideologies and Imaginaries in Cross-National Comparisons [J] . Frontiers of Education in China, 2019, 14 (3) : 453–479.

160. Forster E. Threatened by peace: The PRC's peacefulness rhetoric and the "China" representation question in the United Nations (1949–71) [J] . Cold War History, 2019.

161. Busquets A. Three Manila–Fujian Diplomatic Encounters: Different Aims and Different Embassies in the Seventeenth Century [J] . Journal of Early Modern History, 2019, 23 (5) : 442–457.

162. Li X, Zeng K. To Join or Not to Join? State Ownership, Commercial Interests, and China's Belt and Road Initiative [J] . Pacific Affairs, 2019, 92 (1) : 5–26.

163. Zhong A. The top 100 Chinese loanwords in English today: Can one recognise the Chinese words used in English? [J] . English Today, 2019, 35 (3) : 8–15.

164. Chang W, Xue C Q L. Towards international: China–aided stadiums in the developing world [J] . Frontiers of Architectural Research, 2019, 8 (4) : 604–619.

165. Pu R, Li H. The Translingual Expressions in Overseas Chinese English Writings [J] . Interdisciplinary Studies of Literature, 2019, 3 (2) : 257–271.

166. Tu M. The transnational one–child generation: family relationships and overseas aspiration between China and the UK [J] . Children's Geographies, 2019, 17 (5) : 565–577.

167. Hertzman E. Trans–Pacific Mobilities: The Chinese and Canada [J] . Journal of Chinese Overseas, 2019, 15 (1) : 129–132.

168. Deng G. Trends in Overseas Philanthropy by Chinese Foundations [J] . Voluntas, 2019, 30 (4) : 678–691.

169. HAN J S. Tribute (朝贡) and Hushi (互市) on the Trade Network of The Indian Ocean [J] . Journal of Ming–Qing Historical Studies, 2019, 52: 143–179.

170. Li M, Guo M, Stensland M, et al. Typology of Family Relationship and Elder Mistreatment in a US Chinese Population [J] . Journal of the American Geriatrics Society, 2019, 67: S493–S498.

171. Florencia Sartori M. Under the gaze of Cangjie: Chinese Language and writing in the City of Buenos Aires [J] . Signo Y Sena–Revista Del Instituto De Linguistica, 2019, 35: 27–46.

172. Wade G. The Uses of "Chinese Heritage" : Foreign Policy of the People's Republic of China in the Contemporary Indo–Pacific World [M] . Travelling Pasts: The Politics of Cultural Heritage in the Indian Ocean World84. 2019: 169–194.

173. Edwards L. Victims, Apologies, and the Chinese in Australia［J］. Journal of Chinese Overseas, 2019, 15（1）: 62–88.

174. Soon N Y. The Vietnamese Boat People and the Affair of Vietnam Huaqiao Repatriation Ships［J］. Korean Studies of Modern Chinese History, 2019, 81: 99–124.

175. Sen K. Visual Cultures of the Ethnic Chinese in Indonesia［J］. Journal of Chinese Overseas, 2019, 15（2）: 298–300.

176. Hyeon-ah O. Vocabulary Usage Patterns in Overseas Chinese-Korean Writers of Children's Literature Text［J］. Korean Language Education, 2019, 164: 119–155.

177. Lipovsky C, Wang W. Wenzhou Restaurants in Paris's Chinatowns: A Case Study of Chinese Ethnicity Within and Beyond the Linguistic Landscape［J］. Journal of Chinese Overseas, 2019, 15（2）: 202–233.

178. Kamiya G. The white devil's daughters the Women Who Fought Slavery in San Francisco's Chinatown［J］. New York Times Book Review, 2019, 124（25）: 13–13.

179. Lee R. Who does the dishes? Precarious employment and ethnic solidarity among restaurant workers in Los Angeles' Chinese enclave［J］. Ethnicities, 2019, 19（2）: 433–451.

180. Kim J. The World War II and Change of Status of Asian Immigrants in the United States, 1939–1945［J］. World History and Culture, 2019, 52: 243–268.

181. 洪玉儒. The Transformative Relationship between Chinese and Mexicans in California and Mexico: From 1882 to 1930［J］. 兴大人文学报，2019（62）：23–63.

182. Rong P C. Ye Family's Immigration to Baekje and their Growth［J］. Wooden Documents and Inscriptions Studies, 2019, 23: 125–149.

2019年华侨华人研究书目一览

本书目以暨南大学图书馆世界华侨华人文献馆所藏2019年出版华侨华人图书为基本馆藏数据，以国家图书馆、厦门大学图书馆、香港高校图书联网、新加坡国家图书馆、新加坡国立大学图书馆、澳大利亚国家图书馆、豆瓣读书网、日本国立国会图书馆、CiNii日本学术图书资料书目数据库等馆藏数据为补充，另从亚马逊网等各大网上书店搜索书目数据。本书目分中文书目、英文书目、日文书目三部分，以题名拼音升序排列。

中文书目

1. 廖文辉，安焕然，等. 2019年马来西亚华人民俗研究论文集［M］. 马来西亚：策略资讯研究中心新纪元大学学院，2019.
2. 中国侨联年鉴编纂委员会. 2019中国侨联年鉴［M］. 北京：中国华侨出版社，2019.
3. 郭存孝. 澳大利亚华人华侨遗存图鉴［M］. 合肥：黄山书社，2019.
4. 杨华. 百年美国华人文学中的中国形象［M］. 北京：中国戏剧出版社，2019.
5. 袁源. 北美华侨华人专业人士发展［M］. 北京：社会科学文献出版社，2019.
6. 詹缘端，范若兰. 比较视野下的东南亚华人研究：2018年第四届马来西亚华人研究国际双年会论文集［C］. 广州：中山大学东南亚研究所，2019.
7. 王刘波. 变动与分裂："二战"后初期印尼苏门答腊北部华侨华人社会研究：1945—1958［M］. 北京：中国社会科学出版社，2019.
8. 印尼雅加达中华中学80周年纪念特刊编委会. 不朽的华中——椰城中华中学八十周年纪念特刊：1939-2019［M］. 香港：生活文化基金会，2019.
9. 中共上海市杨浦区委统一战线工作部，上海市杨浦区归国华侨联合会. 赤子侨心：早期归侨回忆录［M］. 上海：上海人民出版社，2019.
10. 冼玉仪（Elizabeth Sinn）. 穿梭太平洋：金山梦，华人出洋与香港的形成［M］. 林立伟，译. 香港：中华书局，2019.
11. 黄传会. 大国行动：中国海军也门撤侨［M］. 北京：解放军出版社，2019.
12. 徐晓望. 大航海时代的台湾海峡与周边世界：第一卷，海隅的波澜——明代前期的华商与南海贸易［M］. 北京：九州出版社，2019.
13. 崔家蓉. 淡定自在：美国首任华裔部长的母亲——赵朱木兰博爱、坚毅、定慧的传奇风华［M］. 台湾：天下杂志，2019.
14. 古鸿廷. 东南亚华侨的认同问题，马来亚篇［M］. 北京：中国社会科学出版社，2019.
15. 曾少聪. 东洋航路移民：明清海洋移民台湾与菲律宾的比较研究［M］. 南昌：江西高校出版社，2019.

16. 方雄普，李斌斌. 俄罗斯及中亚东欧华侨华人史话［M］. 广州：广东教育出版社，2019.
17. 吴绍吟. 恩平方言：土话与洋腔（英语）的交织［M］. 广州：华南理工大学出版社，2019.
18. 刘国福，王辉耀. 法治侨务论［M］. 广州：暨南大学出版社，2019.
19. 李新烽，（南非）格雷戈里·休斯敦等. 非洲华侨华人报告［M］. 北京：中国社会科学出版社，2019.
20. 李安山. 非洲华侨华人社会史资料选辑：1800—2017［M］. 武汉：湖北科学技术出版社，2019.
21. 李安山. 非洲华侨华人史［M］. 武汉：湖北科学技术出版社，2019.
22. 李安山. 非洲华人社会经济史［M］. 南京：江苏人民出版社，2019.
23. 徐丽华，包亮. 非洲孔子学院探索与研究［M］. 长春：吉林大学出版社，2019.
24. 施雪琴. 菲律宾华侨华人史话［M］. 广州：广东教育出版社，2019.
25. 陈士源. 分歧的"爱国"华侨：民初华侨对祖国政治之态度（1912~1916）［M］. 新北：花木兰文化事业有限公司，2019.
26. 津田浩司，陈靖函. 复刻共荣报：华文版［M］. 台北：汉珍数位图书股份有限公司，2019.
27. 郑宏泰，高皓. 富过三代：华人家族企业传承研究［M］. 北京：清华大学出版社，2019.
28. 戴东培. 港侨须知（一九三三）：上［M］. 香港：心一堂有限公司，2019.
29. 香港归侨史料丛书编委会. 共和国之恋：香港侨界与新中国诞辰七十周年专辑［M］. 香港：生活文化基金会有限公司，2019.
30. 徐小飞. 共享经济下华商商业模式及其创新研究［M］. 大连：东北财经大学出版社，2019.
31. 江岚. 故乡是中国：海外华人作家散文精选［M］. 南昌：江西高校出版社，2019.
32. 卫海英，赵永亮，周宏等. 广东侨商企业投资发展与转型升级［M］. 北京：中国经济出版社，2019.
33. 暨南大学国际关系学院/华侨华人研究院，暨南大学归国华侨联合会. 归侨口述史，暨南篇［M］. 广州：暨南大学出版社，2019.
34. 陈积敏. 国际非法移民治理比较研究［M］. 北京：中国社会科学出版社，2019.
35. 朱鹏. 国际关系视野下的难侨救助问题研究［M］. 广州：暨南大学出版社，2019.
36. 李建军，郭卫东，邓新，等. 国际理解视域下的文化传播理论与实践：以中亚孔子学院为例［M］. 天津：南开大学出版社，2019.

37. 李其荣. 国际移民与海外华人研究：第三卷［M］. 武汉：湖北人民出版社，2019.
38. 孙谦. 海风轻吹：清代华侨与闽粤社会变迁［M］. 南昌：江西高校出版社，2019.
39. 王芊. 海上丝绸之路与华人国族认同：以东南亚妈祖造像为中心的研究［M］. 北京：中国建材工业出版社，2019.
40. 冯立军. 海上丝绸之路与中医药文化的海外传播：以中医药文化在东南亚的传播和影响为中心［M］. 哈尔滨：黑龙江教育出版社，2019.
41. 魏宁当，厦门市海沧华侨三都联谊会. 海丝乡情：厦门市海沧华侨三都联谊会纪事［M］. 厦门：厦门大学出版社，2019.
42. 杨国桢. 海天寥廓：明清中国沿海社会与海外移民［M］. 南昌：江西高校出版社，2019.
43. 中国华侨历史博物馆. 海外赤子南洋撷英：黄兴先生捐赠中国华侨历史博物馆文物精品图录［M］. 北京：文物出版社，2019.
44. 杨庆. 海外高层次人才引进效能评估与提升研究［M］. 上海：立信会计出版社，2019.
45. 王赓武. 海外华人：从落叶归根到追寻自我［M］. 北京：北京师范大学出版社，2019.
46. 钱江. 海外华人研究：第二辑［M］. 广州：暨南大学出版社，2019.
47. 陈水胜，李伟群. 海外华文教育研究报告（2018）［M］. 北京：社会科学文献出版社，2019.
48. 王蓉蓉. 海外人才回流与社会适应：上海案例［M］. 北京：社会科学文献出版社，2019.
49. 赵省伟. 海外史料看李鸿章［M］. 许媚媚，王猛，邱丽媛，译. 广州：广东人民出版社，2019.
50. 黄清海. 海洋视野下的侨批探微［M］. 哈尔滨：黑龙江教育出版社，2019.
51. 徐杰舜，丁苏安. 汉民族史记 Ⅸ，海外移民卷［M］. 北京：中国社会科学出版社，2019.
52. 王春法. 行远同梦：华侨华人与新中国［M］. 北京：北京时代华文书局，2019.
53. 张乾元. “后现代”语境下的中国艺术海外传播［M］. 北京：中国书店，2019.
54. 陈颖. 华侨高等教育研究2018：二［M］. 北京：中国国际广播出版社，2019.
55. 陈颖. 华侨高等教育研究2019：第1辑［M］. 北京：中国国际广播出版社，2019.
56. 张禹东，庄国土. 华侨华人文献学刊第七辑［M］. 北京：社会科学文献出版社，2019.
57. 《华侨华人研究》编辑委员会. 华侨华人研究：二〇一八（总第六辑）［M］. 北京：中国华侨出版社，2019.

58. 田炳信，高伟浓. 华侨华人与中国改革开放［M］. 北京：中国华侨出版社，2019.
59. 陈忠杰，郑坤全，陈勇闯. 华侨抗战女英雄李林［M］. 福州：福建教育出版社，2019.
60. 周玉慧，叶光辉，张仁和. 华人家庭、代间关系与群际认同［M］. 台北：中央研究院民族学研究所，2019.
61. 刘庆龙，何定勇，黄海燕，等. 华人社工协同与合作［M］. 北京：中国社会出版社，2019.
62. 北京华文学院. 华文教师手册：小学版. 第一——六册［M］. 广州：暨南大学出版社，2019.
63. 侯颖. 华文教学研究与思考［M］. 北京：光明日报出版社，2019.
64. 曾毅平. 华文教育研究：第2集［M］. 广州：暨南大学出版社，2019.
65. 许文果. 华文教育专业学生优秀微型教案集［M］. 广州：暨南大学出版社，2019.
66. 宗世海. 华文教育专业学生优秀作文选［M］. 广州：暨南大学出版社，2019.
67. 印尼雅加达中华中学80周年纪念特刊编委会. 华中好儿女——椰城中华中学八十周年纪念特刊：1939—2019［M］. 香港：生活文化基金会，2019.
68. 李盈慧. 华侨政策与海外民族主义（一九一二——一九四九）第7版，台北：南天书局，2019.
69. 陈雅芳. 华人社会与文化，台北：五南图书出版股份有限公司，2019.
70. Philip A. Kuhn. 华人在他乡：中华近现代海外移民史［M］. 李明欢，译. 新北：台湾商务印书馆股份有限公司，2019.
71. 谢世维，郭承天. 华人宗教与国族主义［M］. 台北：政大出版社，2019.
72. 黄建聪. 黄乃裳：爱国华侨领袖民主革命先驱［M］. 福州：福建人民出版社，2019.
73. 武立金. 黄绍勋传：一个爱国老归侨的传奇人生［M］. 北京：中国华侨出版社，2019.
74. 赵庆庆. 加拿大华人文学史论：多元和整合［M］. 北京：中国国际广播出版社，2019.
75. 王福校. 家有家规：讲述一个移民家庭的故事［M］. 西安：西安出版社，2019.
76. 马慧玥. 近代华侨回国投资实业政策与法律研究［M］. 北京：法律出版社，2019.
77. 马慧玥. 近代华侨教育政策与法律研究［M］. 北京：法律出版社，2019.
78. 宫楚涵，俞冰. 近代日本出版中文期刊丛编：第九十二册，华文国际［M］. 北京：学苑出版社，2019.

79. 张以红．开平碉楼灰塑研究［M］．北京：中国建筑工业出版社，2019.
80. 张云．孔子学院品牌成长研究［M］．北京：人民出版社，2019.
81. 袁丁．跨国移民与近代广东侨乡［M］．北京：中华书局，2019.
82. 欧阳婷．跨文化语境下美国华人流散文学研究［M］．长沙：中南大学出版社，2019.
83. （新加坡）许齐雄．理学、家族、地方社会与海外回响［M］．杭州：浙江大学出版社，2019.
84. 王辉耀，刘国福．流动与治理：全球人才、移民与移民法［M］．北京：世界知识出版社，2019.
85. 廖文辉．马来西亚：多元共生的赤道国度［M］．新北：联经出版事业股份有限公司，2019.
86. 吴宗玉，翟崑．马来西亚发展报告：2019［M］．北京：社会科学文献出版社，2019.
87. 胡波．马来西亚华侨华人史话［M］．广州：广东教育出版社，2019.
88. （英）威尔弗雷德·布莱斯（Wilfred Blythe）．马来亚华人秘密会党史［M］．邱格屏，译．北京：中国社会科学出版社，2019.
89. （美）顾利程．美国汉语教学动态研究［M］．北京：北京语言大学出版社，2019.
90. 陈天璇．美国华侨华人寻梦今昔概说：1840—2015［M］．北京：中国社会科学出版社，2019.
91. 蔡晓惠．美国华人文学中的空间形式与身份认同［M］．天津：南开大学出版社，2019.
92. 李庆余．美国史：移民之邦的梦想与现实［M］．台北：三民书局股份有限公司，2019.
93. 梁茂信．美国移民史新论［M］．北京：社会科学文献出版社，2019.
94. 许倬云．美国六十年沧桑：一个华人的见闻［M］．新北：联经出版事业股份有限公司，2019.
95. 林清风，张平．缅甸华侨华人研究文集［M］．北京：中国华侨出版社，2019.
96. 姜帆．缅甸华侨史［M］．广州：广东高等教育出版社，2019.
97. 陈嘉庚．南侨回忆录［M］．郑州：中州古籍出版社，2019.
98. 王士录．南亚东南亚及其与中国关系研究文集［M］．昆明：云南人民出版社，2019.
99. 李明欢．欧洲华侨华人史［M］．广州：暨南大学出版社，2019.
100. 夏春平．牵手世界，见证时代：华文传媒的“中国故事”：第十届世界华文传媒论坛论文集［M］．香港：香港中国新闻出版社，2019.

101．陈明．侨居者［M］．哈尔滨：黑龙江人民出版社，2019.
102．暨南大学图书馆世界华侨华人文献馆，暨南大学图书馆彭磷基华侨华人文献信息中心．侨情综览：2017［M］．广州：广东人民出版社，2019.
103．林明江．侨史百问［M］．北京：中国华侨出版社，2019.
104．卢少卿．侨旅锦囊（一九一八）：附《华英译音巫语指南》［M］．香港：心一堂有限公司，2019.
105．谢小丁．且将异乡作故乡：海外客的世间相［M］．北京：北京日报出版社，2019.
106．邱询旻．青田华侨与“一带一路”［M］．北京：中国农业出版社，2019.
107．张廷茂．清代中叶澳门华人社会研究［M］．广州：暨南大学出版社，2019.
108．鲁兴勇．全国最大的乡村图书馆：和顺图书馆［M］．昆明：云南人民出版社，2019.
109．彭谦．全球化背景下当代移民的权益保障研究：理论探索与多维实证［M］．北京：民族出版社，2019.
110．张小欣．全球化背景下的中国新移民及其国际比较［M］．广州：暨南大学出版社，2019.
111．吴金平，王慧英，叶小利，等．全球化下的侨民战略与发展研究——以美国、爱尔兰和印度为例［M］．广州：暨南大学出版社，2019.
112．吴小安，黄子坚．全球视野下的马新华人研究［M］．北京：科学出版社，2019.
113．泉州华侨历史博物馆．泉州华侨历史博物馆馆藏侨批精萃［M］．福州：福建人民出版社，2019.
114．林伦伦，李宏新．汕头华侨捐资兴学记述：1949—2018［M］．广州：暨南大学出版社，2019.
115．龙登高，刘宏，张姣，等：商脉与商道：国际华商研究文集［M］．杭州：浙江大学出版社，2019.
116．晋江市档案馆．十九世纪以来晋江侨乡与马尼拉之间经济文化研究：以晋江侨批为中心［M］．北京：中国华侨出版社，2019.
117．世界华文传媒年鉴2019［M］．北京：世界华文传媒年鉴社，2019.
118．贾益民．世界华文教学：第六辑［M］．北京：社会科学文献出版社，2019.
119．贾益民．世界华文教育年鉴：2018［M］．北京：社会科学文献出版社，2019.
120．张春旺，张秀明．世界侨情报告：2019［M］．北京：社会科学文献出版社，2019.
121．卢健，卢纲，刘建林，等．首义公园·蛇山一家人：华侨与辛亥首义历史珍藏图典［M］．北京：中国华侨出版社，2019.
122．钟琳，钟璟．谁言寸草心：马来西亚钟正山李素丽收藏集［M］．广州：岭南美术出版社，2019.

123. 陆国燊. 孙中山与美洲华侨：洪门致公堂与民国政治［M］. 香港：商务印书馆，2019.
124. 陈晓锦，肖自辉. 泰国华人社区的汉语方言［M］. 广州：世界图书出版广东有限公司，2019.
125. 谭金花，（美）芭芭拉·沃斯，（美）莱恩·肯尼迪. 铁路华工的跨国生活：广东侨乡和北美铁路华工营的物质文化研究［M］. 北京：中国社会科学出版社，2019.
126. （美）拉塞尔·H·康威尔（Russell H. Conwell），（美）谢利·费希尔·费雪金（Shelley Fisher Fishkin）. 为何与如何：中国人移民美国的原因与方式（1871）［M］. 姚婷，译. 北京：中国华侨出版社，2019.
127. 潘春阳，王羽丰. 文化“走出去”的发展经济学：“一带一路”孔子学院研究［M］. 上海：上海人民出版社，2019.
128. 和雪莲，王天玉. 文化传播视野下的东南亚华文传媒与华文教育［M］. 昆明：云南人民出版社，2019.
129. 库尔班江·赛买提. 我从中国来：海外新疆人［M］. 北京：人民出版社，2019.
130. 林德荣. 西洋航路移民：明清闽粤移民荷属东印度与海峡殖民地的研究［M］. 南昌：江西高校出版社，2019.
131. 曾玲. 新加坡华人宗乡文化研究［M］. 北京：中国社会科学出版社，2019.
132. 全球华商人物志编辑委员会. 新时代的力量：70位杰出华商领袖的荣誉人生与赤子情怀［M］. 北京：中国经济出版社，2019.
133. 王晓明. 新时期华文教育研究［M］. 长沙：中南大学出版社，2019.
134. 范若兰. 性别与移民社会：新马华人妇女研究（1929–1941）［M］. 广州：暨南大学出版社，2019.
135. 印尼雅加达中华中学80周年纪念特刊编委会. 雅加达中华中学董事史略［M］. 香港：生活文化基金会，2019.
136. （美）李漪莲. 亚裔美国的创生：一部历史［M］. 伍斌，译. 中信出版社，2019.
137. 杜维真，游素玲，陈丽君. 亚洲婚姻移民女性：移动与能动［M］. 台南：台湾成功大学性别与妇女研究中心，2019.
138. 梁琳. 一场课程革命：慕课如何改变孔子学院［M］. 长春：东北师范大学出版社，2019.
139. 池昭梅等. “一带一路”背景下中国企业海外并购行为研究，马来西亚篇［M］. 成都：西南财经大学出版社，2019.
140. 李其荣. “一带一路”视野下侨商回归与侨乡文化研究［M］. 北京：中国社会科学出版社，2019.

141. 张杰．“一带一路”与海外安全保护［M］. 北京：经济管理出版社，2019.
142. 黎相宜．移民跨国实践中的社会地位补偿：基于华南侨乡三个华人移民群体的比较研究［M］. 北京：中国社会科学出版社，2019.
143. 张杰，庞骏．移民文化视野下闽南民居建筑空间解析［M］. 南京：东南大学出版社，2019.
144. 束锡红，府宪展，聂君．异域寻珍：流失海外民族古文献文物搜寻、刊布与研究［M］. 北京：社会科学文献出版社，2019.
145. （秘）柯裴．隐形的社群：秘鲁的客家人［M］. 王世申，译．广州：广东人民出版社，2019.
146. 郑一省，邱少华，李晨媛．印尼美达村华人［M］. 北京：中国社会科学出版社，2019.
147. 徐丽华，吴强．与非洲的不解情缘：非洲孔子学院教师故事［M］. 长春：吉林大学出版社，2019.
148. 莫超．兰州城市学院西北方言研究中心，甘肃方言研究所．域外乡愁的回音：第六届海外汉语方言国际研讨会论文集［M］. 广州：世界图书出版广东有限公司，2019.
149. 杨锡铭．越南老挝柬埔寨华侨华人史话［M］. 广州：广东教育出版社，2019.
150. 曾玲．越洋再建家园：新加坡华人社会文化研究［M］. 南昌：江西高校出版社，2019.
151. 伍荣仲．粤剧的兴起：二次大战前省港与海外舞台［M］. 香港：中华书局香港有限公司，2019.
152. 高伟浓．在海之隅：委内瑞拉与荷属加勒比地区的华侨［M］. 广州：暨南大学出版社，2019.
153. （美）麦礼谦，林小琴，杨碧芳．枕底无花梦不香：天使岛中国移民的诗歌和历史［M］. 荣立宇，译．杭州：浙江文艺出版社，2019.
154. 杨魁，侯迎忠．中国话语体系与华文传播：第十届世界华文传媒与华夏文明国际学术研讨会论文集［M］. 北京：中国社会科学出版社，2019.
155. 石坚平，刁叔钧．中国侨乡研究期刊论文提要索引［M］. 北京：中国社会科学出版社，2019.
156. （意）马泰奥・德蒙特（Matteo Demonte），（意）柴・洛基（Ciaj Rocchi）．中国人：米兰华侨一百年［M］. 孙阳雨，译．北京：民主与建设出版社，2019.
157. 张恒军，吴秀峰．中华文化海外传播：话语权、价值观与影响力：以中华老字号为中心的考察［M］. 北京：中国社会科学出版社，2019.
158. 张应龙．中外侨务研究［M］. 广州：暨南大学出版社，2019.
159. 张品端．朱子学在海外的传播与影响［M］. 北京：中国社会科学出版社，2019.

160. 沐歌. 纵横四海：一个华工的美国传奇［M］. 成都：四川人民出版社，2019.
161. 陈东有. 走向海洋贸易带：近代世界市场互动中的中国东南商人行为研究［M］. 南昌：江西高校出版社，2019.

日文书目

1. 梁凌詩ナンシー. 「一帯一路」構想の進展：中国人労働者の移動と貿易の推移［M］. 東京：東洋大学アジア文化研究所，2019.
2. 佐々木宏幹. スピリチュアル・チャイナ：現代華人社会の庶民宗教［M］. 東京：大蔵出版，2019.
3. 大城太. 華僑のボスに叩き込まれた世界最強の稼ぎ方［M］. 東京：幻冬舎，2019.
4. 大城太. 華僑の奥義：一生お金に困らない儲けと成功の法則［M］. 東京：日本実業出版社，2019.
5. 森公章. 古代日本の対外認識と通交［M］. 東京：吉川弘文館，2019.
6. 馮力，孫根志華. 国際観光コミュニティの形成：訪日中国人観光客を中心として［M］. 東京：学文社，2019.
7. 劉愛君. 人あり情けあり平和あり：中国人通訳が見た大連・金沢交流20年［M］. 金沢：北国新聞社出版局，2019.
8. 山下清海. 世界のチャイナタウンの形成と変容：フィールドワークから華人社会を探究する［M］. 東京：明石書店，2019.
9. 古畑康雄. 精日：加速度的に日本化する中国人の群像［M］. 東京：講談社，2019.
10. 山本一生. 青島と日本：日本人教育と中国人教育［M］. 東京：風響社，2019.
11. 高田幸男. 戦前期アジア留学生と明治大学、東京：東方書店、2019.
12. 横浜ユーラシア文化館：装いの横浜チャイナタウン：華僑女性の服飾史：開港百六十周年記念［M］. 横浜：横浜市ふるさと歴史財団横浜ユーラシア文化館，2019.
13. 川島真，中村元哉. 中華民国史研究の動向：中国と日本の中国近代史理解［M］. 京都：晃洋書房，2019.
14. 孫安石，大里浩秋. 中国人留学生と「国家」・「愛国」・「近代」［M］. 東京：東方書店，2019.
15. 岩間一弘. 中国料理と近現代日本：食と嗜好の文化交流史［M］. 東京：慶應義塾大学出版会，2019.
16. 林麗婷. 中日近代文学における留学生表象：二〇世紀前半期の中国人の日本留学を中心に［M］. 大阪：日中言語文化出版社，2019.
17. 松岡雄太. 長崎唐通事の満洲語学［M］. 東京：明石書店，2019.

18. 中瀬のり子，アジア太平洋観光社．碧い海の向こうへ：異郷の福建人経営者12人［M］．東京：アジア太平洋観光社，2019.

英文书目

1. Chong Guan Kwa, Bak Lim Kua. A general history of the Chinese in Singapore［M］. Singapore: World Scientific, 2019.

2. Jenny Banh, Haiming Liu. American Chinese restaurants: society, culture and Consumption［M］. Abingdon, Oxon; New York, NY: Routledge, 2019.

3. Charlotte Brooks. American exodus: second-generation Chinese Americans in China, 1901 - 1949［M］. Oakland, California: University of California Press, 2019.

4. Andrew Junker. Becoming activists in global china: social movements in the Chinese Diaspora［M］. Cambridge; New York: Cambridge University Press, 2019.

5. Shu-Yi Huang. Being a mother in a strange land: motherhood experiences of Chinese migrant women in the Netherlands, Newcastle upon Tyne［M］. UK: Cambridge Scholars Publishing, 2019.

6. William Ging Wee Dere. Being Chinese in Canada: the struggle for identity, redress and Belonging［M］. Madeira Park, BC: Douglas & McIntyre, 2019.

7. James Beattie, Richard Bullen, Maria Galikowski. China in Australasia: cultural diplomacy and Chinese arts since the Cold War［M］. New York: Routledge, 2019.

8. Wang Huiyao, Lu Miao. China's domestic and international migration development［M］. Singapore: Springer, 2019.

9. Xiao An Wu. China's evolving policy towards the Chinese Diaspora in Southeast Asia (1949 - 2018)［M］. Singapore: ISEAS - Yusof Ishak Institute, 2019.

10. Jim Wong-Chu. Chinatown ghosts: the poems and photographs of Jim Wong-Chu［M］. Vancouver, British Columbia: Arsenal Pulp Press, 2019.

11. Kay Anderson. Chinatown unbound: Trans-Asian urbanism in the age of China［M］. London; New York: Rowman and Littlefield, 2019.

12. Zhixiang Cai, Takashi Oishi, Tomoko Shiroyama. Chinese and Indian merchants in modern asia: networking businesses and formation of regional economy［M］. Leiden; Boston: Brill, 2019.

13. Alex. Chung. Chinese criminal entrepreneurs in Canada［M］. Cham, Switzerland: Palgrave Macmillan, 2019.

14. Giuseppina Siciliano, Frauke Urban. Chinese hydropower development in Africa and Asia: challenges and opportunities for Sustainable Global Dam-Building［M］. London; New York, NY: Routledge, 2019.

15. Obert Hodzi. Chinese in Africa: "Chineseness" and the complexities of identities [M]. London; New York, NY: Routledge, 2019.

16. Shuang Liu. Chinese migrants ageing in a foreign land home beyond culture [M]. Milton: Routledge, 2019.

17. Gregor Benton, Huimei Zhang, Hong Liu. Chinese migrants write home: a dual-Language anthology of twentieth-century family letters [M]. Hackensack, New Jersey: World Scientific, 2019.

18. Steven C.Y. Kuo. Chinese peace in Africa: from peacekeeper to peacemaker [M]. New York: Routledge, 2019.

19. Mei Li. Chinese television and soft power communication in Australia [M]. London; New York: Anthem Press, 2019.

20. Ann Hui. Chop Suey Nation: The Legion Cafe and Other Stories from Canada's Chinese Restaurants [M]. Madeira Park, BC: Douglas & McIntyre, 2019.

21. Nesreen Elkord. Cross-Cultural Schooling Experiences of Arab Newcomer Students: A Journey in Transition Between the East and the West [M]. Cham, Switzerland: Palgrave Macmillan, 2019.

22. Michelle Tien King. Culinary nationalism in Asia [M]. London; New York: Bloomsbury Academic, 2019.

23. Yun Xiao, Linda T. H. Tsung. Current Studies in Chinese Language and Discourse: Global Context and Diverse Perspectives [M]. Amsterdam; Philadelphia: John Benjamins Publishing Company, 2019.

24. Jingyi Song. Denver's Chinatown 1875-1900 [M]. Leiden; Boston: Brill, 2019.

25. Katie Rawson, Elliott Shore. Dining Out: a Global History of Restaurants [M]. London: Reaktion Books, 2019.

26. Lee Hock Guan, Nicholas Chan. Electoral Politics and the Malaysian Chinese Association in Johor [M]. Singapore: ISEAS Publishing, 2019.

27. Charles River. Ellis Island and Angel Island: The History and Legacy of America's Most Famous Immigration Stations [M]. United States: Independently published, 2019.

28. Manu Karuka. Empire's Tracks: Indigenous Nations, Chinese Workers, and the Transcontinental Railroad [M]. Oakland, California: University of California Press, 2019.

29. Russell M. Jeung, Seanan S. Fong, Helen Jin Kim. Family Sacrifices: The Worldviews and Ethics of Chinese Americans [M]. New York: Oxford University Press, 2019.

30. Gordon H. Chang. Ghosts of Gold Mountain: The Epic Story of the Chinese Who Built the Transcontinental Railroad [M]. Houghton Mifflin Harcourt, 2019.

31. Nezamin Faghih. Globalization and Development: Entrepreneurship, Innovation, Business and Policy Insights from Asia and Africa [M]. Cham: Springer, 2019.

32. Dan Black. Harry Livingstone's Forgotten Men: Canadians and the Chinese Labour Corps in the First World War [M]. Toronto: Lorimer, 2019.

33. Tamara Venit Shelton. Herbs and Roots: A History of Chinese Doctors in the American Medical Marketplace [M]. New Haven: Yale University Press, 2019.

34. Dia Cha. Hmong American Concepts of Health [M]. New Haven: Yale University Press, 2019.

35. Arthur Dong. Hollywood Chinese: The Chinese in American Feature Films [M]. Los Angeles, California: Angel City Press, 2019.

36. CindyAnn Rose-Redwood, Reuben Rose-Redwood. International Encounters: Higher Education and the International Student Experience [M]. Lanham, Maryland: Rowman & Littlefield, 2019.

37. Guanglun Michael Mu, Bonnie Pang. Interpreting the Chinese Diaspora: Identity, Socialisation, and Resilience According to Pierre Bourdieu [M]. London; New York, NY: Routledge, 2019.

38. Fang Tang. Literary Fantasy in Contemporary Chinese Diasporic Women's Literature: Imagining Home [M]. Lanham: Lexington Books, 2019.

39. Arezou Zalipour. Migrant and Diasporic Film and Filmmaking in New Zealand [M]. Singapore: Springer, 2019.

40. Zhang Gaoheng. Migration and the Media: Debating Chinese Migration to Italy, 1992-2012 [M]. Toronto; Buffalo; London: University of Toronto Press, 2019.

41. Taomo Zhou. Migration in the Time of Revolution: China, Indonesia, and the Cold War [M]. Ithaca: Cornell University Press, 2019.

42. Enoch Wan, Mike Hung Lei. Missions Beyond the Diaspora: Local Cross-cultural Ministry of Chinese Congregations in the San Francisco Bay Area [M]. New York: Western Press, 2019.

43. Sandra Ippolito. Nativism and Discriminatory Laws: The Chinese Exclusion Acts' effect on Immigration Laws and Immigrants during the 19th and 20th centuries [M]. United States: Independently published, 2019.

44. Jane H. Hong. Opening the Gates to Asia: A Transpacific History of How America Repealed Asian Exclusion [M]. Chapel Hill: University of North Carolina Press, 2019.

45. Weijian Shan. Out of the Gobi: My Story of China and America [M]. Hoboken, New Jersey: Wiley, 2019.

46. Yadong Lou. Partnering with Chinese Firms: Lessons for International Managers [M]. Abingdon, Oxon; New York, NY: Routledge, 2019.
47. Yuka Nakamura. Playing Out of Bounds: "Belonging" and the North American Chinese Invitational Volleyball Tournament [M]. Toronto; Buffalo; London: University of Toronto Press, 2019.
48. Ngeow Chow-Bing. Researching China in Southeast Asia [M]. Abingdon, Oxon; New York, NY: Routledge, 2019.
49. Qiang Li, Fen Gao. Silk Road: the Study of Drama Culture [M]. Hakensack, New Jersey: World Scientific, 2019.
50. Stan Neal. Singapore, Chinese Migration and the Making of the British Empire, 1819–67 [M]. Suffolk: Boydell & Brewer, 2019.
51. Truswell. Supporting People Living with Dementia in Black, Asian and Minority Ethnic Communities [M]. London; Philadelphia: Jessica Kingsley Publishers, 2019.
52. Permanent Forum of China Construction Law. The Belt and Road Initiative: Legal Risks and Opportunities Facing Chinese Engineering Contractors Operating Overseas [M]. Alphen aan den Rijn, The Netherlands: Kluwer Law International B.V., 2019.
53. Gordon H. Chang, Shelley Fisher Fishkin. The Chinese and the Iron Road: Building the Transcontinental Railroad [M]. Stanford, California: Stanford University Press, 2019.
54. Barclay Price. The Chinese in Britain: A History of Visitors and Settlers [M]. Gloucestershire, UK: Amberley Publishing, 2019.
55. Nancy E. Davis. The Chinese Lady: Afong Moy in Early America [M]. New York, NY: Oxford University Press, 2019.
56. Wasana Wongsurawat. The Crown and the Capitalists: The Ethnic Chinese and the Founding of the Thai Nation [M]. Seattle: University of Washington Press, 2019.
57. Jan Schmidt, Katja Schmidtpott. The East Asian Dimension of the First World War: Global Entanglements and Japan, China and Korea, 1914–1919 [M]. Frankfurt: Campus Verlag, 2019.
58. Jeremy Garlick. The Impact of China's Belt and Road Initiative: From Asia to Europe [M]. Routledge, 2019.
59. Mr Raymond W.H. Tan. The Law in Black and White and the Yellow in Between: an Asian Lawyer's Experience of the Law in a Western World [M]. United States: Independently published, 2019.
60. Kou Yang. The Making of Hmong America: Forty Years after the Secret War [M]. Lanham, MD: Lexington Books, 2019.

61. Anna Belogurova. The Nanyang Revolution: the Comintern and Chinese Networks in Southeast Asia, 1890–1957 [M]. Cambridge: Cambridge University Press, 2019.

62. Lúcio de Sousa. The Portuguese Slave Trade in Early Modern Japan: Merchants, Jesuits and Japanese, Chinese, and Korean Slaves [M]. Leiden; Boston: Brill, 2019.

63. Jin Li Lim. The Price and Promise of Specialness: the Political Economy of Overseas Chinese Policy in the People's Republic of China, 1949–1959 [M]. Leiden; Boston: Brill, 2019.

64. Tara Fickle. The Race Card: From Gaming Technologies to Model Minorities [M]. New York: New York University Press, 2019.

65. Yos Santasombat. The Sociology of Chinese Capitalism in Southeast Asia Challenges and Prospects [M]. Singapore: Springer, 2019.

66. Jessica Tsui–yan Li. The Transcultural Streams of Chinese Canadian Identities [M]. Montreal; Kingston; London; Chicago: McGill–Queen's University Press, 2019.

67. Matt Sheehan. The Transpacific Experiment: How China and California Collaborate and Compete for Our Future [M]. Berkeley, California: Counterpoint Press, 2019.

68. Julia Flynn Siler. The White Devil's Daughters: The Women Who Fought Slavery in San Francisco's Chinatown [M]. New York: Alfred A. Knopf, 2019.

69. Jinghe Han. Theorising Culture: A Chinese Perspective [M]. Houndmills, Basingstoke, Hampshire; New York, NY: Palgrave Pivot, 2019.

70. Heung Wah Wong, Karin Ling–fung Chau. Tradition and Transformation in a Chinese Family Business [M]. Florence: Routledge, 2019.

71. Guanglin Wang. Translation in Diasporic Literatures [M]. Houndmills, Basingstoke, Hampshire; New York, NY: Palgrave Pivot, 2019.

72. Cheryl Sim. Wearing the Cheongsam: Dress and Culture in a Chinese Diaspora [M]. London; New York: Bloomsbury Visual Arts, 2019.

73. Patricia P. Chu. Where I have Never Been: Migration, Melancholia, and Memory in Asian American Narratives of Return [M]. Philadelphia: Temple University Press, 2019.

2019年华侨华人研究博士硕士学位论文一览

中文学位论文

1. 刘宇韬．9・30政变后的印尼排华运动与中国政府安置印尼归难侨探究［D］．厦门：厦门大学，2019.
2. 刘丽敏．17—18世纪中外边务交涉研究［D］．济南：山东师范大学，2019.
3. 李林果．19世纪新加坡殖民地政府公共卫生治理研究［D］．赣州：赣南师范大学，2019.
4. 刘乐艺．19世纪以来中餐在美国的发展研究［D］．北京：北京外国语大学，2019.
5. 陈雪晶．20世纪20年代菲律宾华侨对西文簿记法案的抗争及其影响研究［D］．贵阳：贵州师范大学，2019.
6. 唐新亚．20世纪60年代印度拘禁华侨研究［D］．广州：暨南大学，2019.
7. 王漉洱．20世纪以来菲律宾的汉传佛教研究［D］．南宁：广西民族大学，2019.
8. 高曼曼．1950年代新加坡侨小《复兴国语教科书》（1—4）研究［D］．上海：上海师范大学，2019.
9. 谭睿．1980年代菲律宾《世界日报》"文艺"副刊研究［D］．武汉：中南财经政法大学，2019.
10. Nway K H．1980年代缅甸华文教材《佛学教科书》（1—4）研究［D］．上海：上海师范大学，2019.
11. 尚冰．2008~2018年希腊三大报刊对中国移民的报道及形象建构［D］．广州：广东外语外贸大学，2019.
12. Sari I R．2018年美都电视台《美都新闻》中国春节报道研究［D］．南京：南京师范大学，2019.
13. 施荣新．爱国主义视角下的陈嘉庚教育救国研究［D］．绵阳：西南科技大学，2019.
14. 毛曼妮．奥克兰华人广场舞研究［D］．北京：北京舞蹈学院，2019.
15. 周瑞．澳大利亚华文媒体对中华文化的传播研究［D］．兰州：兰州大学，2019.
16. 韩雨轩．巴西塞阿拉联邦大学孔子学院中国文化影视教学应用［D］．泉州：华侨大学，2019.
17. 路晓霞．吧达维亚华人法律文化研究［D］．上海：华东政法大学，2019.
18. 林明丹．北海市侨港镇归侨渔民的社会保障研究［D］．南宁：广西大学，2019.
19. 黎小红．不同文化背景对华文学习者学习情感因素的影响研究［D］．长沙：湖南师范大学，2019.

20. 李涛．城市改革与旧金山华埠的变迁（1870—1906年）［D］．大连：辽宁师范大学，2019.
21. 罗玄．从《星洲日报》“花踪”文学奖看“黎紫书现象”［D］．武汉：中南财经政法大学，2019.
22. 郑丽娜．从大城到小镇：老挝琅勃拉邦古城华人旅游小企业主的文化适应及其机制研究［D］．昆明：云南师范大学，2019.
23. 周若熙．从汉语学习动机分析马来西亚华校的华语传播策略［D］．北京：中央民族大学，2019.
24. 杨鑫．当代英国华侨华人社团发展研究（1978—2010）［D］．成都：四川师范大学，2019.
25. 韦丹凤．滇缅公路研究（1937—1942）［D］．北京：北京科技大学，2019.
26. 董晓霞．滇缅抗战与“边地中国”形象建构［D］．成都：西南交通大学，2019.
27. 辛瑶．对泰国乌汶第二华侨学校汉语教学现状的考察与研究［D］．天津：天津师范大学，2019.
28. 曹梦．多米尼加共和国汉语教学情况调查［D］．长春：吉林大学，2019.
29. 王华容．多语国家中考试制度对华文教育的影响［D］．海口：海南师范大学，2019.
30. 周柳艳．多元文化影响下的汕头近代旅馆建筑特征研究［D］．广州：华南理工大学，2019.
31. 白雪涛．俄国远东地区的华人街区研究（1891—1900年）［D］．哈尔滨：黑龙江大学，2019.
32. 温子坚．二战后加拿大粤籍华侨华人社团的变化研究［D］．广州：暨南大学，2019.
33. 刘斯．二战后泰国归国华侨遣返研究［D］．长沙：湖南师范大学，2019.
34. TANKONG W．二战后泰华左翼文学思潮研究［D］．厦门：厦门大学，2019.
35. 陈露．法国华人文学中的女性形象［D］．昆明：云南大学，2019.
36. 王萌．菲律宾华校华语课堂管理案例分析［D］．长春：吉林大学，2019.
37. 王洪霞．菲律宾华裔青少年语言使用情况与文化认同调查研究［D］．泉州：华侨大学，2019.
38. 廖秋兰．菲律宾华语学校华文教育现状研究［D］．泉州：华侨大学，2019.
39. 陈汝模．福建海丝文献数字化建设研究［D］．福州：福建师范大学，2019.
40. 俞雪莲．福州海丝文献资源整理与开发现状及对策研究［D］．福州：福建师范大学，2019.
41. 刘纯一．改革开放新时期（1978—1992）中国侨务政策之研究［D］．北京：中共中央党校，2019.

42. 苏哲. 改革开放以来的国内归侨社团研究［D］. 泉州：华侨大学，2019.
43. 张正国. 沟通中国与东南亚：华侨华人的历史功用与现实启示［D］. 上海：上海外国语大学，2019.
44. 郑婷毅. 固本求新：民国晋江古檗山庄研究［D］. 福州：福建师范大学，2019.
45. 赵婧雯. 关于菲律宾宿务亚典耀圣心学校汉语教育工作的调查研究［D］. 天津：天津师范大学，2019.
46. 龚晗. 关于在日华侨自我认识的研究［D］. 长春：东北师范大学，2019.
47. 陈舒婷. 归侨侨眷的婚姻变迁研究［D］. 南宁：广西民族大学，2019.
48. 李海翔. 归侨再迁移研究［D］. 南宁：广西民族大学，2019.
49. 唐书哲. 规训与抗争：美国华裔文学中的语言、文本和空间越界研究［D］. 南京：南京大学，2019.
50. 洪叶. 海外华人宗族组织的功能［D］. 泉州：华侨大学，2019.
51. 吴正伟. 汉语方言对新加坡普通话教学的影响［D］. 海口：海南师范大学，2019.
52. 杨晨仪. 汉语国际教育视野下中国涉外战争题材电影中的"英雄叙事"及其价值观研究（2008—2018）［D］. 泉州：华侨大学，2019.
53. SUWANNAKORNRAT V. 汉族四大传统节日在泰国的认同调查研究［D］. 青岛：青岛大学，2019.
54. 王秀竹. 好莱坞电影中华人角色的刻板印象研究（2008—2018年）［D］. 济南：山东师范大学，2019.
55. 汪艮兰. 荷兰在苏里南的族群政策之研究［D］. 福州：福建师范大学，2019.
56. 何伟娜. 《花鼓歌》中美国华人男性混杂身份建构［D］. 哈尔滨：东北林业大学，2019.
57. 古占钧. 华侨参与的泉州近代旧城区建设研究［D］. 泉州：华侨大学，2019.
58. 巴彦峰. 华侨参与领事保护探究［D］. 北京：外交学院，2019.
59. 赵琴琴. 华侨回乡二次创业影响因素研究［D］. 温州：温州大学，2019.
60. WONG Y H. 华人视角下的马来西亚族群关系中的关键议题分析［D］. 上海：华东师范大学，2019.
61. 宋佳书. 黄炎培华侨教育思想及实践研究［D］. 哈尔滨：哈尔滨师范大学，2019.
62. 卢清玉. 基于汉语学习下的西班牙领养华人女青年文化认同情况调查研究［D］. 昆明：云南师范大学，2019.
63. 韩英英. 基于抗战家书的抗战精神研究［D］. 大连：大连交通大学，2019.
64. 耿伟伟. 继承语理论与海外华文教育再界定［D］. 武汉：华中师范大学，2019.
65. 刘智元. 柬埔寨华文学校教学现状调查分析［D］. 长春：吉林外国语大学，2019.

66. 王晴. 柬埔寨华校汉语教育中的问题及对策研究［D］. 长春：吉林外国语大学，2019.
67. 史少文. 柬埔寨棉末启华学校华文教学调查报告［D］. 大连：辽宁师范大学，2019.
68. 黄伊. 柬埔寨头条对外传播策略研究［D］. 南宁：广西大学，2019.
69. 章倩. 晋江传统村落礼俗空间研究［D］. 泉州：华侨大学，2019.
70. 黄钰涵. “九一八”事变时期（1931.9—1932.3）新加坡《叻报》涉华报道及言论研究［D］. 西安：西北大学，2019.
71. 张蓓蓓. 抗战时期四川地区的华侨教育研究（1937—1945）［D］. 重庆：重庆师范大学，2019.
72. 郑娜娜. 抗战时期中国共产党对华侨的宣传研究［D］. 西安：西安理工大学，2019.
73. 雷玉平. 口述历史与华侨研究［D］. 温州：温州大学，2019.
74. 邓悦. 跨国移民的文化认同［D］. 昆明：云南大学，2019.
75. 汤佳丽. 跨国主义视角下赴韩务工者的身份认同研究［D］. 上海：华东师范大学，2019.
76. 彭瑞. 跨文化传播主体的角色融入与身份认同［D］. 重庆：重庆大学，2019.
77. 沈洁. 跨文化视野下严歌苓小说的人性维度［D］. 淮北：淮北师范大学，2019.
78. 郑青君. 跨文化视野下张翎小说的历史叙事［D］. 长春：吉林大学，2019.
79. 李伟明. 拉丁美洲华工研究［D］. 武汉：中南民族大学，2019.
80. 李猛. 李光耀民族国家建构构想及实践研究（1959-1990）［D］. 昆明：云南大学，2019.
81. 王效玉. 联合国难民署援华印支难民项目研究［D］. 泉州：华侨大学，2019.
82. 陈丹曦. 岭南侨乡建筑的多样性研究［D］. 长沙：湖南师范大学，2019.
83. 王硕. 论“一带一路”背景下中国对双重国籍的有限承认［D］. 广州：华南理工大学，2019.
84. 邵韶韶. 论黄锦树马华文学论述的建构［D］. 广州：暨南大学，2019.
85. 向心愿. 论黎紫书《告别的年代》中的结构与叙事［D］. 北京：中国社会科学院研究生院，2019.
86. 张清. 论严歌苓小说中的中国人形象［D］. 重庆：四川外国语大学，2019.
87. 申兰兰. 论严歌苓小说中的中国形象建构［D］. 吉首：吉首大学，2019.
88. 梅鑫. 论伊犁小说中的唐人街书写［D］. 广州：暨南大学，2019.
89. 施晓佳. 论中国海外公民的领事保护［D］. 南昌：南昌大学，2019.
90. 杨琳茜. 论中国文化在20世纪美华英语文学中的流变［D］. 武汉：中南民族大学，2019.

91. 张慧洁．旅俄华侨与马克思主义的早期传播研究（1916—1922）［D］．武汉：华中师范大学，2019.
92. 张华尔实．马哈蒂尔政府对华政策的演变（1981—2003）［D］．北京：外交学院，2019.
93. 张晶盈．马克思主义文化哲学视角下的海外华人文化认同研究［D］．泉州：华侨大学，2019.
94. 张雪辰．马来西亚初级汉语本土教材研究［D］．兰州：兰州交通大学，2019.
95. 游智斌．马来西亚独中华文教材本土化研究［D］．武汉：华中师范大学，2019.
96. 万娟．马来西亚高等教育模式的变革（1959—1998）［D］．宁波：宁波大学，2019.
97. 覃馥琳．马来西亚广西籍华人乡团的转型发展［D］．南宁：广西民族大学，2019.
98. 陈彦融．马来西亚国民小学多元种族华文班区别化教学设计［D］．济南：山东大学，2019.
99. 李斌．马来西亚华人公会在中国和马来西亚关系中的作用（2008—2018）［D］．泉州：华侨大学，2019.
100. 钟琴宇．马来西亚华人国家认同塑造的政治传播学研究［D］．南京：南京大学，2019.
101. 黄威捷．马来西亚华文独立中学第三套初中历史教科书研究［D］．上海：上海师范大学，2019.
102. WONG H．马来西亚华文教育的发展情况及分析［D］．武汉：华中师范大学，2019.
103. 杨梅芬．马来西亚华文教育政策价值取向研究［D］．杭州：浙江大学，2019.
104. 王凯祥．马来西亚华小马来族学生汉语语音偏误分析［D］．西安：西安外国语大学，2019.
105. TEOH S．马来西亚华小生语码转换的现象分析［D］．武汉：华中师范大学，2019.
106. 王诗运．马来西亚华语文学语言程度范畴研究［D］．重庆：西南大学，2019.
107. 沈彤彤．马来西亚华语文学语言词汇变异研究［D］．重庆：西南大学，2019.
108. 王凯丽．马来西亚孔子学院汉语推广现状及对策［D］．北京：北京外国语大学，2019.
109. 官慧琪．马来西亚星洲网中国国家形象塑造及影响因素分析［D］．昆明：云南大学，2019.
110. NGUYEN P U．马来亚“紧急状态”：新村华人的集体记忆［D］．呼和浩特：内蒙古大学，2019.

111. 尤肖．马来亚大学孔子学院汉语教学情况调查与研究［D］．苏州：苏州大学，2019.
112. 邹瑜．梅州客家围龙屋形成与发展研究［D］．西宁：青海师范大学，2019.
113. 郝昱．美国《侨报》对中国国家形象的塑造［D］．兰州：西北师范大学，2019.
114. 郭佳炜．美国的“华人坦白计划”探究（1956—1966）［D］．长春：东北师范大学，2019.
115. 田曦．美国电影中的中国形象建构与变迁研究（1980—2018）［D］．广州：华南理工大学，2019.
116. 王彬．美国华文小说叙事伦理研究［D］．济南：山东师范大学，2019.
117. 王思琪．美国加州华人研究（1980至今）［D］．重庆：四川外国语大学，2019.
118. 徐建平．蒙古国小学汉语课堂教学案例分析［D］．四平：吉林师范大学，2019.
119. 赵文然．秘鲁里卡多帕尔玛大学孔子学院创新办学模式案例分析［D］．天津：天津师范大学，2019.
120. 穆丽华．缅甸独立后的华人社会变迁研究［D］．昆明：云南师范大学，2019.
121. 周惠雯．民俗学视域下舞狮文化在柬埔寨的历史及现状研究［D］．广州：广东外语外贸大学，2019.
122. 闫祎宁．民主革命时期何香凝的政治思想及实践研究［D］．长春：东北师范大学，2019.
123. 李庆芳．闽南侨乡新移民研究［D］．泉州：华侨大学，2019.
124. 周琪．闽西地区传统建筑门楼研究［D］．泉州：华侨大学，2019.
125. 张霞．闽粤菜系对泰国食文化的影响［D］．厦门：厦门大学，2019.
126. 张月珏．欧洲时报网的中国国家形象建构［D］．重庆：重庆大学，2019.
127. 贾强．莆田海丝文献整理开发现状及发展策略研究［D］．福州：福建师范大学，2019.
128. 邱晓桐．侨刊在离散华人与侨乡间的跨国传播研究［D］．广州：暨南大学，2019.
129. 郑美云．侨批档案在中学历史教学中的开发和运用［D］．福州：福建师范大学，2019.
130. 龙锋．侨情变化背景下我国涉侨法律体系的完善［D］．湘潭：湘潭大学，2019.
131. 宋心梅．清末民国时期广东梅州侨办教育研究［D］．南昌：南昌大学，2019.
132. 郭慢花．清远市侨捐项目监管研究［D］．广州：华南理工大学，2019.

133. 陈婉铃. 泉州地方“海丝”文献开发现状与开发策略研究［D］. 福州：福建师范大学，2019.

134. 杜璇. 社交媒体使用、文化适应与心理健康的关系检验［D］. 厦门：厦门大学，2019.

135. 杨溪.《申报》马来亚报道研究（1919—1949）［D］. 保定：河北大学，2019.

136. 欧阳晓彬. 十九大以来《人民日报》（海外版）华侨华人形象建构研究［D］. 湘潭：湘潭大学，2019.

137. 刘丛宾. 时事期刊与民国广东工业［D］. 广州：广东外语外贸大学，2019.

138. 韩靖超. 试析澳大利亚两大纸媒上的中国形象［D］. 杭州：浙江大学，2019.

139. 温芷莹. 台山汶村从海永有波到远渡重洋的变迁［D］. 广州：广东省社会科学院，2019.

140. 刘洁. 泰北华文教育发展现状与困境研究［D］. 广州：广东技术师范大学，2019.

141. JANTRA N. 泰北美斯乐村兴华中学的汉语教学现状调查分析［D］. 南宁：广西大学，2019.

142. 林明丽. 泰北美斯乐原国民党孤军后代华文教育发展研究［D］. 泉州：华侨大学，2019.

143. 饶倩楠. 泰北清迈云南华人村祖语教育现状调查研究［D］. 昆明：云南师范大学，2019.

144. 刘新朔.《泰东日报》与近代大连的市民文化变迁（1911—1928）［D］. 长春：东北师范大学，2019.

145. 钟沛兰. 泰国《世界日报》的当代华语词汇研究［D］. 南宁：广西大学，2019.

146. 张莲莲. 泰国八仙信仰传播模式研究［D］. 广州：广东外语外贸大学，2019.

147. 张琛. 泰国的汉语教育政策与汉语教育发展研究［D］. 西安：西安石油大学，2019.

148. 刘登科. 泰国汉语教师职业承诺及工作满意度研究［D］. 泉州：华侨大学，2019.

149. 李鑫. 泰国华裔和非华裔3—6岁儿童家庭语言生态、语言规划与语言学习状况对比研究［D］. 泉州：华侨大学，2019.

150. 张岭蔚. 泰国华裔留学生中国传统节日认知情况调查与分析［D］. 泉州：华侨大学，2019.

151. 阮祚崟. 泰国尖竹汶公立东英学校汉语教学现状调查［D］. 广州：广东外语外贸大学，2019.

152. 朱巧梅. 泰国曼谷地区汉语培训机构教学现状调查与研究［D］. 西安：西安石油大学，2019.

153. 任文雨. 泰国曼谷地区语言景观及其汉语使用情况研究［D］. 泉州：华侨大学，2019.

154. 包伦田. 泰国南部董里府华文教育发展研究［D］. 泉州：华侨大学，2019.

155. 陈新达. 泰国普吉府华人身份认同研究［D］. 厦门：厦门大学，2019.

156. 王新宇. 泰国乌汶第二华侨学校汉语教学情况调查研究［D］. 哈尔滨：哈尔滨师范大学，2019.

157. 韦益春. 泰国勿洞桂籍华人社会的形成和发展［D］. 南宁：广西民族大学，2019.

158. 刘星. 泰国小说《和阿公在一起》（节选）翻译实践及翻译报告［D］. 北京：北京外国语大学，2019.

159. 李嘉力. 泰国小学阶段华裔与非华裔汉语学习者拒绝言语行为的社会化历程研究［D］. 泉州：华侨大学，2019.

160. Kaeowichian B. 泰国学生汉语形近字习得调查研究［D］. 广州：广东外语外贸大学，2019.

161. SIRIPHORN D. 泰国游记中的华人形象研究（1935—2004）［D］. 武汉：华中师范大学，2019.

162. 吕润凯. 泰国中文语言景观研究［D］. 南宁：广西民族大学，2019.

163. 张佳蕾. 谭恩美与卡勒德·胡塞尼小说中身份意识比较研究［D］. 沈阳：辽宁大学，2019.

164. 郑雨婷.《唐人街谣曲》中的唐人街叙事［D］. 南宁：广西民族大学，2019.

165. 林敏萍. 体制外生存：马来西亚华文独立中学研究［D］. 南京：南京师范大学，2019.

166. 周敏. 晚清驻美公使护侨外交研究［D］. 合肥：安徽大学，2019.

167. 康欣莉. 皖江抗日根据地统一战线工作研究［D］. 合肥：合肥工业大学，2019.

168. 谈卓枫. 文化景观视角下近代岭南侨乡村落色彩研究［D］. 广州：广州大学，2019.

169. 王端. 文化外交视阈下的孔子学院研究［D］. 长春：吉林大学，2019.

170. 吴小萌. 文化自信视域下中国故事国际传播研究［D］. 福州：福建农林大学，2019.

171. 赵凯莉. 文莱华人的宗教信仰及其与原乡联结［D］. 南宁：广西民族大学，2019.

172. 黄晶. 我国海外撤侨法律依据研究［D］. 桂林：广西师范大学，2019.

173．林起哲．我国华侨农场管理体制研究［D］．厦门：厦门大学，2019.
174．郑子敏．五邑地区开平碉楼及村落建筑装饰艺术研究［D］．广州：广东工业大学，2019.
175．肖康才．五邑侨乡文化在《文化生活》教学中的应用研究［D］．广州：广州大学，2019.
176．刘伊尧．西语美洲华二代祖语保持研究［D］．广州：暨南大学，2019.
177．宫汝鑫．悉尼华裔小学生初级汉字书写偏误研究［D］．苏州：苏州大学，2019.
178．李忠壹．习近平总书记关于侨务工作重要论述的研究［D］．沈阳：辽宁大学，2019.
179．蒋国栋．习仲勋统一战线理论与实践研究［D］．北京：中共中央党校，2019.
180．周泫岐．新加坡《叻报》的中华民俗观念研究［D］．开封：河南大学，2019.
181．唐梦琪．新加坡第二次世界大战的国家记忆建构研究［D］．赣州：赣南师范大学，2019.
182．郑迎霞．新加坡华人家庭汉语使用情况调查研究［D］．西安：西安石油大学，2019.
183．李国美．新加坡名创版《中学华文》（高级）教材研究［D］．西宁：青海师范大学，2019.
184．郭华．新加坡双语教育模式对华文教育的影响［D］．泉州：华侨大学，2019.
185．彭俊．新加坡小学华文教材编写理念的变迁研究［D］．广州：暨南大学，2019.
186．岑良水．新加坡新世纪学校华文教学情况调查与分析［D］．泉州：华侨大学，2019.
187．于红敏．新加坡幼儿园华语课程教具使用调查分析［D］．泉州：华侨大学，2019.
188．郭文博．新时代海外华侨华人统战工作研究［D］．哈尔滨：黑龙江大学，2019.
189．李城元．新时代苏州侨务工作现状及优化研究［D］．苏州：苏州大学，2019.
190．魏光磊．新时期泰国南部华校转型发展研究［D］．泉州：华侨大学，2019.
191．解晓磊．新世纪以来云南题材电视剧东南亚传播与华侨华人的文化认同［D］．昆明：云南师范大学，2019.
192．尚珂．新寻根文化背景下菲律宾华裔青少年中华文化教学研究［D］．西安：西安外国语大学，2019.
193．唐文思．《新仰光报》副刊群与缅甸华文文学（1950—1964）［D］．厦门：厦门大学，2019.

194．邹旋．新移民时期以来法国华文传媒研究［D］．武汉：华中师范大学，2019.
195．孙云彤．新中国成立后延边地区朝鲜归侨研究［D］．延吉：延边大学，2019.
196．常莉敏．星洲网的中马经贸关系报道框架分析［D］．重庆：西南大学，2019.
197．孟理政．寻病源与读方书：黄炎培教育旅行研究（1914—1931）［D］．武汉：华中师范大学，2019.
198．魏琼．延安时期中国共产党华侨统战工作研究［D］．西安：西北大学，2019.
199．鹿景春．严歌苓小说中的意象叙事［D］．开封：河南大学，2019.
200．陈曦．“一带一路”背景下孔子课堂文化传播个案研究［D］．昆明：云南师范大学，2019.
201．张轩诚．“一带一路”背景下中马经贸合作研究［D］．临汾：山西师范大学，2019.
202．张路．“一带一路”视角下埃及汉语教学资源建设研究［D］．泉州：华侨大学，2019.
203．田耘．“一带一路”视角下国际化社区中的民族共存［D］．北京：中国社会科学院研究生院，2019.
204．ONG K R．隐形的安全线：马来西亚族群交往研究［D］．南京：南京大学，2019.
205．李富林．印度尼西亚与马来西亚关系研究（1966—2003）［D］．昆明：云南师范大学，2019.
206．LIM L P．印尼华文教师工作情况调查与分析［D］．长沙：湖南师范大学，2019.
207．蓝鸿丽．印尼华裔小学生趣味识字教学设计［D］．广州：广东外语外贸大学，2019.
208．TANDIWATI．印尼华裔新生代对中华文化的认知与兴趣调查分析［D］．长沙：湖南师范大学，2019.
209．NG H G．印尼华裔学生汉语学习动机的调查分析［D］．泉州：华侨大学，2019.
210．许蓉婷．印尼玛琅培民三语国际学校汉语教学情况的调查与研究［D］．天津：天津师范大学，2019.
211．TJHIN L L（秦露露）．印尼孟加影县华文补习学校现状调查与研究［D］．长沙：湖南师范大学，2019.
212．EFARYAN K A（许夏嫣）．印尼三宝垄南洋三语国民学校小学汉语口语教学调查分析［D］．泉州：华侨大学，2019.
213．PRASETYO L S（吴慧琳）．印尼三宝垄小学本土汉语教师情况调查与研究［D］．厦门：厦门大学，2019.

214．李振福．印尼山口洋华文教育办学模式研究［D］．长沙：湖南师范大学，2019.
215．SUJONGGO K．印尼山口洋华文师资现状分析与相关建议［D］．长沙：湖南师范大学，2019.
216．劳红叶．印尼新生代华裔祖语保持研究［D］．广州：暨南大学，2019.
217．汤梦华．印尼雅加达汉语语言景观考察［D］．泉州：华侨大学，2019.
218．KHARIZAH C I E R E（王晨）．印尼伊斯兰教习经院华文教育状况［D］．杭州：浙江大学，2019.
219．胡福琼．永春县侨务资源可持续发展中的政府行为研究［D］．泉州：华侨大学，2019.
220．张烨．越南中南部明乡人的演变研究［D］．昆明：云南师范大学，2019.
221．崔梦娇．云南高校缅甸华裔留学生对中华文化认同现状的调查研究［D］．昆明：云南师范大学，2019.
222．田若言．战后印尼华文报纸与新中国形象建构（1949—1954）［D］．厦门：厦门大学，2019.
223．张舒．战后初期南洋华侨与闽南侨乡：以1945—1946年《江声报》为中心［D］．厦门：厦门大学，2019.
224．王秋睿．张爱玲在美国的传播与接受研究［D］．重庆：重庆大学，2019.
225．黄辉．中共对东南亚华侨的心理统战研究（1949—1966）［D］．厦门：厦门大学，2019.
226．刘世琴．中国大陆新移民文学研究的学术历程［D］．金华：浙江师范大学，2019.
227．KAROLINA．中国华文教材与新加坡华文教材对比研究［D］．长沙：湖南师范大学，2019.
228．高金歌．中国民族主义传播与美洲华侨反日运动研究（1912—1928）［D］．广州：暨南大学，2019.
229．余丹丹．中国台湾对印尼华文教学的研究［D］．武汉：华中师范大学，2019.
230．赵柏钧．中国舞在新加坡的传播与变异［D］．北京：中国艺术研究院，2019.
231．朱金婧．“中国寻根之旅”华裔青少年跨文化敏觉力调查与分析［D］．泉州：华侨大学，2019.
232．张力月．中国移民博物馆的初步研究［D］．长春：吉林大学，2019.
233．NURATRI R K（卢斯）．中国游记中的印尼华人形象及文化认同研究（1933—1984年）［D］．武汉：华中师范大学，2019.
234．马莉莉．中华文化在文莱的传承与发展［D］．南宁：广西民族大学，2019.
235．LAI P Y．中马青少年华文刊物比较研究［D］．杭州：浙江大学，2019.

236. 赵凯祺. 中美华工事务交涉研究（1880—1894）[D]. 武汉：武汉大学，2019.

237. 罗赛和. 2017年厄瓜多《新人流组织法》与中国籍人口流动[D]. 新北：淡江大学，2019.

238. 海凯苓. CSI 上海：探讨张爱玲短篇小说英法译本中的文化词翻译[D]. 台北：台湾师范大学，2019.

239. 詹佩瑜. 长崎唐人屋敷的土神堂：自长崎土地公庙看在日本中国民间信仰建筑的发展[D]. 台北：台湾师范大学，2019.

240. 雷娜坦. 从中文热谈俄罗斯的华文教育[D]. 台北：台湾师范大学，2019.

241. 徐寒羽. 华人社会的潜规则：表里不一与阳奉阴违[D]. 台北：台湾大学，2019.

242. 黄幼娟. 寮国华人角色的改变[D]. 台北：台湾师范大学，2019.

243. 林慧娟. 马来西亚培正中学的客语现象研究[D]. 新北：淡江大学，2019.

244. 孙天美. 马来西亚首相对中国及华人选民的身份认知：作为选举策略的马中关系[D]. 台北：台湾大学，2019.

245. 郑佩佩. 说书人译者：论泰国作家雅可重写之《三国演义》和《金瓶梅》[D]. 台北：台湾师范大学，2019.

246. 陈颖贤. 太平洋战争时期中国在马来亚的情报工作[D]. 台北：台湾师范大学，2019.

247. 邹文丰. 星马印三国华人的“21世纪海上丝绸之路”地缘政治想象：批判性地缘政治理论的观点[D]. 新北：淡江大学，2019.

248. 赖剑文. 印尼华裔论中华：个人化的四种知识史途径[D]. 台北：台湾大学，2019.

外文学位论文

1. Teng H L. Aging, Health, and Grandparenthood: The Lived Experience of Recently Immigrated Aging Chinese Men in the U.S. Healthcare System [D]. University of Pennsylvania, 2019.

2. Johnson N M. Archaeology of Two Segregated Mess Halls at Shepard Point Cannery near Cordova, Alaska [D]. University of Alaska Anchorage, 2019.

3. Villanueva J A. Awaiting the Allies' Return: The Guerrilla Resistance Against the Japanese in the Philippines During World War II [D]. The Ohio State University, 2019.

4. Gerien-Chen J. Between Empire and Nation: Taiwan Sekimin and the Making of Japanese Empire In South China, 1895 - 1937 [D]. Columbia University, 2019.

5. Jeong J H. Between Shanghai and Mecca: Diaspora and Diplomacy of Chinese Muslims in the Twentieth Century [D] . Duke University, 2019.

6. Chen B. Beyond the Land and Sea: Diasporic South Fujianese in Hội An, Batavia, and Manila, 1550–1850 [D] . Washington University in St. Louis, 2019.

7. Cho S. Carving Out A Place in Children's Literature: American Authors of Chinese, Japanese, and Korean Descent [D] . Middle Tennessee State University, 2019.

8. Wong D. Chinatown Is Not For Sale: Immigrant and Youth Mobilization Against Gentrification in New York, San Francisco, and Boston [D] . Cornell University, 2019.

9. Ruiz Stovel G. Chinese Shipping and Merchant Networks at the Edge of the Spanish Pacific: The Minnan–Manila Trade, 1680 - 1840 [D] . University of California, Los Angeles, 2019.

10. Chang Y–T. Cross–cultural Validity in Feigning Assessment Measures among Chinese Immigrants [D] . Fordham University, 2019.

11. Blake C M. Diaspora and Belonging in Panama: Cultural Performance and National Identity for Panamanians of Chinese Descent [D] . University of California, Riverside, 2019.

12. Ludi P A. Digging the Fields: Chinese Miners in California and South Africa [D] . Miami University, 2019.

13. Li C. Dual Marriage Practice in Dutch–Ruled Java: Beyond Legal Cases in "gong an bu" from the Mid–Nineteenth Century to the 1910s [D] . State University of New York at Binghamton, 2019.

14. Wu T. Emperor of Work: Chinese Restaurants, Worker Subjectivities, and the New Regime of Flexible Labor [D] . City University of New York, 2019.

15. Ballard R E. Ethnic Settlement in America's 21st Century Cities: A Socio–spatial Exploration of Chinese Home Ownership and Locational Outcomes in Re–emerging Immigrant Gateway Denver [D] . University of Colorado Colorado Springs, 2019.

16. King S C. Exclusive Dining: Immigration and Restaurants in Chicago during the Era of Chinese Exclusion, 1893–1933 [D] . University of South Carolina, 2019.

17. Ho Misiaszek K S. Expanding Perceptions of Identity in the U.S.: The Chinese Jamaican Immigrant Experience [D] . University of Miami, 2019.

18. Aspinwall J L. From Pan to Plate: Cased Images of the California Gold Rush, 1849–1865 [D] . University of Missouri – Kansas City, 2019.

19. Molenda J. Historical Archaeologies of overseas Chinese Laborers on the First Transcontinental Railroad [D] . Columbia University, 2019.

20. Suárez C A. How California Was Won: Race, Citizenship, and The Colonial Roots of California, 1846–1879 [D] . University of Pennsylvania, 2019.

21. Lowman C B. Imagined Asia: Archaeology and Museum Anthropology of the Chinese Diaspora and the Ainu [D]. University of California, Berkeley, 2019.
22. Wong T. Language Brokering Experiences among Young Chinese Immigrants in Canada: A Narrative Study [D]. Fielding Graduate University, 2019.
23. Wong Y H N. Minor-Peninsular Genres: Genealogies of Twentieth-Century Southeast Asian Chinese Writing [D]. The University of Chicago, 2019.
24. Horrocks B M. More than Hatchetmen: Chinese Exclusion and Tong Wars in Portland, Oregon [D]. Utah State University, 2019.
25. Zhang J T. Party Trick Chinese [D]. University of Wyoming, 2019.
26. Su S. Positive Youth Development among Second-Generation Chinese-American Youth: A Mixed-Methods Approach [D]. Tufts University, 2019.
27. Tran T W-S. (Re)producing Refugees: Early Chinese-Vietnamese Encounters with Social Services [D]. University of California, Los Angeles, 2019.
28. Xie S. Reimagining Model Minority: An Inquiry into the Post-1965 Chinese Immigration in the United States [D]. Duke University, 2019.
29. Ding Z. Resisting the Victimization: Examining Ideological Tensions of Race, Gender, Sexuality and Transnationality Among First-generation Chinese Migrant Women in U.S. Academia [D]. The University of New Mexico, 2019.
30. Harper M T. Shaping Philanthropy for Chinese Diaspora in Singapore and Beyond: Family, Ancestry, Identity, Social Norms [D]. Indiana University - Purdue University Indianapolis, 2019.
31. Peng Y. Shrinking Chinatown Project [D]. The George Washington University, 2019.
32. Peng B. Sidewalk Appropriation: The Shaping of Street Space in Manhattan's Chinatown [D]. Rutgers The State University of New Jersey, School of Graduate Studies, 2019.
33. Kwoh J Y. Social Capital: Two Case Studies of Chinese Small Business in the Greater Phoenix and Los Angeles Areas [D]. Arizona State University, 2019.
34. Lee A. Using Theory of Planned Behavior to Understand the Prevalence of Formula Feeding among Chinese Community in New York City: A Mixed-Methods Study [D]. Columbia University, 2019.
35. Zhang Y. Within-Group Income Inequality among Asian American Families [D]. University of Kansas, 2019.

2019年中国大陆华侨华人研究科研项目一览

本栏目汇集了本年度获批的华侨华人研究领域的各级科研项目，以国家哲学社会科学规划办公室网站、教育部人文社科网、中国侨联主页、各省人文社科网站以及各高校社科处及院系网站公开发布信息为主要来源，各级别项目先按照项目类别、再按照项目的名称首字母拼音升序排列。

国家社科基金项目

序号	项目名称	项目类别及批准号	项目负责人	责任单位
1	中国侨汇档案整理与研究（1915—1995）	重大项目（19ZDA209）	焦建华	厦门大学
2	海外华语资源抢救性搜集整理与研究	重点项目（19AYY003）	郭熙	暨南大学
3	近代中国民族主义话语与美洲华侨认同研究	重点项目（19AZS012）	潮龙起	暨南大学
4	马尼拉华裔移民语言适应研究	重点项目（19AZD038）	周庆生	江苏师范大学
5	“21世纪海上丝绸之路”沿线华人商会发展与治理研究	一般项目（19BGL226）	徐晞	华侨大学
6	东南亚华人道教源流、变迁与转型研究	一般项目（19BZJ048）	刘守政	华侨大学
7	多元文化视野下的中亚华裔跨文化经济行为研究	一般项目（19BSH115）	雍琳	西北师范大学
8	俄国远东地区东亚移民研究（1860—1917）	一般项目（19BSS056）	南慧英	哈尔滨师范大学
9	非洲孔子学院本土化模式及路径研究	一般项目（19BYY038）	鲍蕊	浙江师范大学
10	海外华人的中华文化认同研究	一般项目（19BMZ107）	刘燕玲	暨南大学
11	基于文化认知的东南亚汉语教材本土化模式及效果提升研究	一般项目（19BYY044）	韩明	广西师范大学
12	近代国籍政策的制定、修正及实践研究	一般项目（19BZS111）	李章鹏	中国华侨华人研究所
13	《叻报》华侨社会史料汇编	一般项目（19BSS003）	李勇	华侨大学

（续上表）

序号	项目名称	项目类别及批准号	项目负责人	责任单位
14	马来西亚多元族群关系民族志研究	一般项目（19BMZ109）	高莉莎	云南大学
15	美国对东南亚华人华侨的心理战研究（1949—1965）	一般项目（19BSS034）	高艳杰	厦门大学
16	民国清华留美生职业发展量化研究	一般项目（19BZS084）	梁晨	南京大学
17	民国时期海南华侨资料的整理与研究	一般项目（19BSS007）	安华涛	海南大学
18	欧洲华文文学及其重要作家研究	一般项目（19BZW149）	钱虹	浙江越秀外国语学院
19	清末民初早稻田大学中国留学生档案整理与研究	一般项目（19BZS086）	陈健	江苏师范大学
20	人类命运共同体视角下的孔子学院跨文化传播研究	一般项目（19BXW081）	刘志刚	中共江苏省委党校
21	“双重国籍”问题的多维度实证研究	一般项目（19BFX053）	周明	中国人民公安大学
22	文化软实力视域下华裔新生代中华文化认同研究	一般项目（19BMZ103）	裘晓兰	上海社会科学院
23	西伯利亚华人史及对当今改进认知的启示研究（19—20世纪末）	一般项目（19BGJ056）	程红	河北师范大学
24	新马华文文学与中国当代文学关系研究	一般项目（19BZW111）	王艳芳	江苏师范大学
25	新时代海外侨胞中华民族共同体认同的建构研究	一般项目（19BKS157）	李云	广东金融学院
26	“一带一路”背景下东盟国家华侨华人谱牒跨文化传播研究	一般项目（19BXW075）	邢永川	广西大学
27	“一带一路”视域下缅甸华人语言生活调查研究	一般项目（19BYY036）	谭晓健	云南大学
28	中国四大名著在越南的传播及影响研究	一般项目（19BWW033）	刘志强	广东外语外贸大学
29	中国与发达国家海外高层次人才竞争战略和移民政策比较研究	一般项目（19BGJ005）	方涛	西华大学
30	中缅边境流动与地景的民族志研究	一般项目（19BMZ051）	段颖	中山大学

（续上表）

序号	项目名称	项目类别及批准号	项目负责人	责任单位
31	20世纪上半叶泰国华人教育及其特点研究	青年项目（19CSS011）	王竹敏	成都理工大学
32	大洋洲华文媒体“中国”观念变迁研究（1890—2019）	青年项目（19CXW006）	曹小杰	华南理工大学
33	华裔美国文学的空间书写与国族认同的建构研究	青年项目（19CWW019）	郭海霞	天津大学
34	柬埔寨华族的文化适应与社会变迁研究	青年项目（19CMZ043）	罗杨	中国华侨华人研究所
35	“一带一路”背景下东南亚华裔新生代汉语语言态度与中华文化认同研究	青年项目（19CYY013）	马冰琼	广西财经学院
36	“一带一路”视域下中国新移民的中老跨国网络生产与演化机制研究	青年项目（19CSH019）	张恩迅	湘潭大学
37	朝鲜华侨历史文献整理与研究	西部项目（19XSS001）	李玉莲	延边大学
38	西南边疆地区侨情史料的抢救、发掘及整理研究	西部项目（19XGJ006）	石维有	玉林师范学院
39	中国西部边疆侨务志资料的整理与研究	冷门“绝学”和国别史等研究专项（19VJX036）	张小欣	暨南大学
41	海外华文教育史论（1900–2018）	后期资助一般项目（19FJKB009）	李火秀	江西理工大学
42	马华文学的跨族群书写研究（1990—2019）	后期资助一般项目（19FZWB031）	贾颖妮	广东金融学院
43	祖籍国与居住地之间：新加坡中华总商会的政治选择与身份认同（1906—1942）	后期资助优秀博士论文出版项目（19FZSY003）	朱庆	厦门大学

教育部人文社科项目

序号	项目名称	项目类别及批准号	项目负责人	责任单位
1	东南亚国家语言景观中的汉语使用现状及竞争力研究	规划基金项目（19YJA740016）	何山燕	广西民族大学

（续上表）

序号	项目名称	项目类别及批准号	项目负责人	责任单位
2	“海丝”路上的福建戏曲传播与移民认同研究	规划基金项目（19YJAZH028）	郭玉琼	厦门理工学院
3	当代澳洲华人族裔资本研究	青年基金项目（19YJC850026）	赵 昌	江苏师范大学
4	当代德国影视中的华人影像和中国叙事研究	青年基金项目（19YJCZH271）	周海霞	北京外国语大学
5	东南亚华文媒体中国报道研究——基于近十年《联合早报》和《星洲日报》中国报道的分析	青年基金项目（19YJC860001）	蔡梦虹	韩山师范学院
6	东南亚华语传承口述史数据库建设研究	青年基金项目（19YJC740125）	祝晓宏	暨南大学
7	国内华裔留学生教育管理研究	青年基金项目（19YJC710099）	袁张帆	华侨大学
8	海归青年教师学术发展障碍及学术生态系统优化研究	青年基金项目（19YJC880140）	赵显通	西南大学
9	海上丝绸之路女神信仰研究：以东南亚为例	青年基金项目（19YJC730004）	霍 然	北京外国语大学
10	华侨的家乡社会参与及其文化根源——浙江青田个案的文化人类学研究	青年基金项目（19YJC850021）	夏翠君	浙江科技学院
11	旅苏远东华人问题研究（1917-1938）	青年基金项目（19YJC770060）	尹广明	天津师范大学
12	美国限制华人入境法研究（1882-1904）	青年基金项目（19YJC820031）	李振勇	华东政法大学
13	民国时期留美政治学博士群体研究	青年基金项目（19YJC770063）	张连义	山东工商学院
14	晚清民国美术类留学生与中国现代艺术设计的发生与成立研究	青年基金项目（19YJC760157）	张 欧	南京信息职业技术学院
15	文化记忆与澳大利亚淘金期华人书写研究	青年基金项目（19YJC752020）	吕丽盼	上海师范大学
16	“一带一路”倡议下东南亚华文视听觉传播与话语构建研究	青年基金项目（19YJC760172）	周秀杰	厦门理工学院
17	中医药文化海外传播力提升研究	青年基金项目（19YJC860032）	毛志强	云南中医学院

中国侨联课题

序号	项目名称	项目类别及批准号	项目负责人	责任单位
1	基于“中国寻根之旅”夏令营模式的华文教育工作研究	重点课题（19AZQK202）	李嘉郁	北京华文学院
2	江苏华侨华人史	重点课题（19AZQK207）	张秋生	江苏师范大学
3	跨国界在线纠纷解决机制与华侨权益保护研究	重点课题（19AZQK201）	段厚省	复旦大学
4	侨联组织为侨服务体系建设与制度创新研究	重点课题（19AZQK203）	刘国福	北京理工大学
5	特朗普政府移民政策改革对在美华侨华人的影响研究	重点课题（19AZQK204）	万晓宏	华南师范大学
6	“一带一路”背景下我国企业“走出去”与海外华侨华人经济转型升级双向赋能互动机理、空间布局研究	重点课题（19AZQK206）	衣长军	华侨大学
7	中东欧地区华侨华人史研究	重点课题（19AZQK205）	徐刚	中国社会科学院俄罗斯东欧中亚研究所
8	阿拉伯国家的回族留学生群体研究	一般课题（19BZQK210）	丁宏	中央民族大学
9	埃及华侨华人史	一般课题（19BZQK248）	温爽	北京外国语大学
10	从地方到中央的统合：我国华侨权益保护专门立法的路径选择	一般课题（19BZQK241）	王方玉	华侨大学
11	代际视角下华侨华人参与“一带一路”倡议研究：基于印度洋岛国侨情的实地调研	一般课题（19BZQK263）	朱献珑	华南理工大学
12	当代东南亚华人基督教会内部网络的信任形态研究	一般课题（19BZQK258）	张钟鑫	华侨大学
13	当前欧亚主要国家移民政策及其对华人华侨的影响	一般课题（19BZQK232）	强晓云	上海国际问题研究院
14	东南亚地区华侨华人对中国科技品牌的认知及传播意愿考察	一般课题（19BZQK237）	万木春	暨南大学
15	俄罗斯侨民政策研究及其对中国的启示	一般课题（19BZQK230）	马强	中国社会科学院俄罗斯东欧中亚研究所
16	俄罗斯远东地区华侨华人生存状况的调查与研究	一般课题（19BZQK231）	宁艳红	黑河学院

（续上表）

序号	项目名称	项目类别及批准号	项目负责人	责任单位
17	非洲华人华侨与五邑侨乡社会研究	一般课题（19BZQK227）	刘东旭	中央民族大学
18	非洲华文文学与文化认同研究	一般课题（19BZQK214）	郭建玲	浙江师范大学
19	构建“人类命运共同体”背景下的国际移民治理机制研究	一般课题（19BZQK236）	孙志伟	上海外国语大学
20	海外藏胞的跨境迁移与身份认同研究	一般课题（19BZQK257）	张植荣	北京大学
21	海外华侨华人回国创业面临的创业环境问题及其优化对策研究	一般课题（19BZQK253）	杨洪涛	华侨大学
22	海外华人文化回馈中国研究：“二十四节令鼓”的案例	一般课题（19BZQK204）	陈景熙	汕头大学
23	海外苗族经济文化交流与认同问题研究	一般课题（19BZQK219）	黄秀蓉	西南大学
24	华侨财产权益法律保护研究	一般课题（19BZQK238）	汪渊智	山西大学
25	华侨华人参与“一带一路”沿线国家基础设施建设研究	一般课题（19BZQK246）	王颖	对外经济贸易大学
26	华侨华人对“一带一路”倡议贡献度研究：基于对意大利华侨华人社会的考察	一般课题（19BZQK252）	严晓鹏	温州大学
27	华侨华人与构建人类命运共同体研究	一般课题（19BZQK212）	符绍强	中国传媒大学
28	《华侨权益保护法》制定中的难点问题研究	一般课题（19BZQK220）	姜大伟	华侨大学
29	基于身份认同的海外华人创业选择研究	一般课题（19BZQK207）	陈翊	温州大学
30	吉尔吉斯斯坦华侨华人现状调查与研究	一般课题（19BZQK224）	李如东	陕西师范大学
31	加勒比英语文学中的华人形象和华人作家研究	一般课题（19BZQK211）	范若恩	中山大学
32	加拿大华侨华人新生代华文教育与文化传承研究	一般课题（19BZQK215）	郭世宝	云南师范大学/加拿大卡尔加里大学

（续上表）

序号	项目名称	项目类别及批准号	项目负责人	责任单位
33	近代侨乡社会治理研究	一般课题（19BZQK217）	黄海娟	五邑大学
34	抗战时期中共中央南方局侨务工作档案图文整理与研究	一般课题（19BZQK255）	岳精柱	重庆中国三峡博物馆
35	跨国网络与本土认同："一带一路"视野下的东南亚华商组织	一般课题（19BZQK233）	任娜	暨南大学
36	连江新移民问题研究	一般课题（19BZQK242）	王付兵	厦门大学
37	马来西亚华人基督徒的集体记忆与社群凝聚研究	一般课题（19BZQK228）	刘计峰	厦门大学
38	马来西亚华裔青少年文化记忆的"一体两翼"驱动机制研究	一般课题（19BZQK261）	朱锦程	江苏师范大学
39	美国华裔新生代认同建构研究	一般课题（19BZQK229）	刘燕南	中国传媒大学
40	蒙古独立后山西旅蒙商人研究	一般课题（19BZQK247）	魏晓锴	山西大学
41	缅甸华裔新生代华文教师的生存策略研究	一般课题（19BZQK251）	徐敏	云南省社会主义学院
42	闽南文化与马来西亚闽南人群体内外两"乡"认同变迁研究	一般课题（19BZQK244）	王建红	闽南师范大学
43	南非华文教育本土化路径研究	一般课题（19BZQK201）	鲍蕊	浙江师范大学
44	侨乡留守儿童的现状调查与教育问题研究	一般课题（19BZQK209）	邓纯考	温州大学
45	情感与移民：海外中国学者的工作与生活研究	一般课题（19BZQK239）	王炳钰	中山大学
46	群体、代际与认同："后华侨农场时代"归难侨生存境遇研究	一般课题（19BZQK221）	姜振逵	韩山师范学院
47	上海市新归侨群体的社会融入研究	一般课题（19BZQK250）	邢海燕	上海师范大学
48	社会史视域下的澳大利亚华文传媒研究	一般课题（19BZQK245）	王敏	西南大学
49	社交媒体对香港青年与在港华裔青年身份认同影响的比较研究	一般课题（19BZQK254）	姚林青	中国传媒大学

（续上表）

序号	项目名称	项目类别及批准号	项目负责人	责任单位
50	涉侨诉讼案例研究：基于侨益法律保护的角度	一般课题（19BZQK216）	郝爱军	太原学院
51	文化旅游体验对入境华侨华人身份认同与国家形象传播的影响机制及政策引导	一般课题（19BZQK234）	阮文奇	华侨大学
52	“五独合流”与侨务反分裂工作研究	一般课题（19BZQK262）	朱鹏	暨南大学
53	西班牙华侨华人新生代文化认同变化研究	一般课题（19BZQK206）	陈轶	丽水学院
54	新疆的阿富汗侨民问题研究（1949-1976年）：国际移民的比较视角	一般课题（19BZQK256）	张安	华中师范大学
55	新时代海外华裔青年人才柔性引进机制研究	一般课题（19BZQK225）	李庭志	华侨大学
56	新时代海外侨情演进与“大侨务”战略创新研究	一般课题（19BZQK226）	刘昶	中国传媒大学
57	新时期以来荷兰华人社会变迁研究	一般课题（19BZQK205）	陈肖英	浙江师范大学
58	雅加达中华侨团总会的历史与贡献	一般课题（19BZQK235）	施雪琴	厦门大学
59	“一带一路”背景下海外移民网络与区域经济互动机制研究：以浙江省温州市为例	一般课题（19BZQK202）	蔡建娜	温州大学
60	“一带一路”倡议下华侨华人商会对中国企业对外直接投资影响研究	一般课题（19BZQK208）	陈胤默	中国社会科学院世界经济与政治研究所
61	“一国两制”框架下的香港归侨研究	一般课题（19BZQK218）	黄晓坚、王苍柏	韩山师范学院/英国威斯敏斯特大学
62	移民、慈善与跨国网络建构：对美国旧金山行安善堂的历史人类学考察	一般课题（19BZQK222）	景燕春	宁夏大学
63	以青年组织为主导的华裔留学生对“一带一路”倡议认同感提升机制研究	一般课题（19BZQK243）	王坚	华侨大学
64	粤港澳大湾区回流华裔科学家的适应困难与应对策略：质性调查与数学建模分析	一般课题（19BZQK203）	陈惠云	南方科技大学

（续上表）

序号	项目名称	项目类别及批准号	项目负责人	责任单位
65	粤港澳大湾区视阈下华裔青年和港澳青年融入国家发展比较研究	一般课题（19BZQK260）	郑梦婕	中共汕头市委党校
66	中东欧地区浙江籍华侨华人史研究	一般课题（19BZQK223）	孔凡君	浙江金融职业学院
67	中俄边境民族姓氏文化变迁与铸牢中华民族共同体意识研究	一般课题（19BZQK249）	吴敏	中央民族大学
68	“中国性”视野下的东南亚华侨华人新文学研究（1919–2019年）	一般课题（19BZQK213）	古大勇	泉州师范学院
69	中美贸易摩擦对华侨华人科技交流的影响	一般课题（19BZQK240）	王承云	上海师范大学
70	“最多跑一次”改革与为侨公共服务体系建设研究	一般课题（19BZQK259）	章云燕	温州大学
71	20世纪50至60年代北京地区归侨学生研究	青年课题（19CZQK202）	陈雯雯	北京华文学院
72	20世纪60年代以来美国华人女性政治参与研究	青年课题（19CZQK225）	朱振兴	暨南大学
73	巴拿马华侨华人社会变迁史研究	青年课题（19CZQK220）	杨新新	厦门大学
74	东南亚华裔留学生对汉语话题结构的习得与加工研究	青年课题（19CZQK204）	胡丽娜	集美大学
75	国际移民政策典型实践的类型化分析	青年课题（19CZQK211）	田自立	铜仁学院
76	海外华社对“一带一路”倡议的回应数据库及其参与机制研究	青年课题（19CZQK219）	谢婷婷	华侨大学
77	海外华文媒体传播中华文化创新方式与路径研究	青年课题（19CZQK203）	葛卫遥	华侨大学
78	涵养侨务资源战略下“洋留守儿童”国家认同培养研究	青年课题（19CZQK213）	王晓	福建农林大学
79	华侨华人与“一带一路”倡议的中国海外利益维护	青年课题（19CZQK217）	肖屿	广东外语外贸大学
80	华侨华人与新中国农业科技事业关系及史料整理	青年课题（19CZQK222）	张行	华侨大学
81	华侨回流二次创业路径与侨联嵌入机制研究	青年课题（19CZQK214）	王昀	丽水学院

（续上表）

序号	项目名称	项目类别及批准号	项目负责人	责任单位
82	加拿大华人与南亚人政治参与比较研究	青年课题（19CZQK216）	吴婷	肇庆学院
83	民粹政治兴起下坦桑尼亚的侨情现状、趋势与对策研究	青年课题（19CZQK206）	雷雯	浙江师范大学
84	民粹主义对澳洲华侨华人权益的影响及其应对研究	青年课题（19CZQK224）	赵昌	江苏师范大学
85	欧美游记所见19至20世纪中亚的中国移民群体研究	青年课题（19CZQK212）	王胜	淮阴师范学院
86	社交媒体时代澳大利亚华人文化身份认同建构模式研究	青年课题（19CZQK209）	卢嘉杰	东莞理工学院
87	泰北华商跨国社会网络助推中老泰经济走廊贸易畅通研究	青年课题（19CZQK210）	马潇骁	中央民族大学
88	文化消费视域下的海外华侨华人认同变化研究：以美国洛杉矶为例	青年课题（19CZQK201）	蔡晓璐	中国传媒大学
89	“物转向”视域下北美华裔新生代作家作品中的身份认同变化研究	青年课题（19CZQK208）	刘齐平	北京第二外国语学院
90	西语世界华侨华人在“一带一路”倡议中的作用研究	青年课题（19CZQK215）	王子刚	对外经济贸易大学
91	新时代我国海外人才回流的区域吸引力评价研究	青年课题（19CZQK205）	蒋鹏	山东大学（威海）
92	新时期中国赴俄留学生群体现状研究	青年课题（19CZQK207）	李梦龙	吉林大学
93	“一战”华工及其历史论述的建构研究	青年课题（19CZQK223）	张岩	南开大学
94	英属马来亚与荷属东印度群岛华侨抗日救亡运动比较研究（1937–1942年）	青年课题（19CZQK218）	谢侃侃	北京大学
95	中国新移民在老挝的跨文化适应研究	青年课题（19CZQK221）	张恩迅	湘潭大学
96	海外人才回国（来华）创新创业研究	委托课题（19DZQK201）	蔺博	中国电子科技集团公司电子科技研究院
97	海外藏胞与境内侨属互动影响研究	委托课题（19DZQK202）	罗士周	青海省侨联
98	缅甸北部、泰国北部果敢族与中国西部边疆安全关系研究	委托课题（19DZQK203）	徐盛兴	云南省侨联

其他省部级项目

序号	项目名称	项目类型及批准号	项目负责人	责任单位
1	海外高层次人才智库建设助推重庆经济社会发展研究	重庆市社会科学规划一般项目	袁琳	重庆工商大学
2	抗战时期大后方的国际传播：以华侨社会为中心的考察	重庆市社会科学规划抗战工程项目（2019YBKZ16）	上官小红	重庆大学
3	新加坡华语继承语与华人身份认同研究	重庆市社会科学规划博士项目	何洪霞	重庆交通大学
4	国际移民视域下国际化社区治理体制与机制创新研究	重庆市社科规划培育项目（2019PY34）	谭霞	四川外国语大学
5	福建吸引海外高层次人才创新创业机制研究	福建省社会科学规划一般项目（FJ2019B107）	林喜庆	莆田学院
6	福建戏曲海外演出史料辑录与研究（1368–1949）	福建省社会科学规划一般项目（FJ2019B121）	杨丽霞	集美大学
7	“海丝”视域下中国民族舞蹈在马来西亚的跨文化传播研究	福建省社会科学规划一般项目（FJ2019B115）	张媛	华侨大学
8	近代福建与东南亚中医药跨域流动研究	福建省社会科学规划一般项目（FJ2019B040）	张孙彪	福建中医药大学
9	闽台妈祖信仰经验与两岸融合发展研究	福建省社会科学规划一般项目（FJ2019B078）	于明华	莆田学院
10	新加坡中华总商会研究（1906–2016）	福建省社会科学规划一般项目（FJ2019B041）	朱庆	厦门大学
11	“一带一路”视域下华文教育传播福建优秀文化的策略与途径研究	福建省社会科学规划一般项目（FJ2019B152）	胡建刚	华侨大学
12	“一带一路”视域下南亚地区的语言冲突和社会问题研究	福建省社会科学规划一般项目（FJ2019B149）	陈恒汉	华侨大学
13	以大数据为依据的东盟国家孔子学院本土化研究	福建省社会科学规划一般项目（FJ2019B156）	孟广洁	厦门大学
14	中国服饰文化在海丝沿线的历史传承及当下数字传播的策略研究	福建省社会科学规划一般项目（FJ2019B130）	袁燕	福州大学
15	鼓浪屿侨乡庭园造园艺术研究	福建省社会科学规划青年项目（FJ2019C043）	施并塑	福建农林大学
16	“一带一路”倡议下海外华商对中国OFDI风险的影响机制研究	福建省社会科学规划青年项目（FJ2019C053）	许建伟	福建工程学院

（续上表）

序号	项目名称	项目类型及批准号	项目负责人	责任单位
17	东南亚五国华人新生代华族认同与华语能力研究	广东省社科规划一般项目（GD19CYY16）	郑军	岭南师范学院
18	二十一世纪亚裔美国作家小说作品中的战争书写研究	广东省社科规划一般项目（GD19CWW02）	潘敏芳	广东工业大学
19	国家认同视域下粤港澳大湾区青年学生担当意识培育研究	广东省社科规划一般项目（GD19CXY03）	胡寒春	华南理工大学
20	近现代粤剧在古巴的传播与接受	广东省社科规划一般项目（GD19CZW01）	吴晴萍	佛山科学技术学院
21	印度对“一带一路”的认知和政策研究	广东省社科规划一般项目（GD19CHQ01）	宋海洋	广东药科大学
22	英国华人文学刊物《聚言集》整理与研究	广东省社科规划一般项目（GD19CWW06）	肖淳端	暨南大学
23	粤西早期汉族移民方言歌曲谱文本及音像资料采集与研究	广东省社科规划一般项目（GD19CYS22）	周迎	岭南师范学院
24	中国留学生的海外求学适应与个体生涯建构问题研究	广东省社科规划一般项目（GD19CGL17）	关翩翩	广东外语外贸大学
25	中越跨境婚姻现状：对广东越南新娘的研究	广东省社科规划一般项目（GD19CSH06）	韩嘉玲	暨南大学
26	18—19世纪海外汉欧词典手稿及其抄本研究	广东省社科规划青年项目（GD19YYY01）	李睿	广东财经大学
27	二十世纪以来道家美学在美国的传播与影响	广东省社科规划青年项目（GD19YZW04）	马钰滢	暨南大学
28	广东高校港澳台学生国家认同影响因素及教育对策研究	广东省社科规划青年项目（GD19YJY02）	李家新	广州大学
29	冷战与新马中国银行政治危机中的华人因素研究	广东省社科规划青年项目（GD19YHQ01）	吴尔蓓密	暨南大学
30	粤语电影在南洋的传播（1933—1970）	广东省社科规划青年项目（GD19YYS03）	庞艳芳	广东财经大学
31	建国70年华侨华人与广州发展研究	广州市哲学社会科学发展“十三五”规划一般课题（2019GZYB23）	文峰	暨南大学
32	21世纪海上丝绸之路视域下的广府文化外译与传播研究	广州市哲学社会科学发展“十三五”规划共建课题（2019GZGJ25）	朱献珑	华南理工大学

（续上表）

序号	项目名称	项目类型及批准号	项目负责人	责任单位
33	近代广州华侨民居建筑美学特征研究	广州市哲学社会科学发展“十三五”规划共建课题（2019GZGJ217）	欧阳丽萍	广东技术师范学院天河学院
34	生态翻译视域下粤剧译介的海外传播与接受研究	广州市哲学社会科学发展“十三五”规划共建课题（2019GZGJ252）	曾衍文	广州番禺职业技术学院
35	粤港澳大湾区华商家族企业国际化战略研究——基于粤港澳华商家族特性和战略探索性的实证研究	广州市哲学社会科学发展“十三五”规划共建课题（2019GZGJ207）	袁仕海	广东财经大学华商学院
36	来穗华裔留学生身份认同教育制度的建构研究	广州市哲学社会科学发展“十三五”规划羊城青年学人课题（2019GZQN21）	苏旭东	华南师范大学
37	鸦片战争前后岭南外侨社团组织研究	《广州大典》与广州历史文化研究专项重点课题（2019GZZ09）	陈才俊	暨南大学
38	21世纪海上丝绸之路视域下的广府文化海外传播研究——以印度洋地区文化传播为个案	《广州大典》与广州历史文化研究专项一般课题（2019GZY31）	谢宝霞	华南理工大学
39	英国伦敦大学亚非学院藏清人梁发《日记言行》手稿的整理与研究	《广州大典》与广州历史文化研究专项一般课题（2019GZY08）	梁益铭	中山大学
40	近代中国留美女学生群体研究（1872–1949）	上海市社科规划一般课题（2019BLS011）	宋青红	上海理工大学
41	“海上丝路”视域下中国对东南亚话语叙事构建策略研究	上海市社科规划一般课题（2019BGJ007）	赵银亮	上海师范大学
42	海外华文文学中的上海因素研究	上海市社科规划一般课题（2019BWY013）	王小平	上海师范大学
43	跨文化视域下中国当代文学中的西方形象嬗变研究	上海市社科规划一般课题（2019BWY014）	王琼	同济大学
44	当代日华文学认同与重构“中国故事”叙事研究	上海市社科规划青年课题（2019EWY013）	陈晨	上海师范大学
45	国际移民治理机制重构的中国方案研究	上海市社科规划青年课题（2019EGJ005）	孙志伟	上海外国语大学

（续上表）

序号	项目名称	项目类型及批准号	项目负责人	责任单位
46	山东省海外高层次人才逆向流动机制及引进策略研究	山东省社会科学规划青年学者重点培养计划研究专项（19CQXJ11）	肖丁丁	山东师范大学
47	滇越跨境民族自发流动问题治理研究	云南省哲学社会科学规划重点项目	陆海发	云南民族大学
48	“一带一路”视域下中缅边民跨境交往研究	云南省哲学社会科学规划一般项目	付永丽	滇西科技师范学院
49	当代美国华裔儿童文学的文化叙事研究	浙江省社会科学规划一般项目（19NDJC204YB）	余美	浙江工商大学
50	华侨群体与温州社会的近代转型研究	浙江省社会科学规划一般项目（19NDJC283YB）	蔡苏龙	浙江越秀外国语学院
51	普陀山观音文化与海上丝绸之路研究	浙江省社会科学规划一般项目（19NDFC386YB）	黄家庭	浙江海洋大学
52	“一带一路”背景下中医文化对外传播的人类学研究	浙江省社会科学规划一般项目（19NDJC285YB）	李虹	浙江中医药大学

厅局级项目

序号	项目名称	项目类型及批准号	项目负责人	责任单位
1	当代美国华裔文学发展演变及主题变迁研究	江门市社科规划项目	萧丽容	江门职业技术学院
2	恩平委内瑞拉华人华侨跨国家庭研究	江门市社科规划项目	冯舒欣	五邑大学
3	侨乡文化海外社交媒体传播研究	江门市社科规划项目	曲田	五邑大学
4	五邑侨乡文化融入大学生文化自信培养的研究	江门市社科规划项目	陆岚	江门职业技术学院
5	以华人文化为引领　推进学生发展	江门市社科规划项目	莫艳芳	江门市培英小学
6	厦门建设留学归国人才创新创业基地的研究	厦门市社会科学调研课题一般项目	张行	华侨大学
7	泉州地区传统侨乡聚落景观的空间特色及遗产价值研究	泉州市社会科学规划一般项目	桑晓磊	华侨大学建筑学院

（续上表）

序号	项目名称	项目类型及批准号	项目负责人	责任单位
8	泉州侨乡建筑彩画中海外文化影响的研究	泉州市社会科学规划一般项目	林攀科	华侨大学建筑学院
9	泉州华人华侨文献资源保护、建设与传播研究	泉州市社会科学规划青年项目	吴春浩	泉州师范学院图书馆
10	乡村振兴背景下泉州华侨乡土聚落景观保护与开发研究	泉州市社会科学规划青年项目	江育	福建农林大学安溪茶学院
11	海外温州总商会研究：以日本为例	温州市哲学社会科学规划二级课题（19wsk369）	徐辉	温州人经济研究中心
12	并行嵌入视角下温籍海外移民族裔经济模式的比较研究——以普拉托和洛杉矶为例	温州市哲学社会科学规划三级课题（19wsk376）	陈翊	温州人经济研究中心
13	意大利华人子女高辍学率问题研究：现象及其原因	温州市哲学社会科学规划三级课题（19wsk372）	陈勇	温州人经济研究中心
14	“华侨网络+跨境电商”联动生效推动温州对外贸易高质量发展的策略研究	温州市哲学社会科学规划立项不资助课题（19wsk233）	钱耕	温州商学院
15	温州华人华侨对刘基文化的传承现状及对策研究	温州市哲学社会科学规划立项不资助课题（19wsk378）	黄璐	温州人经济研究中心